东昌府年鉴

2017

聊 城 市 东 昌 府 区 人 民 政 府 主办
聊城市东昌府区地方志编纂委员会办公室 承编

方志出版社
Publishing House of Local Records

图书在版编目（CIP）数据

东昌府年鉴. 2017 / 聊城市东昌府区地方志编纂委员会办公室编. --北京：方志出版社，2017.11
ISBN 978-7-5144-2652-6

Ⅰ. ①东… Ⅱ. ①聊… Ⅲ. ①东昌府区—2017—年鉴
Ⅳ. ①Z525.24

中国版本图书馆CIP数据核字（2017）第273595号

东昌府年鉴（2017）

编　　者：聊城市东昌府区地方志编纂委员会办公室
责任编辑：王　品

出 版 人：冀祥德
出 版 者：方志出版社
地址　北京市朝阳区潘家园东里9号（国家方志馆4层）
邮编　100021
网址　http://www.fzph.org
发　　行：方志出版社发行中心
电话（010）67110500
经　　销：各地新华书店
印　　刷：济南黄氏印务有限公司

开　　本：889×1194　1/16
印　　张：24.5印张
字　　数：621千字
版　　次：2017年11月第1版　2017年11月第1次印刷
印　　数：0001～1200册

ISBN 978-7-5144-2652-6　**定　价：**360.00元

编辑说明

一、《东昌府年鉴（2017）》是东昌府区人民政府主办、东昌府区地方志编纂委员会办公室承编的地方性、综合性、资料性年刊。全面、系统、翔实、客观地记述了东昌府区自然、政治、经济、文化、社会等方面发展变化的基本情况。旨在为各行各业提供咨询服务，为各级领导科学决策提供区情依据，为国内外各界人士了解东昌府区、研究东昌府区提供窗口和媒介，同时也为续修地方志储备资料。

二、《东昌府年鉴（2017）》记述时限原则上为2016年1月1日至12月31日，为保证资料的连续性和完整性，部分条目内容适当上溯和下延。

三、《东昌府年鉴（2017）》采用分类编辑法。栏目、分目、条目、子目构成框架结构的主体部分。全书共计28个栏目，栏目下设分目，分目之下列若干条目，条目下设若干子目。栏目、分目、条目统一用黑体表示，子目标题用楷体表示。为增强其直观性、可读性，书中附设部分照片和表格。

四、书中所列组织机构概况及领导成员名单依据各单位所报材料编排。

五、《东昌府年鉴（2017）》编纂过程中实行目标责任制，组稿、编辑、校对均由征稿人员按分工独立完成，合稿校对由指定人员完成，主编审核把关。具体分工：特载、专记、大事记、全区概况、中国共产党东昌府区委员会、东昌府区人民代表大会、东昌府区人民政府、中国人民政治协商会议东昌府区委员会、中国共产党东昌府区纪律检查委员会9个栏目由管振芹征编；民主党派和工商联、社会团体、军事、法治4个栏目由张付丽征编；经济管理与监督、农业、工业、交通、建设·环保、商业·贸易、附录7个栏目由李敏征编；财政·税务、金融·保险、科技·教育、卫生和计划生育·体育、文化·旅游、社会生活、人物7个栏目由白雪征编；园区·街道·镇概况栏目由杨静征编。前置照片编排由管振芹完成；目录英文翻译由白雪完成；栏目内照片由相关供稿单位提供。

六、《东昌府年鉴（2017）》的基础资料由区直各部门、各镇（街道）、园区及驻区单位提供，部分稿件由本刊编辑辑录整理。主要数据以统计公报为准，因个别供稿单位统计口径不同等原因，有的数据在不同条目中不尽一致，使用时请注意出处。

七、《东昌府年鉴（2017）》的编辑出版得到社会各界的支持和帮助，在此向为该书编辑出版付出辛勤劳动，给予大力支持的单位和个人表示衷心感谢。由于编辑人员的水平所限，难免存有疏漏、错误，敬请读者批评指正。

东昌府区地方志编纂委员会办公室

2017年10月

东昌府区名片

中国江北水城·运河古都

国家历史文化名城

国家卫生城市

中国优秀旅游城市

全国科技进步考核先进区

全国粮食生产先进县

国家级出口食品农产品质量安全示范区

全国全民健身先进单位

全国群众体育先进单位

全国国际象棋之乡

全国义务教育发展基本均衡县

国家级妇幼健康优质服务示范县（区）

省级创建文明城市工作先进区

全省农产品质量安全县

全省服务业发展先进区

全省普法依法治理工作先进区

全省双拥模范城

全省水资源管理规范化建设示范县

数字东昌府 2016

- 总面积：829 平方公里
- 年末常住人口：89.85 万人
- 地区生产总值：520.83 亿元

  第一产业：54.87 亿元

  第二产业：236.53 亿元

  第三产业：229.43 亿元
- 全区人均生产总值：39965 元
- 公共财政预算收入：31.85 亿元
- 公共财政预算支出：33.87 亿元
- 全社会固定资产投资：261.26 亿元
- 社会消费品零售额：230.77 亿元
- 外贸进出口总值：112564 万元

  出口总值：110001 万元

  进口总值：2563 万元

- 货物运输量：2785 万吨
- 接待游客量：538 万人次
- 旅游总收入：19.2 亿元
- 普通高等院校：2 所
- 中等职业学校：3 所
- 卫生事业机构床位：2008 张
- 卫生技术人员：2322 人
- 金融机构年末存款余额：1207.65 亿元
- 金融机构年末贷款余额：901.77 亿元
- 住户存款余额：576.42 亿元
- 城镇居民年人均可支配收入：24026 元
- 农村居民人均可支配收入：11463 元
- 农民人均生活消费支出：10538 元

2016 年 7 月 15 日，副省长王随莲（左二）到区妇幼保健院调研公立医院综合改革工作

2016 年 6 月 8 日，副省长赵润田（右二）到东昌府区验收农村土地承包经营权确权登记颁证工作

2016年9月7日，省政协副主席雷建国（右三）到东昌府区检查省委政协工作会议精神贯彻落实情况

2016年10月24日，省关工委常务副主任郭兆信（左三）到东昌府区调研指导关工委基层组织建设工作

2016年8月11日，市委书记、市人大常委会主任徐景颜（右四）到东昌府区调研基层法律服务全覆盖工作

2016年12月30日，市委副书记、市长宋军继（中）到东昌府区看望慰问一线窗口工作人员

2016 年 5 月 4 日，区委书记陈秀兴（中）调研扶贫项目

2016 年 10 月 22 日，区委副书记、区长毕黎明（左二）调度青兰高速项目建设

2017 年 8 月 17 日，区委书记荣红智（左二）调研扶贫工作

2017 年 3 月 16 日，区委副书记、区长刘培国（右二）调度全区创建森林城市工作

2017年1月17日，中共东昌府区第十三次代表大会召开

2017年1月23日，东昌府区第十七届人民代表大会第一次会议召开

2017年1月23日，中国人民政治协商会议聊城市东昌府区第十三届委员会第一次会议召开

2017年4月6日，全区城乡建设暨城市管理工作会议召开

水城新貌

古城一角

水城之眼

水城明珠

初春

荷韵

Contents

目 录

Contents

目 录

东昌府区人民代表大会
Dongchangfu District People's Congress

东昌府区人民政府
Dongchangfu District People's Government

Contents

目 录

Contents

目 录

军 事
Military Affairs

Contents

目 录

Contents

目 录

Contents

目 录

Contents

卫生和计划生育·体育

Hygiene and Family Planning and Sports

文化·旅游

Culture and Tourism

目　录

Contents

目 录

Contents

特　载

团结实干　奋发有为
为创造东昌府区人民幸福美好生活而努力奋斗

——在中国共产党东昌府区第十三次代表大会上的报告

（2017年1月15日）

荣红智

中国共产党东昌府区第十三次代表大会，是在“十三五”规划开局起步和决胜全面小康的关键时期召开的一次重要会议。大会的主题是：高举中国特色社会主义伟大旗帜，深入学习贯彻习近平总书记系列重要讲话精神，动员全区各级党组织和广大党员干部群众，不忘初心、继续前进，团结实干、奋发有为，为创造东昌府区人民幸福美好生活而努力奋斗。

一、过去五年的工作回顾

区第十二次党代会以来的五年，是攻坚克难、砥砺奋进的五年，是成果丰硕、变化显著的五年。五年来，面对复杂多变的宏观环境，在中央和省委、市委的坚强领导下，全区上下在抢抓机遇中阔步前行，在应对挑战中谋求发展，全面推进经济、政治、社会、文化、生态文明和党的建设，圆满完成了区十二次党代会确定的目标任务，在全面建成小康社会征程中迈出坚实步伐。

五年来，我们坚持转方式调结构，综合实力和质量效益显著提升。抓好三次产业的协调、融合发展，在做大总量中优化结构，在转变方式中提升质量，实现了发展速度、质量效益的同步提升。2016年，全区生产总值预计实现299亿元，是2011年的1.6倍；三次产业结构预计调整为11.7∶40.9∶47.4，二三产业比重较2011年底提高4.1个百分点；一般公共预算收入完成31.85亿元，是2011年的3.7倍；城镇居民人均可支配收入、农村居民人均可支配收入预计分别达到24049元、11537元，分别是2011年的1.2倍、1.5倍。积极推进新型工业化，传统产业改造升级，新兴产业不断涌现，科技创新能力不断增强，连续三年被评为“全国科技进步考核先进区”。现代农业提质增效，连续五年被评为“全国粮食生产先进县”；农业产业化、标准化、规模化生产稳步推进，被评为“全省农产品质量安全县”，成功创建省级、国家级“出口食品农产品质量安全示范区”。文化旅游融合发展，商贸物流持续膨胀，金融、电商快速崛起，被命名为“全省服务业发展先进区”。

五年来，我们坚持城乡统筹发展，城乡面貌焕然一新。大力实施新型城镇化战略，城镇化率达到63.7%，五年间提升12个百分点。棚户区改造取得突破性进展，王宅、北关等50个棚改项目完成搬迁改造，总面积达600万平方米。安置区建设进展顺利，建成安置房2.8万套，6.5万余名群众喜迁新居。全力保障重点项目建设，圆满完成滨河大道、“五环工程”等40个市城建重点项目的征迁任务。村镇建设扎实推进，新建农村新型社区20个、改造危房2200余户，堂邑镇、郑家镇成功入选全国重点镇。城乡环境日益改善，林木覆盖率达到38.9%，五年间提升9.4个百分点；建立健全城乡环卫一体化长效机制，顺利通过省级全覆盖认定；全力做好国家卫生城市复审迎检工作，为聊城市通过复审做出突出贡献。

五年来，我们坚持深化改革开放，发展活力日益凸显。政府机构、行政审批、财税体制等领域改革加快推进；农村土地确权登记颁证、公务用车、“五证合一、一照一码”等改革全面完成。对外开放成效显著。五年间，共引进项目1131个，总投资1907亿元，到位资金431亿元，国电集团风力发电、江苏爱康农业风力发电等项目相继落户，中通新能源汽车、天工岩土、国环循环经济产业园等一大批好项目、大项目相继竣工投产。民营经济快速发展，2016年，民营经济税收预计完成26.9亿元，是2011年的2.2倍。积极融入“两区一圈一带”、京津冀协同发展、环渤海经济圈等重大区域发展战略，合作领域进一步拓宽。

五年来，我们坚持保障改善民生，人民生活水平明显提高。坚持惠民利民导向，五年间，民生支出累计达89.5亿元，占财政总支出的70%。城乡就业稳步扩大，城乡低保和五保扩面提标，社会保障体系日益完善。共投资15亿元，新建改建学校109处，教育教学条件明显改善。东昌医疗保健集团成功组建，公共卫生和医疗服务体系进一步健全。文化惠民工程深入实施，新建农村文化大院578个、农家书屋200个；广泛开展文明创建和群众性文体活动，被评为“全国全民健身先进单位”和“全国群众体育先进单位”。精准扶贫成效显著，累计脱贫2.78万人，23个省定贫困村摘帽。

五年来，我们坚持团结协作，民主法治建设扎实推进。充分发挥区委统揽全局、协调各方的领导核心作用，积极支持人大、政府、政协依法依章履职尽责，切实加强与各民主党派、工商联和无党派人士合作共事，爱国统一战线发展壮大，民族、宗教、侨务、对台等工作水平显著提升。工会、共青团、妇联、科协等人民团体工作取得新成绩。依法治区全面推进，基层法律服务实现全覆盖，被评为“全省普法依法治理工作先进区”。“平安东昌”建设深入开展，“天网”视频监控工程实现全覆盖，治安防控体系健全完善，网格化管理模式基本形成，社会大局持续和谐稳定。

五年来，我们坚持从严治党，党的建设全面加强。扎实开展党的群众路线教育实践活动、“三严三实”专题教育、“两学一做”学习教育，党员干部作风明显好转。全面加强基层党组织建设，整体功能进一步提升，古楼街道湖北社区党总支被评为“全国先进基层党组织”，是全市唯一受到党中央表彰的基层组织。深入推进党风廉政建设和反腐败工作，全面落实“两个责任”，严格执行中央八项规定，驰而不息纠治“四风”，塑造了清正廉洁的良好形象。广大人民群众在亲身感受全面从严治党的重大成果中，对各级领导班子和党员干部更加充满信心、充满期待。

天道酬勤，汗水凝金。这些沉甸甸的收获和成就，是中央和省委、市委坚强领导、科学决策的结果，是全区各级党组织、广大党员和人民群众同心同德、合力攻坚的结果，是离退休老同志及社会各界人士关心、支持和帮助的结果。在此，我代表中共东昌府区第十二届委员会向所有为东昌府区改革发展作出贡献的同志们、朋友们，表示衷心的感谢并致以崇高的敬意！

五年的发展成就，为我们继续前进奠定了坚实基础；五年的生动实践，为我们开创未来积累了宝贵经验。回顾五年的发展历程，我们深切体会到：必须始终保持坚强政治定力，牢固树立“四个意识”，切实做到信仰不变、立场不移、方向不偏。必须牢牢扭住发展这个第一要务，顺应经济发展新常态，坚持速度、质量、结构相统一，经济效益、社会效益、生态效益相协调，推动长远可持续发展。必须持续深化改革创新，勇于破除一切束缚发展的体制机制障碍，用先进的理念、开放的视野、改革的办法闯出发展新路径，开辟发展新境界。必须坚持以人民为中心的发展思想，着力解决人民群众最关心、最直接、最现实的利益问题，使发展成果更多更公平地惠及于民。必须坚持全面从严治党，认真履行管党治党责任，着力营造政治上的绿水青山。这些经验与启示，弥足珍贵，必须倍加珍惜、长期坚持、不断完善。

各位代表、同志们，取得的成就令人振奋，肩负的事业任重道远。在总结成绩的同时，我们也要清醒地看到存在的困难和问题，主要是：经济总量不大、质量不高，结构性矛盾较为突出，产业转型升级任务艰巨；创新能力不强，发展后劲不足，加快动能转换迫在眉睫；城镇化水平较低，城乡发展不均衡，城乡居民收入差距较大；民生和生态环境改善任务繁重；制约发展的体制机制障碍仍然存在，影响和谐稳定的新情况新问题不断出现；全面从严治党依然存在薄弱环节，一些党员干部大局观念、担当精神不强，素质能力、工作效率亟待提升，党风廉政建设和反腐败斗争形势依然严峻等等。对于这些问题和不足，我们必须高度重视，采取有力措施认真加以解决。

二、未来五年的总体思路和奋斗目标

今后五年，是全面深化改革的关键期，是新旧动能接续转换的加速期，也是大有可为的重要战略机遇期。纵观大势，我们面临实现跨越崛起的历史机遇。世界经济在深度调整中曲折复苏，新一轮科技革命和产业变革蓄势待发；我国经济发展进入新常态，"中国制造2025""互联网+"行动计划、大众创业万众创新等一系列重大举措的出台，新产业、新业态、新技术层出不穷，特别是供给侧结构性改革红利持续释放，将进一步加速催生新的发展动能；随着"一带一路"、京津冀一体化、中韩自贸区、环渤海合作发展经济区等国家重大战略的深入实施，全省"两区一圈一带"发展战略的纵深推进，特别是聊城市成功融入中原城市群发展战略，东昌府区成为重大区域战略的叠加区、核心区，我们在享受上级政策支持、吸引各类发展要素等方面优势日益显现，为我们实现借力发展、借势发展拓展了新的空间。审视自身，我们具有决胜全面小康的综合优势。东昌府区是运河古都、文化名城、资源宝地，明清时期就是声名显赫的商埠，新中国成立以来特别是改革开放以来，许多工作走在全市乃至全省、全国前列；当前，一大批转型项目落地建设，文化旅游、高端装备制造、节能环保、新能源等新兴产业加快发展，产业体系日趋完善，新的经济增长点正在汇集，动能转换的趋势已经形成；特别是京九高铁、郑济高铁、聊城机场、聊泰铁路等一大批重大基础工程即将开工建设，高速成网、高铁叠加、飞机起降的现代立体化交通大格局和区域性综合交通枢纽初步形成，区位优势、比较优势和后发优势将进一步凸显，为我们扩大开放、深化合作提供了难得机遇；更为可贵的是，东昌府区各级干部勇于担当，想干事、会干事、能干事的氛围日渐浓厚，东昌府区的企业家有眼光、有思路、有拼劲，东昌府区广大人民群众浸润着革命老区的红色基因，勤于创造、善于创新、勇于创业，这是我们干事创业的动力源泉。只要我们咬定青山不放松，一张蓝图绘到底，以勇于争先的行动自觉、舍我其谁的使命担当，就一定能够开创无愧于历史、无愧于时代、无愧于人民的新业绩，共同谱写东昌府区科学发展的新篇章！

未来五年工作的总体要求是：高举中国特色社会主义伟大旗帜，以邓小平理论、"三个代表"重要思想和科学发展观为指导，深入贯彻习近平总书记系列重要讲话精神，坚持"五位一体"总体布局和"四个全面"战略布局，深入践行五大发展理念，按照省委"一个定位、三个提升"和市委"作风引领、团结实干、争先进位、科学发展"的总体要求，围绕"打造冀鲁豫交界区域性中心城市"的目标，抢抓国家省重大发展战略实施、重大基础工程建设两大机遇，大力实施产业立区、城建靓区、创新强区三大战略，强化作风引领、民生优先、风险防控三个保障，夯实全面从严治党这一基础，为创造东昌府区人民幸福美好生活而努力奋斗。

按照上述总体要求，未来五年，通过"三步走"实现"打造冀鲁豫交界区域性中心城市"的奋斗目标：第一步，实现"一个率先"，在全市率先全面建成小康社会；第二步，建设"一个强区"，再用1-2年的时间，跨入全国综合实力百强区行列；第三步，打造"一个中心"，到2021年，把东昌府区打造成为冀鲁豫交界区域性中心城市。

——综合实力更加雄厚。经济保持中高速增长，主要经济指标增幅高于全市平均水平；经济实现转型发展，到2021年，三次产业比重调整为7∶38∶55，构建总量做大、结构趋优、创新增强、质量向好的经济发展新格局，东昌府区成为区域性先进制造业中心、创新创业中心、商贸物流中心、金融服务中心、放心农产品供应基地和旅游休闲目的地。

——文化事业更加繁荣。社会主义核心价值观深入人心，向上向善、诚信互助的社会风尚更加浓厚；精神文明创建深入推进，社会文明程度显著提高；覆盖城乡的公共文化服务体系不断完善，文化品牌进一步提升，东昌文化对周边区域的吸引力、影响力和感召力明显增强。

——城乡环境更加优美。全面提升城乡建设管理水平，东昌特点、地域特色、文化特质充分彰显；城乡基础设施、公共服务更加均衡，以人为核心的城镇化水平显著提升，构建城乡统筹协调发展新格局；坚定不移走好绿色生态发展之路，东昌府区的天更蓝、地更绿、水更清、空气更清新、环境更美丽，打造人与自然和谐共处的生态宜居之城。

——人民生活更加幸福。聚焦富民安民惠民，持续增加民生福祉，让群众有更稳定的工作、更满意的收入、更可靠的社会保障，接受更高水平的教育和医疗卫生服务，群众幸福感和获得感明显增强，改革发展成果更多更公平地惠及全区人民。五年内，城乡居民收入年均增长保持在9%以上。

——从严治党更加有力。“四个意识”牢固树立，各级党组织执政能力和领导水平不断提高，领导核心作用不断增强，党的执政基础更加巩固；干事创业导向明确，干部队伍忠诚干净担当，党群干群关系更加密切；“两个责任”全面落实，党风政风更加清明，政治生态不断优化。

各位代表、同志们，格局是视野的体现，把握大势才能赢得战略主动；理念是发展的灵魂，敢闯新路才能走在时代前列；实干是成事的法宝，攻坚克难才能展示担当作为。只要牢记使命、锐意进取，开拓创新、勇往直前，就一定能够在新一轮改革发展中创造新优势、激发新潜能、实现新发展，就一定能够在新的征程中谱写新篇章、实现新跨越、铸就新辉煌。

三、奋力开创经济发展新局面

发展是解决所有问题的关键。我们必须始终抓好发展这个第一要务，着力推进供给侧结构性改革，加快动能转换，实现较快速度、较高质量的发展。

（一）大力实施产业立区战略，打造转型发展新优势。产业是区域经济发展的根本动力，是东昌府区的立区之本，必须坚定不移地实施产业立区战略，立足区位优势、资源禀赋和产业基础，大力发展实体经济，积极地稳，主动地进，全力把我区打造成为全省乃至全国的生态农业示范区、先进制造业样板区、现代物流集聚区、文化旅游休闲区。

繁荣发展现代服务业。作为市驻区，我们发展服务业具有得天独厚的优势。要改造提升商超、市场等商贸流通业，全力推进缤纷日月城、国际商贸城等大型城市综合体项目建设，努力打造区域消费性服务中心。大力发展现代物流业，培育壮大铁力货运、正大物流等企业，加快推进香江商贸物流园区、京九现代物流园区建设，着力打造区域性综合物流服务枢纽。大力发展文化旅游业，加快运河文化旅游产业带建设，开发独具特色的乡村游、休闲游、民俗游，努力打造旅游服务基地。坚持旅游和文化融合发展，深入挖掘运河文化、古城文化等厚重的文化底蕴，做大做强东昌葫芦雕刻、东昌木版年画等非物质文化遗产品牌，实现由“文化资源大区”向“文化产业强区”的跨越。大力发展电子商务，加快百亿智慧物流园区和电子商务产业园建设，扶持壮大百年图书网、路庄淘宝村等电商平台，推动电子商务向农村延伸。加快发展金融服务、总部经济、会展经济、健康养老、研发设计、物业家政等业态，不断拓展服务业发展领域。

提升新型工业化水平。工业是实体经济的核心。要大力实施主导产业、优质企业、知名品牌“三大培育工程”，推动工业经济转型升级。实施主导产业培育工程，改造提升机械装备及零部件、轴承及保持器、化工建材等传统产业，积极培育新材料、新能源、节能环保、高端装备制造等战略性新兴产业，培育一批百亿乃至千亿产业集群。实施优质企业培育工程，集中资源、集中要素，扶持壮大天工岩土、中通轻客、鑫鹏集团等龙头企业，完善落实“一企一策”扶持措施，在技术创新、市场拓展、融资服务等方面给予优先保障，力争培育一批百亿元龙头企业。实施知名品牌培育工程，引导企业牢固树立质量强企意识，着力打造一批“东昌制造”品牌企业，不断提升品牌影响力和市场占有率。

大力推进农业现代化。深入推进农业供给侧结构性改革，提高农产品供给质量和水平。在稳定粮食产能的基础上，大力发展蔬菜、畜牧、林果、水产等主导产业，培育壮大中药材、东昌葫芦、东昌食用菌、鲁西黑头肉羊等优势产品。着力提升农业产业化水平，扶持发展立海冷藏、绿亚禽业等企业，重点发展福和农业科技园、亿沣生态园等科技示范园区，培育一批农业“小巨人”。放大国家级“出口食品农产品质量安全示范区”的品牌效应，扩大“三品一标”认证规模，打响“东昌”鲜活农产品区域公共品牌。积极发展专业大户、农民合作社、家庭农场等新型农业经营主体，开展多种形式的规模经营，在有限的土地上产生最大效益。

全力推进招商引资。坚持精准招商，为产业立区提供有力支撑。依托园区抓招商，强化园区招商引资主阵地作用，进一步明晰产业定位，既抓龙头型项目引进，又抓上下游协作配套，同时抓好新兴产业、新兴业态的引进，打造特色产业集群。突出专业抓招商，围绕产业链扩大信息链，组建专业化市场化团队，进一步提高招商针对性。围绕战略抓招商，主动对接和融入“两区一圈一带”、京津冀协同发展区等发展战略，精心策划、开发引进一批高端优质项目。

（二）大力实施城建靓区战略，构建城乡发展新格局。城镇化是现代化的必由之路，必须坚定不移地实施城建靓区战略，按照“河湖秀美大水城、宜居宜业新聊城”的城市定位，加快推进“以人为核心”的新型城镇化，全力把我区打造成为宜居宜业宜游之城。

优化城镇布局。按照统筹规划、集聚高效、合理布局、分工协作的原则，明确城镇等级规模结构，拉大城镇框架。抢抓郑济高铁、京九高铁等重大基础工程建设的机遇，积极推进城区向西部拓展，科学规划城区西部的空间布局、功能定位，大力发展金融服务、商业休闲、总部经济、会展酒店、多功能居住等业态，实现由“交通枢纽”向“经济枢纽”的跨越，将西部城区打造成为 HBD（枢纽商业区）枢纽新城，逐步形成西部城区与中心城区错位发展、相辅相成、相互促进的良好格局。

稳步推进棚户区改造。围绕“聊茌东”都市区一体化建设，加快推进棚户区改造，实现城市功能、人居环境、城市形象整体提升。用足用好各类扶持政策，积极探索 PPP 开发等模式，全力破解资金、土地等瓶颈，进一步加快安置区建设，让群众早日搬入新居。牢固树立“市区一体”意识，积极配合市城建重点项目建设，为项目顺利实施创造条件。

推动特色小镇建设。坚持因地制宜、量力而行的原则，突出抓好产业发展，走出产城一体、工农城乡融合发展的路子。充分发挥郑家、沙镇、堂邑等国家、省示范镇的带动作用，以培育特色产业、壮大镇域经济为重点，加快推进特色镇人口集中、产业集聚、功能完善、要素集约，形成镇域经济差异化、特色化发展格局。积极推进农村新型社区建设，完善园林绿化、天然气、给排水等基础设施建设，不断增强公共服务功能，努力建成一批特色鲜明、功能完善的农村新型社区。

加快推进美丽乡村建设。按照“培育中心村、整治自然村、提升特色村”的思路，加快美丽乡村扩面提质，到 2021 年基本实现美丽乡村建设全覆盖。着力塑造乡村特色，加强乡村规划，积存文化内涵，加强传统村落民居的保护开发，打造一批美丽乡村示范带。扎实开展城乡环卫一体化，让清净整洁彰显在乡村的每一个角落。

（三）大力实施创新强区战略，激发经济发展新动能。创新是引领发展的第一动力，必须树立“抓创新就是抓发展，谋创新就是谋未来”的理念，大力实施创新强区战略，加快形成以创新为主要引领和支撑的经济体系和发展模式，使创新成为加速东昌府区发展的动力之源。到 2021 年，全区科技进步贡献率达到 60%。

强化政策支持。充分发挥财政科技资金的引导、启动、扶持作用，大力实施科技创新示范工程，建立科技发展基金和科技成果转化风险基金，推动科技型企业发展壮大。引导企业发挥主力军作用，积极开展科研攻关和技术改造，创新产品、提升品质，构建以科技创新型产业为主导的产业结构。大力推动政产学研协同合作，进一步深化与中科院、山东大学等高校院所的合作，支持企业与高校、科研院所合作建设研发机构和技术创新联盟、科技孵化平台，推进重大科技成果转化。加强企业家队伍建设，引导企业家更新观念、拓展视野，促进企业管理创新、业态创新、市场创新。

打造人才高地。坚持引才、育才、用才并举，引进和培养实用型、研究型、创新型人才，为科技创新提供坚强智力保障。坚持政策引人才，完善人才激励政策，五年内力争引进国家“千人计划”人才、山东省“泰山学者”等高层次专家 50 名以上、创新创业团队 30 个以上、博士 100 名以上。坚持平台聚人才，围绕智能装备、新能源汽车、新型金属材料等产业，规划建设集技术研发、成果转化、孵化加速于一体的创新创业科技园；大力发展众创、众包、众扶、众筹等新模式，积极打造各类创新创业孵化基地，激发大众创业万众创新活力。坚持产业兴人才，以重点企业、重点产业为核心，通过组建创新联盟等方式集聚人才，让人才在企业不断壮大中发挥才干、体现价值。坚持待遇留人才，引导企业健全完善股权、期权和分红激励机制，营造良好的用人、留人环境。

优化创新环境。牢固树立“政府提供服务，企业创造财富”的服务意识，深入开展“星期六企业工作日”“金融工作日”等活动，帮助企业解决难题。深化各领域改革，把顶层设计与自身创新结合起来，分层分类、积极稳妥予以推进，不断释放创新活力。完善“双创”机制，加快政府职能转变，营造良好的法治环境、政策环境、市场环境，为市场主体松绑加力。认真落实《关于全面推进大众创业万众创新的实施意见》，加大对市场准入、载体打造、政策支持、要素供给等方面的落实力度，构建管用、好用的创新创业扶持政策体系，确保各项政策落地生根、开花结果。

四、共建共享美丽家园

牢固树立以人民为中心的发展思想，坚持发展为了人民、发展依靠人民、发展成果由人民共享，让发展更有温度、让幸福更有质感。

（一）强化作风建设。政贵在行，事成于实。必须把作风建设摆在突出位置，推进作风建设常态长效。要力戒空谈，多干实事，树立“空谈误事、实干兴区”的导向；要力戒浮躁，树立“功成不必在我”的思想，既看显绩，更看潜绩，多做打基础、利长远的事情；要力戒形式主义，不做虚功、不图虚名、不瞎折腾，切实做到谋事要实、创业要实、做人要实。要增强工作主动性。坚决克服不想为、不敢为的思想，勇于担当、敢于作为，问题想在前、工作干在前，主动谋划思路、主动争取政策、主动推进工作、主动落实部署，把全部精力集中到干事上，把全部能力施展到发展上。要提高工作效率。坚决克服不思进取、得过且过的思想，雷厉风行、立说立行，要事急干、急事早干，真正把加快发展的部署变成具体的行动、转化为实际的效果。要提升工作标准。坚决克服小富即满、小富即安的思想，提升发展标杆、提升精神境界，自觉把工作放在全省、全市大局中审视把握，对照先进找差距，瞄准目标谋发展，咬紧标兵争一流，努力在竞争中率先发展、争先进位。要创新思路举措。坚决克服因循守旧、墨守成规的思想，更新观念、勇于创新，克服一切陈规陋习的制约，善于用改革的方法破解发展中的矛盾和难题，创造性地开展工作。

（二）强化民生优先。民生是百姓幸福之基、社会祥和之本。必须着力解决好关系人民群众切身利益的问题，补齐民生短板，让群众得到更多看得见、摸得着的实惠。

坚决打赢脱贫攻坚战。紧紧围绕“两不愁、三保障”要求，精准施策、精准发力，确保2017年所有贫困村摘帽、贫困人口全部脱贫。坚持治标与治本结合、“输血”与“造血”并举，因地制宜、分类施策，围绕种养扶贫、旅游扶贫、电商扶贫、光伏扶贫、就业扶贫五个主攻方向，增强贫困户的自我发展能力。围绕“五通十有”，加大资金投入，提升基础设施和公共服务水平。严格落实脱贫攻坚责任制，健全单位包村、干部包户机制，完善考核评价体系，确保如期实现脱贫目标。

提升公共服务水平。实施更加积极的就业政策，拓宽就业渠道，突出抓好高校毕业生、农村转移劳动力、城镇就业困难人员、退役军人等重点群体就业，提高居民收入水平。实施教育优先发展战略，深化教育教学改革，扎实推进“全面改薄”，积极推广“名校带分校”，大力实施“解决城区大班额问题及教育重点项目三年会战”工程，投资15亿元，新建中小学校及幼儿园20处，新增教学班500个；支持发展民办教育，加快构建现代职业教育体系，努力办好人民满意的教育。深化公立医院改革，完善分级诊疗制度，鼓励引导社会力量办医，健全区、镇、村三级医疗卫生服务网络，新增床位2000张以上，提高公共卫生服务水平。大力发展社会养老服务机构，积极创建“山东省社区治理暨养老服务创新实验区”。完善社会保险制度，扩大社会保险覆盖面，健全社会救助制度，保障困难群众基本生活，建立更为完善的社会保障网。

繁荣发展文化事业。广泛开展中国特色社会主义和中国梦主题宣传教育，积极培育和践行社会主义核心价值观，大力弘扬厚德诚信、包容开放、创新实干、图强争先的新时期东昌人文精神，构筑共有精神家园。加强未成年人思想道德建设，全面推进“四德工程”建设，广泛开展精神文明创建活动，提升全民文明素质。加快推进文化馆、美术馆和图书馆建设，完善综合文化站、文化大院、农家书屋配套功能，构建现代公共文化服务体系。广泛开展“文化惠民”“文化下乡”“全民读书”等活动，让人民群众享受更加丰富、更高品位、更有营养的精神文化生活。

（三）强化风险防控。环境保护、安全生产、信访稳定等工作事关改革发展大局、涉及人民群众切身利益，要牢固树立底线思维和红线意识，推动经济社会实现更加安全、更可持续发展。

筑牢生态底线。生态环境没有替代品，用之不觉，失之难存。要强化环境准入、环境标准硬约束，从严控制高耗能、高排放行业发展，培育壮大绿色经济。坚持绿色发展，让“蓝天白云常在、河清水洁永存、美丽发展同行”的良好愿景变为现实，打造东昌府区的绿色亮丽名片。要采取“水陆空”立体治污，大力实施“蓝天碧水净土”三大工程，持续推进生态环境改善。坚持生态治水，加快生态水系和农村污水处理设施建设，促进水环境质量全面改善；坚持重拳治土，抓好土壤污染治理，促进土壤资源永续利用；坚持铁腕治霾，全面提高科学治霾和系统治气水平，持续改善大气环境质量，让老百姓看到更多的蓝天白云、呼吸到更加清新的空气。大力推进生态绿化工程，扎实开展国家森林城市创建，进一步增绿添景、"增花添彩"，全面构建绿色生态体系。积极倡导绿色价值观，推动形成绿色生产生活方式，让绿色、低碳、节约成为社会风尚和全民自觉。

筑牢安全底线。牢固树立安全发展理念，实行党政同责、一岗双责、失职追责，健全完善隐患排查治理监督和应急救援体系，严厉打击非法违法、违规违章生产经营行为，坚决遏制重特大事故发生。实施最严格的食品药品监管制度，织密食品药品安全网，确保人民群众的生命健康安全。

筑牢维稳底线。加强社会治理创新，大力推进社会治理服务中心和"天网"工程建设，完善立体化治安防控体系，依法惩处违法犯罪行为，不断提高人民群众的安全感和满意度。深化基层法律服务全覆盖，扎实推进"一镇一团队、一村居一顾问"工程。加强和改进信访工作，完善社会稳定风险评估、社会舆情研判和社会矛盾预警机制，把不稳定因素化解在基层、消除在源头。同时，加强土地资源、金融等方面的监督监管，确保守住底线。

各位代表、同志们，率先全面建成小康社会，是我们的庄严承诺；共建共享美好家园，是我们永无止境的为民追求。只要我们立下"不到长城非好汉"的雄心壮志，拿出"敢叫日月换新天"的革命气概，鼓起"不破楼兰终不还"的激情干劲，以踏石留印、抓铁有痕的决心，以刮骨疗毒、壮士断腕的勇气，以时不我待、背水一战的精神，同心同德、众志成城，东昌府区的宏伟事业就一定会乘风破浪、不断突破、加速前行，必将焕发新的蓬勃生机、绽放新的时代魅力，东昌府区人民必将生活得更有尊严、更加幸福。

五、全面从严治党

事业发展，关键在党，关键在人。要按照全面从严治党要求，切实加强和改进党的建设，为"打造冀鲁豫交界区域性中心城市"提供坚强组织保障。

（一）筑牢理想信念的坚定基石。坚持把理想信念教育作为党员干部的"第一课"，正本清源、固根守魂，引导党员干部把理想信念转化为对奋斗目标的执着追求。运用好党委（党组）中心组、东昌论坛、区委党校等载体，自觉用中国特色社会主义理论体系武装头脑，深学细悟党中央治国理政新理念新思想新战略，不断提高理论水平和党性修养。牢固树立"四个意识"，特别是核心意识、看齐意识，坚决维护党中央权威，始终在思想上、政治上、行动上同以习近平同志为核心的党中央保持高度一致。牢牢把握舆论导向，坚持团结鼓劲、正面宣传为主，巩固壮大积极健康向上的主流舆论。严格落实意识形态责任制，牢牢掌握意识形态工作的领导权主动权，凝聚强大精神动力。

（二）打造忠诚干净担当的干部队伍。要始终坚持正确的用人导向和"二十字"好干部标准，切实把政治坚定、实绩突出、作风过硬、群众公认的干部选拔到各级领导岗位。特别要关注重用那些在工作中有思路、有能力、有作为、有贡献的干部，在艰苦环境中埋头苦干、默默奉献的干部，在应对急难险重任务时勇于担当、任劳任怨的干部。加大优秀年轻干部培养选拔力度，重视选拔女干部、非党干部、少数民族干部。要健全完善正向激励和容错纠错机制，保护作风正派、敢作敢为、锐意进取的干部，旗帜鲜明地为敢于担当的干部担当，为敢于负责的干部负责。

（三）构筑坚强有力的基层堡垒。要始终把抓基层、打基础作为固本之策，牢固树立大抓基层的鲜明导向，推动基层组织建设全面过硬、全面深化、全面进步。严格落实基层党建工作责任制，统筹推进农村、社区、机关、"两新"组织等领域党建工作，实现党的组织和党的工作全覆盖。健全以财政投入为主的村级组织经费和干部待遇保障机制，不断提升基层组织服务群众的能力和水平。以创建村级服务型党组织为抓手，加强农村党支部书记队伍建设，继续抓好抓实软弱涣散党组织整顿、"第一书记"驻村帮扶、大学生村官等工作。加快村级组织活动场所和社区办公服务用房建设，打造一批高标准的综合服务场所。做好党员发展工作，创新流动党员管理机制，引导广大党员立足岗位创先争优。健全党员激励、关怀和帮扶机制，推进党内民主和党务公开，保障党员的知情权、参与权和监督权。

（四）巩固风清气正的政治生态。要全面落实从严治党主体责任，深入推进党风廉政建设和反腐败斗争，让清廉、清正、清明成为全区的鲜明标识。深化和拓展党的群众路线教育实践活动、"三严三实"

专题教育、“两学一做”学习教育成果，认真执行中央八项规定，持之以恒纠治“四风”，推动作风建设向广度延伸、向深度拓展。要把纪律规矩挺在前面，严格遵守党章、遵循党章，深入贯彻《中国共产党廉洁自律准则》《中国共产党纪律处分条例》等党纪党规，坚持纪在法前、纪严于法，综合运用好监督执纪“四种形态”，让守纪律、讲规矩成为全体党员的政治操守和行动自觉。始终保持惩治腐败的高压态势，坚持无禁区、全覆盖、零容忍，有案必查、有腐必惩，深化纪检机关“三转”，支持纪检监察机关履行监督职责，用好巡察“利剑”，着力构建不敢腐、不能腐、不想腐的惩防体系。

（五）凝聚团结奋进的强大合力。实现既定奋斗目标，必须充分发挥党委的领导核心作用，最大限度激发和调动各方面的积极性、主动性和创造性。坚持和完善人民代表大会制度，支持和保障人大及其常委会依法履行职能。坚持和完善中国共产党领导的多党合作与政治协商制度，提高人民政协工作科学化水平。加强同各民主党派、工商联、无党派人士和各人民团体的团结合作，认真做好民族、宗教、侨务、对台工作，巩固和壮大最广泛的爱国统一战线。加强依法行政，推进依法治区，严格公正司法，使法治成为全民的共同信仰和行为准则。落实党管武装制度，加强全民国防教育和后备力量建设，促进军民融合深度发展。加强和改进党的群团工作，充分发挥工会、共青团、妇联等群团组织作用，凝聚起全面建成小康社会的强大合力。

各位代表、同志们，伟大的时代赋予我们光荣使命，崇高的事业召唤我们奋力前行。百舸争流，破浪者领航；千帆共进，奋勇者争先。让我们更加紧密地团结在以习近平同志为核心的党中央周围，在省委、市委的坚强领导下，不忘初心、继续前进，团结实干、奋发有为，为打造冀鲁豫交界区域性中心城市、创造东昌府区人民幸福美好生活而努力奋斗！

政府工作报告

——在东昌府区第十七届人民代表大会第一次会议上

（2017年1月23日）

刘培国

一、过去五年的政府工作回顾

过去的五年，是我区攻坚克难、砥砺奋进的五年，也是成果丰硕、变化显著的五年。五年来，面对错综复杂的经济环境和艰巨繁重的改革发展任务，全区上下在市委、市政府和区委的坚强领导下，统筹推进稳增长、促改革、调结构、惠民生、防风险等各项工作，锐意进取，真抓实干，圆满完成了区十六届人大一次会议确定的目标任务，为全面建成小康社会打下了坚实基础。

（一）坚持科学发展，综合实力明显增强。2016年，预计全区生产总值实现299亿元，是2011年的1.6倍，年均增长9.7%；一般公共预算收入完成31.85亿元，是2011年的3.7倍；固定资产投资完成261亿元，是2011年的2.2倍；社会消费品零售总额达230亿元，是2011年的2倍；城镇和农村居民人均可支配收入分别达24049元和11537元，是2011年的1.2倍和1.5倍，全区经济呈现出稳中有进、质效提升的良好发展态势。

（二）坚持转型升级，产业结构持续优化。二三产业占比较2011年提高4.1个百分点，三次产业比例达到11.7∶40.9∶47.4。农业基础地位更加稳固。粮食总产连年攀升，连续五年被评为“全国粮食生产先进县”；土地流转面积达26.3万亩，福和中药产业园、亿沣生态园等现代农业示范园发展到29家；无公害蔬菜可控制面积发展到68万亩，各类畜禽规模化养殖场达485个，名优水产养殖面积达8456亩，林果经济林达22万亩；农副产品加工企业达228家，其中省级龙头企业4家、市级龙头企业49家；“三品一标”认证品牌数量达104个，被评为“全省农产品质量安全县”，成功创建省级、国家级“出口食品农产品质量安全示范区”。工业整体实力迈上新台阶。累计完成工业投入410.3亿元，年均增长15.2%。全区规模以上工业企业达203家，预计实现主营业务收入553亿元，是2011年的1.5倍；齐鲁油漆、鑫鹏源、中奥毯业等主营业务收入过亿元的企业达30家、利税过千万元的企业达24家，分别增加10家和6家；市级以上工程技术研究中心由2011年的15家发展到28家，省级以上高新技术企业达11家；新增山东省著名商标14个、山东省名牌产品10个，荣获市长质量奖3项；民营经济实现税收26.9亿元，是2011年的2.2倍。服务业支撑作用日益凸显。服务业地税收入完成12.6亿元，占地税总收入的79%。银座商城、京都商贸城、大润发超市开业运营，百大集团、亿沣超市等企业规模档次明显提升，年成交额过亿元的市场达27处，实现市场成交额412亿元，是2011年的1.4倍；E钢在线、百年图书网等电子商务平台快速发展，电商企业发展到2400余家，占全市总量的一半以上；区农信社改制为聊城农商银行，主体业务阶梯发展，行业地位保持领先，连续3年上缴税金过亿元；成功引进交通银行、浦发银行等区域外金融机构14家，总量达20家；建设龙堤、东昌上林苑等国家A级景区景点、省级乡村旅游示范点22处，乡村游、民俗游、休闲游成为新时尚，被命名为“全省服务业发展先进区”。

（三）坚持城乡统筹，城建工作成绩斐然。大力实施新型城镇化战略，城镇化率达63.7%，较2011年提高12个百分点。市城建重点项目保障有力。圆满完成了滨河大道、市民文化中心、财干路西延等40个项目的征迁，为打造“河湖秀美大水城、宜居宜业新聊城”做出了重大贡献。棚户区改造取得历史性突破。顺利完成双庙、北关、唐庄、小东关等50多个片区的征迁，涉及群众4万多户、面积680多万平方米。高度重视回迁安置区建设，争取上级补助近5亿元，并与葛洲坝集团成功合作，进一步加快了安置房建设，全区开工建设安置房近5万套、建成2.8万套、6.5万名群众喜迁新居，棚户区改造开工完成率、货币化安置率、群众满意率等指标连续五年稳居全市第一。老旧小区改造顺利启动。投资8000多万元，完成了柳泉花园、湖北小区等52个小区的改造，一批设施不配套、功能不完善的老旧小区展现新面貌、焕发新生机。村镇建设协调推进。堂邑镇、郑家镇成功入选全国重点镇，沙镇、郑家镇顺利通过省级示范镇考核；新建梁水镇金域家园、郑家卧龙等新型农村社区20个，改造危房2200户。投资9000万元，大力实施小城镇提升工程，沙镇、道口铺等6个镇（街）顺利通过市级验收。

（四）坚持改革开放，发展活力充分释放。重点领域改革成效显著。农村土地承包经营权确权登记颁证、公务用车、五证合一、一照一码等改革全面完成；PPP项目模式成功破题，6个项目纳入省项目库，涉及资金90亿元；成功组建东昌医疗保健集团，基本药物制度和“先诊疗、后付费”模式全面推行；卫生计生、工商质监、食药监管等机构整合完毕，中小学校长职级制改革稳妥推进。招商引资成果丰硕。共引进项目1131个，计划总投资1907亿元，到位资金431亿元，天开钨业、安托山电机、国环循环经济产业园等一批大项目、好项目建成投产，新的经济增长点不断涌现。对外开放环境不断提升。邯济铁路复线、德商高速、济聊一级公路建成通车，青兰高速聊城段开工建设，京九高铁、郑济高铁、聊泰铁路、聊城机场等重大基础设施项目列入国家综合交通网规划，畅通高效的现代交通体系即将形成，对外吸引力明显增强。开放型经济稳步发展，累计完成出口创汇60.2亿元。

（五）坚持绿色发展，生态环境持续改善。深入开展黄标车、秸秆焚烧、黑臭水体等重点污染源治理，淘汰黄标车7500余辆，关闭污染企业近70家。强力推进煤炭清洁利用及散煤治理，改造城区燃煤设施130处，取缔散煤经营点78家，洁净煤配送到户率达100%。突出抓好扬尘污染防治，严格落实各项防治措施，对违法企业依法顶格处罚，起到了较好的警示作用。扎实做好海河流域水污染治理，建设污水处理厂5处；开展了国家卫生城复审迎检及“回头看”活动，为聊城顺利通过国家验收做出了应有贡献。认真开展美丽乡村建设活动，城乡环卫一体化实现全覆盖，路域环境综合整治成效明显，农村旱厕改造工作全面铺开。我区被评为“国家级生态示范区”。

（六）坚持改善民生，社会事业全面进步。民生支出累计达89.5亿元，占财政总支出的70%。科技示范基地发展到42处，获得发明专利655项，连续三年被评为“全国科技进步考核先进区”。积极创建“全国义务教育发展基本均衡县”，投入资金12.2亿元，新建扩建城区学校18处，新增教学班640个；投资2.8亿元，完成91个农村校改项目，建设农村幼儿园35处，农村中小学实现名校带动全覆盖。新建文化大院578个、农家书屋200个；积极参与“全国文明城市”创建，被评为“省级创建文明城市工作先进区”；连续五年成功举办全民健身运动会，被评为“全国全民健身先进单位”“全国群众体育先进单位”。妇女儿童保健大楼、中医院综合病房楼建成运营，3家区直医院通过“二级甲等”复审，妇幼保健工作进入全国百强，被评为“国家级妇幼健康优质服务示范县（区）”；全面落实人口计生政策，严厉打击“两非”行为，出生人口质量持续提升。不断完善社会保障体系，城乡居民医疗保险、养老保险成功并轨，共为群众报销医药费10.2亿元，发放养老金4亿元、城乡低保1.5亿元。认真落实就业扶持政策，新增城镇就业4万人，登记失业率控制在3%以内。大力推进农村公路改造，投资2.8亿元，新修改造农村公路514.8公里；成功争取省级农村公路网化示范县项目，获得扶持资金8800多万元。扶贫攻坚取得显著成效，41个省定贫困村道路改造完毕，在全市率先完成378户贫困户危房改造任务，23个省定贫困村、2.78万人成功摘帽脱贫。充分发挥区长热线作用，畅通群众来信来访渠道，一批热点难点问题得到及时有效解决。认真抓好社会治安综合治理，严厉打击各类违法犯罪活动，群众的满意度不断提升。扎实推进“一镇一团队、一村一顾问”工程，基层法律服务实现全覆盖。积极开展双拥共建，切实强化安全生产、食品药品监管，社会保持和谐稳定。同时，审计、统计、物价、广播电视、外事侨务、应急管理、民族宗教、史志编纂、关心下一代等工作都取得了新成绩。

（七）坚持求真务实，行政效能显著提升。牢固树立实干导向，引导政府工作人员科学务实、真抓实干，推动各项工作落到了实处、取得了实效。深入开展党的群众路线教育实践活动、“三严三实”专题教育和“两学一做”学习教育，严格落实中央八项规定精神，弛而不息整治“四风”“不严不实”和“庸懒散慢”等问题，政府自身建设不断加强。大力推进依法行政，强化政务公开，成立了法律顾问委员会和重大决策咨询委员会，政府工作的规范化、法治化、科学化水平进一步提升。坚决贯彻区委决策部署，自觉接受人大法律监督和政协民主监督，共办理人大代表建议152件、政协委员提案726件，办复率达100%，满意率或基本满意率达98%以上。

各位代表！经过五年的不懈努力，我区的经济社会发展取得了显著成绩，这得益于市委、市政府和区委的坚强领导，得益于区人大、区政协和社会各界的监督支持，得益于历届区领导班子打下的良好基础，得益于全区人民的奋力拼搏、团结实干！在此，我代表区人民政府，向全区人民，向人大代表、政协委员、离退休老同志，向各民主党派、工商联、人民团体，向所有关心支持东昌府区建设和发展的各界朋友，致以崇高的敬意和衷心的感谢！

在看到成绩的同时，我们也清醒的认识到，发展中还存在不少困难和问题，主要是：经济总量仍然偏小，结构性矛盾突出，发展面临稳增长与促转调的双重压力；工业主导产业优势不明显，战略性新兴产业比较薄弱，骨干企业少，核心竞争力不强，缺少大的连续性投入；服务业发展档次水平不高，与中心城区地位不相匹配；创新能力不强，发展后劲不足，加快动能转换迫在眉睫；财政增收乏力，教育、医疗、基础设施建设等刚性支出不断增多，保重点、保民生的压力较大；作风有待进一步转变，行政效能和服务水平需要提升等等。对这些困难和问题，我们一定高度重视，采取有效措施，逐步认真解决。

二、今后五年政府工作的总体思路和奋斗目标

今后五年，是全面深化改革的关键期，是新旧动能接续转换的加速期，也是大有可为的重要战略机遇期。从国内形势看，总体经济形势缓中趋稳、稳中向好，经济发展进入新常态，新产业、新业态、新技术层出不穷，供给侧结构性改革深入推进，发展新动能不断涌现，为我们提供了有利的发展环境。从省、市环境看，我区既属于“两区一圈一带”战略叠加区，又被列入京津冀协同发展区、中原城市群发展规划，在对接上级政策、吸引发展要素方面，具有得天独厚的优势和条件，融合发展、借力发展的空间巨大。同时，京九高铁、郑济高铁、聊泰铁路、聊城机场等一批重大基础设施工程即将开工建设，高速成网、高铁叠加、飞机起降的现代化立体交通大格局即将形成，区位优势日益凸显，为我们

扩大开放、深化合作提供了更加便利的条件。从我们自身看，近年来，大改革、大开放、大建设、大发展积蓄的能量和红利加速释放，一批重大工程项目提升了发展后劲，日趋完善的产业体系为加快发展奠定了坚实基础。更重要的是，我区有一支敢于担当、能打硬仗、善打胜仗的干部队伍，有一批眼光敏锐、敢于创新、勇于拼搏的企业家，有一方勤劳善良、自强不息、开放包容的人民群众，在全区凝聚了共建共享幸福美好生活的巨大正能量。

各位代表！站在新起点，阔步新征程。只要我们始终保持发展定力，科学把握发展规律，主动适应环境变化，发展思路对头，战略谋划得当，完全可以实现经济社会的争先进位、科学发展！

按照区委第十三次党代会精神和东昌府区"十三五"规划，今后五年，区政府工作的总体思路是：高举中国特色社会主义伟大旗帜，以邓小平理论、"三个代表"重要思想和科学发展观为指导，深入贯彻习近平总书记系列重要讲话精神，坚持"五位一体"总体布局和"四个全面"战略布局，深入践行五大发展理念，按照省委"一个定位、三个提升"和市委"作风引领、团结实干、争先进位、科学发展"的总体要求，围绕"打造冀鲁豫交界区域性中心城市"的目标，抢抓国家省重大发展战略实施、重大基础工程建设两大机遇，大力实施产业立区、城建靓区、创新强区三大战略，强化作风引领、民生优先、风险防控三个保障，为创造东昌府区人民幸福美好生活而努力奋斗。

按照上述总体思路，未来五年，通过"三步走"实现"打造冀鲁豫交界区域性中心城市"的奋斗目标：第一步，实现"一个率先"，在全市率先全面建成小康社会；第二步，建设"一个强区"，再用1-2年的时间，跨入全国综合实力百强区行列；第三步，打造"一个中心"，到2021年，把东昌府区打造成为冀鲁豫交界区域性中心城市。围绕实现这一奋斗目标，生产总值、一般公共预算收入年均增长8.5%；全社会固定资产投资年均增长16%；社会消费品零售总额年均增长12%；城镇、农村居民人均可支配收入年均分别增长8.5%和10%。

主要任务是：

在调优结构、提质增效上求突破，培育转型发展新优势。坚持把产业升级作为主攻方向，坚定不移的实施"产业立区"战略，深化供给侧结构性改革，推动"三去一降一补"五大任务取得实质性进展，引导经济朝着形态更高级、分工更优化、结构更合理的方向发展。繁荣发展现代服务业，提升商贸物流业发展档次，加快文化旅游业发展步伐，拓展新兴服务业发展领域，努力打造现代物流集聚区、文化旅游休闲区。坚持走新型工业化发展道路，改造提升传统产业，大力培植新兴产业，推动工业经济转型升级，努力打造先进制造业样板区。以发展现代农业为方向，着力提高农业组织化、产业化水平，促进三次产业加快融合，推动农业提质增效，努力打造生态农业示范区。到2021年，三次产业比重调整为7：38：55。

在城乡一体、统筹发展上求突破，构筑均衡发展新格局。坚持以人的城镇化为核心，坚定不移的实施"城建靓区"战略，拓展城市发展空间，优化城乡功能布局，均衡公共资源配置，努力打造宜居宜业宜游城市。坚持城乡联动，全面完成棚户区改造任务，启动西部新城建设，抓好沙镇、郑家、堂邑、梁水镇等示范镇发展，因地制宜打造旅游强镇、特色小镇，着力构建梯次分布、互相衔接、功能完善的新型城镇体系。深入推进美丽乡村建设，提升城乡环卫一体化水平，抓好路域环境综合整治，完成旱厕改造任务，加快镇、村天然气主管网建设，形成城乡均衡协调发展新格局。到2021年，基本实现美丽乡村建设全覆盖。

在创新驱动、加快发展上求突破，培植经济增长新动能。坚持把创新作为引领发展的第一动力，坚定不移的实施"创新强区"战略，加快形成以创新为主要引领和支撑的经济体系和发展模式，使创新成为加速东昌府区发展的动力之源。强化政策支持，充分发挥财政资金的引导、启动、扶持作用，大力实施科技创新示范工程，建立科技发展基金和成果转化风险基金，引导企业积极开展科研攻关和技术改造，强化产学研协同合作，推进重大科技成果转化，支持科技型企业发展壮大。打造人才高地，完善人才激励政策，健全引才、育才、留才机制，引进和培养实用型、研究型、创新型人才；积极支持各类创新创业孵化基地发展，为创新强区提供坚实的人才支撑和智力保障。优化创新环境，加快政府职能转变，健全完善创新创业扶持政策，营造良好的法治、市场环境，不断激发创新活力。到2021年，力争引进"千人计划""泰山学者"等高层次专家50名以上、创新创业团队30个以上、博士100名以上，科技进步贡献率达到60%。

在生态优先、绿色发展上求突破，建设生态文明新家园。坚持把绿色发展作为永恒主题，大力倡导和践行绿色、低碳、环保理念，将生态优先贯穿于经济社会发展全过程、全领域，切实提升生态文明水平。全面推进节能减排，突出抓好重点产业、重点企业和重点领域的节能减排工作，坚决完成省市下达的约束性指标。深入开展区域环境综合治理，强力抓好大气污染防治，坚决落实国务院《大气污染防治行动计划》十条措施，推动空气质量持续改善；认真开展水污染防治专项行动，严格落实“河长”负责制度，加大黑臭水体治理力度，努力打造河清水洁、岸绿鱼游的良好生态环境；高度重视土壤污染治理，确保土壤生态安全。以创建国家森林城市为抓手，大力开展植树造林活动，加快实施路域绿化提升、村镇绿化、农田林网和水系绿化等林业生态工程，全力构建绿色生态体系。

在改善民生、补齐短板上求突破，汇聚全面小康新合力。坚持将民生作为第一目标，始终以人民为中心，集中力量做好普惠性、基础性、兜底性民生建设，进一步织密扎牢民生保障网。高度重视群众对收入稳步提升、优质医疗服务、脱贫摘帽、住房改善、食品安全、优美环境和洁净空气等多层次的需求，采取针对性更强、覆盖面更大、作用更直接、效果更明显的举措，着力解决群众最关心、最直接、最根本的问题，锲而不舍地推进民生改善。特别是针对群众反映强烈的上学难、出行难等问题，大力实施农村薄弱学校改造提升计划，集中力量解决城区学校大班额问题，坚决打好农村公路改造提升“三年会战”，确保公路改造村村全覆盖，真正将民生项目含金量转变为群众的获得感和幸福度！

各位代表！悠悠万事，民生为大！今后五年，无论经济形势如何风云变幻，不管改革发展征程多么曲折，本届政府对民生的投入只会加强不会削弱，民生改善只会前进不会停滞！

三、2017年目标任务和工作重点

2017年是实施“十三五”规划的重要一年，也是新一届政府的开局之年。党的十九大即将召开，做好今年的政府工作，意义重大，影响深远。今年，主要预期目标安排为：生产总值增长7.8%，一般公共预算收入增长8.8%，全社会固定资产投资增长16%，社会消费品零售总额增长12%，城乡居民收入增长9%以上。

这些预期目标的确定，综合考虑了当前新常态下经济发展的各方面因素，同时为推进“三去一降一补”、加快经济转型升级留有余地和空间。工作中，我们将坚持稳中求进的工作总基调，在稳的前提下积极进取，在把握好度的前提下奋发有为，自抬标杆、加压奋进，力争发展得更快更好，努力展示新形象、实现新作为。着力抓好以下七个方面：

（一）着眼提档升级，在服务业发展上实现新跨越。现代服务业是综合竞争力和现代化水平的重要标志，也是我区的优势支柱产业，必须抢抓机遇、乘势而上，在提档升级上实现重大突破，让第三产业优势更明显、特色更突出、实力更强大。

1、做强商贸物流业。培植壮大银座、百大、五星等大型商贸企业，进一步繁荣城区核心商圈。重点推进缤纷日月城、运河国际商贸城等大型城市综合体建设，努力打造城市商贸新地标。引导香江、江北汽车城等大型市场以及交运、兴华路等农贸市场规范管理、强化服务，不断提升经营档次和品位。结合现代仓储和物流集散基地建设，完善香江、京九物流园区功能，做大做强正大、铁力等重点物流企业，着力建设区域性综合物流服务枢纽。

2、做响文化旅游业。突出休闲观光特色，整合东昌湖、中华水上古城、龙堤、徒骇河等现有景区，加快推进科幻乐园、海底世界等项目建设，进一步丰富城市精品旅游区内涵。突出民俗文化特色，推动堂邑民俗旅游区、梁水镇古运河旅游区建设，打造特色旅游线路。突出水文化特色，精心打造马颊河、京杭运河、三干渠、南水北调干渠4大特色风景带，启动西新河综合治理工程，打响“东昌古郡、风景独好”旅游品牌。

3、做优新兴服务业。以创建国家电子商务示范城市为目标，重点建设电子商务产业园区，完善农村电商、跨境电商、呼叫中心、金融中心等功能，全力打造品位高、功能全的电子商务聚集区；做好“大数据中心+基金智慧化小镇”规划工作，尽快启动实质性建设；鼓励E钢在线、百年图书网、路庄淘宝村等电商平台加快发展，膨胀电子商务规模，全力培植我区服务业发展新亮点。同时，繁荣各类金融业态，支持民生银行、威海银行尽快开业运营，争取更多金融机构落户我区；鼓励发展教育、养老、医疗等生活服务，积极发展楼宇经济、总部经济、信息咨询、健身养生等新型业态，不断拓展服务业发展领域。

（二）加快转型升级，在新型工业化上实现新突破。工业是实体经济的核心，必须坚持工业突破不动摇，全力攻坚、重点突破，力争主要指标增幅均在9%以上。

1、实施传统产业提升计划。对钢管、轴承及保持器、机械电子等产业，进行细致梳理，每个产业明确2-3家核心企业给予重点扶持，整合优势资源，延伸产业链条，形成产业带动企业、企业壮大产业的良性互动。特别是引导企业加强技术研发平台建设，运用新技术、新工艺提升产品核心竞争力，加快传统产业转型升级，努力提升主导产业整体效益和实力。同时，立足现有优势，着力抓好郑家轴承保持器产业园、道口铺循环经济产业园、张炉集农机配件加工区等特色园区发展，努力打造特色产业集聚区。

2、实施新兴产业培植计划。以创新驱动、壮大规模、引领升级为核心，坚持培育和引进相结合，加快发展战略性新兴产业，集中力量打造特色鲜明、优势突出的产业集群。节能环保产业，以明康安托山、鑫大变压器等企业为核心，重点发展稀土永磁电机、高效节能变压器等主导产品，全力抓好国电风力发电、齐鲁高档涂料等项目建设；新材料产业，以天开钨业、莱鑫超硬材料等企业为核心，重点发展高性能特种合金、数控机床刀具等主导产品，全力抓好华耀钛合金、天中新材料等项目建设；高端制造产业，以天工岩土、中通钢构等企业为核心，重点发展盾构刀具、高端钢构等主导产品，全力抓好云龙集成电路芯片、天泽高铁轻轨轴承等项目建设；生物医药产业，以中泰药业、鑫科生物等企业为核心，重点发展现代中药、生物制药等主导产品，全力抓好青岛福生胶原蛋白、福和中药材加工基地等项目建设；新能源汽车及零部件产业，以中通轻客、通胜制冷等企业为核心，重点发展新能源汽车、车用空调等主导产品，全力抓好轻舟新能源汽车、力得制动挂车车桥等项目建设，推动5大战略性新兴产业“蛙跳式”发展，力争通过三年努力实现翻番增长。

3、实施优质企业成长计划。把培强做大骨干企业作为工业突破的重中之重，对天工岩土、中通轻客、昌裕集团、鑫鹏集团等实缴税金过1000万元的骨干企业，完善落实“一企一策”扶持措施，在技术创新、市场拓展、融资服务等方面优先保障，促进企业加速膨胀，努力培育百亿元龙头企业。对中泰药业、莱鑫公司等实缴税金过500万元的重点企业，完善激励机制，推动企业以工艺改进、装备升级和智能化改造为着力点，不断加大科技投入，加速向产业链、价值链高端延伸。大力发展中小微企业，对实缴税金过200万元的小精尖企业，制定更有针对性的扶持措施，着力解决融资难问题，促其扩张规模、裂变膨胀，在全区形成梯次跟进、后劲充足的企业发展群体。

4、实施工业园区提升计划。进一步加快园区道路、排污等基础设施建设，完善商贸、物流、教育、卫生、居住等配套服务，不断提升园区承载能力。加快园区村庄改造步伐，启动辛庄、路庄、十里铺等村庄的搬迁改造，全力拓展发展空间。加大土地挖潜力度，依据环保、能耗、质量、安全、土地等相关法律法规，综合采取转型发展、兼并重组等多种措施，找准症结，因企施策，做好“僵尸企业”处置工作，切实提高土地利用效率和效益，努力打造空间充足、设施完善、功能齐全的现代化工业新城。

（三）围绕优质高效，在发展现代农业上迈出新步伐。农业是全面建成小康社会、实现现代化的基础，必须大力推进农业供给侧结构性改革，着力发展生态、特色、高效、安全农业，促进农业增效、农民增收。

1、提升产业化水平。围绕市场需求，加快新品种、新技术、新农艺应用，重点发展无公害蔬菜、食用菌、黑头肉羊等优势产品，推动蔬菜、林果、畜牧、水产等传统产业优化升级。大力发展适度规模经营，加快建设福和中药产业园、亿沣生态园等现代农业园区，引领现代农业不断向高端发展。新建改造高效集约蔬菜温室6000个、标准化养殖场8处，新增设施蔬菜4.2万亩、生态林果2万亩、名优水产养殖面积500亩。

2、完善农产品质量安全体系。加快农业标准化基地建设，强化农产品生产环境和农业投入品源头监管，建立健全从农田到餐桌的质量安全监管体系，推动农业向无公害、绿色、有机方向发展。高度重视品牌培育，着力放大国家级“出口食品农产品质量安全示范区”品牌效应，打响“东昌”农产品品牌。大力发展农产品精深加工，狠抓市场开拓，实施“净菜进京”“净菜入沪”工程，努力实现农田与市场的有效对接。新增“三品一标”认证10个、基地8000亩。

3、促进产业融合发展。重点扶持立海冷藏、绿亚禽业等龙头企业发展，提升“产、加、销”一体化水平，新增市级龙头企业5家。积极发展“互联网＋现代农业”模式，依托邮政买卖惠、聊百易购等电商资源，搭建线上线下销售平台，完善乡镇网络销售体系，实现电商与特色农产品流通的有效结合。加快农业与文化旅游业互动融合，以东昌上林苑、民益采摘园等为重点，大力发展休闲、观光、科普农业，新增家庭农场5家、合作示范社10家。

4、夯实现代农业发展基础。建立农村土地产权交易平台，积极推进“土地托管”模式，促进土地向种植大户、合作社集中，扩大适度规模经营。认真组织实施小农水重点县、高标准农田和节水配套改造等重点项目，增强农业综合生产能力。加强对禽流感、美国白蛾等重大疫病的防控，确保农业生产安全。新增土地流转面积2万亩、高效节水灌溉面积2.4万亩，机械化率达88%以上。

（四）坚持城乡统筹，在新型城镇化上再上新台阶。新型城镇化是推动城乡协调发展的有力支撑，必须扎实推进以人为核心的新型城镇化，进一步加快城乡建设步伐。

1、提升中心城区。围绕市城建重点项目，积极做好征地搬迁等保障工作，全力加快光岳路南延、西关街西延等道路基础设施建设，为打造“河湖秀美大水城、宜居宜业新聊城”再立新功。扎实推进棚户区改造，全面启动闫庄、薛庄、五七里铺、前罗等7个村庄的改造，适时启动郑官屯、东姚、王卷帽等片区的改造，力争2018年完成主城区棚户区改造任务。全力破解资金等瓶颈，切实加快唐庄、郑坑、陈口等24个回迁安置区建设，让群众早日搬入新居。强力推进违法建设治理，坚决拆除各类违章建筑，努力实现“违建清零”目标。同时，强化执法队伍建设，提高执法工作水平；加大投入力度，做好背街小巷整治、老旧小区改造、小区物业管理等城市管理工作，切实巩固国家卫生城市成果，着力提升城市形象。

2、打造西部新城。启动西部新城建设计划，集中力量抓好京九铁路以西、西外环以东区域的开发整合，切实解决空间不足、发展受限问题。今年，重点加强与规划、国土等部门的协调，加快规划编制及土地规划调整工作，为西部新城的开发建设创造条件。

3、统筹村镇建设。进一步加快沙镇、郑家、堂邑、梁水镇等示范镇建设，强化设施配套，完善城镇功能，努力打造小城镇建设新样板。扎实做好郑家、侯营、闫寺等第三批小城镇提升工程，全面完成小城镇提升任务。继续开展路域环境综合整治，完成47座桥涵的新修、改造，建立完善长效机制，切实巩固整治成果。扎实做好铁路沿线环境综合治理，确保顺利通过验收。

（五）突出宜居宜业，在美丽东昌建设上取得新成效。良好的生态环境是群众的殷切期盼，必须以健全完善网格化监管体系为抓手，大力实施“蓝天碧水净土”三大工程，义无反顾地打好生态环境治理攻坚战。

1、突出抓好大气污染防治。严格落实建筑工地“六个100%”、禁燃区内淘汰燃煤锅炉、农村居民生活用煤洁净化、背街小巷湿扫等10项防霾治霾措施，坚决遏制重污染天气频发态势，努力增加“蓝天白云、繁星闪烁”天数。按照“源头严防、过程严管、事故严惩”的要求，落实“三同时”制度，强化项目环评审批，严格控制新增污染源，努力实现绿色、低碳、循环发展。

2、切实加大水污染治理力度。积极开展水污染防治专项行动，对重点排放企业强化在线监控，加强水质监测，严厉打击乱排乱放行为，切实提升水污染防治水平。积极实施“清洁水”行动计划，着力加快凤凰工业园污水处理厂扩建、周公河生态湿地、西新河生态湿地等项目建设，持续提升重点流域和饮用水源的环境质量，让广大群众共享秀美河湖、清澈碧水。同时，加快国环危险废物综合处置项目建设，扎实做好土壤污染治理工作。

3、着力建设美丽家园。认真做好国家森林城市创建工作，积极开展植树造林活动。大力推进美丽乡村建设，按照“以点带面、压茬推进”的原则，在每个镇、街道、园区选取3-5个村作为试点，强化道路、自来水、旱厕改造等农村基础设施建设，提升城乡环卫一体化和村庄绿化水平，积极推进移风易俗等乡村文明行动，切实改善乡村面貌。

各位代表！加强环境保护，决心比方法更重

要！我们将更加坚定持续改善生态环境的信心和决心，生态治水、重拳治土、铁腕治霾，“水陆空”立体治污，誓让天更蓝、水更清、空气更清新、家园更美丽！

（六）深化改革开放，在激发发展活力上开创新局面。改革开放是发展进步的活力之源，必须牢固树立改革开放意识，深化改革，扩大开放，保持经济发展的蓬勃生机。

1、深化重点领域改革。深化供给侧结构性改革，抓好“三去一降一补”五大任务落实，切实提高经济运行质量和效益。深化行政审批制度改革，推进简政放权、便民服务，提高政府行政效能。深化农村集体产权制度改革，实行农村土地所有权、承包权、经营权“三权分置”，创新农村产权抵押贷款和融资担保模式。深化投融资体制改革，进一步扩大政府与社会资本合作、政府购买服务的领域。深化医药卫生体制改革，落实分级诊疗制度，实现医疗、医保、医药“三医联动”。深化公立医院综合改革，规范医疗机构运营管理和重点学科建设。同步抓好城市管理、教育人事等领域改革。

2、持续扩大对外开放。紧紧抓住国家、省重大发展战略实施带来的机遇，明确自身定位，做好结合文章，在产业政策、项目布局和投资安排等方面，全力争取上级支持，广泛参与产业、技术、人才和资本合作，推动开放型经济向更宽领域、更高水平发展。加大招商引资力度，搞好宣传推介，开展精准对接，着力引进一批高端优质项目，全年招商引资到位资金 100 亿元。用足用活 PPP 模式，全力争取国开行、农发行政策性信贷支持，切实为棚户区改造、基础设施和公共服务项目提供资金保障。同时，抓好外经贸工作，力争出口创汇 11.8 亿元。

3、积极实施大项目带动战略。着力抓好工业、农业、服务业、城建、民生等领域 50 个重点工程项目建设，千方百计加大优质高效投入，完成投资 221 亿元。特别是集中力量抓好缤纷日月城、运河国际商贸城两个百亿项目，以及云龙集成电路芯片、华耀钛合金两个 60 亿项目，全力打造经济增长新引擎。

（七）倾力改善民生，在增进人民福祉上展现新作为。民生是百姓幸福之基、社会祥和之本，必须矢志不渝推动民生事业发展，把深切的赤子情怀转变为增进人民福祉的实际行动。

1、全面完成脱贫摘帽任务。坚持把脱贫攻坚作为“一号工程”，落实 1500 万元扶贫专项资金，引导建设特色主导产业项目，着力打造一批特色种养、农村电商、文化旅游等特色产业村，切实提升贫困村庄和群众的自我发展能力。加大金融扶贫力度，发放“富民生产贷”2000 万元、“富民农户贷”150 万元，为脱贫攻坚提供有力的资金支持。强化基本保障兜底，切实保障好困难群众的生产生活，确保 18 个贫困村、5846 人脱贫，全面完成脱贫摘帽任务，决不剩下一个贫困村、落下一个贫困户！

2、全力办好民生实事。围绕关系群众切身利益的问题，集中力量办好 10 件民生实事。一是推进义务教育均衡发展。在强力推进聊城七中、花园路小学等在建项目的基础上，投资 15 亿元，启动聊城二中、兴华路小学、区属实验幼儿园、中等职业教育学校等 20 个城区学校建设项目，新增教学班 500 个；投资 1.6 亿元，完成梁水镇中心小学综合楼等 34 个农村中小学改造项目，建设农村学区幼儿园 7 个，创建“全国义务教育发展基本均衡县”。二是提升医疗服务水平。加快区医院新院建设，确保年底建成运营，全区医疗机构新增病床 2000 张；继续实施婚前医学检查、新生儿疾病筛查等“五项免费工程”，提高出生人口素质。三是抓好公益性文化服务。尽快规划建设综合档案馆；新建农村文化大院 3 处、农家书屋 30 个；开展公益演出 300 场，放映公益电影 9000 场，实现“一村一场戏”目标。四是促进创业就业。落实创业带动就业扶持资金 3000 万元，推动大众创业、万众创新，新增城镇就业 5000 人。五是增强社会保障能力。认真做好全民参保登记工作，进一步扩大社保覆盖面；城市低保标准提高到每人每月 420 元，农村低保标准提高到每人每年 3450 元。六是提升社会养老服务水平。启动鸿福老年公寓二期工程、光明医院老年护理中心、唐庄老年公寓建设；新增养老床位 430 张、城市社区老年人日间照料中心 4 处、农村幸福院 12 处，创建“全省社区治理暨养老服务创新实验区”。七是改善群众居住条件。投资 53.6 亿元，加快回迁安置区建设，建成安置房 1.5 万套，回迁安置群众 4 万人；投资 4570 万元，完成孟达、恒昌等 45 个老旧小区改造。八是加强农村基础设施建设。投资 4 亿元，高标准改造农村公路 650 公里、危桥 18 座；投资 1500 万元，对新建农村公路实施生命安全防护工程；投资 3290 万元，改造农村旱厕 3.65 万户；投资6500万元，完成沙镇、堂邑、郑家、斗虎屯、梁水镇天然气管网铺设工作，力争实现镇（街）驻地、农村新型社区天然气管网全覆盖。九是建好政务服务平台。将行政许可、公共服务、行政处罚等行政权力，逐步纳入平台办理，变“群众跑腿”为“信息跑路”。十是强化食品药品监管。坚持最严谨的标准、最严格的监管、最严厉的处罚、最严肃的问责，严防、严管、严控食品药品安全风险，切实维护群众饮食用药安全。

3、改革创新社会治理。大力推进“平安东昌”建设，依法打击违法犯罪活动，力争实现城乡电子监控全覆盖，进一步增强群众安全感。不断提升基层治理法治化水平，切实营造办事依法、遇事找法、化解矛盾靠法的良好氛围。严格落实安全生产责任，确保安全生产形势持续稳定。畅通信访渠道，及时有效解决群众合理诉求，确保社会和谐稳定。繁荣发展文化事业，积极培育和践行社会主义核心价值观，大力弘扬厚德诚信、包容开放、创新实干、图强争先的新时期东昌人文精神。继承发扬中华民族传统家庭美德，组织开展文明家庭创建活动，建设新时代家风文化。积极开展全民健身活动，办好第七届全民健身运动会。扎实做好双拥共建、国防教育和民兵预备役工作，继续关心支持妇女、儿童、残疾人、关心下一代事业，进一步做好审计、统计、广播电视、外事侨务、应急管理、民族宗教、史志编撰等各项工作。

四、全面加强政府自身建设

各位代表，时代的新要求、人民的新期盼，对政府工作提出了新的更高要求。我们将牢记宗旨，锤炼求真务实的优良作风，打造优质高效的政务服务，筑牢拒腐防变的思想底线，始终做到务实、为民、高效、廉洁，努力建设尽责有为、人民满意政府。

（一）着力打造务实政府。牢固树立实干导向，大力弘扬担当精神，引导政府工作人员把心思精力放在谋发展、抓项目上，把能力水平体现在能干事、干成事上。切实强化目标管理，建立狠抓落实的工作推进机制，对重点工作、重点任务、重点工程，签订责任状、列出时间表、纳入流程图，以踏石留印、抓铁有痕的劲头推动工作落实。完善考核评价体系，健全督查问责机制，旗帜鲜明地给干事创业者加油鼓劲，理直气壮地为敢于担当者撑腰壮胆，在全区营造比学赶超、争先进位的浓厚氛围。

（二）着力打造为民政府。民之所望，政之所向！我们将巩固拓展党的群众路线教育实践活动、“三严三实”专题教育和“两学一做”学习教育成果，深入开展好企业工作日、群众工作日、金融工作日等活动，真正做到干群零距离、服务零障碍。始终坚持民生优先，把群众的安危冷暖挂在心上，把百姓的欢乐忧愁记在心头，不断加大民生投入，对百姓关心的大事，定一件是一件，件件算数；对百姓承诺的实事，说一项是一项，项项兑现，让广大群众共享改革发展成果。同时，认真做好区长热线、来信来访工作，从群众最需要的地方做起，从群众最不满意的地方抓起，主动回应群众关切，着力解决难点问题，使各项工作更加符合群众意愿。

（三）着力打造高效政府。坚持在党的领导下、在法治轨道上开展工作，自觉运用法治思维和法治方式深化改革、推动发展。健全完善政府议事规则和重大决策程序制度，严格公众参与、专家论证、风险评估、合法性审查、集体讨论决定等法定程序，切实发挥重大决策咨询委员会、法律顾问委员会和第三方评估机构的作用，提高政府决策科学化水平。自觉接受人大及其常委会的法律监督，主动加强与政协的民主协商，认真做好议案、建议和提案办理工作。进一步精简行政审批事项，加快编制公共服务事项目录，简化审批程序，优化服务流程，提高行政效能。健全信息公开制度，完善行政监督机制，深入推进政务公开，让政府权力在阳光下运行。

（四）着力打造廉洁政府。切实增强政治意识、大局意识、核心意识、看齐意识，坚决把党的纪律和规矩挺在前面。严格落实党风廉政建设责任制，把廉政建设要求落实到政府工作的各个领域、每个环节，努力打造既干事又干净的工作队伍。严格落实中央八项规定精神和省委、市委、区委实施办法，深入开展“庸懒散慢”整治行动，以“零容忍”的态度，坚决纠正慢作为、整治不作为、查处乱作为，持续改进工作作风。不断强化行政监察，推进审计监督全覆盖，严肃查处违纪违法案件，努力打造廉洁勤政的政府形象。

各位代表！历史赋予重托，奋斗铸就辉煌！让我们紧密团结在以习近平同志为核心的党中央周围，在市委、市政府和区委的坚强领导下，凝聚全区人民的智慧和力量，不忘初心、继续前进，团结实干、奋发有为，为打造冀鲁豫交界区域性中心城市、创造全区人民幸福美好生活而努力奋斗！

专 记

“两学一做”学习教育

东昌府区严格按照中央和省委、市委部署，把“两学一做”学习教育作为基层党建龙头工程，以务实管用举措强化党员日常教育管理，推动各项工作提速提质提效。

【领导带头，以上率下】 东昌府区基层党组织和党员数量多、分布广，为把开展“两学一做”学习教育、全面从严治党要求落实到每个支部、每名党员，区委认真履行主体责任，各常委坚持以身作则、率先垂范，带头开展学习研讨，带头上党课、改问题、抓督导；全体党员县级干部、95名区直单位党组织书记、240名镇街科级干部、1500余名基层党组织书记讲了党课；举办东昌论坛三期，邀请中央统战部、中央党校的专家教授宣讲党章党规、总书记讲话和十八届六中全会精神，1100余名科级以上干部普遍接受3次以上的轮训；区委宣讲团到基层巡回宣讲180余场次，区直机关工委组织的“微型党课”评选活动，发动6000余名机关党员上讲台、讲党课，营造出“人人讲党课、个个受教育”的浓厚氛围。7月13日至7月14日，省委督导组到东昌府区检查督导，听取区委的专题汇报，随机抽取、现场检查10个基层党组织，对区委认真履行主体责任，以上率下引领学习教育的做法给予充分肯定。

【统分结合，因人施策】 区委统一制定印发了《镇（街道）、园区党（工）委书记抓“两学一做”学习教育责任清单》，分类制定了农村、社区、两新组织开展学习教育的指导意见；区直机关工委，教育局、卫计局、市场监管局党委，各镇（街道）、园区党（工）委也都结合各自实际，分类列出基层党组织开展学习教育的详细计划和基层党组织书记抓学习教育的具体清单，确保每个支部、每名党员的学习教育目标、措施都有针对性和可操作性；各基层党支部在抓好党员每周集中学习的同时，重点关注流动党员、破产企业党员、离退休党员、困难党员等，明确每名流动党员参加学习教育的党组织。基层党（工）委普遍建立了微信公众号，依托网络平台推送学习内容，引导党员在线学习交流。基层党支部积极开展送学上门、“一帮一”促学活动，有的党支部还把“三会一课”开到了年老体弱党员家里，坚决不让任何一名党员掉队。为使农村和城市居民党员愿意学，区委宣传部还组织编制了新式快板——《学在先、干在前，人人争做好党员》，让广大党员在轻松快乐的氛围中学懂、牢记党章党规，于潜移默化中接受教育、获得启示。7月上旬，新华网、山东电视台先后以“东昌府区‘两学一做’学习教育鲜活生动接地气”为题进行了宣传报道。6月3日和27日，市委副书记陈平先后2次对东昌府区做法作出批示、要求推广。6月23日，全市“两学一做”调度会在东昌府区召开，市委组织部长杜昌伟亲自带领市学习教育协调小组有关同志和各县（市区）委常委、组织部长，现场观摩指导了3个基层党组织，对东昌府区因地制宜创新形式、因人施策增强实效的做法给予了充分肯定。

【全面从严，真督实导】 区委书记亲自担任学习教育协调小组组长，每季度召开常委扩大会听取镇街和部门党委书记汇报“两学一做”情况；区委抽调75名熟悉党务工作的同志成立了3个工作组、2个指导组和12个督导组，明确5项指导职责和8项督导措施，先后3次对全区各单位开展“两学一做”工作进行全面督查，每次都要对14个镇（街道）、园区和95个区直单位进行排名，通报质量不高的单位，约谈主要负责同志，以严督实导的实际行动，引领和带动全区学习教育扎实深入开展。各级各部门也都配齐配强督导指导力量，采取重点检查、随机抽查、明察暗访等方式，督促抓好工作落实，特别是各镇（街道）、园区都向村、社区和“两新”组织选派了指导员，实现了“每个村都有机关干部帮包，每个支部都有党员干部指导”，推动学习教育上下一盘棋、动作不走样。在9月13日召开的全市“两学一做”学习教育推进会上，东昌府区做了典型发言，收到良好反响。

【学做结合，争做表率】 区委把学习教育工作纳入科学发展和基层党建单独考核，指导各级党组织把学习教育与落实区委总体思路紧密结合，号召全体党员在“两学一做”学习教育中当先锋、做表率，立足岗位做奉献，要求各级党员干部不等不靠、不推不拖，把“学”的效果落实落细到具体工作中，区直6000余名党员到社区报到开展志愿服务，1300余名机关党员帮包联系流动党员、困难党员，开展上门送学、帮包促学，区、镇、村三级5700余名党员干部帮包1.2万户贫困户，在为民办实事、解难题中践行“两学一做”，以群众满意度检验“两学一做”学习教育成效。

（区委组织部　赵耀阳　杨猛）

小资料

2016年2月，中共中央印发《关于在全体党员中开展“学党章党规、学系列讲话，做合格党员”学习教育方案》，部署深入开展“两学一做”学习教育，提出把思想教育放在首位，抓住“关键少数”，抓实基层支部，突出日常教育，把“四个合格”党员标尺立起来，领导干部骨干带头作用、基层党组织战斗堡垒作用、党员先锋模范作用进一步发挥。开展“两学一做”学习教育是协调推进“四个全面”战略布局的有力抓手，是党的建设的一件大事。

中央政治局带头开展学习教育，为全党作出示范。2016年12月，中央政治局召开民主生活会，以深入学习领会党的十八届六中全会精神为主题，围绕“两学一做”学习教育要求，重点对照《关于新形势下党内政治生活的若干准则》和《中国共产党党内监督条例》，结合思想和工作实际，进行自我检查、党性分析，开展批评和自我批评。

中央有关部门全力抓好“两学一做”学习教育组织推进工作。编辑出版《习近平总书记系列重要讲话读本（2016年版）》《习近平总书记重要讲话文章选编》，为党员、领导干部分别提供学习用书。制定学习安排具体方案，分层分类明确学习要求和需要重点解决的问题。设立“两学一做”学习教育协调小组，按照中央办公厅《方案》抓好具体谋划和推进落实。在习近平总书记发表“七一”重要讲话、党的十八届六中全会召开等重要节点，及时印发通知，指导各地区各部门各单位在“两学一做”学习教育中抓好学习贯彻。组建督导组下沉基层一线调研督导，确保中央部署要求层层落实、见到实效。

各地区各部门各单位从讲政治的高度深刻认识“两学一做”学习教育的重大意义，把开展学习教育作为党建工作龙头任务，紧密结合实际，紧扣“学”的内容、“做”的标准、“改”的要求，充分发挥领导机关领导干部表率作用，以党支部为基本单位、以“三会一课”等党的组织生活为基本形式、以党员教育管理制度为基本依托，组织指导各级党组织和广大党员真学实做、解决问题、发挥作用。

大事记

1月

1日

区委书记陈秀兴实地检查实验小学搬迁项目进展情况，区委副书记、代区长、区政协主席毕黎明，区委常委、副区长刘培国，区委常委、办公室主任张金堂参加活动。

4日

市委副书记、代市长宋军继到东昌府区调研部分城建、交通重点项目。副市长任晓旺，市政府秘书长高洪岩，区委书记陈秀兴，区委副书记、代区长、区政协主席毕黎明，区委常委、副区长刘培国陪同活动。

同日

召开区委常委（扩大）会议，区委书记陈秀兴，区委副书记、代区长、区政协主席毕黎明，区人大常委会第一副主任王奎龙等领导出席会议。

5日

市委书记、市人大常委会主任徐景颜到东昌府区调研，市委常委、秘书长李吉增，区委书记陈秀兴，区委副书记、代区长、区政协主席毕黎明，区委常委、副区长刘培国，区委常委、副区长黄性利，区委常委、办公室主任张金堂陪同活动。

同日

市委副书记陈平到东昌府区调研路域环境综合整治提升工程。区委副书记、代区长、区政协主席毕黎明，区委常委、副区长刘培国陪同活动。

6日

召开解决城区中小学大班额问题工作领导小组会议，区委副书记、代区长、区政协主席毕黎明主持会议并讲话，区委常委、副区长刘培国出席会议。

同日

组织收听收看全国、省、市安全生产工作电视电话会议。区委副书记、代区长、区政协主席毕黎明对全区安全生产工作进行了安排部署，区委常委、副区长黄性利出席会议。

7日

组织收听收看全国计划生育工作电视会议，区委副书记、代区长、区政协主席毕黎明出席会议。

9日

省关工委副主任宋继峰到东昌府区调研关爱青少年工作。市关工委常务副主任、秘书长董金刚，区委书记陈秀兴，区委副书记、代区长、区政协主席毕黎明，区委常委、组织部长、统战部长柳玉兴陪同活动。

同日

区委书记陈秀兴到实验中学附属小学、聊城第二实验小学、天中新材料涤纶长丝项目、东昌实验小学、华耀金属科技有限公司高科技钛合金项目调研，并就存在困难和问题提出解决办法。

11日

市委常委、纪委书记张宝泉参加指导区委常委班子“三严三实”专题民主生活会。区领导陈秀兴、毕黎明、王奎龙、吴润昌、刘培国、李凯、黄性利、柳玉兴、张金堂、岳喜星、王江川出席会议。

同日

区委副书记、代区长、区政协主席毕黎明调研重点项目建设工作，区委常委、纪委书记吴润昌，区委常委、副区长刘培国，区委常委、副区长黄性利参加活动。

12日

市委副书记陈平带领全市科学发展现场观摩团到东昌府区观摩。市委常委、政法委书记刘强，市委常委、副市长张旋宇，市委常委、纪委书记张宝泉，市人大常委会副主任白志坚，副市长任晓旺参加观摩，区委书记陈秀兴，区委副书记、代区长、区政协主席毕黎明陪同活动。

14日

区委书记陈秀兴调度奥森路二期项目、松桂路征地项目及区人民医院新址征地项目进展情况，区委常委、办公室主任张金堂陪同活动。

同日

区委书记陈秀兴到新区街道参加指导“三严三实”专题民主生活会，区委常委、组织部长、统战部长柳玉兴，区委常委、办公室主任张金堂参加活动。

同日

区政府党组召开“三严三实”

专题民主生活会，区委副书记、代区长、区政协主席毕黎明主持会议，区委常委、副区长刘培国，区委常委、副区长黄性利等领导列席会议。

同日

区政协党组召开“三严三实”专题民主生活会，区委副书记、代区长、区政协主席毕黎明参加会议。

15日

区委书记陈秀兴主持召开区委常委（扩大）会，区委副书记、代区长、区政协主席毕黎明，区人大常委会第一副主任王奎龙及区委常委、区政府副区长出席会议。

同日

区委副书记、代区长、区政协主席毕黎明参加古楼街道“三严三实”专题民主生活会。

16日

区委书记陈秀兴到区财政局参加指导“三严三实”专题民主生活会，区委常委、办公室主任张金堂参加活动。

18日

召开全区2015年度镇（街道）、园区党委书记抓基层党建工作述职评议会议，市委组织部副部长、市编办主任马爱国到会指导，区委书记陈秀兴主持会议并作重要讲话，区领导毕黎明、吴润昌、刘培国、李凯、黄性利、柳玉兴、张金堂、王江川出席会议。

19日

区委书记陈秀兴主持召开全区经济形势分析会，区委副书记、代区长、区政协主席毕黎明，区委常委、副区长黄性利，区委常委、办公室主任张金堂等领导出席会议。

20日

副市长任晓旺对奥森路、松桂路、东郡路等城建工程施工情况进行检查。区委书记陈秀兴，区委副书记、代区长、区政协主席毕黎明，区委常委、副区长刘培国，区委常委、办公室主任张金堂陪同活动。

同日

区委书记陈秀兴调研扶贫开发工作，并走访慰问困难群众。区委常委、办公室主任张金堂，区委挂职常委王江川参加活动。

同日

召开全区路域环境提升工程调度会议，区委副书记、代区长、区政协主席毕黎明，区委常委、副区长刘培国等领导参加会议。

22日

召开全区“基层党建提升年”活动动员会议。区委书记陈秀兴出席会议并作重要讲话，区领导毕黎明、柳玉兴、张金堂、王江川出席会议。

同日

举行全区农村、城市社区党组织书记培训班开班仪式。区委书记陈秀兴为大家上党课，区委常委、组织部长、统战部长柳玉兴主持开班仪式。

25日

区委书记陈秀兴调研东昌府区医疗卫生工作情况，区委常委、办公室主任张金堂陪同活动。

26日

区委书记陈秀兴主持召开区委常委（扩大）会，区委副书记、代区长、区政协主席毕黎明，区人大常委会第一副主任王奎龙及区委常委、区政府副区长出席会议。

27日

召开中共东昌府区委与各民主党派、工商联、无党派代表人士协商座谈会。区委书记陈秀兴主持会议并作重要讲话，区委副书记、代区长、区政协主席毕黎明，区委常委、组织部长、统战部长柳玉兴，区委常委、办公室主任张金堂等出席座谈会。

28日

区委书记陈秀兴到梁水镇镇走访慰问老党员和困难群众。

同日

省政府安全生产督导检查组到东昌府区督导检查工作。副市长洪玉振，区委副书记、代区长、区政协主席毕黎明，区委常委、副区长黄性利陪同活动。

同日

区委副书记、代区长、区政协主席毕黎明走访慰问部分省级劳模和困难职工，区委常委、纪委书记吴润昌陪同活动。

29日

区委书记陈秀兴，区委副书记、代区长、区政协主席毕黎明先后到聊城军分区、武警聊城支队、聊城陆航团、聊城消防支队、武警聊城中队等走访慰问。区委常委、办公室主任张金堂，区委常委、人武部政委岳喜星参加走访。

31日

召开全区科学发展观摩总结暨经济工作会议，区委书记陈秀兴主持会议并作重要讲话，区委副书记、代区长、区政协主席毕黎明总结2015年经济工作，部署2016年经济工作，区人大常委会第一副主任王奎龙，区委常委吴润昌、刘培国、李凯、黄性利、柳玉兴、张金堂、张丹青、岳喜星、王江川等领导出席会议。

2月

1日

市委副书记、代市长宋军继到东昌府区走访慰问困难群众、优抚对象、老党员和敬老院老人。市委常委、组织部长杜昌伟，区委书记陈秀兴，区委常委、组织部长、统战部长柳玉兴陪同活动。

同日

市委常委、副市长张旋宇到东昌府区走访慰问部分归侨侨眷及台资企业代表，区委常委、副区长黄性利陪同活动。

2日

市委常委、副市长张旋宇检查市场供应和安全生产工作。区委副书记、代区长、区政协主席毕黎明，区委常委、副区长黄性利陪同活动。

3日

召开全区老干部迎春座谈会。区领导陈秀兴、毕黎明、吴润昌、柳玉兴、张金堂与老干部欢聚一堂，共庆新春佳节。

同日

区委书记陈秀兴，区委副书记、代区长、区政协主席毕黎明走访慰问东昌府区部分全国先进工作者。区委常委、政法委书记李凯，区委常委、办公室主任张金堂参加走访。

同日

区委、区政府举行“关爱贫困户走访送温暖”捐赠活动。区领导陈秀兴、毕黎明、吴润昌、刘培国、李凯、黄性利、柳玉兴、张金堂、张丹青、岳喜星、王江川率先垂范、慷慨解囊，纷纷拿出自己的爱心善款。

4日

区委副书记、代区长、区政协主席毕黎明，区委常委王江川看望慰问贫困家庭。

13日

区委副书记、代区长、区政协主席毕黎明深入部分重点企业走访慰问广大企业家，区委常委、副区长黄性利参加走访。

14日

召开常委（扩大）会议，区委书记陈秀兴主持会议并作重要讲话，区委副书记、代区长、区政协主席毕黎明，区委常委、区政府副区长、区直有关部门主要负责同志参加会议。

15日

召开镇（街道）、园区党委书记座谈会，区委书记陈秀兴主持会议并作重要讲话，区领导毕黎明、吴润昌、刘培国、黄性利、柳玉兴、张金堂、张丹青参加会议。

16日

召开全区农村工作暨春季绿化工作会议，区委副书记、代区长、区政协主席毕黎明出席会议。

21日

组织开展元宵节卫生和计划生育宣传活动，市委副书记陈平，副市长马丽红，区委副书记、代区长、区政协主席毕黎明观看演出。

22日

召开常委（扩大）会议，区委书记陈秀兴主持会议并作重要讲话，区委副书记、代区长、区政协主席毕黎明，区人大常委会第一副主任王奎龙，区委常委、区政府副区长参加会议。

23日

区委书记陈秀兴，区委副书记、代区长、区政协主席毕黎明现场督导路域环境提升工程。

同日

市委常委、统战部长蔡同民到东昌府区调研统战工作。区委书记陈秀兴，区委常委、组织部长、统战部长柳玉兴，区委常委、办公室主任张金堂陪同活动。

24日

召开全区2015年度总结表彰大会。区委书记陈秀兴出席会议并作重要讲话，区委副书记、代区长、区政协主席毕黎明主持会议，区人大常委会第一副主任王奎龙，区委常委，区政府副区长参加会议。

25日

市委副书记陈平视察路域环境提升工程进展情况，区委书记陈秀兴，区委副书记、代区长、区政协主席毕黎明陪同活动。

26日

召开全区双联共建暨脱贫攻坚现场推进会，区委书记陈秀兴主持会议并作重要讲话，区委副书记、代区长、区政协主席毕黎明，区委常委、组织部长、统战部长柳玉兴，区委常委、办公室主任张金堂，区委挂职常委王江川等领导出席会议。

3月

2日

区委副书记、代区长、区政协主席毕黎明带领区教育局、区民政局、区人社局、区农业局、区住建局等15个区直部门主要负责人走进聊城人民广播电视台“政风行风热线”直播室，接听“百姓热线”，倾听群众意见和建议，解答群众咨询。

3日

省工商局副局长郭际水带领省政府安全生产督导组到东昌府区督查安全生产工作。区委副书记、代区长、区政协主席毕黎明，区委常委、副区长黄性利陪同活动。

同日

全区春季绿化工作现场推进会议召开。区委书记陈秀兴主持会议并作重要讲话，区委副书记、代区长、区政协主席毕黎明对下一步的工作进行了安排部署，副区长刘光涛，区政府咨询王怀华，区政府党组成员冯贺成及各镇（街道）、园区党委书记，区直有关部门负责同志出席会议。

同日

省工商局副局长郭际水带领省政府安全生产督导组到东昌府区督查安全生产工作。区委副书记、代区长、区政协主席毕黎明，区委常委、副区长黄性利陪同活动。

17日

省宗教局副巡视员杨晓龙带领省宗教工作联合调研组到东昌府区进行调研考察。区委副书记、代区长、区政协主席毕黎明，副区长赵书超陪同活动。

19日

全区路域环境提升暨春季绿化现场推进会召开。区委副书记、代区长、区政协主席毕黎明，区委常委、副区长刘培国，副区长赵书超，区政府党组成员冯贺成，区政府咨询王怀华及区直有关部门，部分镇（街道）、园区主要负责人参加。

26日

中国人民政治协商会议聊城市东昌府区第十二届委员会第五次会议在东昌宾馆大礼堂隆重开幕。

27日

东昌府区第十六届人民代表大会第五次会议在东昌宾馆大礼堂隆重开幕。

28日

中国人民政治协商会议聊城市东昌府区第十二届委员会第五次会议，圆满完成各项议程，在东昌宾馆大礼堂胜利闭幕。（详见P128）

29日

东昌府区第十六届人民代表大会第五次会议圆满完成各项议程，在东昌宾馆胜利闭幕。（详见P101）

4月

1日

区委书记陈秀兴到福和中药生态园调研，区委副书记、区长毕黎明，区委常委、办公室主任张金堂参加调研。

3日

区委书记陈秀兴到聊城工业学校、第一职业中专等学校调研，区委副书记、区长毕黎明参加调研。

同日

区委副书记、区长毕黎明现场督导路域环境提升工程。

6日

区政府召开全体（扩大）会议，区委副书记、区长毕黎明主持会议并讲话，区委常委、副区长刘培国，区委常委、副区长黄性利等出席会议。

7日

水利部中国灌溉排水发展中心主任李仰斌就灌区现代化升级改造工作到东昌府区调研。省水利厅副厅长曹金萍，市委副书记陈平，区委书记陈秀兴，区委常委、办公室主任张金堂陪同活动。

8日

全省农机深松作业暨信息化监测现场培训观摩会在东昌府区召开。省农机局局长高明飞，市委副书记陈平，区委书记陈秀兴出席活动。

11日

区委召开常委（扩大）会议，区领导陈秀兴、毕黎明、王奎龙、苗慧清、刘培国、李凯、黄性利、柳玉兴、张金堂、张丹青、王江川参加会议。

12日

召开全区学校幼儿园安全工作会议。区委书记陈秀兴，区委副书记、区长毕黎明，区委常委、副区长刘培国出席会议。

13日

市委副书记陈平到东昌府区督导路域环境提升和春季绿化工作，区委书记陈秀兴，区委副书记、区长毕黎明，区委常委、副区长刘培国陪同活动。

同日

召开全区民兵预备役工作会议，聊城军分区参谋长董智奎，区委副书记、区长毕黎明，区委常委、区人武部政委岳喜星出席会议。

14日

召开全区城乡建设管理暨交通工作会议。区委书记陈秀兴主持会议并作重要讲话，区领导毕黎明、王奎龙、苗慧清、刘培国、张金堂、张丹青出席会议。

15日

召开区政府廉政工作会议。区委副书记、区长毕黎明出席会议并作重要讲话，区委常委、副区长刘培国，区委常委、副区长黄性利等出席会议。

15 日

召开全区国家级出口食品农产品质量安全示范区创建工作动员会。区委副书记、区长毕黎明，聊城出入境检验检疫局副局长马国良，市商务局副局长程恩义，区委常委、副区长黄性利出席会议。

17 日

区委副书记、区长毕黎明到聊城四中、实验中学、新星小学、聊城二中检查学校安全工作。

18 日

组织收看全市脱贫攻坚推进电视电话会议。区领导毕黎明、柳玉兴、张金堂、张丹青、岳喜星、王江川等领导在东昌府区分会场收看会议。

20 日

召开区委常委会议，区领导陈秀兴、毕黎明、王奎龙、苗慧清、刘培国、黄性利、柳玉兴、张金堂、张丹青、岳喜星、王江川出席会议。

21 日

省政协人资环委主任张有兴到东昌府区调研农副产品标准化生产工作。市、区领导赵庆忠、路仕佼、陈秀兴、毕黎明、苗慧清、张金堂等陪同活动。

同日

举办东昌论坛，邀请北京大学经济学院睢国余教授作题为《五大发展理念与经济新常态》的专题报告。区委书记陈秀兴主持报告会，区领导毕黎明、王奎龙、柳玉兴、张金堂、张丹青、岳喜星、王江川等参加报告会。

同日

召开全区农村土地承包经营权确权登记颁证工作调度会。区委副书记、区长毕黎明，区委常委、副区长刘培国等出席会议。

22 日

召开全区 2015 年度人口和计划生育目标责任奖惩兑现大会。区委书记陈秀兴主持会议并作重要讲话，市卫计委党委委员、市疾控中心主任赵金星，区委副书记、区长毕黎明，区委常委、办公室主任张金堂出席会议。

23 日

召开全区镇（街道）、园区党委书记调度会，区委书记陈秀兴主持会议并作重要讲话。区领导毕黎明、刘培国、黄性利、张金堂、张丹青参加会议。

同日

台湾客商廖木全就碳纤维产业园项目到东昌府区考察，区委副书记、区长毕黎明陪同考察。

24 日

举办 PPP（政府和社会资本合作）模式理论与实务培训班，特邀省财政厅金融与国际合作处处长李学春对 PPP 模式相关知识进行专题辅导。区领导陈秀兴、毕黎明、王奎龙、刘培国、李凯、张金堂、岳喜星、王江川等领导参加培训。

同日

召开全区劳动模范表彰大会，区委书记陈秀兴出席会议并作重要讲话。区领导毕黎明、王奎龙、苗慧清、刘培国、李凯、黄性利、张金堂、张丹青、岳喜星，王江川等出席会议。

25 日

召开区委常委会议。区领导陈秀兴、毕黎明、王奎龙、苗慧清、刘培国、李凯、黄性利、柳玉兴、张金堂、张丹青、王江川出席会议。

26 日

召开全区集中整治违法占地、违法建设工作会议。区委副书记、区长毕黎明，市城市管理局副局长赵同江，区委常委、副区长刘培国等出席会议。

同日

召开全区农村改厕工作现场推进会，区委副书记、区长毕黎明，区委常委、副区长刘培国，区委常委、宣传部长张丹青出席会议。

27 日

召开全区“两学一做”学习教育工作座谈培训会，区委书记陈秀兴出席会议并作重要讲话。区领导毕黎明、王奎龙、苗慧清、刘培国、李凯、黄性利、张金堂、张丹青、岳喜星、王江川出席会议。

同日

组织收看全国、全省医改工作电视电话会议。区委书记陈秀兴，区委副书记、区长毕黎明，区委常委、副区长刘培国等在东昌府区分会场收看会议。

28 日

召开全区人大工作会议，区委书记陈秀兴，区人大常委会主任王奎龙出席会议。

同日

召开全区人力资源和社会保障工作会议，区委副书记、区长毕黎明出席会议。

同日

区政府党组召开“两学一做”学习教育动员会，区领导毕黎明、刘培国、黄性利等参加会议。

29日

举行“奋战‘十三五’，我思我想我行动”主题演讲比赛。市、区领导赵庆忠、陈秀兴、毕黎明、王奎龙、张金堂、张丹青、岳喜星等到场观看。

同日

区委书记陈秀兴先后到民主小学、聊城四中等检查学校安全工作，区委常委、办公室主任张金堂陪同活动。

5月

1日

市委常委、副市长耿涛到东昌府区检查指导营改增工作。区委书记陈秀兴，区委副书记、区长毕黎明，区委常委、副区长黄性利陪同活动。

3日

召开区委常委会议，区领导陈秀兴、毕黎明、王奎龙、苗慧清、刘培国、李凯、黄性利、柳玉兴、张金堂、张丹青、岳喜星、王江川出席会议。

4日

举行聊城市“青春共创文明城”志愿服务行动启动仪式，市委副书记陈平，市委常委、政法委书记刘强，区委书记陈秀兴出席活动。

同日

区委书记陈秀兴到侯营镇、张炉集镇调研扶贫工作。区委常委、办公室主任张金堂，区委挂职常委王江川陪同活动。

5日

召开平安东昌建设工作会议。区委书记陈秀兴，区委副书记、区长毕黎明主持会议，区委常委、副区长刘培国，区委常委、政法委书记李凯出席会议。

同日

市委常委、副市长张旋宇到东昌府区调研城市周边永久基本农田划定、招商引资和商务工作。区领导陈秀兴、毕黎明、黄性利、张金堂陪同活动。

6日

区委书记陈秀兴参加区委办公室第一党小组“两学一做”集中学习，区委常委、办公室主任张金堂一同学习。

同日

召开成品油经营企业专项整治工作会议。区委副书记、区长毕黎明出席会议并讲话，区委常委、副区长黄性利主持会议。

同日

召开全区农村危房改造现场推进会，区委副书记、区长毕黎明，区委常委、副区长刘培国出席会议。

7日

区委书记陈秀兴到古楼街道湖北社区、站前社区调研社区党建工作，区委常委、组织部长、统战部长柳玉兴，区委常委、办公室主任张金堂陪同调研。

9日

省农业厅副厅长卜祥联就农产品质量安全监管工作到东昌府区观摩，副市长郭建民，区委书记陈秀兴陪同活动。

12日

组织收看换届纪律学习教育警示片。区领导陈秀兴、毕黎明、王奎龙、苗慧清等观看警示教育片。

同日

召开区政府党组“两学一做”集体学习会，区委副书记、区长毕黎明，区委常委、副区长刘培国，区委常委、副区长黄性利参加学习。

13日

市委副书记陈平到东昌府区检查路域环境提升和小城镇提升工程，区领导陈秀兴、毕黎明、刘培国、张金堂陪同活动。

同日

召开全区防汛抗旱工作会议，区委副书记、区长毕黎明出席会议。

15日

召开全区脱贫攻坚推进会议。区领导陈秀兴、毕黎明、刘培国、柳玉兴、张金堂、王江川出席会议。

17日

省高级人民法院副院长张成武到东昌府区调研法院诉调对接工作。市、区领导黄伟东、陈秀兴、毕黎明、李凯、张金堂陪同活动。

18日

召开区委统一战线工作领导小组第一次全体会议，区委书记、区委统战工作领导小组组长陈秀兴，区委常委、组织部长、统战部长、区委统战工作领导小组副组长柳玉兴出席会议。

同日

区委书记陈秀兴为区委办公室党支部讲“两学一做”专题党课，区委常委、办公室主任张金堂主持会议。

20日

区委副书记、区长毕黎明为区政府办公室党支部讲“两学一做”专题党课。

21日

举行东昌府区人民政府与大自然（台湾）环保科技有限公司现代农业战略合作框架协议签约

仪式。

22 日

举行“爱心手拉手·书包进万家”阳光宝贝幸福大礼包公益项目启动仪式，区委副书记、区长毕黎明，区委挂职常委王江川出席活动。

23 日

召开全区城乡环卫一体化暨春季绿化观摩评比会。区领导毕黎明、刘培国、张丹青出席会议。

24 日

省政协副主席雷建国到东昌府区考察政协委员企业并就规范完善市县政协机构设置情况开展调研。市、区领导赵庆忠、张广霞、路仕佼、黄性利陪同活动。

26 日

召开政银企合作座谈会，区委副书记、区长毕黎明，区委常委、副区长黄性利出席会议。

同日

召开国家卫生城市复审一周年“回头看”活动动员会，区委副书记、区长毕黎明，区委常委、副区长刘培国出席会议。

30 日

市委副书记、市长宋军继到文苑小学和幼儿园走访慰问，市、区领导李志华、马保杰、陈秀兴、毕黎明参加活动。

同日

区委副书记、区长毕黎明督导检查“回头看”活动开展落实情况。

31 日

举行聊城市暨东昌府区庆“六一”寻找“亲子悦读”——最美书香家庭活动启动仪式，市、区领导陈平、张同村、任奎军、张广霞、陈秀兴出席仪式。

同日

区委副书记、区长毕黎明督导检查聊莘路路域环境提升工程，区委常委、副区长刘培国参加活动。

6 月

1 日

举办“两学一做”学习教育宣讲报告会。市委宣讲团副团长、市政协副主席、市纪委常务副书记、监察局长王广柱作宣讲报告。区领导陈秀兴、王奎龙、刘培国、李凯、黄性利、柳玉兴、张金堂、张丹青、丁磊、王江川等参加报告会。

2 日

召开全区“两学一做”学习教育暨基层党建提升年工作推进会，区领导陈秀兴、柳玉兴、张金堂、张丹青、丁磊、王江川出席会议。

同日

举行“学在先，做在前”东昌府区“两学一做”学习教育宣讲报告会。区领导陈秀兴、李凯、柳玉兴、张金堂、张丹青、王江川出席报告会。

3 日

山东省委召开电视电话会议，传达学习习近平总书记、李克强总理、刘延东副总理在全国科技创新大会、两院院士大会、中国科协第九次全国代表大会上的重要讲话。区领导陈秀兴、毕黎明、王奎龙、苗慧清、刘培国、李凯、黄性利、柳玉兴、张金堂、岳喜星、王江川在东昌府区分会场收看会议。

同日

召开迎接农村土地承包经营权确权登记颁证省级抽查验收工作会议，区委副书记、区长毕黎明，区委常委、副区长刘培国出席会议。

4 日

市政协主席、市委宣传部部长赵庆忠，市委副书记陈平，市人大常委会副主任张同村，副市长郭建民、任晓旺到东昌府区观摩路域环境提升工程，区领导陈秀兴、毕黎明、刘培国、张金堂陪同观摩。

同日

区委副书记、区长毕黎明检查“三夏”生产工作准备情况。

6 日

召开全区经济运行形势分析会，区领导陈秀兴、毕黎明、刘培国、黄性利、张金堂出席会议。

同日

东昌府区政府作出《关于同意组建东昌医疗保健集团的批复》（东昌政发〔2016〕72 号），同意由东昌府人民医院、东昌府区妇幼保健院、聊城东昌妇女儿童医院组建东昌医疗保健集团。12 月 3 日，市卫计委正式批准同意。其中东昌府区妇幼保健院包含闸口院区、儿童康复医院、儿童健康管理中心 3 个院区，东昌府人民医院包含本院区、聊大院区和海源院区，并辖沙镇、斗虎屯、大张 3 个乡镇卫生院和二中门诊部。集团成为全市规模较大的医疗团体。

7–8 日

副省长赵润田到东昌府区验收农村土地承包经营权确权登记颁证工作，省农业厅副巡视员褚瑞云参加活动。市、区领导陈平、郭建民、陈秀兴、毕黎明、张金堂陪同活动。

10 日

区委书记陈秀兴实地察看棚

户区搬迁改造安置区基础设施建设进度、包片征收安置工作进展情况，区领导毕黎明、刘培国、柳玉兴、张金堂陪同活动。

12 日

区委书记陈秀兴到梁水镇检查指导麦收工作，区委常委、办公室主任张金堂陪同活动。

13 日

举行东昌府区民兵应急连成立仪式。市委常委、军分区政委宋铁平，军分区参谋长董智奎，区委书记、区人武部党委第一书记陈秀兴，区委常委、办公室主任张金堂出席仪式。

15 日

区委书记陈秀兴应邀做客《脱贫攻坚在行动》栏目，与主持人、全市听众朋友进行交流。

16 日

区委书记陈秀兴检查小城镇提升工程进展情况，区委常委、办公室主任张金堂，区委常委、宣传部长张丹青参加活动。

18 日

市委副书记陈平到东昌府区开展“星期六群众工作日”活动。区委书记陈秀兴，区委副书记、区长毕黎明，区委常委、办公室主任张金堂陪同活动。

20 日

召开城乡环卫一体化工作推进会，区委副书记、区长毕黎明，区委常委、副区长刘培国，区委常委、宣传部长张丹青参加会议。

21 日

市委副书记、市长宋军继到东昌府区调研城建重点项目建设，市、区领导任晓旺、马荣锁、陈秀兴、毕黎明、刘培国、张金堂陪同调研。

22 日

举行东昌电视台公共频道开播启动仪式，市、区领导赵庆忠、马丽红、陈秀兴、王奎龙、苗慧清、张金堂、张丹青出席仪式。

23 日

全市“两学一做”学习教育工作调度会在东昌府区召开。市、区领导杜昌伟、陈秀兴、柳玉兴、王江川出席会议。

24 日

全市关工委党史国史教育现场会在东昌府区召开，市、区领导杜昌伟、董金刚、陈丙申、路广业、陈秀兴、柳玉兴出席活动。

同日

省民政厅副厅长李光杰到政务服务中心调研指导“社区治理暨养老服务创新实验区建设”工作，副市长、市公安局局长任奎军，区委副书记、区长毕黎明陪同活动。

25 日

国家质检总局第十考核组组长张有才到东昌府区验收“创建国家级出口食品农产品质量安全示范区”工作。区委副书记、区长毕黎明，区委常委、副区长黄性利陪同活动。

27 日

举办“两学一做”学习教育知识竞赛，区领导陈秀兴、王奎龙、苗慧清、柳玉兴、张金堂、张丹青、岳喜星、王江川到场观看。

28 日

市委副书记、市长宋军继到侯营镇邓庄村为农村基层党员干部讲专题党课。市政府秘书长高洪岩，区委书记陈秀兴，区委挂职常委王江川陪同活动。

同日

市委常委、纪委书记张宝泉到东昌府区走访慰问老党员，区委书记陈秀兴，区委常委、组织部长、统战部长柳玉兴陪同活动。

29 日

副市长任晓旺到东昌府区调研棚户区拆迁改造工作，区委常委、副区长刘培国陪同活动。

同日

召开纪念中国共产党成立 95 周年暨表彰大会。区领导陈秀兴、毕黎明、王奎龙、苗慧清、刘培国、李凯、黄性利、柳玉兴、张金堂、张丹青、岳喜星、丁磊、王江川出席会议。

同日

区委书记陈秀兴走访慰问老党员，区委常委、组织部长、统战部长柳玉兴，区委常委、办公室主任张金堂陪同活动。

同日

区委副书记、区长毕黎明走访慰问困难老党员。

30 日

市人民检察院检察长王学军到柳园街道为基层党员讲党课，区领导陈秀兴、李凯、柳玉兴、张金堂参加活动。

同日

举办全区基层扶贫干部培训班，区委书记陈秀兴，区委挂职常委王江川参加培训。

同日

区委书记陈秀兴到闫寺街道玉皇庙村为农村基层党员干部讲专题党课，区委常委、办公室主任张金堂，区委挂职常委王江川参加活动。

7 月

1 日

集中收看庆祝中国共产党成

立95周年大会。区领导陈秀兴、毕黎明、刘培国、李凯、黄性利、柳玉兴、张金堂、张丹青、岳喜星、丁磊、王江川在区委会议室收看大会实况。

同日

召开全区基层扶贫干部培训会，区委副书记、区长毕黎明出席会议并讲话，副区长刘光涛参加会议。

4日

召开全区质量强区战略动员大会，区领导陈秀兴、毕黎明、王奎龙、苗慧清、刘培国、黄性利、张金堂出席会议。

5日

召开县级党政班子成员向同级纪委全委会述廉述责大会。市政协副主席、市纪委常务副书记、监察局局长王广柱到会指导。区委书记陈秀兴，区委副书记、区长毕黎明等区党政班子成员及区纪委全体委员参加会议。

6日

市委常委、统战部长蔡同民，副市长、市公安局局长任奎军，区委书记陈秀兴，区委常委、组织部长、统战部长柳玉兴，区委常委、办公室主任张金堂等市区领导在开斋节慰问穆斯林群众。

8日

举办“两学一做”学习教育专题宣讲报告会。市“两学一做”学习教育党课宣讲团副团长、市委党校副校长、教授王永玲作宣讲报告。区领导陈秀兴、毕黎明、王奎龙、刘培国、李凯、黄性利、柳玉兴、张金堂、张丹青、岳喜星、丁磊、王江川等参加报告会。

10日

区委书记陈秀兴现场督导重点项目建设工作。区领导毕黎明、刘培国、黄性利、张金堂参加活动。

11日

市委副书记陈平就市级重点项目建设进展情况进行调研。区领导陈秀兴、毕黎明、刘培国、黄性利、张金堂陪同活动。

同日

区委书记陈秀兴主持召开区委常委会议，区领导毕黎明、王奎龙、苗慧清、刘培国、李凯、黄性利、柳玉兴、张金堂、张丹青、岳喜星、丁磊、王江川出席会议。

12日

区委副书记、区长毕黎明到侯营镇岳庄村为基层党员干部讲专题党课。

同日

区委副书记、区长毕黎明走进聊城人民广播电台“政风行风热线”直播间，接受群众的咨询和投诉，答复解决群众关心的热点难点问题。

15日

副省长王随莲到区妇幼保健院调研公立医院综合改革工作。市、区领导徐景颜、马丽红、陈秀兴、张金堂陪同活动。

16日

区委书记陈秀兴督导民生项目建设，区委常委、副区长刘培国，区委常委、办公室主任张金堂陪同活动。

18日

区委书记陈秀兴主持召开区委常委（扩大）会议，区领导毕黎明、王奎龙、苗慧清、刘培国、黄性利、柳玉兴、张金堂、张丹青、岳喜星、丁磊、王江川及区政府副区长出席会议。

同日

全省计划生育工作电视电话会议召开。区委副书记、区长毕黎明在东昌府区分会场收看。

19日

市委常委、副市长张旋宇到东昌府区调研重点项目建设、招商引资和商务工作。区领导陈秀兴、毕黎明、黄性利、张金堂陪同活动。

20日

组织收听收看全国全省全市安全生产工作电视会议。区领导毕黎明、刘培国、黄性利在东昌府区分会场收听收看。

21日

市委常委、统战部长蔡同民到东昌府区调研民生和统战工作。区领导陈秀兴、柳玉兴、张金堂陪同活动。

22日

市委副书记、市长宋军继调研城建重点项目和棚户区改造项目建设情况。市、区领导任晓旺、马荣锁、陈秀兴、毕黎明、刘培国参加调研。

同日

召开青兰高速公路建设用地征收工作推进会。区委副书记、区长毕黎明出席会议并作讲话。

24日

区委书记陈秀兴现场督导重点项目建设工作。区领导毕黎明、黄性利、张金堂参加活动。

25日

召开东昌府区重大决策咨询委员会成立大会。区领导陈秀兴、毕黎明、王奎龙、苗慧清、刘培国、李凯、黄性利、柳玉兴、张金堂、张丹青、岳喜星、丁磊、王江川参加会议。

同日

组织收听收看全国全省全市征兵工作会议并召开全区征兵工作会议。区委副书记、区长毕黎明，区委常委、区人武部政委岳喜星在东昌府区分会场收听收看。

26日

区委书记陈秀兴，区委副书记、区长毕黎明走访慰问驻聊部队官兵。

同日

副市长、市公安局局长任奎军到东昌府区调研乡镇消防队伍建设工作。区领导陈秀兴、毕黎明、刘培国陪同活动。

29日

区政府党组召开“两学一做”学习教育专题学习会，区领导毕黎明、刘培国、黄性利参加学习。

8月

2日

召开中共东昌府区委十二届十次全体会议。区领导陈秀兴、毕黎明、王奎龙、苗慧清、刘培国、李凯、黄性利、柳玉兴、张金堂、张丹青、岳喜星、丁磊、王江川出席会议。

3日

区委机关举行“慈心一日捐”活动。区领导陈秀兴、李凯、柳玉兴、张金堂、张丹青、岳喜星、丁磊、王江川参加活动。

同日

区委副书记、区长毕黎明到“12345”市长热线办公室，现场接听市民来电，近距离了解社情民意。

4日

市委常委、组织部长杜昌伟在梁水镇召开脱贫攻坚现场推进会议，区领导陈秀兴、刘培国、柳玉兴、张金堂、王江川陪同活动。

同日

区政府机关开展“慈心一日捐”活动，区委副书记、区长毕黎明，区委常委、副区长刘培国，区委常委、副区长黄性利参加捐助活动。

8日

区委书记陈秀兴主持召开区委常委（扩大）会议，区领导王奎龙、苗慧清、刘培国、李凯、黄性利、柳玉兴、张金堂、张丹青、岳喜星、丁磊、王江川出席会议。

9日

市委书记、市人大常委会主任徐景颜到东昌府区调研城建重点项目建设，市、区领导李吉增、任晓旺、陈秀兴、刘培国、张金堂陪同调研。

11日

市委书记、市人大常委会主任徐景颜到东昌府区开展群众工作日活动。市、区领导李吉增、陈秀兴、李凯、张金堂陪同活动。

12日

山东省高级人民法院副院长张爱云到东昌府区调研民商事审判工作。市、区领导黄伟东、陈秀兴、李凯、张金堂陪同活动。

16日

召开全区“推进移风易俗 提升乡村文明”工作会议。区委副书记刘培国，区委常委、宣传部长张丹青出席会议。

17日

区委书记陈秀兴检查第二批小城镇提升工程进展情况，区领导刘培国、张金堂、张丹青参加活动。

19日

市委常委、副市长张旋宇对周公河湿地建设项目进行调度。市、区领导马荣锁、陈秀兴、刘培国、张金堂陪同活动。

同日

召开光伏扶贫暨路域环境提升调度会。区委副书记刘培国，区委常委、宣传部长张丹青出席会议。

22日

开展东昌府区2016年度预定新兵役前教育训练活动。市、区领导宋铁平、陈秀兴、张金堂出席动员会。

23日

召开区委常委会议，集体学习《党政领导干部选拔任用工作条例》，围绕“如何做一名党和人民需要的好干部”进行专题研讨。区领导陈秀兴、王奎龙、苗慧清、刘培国、李凯、黄性利、柳玉兴、张金堂、张丹青、岳喜星、丁磊出席会议。

25日

国务院国资委机关离退休干部局局长于殿鹏到东昌府区就优秀传统文化弘扬、“两学一做”学习教育工作开展情况进行考察指导，区委副书记刘培国陪同活动。

27日

举行2016年东昌府区“阳光伴我行——大学生英才工程”暨第十一届关爱助学金发放仪式。市、区领导董金刚、刘培国、叶晓旻、李凯、柳玉兴、张丹青出席发放仪式。

30日

副市长任晓旺到东昌府区视察部分城建重点项目。区领导陈秀兴、毕黎明、刘培国陪同活动。

同日

区委副书记、区长毕黎明主持召开区政府党组"两学一做"学习教育集中研讨会，区委副书记刘培国，区委常委、副区长黄性利等参加学习。

9月

1日

召开全区环境保护工作调度大会。区委副书记、区长毕黎明出席会议并讲话，区委常委、副区长黄性利出席会议。

2日

葛洲坝集团三峡公司董事长周建华到东昌府区考察棚户区改造工作，市、区领导任晓旺、陈秀兴、毕黎明、刘培国陪同活动。

同日

举行洁净型煤配送启动仪式，市、区领导洪玉振、毕黎明、黄性利参加活动。

7日

省政协副主席雷建国到东昌府区检查省委政协工作会议精神贯彻落实情况，省、市区领导张心骥、徐景颜、赵庆忠、张广霞、路士佼、陈秀兴、苗慧清、张金堂陪同活动。

8日

在教师节即将到来之际，区委书记陈秀兴，区委副书记、区长毕黎明到聊城二中、聊城七中等学校看望慰问师生员工。区委常委、办公室主任张金堂陪同活动。

12日

召开区委常委会议，研究全区美丽乡村建设工作。区领导陈秀兴、毕黎明、王奎龙、苗慧清、刘培国、李凯、柳玉兴、张金堂、张丹青、岳喜星、丁磊，王江川出席会议。

13日

召开全区城市管理工作会议，区委副书记、区长毕黎明，区委副书记刘培国参加会议。

同日

区委副书记刘培国督导检查棚户区改造安置区建设工作。

17日

区委副书记、区长毕黎明督导重点项目建设工作，区委常委、副区长黄性利陪同活动。

18日

区委书记陈秀兴，区委常委、政法委书记李凯收看全市全面推开司法责任制改革动员会。

19日

副市长洪玉振到东昌府区调研散煤治理及洁净煤推广利用进展情况。区领导陈秀兴、毕黎明、张金堂陪同活动。

同日

区委书记陈秀兴督导检查全区重点项目建设工作。区委副书记、区长毕黎明，区委副书记刘培国，区委常委、办公室主任张金堂参加活动。

21日

全市重点项目、重点工作现场观摩团到东昌府区观摩。市领导徐景颜、宋军继、赵庆忠、李吉增等参加观摩。区领导陈秀兴、毕黎明、王奎龙、刘培国陪同活动。

23日

召开全区镇领导班子换届工作会议。区领导陈秀兴、刘培国、柳玉兴、丁磊出席会议。

同日

召开全区煤炭清洁利用工作调度会议，区委副书记、区长毕黎明出席会议并讲话。

26日

召开区委常委（扩大）会议，区委书记陈秀兴主持会议并作重要讲话，区领导毕黎明、王奎龙、苗慧清、刘培国、柳玉兴、张丹青、岳喜星、丁磊、王江川出席会议。

10月

1日

市政协主席、市委宣传部部长赵庆忠到东昌府区博物馆调研。区领导陈秀兴、苗慧清、张金堂陪同活动。

7日

召开全区秋季秸秆禁烧工作调度会，区委副书记刘培国出席会议。

9日

市委副书记、市长宋军继走访慰问百岁老人和养老机构，市、区领导任奎军、高洪岩、陈秀兴、毕黎明、张金堂陪同活动。

同日

市委副书记、市长宋军继调研东昌府区城建重点项目。市、区领导任晓旺、高洪岩、陈秀兴、毕黎明、刘培国、张金堂参加调研。

10日

区委副书记、区长毕黎明调研扶贫开发工作，区委副书记刘培国，区委挂职常委王江川参加活动。

同日

召开全区土地利用总体规划调整完善工作会议。区委副书记、区长毕黎明出席会议。

11日

区委副书记、区长毕黎明检查小城镇提升工程进展情况。

13 日

区委书记陈秀兴，区委副书记、区长毕黎明，区委副书记刘培国在东昌府区分会场收听收看全省城市违法建设治理行动电视动员会议。

16 日

启动东昌府区 10·17 扶贫日活动。市、区领导陈平、宋铁平、朱加云、郭建民、张广霞、许兰岭、陈秀兴、刘培国、张金堂、张丹青、岳喜星出席启动仪式。

21 日

省委农村工作领导小组副组长王军民调研现代农业工作。市、区领导徐景颜、陈平、陈秀兴、毕黎明、刘培国、张金堂陪同活动。

同日

区领导陈秀兴、刘培国、李凯、柳玉兴、张金堂、张丹青、岳喜星、丁磊、王江川、姜浩刚集中收听收看纪念红军长征胜利 80 周年大会。

21 日

召开全区大气污染防治“百日攻坚战”动员会。区委副书记、区长毕黎明出席会议并作重要讲话。

24 日

省关工委常务副主任郭兆信调研基层关工委组织建设和“五老”队伍建设工作。市、区领导徐景颜、杜昌伟、陈秀兴、毕黎明、柳玉兴陪同活动。

27 日

召开全区财税工作调度会议，区委副书记、区长毕黎明出席会议并作重要讲话。

28 日

召开“棚户区”改造龙山、前街片区动员会，区委副书记刘培国出席会议并讲话。

30 日

市委副书记陈平观摩扶贫开发工作。市、区领导宋铁平、李志华、陈秀兴、毕黎明、刘培国参加观摩。

31 日

省档案局副局长王宪东督导档案馆建设工作。区委书记陈秀兴，区委常委、办公室主任张金堂陪同活动。

11 月

1 日

市委副书记、市长宋军继调研散煤清洁化治理工作。市、区领导洪玉振、高洪岩、陈秀兴、毕黎明、张金堂陪同活动。

同日

举行与国华风力发电项目签约仪式。区委书记陈秀兴参加签约仪式并致辞，国华能源投资有限公司山东分公司董事长兼总经理宫宇飞，区委常委、办公室主任张金堂参加仪式。

2 日

市委副书记、市长宋军继调研城区供热工作。市、区领导任晓旺、高洪岩、陈秀兴、毕黎明、刘培国陪同活动。

3 日

市委副书记陈平调研市级重点项目建设进展情况，市、区领导张广霞、陈秀兴、毕黎明、刘培国、张金堂陪同活动。

8 日

区领导陈秀兴、王奎龙、苗慧清、刘培国在东昌府区分会场收听收看中央宣讲团党的十八届六中全会精神报告会。

同日

中央政法委司法改革小组到东昌府区法院调研。

同日

省农业厅党组成员、副厅长王登启考察农业发展情况，区委副书记刘培国陪同活动。

9 日

区委书记陈秀兴到梁水镇南赵村调研指导基层党建和扶贫工作，区委常委、办公室主任张金堂陪同活动。

10 日

市委副书记陈平观摩冬季造林绿化工作，市、区领导朱加云、郭建民、陈秀兴、毕黎明、刘培国陪同观摩。

同日

召开 2016 年度美丽乡村建设规划推进会，区委副书记刘培国出席会议。

11 日

召开全区卫生计生重点工作推进会，区委副书记刘培国出席会议并讲话。

12 日

区委副书记、区长毕黎明到企业调研，区委常委、副区长黄性利陪同活动。

14 日

区委副书记、区长毕黎明督导检查全区城建重点项目建设工作，区委副书记刘培国参加活动。

15 日

市考核验收组考核验收第二批小城镇提升工程，区委副书记刘培国陪同活动。

16 日

召开全区领导干部会议，区领导陈秀兴、毕黎明、王奎龙、苗慧清、刘培国、李凯、柳玉兴、张金堂、张丹青、丁磊参加会议。

同日

举行学习贯彻党的十八届六

中全会精神宣讲报告会。市委宣讲团成员、市委市直机关工委书记袁炳臣作宣讲报告。区领导陈秀兴、毕黎明、王奎龙、刘培国、李凯、柳玉兴、张金堂、张丹青、丁磊出席报告会。

同日

区委副书记、区长毕黎明检查指导散煤清洁化治理工作。

18 日

区委副书记、区长毕黎明视察聊城第十届葫芦文化艺术节举办情况。

同日

召开全区脱贫攻坚工作调度会议，区委副书记刘培国主持会议并讲话。

19 日

市委副书记陈平到东昌府区开展“星期六群众工作日”活动。区领导陈秀兴、刘培国、李凯、张金堂陪同活动。

同日

召开全区冬季绿化工作现场推进会议。区领导陈秀兴、毕黎明、张金堂出席会议。

21 日

召开区委常委会议，区领导陈秀兴、王奎龙、苗慧清、刘培国、李凯、黄性利、柳玉兴、张金堂、张丹青、丁磊出席会议。

同日

召开全区城市社区工作服务用房建设推进会，区委副书记刘培国，区委常委、组织部长、统战部长柳玉兴出席会议。

24-25 日

省委常委、纪委书记陈辐宽调研党风廉洁建设和反腐败工作。省、市、区领导程德智、徐景颜、张宝泉、陈秀兴、丁磊陪同活动。

24 日

召开全区人大换届选举工作动员会。区领导王奎龙、刘培国、柳玉兴出席会议。

25 日

区委副书记、区长毕黎明，区委常委、副区长黄性利参加聊城市资本论坛大会暨国泰君安证券聊城东昌西路营业部开业仪式。

28 日

举办“东昌论坛：十八届六中全会精神解读专题讲座”，北京大学教授、博士生导师、中共中央统战部机关党委常委岳庆平作专题报告。区领导陈秀兴、毕黎明、王奎龙、苗慧清、刘培国、李凯、黄性利、柳玉兴、张金堂、张丹青、岳喜星、丁磊参加报告会。

29 日

市委副书记陈平督导美丽乡村建设工作。区领导陈秀兴、毕黎明、刘培国、张金堂陪同活动。

同日

召开全区冬季创建国家森林城市工作观摩检查会，区委副书记、区长毕黎明出席会议并讲话，区委副书记刘培国主持会议。

12 月

4 日

举办“12・4”国家宪法日集中宣传活动。市、区领导陈平、刘强、朱加云、刘培国、李凯出席活动。

5 日

省住房城乡建设厅督导美丽乡村建设工作，区委副书记、区长毕黎明陪同活动。

同日

召开区委统战工作领导小组会议，区委副书记刘培国出席并讲话，区委常委、组织部长、统战部长柳玉兴主持会议。

8 日

召开全区冬季创森绿化工作第三次观摩检查会，区委副书记刘培国出席会议。

9 日

副省长张务锋督导调研安全生产和大气污染防治工作。市、区领导宋军继、洪玉振、高洪岩、陈秀兴、张金堂陪同活动。

10 日

召开全区领导干部会议。宣布省委、市委关于东昌府区主要负责同志职务调整：荣红智同志任中共聊城市东昌府区委委员、常委、书记、区委党校校长；提名刘培国同志为聊城市东昌府区区长候选人。

11 日

区委书记荣红智调研乡镇换届、美丽乡村建设、创建国家森林城市、路域环境及小城镇提升工程、现代农业建设等工作，区委常委、办公室主任张金堂陪同活动。

12 日

召开全区扶贫攻坚年终“回头看”工作会议。区委副书记、区长候选人刘培国主持会议并作讲话。

同日

区委副书记、区长候选人刘培国到区政务服务中心调研指导工作。

14 日

东昌府区第十六届人大常委会第四十二次会议决定：接受毕黎明辞去东昌府区人民政府区长职务，接受黄胜利辞去东昌府区人民政府副区长职务。刘培国代理东昌府区人民政府区长职务，贾相云任东昌府区人民政府副区长。

15 日

区委副书记、代区长刘培国督导检查大气污染防治“百日攻坚战”活动，区委常委、副区长贾相云参加活动。

19 日

召开中共东昌府区委十二届十一次全体会议，区委书记荣红智作重要讲话。

同日

召开全区脱贫攻坚推进会议，区委副书记彭志国出席会议。

20 日

区委书记荣红智到侯营镇调研扶贫工作，区委常委、办公室主任李凯参加活动。

同日

市人大常委会副主任朱加云到斗虎屯镇大徐村走访慰问困难群众，区领导王奎龙、岳喜星陪同活动。

同日

召开全区城乡居民社会保险征缴暨社会保险登记工作会议，区委副书记、代区长刘培国出席会议并讲话。

21 日

区委副书记、代区长刘培国到闫寺街道走访慰问困难群众。

同日

区委副书记彭志国到沙镇镇扈庄村走访慰问困难群众。

22 日

省政府原副省长郭兆信，省人大法制委员会副主任委员汪文耀，市人大常委会副主任孙菁等11名驻聊全国人大代表和省人大代表到东昌府区视察经济社会发展情况。市、区领导李吉增、冯艺东、李文禄、荣红智、刘培国、王奎龙、李凯陪同活动。

23 日

区委副书记彭志国调研小城镇提升及美丽乡村建设工作。

25 日

区委书记荣红智到古楼、新区、柳园三个街道调研指导工作。区领导李凯、贾相云、魏雷陪同活动。

同日

召开全区基层扶贫干部业务知识培训会议，区委副书记彭志国出席会议并作讲话。

26 日

区委书记荣红智到部分镇（街道）调研指导工作，区委常委、办公室主任李凯陪同活动。

同日

召开全区第十三次党代会代表选举工作会议，区委副书记彭志国出席并讲话，区委常委、组织部长魏雷主持。

同日

区委副书记、代区长刘培国到凤凰工业园、嘉明经济开发区调研。

27 日

市人大常委会第一副主任李吉增，市人大常委会副主任孙菁，市人大常委会秘书长李文禄检查指导人大代表换届选举工作。区领导荣红智、王奎龙、王振江、李凯陪同活动。

（区委政研室　吕博）

全区概况

建置区划

【位置】 东昌府区位于山东省西部，地处冀、鲁、豫三省交界处，北纬36° 16′ −36° 42′，东经115° 14′ −116° 08′之间，是中共聊城市委、市政府驻地。东依东阿县、茌平县，南接阳谷县，西连冠县、莘县，北靠临清市。

【面积】 至2016年底，东昌府区总面积1443.2105平方公里，其中，聊城经济技术开发区总面积202.8平方公里，聊城高新技术产业开发区总面积206平方公里，江北水城旅游度假区总面积226平方公里。

（注：聊城经济技术开发区、聊城高新技术产业开发区和江北水城旅游度假区，在行政区划上归属东昌府区）

【建置沿革】 聊城之名始建于《左传》:“聊、摄二城，齐之西鄙也”。秦代始建县，名聊城，属东郡。此后，隶属平原郡、博州、武阳郡、博平郡等。元代先后属东平路总管府、博州路总管府。至元十三年（1276年）改博州路为东昌路，聊城为东昌路总管府治所，聊城始称东昌。明洪武元年（1368年）改东昌路为东昌府，至清末（1911年）为东昌府治所。1913年废东昌府，设济西道，翌年（1914年）改称东临道，聊城为其属县，并为道之治所。1925年10月，改设东昌道，聊城县属之，并为其治所。1928年废道，聊城县由山东省直辖。1936年（民国25年），省下设督察区，聊城属山东省第六行政督察区。1938年11月15日，日军侵占聊城，民族英雄、第六督察区专员范筑先为国殉职。为纪念其抗日伟业，1940年，抗日民主政权改聊城县为筑先县，属抗日民主政权之山东省鲁西行政区第四专区。1941年属冀鲁豫第四专区（泰运专区），亦称晋冀鲁豫边区第十六专区。1945年，改属冀鲁豫行政公署第四专区。1946年属冀鲁豫第六专区。1947年1月，聊城解放，第六行政专员公署随之进驻聊城。1949年，撤销筑先县恢复聊城县，隶属平原省聊城专区。1952年11月，平原省撤销，归属山东省聊城专区。1958年12月，改聊城县为聊城市（县级）。1963年4月，改市为县，仍属聊城专区。1983年8月，撤销聊城县，恢复县级聊城市建置。1998年3月，撤销聊城地区设地级聊城市，原县级聊城市改为东昌府区，隶属聊城市。1949年至2016年，历为聊城专区、聊城地区、地级聊城市的治所。

【行政区划】 2016年，东昌府区有1063个行政村，辖2乡，11个镇，10个街道（61个城市社区居委会），其中，聊城市经济开发区有157个行政村，辖广平乡、蒋官屯街道、东城街道、北城街道4个乡街道；聊城高新技术产业开发区有142个行政村，辖九州街道、许营镇、顾官屯镇、韩集乡4个乡镇街道；江北水城旅游度假区有189个行政村，辖于集镇、朱老庄镇、湖西街道、凤凰街道4个镇街道。

（区民政局　陈忠浩）

人口民族

【人口】 至2016年底，东昌府区常住总人口131.48万人，其中，聊城经济技术开发区总人口15.79万人，聊城高新技术产业开发区常住总人口12.64万人，江北水城旅游度假区总人口13.2万人。

【民族】 全区共有民族36个，其中少数民族有回、满、蒙古、壮等35个，人口10274人，其中回族人口9415人，占少数民族总人口的91.64%，人口在百人以上的有满族257人，蒙古族121人。城区少数民族常住人口8000余人，绝大多数为回族。另外，全区还有流动少数民族人口数约3000余人。

（区统计局 张红梅 王长福）

自然环境

【地质地层】东昌府区区境自晚第三纪以后普遍接受上第三系和第四系的沉积，主要为黄河泛滥冲击物和洪积物，为新生界第四系所覆盖，无出露岩石。第四系厚度一般为30–270米，第四系包括全新统和更新统，更新统又分上、中、下更新统。全新统主要为冲积物和洪积物，沉积厚度7–25米，广泛分布于全区；更新统主要为河湖相沉积，厚30–260米。第四系以下有上第三系明化镇组、冠陶组；下第三系东营组、沙河街组、孔店组；古生界石炭二迭系、奥陶系、寒武系，还有古生界变质岩等。

临清－丘县地层。（聊城－兰考）断裂带西侧市境均属此小区，该小区第四系之下发育有：古生界的寒武系、奥陶系、石炭系；中生界的三迭系、侏罗系、白垩系；新生界的古近系、新近系。缺古生界的志留系、泥盆系。

寒武系所包括的地层小组，无资料可考。至2016年，仅知该系地层主要为一套碳酸盐夹有部分石膏和少量泥岩组成。在距顶面62米处为灰色厚层并含有块状灰岩夹杂色薄层竹叶状灰岩及灰色泥岩；72米处为灰白色厚层，含有块状鲕状灰岩，并夹有灰色灰岩、深灰色白云岩及灰色薄层泥岩；80米处为灰白色厚层含有块状鲕状灰岩夹灰色薄层泥岩。

奥陶系包括本溪组、太原组。本溪组主要由海陆交相的页岩、砂岩及灰岩组成，沉积韵律明显。太原组主要为砂岩、页岩和灰岩，是典型的海陆交互相含煤沉积。

二迭系所括山西组、石盒子组。山西组主要为灰黑色和灰色砂岩、页岩及砂质页岩。石盒子组主要为暗紫红色、灰绿色和灰白色砂岩、页岩及砂质页岩。该系地层主要为河湖相沉积。

三迭系包括石千峰群孙家沟组（相当于原来的聊城组），主要以浅棕色粉细砂岩为主夹棕红色泥岩，含中三迭世轮藻化石，厚度在1000米以上。

侏罗系、白垩系各包括的地层小组，至2016年仍无钻孔资料，从区域得知：侏罗系为棕红色硬砂质长石砂岩、棕色泥岩、棕红色砂质泥岩、石英砾岩和灰绿杂色泥岩；白垩系为灰白色泥岩、紫色泥岩、砾状砂岩、深灰色硬砂质长石中细粒砂岩夹灰色泥岩。

古近系东营组为棕黄色砂质泥岩、浅色砂岩、棕黄色砂岩、灰绿灰兰等杂色泥质砂岩。

新近系馆陶系为长石石英粗粉砂岩、灰白色砾状砂岩、砾状泥灰岩。新近系明化镇组主要由泥岩、粉细砂岩和砂岩互层组成。

第四系由多层粘性土、砂性土、砂层等组成。

济宁地层小区。聊考（聊城－兰考）断裂带东侧区境均属此小区。该小区第四系之下发育有古生界的寒武系、奥陶系、石炭系、二迭系；中生代的侏罗系、白垩系、新生界的新近系；缺失古生界的志留系、泥盆系。该区的侏罗系、白垩系、古近系也缺失，二迭系和新近系的地层亦被剥蚀的残缺不全。

寒武系包括馒头组、张夏组、崮山组、炒米店组。馒头组下部主要为灰色含白云页岩、暗紫色页岩、灰色泥岩、暗灰绿色页岩；上部主要为灰紫色泥页岩、灰色砂质灰岩、紫红色砂质灰岩、紫红色鲕状灰岩、灰紫色页岩、粉砂质页岩。张夏组主要为致密坚硬的灰色、浅灰色鲕状灰岩和藻灰岩。崮山组主要为灰色和紫色泥页岩、浅灰色鲕状灰岩。炒米店组主要为小竹叶灰岩、灰色鲕状白云岩、褐灰色泥质白云岩、深灰色白云质泥岩、浅灰色含泥灰岩、鲕状灰岩、细晶白云岩和微晶白云岩。

奥陶系包括三山子组、马家沟组。三山子组主要为致密坚硬的块状浅灰色白云岩、灰色白云岩及灰色、浅灰色含燧石结核白云岩。马家沟组主要为灰色和浅灰色厚层灰岩和豹皮灰岩，次有白色白云质灰岩褐色灰岩、紫色灰岩、灰黄色灰岩、棕黄色泥质白云岩、灰质白云岩、白云质灰岩等。

石炭系假整合于奥陶系石灰岩之上，为海陆交互相沉积，自下而上为本溪组、太原组。本溪组由灰色泥岩、粉砂岩及细砂岩组成，含一层煤线。下部为紫色铁质泥岩、灰色铝土泥岩，厚15–40米。太原组为海陆交互相沉积，以泻湖相和潮坪相为主。岩性及厚度较稳定，岩性主要为灰色、灰黑色泥质岩、粘土岩、粉砂岩、细砂岩等，夹数层薄层石灰岩，含煤13层，其中可采煤层有6层，以3煤层发育最好，全区稳定可采，煤层厚度2.60-4.00米，见煤孔平均厚3.16米，7煤层和8煤层有分叉现象。该组地层一般厚度为187米左右。

二迭系包括山西组、石盒子组。山西组为陆相沉积，岩性主要为灰至黑灰色粉砂岩、泥质岩、粘土岩及灰白色砂岩。本组含煤层2-4层，位于中下部，其中3煤层为本区最重要的煤层，厚度0.99-5.37米，见煤钻孔平均厚度3.31米，局部地段有分层现象。该组层厚一般为36.5米左右。石盒子组地层绝大部分已被剥蚀掉，仅局部见有少量砂岩和页岩。

新近系明化镇组，为棕黄色紫红色泥岩、粉砂岩及砂岩。底部有砾岩层，不稳定，砾石成分以石灰岩为主，火山岩及片麻岩次之，钙质或泥质胶结，总趋势为南薄北厚，区内残存层厚约450-950米。

第四系，主要为粘土、粉砂、砂及砾石层。上部为黄河淤积的粉砂和黄土；中下部以砂质粘土和粘土为主；底部时有一砂砾层，砾石成分以石灰岩为主，火成岩、石英岩次之，并混有大量粗砂及粘土，厚度约50-100米。

【构造】 在漫长的地质形成历史中，聊城经历多次构造运动，基底构造复杂。中生代晚侏罗世以后，在燕山运动、喜马拉雅山运动的作用下，地壳发生差异运动，使原来统一的太古界至古生界基地发生破裂，形成断裂带、凸起带和凹陷带。凸起带以上升为主，遭受剥蚀，缺失中、新生界地层。凹陷带以下降为主，接受中、新生界沉积。因升降运动不平衡，凸起带和凹陷带内部又进一步分出凸起和凹陷。

东昌府区地质构造主要受华北一级大断裂——聊考（聊城－兰考考城）和堂邑、冠县、茌平3条次级断裂的控制。

聊考（聊城－兰考考城）断裂 为一条被第四系沉积物完全覆盖的隐伏断裂。南起河南省兰考县考城，经东明、范县斜穿东昌府区境，北止于茌平县韩屯，呈北北东走向，全长260公里，断面北西倾，倾角40-60度，断距3300-6700米。此断裂带燕山期、喜马拉雅山期均活动强烈，至2016年，仍有继承性活动，主要控制新生界地层的沉积与分布。

堂邑断裂 南起莘县霍屯，经聊城市东昌府区堂邑、临清市肖寨，北至高唐县止，呈北北东走向，全长90公里，断面南东倾，倾角30-60度，断距160-6100米。形成于燕山期、喜马拉雅山期继续活动，结束于晚第三纪，主要控制中生界及早第三纪地层。

莘县凹陷 东南从聊考断裂起，西北至堂邑断裂止，东北与济阳拗陷相通。境内的郑家、沙镇、侯营、道口铺、湖西、梁水镇、闫寺等镇、街道和堂邑镇东部，古楼、新区西部，均属此构造单元。

高唐－堂邑凸起区 东起堂邑断裂，西北止于冠县断裂，南自马陵断裂，北到堂邑断裂。境内的张炉集、堂邑、郑家、梁水镇等镇的中部及梁水镇西部、斗虎屯东部地区，为该构造单元所属。

冠县凹陷区 东起冠县断裂，西到沧东断裂，南从马陵断裂，北通德州凹陷。境内的梁水镇、斗虎屯、堂邑等镇的西部，其地质构造为冠县凹陷单元。

阳谷凹陷区 东南从茌平断裂起，西至聊考断裂止，南自汶泗断裂，北到牛角店断裂。境内于集、凤凰、朱老庄等（镇、街道）的地质构造属此单元。

【地貌特征】 全境地处黄河以北，黄泛平原西部，土层深厚，地势低平，起伏较小。区域地势西高东低，顺贯穿境内的徒骇河流向自西南向东北缓倾，坡降为1/5500，海拔高度一般在31-38米之间。地貌的显著特征为单一的低平宽广平原。

区境古代为黄河流经泛滥之地。西汉元光三年（公元前132年）至明万历元年（1573年），黄河改道有4次经过境内。由于历受黄河改道、决口和自然侵蚀的影响，逐渐形成微度起伏，岗、坡、洼相间的微地貌。岗的地貌类型有河滩高地、决口扇形地、河槽地3种，其地势相对较高，起伏不平，局部有沙丘。坡的地貌类型主要为缓平坡地，它位于岗洼之间，地势高差微小，且微微倾斜，坡降一般在1/5500-1/7000之间，海拔高度32-34米，地段较为平缓。洼的地貌类型有河间洼平洼和背河槽状洼地两种。地势低洼，有的甚至低于河床。缓岗、坡地、洼地在低平宽广平原上交错分布，为境内地貌的另一重要特征。

【地貌类型】 **岗地** 境内有河滩高地、决口扇形地和沙质河槽地3

种。河滩高地和扇形地宽为5-10公里，比其两侧的洼地高3-5米，形成缓岗。这两种岗地主要分布在西新河以西的郑家镇、张炉集、堂邑镇、道口铺街道及沙镇镇的古河道附近，境内东部的于集镇东南部也有分布，面积310平方公里，占全区面积的25.2%。沙质河槽地主要分布在京杭、徒骇、马颊3条河道近侧，呈条带状，面积22.1平方公里，占全区面积的5.9%。坡地。为境内分布最广，面积最大的一种地貌类型。面积609.6平方公里，占全区总面积的49.5%。主要分布在境内南部、周公河与西新河之间及四新河流域。

坡地 为境内分布最广，面积最大的一种地貌类型。面积609.6平方公里，占全区总面积的49.5%。主要分布在区境南部、周公河与西新河之间及四新河流域。

洼地 境内有河间浅洼平地和背河槽洼地两种。河间浅平洼地有的形似碟子，有的为椭圆形，称为“漫洼”，面积170.1平方公里，占全区总面积的13.8%，主要分布在沙镇镇的“牛家洼”，凤凰街道的“谭家洼”和城区以北的“白家洼”。背河槽状洼地因修筑河堤取土而成，多呈不连贯条状，面积69平方公里，占全区总面积的5.6%，主要分布在马颊河沿岸的梁水镇镇至堂邑镇的“放马场”一带。

（区国土分局　李延光）

【河流】 东昌府区境内河道属海河流域，流域面积829.46平方千米，主要河道有省内大型河道徒骇河、马颊河，境内总长50多千米；区管河道周公河、西新河，总长37千米，流域面积小于20平方千米的河流21条，长度74千米，设计流量大于1立方米/秒的渠道31条，长度244千米。大部分沟渠属于灌排两用型。河网密度0.49千米/平方千米。

（区水务局　周泉）

【气候】 东昌府区属于温带季风气候区，具有显著的季节变化。四季的基本气候特点可概括为：春旱多风，夏热多雨，晚秋易旱，冬季干寒。

日照 东昌府区光照充足，2016年1807.5小时，气候资源丰富，对多种农作物有较好的适应性。

气温 气温的季节变化明显，冬季气温最低，1月最冷；夏季气温最高，7月最热。2016年年平均气温为14.1℃，极端最高气温为35.7℃，极端最低气温为-18.8℃，全年≥0℃的积温5287.2℃。

降水 2016年年降水量为666.4毫米，较常年均值多103.4毫米。全年降水75%以上集中在夏季。秋季雨量多于春季，春季干旱发生频繁，有“十年九春旱”之说。冬季降水最少。

风 2016年年平均风速均为1.1米/秒，春季风速较大，夏季风速较小，但在局地出现强对流天气时，也能出现短时大风。全年最多风向为南风、偏南风，又以春季出现的频率最高，其次为北风、偏北风。

霜 2016年霜日数66天，初霜日期出现在11月1日，终霜日期出现在2月29日，无霜期245天。

（区气象局　单荣鹏）

自然灾害

【概况】 东昌府区自然灾害出现频繁，主要气象灾害有旱涝、冰雹、干热风、低温连阴雨、霜冻等，每年都造成不同程度的危害。

【旱涝灾害】 旱涝灾害对农业生产危害最为严重，是东昌府区主要气象灾害之一，其中旱灾危害面积最大，发生最频繁。由于冬、春雨雪稀少，夏季雨量充沛，易于形成春旱夏涝。

【冰雹】 东昌府区每年有不同程度的冰雹灾害发生，大多是自西北而来，向东南或东北而去。冰雹集中出现在5-7月，6月最多。冰雹多发生在午后至前半夜，降雹持续时间比较短促。冰雹发生时，常常伴有大风和降雨出现。

【干热风】 每年都有干热风发生，只是出现的时间、范围、轻重不同，干热风集中出现在5月下旬至6月上旬。干热风持续时间越长，对冬小麦造成的危害越重。

【低温连阴雨】 作物生长季节，常出现低温寡照及连阴雨天气，对农业生产十分不利。根据发生的时间分为棉花春播期、麦收期及秋季低温连阴雨。三种类型的低温连阴雨天气出现次数并不太多，但是往往造成极严重的损失。

【霜冻】 春秋季节里，也常出现霜冻。地面最低温度达到0℃以下，给农作物生长造成一定危害。

2016年东昌府区天气情况表

项目 \ 数量 \ 时间	1月	2月	3月	4月	5月	6月	7月	8月	9月	10月	11月	12月
平均气温（℃）	−2.6	2.2	9.9	17	19.5	24.7	26.8	25.6	22.1	15.1	6.7	1.9
平均日照时数（小时）	104.1	190.3	193.8	189.7	199.5	199.6	144.2	125	180.5	77.4	99.3	104.1
平均降水量（毫米）	3.6	23	0	9.2	41.8	172.6	208.9	133.6	6.1	40.7	16.4	10.5
平均相对湿度	61	50	48	62	67	70	85	87	77	81	75	76

（区气象局　单荣鹏）

自然资源

【土地资源】 截至2016年底，全区土地总面积83145.83公顷，其中，耕地53348.62公顷，占土地总面积的64.2%；园地414.86公顷，占土地总面积的0.5%；林地3389.73公顷，占土地总面积的4.1%；草地239.62公顷，占土地总面积的0.3%；城镇村及工矿用地16581.93公顷，占土地总面积的19.9%；交通运输用地3455.97公顷，占土地总面积的4.2%；水域及水利设施用地5139.92公顷，占土地总面积的6.2%；其他土地575.18公顷，占土地总面积的0.7%。

（区国土分局　李延光）

【水资源】 东昌府区当地多年平均水资源量16250万立方米，其中：地表水资源量2772万立方米，地下水资源量14205万立方米，重复计算量726万立方米。加上客水资源量，多年平均水资源可利用量22084万立方米，其中：地表水1087万立方米，引黄引江客水10260万立方米，地下水12074万立方米。

东昌府区多年平均水资源总量及可利用量汇总表

单位：万立方米

当地水资源量				水资源可利用量					
地表水	地下水	重复计算量	水资源总量	地表水	地下水	重复计算量	客水	其他	水资源可利用量
2772	14205	726	16250	1087	12074	617	10260	3800	26604

（区水务局　周泉）

【矿产资源】 境内矿产资源主要有煤炭、石油、天然气、石膏、温泉水等。

煤炭 境内发现的主要矿产，有已探明的聊城煤矿区和未探明的冠县至堂邑煤炭预测区。聊城煤矿区分布在聊城东部，隶属阳谷至茌平煤炭预测区的一部分，位于东经115° 31′ 57″ –116° 12′ 25″、北纬36° 5′ 38″ –36° 31′ 57″之间。该矿区为典型的华北石炭－二迭系煤田，含煤层为石碳系中统太原组和二迭系下统山西组。太原组厚度为187米左右，由砂岩、粉砂岩、泥岩组成。煤层层数约有9–10层，可采煤层8层，稳定可采煤层4层。煤层连续分布，厚度变化较小，以9–1煤、9–2煤、10煤为主，4煤、5煤、8煤次之。该组大部分为气肥煤，有少量气煤。原煤灰分率一般都低于15%，精煤灰分率在7.5%左右。挥发成分一般在40%–44%之间；水分一般为2.3%–2.6%；固定碳含量约为40%–45%。山西组厚度为36.5米左右，主要由砂岩、泥岩和煤层组成。煤层厚度大部地段超过5米，平均4.5米，以2煤、3煤为主。煤质较优，山西组除2煤有少量肥煤外，其它均为气煤，为特低硫煤，发热量高达2.8万焦耳/克。矿区含磷量均很低，一般为0.01%–0.03%。

1986–1987年，山东省地矿二队对聊城煤矿区进行普查勘探，控制面积为240平方公里，大都在东昌府区范围内，提交煤炭资源储量12.87亿吨，其中，C级储量3.44亿吨，D级9.42亿吨。冠县至堂邑预测区，沿马颊河呈西南东北向条带展布。位于冠县与莘县、聊城和冠县、临清和高唐交界地区，长92公里，宽5公里–16公里，面积为700平方公里。矿层为石炭二迭系沉积物，含煤7层，其中，太原组5层，山西组2层，总厚度8.7米，见煤深度1600–2600米，预测资源量14亿吨。

1992–1993年，山东煤田地质局对阳谷至茌平煤田预测区1921平方公里进行预测，预测煤炭资源量为129.19亿吨，煤类主要为气煤。

石油　天然气 据勘察，油、气储集地段分布在莘县、高唐大部，东昌府区、临清中部，茌平西部和冠县东部。

中原油田三部油区。该区位于东濮凹陷北沿，分布在莘县西南部古云、大张两乡，南北长30公里，东西宽13公里，面积约390平方公里，生油岩体厚度约700–800米。探明石油储量3000万吨，天然气储量1万亿立方米。中原油田三厂设于此区，有生产油井330眼、天然气井2眼，年产原油100万吨左右，伴生气1亿立方米。

莘县凹陷生油区。位于徒骇河与马颊河之间，分布在莘县北部、东昌府区中部、茌平西部和高唐大部，呈带状展向，南北长约130公里，东西宽约20公里，面积约2600平方公里，生油岩体约4333亿立方米，顶板埋深1118–1439米，生油岩体厚度1389–1771米以上。

冠县凹陷生油区。位于马颊河以西，呈带状分布在冠县大部、临清中部和东昌府区北端，南北长约75公里，东西宽约15公里，面积约1100平方公里，顶板埋深1688米，生油岩体厚度2000米左右，体积2117亿立方米。1989年，胜利油田钻井队在境内梁水镇镇梁闸村附近打出贾2号探井，在此井2400米处发现7米厚油气层，在2674–2689米处发现15米厚质地良好的油气层。

石膏 据勘探，境内石膏矿主要有茌平至阳谷预测区和堂邑预测区。

茌平至阳谷石膏预测区。分布在阳谷西部、东昌府区东部、茌平中部，呈西南东北条带展布，南北长128公里，东西宽15公里，面积约1900平方公里。境内军王屯钻孔，含石膏8层，单层厚度0.5–2米，总厚度9米，埋深700–1588米。

堂邑石膏预测区。分布在冠县与东昌府区、临清与高唐4县市区交界区域，呈西南东北条带展布，南北长70公里，东西宽5公里，面积约350平方公里。境内梁水镇镇堂古1孔，寒武系灰岩中含石膏7层，单层最厚9米，累计厚55米，埋深2000米左右。

砖瓦粘土 砖瓦粘土是东昌府区境内主要矿产之一，全区资源总储量为1048.95万立方米。矿区地层简单，仅出露第四系巨野组。自地表下0.0–3.2米为褐红色粘土，粘粒含量约占75%–90%，其中，近地表30–40厘米为耕植土，富含有机质。2.5–4.0米为土黄色砂质粘土，粘粒含量约占60%–75%，该层未见底。矿区地层产状基本为水平，根据生产砖所用砂、粘土的配方比结合辖区水位状况，确定可采厚度为3.0–3.5米，质量较好，可塑性较强，成品砖的质量较高。

地热 境内蕴藏有丰富的地热资源，大致以聊考（聊城－兰考）断裂为界，分为东西两个块断。聊考断裂以东，缺失东营组热储层，馆陶组热储层也发育不全，主要热储层为奥陶系灰岩。该块段现已施工2眼地热井，均由省地矿局801队施工。较早的1眼地热井位于境内军王屯村，井深2338米，最大流量1800立方米/日，水温52℃。水中富含钾、钠、钙、镁、硼、锶等阳离子和氯根、硫酸根、重碳酸根、氟、溴等阴离子，PH值为7.4，总硬度为138.5德国度，总碱度为8.41毫克当量/升，溶有氮、二氧化碳、甲烷等气体。该地热井除用于地震监测外，已在洗浴、养鱼等方面进行开发利用。聊考断裂以西为层状热储。自2004年，山东省第一地质矿产勘查院水工勘察处先后在该地区施工5眼地热井，分别是聊城大学地热井、美景集团地热井、新东方地热井、昌润金热电厂地热井（2眼），揭露的热储层为新近系馆陶组和古近系东营组。新近系馆陶组埋深968.6-1380.2米，热储含水层为100-150米，含水层岩性以中粗粒砂岩、砾状粗砂岩为主，地热水温度为45℃-53℃，单井出水量为40-70立方米/日。古近系东营组揭露厚度238.2-326.47米，含水层岩性为一套砂岩、泥岩的交互沉积，地热水温度为53℃-58℃，单井出水量为69.28-110.0立方米/日。地热盖层为第四系和新近系明化镇组地层，总厚度为940-1100米，盖层岩性由多层粘性土、砂性土、砂层、泥岩及砂岩组成，隔热性能良好，为良好的热储保温层。该区热源主要来自正常的地壳深部热流，以正常地温传导为主。

（区国土分局　李延光）

【生物资源】 东昌府区境内兽类主要有赤狐、狸、獾、黄鼠狼、鼹鼠、草兔、刺猬、蝙蝠等。鸟类主要有鹰、鹞、喜鹊、乌鸦、麻雀、黄雀、布谷鸟、啄木鸟、猫头鹰、豆雁、家燕、鹌鹑、水鸭、白鹭、红兰顶、鸠、黄鹂等。鱼类主要有黄颡、黄鳝、鲶鱼、赤眼鳟、麦穗鱼、银鱼、船丁鱼、泥鳅、鲚鱼、刺鳅、水蛭等。甲壳类主要有蚌、虾、鳖、蟹、螺、蜗牛等。昆虫类有50余科、170余种，主要有螳螂、蜻蜓、蟋蟀、萤火虫、蚯蚓、黄蜂、蟑螂、蝼蛄、牛虻及蝶类、瓢虫类、草蛉类、蜘蛛类、食虫蝽类、茧蜂类、蚊蝇类、蚁类等。爬行动物主要有蛇、蜥蜴、壁虎等。两栖动物主要有青蛙、蟾蜍等。动物类药材有33科36种，主要有土元、蛇蜕、全蝎、水蛭、蟾蜍、蜂巢、僵蚕、鳖甲、刺猬皮、鸡内金、蜈蚣、蝉蜕、驴皮等。

东昌府区境内野生植物类有20余科130余种。主要有杨柳、杜李、酸枣棵、青蒿、碱蓬、茅草、茇茇草、苦菜、曲菜、沙打旺、水稗、莠草等。水生藻类有绿藻、金鱼藻、狐尾藻等。微生物类主要有地衣、苔藓、寄生蜂、寄生蝇类。食用菌类主要有木耳、蘑菇等。植物类药材主要有5大类183种。根茎类有白芭根、芦根、香附、地骨皮、地黄、藕节、半夏、桑根皮、天花粉等。果实类有亭苈子、菟丝子、蛇床子、牵牛子、白蒺痢、大麻仁、杏仁、桑椹子、苍耳子、地肤子、苦楝子、枸杞子、莲子、柏子仁、枯蒌、槐角、王不留、银杏、枣仁、桃仁等。花叶类有槐米、野菊花、蒲黄、霜桑叶、侧柏叶、石榴花、艾蒿等。全草类有大蓟、紫花地丁、蒲公类、薄荷、马齿苋、青蒿、菌陈、益母草、车前草、瓦松、猫眼草、地绵草、透骨草、旱莲草、罗布麻等。藤枝皮类有臭椿皮、桑白皮、桑枝等。

（区史志办　管振芹）

国民经济和社会发展综述

【概况】 **经济规模不断扩大** 初步核算，全区实现生产总值297.25亿元，按可比价格计算，比上年增长7.6%。其中，第一产业增加值35.00亿元，增长4.5%；第二产业增加值121.29亿元，增长8.1%；第三产业增加值140.96亿元，增长8.0%。

产业结构持续优化 三次产业比例由上年11.8∶41.8∶46.4调整为11.8∶40.8∶47.4，第三产业比重比上年提高1.0个百分点。

就业形势保持稳定 城镇新增就业6056人，失业人员再就业2170人，困难群体就业428人，城镇登记失业率3.1%。

消费价格涨势平稳 居民消费价格累计上涨2.2%。其中，食品烟酒类价格上涨3.2%，衣着类价格上涨1.6%，居住类价格上涨0.2%，生活用品及服务类价格

表 1：2016 年东昌府区居民消费价格指数统计表

指标名称	以上年为 100
居民消费价格指数（CPI)	102.2
其中：食品烟酒	103.2
衣着	101.6
居住	100.2
生活用品及服务	101.1
交通和通信	100.1
教育文化和娱乐	103.7
医疗保健	105.3
其他用品和服务	104.3

表 2：2016 年东昌府区主要工业产品产量统计表

产品名称	计量单位	本年产量	较上年增长 %
小麦粉	万吨	46.76	−13.0
服装	万件	1673.36	1.3
钢材	万吨	71.70	1.7
涂料	万吨	11.83	0.5
滚动轴承	亿套	2613	4.9
商品混凝土	万立方米	296.94	12.5
罐头	吨	7088	47.5
鲜、冷藏肉	万吨	34.56	2.8
饲料	万吨	57.37	6.5
梭织服装	万件	1485.76	0.5
无缝钢管	万吨	59.62	3.3
钢化玻璃	万平方米	73.18	9.4
变压器	万千伏安	259.58	13.2
中成药	吨	209.60	−19.6
自来水生产量	万立方米	3305	7.9
水泥	万吨	126.16	−6.5
家具	万件	49.58	13.6
食醋	万吨	18.65	11.3

上涨 1.1%，交通和通信类价格上涨 0.1%，教育文化和娱乐类价格上涨 3.7%，医疗保健类价格上涨 5.3%，其他用品和服务类价格上涨 4.3%。

市场主体总量扩大 年末实有各类市场主体 6.86 万户，注册资本（金）289.77 亿元，户均注册资本（金）42.24 万元。其中，年末实有各类企业 9819 户，注册资本（金）243.37 亿元，户均注册资本（金）247.86 万元。

【农林牧渔业】 **农林牧渔业稳步增长** 农林牧渔业总产值 63.32 亿元。农林牧渔业增加值 35.85 亿元，比上年增长 4.6%。农、林、牧、渔及农林牧渔服务业增加值分别增长 5.4%、5.3%、2.2%、5.8%、9.2%。

种植业稳步推进 拥有种植业设施 4.07 万个，设施占地面积 5.71 万亩。

畜牧业发展稳定 猪、羊、家禽出栏分别为 39.78 万头、26.28 万只、1929 万只，分别比上年增长 13.7%、0.7%、5.9%；牛出栏 2.46 万头，增长 2.3%。肉、蛋、奶总产量分别为 6.57 万吨、4.83 万吨、1.79 万吨，分别增长 9.0%、9.5%、0.1%。

林业渔业稳步发展 全年造林面积 2.11 万亩，增长 13.4%。水产品总产量 0.85 万吨，增长 4.9%；水产养殖面积 1.37 万亩，增长 1.5%。

【工业和建筑业】 **工业生产平稳增长** 规模以上工业企业 204 家，实现工业增加值比上年增长 7.2%。轻重工业之比由上年的 35.7 : 64.3 调整为 31.2 : 68.8。

工业效益稳步增长 规模以上工业实现主营业务收入 553.66

亿元，比上年增长 7.0%；利润 30.37 亿元，增长 4.6%；利税 39.39 亿元，增长 3.2%。主营业务收入过亿元的企业 149 户，占规模以上企业户数的 73.0%，其中过 10 亿元的企业 8 户。

工业转型升级加快发展 高新技术产业比重提高，实现产值 66.19 亿元，比上年增长 7.3%；占规模以上工业总产值的比重为 11.8%，提高 1.9 个百分点。两个重点工业园区实现主营业务收入 305.63 亿元，增长 7.1%。

建筑业平稳发展 全区三级资质等级以上建筑业企业 79 家，实现建筑业总产值 99.45 亿元，竣工产值 59.24 亿元，建筑业企业签订的合同总价款 207.33 亿元。

【固定资产投资】 **投资规模不断扩大** 固定资产投资 261.26 亿元，比上年增长 14.3%。计划总投资 5000 万元及以上项目 75 个，其中新开工项目 51 个；5000 万元及以上项目完成投资 106.84 亿元，占比 40.9%。

投资结构持续优化 第三产业投资引领增长，共完成投资 161.64 亿元，比上年增长 15.1%，占全部投资的比重为 61.9%。工业完成投资 96.31 亿元，增长 16.0%，占全部投资的比重为 36.9%。

投资方式不断改善 高新技术产业投资 23.91 亿元，同比增长 14.3%。工业技改投资 71.02 亿元，增长 21.8%，增幅高于全部投资 7.5 个百分点。

房地产开发投资低速增长 房地产开发投资 70.84 亿元，比上年增长 2.0%。商品房销售面积 146.14 万平方米，比上年增长 8.8%。

【国内贸易、对外经济和旅游】 **消费品市场平稳运行** 社会消费品零售总额 230.77 亿元，比上年增长 11.6%。其中，批发零售业零售额 209.87 亿元，增长 11.8%；住宿餐饮业零售额 20.89 亿元，增长 9.6%。

城乡市场协同发展 城镇市场消费品零售额 208.90 亿元，比上年增长 11.5%。乡村市场消费品零售额 21.86 亿元，增长 12.8%，增幅高于城镇市场 1.3 个百分点。

热点商品销售兴旺 在限额以上企业商品零售中，粮油、食品、饮料、烟酒类比上年增长 10.3%，文化办公用品类增长 18.7%，通讯器材类增长 14.5%，汽车类增长 17.6%。

对外贸易稳步发展 完成进出口总额 112564 万元，比上年增长 7.4%。其中出口总额 110001 万元，增长 8.2%；进口总额 2563 万元，下降 16.8%。

旅游业发展良好 实现旅游总收入 19.2 亿元，比上年增长 21.0%。接待国内游客 538 万人次，增长 14.1%。

【财政和金融】 **财政收支平稳增长** 公共财政预算收入 31.85 亿元，比上年增长 9.8%。其中税收收入 24.18 亿元，增长 1.9%；非税收收入 7.67 亿元，增长 266.9%。公共财政预算支出 33.87 亿元，增长 8.7%。其中，教育支出增长 18.5%，医疗卫生与计划生育支出增长 7.1%，社会保障和就业支出增长 17.6%，农林水支出增长 14.5%。

金融市场规模不断扩大 年末金融机构人民币各项存款余额 1207.65 亿元，比年初增加 203.09 亿元。其中住户存款余额 576.42 亿元，比年初增加 82.04 亿元。各项贷款余额 901.77 亿元，比年初增加 146.93 亿元。

【科技、教育、卫生、体育】 **科技创新成绩突出** 全年通过鉴定科技成果 9 项。发明专利申请数 606 件，列全市第一，较上年增长 5.0%；发明专利授权数 153 件，列全市第一，较上年增长 15.9%。

教育水平不断提升 全区幼儿园个数达到 101 个，在园（班）2.66 万人，离园（班）1.27 万人。拥有小学数 103 所，在校生 9.76 万人，毕业生 1.19 万人。初中 21 所，在校生 2.18 万人，毕业生 0.82 万人。高中 5 所，在校生 1.12 万人，毕业生 0.34 万人。中等职业学校 3 所，在校生 1845 人，毕业生 501 人。

医疗服务能力持续提高 年末，全区共有医院、卫生服务中心、卫生院 16 所，拥有床位 2008 张；卫生机构技术人员 2322 人，其中医师 732 人，护士 941 人。

体育事业蓬勃发展 成功举办东昌府区第六届全民健身运动会，涵盖 30 多个比赛项目。成功承办国际搏击比赛、市（区）街舞比赛、市（区）城市广场舞大奖赛、市（区）台球比赛、市门球比赛等赛事。在安徽池州举办的第二届国际健身气功比赛中获得两项团体一等奖、一项个人一等奖；在全省第六届全民健身运动会健身气功比赛中获得两项一等奖；在全省龙舟比赛获得第三名；在千百万三大赛聊城赛区中获得乒乓球团体第一名、六个个人第一名。

【人口、居民生活和社会保障】 2016 年末，全区常住人口 89.85 万人，比上年增加 0.84 万人，增长 9.4‰。城镇常住人口占全部常住人口的 65.69%。

城乡居民收入稳步增加 全体居民人均可支配收入 18497 元，增长 8.8%。其中城镇居民人均可支配收入 24026 元，增长 7.7%；农村居民人均可支配收入 11463 元，增长 8.3%。

社会保障不断完善 城镇职工养老、机关事业单位养老、城乡居民养老、城镇职工基本医疗、城乡居民医疗保险参保人数分别为 4.59 万人、1.45 万人、24.66 万人、6.28 万人、55.40 万人。城乡居民医保政府补助标准由每人每年 380 元提高到 420 元。城乡居民养老保险基础养老金由每人每月 85 元提高到 100 元。

社会救助水平不断提高 城市低保标准每人每月提高到 400 元；农村低保标准每人每年提高到 3402 元。现有城市低保对象 1956 人，发放低保资金 636 万元；农村低保对象 10989 人，发放低保资金 2123 万元。

（区统计局 张红梅 王长福）

组织机构概况

中共东昌府区委及其工作部门

书　记：陈秀兴（12 月离职）
　　　　荣红智（12 月任职）
副书记：毕黎明（12 月离职）
　　　　刘培国（7 月任职）
　　　　彭志国（12 月任职）
常　委：陈秀兴（12 月离职）
　　　　荣红智（12 月任职）
　　　　毕黎明（12 月离职）
　　　　吴润昌（3 月离职）
　　　　刘培国
　　　　李　凯
　　　　黄性利（12 月离职）
　　　　柳玉兴（12 月离职）
　　　　张金堂
　　　　贾相云（12 月任职）
　　　　魏　雷（12 月任职）
　　　　张丹青（女）
　　　　岳喜星
　　　　丁　磊（5 月任职）
　　　　王江川

中共东昌府区委办公室

主　任：张金堂（12 月离职）
　　　　李　凯（12 月任职）
常务副主任：张善顺
副主任：张　熙
　　　　孙华伟
　　　　桑富之
　　　　杜宏伟

接待办

主　任（科长）：张同光
副主任：石保平
　　　　贾景尧
　　　　蒋　君（回）
副科级干部：李　亮

政研室

主　任：林明新
副主任：孙月新
　　　　刘　慧（女）

督查室

主　任：陈书利
副主任：张忠诚

维稳办

主　任：宋仁利
副主任：宫明珠
　　　　肖太明
　　　　刘之民

机要局

局　长：许广杰
副局长：杨琳琳（女）

保密局

局　长：范红雨（女）
副局长：刘海涛
　　　　邱礼军
副主任科员：付尚明

档案局

局（馆）长：王忠霞（女）
党组书记：李艳霞（女，11 月离职）
副局长：翟世光
副馆长：洪桂荣（女）
纪检组长：孙宇飞（12 月任职）

信访局

局　长：张玉芝（女，12 月离职）
副局长：杨晓静
　　　　王国昌
副主任科员：陈清柱
　　　　　　阮润志
　　　　　　王　伟
　　　　　　满俊华（女，12 月离职）

信访复查办公室

主　任：杨吉贵
副主任：张佰顺

谭相群

党史研究室

主　任：逯红远

副主任：柳玉霞（女）

副主任科员：李　静（女）

赵新华（女）

机关招待所

所　长：张明东

书　记：杨光英（1 月离职）

副所长：高立军（女）

唐绍力

符风云（女）

黄兴文

工会主席：张荣霞（女）

组织部

部　长：柳玉兴（12 月离职）

魏　雷（12 月任职）

副部长：陈金华（7 月离职）

崔云光

闫平华

副主任科员：李纪慧（女）

郭鑫蓬

付　磊

姜建生

组织员办公室主任：段　伟（女）

组织员办公室副主任：鲁　涛

党员干部现代远程教育管理中心主任：吕国栋

考核办

主　任：空缺

副主任：程宗岭

刘　峰

任晓地（女）

机关工委

书　记：闫平华

副书记：柴立群（女）

主任科员：郭桂山

党委委员：何庆才

许金峰

武装部长：孙国峰（12 月任职）

副主任科员：栾公文（12 月离职）

张秀芬（女）

丁浩泉

老干局

局　长：崔云光

副主任科员：任丽华（女）

付大磊（12 月任职）

离退休干部党工委

书　记：崔云光

老年大学

校　长：杨书军（女）

副校长：董　勇

关心下一代工作委员会办公室

主　任：张　杨（7 月任职）

区编办

主　任：李玉堂（7 月离职）

陈金华（7 月任职）

主任科员：李玉堂（7 月任职）

副主任：赵丽珍（女）

闫保明

事业单位登记管理局

局　长：李德伦

副局长：李洪辉

行政审批改革办公室

主　任：空缺

副主任：贺　文

机构编制电子政务中心

主　任：空缺

副主任：谢锦花（女，12 月任职）

宣传部

部　长：张丹青（女）

副部长：刘效英（女）

朱明磊

主任科员：蒋忠民

副主任科员：徐则岳

精神文明建设委员会办公室主任：暂缺

精神文明建设委员会办公室副主任：任岩坤

《东昌时讯》报社总编辑：郭广亮（3 月离职）

副总编辑：郭立军

统战部

部　长：柳玉兴（12 月离职）

董胜军（12 月任职）

常务副部长：房丹庄

副部长：郭鹏飞

韩殿华

赵海宏（女）
副主任科员：曾庆奇

台湾工作办公室

主　任：空缺
副主任：贝文峰

科　协

主　任：杨笑虹
副主任：许尚海
副主任科员：张秋香（女）

政法委

书　记：李　凯（12 月离职）
赵书超（12 月任职）
副书记：谷学鹏
刘来鸿
综治办主任：李曙光
综治办副主任：郭名章
赵良雨
610 办公室主任：谷学鹏
610 办公室副主任：吴广龙
王之豹
平安建设信息督查员管理办公室主任：张玉峰
平安建设信息督查员管理办公室副主任：付崇远
副科级干部：丁同民
副主任科员：顾明泽
丁国军
毕秀宁
李亚飞

党　校

常务副校长：何庆国
副校长：王建平
杨　红（女）
李　光
工会主任：刘云霞（女）
主任科员：赵学法
政工科科长：杨晓晖（女）
办公室主任：李　炎
培训科科长：孙振浩
教研室主任：李颖萍（女）
纪委副书记：张洪春
副科级干部：顾大联

老龄委

主　任：丁　辉
副书记：王春艳（女）
副主任：王春艳（女）
李　辉

东昌府区人大常委会及各工作委员会、办事机构

主　任：李小平（2 月离职）
王奎龙（3 月任职）
第一副主任：王奎龙（3 月离职）
副主任：刘继光
邵洪涛（3 月任职）
郭振明
赵化玉（女）
王　章（3 月任职）

办公室

主　任：闫　锋
副主任：付　宏
王文亮
任保华
副主任科员：崔行波

人事代表工作委员会

主　任：空缺
副主任：朱红君

教科文卫工作委员会

主　任：侯晓梅（女）
副主任：张纪魁

财政经济工作委员会

主　任：张东明
副主任：空缺
副主任科员：李之宾

法制工作委员会

主任：李建军
副主任：空缺

农村经济工作委员会

主　任：空缺
副主任：马　彦

老干部服务中心

主　任：刘殿宏
副主任：张文台

信访室

主　任：空缺

副主任：空缺

政策研究室

主　任：张保军

副主任：空缺

城建环保工作委员会

主　任：谢芙蓉（女）

副主任：空缺

民族侨务外事工作委员会

主　任：空缺

副主任：空缺

预算审查工作委员会

主　任：空缺

副主任：空缺

东昌府区人民政府及所属工作部门、事业单位

代区长：毕黎明（3 月离职）

刘培国（12 月任职）

区　长：毕黎明（3-12 月）

副区长：刘培国（7 月离职）

黄性利（12 月离职）

贾相云（12 月任职）

郭海英（女）

赵书超（12 月离职）

刘光涛

王怀福

政府咨询：王怀华

党组成员：冯贺成（8 月离职）

庞庆法（12 月任职）

区政府办公室

主　任：孟凡志

副主任：张明光

李孟刚

刘凯生

办公室党组成员：宋来法

研究室

主　任：杜学林

副主任：陈宏靖（12 月任职）

赵耀方

区长公开电话受理中心

主　任：空缺

副主任：王永华

颜世民

副科级干部：董玉国

督查室

主　任：张望舒

副主任：张海峰

张新海

副科级干部：许怀洪

应急办

主　任：段本晶

副主任：张东欣

王保峰

副科级干部：李志华

李　军

信息化办公室

主　任：李淑芹（女）

副主任：卢宗民

政务服务中心管理办公室

主　任：王辉堂

副主任：董书栋

党委委员：张以伟

李艳丽（女）

法制办公室

主　任：王德刚

副主任：陈金梅（女）

肖连军

爱卫会办公室

主　任：空缺

副主任：张兴亮（12 月离职）

史志办公室

主　任：马金成（回）

副主任：杨光英（1 月任职）

王　健

外侨办公室

主　任：裴　蓉（女）

多种经营办公室

主　任：刘春光

副主任：杜广申

高之青

展衍伟（回）

主任科员：李凤春

党组成员：赵吉军

发改局

局　长：田庆敏

党组成员、项目办主任：张传胜（9 月离职）

丁长东（9 月任职）

副局长：丁长东（9 月离职）

郭武堂

党组成员：亢德智

吴继冬

许大之

项目办副主任：李荣岚（女）

副主任科员：荣　华

王允会

梁成浩

党组成员、服务业办主任：张传胜（9 月任职）

服务业办副主任：董海坤（女）

副科级干部：葛少强

重点项目办公室

主　任：刘法顺

副主任：朱长青

闫卫国

党组成员：高立珠

孙乐红（女）

金融办

主　任：滕立强

副主任：陈洪理

物价局

局　长：杜进民

主任科员：李运梅（女）

杜香智

副局长：赵长辉

武立明

党组成员：宓登阁

副科级干部：王海彬

副主任科员：刘　辉

崔长征

肖悠昌

旅游局

局　长：薛守鼎

副局长：徐　刚（9 月离职）

党组成员：陈　凯

副主任科员：杨风中

市场监督管理局

党委书记、局长：谭学才

党委副书记、副局长：王金亭

党委副书记、主任科员：李进军

党委委员、主任科员：苏兰涛

党委委员、副局长：李洪亮

杨中青

李庆民

于金花（女）

宋国伟

尹立平（女）

李广祥

副主任科员：杜玉环（女）

马连兴

杨增荣（女，回族）

堂邑所所长：崔光银

新区所指导员：苏云峰

梁水镇所所长：负　辉

公平交易局长：王吉良

古楼所指导员：董秀芳（女）

注册局副主任科员：陈建军（女）

新区所所长：隋东泉

古楼所所长：刘宝峰

铁塔所所长：戴　杰

健康路所所长：李　颖（女，回族）

健康路所指导员：杜　涌

建设路所所长：韩军威

郑家所所长：岳增泉

龙山所所长：王德宏

站前所指导员：李智瑞

光彩所所长：李乐章

建设路所指导员：田春萍（女）

稽查队长：赵　星（女）

经信局

局　长：杨之兴

二轻总会会长：温炳坤

一轻总会会长：许庆旺

副局长：苗存田

赵　巍

姜增业

党委委员：韩明河

机械电子总会会长：贺景广

节能办主任：王绍瑞
副主任科员：董经信
邓春海
赵红卫

安全生产监督管理局

局　长：张德聚
副局长：肖之旭
石可心
王文振
党组成员：刘红旗
工会主任：孙庆群（女）

民营经济发展局

局　长：张　健
副局长：盛　莉（女）
副主任科员：狄晨争
刘兆杰

物资集团总公司

总经理：朱宽广
副总经理：侯照天
孙立明
葛少勇
白龙海
党委委员：李佑勤
张玉领

商业集团总公司

总经理：许恒光
副总经理：吴丙峰
马　宏
纪检书记：侯云岭
工会主席：吴建国
党委成员：孟庆刚
梁新元
翟卫东
孙九洲

市区国税局

党组书记、局长：赵汝民
副局长：骆　斌（12 月任职）
江崇印
张　勇
郝可可（10 月离职）
董胜波
党组成员：闫聚江
李庆臣
嘉明分局副局长：王晓军
陈加云
稽查局局长：葛志强
柳园分局局长：杨　青（女）
收入核算科科长：温俊生
沙镇分局局长：雷书勇
李海务分局局长：陈小亭
道口铺分局局长：张月明
郑家分局局长：马兴军
副主任科员：沈景华
池中华
魏庆山
林　平（女）
张鸣鹂（女）
权　力
苏树军
薛冬梅（女）
王树昌
邢贵东
单志强

地税分局

局　长：郑玉玮（11 月离职）
雷振国（11 月任职）
党组副书记、副局长：郑　刚（11 月离职）
副局长：张洪颜
杨　申
党组成员：李建军
工会主席：陈宏伟
副主任科员：孙继强
李智宏
杨兆磊
刘海如（女）
裴崇华
刘廷胜
王　锋（女）
刘福龙
稽查局局长：郝春燕
柳园中心所所长：戴哲明
新区中心所所长：张　勇
凤凰工业园中心所所长：张　华（女）
于集中心所所长：李振坤

沙镇中心所所长：董　辉
张炉集中心所所长：王建波
堂邑中心所所长：宫建立
斗虎屯中心所所长：李　涛

教育局

党委书记、局长：苗新泽
党委副书记、副局长：张长武
党委委员、副局长：刘建吾
路宗安（党委委员 7 月离职，副局长 9 月离职）
王乐泉
党委委员：李若龙（7 月离职）
王立国
李庆西（2 月离职）
李志猛
主任科员：路福山
正科级督学：陈明泉
副主任科员：甄慧华（女）
侯宾祥
周立红（女，12 月任职）
副科级督学：闫淑清（女）
刘建龙
葛长峰
副科级干部：孟庆国
宋庆飞
张　磊

聊城二中

校　长：李若龙（9 月离职）
路宗安（9 月任职）
副校长：王万增
李学山（4 月离职）
刘庆代
于普庆
王书林
董云鹤（4 月任职）
刘玉华（女）

聊城四中

校　长：张凤军
副校长：申铭科
姜锡勇
胡　伟
任　磊

聊城六中

校　长：许宗珺
副校长：王金星
刘志强
王观江
李　辉

聊城七中

校　长：朱方静（女，4 月离职）
李鲁生（4 月任职）
副校长：许　光（4 月离职）
李永光（4 月任职）
荣　霞（女）
张淑敏（女）

聊城八中

校　长：宋兴华（女，4 月离职）
李庆西（4 月任职）
副校长：姜有军
姬生印
刘景泉

实验中学

校　长：李志猛
副校长：窦延丽（女，回族）
曹汝祯
舒东旺

堂邑中学

校　长：空缺
副校长：李永光（4 月离职）
刘怀炎
徐连训

第一职业中专

校　长：许九林
副校长：周长和
常家泉

工业学校

校　长：李鲁生（4 月离职）
李学山（4 月任职）
副书记：许　光（2 月任职）
副校长：董云鹤
许　光（4 月任职）
张宝阳
徐少侠
杜海军

徐　然
张　靖

实验小学

校　长：彭华言
副校长：宋仁海
孙占元
蔡玉娟（女）
路　晖
刘万军

第二实验小学

校　长：赵致平
副校长：张广斌
薛海云（女）

科学技术局

局　长：周忠巨
党组成员、主任科员：景立魁
党组成员、副局长：申相平
张玉花（女）
叶兴强
党组成员：杜寒冰（女）
栾玉玲（女）
工会主任：栾玉玲（女，3 月离职）
副主任科员：朱立华
副科级干部：陈丽霞（女）

公安分局

党委书记、局长：孙留功（6 月离职）
于继谔（6 月任职）
党委副书记、政委：李贺民（6 月离职）
李海歌（10 月任职）
党委副书记、纪委书记：郭立河（7 月离职）
杨效敏（12 月任职）
副局长：杨效敏（12 月离职）
张树增
马金江（回，11 月离职）
王　民
刘恩忠（12 月任职）
李保元（12 月任职）
吴振林（12 月任职）
副政治委员：刘恩忠（12 月离职）
党委委员：李保元（12 月离职）
工会主任：李佑华
办公室主任：杜　青
主任科员：卢文忠
副主任科员：吴　滢（女）
王金涛
政工室主任：刘　敏（女）
副主任科员：王　燕（女）
纪委副书记：李曙光
梁静民（女）
副主任科员：左宪杰
张　蕾（女）

警务保障室

主　任：刘玉珠
副主任：张乐园
曲　民（女）

法制大队

大队长：岳宗恩（11 月离职）
副大队长：陈　雷

国保大队

大队长：胡云岗
教导员：耿伯平
副主任科员：孙佰科

经济犯罪侦察大队

大队长：李　斌
主任科员：徐清钊
冯　静（女）
副大队长：靳太良
任东伟
叶建青
副主任科员：周立强
冯振宇

刑事犯罪侦查大队

大队长：吴振林
教导员：张同岩（女）
主任科员：孟庆宽
李　达
杨　峰
副大队长：舒清明
孟晓雳
副科级纪检员：孙明华（女）
副主任科员：李心冰
张　萍（女）
任庆雷
李怀芳（女）

王　兵
张鹏云
郭书民
任　民
钱泽芳
夏　彬

治安管理大队

大队长：李跃光
主任科员：满凤忠
副大队长：孙艺林（女）
侯　静（女）
曹林仲
副科级纪检员：窦晓丽（女）
副主任科员：马　磊（1月任职）
冯　军（1月任职）
乔金凤（女）
吴玉朝

巡防大队

主任科员：王明军
副科级纪检员：甘宪军
副主任科员：姜茹辛（女）
高桂林

新区派出所

所　长：邱北海
教导员：范志刚
副所长：毛文玉
李孟文
孟祥雨
副主任科员：田建华

柳园派出所

所　长：孙　荷
副所长：刘　刚
闫临生

古楼派出所

所　长：白云峰
教导员：王永刚
主任科员：季　刚
副所长：李晓青（女）
张学强
副主任科员：张晶芳（女）

湖西派出所

所　长：王宝宏
教导员：李怀芹（女）
主任科员：胡再利
副所长：梁志远
吴建军

聊大派出所

所　长：刘西中
副所长：王道军
邢艳蕾（女）

引黄灌区派出所

副所长：李桂英（女）
主任科员：姚　磊
副主任科员：王贵中

朱老庄派出所

所　长：曹　鹏
教导员：王有强

侯营派出所

所　长：刘军生
教导员：黄广宙

张炉集派出所

所　长：李学成
教导员：贺怀光

郑家派出所

所　长：王远征

道口铺派出所

所　长：陈　峰
教导员：狄九阳

闫寺派出所

所　长：赵芳春
教导员：孙长兴

斗虎屯派出所

所　长：白正堂
教导员：许尚川

沙镇派出所

所　长：王保军
教导员：马文杰

梁水镇派出所

所　长：武　勇
教导员：赵玉琦

堂邑派出所

所　长：胡成都
教导员：王文保

于集派出所

所　长：马庆广

教导员：刘红磊

嘉明经济开发区派出所

所　长：孙怀森

教导员：葛　敏

凤凰工业园派出所

所　长：张培敬

教导员：王晓娟（女）

香江派出所

所　长：孙富达

教导员：郭中华（女）

副主任科员：李兆荣

东昌湖派出所

所　长：于东辉

教导员：武淑红（女）

保安公司

副主任科员：马　磊（1月离职）

冯　军（1月离职）

市场发展局

局　长：李新胜

党组书记：庞金峰（12月离职）

副局长：庞金峰（12月离职）

工会主任：张立锋（女，3月离职）

党组成员：王　伟

张立锋（女）

邴　雪

香江光彩大市场管理委员会

主　任：李新胜

副主任：刘兆岭

李广龙

李军林

党委委员：张英华（女）

副科级干部：许凤明（女）

民政局

局　长：白临祥

慈善总会办公室主任：关婷婷（女）

主任科员：柴桂娥（女）

田贵臣（女）

副局长：李之亮

杜建堂

吴金岭

党组成员：贾双河

副主任科员：李伯刚

郑延广

温　霞（女）

马树才（回）

双拥办主任：耿冬云（女）

副主任：顾叶雷

郭晓静（女）

社区办副主任：刘凤梅（女）

司法局

局　长：李国臣

副局长：李子龙

王继宪

李晓静（女）

工会主任：李晓静（女，3月离职）

党组成员、副主任科员：薛守华

副主任科员：卢冠南

高峰吉

周　毅

财政局

局　长：杜旭智

主任科员：安振宁

副局长：申瑞新

张晓敏（女）

苏　煜（女）

党组成员：李建华

潘振民（女）

农税局

局　长：空缺

副局长：宋士荣

郭宝华

投资公司

经　理：空缺

副经理：张　文

刘书山

财政监督局

局　长：空缺

副局长：荣　华

郝　庆（女）

国资局

局　长：郑天勇

预算外资金管理中心

主　任：李红霞（女）

副主任科员：韩洪营

程　军（女）

李明艳（女）

政府采购办

主　任：李建华

副主任：徐大兴

农业开发办公室

主　任：杜广平

副主任：李　博

赵良勇

党组成员：王　峰

人力资源和社会保障局

局　长：李国良

就业办主任：王兴起（7月任职）

副局长、机关社会保险事业处主任、社会劳动保险事业处主任：张明华

人才交流中心主任：赵振生

主任科员：王培峰

副局长：李殿龙

王兴起（7月离职）

李猷鸿

李吉林

于　涛

刘亚红（女）

高玉才

代仁广

党组成员：付崇宁

郑成杰

费　华

劳动监察局局长：荆爱华

岗办副主任：黄海涛

退休人员社会化管理办公室主任：张梦新（女）

医保处主任：李世峰

人才交流中心副主任：孟宪荣（女）

张　英（女）

人事劳动争议仲裁院院长：王永涛

新农合副主任：李晓华（女）

副主任科员：王福华

李　峰

葛兆斌

胡永平（女）

副科级干部：张正茂

就业办副主任：孙秋华（女）

魏庆聚

副科级干部：刘忠峰

机关社会保险事业处副主任：田永生

詹伯阳

聊城市国土资源局东昌府分局

局　长：胡家政

副局长：王　岩

副主任科员：冯向辉（女）

迟连勤

孙　颖

湖西国土资源中心所所长：刘龙行

住房和城乡建设局

局　长：李　桐

副局长：路　军

主任科员：吴照星

副局长：武正乾

许明伟

副主任科员：马文平（女）

区住房保障办公室

主　任：空缺

副主任：张　涛

杨广新（12月离职）

丁　磊（12月任职）

副科级干部：苏　靖（女）

贾玉强

区房屋征收办公室

主　任：空缺

副主任：卢炳军

副科级干部：赵　锋

区拆迁服务中心

主　任：连　华

质监站

站　长：吕建华

副站长：许文杰

王桂森

城管办公室（执法局）

党组书记、主任：赵贵龙

党组副书记、副主任、大队长：杨效敬

副局长：杨宝军

黄向东
赵　峰
副大队长：王素敏（女）
刘兆伟

交通运输局

局　长：李玉堂（3月离职）
于丙凯（3月任职）
交通战备办主任：赵耀国
副局长：王宗元
主任科员：张洪波
副局长：李　林
郭长博
工会主任：苏晓慧（女，3月离职）
党委成员：苏晓慧
高玉光
交通稽查大队队长：孔庆臣
农村公路养护办主任：王　明
副主任科员：刘长玉
郭殿义
徐荣华
张广军

公路管理局

局　长：张玉才
书　记：张学旺
副局长：李东旭
王振泉
赵东风
单文英
霍春燕（女）

水务局

局　长：李清瑞
排灌处书记：李子忠
排灌处主任：肖德君
防办主任：张世舜（4月离职）
水利开发总公司总经理：何庆峰
主任科员：于凤阔
陈洪云
副局长：张德先
郭广元（4月离职）
王桂昕（女）
工会主任：聂玉明（5月离职）
党组成员：聂玉明
李子忠
防办副主任：杨中秋（4月离职）
赵禹然（4月离职）
张春景（12月离职）
排灌处副主任：郭恩灿（12月离职）
常明芳
焦桂芳（女）
王　军（12月任职）
副主任科员：张长正
李思路
吴树河（4月离职）
安淑杰
夏广林
水利开发总公司副总经理：王学远
袁恩喜
刘志远
水利开发总公司总工程师：付正峰

农机局

局　长：杜洪军
副局长：张广江
郭立芳
党组成员：陈海涛（3月离职）
赵长岭
副主任科员：孙晓君

商务局

局　长：曹立忠
主任科员：栾继珍
郑洪刚（12月任职）
副局长：李保顺
张　鲲
党组成员：袁　霞（女）
工会主任：袁　霞（女，3月离职）
副主任科员：孙凤鸣
王　斌
邓晓珍（女）

文化广电新闻出版局

局　长：史兆国（3月任职）
文化市场综合执法局局长：李绍亭
副局长：任永健
李洪祥
郝珊珊（女）
副主任科员：王　涛

于忠胜（3 月离职）

卫生和计划生育局（中药管理局）

局　长：王　斌
副局长：林俊茂
计生协会会长：刘三菊（女）
党委委员、主任科员：杨玉瑞（女）
党委委员：刘子平
副局长：周荣堂
　　　　韩玉亭
　　　　岳彩生
　　　　李　明
　　　　马云霞（女）
　　　　张延刚
计生协会副会长：李秀娥（女）
　　　　邵宝忠（12 月离职）
　　　　孙春燕（女，12 月任职）
副主任科员：张怀坦
　　　　刘天坤
　　　　张　燕（女）
　　　　高士洪
监督所副所长：张秋霞（女）

防疫站

站　长：桑　勇
工会主任：李　璟（女，3 月离职）
副科级干部：隋俊然
　　　　李德利（12 月任职）

中医院

院　长：李金刚
副院长：张令华
　　　　裴崇墨
　　　　侯汉锋

东昌府人民医院

院　长：李乐红（3 月离职）
　　　　郭敬春（3 月任职）
党总支书记、副院长：费林晶
副院长：闫　方
　　　　姚明星（11 月离职）
　　　　郭克林
　　　　徐玉林
工会主任：任夫莉（女）

妇幼保健院

院　长：郭敬春

堂邑镇中心医院（区第二人民医院）

院　长：徐玉林

审计局

局　长：王立新
主任科员：陈庆武（9 月离职）
经责办主任：陈庆武（9 月任职）
副局长：肖宜春
　　　　王克宇
　　　　曹　建
副主任科员：刘继红（女）
　　　　马玉桂（回）
　　　　邱　蕾（女）
　　　　刘　扬

聊城市环境保护局东昌府分局

局　长：郭立清
副局长：刘兆辉
　　　　薛超红

民族宗教事务局

局　长：刘新地（女，回）
副主任科员：李洪新

招商局

局　长：姬广波
副局长：崔树国
　　　　王怀立
　　　　于茂伟
党组成员：赵长军
　　　　王占章
副科级干部：王　祥

广播电视中心

主　任：史兆国（3 月离职）
　　　　郭广亮（3 月任职）
副主任、总编辑：贾晓峰
副主任：于丙华
　　　　李继光
纪检组长：徐德信
副总编辑：李学成

体育运动中心

主　任：战书理
副主任：曲冠军
　　　　侯晓芳（女）

统计局

局　长：张风义

社会经济综合调查队队长：黄汝学
副局长：井祥忠
杨继忠
党组成员：张广彬
社会经济综合调查队副队长：石　慧（女）
副主任科员：任永华
沈桂菊（女）
刘淑玲（女）

国家统计局东昌府调查队

队　长：连万堂（3月离职）
布奶君（3月任职）
副队长：张道臣
副主任科员：盛振友
郭跃芬（女）

农业局

局　长：张昭江
副局长：杜玉占
张晓东
王怀珍
石风全
吕延喜
党组成员：吕乃国（主任科员）
梁　青（女）
杨树玲（女）
副主任科员：杨树玲（女）
苏子祥
邓学福
王振元

农　办

主　任：任树山
副主任：张光华
党组成员：李　强
许　军

林业办

主　任：林尚安
主任科员：辛显庆（4月离职）
副主任：孙秋耕
工会主任：李新海（3月离职）
副主任科员：张发明（4月离职）
副科级干部：杨心红（女，4月离职）

粮食局

党委书记、局长：刘德政
党委委员、主任科员：裴崇福
党委委员、副局长：柳永光
孙丽华（女，7月离职）
副主任科员：吕绍山
付从泉
魏军海（12月任职）

供销合作社

党委书记、理事会主任：楚存峰（7月离职）
李乐红（7月任职）
党委副书记、理事会副主任：韩万红
党委委员、监事会主任、理事会副主任：李广荣
党委委员：王庆义

畜牧局

局　长：李洪荣
主任科员：卢洪奎
副局长：孙振涛
曹学香
党组成员：贾国富
苏子明
副主任科员：姜云芳
齐来勇

水产局

局　长：满玉梅（女，3月离职）
王道君（3月任职）
副局长：张元哲
王金祥
吴春智（3月离职）

电力办

主　任：钟洪海
副主任：时兆滨

东昌府区食品药品监督管理局

局　长：张凡红（7月任职）
党组书记：孟宪东（4月离职）
主任科员：江崇波
副局长：段洪亮
孟　鑫（4月离职）
赵长记
党组成员：白允力
稽查大队队长：宋海文
副主任科员：王子润
孟宪东（4月任职）

气象局

局　长：杨士恩（1 月离职）
　　　　洪高远（1 月任职）

烟草专卖局

局长、经理：张　伟
副局长：陈　刚（11 月任职）
副经理：王玉龙
副主任科员：史　秀（女）

政协东昌府区委员会及各专门委员会、办事机构

主　席：毕黎明（3 月离职）
　　　　苗慧清（3 月任职）
副主席：段林祥
　　　　国金祥
　　　　闫　方
　　　　王万增
　　　　姚立星
　　　　张永利（女）
秘书长：李　明

办公室

主　任：空缺
副主任：杨　博（12 月离职）
副主任科员：宓海明

提案委员会

主　任：空缺
副主任：盛长峰
副主任科员：席吉星

经济委员会

主　任：空缺
副主任：董天强（12 月离职）

科教文卫体委员会

主　任：张慧寰（女）
副主任：杨艳华（女）

社会法制祖国统一联谊委员会

主　任：王忠华
副主任：苗　霞（女）

人口资源环境和农业农村委员会

主　任：王忠运

文史和学习宣传委员会

主　任：王彦华
副主任科员：段红凯（女）

老干部服务中心

主　任：顾叶青
副主任：蔡志勇

东昌府区纪律检查委员会及其工作部门

书　记：吴润昌（3 月离职）
　　　　丁　磊（女，5 月任职）
副书记、监察局长：贾立军
副书记：郭志强
　　　　辛宝庆（12 月任职）
常　委：房吉河
　　　　孙泽会
　　　　李　磊（女）
　　　　鲁凤军
监察局副局长：张天彤
办公室主任：李　舟
副主任科员：姜晋东（12 月任职）
综合室主任：王孟博（6 月离职）
宣教室主任：张树森（6 月离职）
宣传部部长：张树森（6 月任职）
审理室主任：姜悦旭
信访室主任：武晓华（女）
党风政风监督室主任：王　斌（6 月任职）
案件监督管理室主任：王延民（6 月任职）
执法监督室主任：姚　筠（6 月离职）
纪检监察一室主任：刘双山（6 月离职）
第一纪检监察室主任：刘双山（6 月任职）
纪检监察二室主任：郝　普（6 月离职）
第二纪检监察室主任：郝　普（6 月任职）
第三纪检监察室主任：姚　筠（6 月任职）
干部监督管理室主任：廖凤臣（6 月离职）
副主任：路宗年（6 月离职）
　　　　李焕忠（6 月离职）
组织部部长：廖凤臣（6 月任职）
副部长：路宗年（6 月任职）
副主任科员：张红丽（女，12 月任职）
行政投诉中心副主任：栾纪祥（6 月离职）
信息中心副主任：栾纪祥（6–12 月）
　　　　　　　　王孟博（6–12 月）

副科级检查员：谭桂峰
王　凤
派驻纪检一组组长：空缺
副组长：吴广军
派驻纪检二组组长：空缺
副组长：王洪星
派驻纪检三组组长：尹金山
副组长：袁晓荣（女）
派驻纪检四组组长：江崇忠
副组长：王　斌（6月离职）
派驻纪检五组组长：陈宝文
副组长：王延民（6月离职）
派驻纪检六组组长：李芳岭
副组长：空缺
派驻纪检七组组长：朱贵宝
副组长：相　国
派驻纪检八组组长：贾殿仲
副组长：邢妍妍（女，12月任职）

东昌府区人民武装部

部　长：姜浩刚（现役军人）
政　委：岳喜星（现役军人）
副部长兼军事科长：王绪忠（现役军人）
政工科长：杨清雷（3月离职，现役军人）
宫现平（5月任职，现役军人）
后勤科长：吕伟超（3月离职，现役军人）
顾华强（5月任职，现役军人）
民兵训练基地主任：赵　磊
民兵装备仓库主任：郑永祥

东昌府区人民法院

院　长：李新英
党组副书记、副院长：李　亭
副院长：吕兆海
于　波
赵耀彤
石兰湘（女）
工会主任：李宏伟（女，3月离职）
党组成员：侯晓珍（女）
李宏伟（女，3月任职）
刘　伟（女）
政治处主任：石兰湘（女，8月离职）
刘　伟（女，8月任职）
专职审判委员会委员：刘红军（女）
谷学军（女）
刘　虹（女）
开发区法庭庭长：贾西锋
凤凰法庭庭长：肖际森
沙镇法庭庭长：张　强
郑家法庭庭长：徐泉林
嘉明法庭庭长：朱立杰（8月离职）
孙　锐（女，8月任职）
执行局局长：朱立杰（8月任职）
民三庭庭长：邢炳兰（女）
正科级审判员：金衍奇
执行局副局长：聂　磊
张　伐
于敬斌
司法技术鉴定中心主任：李桂忠（8月任职）
司法技术鉴定中心副主任：李桂忠（8月离职）
李秀云（女，8月任职）
执行局局长助理：牛福勇
刑庭庭长：韩　磊
民一庭庭长：孙　锐（女，8月离职）
民四庭庭长：江居才
法警局局长：赵延岭
立案庭庭长：张颂菊（女）
办公室主任：王　涛
副科级审判员：许成信
王　进（女）
邹海燕（女）
孙利群
席守田
刘瑞红（女）
王英杰
康　民
孙云霞（女）
蒋国强
姚　娟（女）
李　莉（女）
张　峰
杨军平（女）

张文艳（女）
梁怀敬（女）
谢润林
副科级干部：苑秀君（女）
刘新忠

东昌府区人民检察院

检察长：杨茂宏
党组副书记、副检察长：王同华
副检察长：赵殿卿
石黎明（9 月任职）
杨乃业（9 月任职）
纪检组长：孙尚泉
政治处主任：孙文达
反贪污贿赂局局长：石黎明（7 月离职）
李胜林（7 月任职）
反渎职侵权局局长：杨乃业（7 月离职）
梁少玉（7 月任职）
正科级检察员：梁少玉（7 月离职）
金学玉
专职检委会委员：李胜林（7 月离职）
杨　震（女）
孔　煜（7 月任职）
副科级检察员：郭　珍（女）
张　珍（女）
侯君霞（女）
孔　煜（7 月离职）
杨立新
董小凤（女）
李法民
路保中
赵　锋
张小明
王玉奎
解黎明
邓长健
薛　明
吕景才
田　军
李森林
姚炳让
孔凡冰
连月新
刘　鑫
徐法泽
于　静（女）
胥广宏
念以新
徐法勇
翟卫东（女）
秦凤琴（女）
反贪污贿赂局副局长：李振岭
贾凤伟
反渎职侵权局副局长：席　江

民主党派

中国国民党革命委员会东昌府区委员会

主任委员：闫　方

中国民主同盟东昌府区委员会

主任委员：闫淑青（女）

中国民主建国会东昌府区委员会

主任委员：张高丞（9 月离职）
马玉桂（回，9 月任职）

中国民主促进会东昌府区委员会

主任委员：王万增（9 月离职）
张淑敏（女，9 月任职）

九三学社东昌府区委员会

主任委员：刘继光（9 月离职）
姜　新（9 月任职）

社会团体

工　会

主　席：国金祥
常务副主席：纪培军
副主席：张　朋
徐　健（女）
副主任科员：郭益燕（女）

团　委

书　记：邱　恒（12 月离职）
副书记：邵　巍
杨　晓（回）

副主任科员：庞　伟（女）

妇女联合会

主　任：李方坦（女）

副主任：李秀丽（女）

杨春燕（女）

吴玉红（女）

残疾人联合会

理事长：王建军

副理事长：田立才

工商联

主　席：王风清

党组书记、副主席：郭鹏飞

副主席：王　军（女）

李永涛

秘书长：张正红

副主任科员：孙　娜（女）

文　联

主　席：孟昭福

副主席；陈　华

张桂林

归国华侨联合会

主　席：杨国峰

副主席：孙丽杰（女，9 月离职）

驻区金融机构

聊城农村商业银行股份有限公司

董事长：颜景元

行　长：邵景国

监事长：郭金炬

副行长：姜　涛

刘秀文

马　宁

刘志国

中国银行股份有限公司聊城柳园支行

行　长：李冬菊（女）

副行长：冯泽超

中国工商银行聊城古楼支行

行　长：孙　鹏

副行长：白爱克（回）

王建国

李云刚

纪检委员：曹士海

中国农业银行东昌府支行

行　长：肖月强

副行长：许广利

韩建新

中国建设银行聊城东昌府支行

行　长：李昌锋

副行长：张合庆（7 月离职）

赵效涛（7 月任职）

张汝红（10 月离职）

田　彤（10 月任职）

李庆龙

中国人民财产保险股份有限公司聊城市东昌府支公司

经　理：李明新

副经理：张法英

高洪涛

张留生（6 月离职）

中国共产党东昌府区委员会

区委全体会议

【中共东昌府区十二届十次全委会议】8月2日召开，出席这次会议的有，区委委员28人，区委候补委员4人。区纪委常委和有关方面负责同志列席会议。会议的主要目的是回顾今年以来的工作，肯定成绩，分析形势，部署工作，提振士气，动员全区上下凝神聚力，团结奋进、争先进位，确保全面完成今年的各项目标任务，实现“十三五”良好开局。会议由区委常委会主持。区委书记陈秀兴作了重要讲话。区委副书记、区长毕黎明，区人大常委会主任王奎龙，区政协主席苗慧清，区委常委刘培国、李凯、黄性利、柳玉兴、张金堂、张丹青、岳喜星、丁磊，区委挂职常委王江川出席会议并在主席台就座。全会要求，坚持既定思路不动摇，坚持争先进位的要求不动摇，坚持完成全年目标任务不动摇。集中精力促发展。要抓招商，充分利用好各类招商平台，高标准、高水平、高效率地推进招商引资工作。要抓项目，一个项目一个项目地抓落实，确保所有项目序时推进，按时投产达效。要抓城乡，牢固树立五大发展理念，全力推动农业人口的市民化，着力增加公共产品和服务供给。集中精力惠民生。要把民生作为第一追求，把群众高兴不高兴、满意不满意、答应不答应作为一切工作的出发点和落脚点，统筹做好教育、医疗、交通、就业、社保、养老、脱贫攻坚、计划生育等民生工作，尽最大努力为老百姓办实事、办好事、解难事。集中精力保稳定。要牢固树立底线思维，把稳定作为第一责任，守土有责、守土尽责，着重抓好安全生产、环境保护、食品药品安全、信访维稳工作，切实维护社会和谐稳定大局。集中精力抓党建。要严格遵守换届纪律，把“九个严禁、九个一律”作为铁律，确保换届选举工作有序、健康、平稳开展。要以开展“基层党建提升年”为契机，全力打造拿得出、叫得响的党建精品，力争实现学习教育和基层党建双丰收。要强化党风廉政建设责任落实，努力营造风清气正的政治生态。全委会强调，面对从严治党新常态，广大党员干部要时刻牢记“在其位、谋其政、尽其责”，坚决摒弃庸政、懒政、怠政习气，推动工作再提效。全委会号召，全区广大党员干部要在市委、市政府的坚强领导下，进一步坚定信心、鼓足干劲，务实苦干、奋勇争先，确保全面完成年度各项目标任务，以勇于担当、争先进位的业绩，向市委、市政府和全区人民交上一份满意答卷！

【中共东昌府区十二届十一次全委会议】12月19日召开，出席这次会议的有，区委委员28人，区委候补委员3人。区纪委常委和有关方面负责同志列席会议。会议的主要目的是回顾全年的工作，肯定成绩，分析形势，部署工作，提振士气，动员全区上下凝神聚力，团结奋进、争先进位，确保全面完成各项目标任务，实现“十三五”良好开局。会议由区委常委会主持。区委书记荣红智作了重要讲话。全委会深入学习贯彻党的十八届六中全会和省委十届十五次全会、市委十二届十一次全会精神，听取和讨论了区委书记荣红智受区委常委会委托作的工作报告，审议通过了《中共东昌府区委关于深入学习贯彻党的十八届六中全会和省委十届十五次全会、市委十二届十一次全会精神的意见》和《关于召开中国共产党东昌府区第十三次代表大会的决议》。全委会一致认为，党的十八届六中全会在全面建成小康社会的决胜阶段，着眼于协调推进“四个全面”战略布局，专题研究部署全面从严治党，是党中央治国理政方略的渐次展开、深入推进，在党的发展史上具有重要的里程碑意义。全委会肯定了区委常委会的工作。一致认为，区委常委会团结带领全区广大干部群众，攻坚克难、真抓实干，全区经济、政治、文化、社会、生态文明和党的建设取得新的进展。

全委会指出，党的十八届六中全会明确习近平总书记的核心地位、正式提出“以习近平同志为核心的党中央”，对党和国家事业发展具有重大现实意义和深远历史意义。全区各级党组织和广大党员干部，要进一步增强政治意识、大局意识、核心意识、看齐意识，使维护核心成为思想自觉，成为党性观念，成为纪律要求，成为实际行动。全委会认为，党的十八届六中全会审议通过《关于新形势下党内政治生活的若干准则》和《中国共产党党内监督条例》，是着眼推进全面从严治党、坚持思想建党和制度治党相结合的重要安排。全委会指出，要认真落实加强和规范党内政治生活的重点任务，夯实筑牢全面从严治党的重要基础。要切实抓好思想教育这个根本，把坚定理想信念作为开展党内政治生活的首要任务，坚持不懈抓好理论武装，教育引导广大党员干部坚定对中国特色社会主义的道路自信、理论自信、制度自信、文化自信，做“四讲四有”合格党员。要切实抓好严明纪律这个关键，把严守党的政治纪律和政治规矩放在首位，强化监督检查，严格执行重大问题请示报告制度，锲而不舍落实中央八项规定精神和省委、市委、区委实施办法，坚决整治和查处侵害群众利益的不正之风和腐败问题，推动管党治党走向“严实硬”。要切实抓好选人用人这个导向，坚持党管干部原则，落实“好干部”标准，强化党组织的领导和把关作用，自觉防范、坚决纠正选人用人上的不正之风，打造忠诚干净担当的干部队伍。要切实抓住继承和创新这两个关键环节，改进和创新党的组织生活内容、形式、载体、方法、手段，有效解决党内政治生活存在的突出矛盾和问题。全委会指出，要把强化党内监督作为党的建设重要基础性工程，认真落实党委(党组)党内监督主体责任，切实履行纪委监督执纪问责职责，坚持党内监督与外部监督相结合，认真对待、自觉接受社会监督。全委会决定，中国共产党东昌府区第十三次代表大会于2017年1月召开。全委会号召，全区各级党组织和广大党员干部要更加紧密地团结在以习近平同志为核心的党中央周围，全面深入贯彻党的十八届六中全会和省委十届十五次全会、市委十二届十一次全会精神，不忘初心、继续前进，走好新的长征路，扎实推进全面从严治党，与全市同步全面建成小康社会，为实现“两个一百年”奋斗目标、实现中华民族伟大复兴中国梦作出新的更大贡献！

重要会议

【全区基层党建提升年活动动员大会】 1月22日召开。区委书记陈秀兴出席会议并作重要讲话，区委副书记、代区长毕黎明主持会议，区委常委、组织部长、统战部长柳玉兴，区委常委、办公室主任张金堂，区委挂职常委王江川，区委党校常务副校长何庆国出席会议。会议的主要任务是深入贯彻落实党的十八大和十八届三中、四中、五中全会，省、市基层党建工作会议和全国、全省组织部长会议精神，认真分析当前形势，查找薄弱环节，安排部署全区基层党建各项工作任务，动员全区各级党组织书记进一步强化“抓党建是最大政绩”的理念，以更严的作风、更实的举措、更高的要求，推动全区基层党建工作实现全面提升、全面过硬。会议指出，2015年，全区各级党组织认真贯彻中央和省委、市委关于基层党建工作的有关精神要求，大力实施“强基固本”工程，基层党建工作水平实现了新提升，全区镇域经济得到持续发展，农民生产生活水平有了较大提高，许多矛盾纠纷得到有效化解和预防，人民群众的安全感、满意度显著提升，形成了“一心一意谋发展、千方百计惠民生、持之以恒保稳定、聚精会神抓党建”的良好局面。但也存在着工作推进不平衡、工作谋划不深入、亮点打造不明显等问题和不足。针对这些问题，大家一定要高度重视，在今后的工作中认真加以解决。就开展“基层党建提升年”活动，会议要求：一要统一思想提认识，深刻把握开展基层党建提升年活动的重大意义。开展基层党建提升年活动，是贯彻全面从严治党新要求的有力举措、是顺应改革发展新趋势的迫切需要、是回应人民群众新期盼的重要途径。全区各级党组织书记一定要充分认识新形势下加强基层党建工作的极端重要性，按照“基层党建提升年”的活动要求，认真履行党建职责，扎实开展各项工作。二要把握关键抓落实，全力推进基层党建各项工作。开展这次“基层党建提升年”活动，目的是要推动各级党组织书记将基层党建工作与中心工作紧密结合起来，紧紧围绕基层党建工作中的关键领域、薄弱环节，精准发力，抓重点、破难点、创亮点。要通过大力实施“理论武装、强心聚力、先锋引领、携手共建、阵地升级、基础保障、示范点培养、清风廉洁”等八大工程，确保实现“政治引领能力、思想政治觉悟、基层带头人队伍素质、服务场所建设水平、群众满意度、示范带动能力、基层组织运转能力、党员干部形象”八个提升。三要加强领导明责任，确保基层党建提升年活动取得显著成效。抓好基层组织建设，强化组织领导是关键。各级党组织书记都要增强抓党建工作的主业意识，把抓好党建作为最大政绩，切实履行第一责任人责任，真正静下心，把自己摆进去。要强化大局观念，加大压力传递。“基层党建提升年”活动是一项系统工程，对各级党组织而言，没有局外人、旁观者。要真正落实好“书记抓、抓书记”制度，把每条战线、每个领域、每个环节的党建工作抓具体，抓深入。要加大述评考核，确保工作实效。

【全区经济工作会议】 1月31日召开。区领导陈秀兴、毕黎明、王奎龙、吴润昌、刘培国、李凯、黄性利、柳玉兴、张金堂、张丹青、岳喜星、王江川等出席会议。会议的主要任务是深入学习贯彻党的十八大、十八届三中、四中、五中全会和中央、全省、全市经济工作会议精神，全面总结2015年经济工作，科学分析当前经济形势，研究部署2016年经济社会发展的各项工作，动员全区各级各部门和广大干部群众进一步提升发展标杆、提升工作标准、提升精神境界，积极作为、科学务实、速质并举、争先进位，确保“十三五”实现良好开局。会议指出，通过观摩，我们看到在严峻复杂的宏观经济形势下，各镇（街道）、两个园区广大干部和企业家顶住压力、攻坚克难、开拓创新、扎实苦干，又上了一批符合科学发展要求的新项目、好项目，体现出一年来各单位稳增长、调结构、转方式、促改革、惠民生取得的显著成绩，体现出全区广大干部群众积极作为、干事创业的昂扬斗志和良好精神状态，为我们做好下步工作、实现“十三五”良好开局奠定了坚实基础。会议强调，思想认识要到位，着重解决思想总开关问题。要认真学习领会中央经济工作会议明确提出新常态下推动经济发展的指导思想、目标任务和政策举措，把握要义内涵，吃透精神实质，对当前经济社会发展面临的严峻形势，保持清醒的认知，成绩面前，不能自满自负，困难面前，不能自暴自弃，挑战面前，不能怨天尤人，以坚强的战略定力直面矛盾问题、战胜困难挑战。适应常态要主动，着重解决方法路径问题。今年，全区经济工作的总要求是：深入贯彻落实党的十八大和十八届三中、四中、五中全会精神，按照中央“四个全面”战略布局和省委“一个定位、三个提升”以及市委“作风引领、团结实干、争先进位、科学发展”的要求，紧紧围绕全面建成小康社会这一目标，正确把握挑战与机遇、积极与稳妥两个关系，牢固树立不自满自负、不自暴自弃、不怨天尤人三种境界，全力做好启动内力、借助外力、激发活力、形成合力四篇文章，全面落实创新、协调、绿色、开放、共享五大理念，积极构筑机制、政策、环境、人才、作风、舆论六大保障，努力开创各项工作新局面，为在全市率先全面建成小康社会打下坚实基础。工作中，必须把“积极作为”作为根本要求，自我加压、加快发展，确保主要经济指标增幅保持在全市前列。必须把“科学务实”作为鲜明导向，大力倡导求真务实之风，做到讲实情、出实招、办实事、求实效。必须把“速质并举”作为主攻方向，坚持速度与质量并举，千方百计做大做强经济总量，努力在促增长中扩总量、调结构。必须把“争先进位”作为共同追求，按照“单项工作要争先、整体工作要进位”的要求，不断提升发展标杆，提升工作标准，提升精神境界，做到见第一就争、见红旗就扛。会议强调，要围绕既定的总体思路和奋斗目标，抓重点、破难点、创亮点坚定不移促增长，全力以赴调结构，加快推进城镇化，千方百计惠民生，持之以恒保稳定，作风引领要有为，开展“庸懒散慢”集中整治活动，使“夙兴夜寐、激情工作”成为常态，使“问题导向、精准发力”成为常态，使“扑下身子、一抓到底”成为常态，努力推动经济社会持续健康发展，为东昌府区在全市率先全面建成小康社会作出积极贡献！

【全区总结表彰大会】 2月24日召开。区领导陈秀兴、毕黎明、王奎龙、吴润昌、刘培国、李凯、黄性利、柳玉兴、张金堂、张丹青、岳喜星、王江川等出席会议。会议隆重表彰各条战线涌现出的先进单位和先进个人，科学分析形势，动员全区广大干部群众立足新起点、瞄准新目标、增创新优势、实现新跨越，努力推动全区经济社会实现科学发展、跨越发展。会议指出，全区上下要以先进为榜样，以更加昂扬的斗志、更加饱满的激情、更加务实的举措，努力推动全区经济社会发展跃上新台阶、实现新跨越。会议强调，要提振精神，激情干事。关于今年的目标任务和具体措施，区委十二届九次全会和全区经济工作会议作出了全面安排部署，在农业、工业、服务业、城建、民生等五大领域分别明确了实施“十大工程”。特别是徐景颜书记在市十六届人大六次会议参加东昌府区代表团讨论时，对东昌府区的发展提出了明确要求：“面对中央提出的‘四个全面’战略布局、‘五位一体’总体布局，东昌府区要坚持问题导向，找准、找细问题，着力在解决问题上下功夫，不断推动工作提升，确保用2-3年的时间实现大跨越、大提升，在全市全面建成小康社会的进程中走在前列、当好表率，承担起市驻区应当担负的责任，真正为全市的经济发展赢得荣誉、争得地位。在全市争先进位中，东昌府区要找准自己的位置，将聊城的美好形象展现给全国人民、全省人民。”这进一步明确了全区经济社会发展的目标和重点，既是一幅东昌府区未来经济社会发展的“战略图”，又是一幅各行业干事创业的“作战图”。各级各部门要以改革创新的精神，增强“不进则退”的危机意识，增强“时不我待”的机遇意识，增强“干就干好”的作为意识，紧起来、忙起来、快起来，努力破解发展瓶颈，激发和凝聚起科学发展、跨越发展的巨大正能量。要把握关键，精心干事。今年是实施“十三五”规划的开局之年，也是东昌府区立足新起点、瞄准新目标、增创新优势、实现新跨越的关键之年。要一心一意谋发展，以推动供给侧结构性改革为契机，坚定不移地推进产业结构调整和优化，坚持“工业突破”战略不动摇，着力提升服务业发展水平，积极推进农业调整振兴。要把创新作为第一动力，把人才作为第一资源，不断增强创新能力。要紧紧抓住项目建设这个牛鼻子，做好超前谋划、加快建设进度、破解瓶颈制约等各项工作，加快项目建设。要把“走出去招商”作为全年工作新常态，着眼长远、立足当前、创新方式，认真筹划全年的招商活动，努力在大项目招商上实现突破。要千方百计惠民生，把民生作为第一目标，把群众答应不答应、拥护不拥护、高兴不高兴、满意不满意作为一切工作的出发点和落脚点，持续加大民生投入，做好统筹城乡发展、办好民生实事、改善生活环境、加强文化建设等工作，努力让人民群众有更加满意的收入、更加可靠的保障、更加宜居的环境。要持之以恒保稳定，面对发展黄金期、社会转型期和矛盾凸显期相互交织、错综复杂的局面，做好“防”、突出“打”、注重“管”，努力营造安定和谐的大好局面。要聚精会神抓党建，以开展“基层党建提升年”活动为契机，全面提升全区基层党建工作的整体水平。继续抓好选派“第一书记”和“双联共建”工作，加大软弱涣散村整顿力度，提高基层党组织发展经济、服务群众的能力。认真学习贯彻《中国共产党廉洁自律准则》和《中国共产党纪律处分条例》，切实增强纪律观念和规矩意识。要转变作风，扎实干事。各级领导干部要切实扛起引领新常态的重大责任，以即将开展的“学党章党规、学系列讲话，做合格党员”学习教育为契机，努力做到政治强、业务精、作风正、合力强，勇于担当，主动作为，扎实苦干，全力以赴做好今年经济工作，确保圆满完成“十三五”开局之年各项目标任务，为东昌府区在全市率先全面建成小康社会作出新的更大贡献！

【全区安全生产大会】 3月24日召开。区委书记陈秀兴主持会议并作重要讲话，区委副书记、代区长毕黎明对今后一个时期的安全生产工作进行了安排部署，区委常委、纪委书记吴润昌，区委常委、政法委书记李凯，区委常委、副区长黄性利，区委常委、组织部长、统战部部长柳玉兴，区委常委、办公室主任张金堂，区委常委、宣传部长张丹青，区委常委、武装部政委岳喜星等领导出席会议。会议全面总结了2015年度全区安全生产工作，科学分析当前安全生产形势，对当前及今后一个时期的安全生产工作进行安排部署。会议要求，各级干部要充分认清肩负的责任，时刻绷紧“安全生产”这根弦，织密织牢发展“安全网”。要在抓经济发展的同时，牢固树立科学发展、安全发展的理念，最大限度地防止和减少安全事故。要切实增强政治意识、大局意识和责任意识，确保社会大局持续稳定。会议强调，各级各部门要坚持“安全第一、预防为主、综合治理”的方针，严抓细管、久久为功，保证投入，排查隐患，监管到位，从源头上防止各类事故的发生。要。各级领导干部要对所管辖区域、所分管行业、所负责单位的薄弱环节、安全隐患等做到胸中有数、心里有底。要抓住关键节点，查不严之事。全面推行督查常态化、制度化，真正做到紧起来、忙起来、快起来、严起来。要盯住关键少数，查不实之人。紧紧盯住各级各有关部门、各企事业单位主要负责人、分管负责人、安全管理人员等“关键少数”，用监督传递压力，用压力推动落实。

【全区环境保护大会】 3月24日召开。区领导陈秀兴、毕黎明、吴润昌、李凯、黄性利、柳玉兴、张金堂、张丹青、岳喜星等出席会议。会议主要任务是科学分析当前环境保护面临的新形势，安排部署以大气污染防治为重点的环境保护工作，动员全区各级各部门进一步提升发展标杆、提升工作标准、提升精神境界，全力做好环境保护各项工作，为全区经济社会科学发展、跨越发展提供坚实的生态保障。会议指出，环境保护关系全局、影响长远。要从讲政治、惠民生、树形象的高度深化认识，把大气污染防治作为一项重大战略举措，全力打造生态宜居城市，保障和促进全区科学发展、跨越发展。要坚决打赢四大战役。一是打赢大气污染防治攻坚战。要在“压煤、降尘、治企、禁烧”上下功夫、求实效。“压煤”，就是严控煤炭消费总量，实行洁净煤配送制；“降尘”，就是对各类施工扬尘源完全落实防尘、抑尘、降尘措施，对国省道公路两侧各种沙石料场、煤堆等要全部实现封闭储存；“治企”，就是做好新上项目把关和违规建设项目清理整顿工作，招商引资新建项目对环境有影响的，即使投资再大、效益再高，也要坚决拒之门外。“禁烧”，就是要加强秸秆、垃圾、树枝树叶、杂草禁烧工作力度。二是打赢水环境质量提升攻坚战。要把“治、用、保”流域治污体系作为主线，明确工业点源、污水处理厂、人工湿地等在整个治污体系中的定位、作用以及发挥的环境效益，形成环环相扣的整体。三是打赢环境综合整治攻坚战。加大环境执法力度，对企业偷排、偷倒、超标排放等环境违法行为实行零容忍，进行严厉打击，实施顶格处罚，让违法排污、污染环境的企业在经济和名誉上都得不偿失。四是打赢春季绿化攻坚战。要牢固树立“种树就是种福、种德、种财、种空间”的理念，进一步提高标准，加快进度，保证质量，全面推进造林绿化工作，实现绿化质量与森林覆盖率双提升。会议强调，环境保护是一项庞大、复杂、长期的社会系统工程，必须要上下一心、齐抓共管、协调联动，全面落实镇（街道）、园区属地管理责任，部门推动责任，企业主体责任，社会协同责任，“两办”督查室督导责任，做到环境保护工作项目化、具体化，排出具体的时间节点，全力推动全区环境空气质量持续改善，为美丽东昌建设作出新的更大贡献。区委副书记、代区长毕黎明回顾总结了2015年全区环境保护工作，安排部署了2016年工作目标任务。与会人员共同观看了聊城市大气污染防治工作专题片，凤凰工业园、区经信局主要负责人作了表态发言。

【东昌论坛】 4月21日举办。邀请北京大学经济研究所原所长、博士生导师睢国余教授作题为《五

4月21日，举办东昌论坛

大发展理念与经济新常态》的专题报告。区领导陈秀兴、毕黎明、王奎龙、柳玉兴、张金堂、张丹青、岳喜星及全区在职县级领导，各镇（街道）、园区、区直各部门副科级领导职务以上干部听取了报告。区委书记陈秀兴指出，今年是全面实施“十三五”规划的开局之年，做好今年的工作意义十分重大。各级领导干部要牢固树立五大发展理念，不断提升发展标杆、提升工作标准、提升精神境界，抓重点、破难点、创亮点，奋力推进东昌府区科学发展、跨越发展，确保在全市率先全面建成小康社会。要加强作风建设，保障五大理念落地生根。新常态需要新状态，新使命呼唤新作为。能不能抢抓机遇、扛起责任、不辱使命，切实保障五大理念落地生根，关键取决于全区各级干部的精神状态和工作作风。全区各级领导干部要始终保持夙夜在公、只争朝夕、久久为功、善做善成的精神状态，进一步提振精神，转变作风，抢抓机遇，奋进突破。要认真践行“三严三实”要求，自觉担当责任，积极主动作为，示范带动党员干部和群众立足本职、爱岗敬业、真抓实干，以严的精神和实的作风做好各项工作，推动中央和省委、市委的各项决策部署不折不扣得到贯彻落实。同时，要结合“两学一做”学习教育和“庸懒散慢”纪律作风集中整治，持续用力正风肃纪，坚持不懈反腐倡廉，为东昌府区科学发展、跨越发展提供强有力的作风保障。

【全区2015年度人口和计划生育目标责任奖惩兑现大会】 4月22日召开。区委书记陈秀兴主持会议并作重要讲话，市卫计委党委委员、市疾控中心主任赵金星对做好计生工作讲了指导意见，区委副书记、区长毕黎明安排部署今年人口计生工作，区委常委、办公室主任张金堂，区人大常委会副主任刘继光，副区长郭海英，区政协副主席姚立星出席会议。会议的主要任务是贯彻落实上级有关会议精神，兑现2015年度人口和计划生育目标责任奖惩，全面总结2015年度人口和计生工作，安排部署今后一个时期的各项工作任务，动员各级各部门认清形势、明确任务、真抓实干，为在全市率先全面建成小康社会创造良好的人口环境。会议指出，2015年全区共出生7725人，出生率为9.56‰，出生人口性别比、合法生育率均符合省市要求，圆满完成了上级下达的人口和计划生育目标任务。会议指出，要准确把握政策新变化，坚持计划生育的基本国策不变，稳妥实施全面两孩政策，不断提升计划生育服务管理水平。要全面把握工作新要求，坚持源头控制，维持适度生育水平；坚持标本兼治，抓好性别比治理；坚持统筹推进，实现计生服务管理全覆盖。要优化服务管理，提高服务效能，稳妥推进医改，全面深化公立医院综合改革，加强卫生计生领域法治建设，依法妥善处理医患纠纷，正确引导患者文明就医。同时，进一步加强综合监督执法，严肃查处违法生育行为，严厉打击非法行医，切实解决好群众的看病难题。会上，赵金星对做好计生工作讲了指导意见，郭海英宣读了区委、区政府《关于2015年度全区人口和计划生育责任目标执行情况奖惩兑现的决定》。会议对在人口计生工作中涌现出的先进单位和先进个人进行了隆重表彰。

【全区劳动模范表彰大会】 4月24日召开。区委书记陈秀兴出席会议并作重要讲话，区委副书记、区长毕黎明主持会议，区人大常委会主任王奎龙，区政协主席苗慧清，区委常委刘培国、李凯、黄性利、张金堂、张丹青、岳喜星、王江川，区政协副主席、区总工会主席国金祥出席会议。会议的主要任务是隆重表彰2013-2015年度在全区经济社会发展中涌现出的劳动模范，动员全区上下学劳模、赶先进、比贡献，以更加坚定的信心、更加饱满的热情，努力推动全区经济社会实现科学发展、跨越发展。会议首先对2013-2015年度在全区经济社会发展中涌现出的劳动模范进行了隆重的颁奖。会议指出，近年来，全区广大干部群众职工按照“作风引领、团结实干、争先进位、科学发展”的工作要求，抓重点、破难点、创亮点，全力以赴稳增长，统筹做好促改革、调结构、惠民生等工作，各条战线捷报频传，各项工作亮点纷呈，在全面建成小康社会的征程中迈出了坚实步伐。会议号召全区各行各业的广大干部职工群众，勤于学习，争做发奋成才的模范；胸怀全局，争做服务大局的模范；立足本职，争做爱岗敬业的模范；拼搏奉献，争做攻坚克难的模范；以人为本，争做为民谋利的模范；关爱劳模，营造尊重劳模的良好氛围。毕黎明主持会议并就会议精神的贯彻落实讲了意见。会上，刘培国宣读了

《东昌府区人民政府关于表彰全区劳动模范的决定》；全国劳动模范、全国十大杰出检察官、历届劳动模范代表白云，建设路小学校长、小学一级教师孙殿镔，道口铺街道任堤口村支部书记李志彬，柳园派出所社区民警王立民四位劳动模范代表作了典型发言。

【全区人大工作会议】 4 月 28 日召开。区委书记陈秀兴出席会议，并就做好新形势下的人大工作做出重要部署。区人大常委会主任王奎龙，区人大常委会副主任刘继光、邵洪涛、郭振明、赵化玉、王章出席会议。会议的主要任务是深入贯彻落实中央 18 号文件和全省、全市县乡人大工作会议精神，研究部署进一步加强和改进新形势下的人大工作。会议指出加强和改善人大工作，是巩固党的执政基础、加强基层国家政权建设的迫切需要，是坚持和完善人民代表大会制度、发展社会主义民主政治的迫切需要，是全面深化改革、推进国家治理体系和治理能力现代化的迫切需要，是全面推进依法治国、建设法治东昌的迫切需要。各级各部门要切实增强做好新形势下人大工作的责任感和紧迫感，把思想和行动统一到中央和省委、市委、区委的决策部署上来。要坚持和完善人民代表大会制度，深入研究把握人大工作的特点和规律，全力支持和保证各级人大依法履行职权，进一步提高人大工作科学化水平。各级党组织要从思想上、政治上、组织上全面加强和改善对人大工作的领导，全力支持人大依法行使职权、发挥作用，为人大开展工作提供坚强保障。今年是县乡人大集中换届之年，全区各级党委要按照中央和省委、市委、区委的要求，切实担负起区镇人大换届选举工作的领导责任，周密部署，有序推进，确保换届选举工作在党委的集中统一领导下依法进行。要深刻汲取湖南衡阳破坏选举案的教训，坚决防止和依法查处选举中的违法违纪问题，把好政治关，真正把党和国家事业需要的、能够真正代表人民的优秀人才充实到代表队伍中来，确保区镇人大代表选举工作风清气正。王奎龙在讲话中要求，区人大及其常委会、各镇（街道）人大要按照中央和省委、市委、区委的部署，紧紧依靠人大代表和人民群众开展工作，着力提高常委会履职能力和水平，按照区委“积极作为、科学务实、速质并举、争先进位”的总要求，奏响关键时期的最强音，将全区人大各项工作抓紧、抓实、抓好，确保今年的各项工作顺利开展。会上，邵洪涛传达了全省和全市县乡人大工作会议精神，新区街道党委、许营镇党委、柳园街道人大、郑家镇人大负责人分别作了发言。

4 月 28 日，全区人大工作会议召开

【平安东昌建设会议】 5 月 5 日召开。区委书记陈秀兴出席会议并作重要讲话，区委副书记、区长毕黎明主持会议，区委常委、副区长刘培国，区委常委、政法委书记李凯，区人大常委会副主任郭振明，区政协副主席姚立星，区检察院检察长杨茂宏，东昌府公安分局局长孙留功出席会议。会议的主要任务是认真总结 2015 年平安东昌建设工作，表彰先进，分析形势，查找不足，安排部署今年的工作任务，动员全区上下积极作为，开拓进取，努力开创平安东昌建设工作新局面，为在全市率先全面建成小康社会营造良好的社会环境。会议指出，过去的一年，全区各级各部门，特别是政法机关认真贯彻落实中央和省委、市委、区委的决策部署，紧紧围绕改革发展稳定大局，大力推进平安建设、法治建设和政法队伍建设，全力做好治安防控、矛盾化解、严打整治等工作，圆满完成了各级重要会议、重大活动以及重要节日期间的维稳任务，有力维护了全区社会和谐稳定大局，为促进全区经济社会发展作出了积极贡献。当前，中国各项改革任务进入攻坚期和深水区，社会稳定进入风险期和考验期，一些重大问题敏感程度明显增大，全区政法机关要准确把握平安建设的新要求，准确把握稳定形势的新变化，准确把握人民群众的新期待，切实增强做好平安东昌建设的责任感和使命感。会议强调，要紧紧围绕区委、区政府的中心工作，牢牢把握最大限度激发社会活力、最大限度增加和谐因素、最大限度减少不和谐因素的总要求，以解决影响社会和谐稳定的突出问题为突破口，以保障广大群众安居乐业为目标，进一步深化平安东昌建设，为全区经济社会发展提供坚强保障。要牢牢把握正确方向，按照区委“积极作为、科学务实、速质并举、争先进位”的工作基调，自觉把政法工作放到全区改革发展稳定大局中精心谋划，打好擦亮“平安东昌”牌，推动政法工作走在全市前列。围绕“五个十大工程”、招商引资等重点工作，主动解决重点项目建设过程中出现的矛盾隐患，尤其是在项目建设、征地拆迁等领域，从严从快查处欺行霸市、寻衅滋事、强买强卖、阻挠施工等违法行为，为经济社会发展保驾护航。要维护社会大局稳定，坚持底线思维、问题导向，切实推动专项治理向常态化、长效化治理转变，更好地肩负起维护社会稳定的责任。加大严打整治斗争力度，着重深化平安道路、平安校园、平安医院、平安网络、食品药品安全系列创建活动，全力预防化解社会矛盾，特别是要重视信访积案的化解工作，对“非访”活动要坚决进行打击。要促进社会公平正义，严格公正司法，以司法公开促进公平正义，以体制改革体现公平正义，以刚性问责保障公平正义，努力把执法为民的要求落实到平安建设各个环节。加强法制宣传教育，加速推进基层法律服务全覆盖，切实抓好“一乡镇一团队、一村居一顾问”工程，力争在全社会培育法治信仰、倡导契约精神、树立规则意识，努力形成办事依法、遇事找法、解决问题用法的良好法治环境。扎实开展好“两学一做”学习教育，将法治思维、法治理念、法制工作贯穿融汇到学习教育中，做好融合互促文章，用工作的成效检验学习教育的效果。要保障人民安居乐业，加大对民生案件的破案力度，着力破解“报案不立案、立案难破案、破案难追偿”等难题，努力让人民群众在每一个案件中都感受到公平正义、以民为本。以“清除乱点、消除隐患、减少法案”为目标，对群众反映强烈的医院、学校、娱乐场所等周边秩序进行集中整治，严厉打击医闹、地痞流氓及黑恶势力，最大限度消除不安全因素。把政法综治和平安建设工作摆上突出位置，强化党的领导，严格落实责任，强化支持保障，努力推动平安东昌建设再上新台阶，为促进全区改革发展稳定，在全市率先全面建成小康社会作出新的更大贡献！ 会上，李凯安排了下步政法综治和平安建设工作。刘培国宣读了区委、区政府表彰决定，会议对2015年度全区政法工作暨平安东昌建设工作先进集体和个人进行了表彰。区检察院、东昌府公安分局、区法院负责同志作了发言。

【全区质量强区战略动员大会】 7月4日召开。区委书记陈秀兴出席会议并对实施质量强区战略进行了全面的安排部署，市质量技术监督局局长孙军，区委副书记、区长毕黎明，区人大常委会主任王奎龙，区政协主席苗慧清，区委常委、副区长刘培国，区委常委、副区长黄性利，区委常委、办公室主任张金堂出席会议。会议的主要任务是贯彻落实聊城市创建全国质量强市示范城市动员会会议精神，全面推进质量强区战略，为全区经济社会科学发展、跨越发展提供强大动力。会议指出，实施质量强区战略，是加快转型升级、增创发展优势的必然选择，是企业壮大实力、实现更好更快发展的客观要求，是保障和改善民生、促进社会和谐的迫切需要。各级各部门要统一思想，提高认识，进一步增强质量工作责任感和紧迫感，全力以赴做好各项工作，扎实推进质量强区战略。把质量工作作为系统工程进行通盘考虑，集中抓好产品、工程、服务、环境和教育质量的提升，以质量改善民生，以质量保障和谐。要认真贯彻落实全区《质量强区战略工作实施方案》和《实施质量强区战略2016年行动计划》，努力实现企业从产品竞争、价格竞争向品牌竞争的转变，切实构建安全保障体系、技术标准体系、品牌培育体系和质量支撑体系，使东昌府区质量建设再上一个新台阶。会议要求，各级各有关部门要把质量强区建设作为“一把手工程”，制定工作方案，成立推进机构，认真组织实施。质量强区工作领导小组要充分发挥组织领导作用，统筹协调做好各项工作，定期组织开展质量检查、产品评价、教育宣传、示范创建等活动。各成员单位要加强对本部门、本系统质量工作的领导、组织、指导和协调，落实工作责任，形成纵向到底、横向到边的工作网络，为质量强区建设提供强有力的组织保障。要强化考核奖惩机制，强化政策扶持机制，强化责任追究，充分发挥新闻媒体质量舆论宣传的主渠道作用，加强质量法律法规宣传，提高全民质量意识，努力形成政府重视质量、企业追求质量、社会崇尚质量、人人关注质量的良好社会氛围。市质监局局长孙军全面阐述了质量强区的意义，并就抓好质量建设的关键环节和重点工作提出指导意见。会上，毕黎明就会议精神的贯彻落实讲了意见；刘培国宣读了《东昌府区人民政府办公室关于表彰2015年度质量工作先进企业的通报》；会议对2015年度获得质量奖的企业进行了表彰；郑家镇、聊城市百货大楼分别作了典型发言。

【全区领导干部大会】 11月16日召开。区委书记陈秀兴主持会议并做重要讲话，区委副书记、区长毕黎明安排部署当前重点工作，区人大常委会主任王奎龙，区政协主席苗慧清，区委副书记刘培国，区委常委李凯、柳玉兴、张金堂、张丹青、丁磊，区委挂职常委王江川等区几大班子领导参加会议。主要任务是对当前的各项重点工作进行安排部署，动员全区上下集中精力、心无旁骛地抓好各项工作落实，确保全面完成年初确定的各项目标任务。会议指出，今年以来，全区上下按照“一二三四五六”的工作思路和“积极作为、科学务实、速质并举、争先进位”的工作基调，抓重点、破难点、创亮点，多项工作在全市实现了争先进位。各级党员干部要继续保持良好的精神状态，切实做到“思想不散、秩序不乱、工作不断、力度不减”，确保全面完成年初确定的各项目标任务。会议强调，当前，东昌府区正处于打赢全年攻坚战的关键节点上，各级领导干部要坚持讲政治、讲大局、讲工作、讲纪律，齐心协力，团结协作，把目标任务完成好，向市委、市政府和全区人民交上一份满意的答卷。要突出重点，进一步抓好十八届六中全会精神的学习贯彻，对照年度目标任务，努力做到发展的境界更高、发展的魄力更大、发展的步伐更快。要持续加大民生投入，推进医疗、教育、社保等基本公共服务均等化，坚决打好精准脱贫攻坚战，始终绷紧社会稳定这根弦，坚决守住安全生产、食品药品安全、社会稳定等底线，为经济发展拧紧“安全阀”。要牢固树立鲜明的选人用人导向，严格遵守换届纪律，全面落实从严治党主体责任，确保换届工作风清气正。各级领导干部要时刻牢记“在其位、谋其政、尽其责”，在思想上、行动上坚决摒弃庸政、懒政、怠政习气，强化责任意识、担当意识、效率意识，锁定目标、坚定信心、再接再厉、一鼓作气，全力推动各项工作再上新台阶，确保圆满完成年度目标任务。

省市领导在东昌府区的活动

【张宝泉参加指导区委常委班子“三严三实”专题民主生活会】 1月11日，市委常委、纪委书记张宝泉莅临东昌府区参加指导区委常委班子“三严三实”专题民主生活会。区委书记陈秀兴主持会议。区委副书记、代区长毕黎明，区人大常委会第一副主任王奎龙和区委常委吴润昌、刘培国、李凯、黄性利、柳玉兴、张金堂、岳喜星、王江川出席会议。 在民主生活会上，陈秀兴代表区委常委班子作对照检查，区委各常委逐一进行对照检查，相互进行了直接、中肯的批评。会议期间，张宝泉仔细倾听、不时记录。在认真听取大家发言后，张宝泉指出，这次民主生活会开得很好，体现了中央和省委、市委的指示精神，体现了“从严从实”的要求，达到了红脸出汗、洗澡除尘、加油鼓劲的效果。大家经历了一次严肃的党内政治生活洗礼，经受了一次深刻的党性锻炼和考验，为加强东昌府区委常委班子自身建设奠定了基础、积累了经验。要以这次民主生活会为契机，认真践行“三严三实”，更加自觉地实践“作风引领、团结实干、争先进位、科学发展”的要求，坚持严实标准，以钉钉子精神抓好整改，确保查摆的每个具体问题都解决彻底，承诺的每件整改事项都兑现到位。张宝泉要求，要强化看齐意识，用令行禁止的实际行动站稳立场、辨明方向。认真学习领会习近平总书记重要讲话精神，牢固树立看齐意识，坚决向党中央看齐，在政治上站稳立场、思想上辨明方向、行动上令行禁止。要始终牢记自己党员的第一身份，持续深入地学习贯彻习近平总书记重要讲话精神，特别是视察山东时的重要讲话精神，用中央的精神统一思想，做政治上的明白人；要把十八届五中全会提出的五大发展理念与习近平总书记对山东提出的走在前列的要求结合起来，与东昌府区的实际结合起来，贯彻落实到经济社会发展的日常工作之中，真正成为践行科学理论的实在人；要带头发扬党的优良传统作风，带头执行廉洁自律各项规定，把严和实的要求立起来、树起来，真正成为正身律己的规矩人。要强化廉政意识，用严明的纪律和良好的作风树立形象、引领风尚。区委要真正担当起党风廉政建设的主体责任。要做全面从严治党的坚定执行者，坚持对干部从严教育、从严管理、从严监督。要正确履行选人用人之责，防止出现选人用人上的不正之风和腐败问题；要坚持以人为本、执政为民，坚决纠正损害群众利益的行为，特别要强化对权力运行的制约和监督，从源头上防止腐败。区纪委要认真履行监督责任。要按照把纪律和规矩挺在前面的要求，正确运用监督执纪的四种形态，进一步加大问责追究力度，严肃查处违反中央八项规定精神等四风方面的问题，深化对基层干部侵犯群众利益问题的专项整治。领导干部要率先垂范。区委常委一班人要模范遵守廉洁自律准则，坚持高标准，守住底线，心存敬畏，慎独慎微；要敢于当标杆、做表率，带头接受党组织和群众的监督，筑牢拒腐防变的思想防线，努力树立为民务实清廉的良好形象。要强化担当意识，用改革发展稳定的成效检验成果、赢得人心。各级领导干部要强化敢于担当的要求，自觉把责任扛在肩上，坚决抵制和纠正不担当、不作为的现象，勇于直面矛盾、善于解决问题，努力创造经得起实践、人民、历史检验的实绩。区委班子要继续讲政治、顾大局，深入推进改革发展稳定各项工作；要科学谋划、全面落实十三五各项工作任务，进一步团结动员全区各级党员、领导干部、党员干部，解放思想、转变观念，提高综合思维能力；以“严”的精神改进作风，以“实”的干劲推动落实，为聊城争先进位、科学发展做出新的更大贡献。

【徐景颜到东昌府区调研】 1月15日，市委书记、市人大常委会主任徐景颜到东昌府区调研时强调，市委常委、秘书长李吉增，区委书记陈秀兴，区委副书记、代区长毕黎明，区委常委、副区长刘培国，区委常委、副区长黄性利，区委常委、办公室主任张金堂，副区长王怀福陪同活动。徐景颜一行先后到凤凰工业园山东明康安托山特种机电有限公司、山东华耀金属科技有限公司高科技钛合金及LNG项目、天开钨业有限公司等企业和项目建设现场，实地了解企业生产经营情况。在企业负责同志的陪同下，徐景颜深入车间厂房、项目工地，看产品、问销路、听汇报，详细了解企业当前面临的困难和问题，和大家共同研究下一步的发展思路和方向。徐景颜强调，要深入贯彻落实中央、省、市各项决策部署，以创新、协调、绿色、开放、共享发展理念为引领，积极推动产业转型升级，加快发展社会民生事业，着力提高发展的质量和效益，为实现“十三五”良好开局打下坚实基础。徐景颜要求，面对经济发展新常态，各级必须以创新、协调、绿色、开放、共享发展理念为引领，认真贯彻落实中央关于供给侧结构性改革的各项部署要求，坚持高端高质高效的主攻方向，下大力优化产业结构、提升产业层次，推动经济发展提质增效。要实施好创新驱动和质量强市发展战略，加大新技术、新产品研发力度，全面加强质量管理，努力提高产品技术含量和质量，推动价值链向高端延伸。要重视搞好工业设计，提高企业和产品的整体竞争力。各级各部门都要把支持企业发展作为义不容辞的责任，真心实意地帮助企业解决在资金、用地、市场等方面遇到的困难和问题，为企业发展创造良好的环境。徐景颜对城乡教育事业发展十分重视。在文苑小学田庄分校，他认真听取了学校负责人的汇报，实地了解学校教育教学情况。该校的前身是侯营镇田庄小学，过去教学条件十分落后，后来在聊城二中附属文苑小学的带动下，对学校进行了全方位改造，现已发展成东昌府区一所知名学校。徐景颜指出，实施名校带分校战略，是推进教育资源均衡化、提升教育发展质量的一个很好的切入点。今后，全市教育事业要重点在补短板、提质量上下功夫，深入推进教育教学改革，加大体制机制创新力度，促进优质教育资源合理均衡配置，努力走出一条符合现代教育发展规律的新路子。徐景颜一行还来到实验小学新址拆迁现场，查看了项目建设进展情况。徐景颜叮嘱相关负责同志，社会各界对实验小学的建设十分关注，在下一步的建设中，既要加快建设进度，确保尽快投入使用，更要全力抓好质量和安全管理，真正把学校建成人民群众满意的放心工程。

【杨东奇到东昌府区调研】 5月12日，省委常委、组织部长杨东奇到东昌府区调研。市委书记、市人大常委会主任徐景颜，市委常委、组织部长杜昌伟，区委书记陈秀兴，区委常委、组织部长、统战部长柳玉兴陪同活动。在东昌府区期间，杨东奇来到古楼街道湖北社区，先后参观了社区便民服务大厅、郑德运工作室、社区法律顾问室、社区文体活动室、青少年心灵驿站等，并与社区工作人员和办事群众亲切交谈，实地了解社区党组织建设、党员志愿者服务、法律服务全覆盖等方面的情况。杨东奇对湖北社区党建网格化、社区党总支与驻区单位党组织共驻共建，以及开展机关党员进社区发挥作用等工作给予了充分肯定。他叮嘱社区负责同志，要充分调动社区党员的积极性，引导他们投身到服务社区群众的工作中来，在社区建设发展中发挥更大作用。杨东奇强调，要深入学习贯彻习近平总书记系列重要讲话精神，紧紧围绕协调推进“四个全面”战略布局、贯彻落实五大发展理念，坚持“跟着中心走、贴着中心做”，扎实做好新形势下的组织工作，为经济社会发展提供坚强有力的组织保障。要充分发挥本地丰富的红色教育资源优势，善于从中汲取养分，创新推动组织工作发展。要下大力气抓好基层党建工作，通过选好书记、配强班子、建好队伍、理顺机制，整体提升抓党建促脱贫工作水平。要发挥组织部门牵头抓总作用，围绕推动人才工作转型发展，突出机制创新、平台建设和环境优化，全面推进各类人才队伍建设。要扎实开展“两学一做”学习教育，严格落实各级党组织及负责人责任，党员领导干部要走在前列、当好表率，确保学习教育取得实实在在的成效。

【陈平到东昌府区开展星期六群众工作日活动】 6月18日，市委副书记陈平到东昌府区开展星期六群众工作日活动，深入调研脱贫攻坚、信访积案化解和满意度调查群众反映问题整改情况。区委书记陈秀兴，区委副书记、区长毕黎明，区委常委、办公室主任张金堂，副区长刘光涛陪同活动。陈平先后来到堂邑镇林福养殖专业合作社、郑家镇亿沣现代农业示范园、张炉集镇云朵庄园、侯营镇邓庄村，与基层干部群众深入交流，详细了解当地脱贫攻坚等工作开展情况。在随后召开的座谈会上，陈平听取了东昌府区脱贫攻坚、信访积案化解和满意度调查群众反映问题整改情况汇报，对东昌府区脱贫攻坚、农村危房改造、地方公共财政收入总量及增幅、棚户区改造、信访维稳等工作给予充分肯定，并就做好下一步工作提出了明确要求。陈平指出，要进一步优化扶贫工作思路。要把扶贫作为推进农村区域经济社会发展的重要抓手，纳入整体发展规划，以其为统领，提升发展水平。要不断补齐短板，充分利用扶贫相关政策，解决好发展中的薄弱环节，带动经济社会发展。要将产业扶贫和产业发展相结合，优化产业发展布局。要将改善贫困人口居住条件和新农村建设结合起来，改善农村基础设施，提升农村居住环境。要集中打造一批典型，引领和带动广大群众脱贫致富。要搞好资金运筹，设立融资性担保公司，拓宽融资渠道。要高度重视群众工作，提高群众的满意度，促进社会和谐稳定。要突出重点，解决好群众最为关注的棚户区改造、教育、医疗、农村基础设施建设等热点难点问题。要改进工作作风，进一步提升干部的精气神。要加大宣传力度，为经济社会发展营造良好氛围。

【宋军继到东昌府区侯营镇邓庄村为基层党员讲党课】 6月28日，市委副书记、市长宋军继到他的联系点侯营镇邓庄村，和大家交流“两学一做”学习教育心得体会，为农村基层党员干部讲专题党课。市政府秘书长高洪岩、区委书记陈秀兴、区委挂职常委王江川参加活动。在邓庄村，宋军继实地查看了农村危房改造、养殖扶贫项目和幸福院建设情况。在邓庄村党支部会议室内，侯营镇、邓庄村负责同志分别汇报了当地“两学一做”和扶贫工作开展情况。宋军继对大家的工作给予充分肯定。随后，宋军继结合邓庄村实际，用深入浅出的语言，为与会的党员干部讲了专题党课。他说，大家在开展“两学一做”学习教育中，能够认真落实中央、省委和市委的部署，采取各种适当方式抓好集体学习和个人自学，并且把学习教育融入日常工作，有力促进了事业发展和脱贫攻坚。下一步，我们要按照市委的安排部署，一以贯之地抓好“两学一做”学习教育，推动学习教育不断向深处拓展，取得更大成效。宋军继指出，农村基层组织是党全部工作和战斗力的基础，在农村党员中开展“两学一做”学习教育意义重大。广大基层党组织和党员要深刻认识到开展“两学一做”学习教育的重要性，打牢“学”这个基础，抓实“做”这个关键，做好“结合”这篇文章，在发展经济、服务群众中充分发挥先锋模范作用。在“两学一做”学习教育中，如何与基层工作紧密结合，宋军继提出了四点要求：一是坚定信念，当好“政策明白人”。要站稳政治立场，坚定社会主义信仰，并转化成带领群众勤劳致富的能量。要坚持与时俱进，加强钻研学习，了解和把握好国家的方针政策。要做好宣传解读，把党的好声音、好政策送到群众手里、讲到群众心里。二是发展经济，当好“致富带头人”。要转变思想观念，帮助群众拓宽视野、增长见识，激发群众科技致富的主动性。要选好发展路子，找准农村有关政策与本地产业发展的切入点和着力点。要抓好精准帮扶，采取“一户一策”的扶持方式，确保贫困人口如期脱贫。三是心系群众，当好“群众贴心人”。要倾听群众的呼声，多到群众家里去，多与群众聊家常，广泛收集群众的意见和建议。要办好群众身边细小事，把水电路厕等事关群众切身利益的事做好。要加强精神文明建设，组织开展丰富多彩的文化活动，弘扬文明和谐的良好风气。四是保障稳定，当好“矛盾化解人”。要抓好矛盾防控，把矛盾化解到村组。要弘扬法治精神，提高依法治村能力，公正公道地处理问题。要加强自身建设，时刻绷紧纪律规矩这根弦，清清白白做人、干干净净做事。

【陈辐宽到东昌府区调研】 11月24日至25日，省委常委、省纪委书记陈辐宽到聊城市，就学习贯彻六中全会和省委全会精神、推进党风廉洁建设和反腐败工作进行调研。省纪委常委、秘书长程德智，市委书记徐景颜，市委常委、纪委书记张宝泉，区委书记陈秀兴，区委常委、纪委书记丁磊陪同活动。在东昌府区调研期间，陈辐宽首先来到古楼街道湖北社区，参观了社区便民服务大厅、社区法律顾问室、文体活动室、青少年心灵驿站等，并与社区工作人员亲切交谈，详细了解社区党组织建设、党员志愿者服务、法律服务全覆盖等方面的情况。陈辐宽对湖北社区党建网格化、社区党总支与驻区单位党组织共驻共建，以及开展机关党员进社区发挥作用等工作给予了充分肯定。随后，陈辐宽来到区纪委机关，走进纪检监察室、案件审理室、案件监督管理室、信访室、办公室、党风政风监督室、宣传部、组织部等部室，与大家逐一握手，并表示亲切问候。陈辐宽仔细询问各部室人员情况和工作职能，对区纪委开展的乡镇办案协作区做法及各纪检监察室、案件审理室的工作开展情况进行详细了解。座谈会上，陈秀兴汇报了东昌府区经济社会发展情况和党风廉洁建设及反腐败工作情况。陈辐宽对东昌府区党风廉洁建设及反腐败工作情况给予充分肯定。陈辐宽强调，要增强“四个意识”，坚决维护以习近平同志为核心的党中央权威。要增强政治警觉性，对破坏政治纪律和政治规矩的行为，坚决抵制、勇于斗争。要保持坚强政治定力，坚持严字当头，驰而不息纠治“四风”，保持惩治腐败高压态势。要抓好《准则》《条例》执行，坚持问题导向，把自己摆进去，严肃党内政治生活，强化党内监督，扎紧制度笼子。要严明换届纪律，营造风清气正的换届环境。纪检监察干部要带头弘扬孔繁森精神，坚定理想信念，始终保持对党的赤诚之心、对人民的赤子之心，做到忠诚、干净、担当。

2016年区委主要文件目录

【东昌发〔2016〕1号】 关于坚决打赢脱贫攻坚战的实施意见

【东昌发〔2016〕2号】 关于进一步加大招商引资力度提高招商引资实效的意见

【东昌发〔2016〕3号】 关于开展基层党建提升年活动的实施意见

【东昌发〔2016〕4号】 关于加强社会主义协商民主建设的实施意见

【东昌发〔2016〕8号】 关于加强区镇两级人大工作和建设的实施意见

【东昌发〔2016〕9号】 关于推进基层法律全覆盖试试“一镇一团队、一村居一顾问”工程的意见

【东昌发〔2016〕12号】 关于印发《东昌府区实施质量强区战略工作方案（2016-2020年）》的通知

【东昌发〔2016〕18号】 关于认真做好镇领导班子换届工作的通知

【东昌发〔2016〕19号】 关于印发《东昌府区法治政府建设实施纲要（2016-2020年）》的通知

【东昌发〔2016〕21号】 关于认真学习宣传贯彻党的十八届六中全会精神的通知

【东昌发〔2016〕23号】 关于加快推进全区金融扶贫工作的意见

办公室工作

【概况】 2016年，在区委的坚强领导下，区委办公室深入贯彻落实党的十八大和十八届历次全会以及习近平总书记系列重要讲话精神，以开展“两学一做”学习教育为契机，紧紧围绕区委的重大决策和工作部署，求真务实，开拓创新，扎实工作，不断提升政务服务水平，办公室系统各项工作迈上新台阶。

2016年，区委办公室获全市党委系统信息工作先进单位、全市密码工作先进单位、全市维稳调研活动组织奖、全市单位安全保卫工作集体三等功、《保密工作》通联工作先进单位、全区普法依法治理工作先进单位等荣誉称号。

【机关效能建设】 按照“单项工作要争先、整体工作要进位”的工作要求，进一步提高办事效率，切实加强机关效能建设，树立办公室新形象。

加强理论学习，提高干部素质 采取集中学习与自学相结合的方式，系统学习党的十八大和十八届历次全会以及习近平总书记系列重要讲话精神，自觉用党的最新理论成果武装头脑、指导实践、推动工作。严守政治纪律和政治规矩，在政治上、思想上、行动上始终与以习近平同志为核心的党中央保持高度一致。通过学习，办公室系统干部职工的政治敏锐性和政治鉴别力不断加强，思想政治素质进一步提高。

从严从实，扎实开展学习教育 按照上级要求部署，扎实开展“两学一做”学习教育，制定了专题教育实施方案，并严格按照方案分阶段实施。组织集中学习，认真学习党章、党规和习近平总书记系列重要讲话。在专题研讨阶段，各位班子成员根据所学、所思、所悟，亲自撰写了发言材料，谈体会、谈认识、谈不足，思想境界得到进一步提高。在专题民主生活会上，各位班子成员进行了深刻的党性分析，开展了严肃认真的批评与自我批评，自我批评开门见山、直奔主题，不回避问题、不遮遮掩掩；相互批评不留情面，敢于揭短亮丑、真刀真枪，收到了红脸出汗、洗澡除尘、加油鼓劲的效果，达到了“团结－批评－团结”的目的。

【参谋助手作用】 该年，区委办公室充分发挥参谋助手、综合协调、督查落实、服务保障等作用，努力提高服务大局的能力水平，确保各部门高效发挥职能，有力推动了全区经济社会科学发展、跨越发展。

综合文字水平得到提高 认真执行中央和省市关于精简文件、改进文风的相关规定，写短、实、新材料，锤炼精品文章。坚持高标准、高质量、严要求地整理和起草各类文字材料，全年共起草完成各类综合材料520余篇，其中，整理起草区委领导同志讲话270余篇，文稿质量和办文水平都有明显提高。特别是高质量地完成了区委十二届十次、十一次全委会，全区经济工作会，区委常委民主生活会等会议领导同志的讲话和发言，得到区委领导的充分肯定和全区上下的一致好评。做好情况控制工作，对全区各项工作做到及时掌握进展情况，总结

典型经验，向全区进行推广，全年共编写《东昌通报》32期，领导参阅3期。上报市委办公室《情况交流》材料8篇。同时，严把文字关、发文关、送呈关，全年共办理各类公文200余件，精简各类文件简报30余件，未出现任何纰漏，实现了零缺陷。

调研工作成效显著 建立健全调查研究制度，注重深入基层、深入群众调研，围绕事关经济社会发展全局的重大问题、领导关注的难点问题、切合东昌府区实际的热点问题进行了全方位、多形式的调查研究，完成了一批高质量的调查报告，实事求是地反映了基层的情况和人民群众的要求。全年共撰写各类调研报告和领导同志署名文章20余篇，编辑出版《东昌府工作》4期，大量调研成果进入区委决策层，为区委科学决策提供了丰富、翔实的第一手资料，有力地促进全区各项工作的扎实开展。

信息报送不断加强 准确把握区委每个时期的工作重点，把领导关注的、正在思考的、有待了解的情况作为工作切入点，有选择地采编、报送能反映全局、适用对路的信息，更好服务领导决策。严格落实紧急报送制度，注重加强与公安、安监、消防等部门的联系沟通，拓宽紧急信息报送渠道，确保紧急重要信息不迟报、不漏报、不瞒报。全年共编发信息570余条，采用量和总成绩均居全市前列。《东昌府区探索"造血"扶贫模式》《东昌府区"爱心葡萄"带动社会扶贫》《东昌府区创新"两学一做"学习形式》等一大批信息被省委、市委采用，其中5篇信息被市委领导同志批示，经验做法在全市推广，区委办公室被评为"党委信息工作先进单位"。

督查督办工作全面落实 建立大督查机制，创新督查方式方法，采取定期不定期督查、跟踪督查等方式，有效促进了区委各项决策的落实。树立工作项目化的理念，着力抓好重点项目、棚户区改造、旱厕改造、扶贫攻坚、创建森林城市、路域环境提升、大气污染治理等重点工作的督查落实。全年共开展督查调研活动50余次，印发《督查通知》85期、形成《督查专报》28期、《督查》19期，《东昌府区大督查落实委员会督查专报》5期，《东昌府区大督查落实委员会督查通报》11期。办理省委、市委、区委领导批示件9件，办结率100%。

综合协调工作不断提升 积极推进机关规范化建设，切实做到了"快、细、实"，努力为领导提供优质高效服务。在会务和领导活动服务上，精心策划，严密组织，努力把大型会议办出水平、日常会议办出效率、对外会议办出形象。2016年共承办传真300余件；组织中型以上会议70余次，其中千人以上大会4次；接待上级领导到东昌府区检查指导工作和兄弟县、市（区）到东昌府区参观考察11次，人员近200人，组织区里各项公务活动50余次，工作中实现了零失误。同时，严肃值班纪律，确保值班人员24小时在岗，保证了上级指示通知及时传达，重大紧急事情及时反映，为区委机关工作的顺利开展提供了有效保障。

信访维稳工作扎实推进 牢固树立"稳定是第一责任"的工作理念，坚持用群众工作统揽信访工作，建立健全信访问题处置机制，着力解决信访突出问题，妥善处理人民群众合理诉求，千方百计维护人民群众的合法权益。在各级两会、国庆等重大活动期间，东昌府区没有发生大的有影响的集体访、越级访、突发性群体事件，有效维护了全区和谐稳定大局。

同时，保密、档案、党史、机要、接待等方面的工作也都取得了显著成绩。机要局被评为"2016年度全市密码工作先进单位"。

【后勤保障工作】 按照高效优质、节俭节约的原则，扎实做好机关事务管理工作，保证了机关正常办公和区委各项工作的有序运转。

行政后勤工作 做好区委办公楼的各项保障工作，不断优化设施条件。严格实行物品发放领取审批制度，较好地完成了机关办公用品的购买、保管和发放工作。做好机关办公楼各项设施的日常维护工作，较好地完成了漏水、停电、空调故障等临时突发性事故处置工作。

机关保卫工作 严格执行外来人员门岗登记制度，加强对外来车辆的查验工作，指定了专门的停车地点，采取有效措施防止自行车、电动车被盗，确保了机关安全。同时，协助信访部门做好上访群众的接待工作，维护了机关正常的工作秩序。

通讯工作 2016年，为新办公地址安装5000多部电话及多路计费系统设备。维修宽带上网、电话和排除线路故障1500多次。积极和联通、电信良好沟通，为单位节约通信费用近10万元，确保了区委机关的通讯畅通。

车辆管理工作 顺利完成公车改革，同时加强对保留车辆的使用、运行、维修等方面的管理，车辆管理工作得到进一步规范，保证了领导和机关用车。同时，切实把安全教育放在首位，严格要求驾驶员遵章行驶，坚决杜绝酒后驾车，有效提高了车辆安全，全年未发生一起重大事故。

财务管理工作 严格执行预算，保证专项经费专款专用；合理合法处理好财会业务，加强报销管理，认真审核报销单据；积极完成区委工作人员的增资、调资工作；做好年终决算工作，定期做好年报月报，做到账实相符，日清月结。

政工和老干部工作 认真做好办公室人员的调资增资、计划生育、考核评比等各项工作，并完成了领导交办的各项临时工作。积极做好老干部工作，认真落实老干部的各项政治、生活待遇，定期组织老干部查体，经常组织开展一系列老年文体活动，千方百计创造条件为老干部搞好服务。

文印工作 厉行节约，苦练技能，加班加点，兢兢业业，高标准、高质量的完成区委机关各部门、各科室的文件打印任务，今年共制版55万个，印刷520万页，装订52万份，保证了区委政令的及时传达。

在充分肯定成绩的同时，办公室工作也存在一些问题和薄弱环节。一是思想解放程度不够，创新性的工作做得还不够多。二是为区委提供主动服务、超前服务的能力有待于进一步增强。三是工作作风有待进一步转变，深入基层、深入一线做得不够扎实。四是各部门工作存在不平衡，有些部门的工作需要进一步加强。五是个别党员干部对加强作风建设的长期性、艰巨性认识不到位，思想上还有侥幸心理；制度的“笼子”扎得还不够紧，一些制度还需完善，一些制度执行还不够坚决。

【重要文件目录】

东昌办发〔2016〕5号 关于公布2016年五大领域重点工程项目的通知

东昌办发〔2016〕7号 关于加强农民工工资支付保障工作的意见

东昌办发〔2016〕13号 关于建立健全生产安全事故应急处置联动机制的意见

东昌办发〔2016〕14号 关于印发《关于在全体党员中开展“学党章党规学系列讲话做合格党员”学习教育实施方案》的通知

东昌办发〔2016〕22号 关于印发《东昌府区实施质量强区战略2016年行动计划》的通知

东昌办发〔2016〕25号 关于深入推进农村社区建设的实施意见

东昌办发〔2016〕40号 关于进一步推进医药卫生体制改革的实施意见

（区委办公室　苗谦）

组　织

【概况】 2016年，东昌府区委组织部认真贯彻中央和省委、市委组织部长会议精神，紧紧围绕全区“一二三四五六”工作思路，以“两学一做”学习教育为主要抓手，牢固树立大抓基层导向，强化落实力度，推动全区组织工作水平整体提升。

2016年，东昌府区委牢牢把握“两学一做”学习教育契机，认真落实市委“2016基层党建深化落实年”要求，梳理出8个方面的重点难点问题，从严格党员干部日常教育管理入手，精心组织实施8项工程，努力补齐党建短板，推动基层党建各项工作全面进步、全面提升。

基层党建七项重点任务 中央和省委就基层党建工作，相继部署开展了七项重点任务，区委结合实际认真抓好贯彻落实。一是全面推进党员组织关系排查，组织3.28万名党员填写了《党员基本信息采集表》，对316名流动党员情况进行了更新确认；二是每周调度党费收缴工作专项检查情况，召开3次调度会通报进展情况，全区1.45万名党员补交党费550万元；三是认真排查清理未按规定处理的违纪违法党员；四是扎实推进长期未换届的基层党组织按期换届工作，先后排查并组织102个基层党总支、党支部按程序进行了换届选举，撤销了部分破产企业和老城中村党支部，理顺了党组织隶属关系；五是区委常委会专门研究软弱涣散基层党组织整顿工作，对41个省定贫困村和排查出的软弱涣散村级党组织，明确县级党员干部帮包整顿，多次到村调研指导工作，明确党委书记、副书记帮包，每个后进村派驻工作组，选派了59名“第一书记”和9名双联共建挂职副书记抓党建促脱贫，先后调整村“两委”成员21人，新增经营性收入过3万元的村31个，村级组织运转保障能力明显增强；六是集中力量对占全市1/4的1.2万家“两新”组织进行地毯式排查，共排查出有党员企业469家、社会组织32家，全部建立了党组织，排查出有固定经营场所、一定数量职工并且有生产经营活动的无党员非公有制企业862家，全部派驻了党建指导员（共312名）；七是抓严抓实机关党员领导干部落实双重组织生活制度，区四套班子主要负责同志定期检查县级党员干部学习笔记、会议记录，区委各督导组每季度检查科级以上党员干部参加“三会一课”的记录资料，确保各项规定落到实处。

城市社区区域化党建工作　按照全市区域化党建会议要求，区委于8月初，将7个街道（园区）党委更名为党工委，全面推行社区党建“345”工作方法（三级网络、四管党员、五类服务），依托街区、片区、商务楼宇、居民小区等，按300户左右规模划分375个网格，建立网格党支部，以楼栋或院落为单位划分党小组，开展党员教育管理、收集社情民意、调解矛盾纠纷、宣传政策法规、服务居民群众、扶贫帮困解难等工作，形成了“街道党工委－社区党委－网格党支部－楼院党小组”的组织架构。积极推动党组织活动和工作进楼入户，对在职党员、流动党员、困难党员、离退休党员全面实行分类管理，理顺了体制机制，发挥了兜底功能。在今年的七一表彰工作中，古楼街道湖北社区党总支被中共中央表彰为全国先进基层党组织，是聊城市近5年唯一一个受到党中央表彰的基层党组织。

【党员队伍建设】　东昌府区委组织部不断加强党员队伍建设，优化党员队伍结构，重视和加强在生产工作一线、优秀青年和高知识群体中发展党员，把农村发展党员重点放在后进村和党员队伍老化的村。加强对入党积极分子、流动党员的培养和教育管理工作。建立健全党内激励、关怀、帮扶机制，突出抓好下岗失业职工党员、生活困难党员、老党员的关怀帮扶工作。每年定期对新中国成立前入党的农村老党员和未享受离退休待遇的城镇老党员发放定期生活补助金；定期对受灾或生活困难的党员进行救助。2016年以来，严格教育管理，着力抓好党员队伍建设。抓思想教育。压实基层党委责任，督促基层党员学习规定书目，观看教育片，采取分批分片的方式，对基层党员进行轮训，党委书记都为基层党员亲自上了党课。严把党员入口关。在组织预审、组织员谈话过程中，认真审核纳新对象的档案材料，通过谈话、向基层党组织了解等方式，认真分析每一名纳新对象的入党动机、条件、程序等，坚持严格标准、严格程序，做好发展党员各个环节的工作。

【领导班子、干部队伍建设】　2016年以来，以“两学一做”学习教育为契机，大力加强领导班子思想政治建设，抓好分析研判，结合年度考核、督查、巡查等活动，深入了解干部的日常表现和工作成绩。集中精力抓好镇街换届工作。认真落实上级党委的部署要求，严格把握换届政策规定，精心组织领导班子换届考察，突出重德才、重实绩、重基层、重公认的用人导向，科学调配干部，一大批德才兼备、干事创业的干部进入镇街领导班子。严明换届纪律，组织学习收看“一片一书”、开展专题谈心谈话，抓好“九严禁”学习宣传，营造了风清气正的换届环境。从严管理监督干部，扎实做好干部人事档案专项审核、领导干部个人有关事项申报及领导干部企业（社团）兼职清理工作。

【干部培训工作】　紧紧围绕区委区政府工作重心，建设经济文化强区的要求，扎实办好主体班次，开办东昌论坛、积极开展外包培训、“送教上门”活动，进一步优化师资队伍，把大规模培训干部、大幅度提高干部素质落到实处。2016年，以十八届六中全会精神及专业素质能力提升为学习重点，举办了15个主体班次和4期“东昌论坛”，全区干部的思想政治水平和素质能力显著提升。

【远程（党员）教育工作】　2016年，按照全区组织工作总体思路，立足功能优势，持续夯实基础，以服务好“两学一做”学习教育为重点，在抓好平台建设、资源建设、队伍建设的基础上，进一步优化升级、提升功能，发挥优势、服务大局，推动全区远程教育和党员教育工作再上新台阶。

分层次分批次开展全区农村、城市社区党员集中培训工作。制定印发了《关于今冬明春开展农村、城市社区党员集中培训工作的意见》；对全区农村（城市社区）673 名党组织书记、1106 名“两委”成员和 200 名优秀党员分类别分专题进行了集中培训；通过送教上门、编印辅导教材、外出培训等方式指导 14 个镇（街道）、园区党委对辖区普通党员进行了全员轮训，累计举办各类培训班 101 期，培训党员两万余人次。

按照“政治素质好，有发展潜力和发展愿望”的原则，精心选派 92 名优秀农村支部书记赴苏州干部学院、潍坊市委党校参加了市委组织部举办的 10 期“全市农村党组织书记素质能力提升培训班”。培训结束后，7 月 21 日至 8 月 20 日，组织专门人员，按照全面自查、集中回访、典型推广三个步骤对所有已参训农村党组织书记所在的村进行了集中跟踪问效，并拍摄制作了电视专题片《党建泼墨绘宏图》。

配合市委组织部、市电大做好山东省 2016 级农村“两委”成员专科学历教育招考工作，经过组织动员、资格审查和正式招考，今年全区有 32 名“两委”成员顺利通过了专科学历教育考试。

加大站点排查力度，对全区 481 个村级站点的连网情况、电脑电视设备运行情况进行了全面排查，及时帮助解决问题，确保站点充分发挥作用。

推进远程教育上电视，会同区广电中心在东昌电视台开办了《东昌党建》电视栏目，全年制作播出 32 期，营造了浓厚的党建舆论氛围。全年跟拍宣传全区组织工作重大活动、重要会议、重要讲座以及领导交办的其他拍摄活 26 次，总时长 300 多分钟。

【大学生村官管理】 东昌府区认真贯彻落实中央和省委、市委有关政策精神，把大学生村官日常管理纳入重要日程。采取交任务、“压担子”、异岗交流锻炼等办法，促进大学生村官不断积累理论知识和工作经验，使他们成为农村工作中的法律讲解员、农业技术员、矛盾调解员，从而更好为基层服务。通过不定期走访，听取基层干部群众意见，及时发现和解决问题，有针对性地开展督促指导。推行大学生村官年度考核制度，以平时了解和年终考核相结合的办法，跟踪了解大学生村官的思想、工作状况。对大学生村官生活上关怀，精神上鼓励，按照相关标准足额发放工资和生活补贴，办理养老、医疗保险，为大学生村官订阅《半月谈》等刊物，定期做读书笔记、思想汇报和工作总结，关注他们的思想动态、成长经历。

【人才工作】 完善人才工作机制。研究出台《领导干部联系高层次人才制度》等有关文件，强化一把手抓第一资源的责任。围绕全区经济社会发展和特色产业开发对人才的需求，编制了人才需求目录，实行动态管理。建立人才需求目录 41 条，梳理总结出 55 个有代表性的问题。落实组织部门“双向约谈”工作，每半年走访一遍人才工作领导小组成员单位，以及基层人才工作点，征求意见建议，送去组织温暖，切实做好保障服务。进一步拓宽人才引进渠道。2016 年，举办各类企业人才培训班 11 期，培训全区规模以上企业负责人 305 人次。全区新入选国家“万人计划”1 人（全市共 2 名），西部经济隆起带和省扶贫开发重点区域急需紧缺项目人才 3 人，齐鲁和谐使者 1 人，全职引进外国专家 3 人，争取 1 名专家来东昌府区挂职。开展东昌府籍人才故乡行等活动，有力推动了招才引智工作。

【目标管理】 2016 年，紧紧围绕全区发展目标和各项重点任务，在深入调研、广泛征求意见的基础上，制定《2016 年度科学发展综合考核实施办法》《2016 年度党建工作考核实施意见》，并在不断的实践和探索中进行创新和完善，力求提高考核工作科学化水平。按照职责要求，组织实施了全区各项考核工作，半年和年终对考核结果进行通报排名，年底根据考核情况兑现奖惩。2016 年，对全区科级领导班子和领导干部进行集中测评考核。选派精干力量，组成考核组，通过听取述职、发放测评票、座谈了解等方式对 12 个镇（街道）、2 个工业园区 、90 余个区直部门（单位）的领导班子和领导干部等进行年度考核，进一步整合了资源、简化了程序，提高了效率，防止了重复考核、多头考核。

【基层组织建设情况】 至 2016 年底，东昌府区基层党组织 1918 个，其中党委 23 个、派出党工委 9 个、党总支 192 个（城市社区党总支 61 个）、党支部 1694 个（农村党支部 613 个），党员 33614 人（农村党员 15106 人）。

（区委组织部 赵耀阳 杨猛）

宣　传

【概况】 2016年，区委宣传部认真贯彻执行党的宣传思想工作的方针、政策；根据中央、省、市及区委的安排部署，制定全区宣传思想工作规划，组织协调全区宣传思想战线各方面的工作；负责全区理论宣传教育和干部的理论学习培训工作；引导新闻舆论，把握舆论导向和宣传基调；及时掌握各个时期、各个阶层的思想动态，有针对性的做好思想政治工作；制定并组织实施全区精神文明建设发展规划，安排落实各类群众性精神文明创建活动，承办全区精神文明建设指导委员会的日常工作；负责新闻报道的通讯联络和通讯员队伍的业务培训工作；组织实施对外宣传工作，贯彻对外宣传工作的政策；组织、协调对外新闻报道和对外文化交流，做好舆情信息、宣传信息收集和报送工作；指导、协调全区党员教育工作；会同有关部门搞好国防教育和爱国主义教育工作；指导、协调全区企业和基层支部党的思想建设和思想政治工作；完成区委和上级业务部门交办的其它事项。

【理论教育】 坚持抓好全区党员干部理论学习，制定下发了《全区党委中心组2016年理论学习安排意见》，为全区党员干部配备了《习近平系列重要讲话读本》等学习书籍，促进全区理论学习工作的顺利开展与实施，强化了全区领导干部的理论素养的学习。编印区委理论学习中心组专报13期，并将中心组学习研讨材料集结成册。按规定向市委宣传部报送全区党委中心组学习动态，半年和年度工作总结。5月23日成立了东昌府区“两学一做”学习教育党课宣讲团，自5月24日起奔赴全区各镇（街道）、各大系统单位进行宣讲，开展宣讲近五十余场；成立“同心致富 共筑小康”扶贫攻坚宣讲团赴各镇（街）进行党的富民政策宣讲；成立十八届六中全会精神宣讲团赴各镇（街）、园区、区直各系统单位进行宣讲。做好单位“两学一做”学习教育的开展，按照要求制定了学习实施方案，开展学习、研讨，党员民主评议，印制了学习手册，配备了学习笔记，做好“两学一做”学习教育的知识测试及学习研讨，做好学习档案的收集整理。同时邀请市委宣讲团成员王广柱、王永玲来东昌府区作党课宣讲辅导报告。推选了吕博、孙洋洋、谷凤江、陈思雨等几位选手参加市委讲师团主办的“中国梦 小康情”百姓宣讲比赛，分别获得优秀奖。

配合市委宣传部做好深化“基层工作加强年”的自查工作并将工作情况及时上报，做好2016年全市宣传思想工作要点落实情况的调研，并将情况及时上报。

【新闻宣传】 2016年，新闻宣传工作坚持“三贴近”和服务服从于全区工作大局的原则，进一步提升新闻报道水平，为大力推进全区经济社会又好又快发展提供强大的舆论支持和精神力量。

对外宣传　2016年，在《人民日报》《光明日报》《农民日报》《大众日报》等省以上报刊媒体发表各类稿件140篇，其中《农民日报》17篇，一版2篇，版面头条4篇;《大众日报》发表稿件100篇。在《聊城日报》发稿400篇，其中头版头条8篇。

主题宣传　1月24日，在《大众日报》整版刊发全面展示东昌府区发展成就的稿件《东昌奋进，增速换挡迈向新征程》；2月，完成《聊城日报》东昌府区两会专刊《开启追梦2016新征程》的组稿工作。3月，参与东昌府区“进家庭 感受淳美家风，走基层 传承优秀文化”主题系列活动方案撰写，邀请新华社山东分社等省市媒体对活动进行报道，对东昌府区家风活动进行了广泛推介。5月22日，《大众日报》头版头条刊发反映东昌府区提速发展的稿件《东昌府：工作项目化，治理慵懒散》。围绕“两学一做”学习教育、扶贫攻坚、第一书记等重点主题活动加大新闻宣传报道力度，一批先进典型人物开展全方位宣传，在《大众日报》《聊城日报》刊发的《区委书记直考贫困村“第一书记”》等稿件引起市区领导高度关注。7月，围绕基层社区党建主题，《大众日报》、山东电视台、山东电台等组成的省级媒体集中采访报道了“全国先进基层党组织”湖北社区的先进事迹。围绕扶贫攻坚、“第一书记”等重点主题，在《大众日报》

《聊城日报》刊发《区委书记直考贫困村“第一书记”》。8月2日，围绕绿色农业发展主题，在《农民日报》6版头条大篇幅刊发《东昌府创业农民的“订单”故事》。12月12日，在《农民日报》5版头条刊发图（文）稿件《育苗大棚成了东昌府“富农工厂”》。12月20日,《农村大众》B1整版刊发《绿染平畴披锦绣》，图文详解东昌府区农业发展成就。中央电视台农业频道《乡土》栏目围绕非物质文化遗产，播出《东昌府里的琴“奇”书画》专题片。

主题活动宣传 1月，完成东昌府区精神文明建设介绍短片《凝聚崇德向善的力量》文稿撰写及短片修改制作。3月，组织“奋战‘十三五’，我思我想我行动”演讲比赛，并于4月29日在实验中学进行了决赛，邀请市政协主席、市委宣传部长赵庆忠，区委书记陈秀兴等多位市区主要领导参加，受到一致好评。5月，组织“学在先，做在前”东昌府区“两学一做”学习教育党员宣讲报告会，邀请检察官、道口铺街道党支部书记、医生、企业领导层、蒲公英行动志愿者协会会长、站前实验小学老师、区委宣传部工作人员等人员，从不同侧面、不同角度讲述自己和他人在岗位上出力、在社会上奉献、在群众中服务的故事。至年底，在社区、单位、企业开展宣讲10余场。6月，筹划制作了《学在先，做在前，我是好党员》东昌府区“两学一做”学习教育快板书，录制拍摄后在电视台、电台、网站、微信平台等同步上线，引起强烈反响，受到市区领导高度评价。组织“学在先、干在前，人人争做好党员”东昌府区“两学一做”学习教育知识竞赛，并于6月27日在聊城农商银行进行了决赛。竞赛活动经过初赛有24个代表队进入复赛，最后8支队伍进入决赛，分获一二三等奖。参加由新华社半月谈杂志社、中国国情调查研究中心共同主办的第二届“全国百佳生态文明城市”推选活动，组织整理申报材料，经过层层审核，于11月获得“全国十佳生态文明城市”荣誉称号。

【精神文明建设】 2016年，区文明办积极参与创建“全国文明城市”，指导各单位各部门按照分工，制定实施细则，扎实推动创城工作的顺利开展，同时也为东昌府区争创省级文明城区奠定了扎实基础。

积极开展“山东好人之星”和“中国好人榜”群众线索推荐报送工作。共推荐报送好人线索6500余条，“山东好人之星”50名。在9月20日“公民道德宣传日”，组织各文明单位开展公民道德宣传活动。大力开展城乡环卫一体化工作，建立了四级监管体系，下设督导中心，确定三种资金互补保障体系，顺利通过省电话满意度调查。举行“进村居感受淳美家风，走基层弘扬传统文化”好家风系列主题系列活动启动仪式，通过“访、评、晒、传”，推动家风传承，促进村风改善、民风提升。扎实推进“移风易俗”工作，全区14个镇（街）、园区共692个村（居）已全部实现红白理事会、村规民约、公益广告“三覆盖”。加强“乡村学校少年宫”的管护和使用，1月初申报成功了省级扶持的“乡村学校少年宫”项目7个。

积极推进全区学校德育工作，在未成年人中广泛开展“中国梦”宣传教育，不断增进青少年热爱祖国、热爱人民、热爱中华民族的情感。2月份向市文明办报送山东省第二届“国学小名士”，经典诵读电视大赛观后感征文小学组20篇，中学组10篇。

推荐参加2016年山东省志愿服务“四个100”活动，成功申报省级最美志愿者1名、最佳志愿服务项目1个，最佳志愿服务组织1个，最美志愿服务社区1个；市级最美志愿者6名、最佳志愿服务项目3个、最佳志愿服务组织6个、最美志愿服务社区6个。

1月10日，由区委宣传部、区文明办、团区委主办，聊城八中、聊城蒲公英行动志愿者协会、聊城乡村放歌青年志愿团承办的聊城市东昌府区第三届志愿服务嘉年华活动在聊城八中成功举行。2016年，东昌府区获得省级文明村镇15个、省级文明单位18个、省级文明社区19个；市级文明村镇13个、市级文明单位24个、市级文明社区13个。

【《东昌时讯》报社】 2016年，在区委坚强领导下，报社全体同志，紧紧围绕区委、区政府的中心工作，坚持正确的舆论导向，以经济建设为中心，服务于全区改革、发展、稳定大局，唱响主旋律，打好主动仗，以一张张报纸、一篇篇报道构筑起一座党委政府与人民群众的连心桥，为全区经济社会发展营造了良好的舆论环境。同时，报社积极推进新闻改革，坚持新闻报道“贴近实际、贴近生活、贴近群众”原则，报纸质量和新闻报道的时效性有了很大提高。

2月初，在报纸重点版面开设《作风建设大讨论》《东昌好故事 家风》《扶贫攻坚在行动》《新闻故事》等特色栏目，先后刊发了几十篇文章，在社会上引起巨大反响。3月，围绕东昌府区商贸服务业发展，开展了走转改活动，写出了一批鲜活的新闻稿件。在三八妇女节、雷锋月来临之际，分头联系采访，推出了“巾帼风采”“身边的雷锋”专版。与政务服务中心联合，在《东昌时讯 新闻》微信平台推出了“十佳群众满意窗口”评选活动。在《东昌时讯》一版开设的“东昌时评”专栏，更加关注社会生活，紧扣时代脉搏，针对当下发生的焦点、热点问题，做出迅速的反映，及时解析，加强了新闻性。在区“两会”召开前后，投入精干力量，全面深入的报道两会。5月，在安丘召开的山东省县市报研究会暨2015年县市报新闻评选活动上，《东昌时讯》推荐的数篇稿件分获一二三等奖，东昌时讯报社更是成功跻身全省县市报前10强。5月下旬，昌乐市昌乐报业集团有关领导一行慕名前来参观学习，双方就县级党报的发展进行了交流与探讨。8月，在区委、部分社区办公场所、人口比较集中的小区、三所中学显要位置建立《东昌时讯》阅报栏21个，受到了读者的欢迎。同月，报社对《东昌时讯》微信平台进行了全面的改版升级，以全新的面貌服务广大受众。9月，成功推出了《东昌时讯·手机数字报》，手机数字报是集文字、图片等多媒体元素于一体的“新型报纸”，手机数字报的开通，进一步扩大了报纸的影响力。同月，集结成册出版了《我们在路上—2016东昌府区“两学一做”学习教育侧记》一书。12月，掌上东昌手机APP正在建设完善中。

【网络文化】 2016年，坚持正确导向，网络监管不断成熟，加强互联网信息监控与管理，创新网络发布方式，正确引导网络舆论方向，妥善处理突发舆情，一是加强互联网信息管理。在重大节日及敏感时期，互联网信息监控、引导与管理实行24小时值班制。规避了一批网络炒作，全年东昌府区没有出现大的舆情热点事件；二是进一步加强区内重点网站建设，完善与丰富东昌府新闻网内容与版块，强化重点稿件上网率；三是充分利用“东昌正韵”微信平台，扩大正面宣传声音渠道；四是向省市网络媒体上传东昌府区相关正面稿件。

【社会宣传】 2016年1月15-16日，蒋忠民在山东省行政学院参加2016年“新常态新理念新作为”系列专题研讨班。1月18日，协助市京剧院在聊城市民活动中心举办东昌府区“文化惠民京剧专场演出”，共计6天，11场次。1月25日，组织书法家为任堤口村书写以“孝、廉、勤”为主题的楹联；春节前夕书写春联，与村干部一起举行为老党员、双拥户、光寡户送春联活动。元宵节期间，积极筹备举办了元宵节灯展，并于2月19日在聊城市人民广场举办“圆梦东昌 共筑希望”东昌府区元宵节文艺演出，共计3场。4月上旬，与市委宣传部考察，上报中奥毯业文化产业项目。4月14-16日，参加全省双联共建培训。结合聊城市第十三届社会科学普及周的安排。5月23日，在湖西社区举办“推进五大理念、让我们生活更美好”为主题的社科专家进社区讲座。5月25日，在市民文化活动中心广场举行了社科成果展示及社科团体咨询活动。5-6月，“双联共建”工作组会同驻村第一书记带领道口铺街道任堤口村全体党员开展“学党章党规、学系列讲话、做合格党员”学习教育活动，每月一个晚上学习教育、上党课。6月上旬，筹备“纪念建党95周年暨红军长征胜利80周年”合唱及文艺节目，并于6月29日下午3点在聊城市影剧院举办合唱比赛、文艺汇演。同月，申报4个全市宣传思想文化示范点、1个省级思想文化示范点。8月12日，召开镇办宣委工作会议，安排省定41个省级贫困村四德榜建设及升级工作。8月25日，组织参加全省文化博览会。9月18日，参加全国大中城市社科联工作会议，获得全国大中城市社科联先进个人荣誉称号。10月，组织报送省级社会科学普及示范村一个，市级社会科学普及示范镇两个，区级社会科学普及示范村及社区。12月，东昌府区荣获“山东省社会科学普及示范区”。

（区委宣传部 杨旭）

统一战线

【概况】 2016年，区委统战部深入学习贯彻党的十八大和十八届历次全会精神，以深入开展“两学一做”学习教育为动力，以贯彻落实中央、省委、市委统战工作会议精神和《中国共产党统一战线工作条例（试行）》为总抓手，群策群力，狠抓落实，有力推动了全区统战工作创新发展。

2016年，区委统战部被省委统战部、省人社厅、省公务员局联合授予“全省统战工作先进单位”称号，被省委统战部授予“2016年度全省统战宣传工作三等奖”，被市委统战部授予“2016年度县（市区）统战工作考核二等奖”“2016年度全市统战调研宣传信息工作二等奖”。

【贯彻落实统战一系列重大决策部署】 制定《中共东昌府区委关于加强社会主义协商民主建设的实施意见》，进一步规范了政党协商的内容、形式和渠道，健全了知情明政、考察调研、工作联席、协商反馈等机制。建立了区领导与党外代表人士联谊交友制度。召开了全区统战工作会议，重点对《东昌府区贯彻落实〈条例〉工作实施方案》（以下简称《方案》）的贯彻落实进行安排部署。《方案》列出了10个方面52项工作任务，内容涉及全区55个部门（单位）参与，形成了由区委统一领导、统战部牵头协调和督促检查、各镇（街）和相关部门积极配合齐抓共管的统战工作机制。区委成立了以区委书记为组长的统一战线工作领导小组，审议通过了领导小组《工作规则》《工作细则》《重点工作规划2016-2017》，设立了5个工作督导组，对各镇（街道）、工业园区、区直部门的统战工作开展情况进行经常性指导和督促检查。

5月18日，区委统战工作领导小组第一次会议召开

【民主党派工作】 一是引导各民主党派积极履行参政议政职能。2016年，各民主党派在深入调查研究的基础上，以组织或个人名义在政协会上提交提案36件。二是支持民主党派积极投身精准扶贫，到“同心·社会实践锻炼基地”开展活动。三是圆满完成换届工作任务。深入学习领会“全市换届工作情况通报会”精神，切实抓好宣传发动、民主协商、研究汇报、人选考察、筹备会议等环节的工作，严格按照程序规范操作。特别针对“到届不到龄”问题，超前做好各党派同志思想工作，提高大局意识，加强组织建设，选举产生了新一届领导班子和机构，完成政治交接。

【民族宗教工作】 一是深入学习贯彻各级民族宗教工作会议精神，认真抓好《关于加强和改进新形势下民族工作的意见》和省、市实施意见的贯彻落实。召开全区宗教工作会议，分析研究了当前东昌府区宗教工作面临的形势，安排部署了今年任务。二是强化服务意识，办实事，解难题。在去年初步解决回族墓地征地基础上，督促财政局等单位研究解决回民墓地规范化管理运作问题，争取尽快解除回族群众的后顾之忧。三是为切实加强民宗代表人士队伍建设，提高宗教团体科学管理水平，与民宗局联合制定了《2016-2020年东昌府区少数民族代表人士培训规划》《东昌府区爱国宗教

2月23日，市委常委、统战部部长蔡同民到东昌府区调研回民墓地建设情况

团体领导班子及成员民主测评办法》《宗教团体重大事项报告制度》3个文件。

【非公经济统战工作】 一是深入开展以“守法诚信、坚定信心”为重点的非公经济人士理想信念教育实践活动。举办了新生代青年企业家讲座，引导他们坚定务实创业的信念，继承老一辈的优秀职业道德，发扬艰苦奋斗的优良传统。二是做好“同心扶贫攻坚”工作。以动员全区统战成员参与脱贫攻坚工作为重点，服务经济文化强区建设。制订了《全区统一战线“同心扶贫攻坚行动”实施方案》，成立了领导小组，召开了“同心扶贫攻坚行动”动员座谈会，引导各民主党派、知联会、社组联等统战组织通过“双联共建”和“同心社会实践基地”等渠道，开展好面向基层群众的各项扶贫服务。2016年，全区统一战线举办科技、文化、教育、医疗下乡活动20多次，各种培训7次，捐款捐物5.3万元，惠及群众3000余人。

【对台工作】 贯彻落实市委对台工作会议精神，扎实推进聊台领域交流合作。一是提高服务理念，积极为在聊台商和定居台胞解决生产经营和生活中的困难和问题。协调关系，化解矛盾。全年帮助台商解决住房、子女上学、办理消防手续、解决经济纠纷等方面的问题20多件。二是进一步加强了以对台交往交流和经贸合作为重点的对台工作。两次接待台湾大自然生物科技有限公司，与区内立海集团、福和农业对接洽谈生物废弃物转化有机肥项目，并与区政府签订现代农业长期合作协议，闫寺街道被省委台办评为“山东省海峡两岸交流示范点”。全年有4个台商投资项目落户东昌府区，台湾德瑞科技有限公司智慧社区项目、台湾浩玮逻娃美食园项目、台湾大润发超市项目、台湾风物馆项目，总投资达5000万人民币，超额完成招商引资任务。

【统战宣传调研工作】 以中央、省、市委统战部内部信息及《中国统一战线》《山东统一战线》《聊城日报》为主阵地，动员机关干部和统一战线成员报送统战工作动态，及时总结工作经验做法，宣传统战成员先进事迹，扩大统战工作的影响力。2016年，在各平面媒体发表稿件29篇，其中省级刊物4篇，市级刊物2篇，多篇简讯被《新华网》《中国台湾网》《华夏经纬网》等网站转载。拓展宣传手段，认真开展统战史志编撰，经验做法在全市多次推广。建立了“同心东昌”微信公众号，以更加灵活、更加迅捷、更加安全的形式做好统战宣传工作。举办了全区统一战线理论政策培训班。

（区委统战部　王洪涛）

机构编制

【概况】 区机构编制委员会办公室是区机构编制委员会的常设机构，既是区委工作部门，也是区政府工作部门，列入区委机构序列。2016年，区编办深入贯彻落实党的十八大和十八届四中、五中全会精神，着眼围绕中心、服务大局，深入推进政府职能转变和事业单位分类改革，狠抓机构编制各项工作任务的落实，严控机构编制总量，完成了财政供养人员只减不增的目标。至年底，区机构编制委员会办公室内设综合监督股、行政机构编制股、事业机构编制股和事业单位监督管理局，管理行政审批改革办公室，下属事业单位机构编制电子政务中心。

2016年10月，区编委办公室被省里评为“2016年度《机构与行政》宣传工作先进单位”，表彰先进个人1名。

【行政机构编制管理】 1月19日，为贯彻落实全省和全市扶贫开发工作会议精神，切实做好东昌府区精准扶贫、精准脱贫工作，根据市委和市编办统一部署，设立东昌府区扶贫开发领导小组，为区委议事协调机构。整合区直有关部门(单位)扶贫职责，组建区扶贫开发领导小组办公室，办公室设主任1名（按区直部门正职配备），由1名区委办公室副主任兼任；设副主任3名（按区直部门副职配备）。区扶贫开发领导小组办公室内设4个股，1个中心，分别为综合协调股、项目推进股、监督审计股、社会行业扶贫股和信息中心，各股配备股长1名，信息中心配备主任1名。可高职低配，也可低职高配，核定编制12名，其中行政编制4名用于科级领导干部，事业编制8名用于其他人员。新增编制实行动态管理，仅限脱贫攻坚期间使用。脱贫任务重的镇（街道）要明确机构承担扶贫开发工作，并配备专职工作人员。

5月11日，根据省政府办公厅《关于加强乡村安全生产、建设工程质量安全、环境保护、道路交通安全监管工作的通知》（鲁政办发〔2016〕6号）文件要求，设立镇（街道）安全生产监督管理办公室，行政机构，主任由镇（街道）分管领导兼任，另配备1名副科级的副主任，沙镇镇、郑家镇、堂邑镇、张炉集镇核定编制5名，其他镇（街道）3名；设立镇（街道）村规划建设监督管理办公室，行政机构，主任由镇（街道）分管领导兼任，另配备1名副科级的副主任，核定编制5名;各镇(街道)环境保护办公室要明确专职工作人员，一般不少于3人；各镇（街道）社会治安综合治理办公室承担所辖区域内道路交通安全监管工作，协助区道路交通安全管理机构开展道路交通安全宣传教育、有关信息采集、安全隐患排查等工作，并明确专兼职工作人员。

5月31日，为推动东昌府区纪检监察机关进一步转职能、转方式、转作风，聚焦主业主责，按照中央纪委、省纪委和市纪委的部署和要求，结合东昌府区实际，就区纪委监察局机关内设机构调整工作，制定了方案。撤销办公室、监察综合室、干部监督管理室、宣传教育室、党风政风监督室、执法和效能监督室；设立组织部、办公室、宣传部、党风政风监督室、案件监督管理室、第三纪检监察室。调整后，区纪委监察局机关设办公室、组织部、宣传部、党风政风监督室、信访室（区国家行政机关工作人员违法违纪举报中心）、案件监督管理室、第一、第二、第三纪检监察室、案件审理室10个职能室。

同月，东昌府区开展综合行政执法机构摸底调查，针对当前全区行政执法力量分散、基层执法力量薄弱，执法部门职能重复交叉，执法效率普遍不高等方面存在的问题，范围覆盖食品药品、市场监管、城乡建设、城市管理等多个领域。同时草拟了《东昌府区综合行政执法体制改革工作方案》。

8月10日，根据市编办、市司法局联合下发的《关于加强市县两级社区矫正工作机构和队伍建设的实施意见》（聊编办〔2016〕59号）文件要求，区司法局加挂社区矫正管理局牌子。

11月24日，按照省委《关于加强人民政协政治协商制度建设的意见》（鲁发〔2011〕15号）和省编办《关于乡镇（街道）政协委员联络机构设置问题的通知》（鲁编办〔2015〕158号）有关要求，设立镇（街道）政协委员联络室，政协委员联络室主任由镇（街道）党委副职兼任，根据工作需要可配备1名专职工作人员，所需编制在各镇（街道）编制内调剂解决。

同日，按照市委要求，根据工作需要，经研究，设立东昌府区委全面深化改革领导小组，领导小组下设办公室（简称“区委改革办”）作为常设性工作机构，与区委政策研究室一个机构，两个牌子。区委改革办主任由区委常委、区委办公室主任兼任，2名副主任分别由区委政研室主任、区发展和改革局局长兼任，另配备2名专职副主任（副科级）。

同日，按照市编办《关于设立县（市、区）党委巡察工作机构的通知》(聊编办〔2016〕98号)要求，设立区委巡察工作领导小组办公室（简称巡察办），为区委巡察工作领导小组日常办事机构，列入区委工作部门序列，设在区纪委，机构规格为正科级，行政编制3名，配备主任1名，副主任1名。设立5个区委巡察组，在巡察工作领导小组领导下承担巡察任务，每组行政编制3名，配备组长1名（正科级领导职务，不占巡察机构行政编制，在原单位列编）、副组长1名（副科级领导职务）。

12月16日，按照省委办公厅印发《关于推进城市街道、社区区域化党建工作的意见（试行）的通知》（鲁办发〔2016〕29号）要求，经研究决定，各街道党工委设立党建工作办公室，党建工作办公室主任可由党工委委员兼任，并配备不少于3名专职工作人员。

【事业机构编制管理】 1月，东昌府区事业单位改革领导小组部分成员工作变动，以区委、区政府文件对其组成人员进行调整。3月，批复东昌府区住房和城乡建设局2016年度政府购买服务事项1项。批复东昌府区司法局2016年度政府购买服务事项1项。4月，根据聊城市机构编制委员会《关于下达2016年度县（市、区）机关事业单位用编进人计划的通知》（聊编〔2016〕2号），结合东昌府区实际情况，以编委文件下达2016年度机关事业单位用编进人计划，核准教育系统中小学用编220名，基层医疗卫生机构用编14名。根据省委办公厅、省政府办公厅《关于进一步深化医药卫生体制改革的实施意见》（鲁办发〔2015〕53号）和省编办、省人社厅《关于公立医院人员控制总量备案有关事项的通知》（鲁编办〔2016〕28号）文件规定，经研究，同意备案东昌府人民医院人员控制总量769名、东昌府区中医院人员控制总量198名、东昌府区妇幼保健院人员控制总量204名。东昌府区青少年学生校外活动中心更名为东昌府区青少年素质教育实践基地。5月，随着东昌府区农村自来水工程建设的开展，水厂等管理任务越来越重，为更好地履行管理职责，确保农村饮水安全，在区排灌处增设农村自来水管理站，为区排灌处内设机构。同月，根据市编办、市教育局、市财政局《关于开展2016年全市中小学教职工核编工作的通知》（聊编办〔2016〕36号）文件精神，以2015年教育事业年报统计的在校生数和2015年底的班级数为基数进行了测算，并拟定《东昌府区中小学教职工编制核定方案》。8月23日，市政府办公室下发《关于核定全市公办中小学教职工编制的通知》（聊政办发〔2016〕11号），核定东昌府区中小学教职工编制总量为7099名。8月，为进一步调整优化事业单位布局结构，合理配置事业资源，提高东昌府区事业机构编制资源使用效益，区编办印发《集中清理东昌府区“僵尸”事业单位工作方案的通知》（东昌编办〔2016〕19号），通过调整职责、撤销、整合等方式，用一年时间集中对主要职责消失、工作任务不饱满或没有工作人员的“僵尸”事业单位进行清理，切实加强和规范机构编制管理。9月，根据省编办批复，市编委下发文件，设立聊城市东昌府区中等职业教育学校，同时撤销聊城市工业学校（东昌府区技工学校）、聊城第一职业中专、聊城市卫生学校事业单位建制。同月，东昌府区供销合作社联合社加挂东昌府区农民合作社联合社牌子。10月，为进一步规范政府购买服务，推进政府职能转变，整合利用社会资源，激发经济社会活力，提高公共服务水平和效率，下发《关于做好2017年度政府购买服务范围审核工作的通知》，要求各单位充分认识政府购买服务的重要意义，正确把握推进政府购买服务工作的程序和要求，并按规定时间申报。

【机构编制监督检查工作】 12月，根据省、市编办和聊城市委巡察组《关于印发市委第一巡察组〈关于对东昌府区道口铺街道、古楼街道、侯营镇党委开展专项巡察情况的通报〉的通知》（聊巡办〔2016〕4号）要求，东昌府区排查了全区镇、街道、两个园区设立新闻办公室情况，督查了古楼街道、道口铺街道和侯营镇3个镇（街道）违规设置机构问题，发现新区街道、古楼街道、道口铺街道和侯营镇存在违反机构编制管理规定的行为。按照《山东省机构编制监督检查工作办法（试行）》有关规定和省、市编办要求，区编委责令上述镇（街道）撤销了私设机构，同时将私设机构人员进行了分流，并将处理情况进行了通报。

【事业单位监督管理工作】 1月，《事业单位法人公示信息抽查办法（试行）》施行。为贯彻落实《国务院办公厅关于推广随机抽查规范事中事后监管的通知》（国办发〔2015〕58号）、《中央编办关于批转〈事业单位法人公示信息抽查办法（试行）〉的通知》（中央编办发〔2015〕131号）、《山东省机构编制委员会办公室关于开展事业单位“双随机、一公开”监管工作的通知》（鲁编办〔2016〕181号）精神，根据《事业单位登记管理暂行条例》及其实施细则等规定，抽取四家区属事业单位开展“双随机、一公开”监管工作。3月，完成事业单位2015年度年度报告公示工作。同月，根据《中央编办关于开展机关、编办直接管理机构编制的群众团体统一社会信用代码赋码工作的通知》(中央编办发〔2016〕3号)文件要求，区事业单位监督管理局承担区级党政机关、纳入机构编制管理的群众团体等组织的统一社会信用代码赋码发证工作。4月，省编办就党政机关、群团等统一社会信用代码赋码发证工作进行了业务培训，随后，东昌府区正式启动赋码发证工作。7月，按照山东省机构编制委员会办公室《关于印发〈山东省事业单位法人异常信息管理办法(试行)〉的通知》(鲁编办发〔2015〕10号)要求，开展事业单位法人异常信息管理工作。12月，按照聊城市编办《关于开展事业单位业务范围清单化管理试点工作的通知》(聊编办〔2016〕106号)要求，选择三家科级事业单位，开展了事业单位业务范围清单化管理试点工作。截至2016年底，登记管理事业单位法人122个，其中新设立登记1个，注销登记1个。办理事业单位法人登记事项变更16项，补领证书2项。2016年度，完成全区82家事业单位的绩效考核工作。

【行政审批制度改革工作】 2016年3月，为创新政府管理方式，规范市场执法行为，营造公平竞争的发展环境，按照省政府和市政府简政放权、放管结合的有关要求，全面实施“随机抽取检查对象、随机选派检查人员”的“双随机”抽查机制，并印发了《东昌府区实施双随机抽查规范事中事后监管工作方案》。要求各有关部门，严格限制部门自由裁量权，规范监管行为，创新管理方式，强化市场主体自律和社会监督，着力解决群众反映强烈的突出问题，提高监管效能，激发市场活力。2016年4月，为进一步深化行政审批制度改革，规范东昌府区行政审批中介服务，4项中介服务项目不再纳入《东昌府区区直部门(单位)行政审批中介服务收费项目清单》管理。同时，调整后的《目录》在区政府门户网站向社会公开。2016年8月，为进一步深化行政审批制度改革，规范东昌府区行政审批中介服务，3项中介服务项目不再纳入《东昌府区区直部门(单位)行政审批中介服务收费项目清单》管理。同时，调整后的《目录》在区政府门户网站向社会公开；为贯彻落实党中央、国务院、省委省政府和市委市政府关于深化行政体制改革，加快转变政府职能的部署要求，进一步简政放权、放管结合、优化服务，创新政府管理方式，提高依法行政质量和效率，营造公平竞争的发展环境，推动大众创业、万众创新，并印发《东昌府区人民政府办公室关于印发2016年推进简政放权放管结合优化服务转变政府职能工作方案的通知》。2016年12月，为进一步推进简政放权，转变政府职能，优化发展环境，推进效能建设，印发《东昌府区人民政府办公室关于开展建设项目区域化评估评审工作的通知》。

2016年，东昌府区承接、取消行政审批项目共三批，其中取消行政审批项目74项，调整为行政许可的区级非行政许可事项6项；同时全面清理取消各部门非行政许可审批事项14项，今后不再保留非行政许可审批事项这一类别。

【行政权力清单和责任清单制度工作】 2016年8月，认真执行省、市行政权力清单动态管理办法，及时调整完善区级行政权力清单。现有行政权力事项3150项，其中行政审批192项，行政处罚2032项，行政强制145项，行政征收38项，行政给付40项，行政裁决6项，行政确认71项，行政奖励23项，行政监督233项，其他权力370项(含审核转报事项87项)。2016年9月，按鲁编办〔2016〕104号行政权力事项编码规则及实施细则，对全区行政权力行政权力事项编码进行了调整完善，完成行政权力事项赋码。

(区编办　王飞华)

政策研究

【概况】 2016年，区委政研室在区委和区委办公室的正确领导下，重点抓好了调查研究、文稿起草、刊物编辑和政研队伍建设等几项工作，忠诚地履行职责，用心做好新形势下政研工作，圆满完成了各项工作任务，较好地发挥了党委决策的参谋助手作用。

【调研工作】 紧紧围绕区委中心工作组织调研活动12次，形成调研文章12篇，9篇调研报告得到区委领导的重视，为区委决策和指导工作提供了充分依据。同时，我们注重对调研成果、经验的转化和宣传，先后在《山东通讯》《聊城通讯》《聊城日报》等报刊发表领导署名文章和调研理论文章，有力地宣传推介了东昌府区的工作。除此之外，还起草完成了《东昌府年鉴》《省情手册》要求的“大事记”部分内容。

【机关刊物】《东昌府工作》是区委办公室、政研室编辑出版的综合性刊物，是宣传贯彻中央路线方针政策和上级党委重要决策，总结交流经验，反映群众呼声，探讨问题，指导工作，提出决策建议的重要阵地，是密切党群干群关系的重要窗口和渠道。2016年，我们继续与省内外20多个市区建立了良好的合作关系，加强刊物交流，学习借鉴了他们的办刊经验和做法，在刊物原有栏目的基础上，增设了一些新的栏目，进一步丰富了刊物的内容，增强了可读性，共编辑出版《东昌府工作》4期，圆满完成了刊物的编辑、印刷和出版工作。同时，选取每期优秀文章推荐到《聊城通讯》发表，2016年，先后在《聊城通讯》发表文章20余篇。

【政研队伍建设】 着眼于全面提高政研队伍素质，根据“两学一做”要求，按照区委办公室“一二三四五”的工作思路，特别加强学习型机关建设。政研室每位同志除积极参加办公室组织的集中学习外，都制定了符合个人实际、行之有效的学习计划，采取集中学习和分散自学相结合，交流学习心得，撰写学习体会的办法，重点学习了党的十八大及十八届三中、四中、五中、六中全会精神，学习习近平总书记的一系列重要讲话，学习中央、省委、市委、区委重要文件，营造了良好的学习环境和浓厚的学习氛围。

（区委政研室　李振军）

深化改革

【概况】 2016年，区委改革办认真贯彻落实中央、省、市、区委的决策部署，积极履行改革的政策研究、统筹协调和督促落实职能，大力推进重点领域和关键环节的改革，全区改革呈现出起步快、落点实、成效好的态势。

牵头抓总、协调指导方面　充分发挥协调保障作用，多次组织召开研究改革工作的有关会议，指导区直部门制定改革方案，推动关键环节改革取得突破。督促6个专项小组成立了办公室，制定工作规则和改革要点，有效推动了全面深化改革工作的开展。

【建章立制、规范运作方面】 建立了常态化的工作联动机制，定期召开改革领导小组会议和改革办会议。建立改革动态管理机制，制定改革工作要点和台账，细化量化改革任务，层层分解、落实责任。完善报审和备案机制，规范全面深化改革的报审和备案工作。完善督促检查机制，牵头组成联合督察组，对全区改革进展情况进行了全面督察和专项督察。完善信息报送机制，建立舆论引导机制，在《东昌府工作》《东昌时讯》开设专栏专题宣传上级的改革部署。

顶层设计、统筹谋划方面　坚持顶层设计和摸着石头过河相结合，注重改革的系统性、整体性、协同性，从市已明确推进、外地试点已取得经验和制约东昌府区发展的瓶颈三个层面统筹谋划，精心设计改革选题，出台了《东昌府区改2016年革任务要点》，确定了6项140个重点改革选题，保证了各项改革之间相互渗透、相互贯通、相互促进。

问题导向、破解瓶颈方面　认真梳理了制约东昌府区经济社会发展存在的体制机制障碍，指导各部门加快推进重点领域和关键环节改革。深入推进了党的建设制度改革、纪检查办腐败案件和派驻体制改革等。

突出特色、彰显亮点方面　立足东昌府区实际，指导区直各部门创新“自选动作”，以改革促发展。大力推进都市型现代农业建设。选取了10个农业项目和10个村庄，与聊城大学联合进行调研，推动都市型现代农业发展。加快推进社区管理与服务改革。创新基层社会治理，推行社会管理社区化、社区服务社会化。积极推进人事制度改革。推动在区妇幼保健院、区医院实施新一轮以实行全员竞聘上岗为核心的人事制度改革，组建东昌医疗保健集团等等。

（区委政研室　王喜臣）

机关党务

【概况】 中国共产党东昌府区委区直机关工作委员会（简称区直机关工委），系中共东昌府区委派出机构。区委区直机关工委下属16个机关党委，26个党总支，392个党支部，党员10365名。2016年区直机关党的工作总要求是：深入贯彻党的十八大、十八届三中、四中、五中、六中全会和习近平总书记系列重要讲话精神，围绕“服务中心、建设队伍”两大任务，认真落实全面从严治党要求，扎实开展“两学一做”学习教育，以开展“基层党建提升年”活动为载体，不断深化争创“共产党员先锋岗”“党员进社区”“党员活动日”等主题实践活动，进一步推进区直机关党的思想、组织、作风和制度建设，为全区“十三五”开好局、起好步提供坚强的组织保证，并获得了2016年度科学发展综合考核一等奖。

【“两学一做”学习教育】 2016年，扎实开展“两学一做”学习教育。按照中央、省、市和区委统一部署，以党支部为基本单位，以组织生活为基本形式，以落实党员日常教育管理制度为基本依托，扎实抓好“两学一做”学习教育。配合学习教育，工委坚持先行深学。严格落实每周集中学习制度，带头开展专题研讨，带头撰写学习笔记、交流心得，带头到双联共建村指导并上党课，带头查摆问题41条，目前，机关工委共组织集中学习36次，召开党员大会7次，支委会15次。坚持严督实导。区委“两学一做”学习教育分成两个巡回指导组，机关党委作为第二指导组，指导7个督导组通过会议推动、经验交流、现场指导、随机抽查等方式，深入区直95个部门单位进行督促指导，目前共召开7次区直机关相关推进会议，同时坚持每周调度通报情况，总结出了“七看七防”和“六步”督导工作法，注重指导对档案材料的规范整理，区直机关“两学一做”学习教育在省委督导组现场督导和全市“两学一做”现场观摩会上，受到领导的充分肯定。营造浓厚氛围。充分利用微信、QQ群等媒介加强宣传引导，区直机关各基层党组织结合实际，利用宣传栏、会议室等场地，以挂党旗、布置展板、悬挂条幅等形式做好宣传教育，同时编发《指导二组情况通报》16期。加强分类分层指导。按照机关事业、窗口单位和服务行业、企业、“两新”组织、教育卫生系统分类制定了指导意见。

【党的建设】 年初，召开了全区机关党建工作会议，安排部署了2016年区直机关党建各项任务；区直机关各基层党组织逐级签订了党建目标责任书，强化了党组织书记抓党建主体责任意识；召开工委党委会26次，组织工委班子成员到区直机关检查、指导、调研90余次，推进机关党建工作和各项任务落实；带领班子成员与党组织负责人谈心谈话32人次，征求意见16条并全部进行整改。年终，共分五个组对区直各个部门党委党组的党建工作进行了考核，并把考核意见进行了反馈。

【党员教育管理工作】 一是通过举办培训班、以会代训、研讨交流等方式，加强“两新”组织党务工作者特别是党组织书记的培训，举办党务干部座谈会2次，工委班子成员分别讲党课8次，举办培训班2期，提高了他们的政治素质和业务水平，同时，强化对“两新”组织党员的教育管理。二是在9月下旬，安排7个督导组对95个区直单位开展学习教育工作进行了全面检查，将科级以上党员干部参加学习教育情况作为检查重点。三是举办入党积极分子和预备党员培训班，受训人229人（积极分子129人，预备党100人）。

【基层组织建设】 一是加强组织建设。机关工委按期督促基层党组织按期换届，6月份以来，继续按要求加大排查清理力度，对到期的基层党组织按程序对32个党委党组进行了换届选举。按照东昌发〔2015〕7号《关于进一步加强基层党建工作的意见》的要求，除县级干部外，全部实现了区直部门单位的党委（党组）书记经过组织程序兼任机关党组织书记，加强了基层党组织的领导力量。党员人数较多的，配备了专兼职党务干部。二是进一步加强机关党组织建设。机关工委按照部门和行业特色，加大对机关党建工作品牌的优化整合力度，推进机关党建多样性、特色化发展。引导机关党组织增强品牌意识，拓宽品牌内涵，结合示范点培养工程，形成了5个特色显著、示范性强的特色品牌。三是严肃党内政治生活。着力推进机关党支部的规范化建设，制定下发《关于加强党支部规范化建设的实施意见》，结合“两学一做”学习教育，抓好党课教育，扎实推进“三会一课”工作。严格落实组织生活会、民主评议党员和党员领导干部双重组织生活等制度。

微型党课评比活动　（6月 摄）

【发展党员工作】　严格按照发展党员“十六字”方针，认真落实发展党员培训制、审查制、公示制、表决制和责任追究制，新发展党员67名，转正101名，进一步优化了机关党员队伍结构，提高了党员队伍素质。

【困难党员帮扶工作】　建立完善区直机关老党员、困难党员帮扶工作台账，对365名困难党员进行走访慰问，发放慰问金8万元。为每名区直机关离退休党员订阅一份2016年度《党员干部之友》，提高了区直基层党组织的凝聚力和吸引力。

【创先争优活动】　一是举办优质“微型党课”评选活动。从6月开始，机关工委举办了以“深入学习党章，做理想信念坚定的合格党员”为主题的优质“微型党课”评选活动，通过党小组比评、党支部初评、督导组复评，邀请专家评委现场评选出8堂优秀微型党课，带动了6000余名区直机关党员上讲台、讲党课、当主角，增强了党员干部的党性意识。二是深化争创“共产党员先锋岗”活动。2016年，共命名100名党员和100个集体争创岗位，区直机关各基层党组织积极响应，广大党员踊跃参与，成效明显。三是深入推进“党员进社区”活动。通过社区与在职党员、离退休党员、驻区单位、“两代表一委员”和社会组织携手，区直机关6000余名党员进驻到社区，充分发挥机关党员在社区建设、管理和服务中的表率作用，形成“工作在单位、活动在社区、奉献双岗位”的党员双重管理机制。四是推行了“党员活动日”制度。区直机关各基层党组织围绕“接受教育日”“义务劳动日”“联系群众日”“主动服务日”等指导性主题和结合实际情况自主设计的主题，每月至少组织开展一次活动，每次不少于半个工作日，每次活动前都将活动主题内容、具体方式等内容报机关工委，2016年，区直机关各基层党组织共开展相关活动700余次。

【区直武装部工作】　为加强民兵思想政治教育，开展全民国际和爱国主义教育；顺利完成兵役登记和国防潜力调查统计工作；按照“编组科学、布局合理”的原则，编强编实民兵队伍；改进民兵训练方法，落实《民兵军事训练与考核大纲》；严格征兵政策和程序，保质保量完成征兵工作任务。

【党员信息管理工作】　一是组织区直机关1万余名党员填写了《党员基本信息采集表》，排查出与党组织失去联系6个月以上，经查找仍然无法取得联系的党员2名，依据有关规定按自行脱党给予除名。二是机关工委督促各单位建立党代表和党员违纪违法处理情况台账，压实工作责任，各基层党组织严格认真细致排查并逐级上报。三是进一步完善党员信息数据库建设，安排专人管理信息数据库，对入党积极分子、发展对象、预备党员信息进行及时变更和补录，对组织关系变动的党员进行及时调整，对机关各基层党组织建立改选情况进行及时更新，2016 年，转入共 238 人、转出共 205 人。

【党费收缴】 通过党费收缴专题会议部署、组织督导组专项检查、对区直所有党支部和党员逐一核实等方式对区直各单位 2008 年 4 月至 2016 年 6 月期间的党费进行收缴补缴。

【党的作风建设】 机关党的作风建设有新转变。一是在区直机关认真组织学习《准则》和《条例》，各基层党组织通过组织观看警示教育片、案件剖析、先进典型报告会等方式，增强廉政教育的实效性和感染力。二是协助总工会完成了工会先进个人的推荐工作。三是 10 月份在聊城二中举办了第三届全区乒乓球比赛，共有 24 支代表队参赛，121 名运动员参赛，决出男女单打前六名的好成绩，受到表彰，活跃了全区干部职工的工作积极性。四是是深入推进双联共建活动，将双联共建成效纳入对区直机关党组织的年度考核内容。根据区委双联共建工作要求，对区直机关工委双联共建村堂邑镇路东村 15 户困难户进行建档立卡、在“七一”建党节和春节前，对村上的困难户进行了走访慰问，并为村上的环村路进行了绿化。

（区直机关工委　许金峰　赵茜）

对台工作

【概况】 2016 年，深入学习党的十八大及十八届历次全会精神以及习近平总书记系列讲话精神，积极融入到全市对台工作大局中，以两岸关系和平发展为主题，以争取台湾民心为主线，以推动经贸文化交流合作为重点，积极进取，开拓创新，各项对台工作实现新突破。

【经贸交流】 采取“走出去、请进来”的方式，组织开展以商招商、以商引商、产业招商、园区招商等涉台经贸交流。2016 年，共有台资企业 3 家，经营状况良好。

一是“走出去”。今年区政府有关领导和镇（街道）负责人两次带队赴台，参加市政府主办的现代农业考察培训，达成多个合作意向；9 月，组织招商团组赴潍坊参加第 22 届鲁台经贸洽谈会暨聊台产业合作恳谈会；11 月，按照市政府统一部署，促进项目对接，区长毕黎明带队赴上海参加两岸企业家峰会暨特色小镇·城市新经济两岸企业合作大会，会上区长毕黎明作招商主旨发言；还组织招商团组分别赴深圳、昆山和北京、天津等台商聚集区考察，拜会台协会，参观台资企业，洽谈合作项目。

二是“请进来”。为台商台胞提供热情周到的服务，积极完成上级安排的各项接待任务。利用各种渠道和平台，邀请台湾企业协会及重点台商来东昌府区参访考察。区委区政府领导高度重视对台招商引资和台资企业发展工作，带头参加涉台重要活动，出面接待来东昌府区进行投资经贸考察的台湾工商团体和台商 10 起 40 多人次，召开项目洽谈会、出面协调解决各类问题 20 多件。区委常委会今年专门听取对台工作汇报，研究应对台湾政局发生变化后东昌府区对台工作的着力点。

【涉台服务】 积极争取设立海峡

9 月 1 日，东昌府区招商团组赴潍坊参加第 22 届鲁台经贸洽谈会暨聊台产业合作恳谈会

两岸交流基地。省台办批准闫寺街道办事处为山东省海峡两岸交流示范点，东昌上林苑为山东省海峡两岸交流示范园。

围绕台资企业发展和两岸交流联谊，主动进行调研走访，帮助台商台属解决困难10余件。帮助台湾美食城解决装修纠纷问题即装修后的漏雨等房屋维修难题。帮助大润发超市解决装修中合同纠纷问题。帮助乐活云时代项目在城区铺开，营造台企良好的经商氛围。8月，聊城德瑞科技举办为期一个月的台湾乐活节，40余名台胞参与演出，台办全程指导服务，确保活动顺利开展。

【涉台宣传】 为更好地宣传东昌府区对台工作，扩大在岛内外的影响力，按照上级台办要求，对各项涉台活动进行及时报道，时刻保持宣传意识。共有15篇信息发表在省内台办网站、台湾网、华夏经纬网等网络平台，同时也在《东昌时讯》发表。其中一篇在《大众日报》发表，还有一篇在《海峡时空》和《聊城通讯》发表。

（区委台办　贝文锋）

党　　校

【概况】 党校是在区委直接领导下培养党员领导干部和理论干部的学校。2016年在区委、区政府的正确领导下，全校上下深入学习贯彻党的十八大和十八届三中、四中、五中、六中全会精神，深入学习贯彻习近平总书记系列重要讲话精神和治国理政新理念新思想新战略。进一步突出坚持正确政治方向这个根本，把党校姓党原则落实到一切教学活动、科研活动、办学活动之中。坚持与时俱进、开拓创新，全面提高党校教学质量和水平，充分发挥党校在党委和政府决策中的思想库作用。全校在职教职工43人，其中参照公务员管理9人，高级讲师11人，中级讲师12人，助理讲师7人，会计师1人，馆员1人，工勤人员2人。退休人员17人。

【基础建设】 区委党校服从市委市政府规划部署大局，原址于2016年4月全部拆迁，暂时借用海源阁宾馆办公。新校建设区委、区政府已列入区重点项目建设计划，按照“四化、八配套”的标准要求步入实施。

【干部培训】 区委党校不断完善干部培训管理制度，建立、健全培训管理档案，积极探索学习培训的新思路、新方法，充分利用本地教学资源，把理论学习与实用技术相结合。2016年，举办各类干部培训班20期，东昌论坛2期，共培训4578人次。其中，全区入党积极分子、预备党员培训班6期，培训学员915余人；旅游度假区入党培训班1期，培训人数229人；聊城市直发展对象培训班1期，培训人数300人；全区村、城市社区党组织书记、主任培训班1期，参训人数701人；全区优秀股级干部培训班1期，参训人数54人；全区基层优秀党员示范班1期，培训人数206人；全区党组织关系集中排查专题培训班1期，培训人数120人；全区科级干部学习贯彻十八届六中全会精神培训班4期，参训人数1050人。与其他单位联合主办全区基层法律服务所工作人员培训班1期，参训人数90人；东昌府区优秀团干部培训班1期，培训人数40人；全区统一战线理论培训班1期，培训人数180人。

全区科级干部学习贯彻十八届六中全会精神培训班举办　（12月　摄）

【外出宣讲】 区委党校把“大规模培训干部，大幅度提高干部素质”精神落到实处，2016年开展“送教下基层”宣讲活动，选派多名优秀教师参加区委宣传部的宣讲团，结合“两学一做”学习教育、扶贫攻坚和党的十八届六中全会的召开，宣讲六中全会精神、“两学一做”学习教育、“扶贫攻坚”等内容，深入到全区各个机关单位、镇街办事处、企业、乡村、社区开展“送教上门”活动，共宣讲80余场次，宣讲对象4000余人次，充分发挥党校理论宣讲主阵地和宣讲主力军的作用。

【科研成果】 区委党校按照“教学为中心，科研为基础”的工作思路，大力推进教学科研一体化。2016年省委党校调研课题《现代生态农业发展研究——以东昌府为例》《深入推进依法行政，加快建设法治政府问题研究》均通过结项。另外，课题《构建全民共建共享的社会治理格局研究》分别发表在《中共山西省直机关党校学报》2016年第5期和《中共济南市委党校学报》2016年第5期。发表省级以上理论文章3篇，市级以上理论文章7篇。其中《聊城脱贫攻坚问题研究》《践行以人民为中心的发展思想》分别荣获聊城市党校系统“学习贯彻党的十八届五中全会精神”理论研讨会一、二等奖；《试论基层政府治理能力的现代化》荣获聊城市社科联优秀成果评选三等奖；《浅析党内集中教育的历史发展和现实意义》荣获聊城市党校系统“纪念中国共产党建党95周年”理论研讨会二等奖；《十二大以来党章修正过程及其时代意义》《把“两学一做”融入党员教育新常态》荣获聊城市党校系统“两学一做”学习教育理论研讨会三等奖。

【教师队伍】 为了锻炼教师队伍、提高教学质量，先后选派10余名教师到人民大学、复旦大学、浙江大学等高校和省委党校培训学习，拓宽了教师的视野和理论高度。2016年下半年开展秋季观摩教学，教师根据专业方向和特长进行选题备课，围绕马克思主义理论教育、党性教育、十八大以来全面从严治党的重大战略部署、供给侧改革、中国共产党地方委员会工作条例和中国共产党党组工作条例解读、民族振兴途中的价值观崛起等热点问题展开观摩教学，通过一系列观摩教学活动的开展，使教师的专业技能和职业素质得到极大的提升。

【党的建设】 按照区委的统一部署，紧密结合全国党校工作会议精神、《中共中央关于加强和改进新形势下党校工作的意见》和省市区委实施意见，围绕培训教学科研中心工作，积极开展“两学一做”学习教育。以建设学习型、服务型、创新型党校为目标，2016年组织党员开展了“关爱贫困户走访送温暖”捐赠活动、义务植树活动、进社区携手共建活动、进双联共建村贫困群众中送温暖志愿服务活动、学习研讨、教学观摩听课评课活动、听专题报告、收看专题片等等，载体丰富、形势多样。多措并举加强了党的建设，提高了党组织的凝聚力和战斗力，发挥了全体党员的积极性和创造性，不断提升了党建工作科学化水平，促进了党校事业创新发展。

【获奖成果】 党校2016年被聊城市委、市政府命名表彰为“市级文明单位”，被聊城市委宣传部命名为“聊城市理论宣教基地”，荣获东昌府区2016年科学发展综合考核二等奖，被聊城市东昌府区全民普法依法治理工作领导小组授予“2011-2015普法先进单位”。1人被山东省委党校评为“全省党校系统2013-2015年度优秀教师”；1人被区委评为“全区优秀党务工作者”，2人被聊评为2011-2015普法先进个人。在区直机关争创“共产党员先锋岗”活动中，1个科室、2人获得“共产党员先锋岗”荣誉称号。在区直机关工委组织的优质“微型党课”评选活动中1人获得三等奖，在奋战十三五，“我思我想我行动”演讲比赛中2人获得优秀奖。

（区委党校　侯磊）

党史资料征编与研究

【概况】 中共东昌府区委党史研究室在区委的坚强领导和省、市党史部门的关心指导下，认真学习贯彻党的十八大和十八届四中、五中、六中全会及习近平总书记系列重要讲话精神，以开展“两学一做”学习教育为契机，紧紧围绕区委中心工作，坚持以存史资政育人为根本任务，努力推进党史研究、资料征编、党史宣传教育和党史队伍建设工作，在全体干部职工的共同努力下，圆满地完成了全年各项工作任务。

【“两学一做”学习教育】 按照区委领导小组安排部署，党史研究室及时成立领导小组及出台“两学一做”学习教育工作方案，采取自学与集中学习相结合，重点学习《党章》等相关资料，共组织集中学习研讨30余次，增强了党性修养。党支部书记为全体党员就“两学一做”学习教育上了两次党课，使全体党员从“四个意识，讲政治、有信念、树理想”等方面，提高了政治责任感，端正了严肃认真的态度。全体党员积极参加微型党课讨论，参与党章知识测试，开展“党员活动日”文明创建活动，前往柳园街道平安社区集中开展环境卫生清扫活动。排查了党员组织关系，开展了党费专项检查活动，查阅了2008年4月以后的每月工资表，核算了13名党员8年来的党费，并及时补缴了党费共计5394元。

【党史正本编撰工作】《中共东昌地方史》（第二卷）印刷出版工作在多次征求意见和修改补充的基础上，《中共东昌地方史》（第二卷）已定稿，经区委领导同意，送印刷厂印刷出版，尽快将这部历经多年的党史正本呈现在读者面前。

【整理2016年东昌府区党史大事记】 编写党史大事记是一项十分重要的基础性工作，需要收集大量的信息资料，查阅报刊档案。研究室按照区委领导指示，安排专人逐月收集大事要事，整理成稿，为以后编纂出版整本党史大事记打下良好基础。现已完成全年党史大事记的征编工作。

【社会主义建设时期县委书记口述史征编工作】 按照上级党史部门要求召开全体会议，安排专人具体负责。参加了口述史征编业务培训讲座，并对全区社会主义建设时期的县委书记进行了摸底调研，将分类摸底情况上报。将涉及到的15位县委书记传记工作分配到人，具体负责撰写工作。现已完成大部分人物传记的初稿工作。

【征编《改革开放实录》工作】 根据区委领导安排，由研究室负责前期的摸底调研、进程调度和组织上报工作，由区委政研室负责课题内容把关工作。去年下半年，研究室人员到多个部门和镇街调研摸底，筛选出4个代表东昌府区特色的课题上报到市征编委员会。同时多次召开调度会，交流探讨，及时解决征编遇到的难题。至年底4个课题已经定稿，上报到市征编工作领导小组。

【“双联共建”活动】 在双联共建工作联系点道口铺街道刘海子村逐家走访，与各家各户进行亲密座谈，建立机关干部包村联户档案，填写了帮保联系卡。7月1日建党节前夕，到共建村慰问老党员，为他们送去油面等生活必需品，带去党的关怀。入冬时节，为刘海子村9户贫困群众送温暖，赠送18床保暖被褥。春节前，为让贫困群众过好年，为9户贫困群众送去了油米等生活必需品。

（区委党史研究室　吴芝君）

保密工作

【概况】 2016年，东昌府区保密局在区委区政府的领导下，在上级业务部门的指导下，按照“提高认识，明确责任，加强教育，保住秘密”的工作思路，紧紧围绕全区工作大局，切实采取有效措施，不断加大宣传教育力度，认真开展保密检查，着力提升技术防范能力，不断完善管理制度，严格规范保密管理，推进保密工作向着规范化、制度化、科学化发展，发挥了保密工作“保安全、促发展”的作用。

2016年，东昌府区保密局被国家保密局授予保密工作通联先进单位。

【保密基础】 区委领导高度重视保密工作，真正摆上议事日程，不断在常委会、党政联席会等各种会议上对有关保密文件精神、规章制度进行学习，对有关保密材料进行批示。区委书记多次强调：“保密工作没有小事，必须高度重视，不可掉以轻心”。区委分管领导要求全区各级：“一定要严肃态度、严格制度、严密措施、严明纪律，不折不扣地做好保密工作”。全区各级各部门也都切实加强了对保密工作的领导，成立了保密领导小组，明确了相关责任。同时及时调整区委保密工作委员会的人员构成，充实工作力量。长期以来，不论是区级领导班子换届，还是部门领导变动，坚持做到及时调整、补充区委保密工作委员会，使全区的保密组织机构始终处于完善与健康发展之中。全区各涉密要害部门都能按照政治过硬、业务过硬的原则选配精兵强将，负责各项保密工作的贯彻落实工作，在全区形成了规范完整的网络格局，保证了保密工作的正常开展。

【保密管理】 加强保密管理，制度建设是根本。区保密局先后制定完善了《东昌府区涉密和非涉密计算机保密管理制度》《文件管理工作保密制度》《会议保密制度》《文件传阅制度》《文件核查、清退制度》等必要的保密管理制度，为《保密法》的贯彻实施打下了坚实的基础。同时按照上级的具体要求，针对保密工作的实际需要，确定了保守秘密的具体范围。包括相关文件、内部资料、公文、会议材料、会议记录等。从强化管理入手，对秘书、档案等工作全面进行规范。对涉及秘密的事项做好标志工作，做到一目了然、按章操作，不断提高保密工作的质量。抓好网络安全管理。为了防止网络失密，加强了对全区各部门上网微机的管理。对涉密和内部办公电脑，指派专人负责管理，严格规定不准上网，并安装非法外联监控软件。对保密工作不仅要抓教育、建制度、订措施，还要常监督、勤检查、促落实。督促、引导保密人员遵循相关规章制度，对涉及政务秘密、商业秘密的各项活动进行审查把关，保证每一项管理制度和措施都得到不折不扣的执行。

【保密宣传】 始终把宣传教育工作作为贯彻落实《保密法》的“开路先锋”，以领导干部和涉密人员为重点，大张旗鼓地开展了保密法律法规和相关保密知识的宣传普及和教育工作。一是认真学习。订购了一批保密法律法规知识手册，分发到全区各级各单位，供广大干部学习使用，进一步提高干部职工的保密技能、保密意识。同时，积极组织人员参加省市组织的各种保密培训学习，全年共有二十余人次。通过学习，干部职工的保密意识和保密技能得到明显增强。二是正面宣传。利用标语、板报、宣传栏等多种形式，开展保密法制宣传教育活动，极大地丰富了各级干部群众的保密知识，增强了保密意识。积极向上级保密刊物投稿，在《山东保密》发表稿件一篇。收集整理了涉密载体销毁知识，在区委机关主办的《东昌府工作》刊物开辟专栏集中进行了宣传。同时，下发了市涉密载体销毁中心编印的涉密载体销毁常识读本。三是反面警示。组织干部职工收听收看泄密警示视频资料和图片展览等，通过对这些反面典型的案例情况、危害后果的分析加强对干部的教育，使广大干部认识到，在激烈的发展竞争中，宣传普及《保密法》的重大意义，达成了“保密就是保生存，保密就是保发展”的共识。保守国家秘密，已成为全区每名干部的自觉行动。

【保密检查】 主要采取定期检查和不定期抽查相结合的办法。不定期抽查视情况随时进行，定期检查每年两次，上半年是5月份，下半年是10月份。在做好常规检查的同时，重点安排部署了保密自查自评工作。6月6日，在区政府六楼会议室召开了全区保密自查自评工作会议，区直部门、镇街、园区100多个部门参加了会议。会议传达了中共聊城市委保密办、聊城市国家保密局转发的《关于开展保密自查自评工作的通知》、宣读了《东昌府区保密自查自评督查工作实施方案》，并重点对保密自查自评工作进行了具体安排。对于表格和光盘的填写内容、注意事项以及完成时间都进行了详细讲解和演示，力求与会人员能够听懂看会。要求各级各单位会后立即启动自查自评工作，注重自查实效，以查促管，以查促改，真正使自查自评工作落到实处，建立保密检查长效机制。会后，区保密局按照工作安排和时间要求对区直部门、镇街、园区保密自查自评工作开展情况进行了有针对性的督促检查，有力地推动了全区保密自查自评工作的深入开展。

（区保密局　于秀敏）

老干部管理与服务

【概况】 2016年，东昌府区委老干部局在区委、区政府的正确领导下，以开展“两学一做”学习教育活动为契机，按照中央及省、市、区委关于全面做好老干部工作的各项要求，认真学习贯彻党的十八大和十八届三中、四中、五中、六中全会精神，以落实离退休干部政治、生活待遇为重点，以解决热点、难点问题为关键，以提升老干部工作水平为目标，以全心全意为老干部服务为宗旨，注重工作创新，发挥离退休干部积极作用。截至2016年底，东昌府区现管理离休干部200人，其中异地安置离休干部1人，另有移交东昌府区委老干部局管理的军队离休干部4人，军队离休干部遗属1人，现管理退休干部4549人，其中机关单位1095人，企事业单位3454人。

2016年，东昌府区委老干部局重点工作：一是落实老干部政治、生活待遇，保障老干部政治需求，同时进一步提高老干部生活待遇，让老干部感受到组织的关怀；二是发挥老干部积极作用，组织老干部为东昌府区各项事业献计献策，传递正能量，依托关心下一代工作委员会发挥老干部“五老”作用；三是完善老干部党支部建设，加强老干部党支部管理，增加硬件设施配备，保障支部活动顺利开展；四是加强老干部教育培训，依托老年大学教育师资力量，满足全区老干部、老同志对精神文化的需求；五是加快老年社团建设，与老年体协等单位合作，借助全民健身热潮，开展各项文体活动；六是加强组织领导，重视老干部工作者队伍建设，通过教育培训和工作交流提高老干部工作者业务水平。

【落实老干部待遇】 2016年以来，东昌府区委老干部局高度重视从政治上关心老干部，坚持“理论学习、情况通报、列席会议、参观考察、走访慰问”五项制度，确保老干部的各项政治待遇落到实处。2016年，东昌府区委老干部局以召开座谈会、参加报告会等形式，组织老干部认真学习了党的十八大以及十八届三中、四中、五中、六中全会精神，使老干部及时了解党的一系列方针政策，保证了老干部政治学习需要，同时，为全区老干部免费订阅了《老干部之家》《老年教育》等报刊杂志，满足了老干部的学习需要。2月3日、4月1日，区委、区政府召开了两次情况通报会，由东昌府区相关领导同志分别就全区经济社会发展情况和组织工作运行情况向老干部进行了通报，并征求老干部意见和建议，有效促进了全区各项事业持续健康发展。2016年召开的党代会、人代会、政协会、领导干部会等重大会议期间，均邀请离退休干部参加，倾听老干部的建议和意见，积极引导老干部建言献策，发挥余热。坚持“重要节日必访，老干部生病必访，家中发生大事必访，老干部去世必访”四个必访制度，加强与广大离退休干部的沟通交流，做老干部的贴心人。春节、重阳节期间，对全区部分离退休干部进行了走访慰问，使广大老干部切实体会到了组织的温暖。认真落实在职干部联系老干部工作制度，及时了解老干部生活、学习和参与活动等情况，对老干部遇到或关注的

2月3日，东昌府区老干部迎春座谈会召开

热难点问题，细心、耐心地向他们解释说明，把矛盾、问题和误会化解在基层，真正让老干部满意。组织部分退休干部分别赴河北衡水、淄博、齐河等地开展了一系列参观考察活动，通过学习考察，使老干部学习了经验、开阔了视野、拓展了思路，1 月份和 8 月份，组织部分退休干部参观了天工岩土、立海冷藏等区属重点工农业企业，使老干部及时了解全区经济文化发展情况。

进一步提高老干部生活待遇，加强和完善离休干部“三个机制”建设，确保“两费”和各项专项经费按时足额发放。加强与卫生、劳动等部门的沟通协调，进一步简化离退休干部医药费报销程序，确保离退休干部医药费按规定及时报销。扎实推进离休干部医疗制度改革，离休干部住院费改为由医院集中垫付，医保处定期结账，极大方便了离休老干部看病就医，减轻了离休老干部的家庭负担。9 月份，组织全区离退休干部进行了免费体检，针对体检中普遍存在问题，定期邀请各级医疗专家，对老干部进行保健知识讲座，增强了老干部的保健意识。全力做好困难离休干部帮扶工作，根据《离休干部及遗属特殊困难帮扶机制实施办法》，建立了专项帮扶资金，用于帮扶有特殊困难的离休老干部，帮助他们解决实际困难。严格按照《关于国家机关工作人员及离退休人员死亡一次性抚恤金发放有关问题的通知》要求，联合制定了东昌民发〔2016〕32 号文件，简化工作程序，由各单位直接报送区人社局审核后由区民政局统一发放，全区离休干部病故一次性抚恤金全部按照新标准落实到位。

【发挥老干部积极作用】 东昌府区委老干部局积极组织老干部为全区各项事业献计献策，通过当面走访、民主生活会等方式与老干部面对面沟通，听取他们的合理化建议。2016 年，共组织老干部参加各类重要会议 96 人次，在经济发展、基层党建、民生工程等方面共征得老干部意见建议 97 条。

依托东昌府区关心下一代工作委员会，6 月，聊城市“党史、国史”教育工作现场会在东昌府区召开，与会人员现场参观了阳光小学、聊城八中、侯营镇田庄村党史、国史教育工作开展情况，区委常委、组织部长柳玉兴代表东昌府区作了典型发言，得到了与会领导和同志们的充分肯定和一致好评。暑假期间，道口铺邵屯村、侯营镇侯营村关工委积极开办“假期学校”，分别组织举办了青少年国学教育和第二届“孝心感恩”夏令营活动，邀请专业人士对孩子进行课业辅导、党史、国史、安全知识教育，极大的丰富了孩子们的假期生活，解除了家长们的后顾之忧。8 月 29 日，组织举办了第十一届“阳光伴我行—大学生英才工程”助学金发放仪式，按照“最优秀、最需要”的原则，对 53 名大学新生和往届生进行资助，资助金额达到 10 余万元，编撰印发《大学生英才工程十周年纪念图册》，以图文并茂的形式展示了东昌府区关爱助学活动的点滴成绩。

同时，加强志愿者队伍建设，以社区党员和热心老年事业的志愿者为骨干，成立了多支老年志愿者服务队伍，采取结对帮扶、互学互助等形式，定期上门为老干部读报、拉家常、打扫卫生等，给予老年人物质、精神、生活上的帮助。充分发挥“湖北社区心理卫生协会”“东昌府区人民医院医疗服务队”“广场社区律师事务所”等社会组织的正能量，定期举办各类专题讲座，为老年人普及心理健康、养生保健、法律维权等方面的知识，营造了全社会敬老助老氛围。

【老干部党支部建设】 充分发挥东昌府区离退休干部党工委职能，坚持把离退休干部党支部建设作为老干部工作的重点，加强对老干部党组织的建设和管理，不断适应新时期对离退休干部党支部建设的新要求。截至 2016 年底，全区共有离退休及合建离退休干部党支部 127 个，其中离退休干部党支部 64 个，与在职干部联合建立党支部 63 个，各党支部设置了专门的活动场所，11 月份，为 5 个基层党支部购买了电脑、打印机、投影仪等办公器材，统一印制了《离退休干部党支部工作职责》《组织生活制度》《学习制度》《“三会一课”制度》等规章制度，并做到制度上墙，严格遵守、执行，保障各党支部“两学一做”专题教育及各项活动的开展。按照“实际、实用、实效”的原则，扎实组织党支部开展书画展、文艺晚会等活动，每月组织党内生活不少于一次，极大丰富了老干部的精神生活。按照“贴近需求，服务群众”的原则，积极搭建社区管理服务平台，引导离退休干部党员参与社区矛盾调解、社会监督，治安巡逻等活动，让老干部就近学习、就近活动、就近得到关心照顾、就近发挥作用，得到了社区居民的一致好评。同时，加强老干部网上党建平台建设，动员老干部在“老干部之家”网站党建平台上参与论坛讨论，及时发布涉及老干部政策、待遇问题的信息。

【老干部教育及培训】 截至2016年底，东昌府区老年大学在校学员近200人，累计培训1900人次，校区搬迁至古城区内，开设有音乐、电子琴、书法、国画、京剧等培训科目，有专业老师任教，各乡镇、街道办事处都设有相关老干部学习场所，丰富了老干部们的精神文化生活，为广大离退休干部老有所学提供条件，并积极组织书画展、歌唱比赛、才艺展演等活动丰富在校老同志文化生活。按照“加大投入、设施齐全、示范引领、服务一流”的目标，不断加大老年大学阵地建设和管理力度，改善办学条件，精心组织老干部开展各项学习活动。7月初，为庆祝中国共产党成立95周年，区老年大学在区委党校举办了全区第三届老年大学书画作品展。本次书画作品展展出的80余幅作品全部来老年大学的师生，展示了老同志热爱祖国、热爱党、热爱社会主义的深情厚意，同时也展示了老同志老有所学、老有所乐、热爱生活的精神风貌。积极探索社区老年大学办学模式，提高办学水平，2016年以来多次组织老年大学师生到广场社区老年大学分校、念慈老年大学分校开展活动，交流互动，取得了良好的效果。

【老干部文体活动】 东昌府区委老干部局联合区老年体协等涉老单位每年定期举办老年门球、太极拳、空竹比赛等活动，丰富了老干部的精神文化生活，特别是作为“老年门球之乡”，每年举办老年春、秋门球联赛，2016年共举办各类门球比赛上百场。城区老年活动团体经常组织文体活动，各社区自发组织的老干部文体社团活动踊跃，由离退休干部自发组织，练习秧歌、扇子舞等文艺节目，到人民广场，水城广场、公园等地方进行义务演出，同时每年8月消夏晚会，社区老年文艺团体义务进行演出，让人民群众看到老干部们的健康活力。2016年，继续扩大老年健身活动规模，开展了全区第三届“魅力东昌、舞动乡村（社区）”中老年健身舞比赛，本次大赛覆盖了全区12个镇（街）、2个园区，25支队伍进入决赛，评出一、二、三等奖并颁发奖牌和奖品，现场观众累计数万人，在全区形成了全民健身的浓厚氛围，力争将健身舞比赛打造为全区知名品牌，提高群众参与程度。

【老干部工作组织领导及队伍建设】 东昌府区老干部工作以党委、政府为主导，一是认真贯彻落实党中央、国务院关于老干部工作的指示、方针、政策，并结合本地实际，制定老干部事业发展规划和政策；二是在规划和政策具体实施过程中，负有监督检查的职责；三是确保财政投入，将老干部事业经费纳入政府财政预算，建立老干部事业经费投入的增长机制，使离退休干部更好地共享经济社会改革发展成果。区委组织部长是老干部工作第一责任人，区委组织部副部长兼任区委老干部局局长，联合组织部、宣传部、财政局、人力资源和社会保障局、卫生局等部门“齐抓共管”。各乡镇、街道办事处、区直各单位老干部科、老干部分管人员的业务能力水平，老干部工作重视程度都有很高要求，每年都对其进行工作考核及评比，对先进单位和个人进行通报表扬。2016年，东昌府区委老干部局按照区委总体安排和部署，以“两学一做”学习教育为主线，夯实“学”这个基础，紧抓“做”这个关键，强化措施，狠抓落实，不断提高老干部工作服务水平，组织全体党员集中学习了《党章》《廉洁自律准则》等规章制度，围绕“如何做党和人民需要的好干部”等专题进行了学习研讨，夯实了党员干部职工的思想基础。积极开展“党员进社区”活动，参与开展了“礼让行人、关闭远光灯、做文明好司机”公益活动，与站前社区紧密合作，收到了良好的活动效果。

（区委老干局　张超）

接待工作

【业务学习】 全区公务接待系统高度重视自身建设，始终坚持周一例会制度，定期组织接待人员进行理论知识和业务学习，多渠道提高接待人员的业务素质和知识水平，努力培养和造就一支能力强、业务精、服务优的接待队伍。具体工作中，按照“内抓管理，外促服务”的工作思路，在转变观念上下功夫，在提升接待水平上做文章，努力开创接待工作新局面。

【完善机制】 严格执行《东昌府区党政机关国内公务接待管理办法》规定，坚持勤俭办事业，做到对能够合并的公务接待统筹安排，对非公务活动不接待、无公函活动和来访人员不予接待、区内活动及无主要领导审批不予接待，并严格接待纪律，工作日午间一律不准饮酒，做到公务接待制度化、规范化。

【业务指导】 海源阁招待所（区机关招待所）作为区直机关的定点接待单位，承担着全区的大型会议及接待任务。一年来，区接待办不断加强对海源阁宾馆的业务指导，确保接待服务质量。海源阁宾馆主动适应新常态，多渠道加大投入，加强内部管理，主打旅游美食品牌，丰富文化内涵，不断提高菜品质量及服务水平，既满足了公务接待需求，又促进了经济效益和社会效益提高。

（区接待办　任志刚）

机要工作

【概况】 2016年，东昌府区委机要局紧紧围绕区委工作大局，切实提升政治意识、责任意识、核心意识、服务意识，认真做好密码安全保密、电报译传办理、通信技术保障和信息化密码保障等有关工作。严格加强密码管理，积极开展密码安全保密大检查，在全区普及安全保密教育。进一步升级扩容和健全完善密码通信主渠道网络、设备、线路，优质高效完成密码通信任务，全年共传输办理各类电报19000多份，其中密码电报357份，明传电报273份，未出现任何疏漏和差错。切实加强密码人员管理，进一步锤炼锻造“一专多能”型人才队伍，继续抽调业务骨干参加区委办公室和市委机要局多岗位学习锻炼活动，组织开展公文写作、业务文章投稿和演讲比赛等活动。切实强化领导班子建设，深入开展了“三严三实”专题教育和“两学一做”学习教育活动，全面提升党员领导干部的对党忠诚意识、爱岗敬业意识和为民服务意识。2016年各项工作取得显著成绩，区委机要局被市委机要局评为“全市机要工作先进单位”，1人被评为“全市机要工作先进个人”。

【信息化保障建设】 发挥商用密码服务优势，进一步强化通信技术保障能力，认真管理维护全区安全公文传输系统。2016年在传输平台共发电报403份，折合2027页。切实加强网络、线路日常巡检工作，及时排除故障隐患，确保区镇纵向传输平台安全畅通运行。对各镇、街道（园区）通信专管人员进行了全方位技术培训，指导熟练操作计算机设备，排除简易故障，提升了专管人员综合技能。严格落实各项保密规章制度，进一步健全完善监管措施，切实加强对使用单位的安全保密检查，签订安全保密责任书，为商用密码使用管理工作保驾护航。

按照上级要求，积极做好市县党委视频会议系统建设工作。经多方筹措资金购买设备，抽调专门技术力量安装调试网络、线路，2016年6月成功开通视频会议系统并投入试运行，为市区党委机关视频通信提供全方位技术保障。

（区委机要局　张震）

稳定工作

【概况】 2016年，区维稳办按照区委、区政府要求，在区委办公室的正确领导下，紧紧围绕“加快经济发展，维护社会稳定”这一主题，全面树立“发展是第一要务，维稳是第一责任”的思想，按照“控打结合，以控为主”的工作思路，抓基层、抓基础、抓队伍、抓创新，全区社会稳定工作呈现良好发展态势。今年以来，共编发《维稳简报》10期，下发传真电报20余篇，办理密码电报51份，办结率100%。全年共接待来区访22起，100余人次；参与到市接访20余次，200余人次；成功化解梳理了矛盾纠纷，维护了全区的稳定大局。

【“三位一体”帮包责任制】为增强在敏感时期做好重点信访案件、重点群体及重点人员稳控工作的责任感，进一步落实东昌府区对重点信访案件、重点群体、重点人员的帮包责任制。区委决定对梳理出的重点信访案件的涉案人员、重点群体中的重点人员实行主管部门、所在乡镇（街道）、辖区派出所共同帮包“三位一体”的帮包责任制。主管部门主要负责同志、镇（街道）党委书记、辖区派出所长为第一责任人；各部门分管负责同志为直接责任人。敏感时期对这部分人员的稳控工作，有所在镇（街道）牵头，主管部门及辖区派出所积极配合共同做好工作。

【矛盾纠纷排查工作长效机制】对存在重大群体性事件潜在诱因的重点地区、重点单位和重点人群，我们实行定期排查制度，对排查出来的问题，我们盯紧靠上，归口调处，督促责任单位及早化解。全国“两会”期间，为确保全区的稳定大局，我们分别及时下发了相关通知，对全国“两会”期间的维护社会稳定工作进行安排部署。坚决防止发生进京滋事事件，维护了全区社会稳定。

【重点人员防控】对长期无理上访、缠访的重点人员和军队退役人员中长期组织串联的核心人员，建立了信息库，逐一实行档案管理，牢牢把握工作主动权。对于这部分人员，我们把解决实际问题与做好思想教育工作结合起来，切实抓紧抓好他们的稳定工作。加强对这部分人员的监控，督促公安机关情报部门集中警力，对核心人物实施全程监控措施，做到他动我知，及时掌握内幕性、苗头性信息。督促其责任单位实行“五包一”措施，做到他动我知，及时掌握内幕性、苗头性信息。全国“两会”期间对重点人员责任单位实现一天两调度，确保不出问题。对于部分军队退役人员反映的个案问题，区维稳办有关负责同志单独与其见面，讲清政策并做好思想工作，切实解决他们的后顾之忧。有效地稳定了军队退役人员、退养民师、人民公社时期农机手、银行系统买断人员等特殊人群的情绪，把他们稳控在当地，未出大的问题。

【信息搜集】按照上级要求，我们注意发现和善于发现各种不安定因素，早控制、早解决，最大限度地把矛盾解决在基层、解决在萌芽状态。配合有关部门不断建立完善信息搜集网络，努力搜集各类情报信息，及时发现影响稳定的“燃火点”。对可能出现的各种情况和问题，做到心中有数、未动先知。遇有紧急情况，迅速向区有关领导汇报，确保区领导同志及时掌握事态发展。今年以来，共处理不稳定信息32件，处置率100%。

【工作日志制度】为更好的做好情报信息搜集，理顺工作，维稳办建立了工作日志制度。工作人员坚持24小时值班的同时，把每天所做的工作全部记录在案，尤其是上级来电来文精神和各镇办事处、区直部门上报的不稳定因素，以及各种事件的处理情况，促进了工作的开展。

【应急准备工作】维稳办结合工作实际，做好应对各类突发事件的准备，明确了组织领导。维稳办负责协调调度工作，确保一旦出现问题，发生群体性、突发性事件，能够做到快速反应、有效处置，迅速控制和平息事态。努力提高应急处理能力，把损失和影响降到最小的程度，防止矛盾激化，小问题酿成大事端。

【风险评估】按照《东昌府区社会稳定风险评估办法》规定，维稳办督促全区各镇（街道）、工业园区，区直有关部门建立健全《社会稳定风险评估机制》等各项风险评估制度，并在全区范围内稳步开展了重大事项的社会稳定风险评估活动。2016年，按照《社会稳定风险评估办法》的程序会同有关单位对东昌府区重点项目、重点工程、重要活动等重大事项，实施过程中可能出现的社会稳定风险，实现了先期预测、先期评估，先期化解，做到重大事项的开展合情合理合法，着力在源头上预防和控制重大事项实施引发的社会稳定问题。全年东昌府区的重点项目、重点工程、重大活动等重大事项未引发大的矛盾和事端，确保了东昌府区稳定大局。

【值班备勤】维稳办坚持24小

时值班制度，密切关注社会动态，维稳办负责同志亲自带班，坚守岗位，保证信息上下畅通无阻。并定期对军队退役人员、退养民师、人民公社时期农机手等特殊群体和信访、社会治安、法轮功等邪教组织、安全生产等方面的突出问题加强调度，发现不稳定苗头，及时督促责任单位尽快解决。全区将“零报告”制度纳入长效机制，各镇、街道、区直有关部门排查本辖区、本单位的不稳定因素，每天下午3点前向维稳办书面报告，有情况报情况，无情况报平安，发现问题及时处置。

【敏感时期值班工作】 为确保全区的稳定大局，敏感时期维稳办从民政局、信访局、公安局等部门抽调人员赴北京值班，各镇、办事处在火车站、汽车站安排24小时值班。严格排查东昌府区进京人员，发现可疑人员及时控制，全力做好上访人员的劝返工作，严防发生东昌府区人员进京滋事丢丑事件。区维稳办坚持定期不定期对值班人员进行全天候抽查，发现问题及时纠正。今年以来，共安排“两站”值班3次，抽调值班人员72人次。值班人员成功在火车站劝返企图进京非正常上访人员5起，26人次，及时为东昌府区消除了隐患，确保了东昌府区的稳定大局。

为确保全国“两会”期间不发生东昌府区人员滋事丢丑事件，全国“两会”期间由信访局主要负责同志带队，分别从公安局、民政局等单位抽调精干力量组成值班小组，赴北京值班，查找劝返东昌府区非正常上访人员。驻京值班同志在时间长、情况复杂、条件艰苦、困难较多的情况下，发扬顽强拼搏、敢打硬仗、迎难而上的精神，认真负责，团结协作，扎实工作，出色的完成了值班任务，受到了市有关部门的高度评价和区委领导的肯定。切实发挥了首都“护城河”的作用，守住了东昌府区最后一道防线。

（区维稳办　刘之民）

扶贫工作

【概况】 2016年，东昌府区扶贫办坚持“一二三四五”工作思路（即：牢牢把握精准这一要义，紧紧围绕2017年省定贫困村全部“摘帽”和贫困人口全面脱贫两个任务，积极做好信息数据、基础设施、资金管理使用三篇文章，着力强化党建筑基、产业引领、行业帮扶、全民参与四项举措，建立健全工作责任体系、扶贫工作日、党委书记述职、“3+1”帮扶、督查考核五大机制），抓重点、破难点、创亮点，脱贫攻坚工作取得一定成效。至2016年底，全区共减贫13321人、23个贫困村实现摘帽，被评为“2016年度全市脱贫攻坚工作先进县（市、区）”。

【精准识别和扶贫对象动态调整】 2016年初，组织专门力量重新对贫困人口进行逐户识别，切实做到镇不漏村、村不漏户、户不漏人。对遗漏和返贫的进行重新纳入，对弄虚作假的坚决予以剔除，对脱贫的及时销号，做到动态管理。集中精力做好建档立卡工作，完善数据信息，确保了建档立卡数据的真实性、准确性。同时，根据每个贫困户的致贫原因“私人制定”帮扶措施，全部建立了“一村一档”“一户一档”。通过精准识别，全区共有建档立卡贫困户9920户，贫困人口20373人，其中低保户6221户、11855人，五保户853户、942人。丧失或无劳动能力人数12965人，占比61.68%；因病致贫人数13391人，占比63.37%；因残致贫人数741人，占比3.52%。

【贫困村产业项目】 2016年，全区41个贫困村利用省、市、区专项产业扶贫资金1230万元，发展光伏发电、养驴及养殖场建设、猪舍建设、土鸡养殖、非洲雁养殖、食用菌大棚建设及苗木种植等项目47个，目前所有项目已完工并已进行第三方验收。此外，2016年东昌府区利用特色种养加基金275万元，共建设14个扶贫养驴场，可带动600户贫困户脱贫致富。

【行业扶贫工作】 对照全区脱贫攻坚重点任务分解表，整合各行业的部门优势资源，做好行业扶贫工作。一是实施贫困村公路建设项目。2016年共建设全区41个省定贫困村共61.7公里的村内道路。二是全面完成贫困户危房改造项目。加大资金投入，加快贫困户危房改造进度，按照每户60平方米造价约计3.2万元测算，危房改造项目补助资金约计1.2万元，剩余资金缺口区镇各承担一半。通过“农村贫困户危房集中改造月”，全区378户贫困户危房改造在全市全面率先完成。三是实施贫困村饮水工程建设项目。斗虎屯、堂邑、道口铺和沙镇4个镇街6个贫困村的自来水管网升级改造工程已全部完成，共铺设管道11.44千米，建设水井房7座，设备房2座，闸门井18座，水表井196座。四是推进农村教育项目建设。大力实施农村义务教育薄弱学校改造计划，2016年优先建设了覆盖8个贫困村的沙镇镇黄屯小学等5个薄弱学校项目。同时，新建和改扩建了斗虎屯三山幼儿园等贫困村幼儿园5所，实现了贫困村幼儿教育全覆盖，贫困村学生上学难问题得到改善。

【金融扶贫工作】 2016年区级财政安排1000万元财政专项资金开展扶贫贷款融资增信。经过与聊城市财金扶贫融资性担保有限公司协商并且签订资金代管协议，交付1000万元金融扶贫风险补偿金由财金公司代管，财金公司为区内企业提供银行贷款担保的放大规模为风险补偿金规模的10倍来开展金融扶贫贷款业务的担保工作。2016年，对全区所有符合银行贷款条件的贫困户进行了摸底，共对76户符合条件的贫困户进行了评级授信，为31户贫困户发放“富民农户贷”，共计116.5万元，发展养鸡、蔬菜大棚种植等项目；共为10家企业发放“富民生产贷”，共计2150万元。

【企业下乡扶贫】 出台和落实多项优惠政策，积极发动企业参与脱贫攻坚。2016年，全区共有130余家企业以各种方式参与进来，通过产业带动、吸引劳动力就业、投身公益事业等模式，无偿捐赠款物折合人民币200余万元，吸纳就业1500余人，协议流转土地20000余亩。

（区扶贫办　路浩）

送岗位助脱贫　（2月　摄）

东昌府区人民代表大会

综　　述

【概况】 2016年，区人大常委会在中共东昌府区委的领导下，深入学习贯彻党的十八大和十八届三中、四中、五中、六中全会精神以及习近平总书记系列重要讲话精神，坚持党的领导、人民当家做主、依法治国有机统一，自觉服务改革发展大局，履行宪法和法律赋予的职责，先后召开常委会8次，听取审议“一府两院”工作报告、汇报53项，开展视察、调研、执法检查12次，依法任免国家机关工作人员38名。顺利完成了2016年区乡人大代表换届选举工作，共选出区人大代表351名。代表结构进一步优化，顺利实现了一线工人、农民和妇女的比例有所上升，党政领导干部的比例有所降低，少数民族的比例得到保证的“两升一降一保证”的目标，为代表大会的胜利召开奠定了坚实基础。区人大机关获得山东省人大常委会办公厅山东人大工作宣传先进单位，山东省档案工作科学化管理先进单位。

3月27日，东昌府区第十六届人民代表大会第五次会议第一次全体代表大会

5月18日，区人大机关“两学一做”学习教育动员会召开

【东昌府区第十六届人民代表大会第五次会议】 东昌府区第十六届人民代表大会第五次会议2016年3月27−29日，在东昌宾馆召开。出席代表341人，列席78人。会议听取审议了东昌府区人民代表大会常务委员会、东昌府区人民政府、东昌府区人民法院、东昌府区人民检察院工作报告，审查批准了东昌府区国民经济和社会发展第十三个五年规划纲要、东昌府区2015年国民经济和社会发展计划执行情况与2016年国民经济和社会发展计划草案的报告、东昌府区2015年财政预算执行情况和2016年财政预算草案的报告，表决通过了对各项报告的决议。大会听取并审议聊城江北水城旅游度假区、经济技术开发区和高新

区工作的报告。会议期间收到代表议案、建议、批评和意见43件。

【东昌府区第十六届人民代表大会常委会会议】 2016年，共召开8次常委会。会议主要审议通过了区人大常委会2016年工作要点，审议区政府关于社会治安、商业、民族宗教、物资、城乡义务教育均衡发展、服务业、政务服务、食品药品安全、民生实事、农村公路建设、农机深松作业、民政、新型城镇化、新型工业化、卫生、市场监督管理、外事侨务工作、妇女儿童发展“十二五”规划实施、2016年上半年国民经济和社会发展计划执行情况、2016年上半年预算执行和2015年财政决算的报告。作出了东昌府区人民政府关于批准2015年区财政预算调整、将地方政府债券纳入财政预算并进行预算调整、缤纷日月城等重点棚改项目申请政策性贷款、申请中国农业发展银行棚户区住房改造项目专项贷款的决定。审议通过东昌府区人大常委会2016年度对部分政府部门、部分驻东昌府区垂管单位进行工作评议的实施方案，对推选出的10个部门开展评议工作。共任免国家机关工作人员38名。

【人事任免】 2016年4月20日，东昌府区第十六届人大常委会第三十六次会议决定：任命于丙凯为东昌府区交通运输局局长；史兆国为东昌府区文化广电新闻出版局局长。免去李玉堂东昌府区交通运输局局长职务。

2016年5月26日，东昌府区第十六届人大常委会第三十七次会议决定：免去杨道波区人民法院审判员、审判委员会委员、副院长（挂职）职务；免去许继周、陈惠华、徐金宝、田凤波、赵庆生、邓长岱、王玉成、赵传福、武希华、隋德臣、晋广余、李焕庆、李卫昌、肖继伟、刘继会、郭书星区人民法院审判员职务。

2016年9月29日，东昌府区第十六届人大常委会第四十次会议决定：任命张凡红为东昌府区食品药品监督管理局局长。任命孙锐为东昌府区人民法院嘉明人民法庭庭长；林孟良、张福涛为东昌府区人民法院嘉明人民法庭副庭长。免去孙锐东昌府区人民法院民事审判第一庭庭长职务。任命石黎明、杨乃业为东昌府区人民检察院副检察长；赵秋菊为东昌府区人民检察院检察员。免去杨中华、田子国、王小书东昌府区人民检察院检察员职务。

2016年12月14日，东昌府区第十六届人大常委会第四十二次会议决定：接受毕黎明辞去东昌府区人民政府区长职务，接受黄性利辞去东昌府区人民政府副区长职务。刘培国代理东昌府区人民政府区长职务，贾相云任东昌府区人民政府副区长。

【代表工作】 常委会根据工作要点安排，指导各代表小组制定活动计划，提出活动内容建议，指导乡镇、街道人大组织代表开展学习、视察、检查、评议等，丰富了活动内容，创新了活动形式。坚持邀请人大代表列席常委会会议，参加常委会组织的重大活动，采用分区组织代表开展视察、代表小组联合调研等各种方式开展代表小组活动，组织代表参加民主评议、旁听法院庭审等，丰富代表履职内容，拓宽代表知情知政渠道。组织驻东昌府区的省、市人大代表举行代表小组活动，开展调研、学习有关法律法规，相互交流各自开展本职工作和履行代表职责的情况，提出意见和建议。

【坚持人大代表联系制度】 常委会组成人员坚持分工联系代表等制度，通过开展走访代表活动，了解代表的工作生活情况，协调解决代表在执行职务中遇到的困难，并于每年8月、9月召开代表分片座谈会，进一步密切了与代表的联系，广泛听取了代表的意见和建议。

【代表议案、建议、批评和意见的办理】 2016年，常委会坚持100%办复率为督办目标。转交建议、批评和意见，认真督办，跟踪落实，逐步解决一些难点、热点问题。坚持代表参与督办制度，通过代表参与现场办理，有关部门现场向代表介绍建议办理落实方案或做好法律法规和有关政策的解释工作，加强了代表与部门的交流和沟通，增强了为民办实事、办好事的自觉性。2016年人大代表在区十六届人大五次会议期间代表提出的建议、批评和意见43件，交由政府系统承办的28件，占办理总数的65.1%，共有12个部门和单位承担了办理任务，全部予以办理或答复，面复率达到100%，代表满意率、基本满意率达到97.7%。

【法律监督】 2016年，区人大常委会先后组织常委会委员和人大代表，有重点地对《社会保险法》

《森林法》《环境保护法》《母婴保健法》4 部法律法规实施情况进行执法检查，确保了法律法规在东昌府区的贯彻实施，有力地推动了依法行政、依法治理。

2016 年，区人大常委会督促区政府推进法律“六进”活动，在全区干部中进行法律知识考试，巩固拓展“六五”普法宣传教育的成果，批准东昌府区 2016-2020 年依法治区规划，作出关于在全区公民中开展第七个五年法治宣传教育的决议，营造了尊法守法学法用法的社会氛围，社会法制化管理水平有了新的提高；听取审议了区法院、区检察院上半年工作汇报和司法工作情况汇报，要求两院和司法局在工作中筑牢司法公正的思想根基。组织人大代表和有关人员旁听区人民法院的庭审活动，督促法院进一步完善人民陪审员制度；进一步完善规范性文件备案审查工作流程，依法审查区人民政府报备的规范性文件 7 件，确保了法制统一；重视和加强信访工作，维护群众合法权益，共接待各类信访案件 64 件次，承办省市人大转办信访件 4 件，做到转办、交办、催办、督办、反馈五落实，为维护群众合法权益、化解社会矛盾、保持社会和谐稳定发挥了积极的作用。加强法制宣传教育，从 2016 年施行新任命的国家机关工作人员宪法宣誓制度，弘扬宪法精神，增强公职人员宪法观念。

【组织代表开展对政府组成部门评议工作】 常委会创新工作评议，促进依法行政。2016 年 7 月 5 日东昌府区第十六届人大常委会举行第三十八次会议，听取区政府办公室、科技局、民宗局、商务局、文广新局、统计局、市场监督管理局 7 个政府部门和东昌府区烟草专卖局、住房公积金管理部、聊城市市区国税局 3 个垂管单位工作汇报，并进行工作评议。被评议的 10 个部门和垂管单位均被评为人民满意单位，评议结果通过媒体向社会公布，注重整改与反馈。

【推进“一会四区”人大工作高度融合】 常委会深入贯彻落实中央和省市关于推动县乡人大工作完善发展的有关精神，加强对乡镇街道人大工作的指导，规范工作方式方法，完善工作程序机制，促进基层人大工作水平整体提高。常委会组织区乡代表专题视察三个市属开发区工作，促进“一会四区”人大工作的高度融合和整体推进。并在人代会上书面印发三个市属开发区的工作报告，以便代表审议。常委会高度重视基层人大工作，全力推进乡镇街道人大规范化建设，增配办公设备，定期召开例会，总结交流工作，安排部署相关事项，推动县乡两级人大工作联动开展。常委会副主任分别带领有关委室分片联系乡镇街道、召开代表座谈会，指导闭会期间乡镇人大和基层代表组织的日常工作。常委会对事关全局的视察、执法检查、调研等重大监督活动，上下联动、整体推进，得到了市属开发区党工委、乡镇街道党委和人大组织的大力支持与积极配合，形成了工作合力。

【重要文件选目】

东昌人字〔2016〕第 2 号 关于表彰 2015 年度优秀区人大代表和优秀区人大代表建议的决定

东昌人字〔2016〕第 5 号 东昌府区人民代表大会常务委员会关于批准《东昌府区人民政府关于 2015 年度财政预算调整的报告》的决定

东昌人字〔2016〕第 6 号 东昌府区人民代表大会常务委员会关于批准《东昌府区人民政府关于 2015 年东昌府区政府债务限额情况的报告》的决定

东昌人字〔2016〕第 7 号 东昌府区人大常委会关于批准《东昌府区人民政府关于缤纷日月城等重点棚改项目申请政策性贷款的报告》的决定

东昌人字〔2016〕第 11 号 东昌府区人大常委会专题询问办法

东昌人字〔2016〕第 12 号 东昌府区人大常委会专题询问食品安全问题实施方案

东昌人字〔2016〕第 14 号 东昌府区人大常委会关于批准《东昌府区人民政府关于申请中国农业发展银行棚户区住房改造项目专项贷款的报告》的决定

东昌人字〔2016〕第 16 号 东昌府区人大常委会 2016 年度对部分政府部门、部分驻东昌府区垂管单位进行工作评议的实施方案

东昌人字〔2016〕第 17 号 东昌府区人大常委会关于批准东昌府区人民政府通过安泰公司发行债券解决“五环工程”资金问题的说明

东昌人字〔2016〕第 23 号 东昌府区人民代表大会常务委员会关于批准《东昌府区人民政府关于将地方政府债券纳入财政预算并进行预算调整的报告》的决定

东昌人字〔2016〕第 24 号 东昌府区人民代表大会常务委员会关于批准《东昌府区人民政府关于

2016年东昌府区政府债务限额情况的报告》的决定

东昌人字〔2016〕第29号 东昌府区人大常委会关于《东昌府区2016-2020年依法治区规划》的决议

东昌人字〔2016〕第36号 关于对聊城市东昌府区人民检察院《关于首批员额检察官履行法律程序的报告》的批复

东昌人办字〔2016〕第5号 东昌府区人大机关关于报送《东昌府区人大机关公务用车制度改革实施方案》的报告

人大各专门委员会

【教科文卫工作委员会】 5月10日，区人大常委会副主任刘继光带领检查组，对全区《母婴保健法》贯彻实施情况进行了执法检查，区政府副区长郭海英及区卫计局负责同志陪同活动。检查组先后实地察看了东昌府区中医院、沙镇中心卫生院、东昌府区第二人民医院以及东昌府区妇幼保健院，详细了解全区贯彻实施《母婴保健法》情况，召开座谈会，听取了区卫计局的工作情况汇报。检查组对全区《母婴保健法》贯彻实施情况给予了充分肯定，并提出了建议和意见。

5月17日，区人大常委会副主任刘继光、郭振明、赵化玉以及部分常委会委员和代表，对全区城乡教育均衡发展情况进行了视察。副区长王怀福及教育局等有关部门的同志陪同活动。视察组先后实地查看了堂邑镇刘庄小学、堂邑中学、第二实验小学、滨河实验学校，通过听、查、看等方式，详细了解全区城乡教育均衡发展情况，召开座谈会，听取了区教育局的情况汇报。各位常委会副主任、委员和代表对全区教育工作给予充分肯定，就人民群众普遍关心的教育热点问题提出了很好的建议和意见。

10月11日，区人大常委会副主任刘继光率调研组就东昌府区高新技术产业发展情况进行调研。副区长郭海英及区科技局负责同志陪同活动。调研组一行先后来到鑫润达塑胶制品有限公司、山东合力冷冻设备有限公司、南方高科智能科技有限公司、三阳环保产业有限公司等企业实地查看，并与企业负责人进行交谈，详细了解公司业务和科技创新情况。召开座谈会，听取了区科技局情况汇报。调研组对全区高新技术产业发展情况给予肯定，并提出了建议和意见。

【财政经济工作委员会】 为进一步规范社会保险关系，切实维护职工参加社会保险和享受社会保险待遇的合法权益，保障和改善民生，促进全区经济社会健康发展，根据区人大常委会2016年工作要点安排和主任会议研究意见，5月5日，区人大常委会副主任赵化玉带领部分委员及代表，就2016年全区《中华人民共和国社会保险法》的贯彻执行情况进行检查。检查组一行先后实地察看了区人社局服务大厅、五星百货、区妇幼保健院、昌裕集团等几家单位的工作情况，在随后召开的座谈会上，听取了区政府关于全区今年以来《社会保险法》贯彻执行情况的汇报，并且检查组分别就加大《社会保险法》的学习宣传教育力度、强化社保基金监督管理、提高社会保险工作队伍的整体素质和服务水平等方面讲了意见，进一步促进了《社会保险法》在全区的顺利实施。

为及时全面了解全区第三产业发展情况，5月，提请人大常委会听取审议了区政府关于全区服务业发展情况的汇报，并对全区第三产业发展情况进行了调研。调研组分别就加大对第三产业发展的规划设计、优化第三产业的内部结构、细化第三产业考核体系等方面提出意见，形成了调研报告，并以人大工作的形式印发，报送区委、区政府参阅，为区委、区政府的相关决策提供了有力参考，促进了全区第三产业健康持续发展。

为全面了解全区金融业发展情况，规范金融市场，根据区人大常委会2016年工作要点安排和主任会议研究意见，由部分常委、代表及区人大办公室、财经工委的同志组成调研组，在区人大常委会副主任赵化玉的带领下，8月23日，对东昌府区金融业发展情况进行了调研。调研组一行先后实地察看了招商银行聊城振兴路支行、山东省聊城市农合亿沣蔬粮种植专业合作社、聊城市东昌府区富民农业科技专业合作社等单位。在随后召开的座谈会上，听取了区政府关于全区金融业发展情况的汇报，并且调研组分别就加大金融监管力度、优化金融生态环境、建立健全农村金融体系等方面讲了意见，进一步促进了全区金融业的全面健康发展。

按照东昌府区人大常委会2016年工作要点安排，针对“一会四区”的实际情况，为充分发挥“四区”人大代表的监督作用，进一步提高其履职能力，切实实现人大工作在“四区”的全覆盖，促进当地经济社会发展，根据区人大常委会2016年工作要点安排和主任会议研究意见，由区人大常委会主任及各位副主任、部分委员组成考察组，在区人大常委会主任王奎龙的带领下，于11月4日考察了旅游度假区经济社会发展的情况，考察组一行先后实地察看了度假区的端庄民生四号院、陈屯棚户区改造项目、刘道之村旅游观光园、观堂广场等六个项目，在随后召开的座谈会上，听取了度假区关于2016年度经济社会发展情况的汇报，并且视察组分别就优化产业结构、提升城镇面貌、发挥好区位优势等方面讲了意见，进一步促进了度假区经济社会的健康持续发展。

为及时了解东昌府区2016年度招商引资工作情况，促进全区经济平稳较快发展，根据区人大常委会2016年工作要点安排和主任会议研究意见，由区人大常委会主任及各位副主任、部分委员组成考察组，在区人大常委会主任王奎龙的带领下，11月9日，对全区2016年度招商引资工作情况进行了考察。考察组一行先后实地察看了国环污泥处理厂、宏达制罐、福和现代农业观光园、金华车业制造厂、城南污水处理项目五家企业。在随后召开的座谈会上，听取了区政府关于2016年全区招商引资情况的汇报，并且考察组分别就增强全区的招商意识、创新招商方式、优化服务和招商环境等方面讲了意见，进一步促进了全区招商工作顺利开展。

【法制工作委员会】 5月27日，为了解东昌府区社区矫正工作情况的现状，法工委组织区人大常委会部分委员及人大代表到司法局对全区社区矫正工作进行了考察。考察组先后实地察看了闫寺司法所、东昌府区社区矫正基地和侯营司法所，通过观看课件，现场观摩，听取介绍等方式，详细了解了全区社区矫正工作开展情况。东昌府区社区服刑人员重新犯罪率一直控制在0.2%以下，低于全省1%的控制指标，为维护东昌府区社会和谐、稳定作出了积极贡献。

9月1日，根据山东省及聊城市关于三级人大联动对司法工作开展监督的要求，法工委组织部分常委会委员对东昌府区人民法院上半年工作情况及行政审判工作情况进行了考察。考察组一行首先旁听了一起行政案件的庭审，对主审法官娴熟的庭审驾驭能力、规范的庭审操作技巧，以及行政机关负责人主动出庭应诉，给予了充分好评。区法院紧紧围绕全区工作重心，在执法办案、审判管理、司法改革、法院建设等方面推出了不少创新举措，为促进全区经济发展和社会和谐稳定，提供了有力的司法保障。

【规范性文件备案审查工作】 根据《山东省各级人民代表大会常务委员会规范性文件备案审查规定》的有关规定及市人大有关指示要求，区人大常委会认真履行职责，依法开展规范性文件的备案审查工作。2016年东昌府区人大常委会共收到报送备案的文件7件，其中区人民政府报备的文件共3件，区政府办公室报备的文件共4件。经审查，报送的文件属于规范性文件，予以备案登记。2016年底，对全年接收的规范性文件进行整理，并根据市人大内司委的通知要求，将规范性文件备案审查情况进行上报。

【农村经济工作委员会】 5月5日，区人大常委会主任王奎龙带领检查组对东昌府区贯彻实施《森林法》情况进行执法检查，副区长刘光涛及有关部门负责人陪同活动。检查组一行先后实地查看了聊郑路防护林，云朵葡萄庄园，惠民景观园林，聊冠路路肩绿化，闫寺农田林网等地，随后召开了座谈会，听取了区林业局就林业执法及行政审批的情况汇报。检查组提出在当前形势下区林业工作一定要适应新常态，引领新常态，要有效的提升对林业商户及群众的服务。6月29日，区人大常委会副主任王章带领调研组对东昌府区现代农业发展的情况进行了调研，区农业局及相关部门负责同志陪同了活动。调研组一行通过实地查看，现场座谈，听取汇报的方式调研了东昌府区农业方面龙头企业发展、农业基地建设推进、农业效益全面提升、农业科技创新的方面的情况及问题，提出了意见与建议，形成了调研报告。7月22日，区人大常委会主任王奎龙带领部分委员组成的考察组，对全区水利工作进行考察，副区长刘光涛陪同了活动。考察组先后实地察看了区农村供水中心，侯营镇路域提升沟渠、桥涵施工现场，张炉集2016年小农水项目区，道口铺街道（侯庄）路域提升沟渠、桥涵施工，区防汛物资仓库、道口铺供水厂，区水务局农村饮水安全水质检测中心等地，并召开了座谈会，听取了汇报。考察组提出要把水利建设工作放在重要位置，搞好规划，统一使用水资源，水利部门要统筹规划全区工农业生产、生活用水，合理分配、正确使用水资源，发挥水资源最大效益，合理科学地发挥水资源效益。

【城建环保工作委员会】 1月上旬，按照区人大常委会要求，城环工委会同财经工委组成调研组，分别对东昌府区第三产业发展情况以及房地产业发展情况进行了认真深入的调查研究，通过深入实地查看，收集到了真实、详尽的第一手材料，形成了《发挥优势 做大做强第三产业》《东昌府区房地产业发展现状分析及建议》两篇调研报告，并提出了积极建议，为常委会更好地依法履职、服务社会提供了理论基础。5月10日，区人大常委会副主任郭振明带领检查组，对东昌府区贯彻实施《环境保护法》情况进行执法检查。区政府相关部门负责人陪同活动。检查组一行先后实地察看了立海冷藏污水治理、嘉明工业园污水处理厂、国环垃圾发电厂及餐厨垃圾处理等项目。在随后召开的座谈会上，听取了区环保分局主要负责人就全区《环境保护法》贯彻实施情况的汇报。检查组充分肯定了东昌府区贯彻实施新《环境保护法》工作取得的显著成绩，并就下步工作讲了重要意见：一是进一步加大对环保法律法规的宣传贯彻力度。二是加快环境保护基础设施建设，尤其加快排污管网建设进度，力争早日实现工业废水和生活污水全部入管网集中处理。三是进一步加强环境综合治理，集中精力解决好影响环境质量的突出问题。四是加强环保监察队伍建设，配足配齐环境检测设备，切实提高执法能力和水平。10月21日，区人大常委会副主任郭振明率调研组就东昌府区安置房建设工作进行调研，区委副书记刘培国参加。区住建局主要负责人陪同活动。调研组一行先后实地查看了集贤新村、姚庄、唐庄、王宅、郑坑、墩台王6个回迁安置房建设现场，详细了解了项目进展情况。在随后召开的座谈会上，听取了区住建局负责人关于全区安置房建设工作情况的汇报。调研组充分肯定了东昌府区安置房建设工作取得的显著成绩，并就下步工作提出了意见和建议：一是要加大宣传和引导，充分提高群众对安置房建设的认识，取得安置群众的理解和支持。二是要把握政策界限，依法依规进行拆迁和安置。三是要加强监管，确保工程质量，确保让回迁安置群众住上“放心房”“舒心房”。四是要拓宽资金渠道，规范资金使用管理。五是要积极加强与市级规划、住建、国土、供电等有关部门的沟通和协调，充分调动一切积极因素，采取各种有利措施，全力促进东昌府区安置房建设工作稳步推进，确保广大群众实现安居乐业。

【民族侨务外事工作委员会】 10月20日，区人大常委会副主任王章带领调研组就东昌府区旅游业发展情况进行调研。区旅游局及旅游项目负责人陪同活动。调研组一行先后到义珺轩葫芦博物馆、聊城民俗文化陈列馆、龙堤旅游区和天乐庄园进行了实地察看，认为，自从与江北水城旅游度假区分割以来，区政府从零做起，紧抓新机遇，开发新项目，深挖旅游资源，加快产品升级，重新构建了东昌府区旅游新格局。

（区人大常委会办公室　王文亮　李洁）

东昌府区人民政府

综　　述

2016年，东昌府区召开了第十六届人大五次会议，期间毕黎明担任区长。东昌府区人民政府下设区政府办公室、区发展和改革局、区农业局、区经济和信息化局、区住房和城乡建设局、区卫生和计划生育局、区教育局、区科学技术局、区民族宗教事务局、区监察局、区民政局、区司法局、区财政局、区人力资源和社会保障局、区交通运输局、区水务局、区商务局、区文化广电新闻出版局、区审计局、区统计局、区安全生产监督管理局、区食品药品监督管理局、区市场监督管理局22个工作部门。

重要会议

【全区经济形势分析会】 2016年1月19日，全区经济形势分析会召开。会议要求，全区各级各部门和广大干部要以强作风、促发展、惠民生、保稳定为工作主线，以积极作为、科学务实、速质并举、争先进位为工作主基调，努力推动全区经济社会实现科学发展、跨越发展。要以积极的心态面对当前形势，积极主动作为。要以科学的方法干事创业，从实处着想，向实处用力。要把发展速度和质量效益放在同等重要的位置抓紧抓好。要按照“单项工作要争先、整体工作要进位”的要求，做到“见第一就争、见红旗就扛”，提高东昌府区在全市的发展位次，推进全区经济社会实现科学发展、跨越发展。

【全区路域环境提升工程调度会】 1月20日，全区路域环境提升工程调度会议召开。会议指出，路域环境提升工程是市委、市政府提出的重要政治任务，是一项重要的民生工程，全区各级各部门要把这项工作切实抓好抓实，保证工作成效。会议强调，要突出工作重点，明确时间节点，扎实推进各项工作顺利开展，对需拆迁建筑物的清理、土地流转、路肩备土及绿化、大田绿化、桥涵翻建、交通秩序整治、路域环境治理、资金筹措等工作进一步加大工作力度，确保按时优质高效地完成各项工作任务。要加强督导，狠抓落实，落实好县级领导定期专项督导制度，实行牵头部门全程负责制度，完善各项督导考核机制，确保路域环境提升各项工作有序进行。

【全区科学发展观摩总结暨经济工作会议】 1月31日，全区科学发展观摩总结暨经济工作会议召开。会议的主要任务是，深入学习贯彻党的十八大、十八届三中、四中、五中全会和中央、全省、全市经济工作会议精神，全面总结2015年经济工作，科学分析当前经济形势，研究部署2016年经济社会发展的各项工作，动员全区各级各部门和广大干部群众进一步提升发展标杆、提升工作标准、提升精神境界，积极作为、科学务实、速质并举、争先进位，确保“十三五”实现良好开局。会议指出，要抢抓发展机遇，加快改革创新，提升工作标杆，勇于担当，推动2016年各项工作实现新突破。要加快转型升级，着力在新型工业化上实现新突破；要突出优质高效，着力加快农业现代化进程；要培植发展新亮点，着力提升服务业发展水平；要大力推进城乡建设，着力加快新型城镇化步伐；要突出创新驱动，着力增强发展的内生动力；要重点推进“五个十大工程”建设，着力扩大优质高效投入；要全面深化改革开放，着力增强经济发展活力；要坚持绿色发展，着力打造美丽东昌；

要坚持共享发展，着力增进人民福祉。

【全区城乡建设管理暨交通工作会议】 4月14日，全区城乡建设管理暨交通工作会议召开。会议强调，要高点定位，规划引领，充分挖掘交通、区位、生态和文化等资源优势，科学编制总体规划。要完善功能，提升品位，着力抓好棚户区改造和教育、医疗、道路、养老、户籍改革等工作，增加公共产品和公共服务供给。要牢固树立“市区一体”大局意识，全力支持配合市城建重点项目建设。要加快城市社区办公用房建设，强化园区基础设施建设，健全公共服务功能，不断增强吸纳力和承载力，努力把园区建设成为优势产业的聚集区、工业转型的示范区。要示范带动，建好村镇，在镇（街道）层面，要突出特色，打造亮点，加快推进斗虎屯镇、堂邑镇、张炉集镇等第二批小城镇改貌工作，积极推进农村新型社区建设；在村级层面，着力抓好村庄绿化、硬化、净化、亮化、美化等工作，突出抓好农村厕所改造工作。关于交通工作，会议强调，要实施好农村公路三年会战，加快农村公路和危桥的升级改造，重点抓好干线公路、镇域公路和“村村通”，特别是41个省定贫困村的道路建设。要开展好为期两个月的集中治理车辆超限超载工作，结合路域环境提升工程，对高速公路、国省道、环城路及道路交叉口进行综合整治，努力打造“畅、安、舒、美”的路域环境。

【区政府廉政工作会议】 4月15日，区政府廉政工作会议召开。会议的主要任务是深入学习贯彻十八届中纪委六次全会和国务院、省政府、市政府第四次廉政工作会议精神，总结过去一年全区政府系统党风廉政建设工作开展情况，安排部署今年的廉政工作，从严治政，依法行政，努力实现干部清正、政府清廉、政治清明。会议指出，要认真分析形势，进一步增强做好政府系统党风廉政建设的责任感和紧迫感。加强政府系统党风廉政建设，事关经济社会发展大局，事关政府形象，事关人心向背。全区政府系统要深入贯彻落实中央和省、市有关会议精神，进一步增强抓好党风廉政建设的责任感和紧迫感，坚决落实全面从严治党主体责任，严守政治纪律和政治规矩，持之以恒改进作风，坚决遏制腐败现象滋生的蔓延势头，努力营造清正廉洁的从政环境。

【全区城乡环卫一体化暨春季绿化观摩评比会】 5月23日，全区城乡环卫一体化暨春季绿化观摩评比会召开。会议要求，要提高工作标准，按照省里的要求，把清理的区域和范围向公路、铁路、水路延伸，对清理后的区域，要及时开展绿化、硬化、净化、亮化、美化工程，防止出现反弹；要加强宣传引导，使城乡环卫一体化工作家喻户晓，真正把群众发动起来。要报道先进典型、曝光突出问题，营造良好氛围；要建立长效工作机制，巩固好整治成果，保持工作的常态长效。关于春季绿化工作，会议强调，要抓好管护工作，采取签订管护合同、拍卖、承包等形式，采取强力措施，切实抓好管护工作，提高保存率。要搞好土地流转，各镇（街道）、园区要充分用活、用足、用好相关政策，确保适宜植树地段全部完成土地流转。

【全区城市管理工作会议】 9月13日，全区城市管理工作会议召开，会议的主要任务是贯彻落实市政府城市管理工作会议精神，回顾总结前期城市管理有关情况，对下步工作进行安排部署，推动城市管理工作再上新台阶。会议要求，要切实增强做好城市管理工作的责任感和使命感，同时要强化措施，严肃问效，确保城市管理各项工作落到实处。要加强领导，落实责任，各级各部门要紧紧围绕城市管理的总体目标，将各自承担的城市管理工作任务进行细化分解，落实到人；要加强配合，形成合力，城管委办公室要继续发挥牵头揽总的作用，积极做好组织协调、监督考核、督查督办等工作，汇聚起推进城市管理的强大合力；要加强督导，严肃问责。要广泛发动，营造氛围，努力形成“人人参与城市管理、人人爱护环境卫生”的浓厚氛围。

【全区大气污染防治“百日攻坚战”动员会】 10月21日，全区大气污染防治“百日攻坚战”动员会召开，会议动员全区上下统一思想、强化措施，集中时间、集中精力打一场“百日攻坚战”，深入推进东昌府区大气污染防治工作，确保生态环境持续改善。会议强调，要突出重点，综合整治，扎实做好大气污染防治各项工作，确保实现全年PM2.5浓度比去年改善8%，PM10浓度改善11%，二氧化硫和氮氧化物浓度达到环境空气二级标准的工作目标。各级各部门要切实承担职责，确保治燃煤、治炉窑、治扬尘、治油烟、治焚烧、治裸土、治尾气和治异味的各项工作落实到位。会议要求，各级各有关部门要牢固树立“一盘棋”思想，各司其职、密切配合，及时研究解决重点难点问题，建立环保督查机制、定期通报制度、完善奖惩制度，全力打好大气污染防治攻坚战役，确保环境空气质量持续改善，为建设生态东昌、美丽东昌，推动全区经济社会科学发展、跨越发展做出新的更大贡献。

【全区冬季创建国家森林城市工作观摩检查会】 11月29日，全区冬季创建国家森林城市工作观摩检查会召开。会议的主要任务是观摩检查全区冬季创森推进会以来各镇（街道）创森工作开展情况，相互交流工作经验，找出自身差距，采取有力措施，再组织、再发动，进一步推进冬季绿化活动的开展。会议指出，自全区创森推进会后，各镇（街道）高度重视、因地制宜，层层落实了任务和责任，并采取有效措施，国省道和高速路大田绿化补植、县乡路绿化、铁路绿化、村镇绿化、农田林网、水系绿化等工作扎实推进。会议要求，要强化措施再推进，各镇（街道）、有关部门必须把创森工作纳入重要议事日程，认真研究，周密部署，全力推进；要强化措施，把握好关键节点，进一步抓好造林质量，严格按照技术规程要求进行栽植，重点把好挖坑关、苗木关、栽植关和管护关，提高冬季植树成活率，确保高标准完成今冬植树任务。

重要部署

【印发《东昌府区关于做好新形势下就业创业工作的行动方案》的通知】 2月2日，区政府办公室印发。方案明确了新形势下就业创业的总体要求、重点任务和保障措施。方案要求深入实施就业优先战略，以推动实现更高质量就业为统领，主动适应经济发展新常态，把稳定和扩大就业作为经济运行合理区间的下限，合理确定经济增长速度和发展模式，将市场就业导向、经济转型升级需求和劳动者就业创业意愿有机结合起来，充分整合利用各类资源，进一步优化就业结构和就业环境，推动就业发展动力转换、就业增长方式转型和就业体制机制创新，以稳增长促就业，以鼓励创业就业带动经济增长，实现就业增长与经济增长趋势相一致、就业结构与产业转型升级要求相适应、就业质量与各类群体的就业创业意愿相契合。

【印发《全区社区治理暨养老服务创新实验区建设工作方案》的通知】 2月5日，区政府办公室印发。方案明确了养老服务创新实验区建设的指导思想、基本原则、总体目标、社区治理服务创新、养老服务创新、实施步骤和保障措施。方案指出了创新建立养老服务体系、确定养老服务内容和服务形式、规范养老服务对象及运作方式、建设居家养老服务信息化平台。到2018年底，基本形成完善的社区治理体系，完善的社区服务体系，完善的社区服务设施，完善的社区养老服务体系，城区社区综合服务信息平台覆盖率达到100%。

【印发《关于进一步规范农村土地承包经营权流转管理的实施意见》】 2月19日，区政府办公室印发。意见明确了农村土地承包经营权流转管理的指导思想、基本原则、流转范围、组织机构、工作职责和工作流程等。意见要求全面贯彻党的十八届三中、四中、五中全会精神，以科学发展观为指导，以稳定农村土地承包关系为基础，以维护农民合法权益为根本，以规范农村土地流转行为、防范农村土地流转风险为要求，以有效配置土地资源、加快现代农业产业发展为目标，建立“政府引导、市场调节、农民自愿、依法有偿”的土地流转机制，发展多种形式的适度规模经营，促进传统农业向现代农业转变，促进农村增效、农业增产、农民增收。

【印发《关于散煤治理工作安排的通知》】 3月17日，区政府办公室印发。通知要求，加强源头控制，提高燃煤质量。调查摸清所有煤炭使用单位每年使用煤炭数量、质量，逐一建立档案。规划建设2-3处型煤配送中心，确保5

月底前完成洁净煤配送中心建设，开展配送工作；合理规划建设储煤场地，切实抑制扬尘污染。现有的储煤场地布局要符合储煤场地建设标准，6月底前要彻底清理或取缔不符合规划要求的储煤场地；加强组织协调，建立煤炭清洁利用和散煤治理长效机制。加强宣传发动，动员社会力量参与，切实治理散煤污染。

【印发《东昌府区乡镇消防队伍建设实施方案的通知》】 4月5日，区政府办公室印发。通知明确了全区镇、工业园区全面完成乡镇消防队伍建设的工作目标、建设标准、体制职能、实施步骤和保障措施。方案坚持“统筹规划、逐步完善、因地制宜、配套建设”的方针，按照《消防法》等法律法规要求，扎实推进乡镇消防队伍建设，通知要求9月前，全区所有镇、工业园区全面完成乡镇消防队伍建设任务，建成覆盖城乡的灭火救援体系，为全区经济社会健康发展和人民群众安居乐业创造良好的消防安全环境。

【印发《关于开展“学党章党规、学系列讲话，做合格党员”学习教育实施方案》】 4月29日，区政府印发。方案明确了学习教育的总体目标、总体要求、学习教育内容、学习教育方法、重点解决的问题、推进措施和组织领导。方案指出，开展“两学一做”学习教育，基础在学，关键在做。要把党的思想建设放在首位，以尊崇党章、遵守党规为基本要求，以用习近平总书记系列重要讲话精神武装全党为根本任务，教育引导党员自觉按照党员标准规范言行，进一步坚定理想信念，提高党性觉悟；进一步增强政治意识、大局意识、核心意识、看齐意识，坚定正确政治方向；进一步树立清风正气，严守政治纪律政治规矩；进一步强化宗旨观念，勇于担当作为，在工作、学习和社会生活中起先锋模范作用，为党在思想上政治上行动上的团结统一夯实基础，为协调推进“四个全面”战略布局，贯彻落实五大发展理念，推动东昌府区争先进位、科学发展，在全市全面建成小康社会的进程中走在前列、当好表率提供坚强组织保证。

【印发《东昌府区互联网金融风险专项整治工作实施方案》】 6月29日，区政府办公室印发。方案明确了工作目标、工作原则、整治对象、整治内容、整治措施、组织领导、职责分工、方法步骤和有关要求。方案指出，要全面排查全区互联网金融从业机构风险情况，清理整顿问题机构，遏制互联网金融风险案件高发频发势头；规范互联网金融从业机构经营行为，优化市场环境，建立监管长效机制；增强参与主体风险防控意识，加强投资者教育和风险提示，强化卖者有责、买者自负、盈亏自担的意识氛围；实现规范与发展并举、创新与防范风险并重，发挥互联网金融在加快经济发展方式转变中的促进作用，有力推动东昌府区互联网金融规范有序健康发展。

【印发《东昌府区“救急难”试点工作实施方案》】 8月4日，区政府办公室印发。方案指出了建立“救急难”工作的重要意义，明确了“救急难”工作的基本原则、主要目标、具体任务和保障措施。方案要求健全社会救助联席会议制度，切实发挥区社会救助工作领导小组的作用。完善社会救助政策，发挥在“救急难”工作中的功能和作用。建立健全主动发现报告和快速响应机制，做到早发现、早救助、早干预。建立“一门受理、协同办理”机制，提高救助工作效率。建立信息共享机制，及时了解掌握专项救助和慈善救助开展情况。建立急难救助“首问责任制”和“转办”工作制度，加强慈善衔接。解决群众生活中可能遭遇的突发性、临时性、紧迫性困难问题，守住人民群众基本生活安全的底线，切实维护困难群众生存权益。

【印发《2016年推进简政放权放管结合优化服务转变政府职能工作方案》】 8月4日，区政府办公室印发。方案明确了推进简政放权放管结合优化服务转变政府职能工作的工作目标、主要任务和工作要求。方案指出要深化行政审批改革，推动部门相对集中行政许可权，推进建设项目区域化评估评审。深化投资审批改革，做好承接和取消下放投资审批权限工作。推进职业资格改革，强化对职业资格实施情况的监督检查，清理规范同一职业（工种）重复设置的准入条件。推进收费清理改革，推进政府定价项目清单化和公开透明化，对行政事业性收费、政府定价或指导价经营服务性收费、政府性基金目录清单实行动态管理。深化商事制度改革，积极推进“双告知”职责落实。加快教科文卫体领域改革，积极推动义务教育、医疗、体育均衡发展。强化事中事后监管，建立健全事中事后监管制度。优化公共服务，不断提升公共服务水平和群众满意度。

【印发《东昌府区关于创建“村级公路网化示范县”的实施方案》】 9月20日，区政府印发。方案结合东昌府区农村公路现状实际情况明确了“网化工程”建设指导思想、主要目标、建设要求和保障措施。方案要求成立东昌府区创建全省村级公路网化示范县工作领导小组，明确工作责任；强化资金监管，严格推行专款专用制度，确保配套资金及时足额到位；严格项目管理，确保工程质量和进度；强化养护管理，切实做好区内农村公路的路域综合整治，解决村级公路养护问题；打造村级公路品牌，探索村级公路发展新模式，逐步建立健全村级公路建设规章制度体系和标准规范体系，形成村级公路建设与路域环境综合治理协调发展的长效机制，真正巩固村级公路建设成果，全力打造村级公路顺、畅、优、美的交通品牌。

【印发《东昌府区标本兼治防范重特大事故工作方案》】 9月30日，区政府办公室印发。方案明确了标本兼治防范重特大事故工作的指导思想、工作目标、工作措施和工作要求。方案指出，到2018年，在全区建立健全“源头治理、风险管控、隐患整治、社会共治、智慧监管、应急管理”系统性、整体性的防范重特大事故工作体系，突出落实企业主体责任，全面推进依法治理，实现有效杜绝重大事故、遏制较大事故、最大程度的减少一般事故的目标。构建形成完善的安全准入制度体系，淘汰一批资源枯竭、污染严重、治理无望、安全保障水平低的企业和工艺、技术、装备，安全生产源头治理能力得到全面加强；构建形成点、线、面有机结合，区、镇（街道、园区）、村无缝对接的安全风险分级管控和隐患排查治理双重预防工作体系，全社会共同防控安全风险和共同排查治理事故隐患的责任、措施以及机制更加精准、有效；构建形成严格规范的惩治违法违规行为制度机制体系，使违法违规行为引发的各类事故得到有效遏制；构建形成本质安全防护体系，实施一批保护生命重点工程，根治一批可能诱发重特大事故的重大隐患；构建形成完善的智慧安全监管体系和安全技术研发推广体系，安全监管水平和安全科技保障能力水平得到显著提升；构建形成高效、科学的应急救援体系和应急响应机制，事故应急响应和处置能力得到有效加强。

【印发《东昌府区城市公立医院综合改革实施方案》】 10月30日，区政府办公室印发。方案明确了城市公立医院综合改革总体要求，其中包括改革原则、改革目标和改革范围。指出要深化管理体制改革，建立公立医院管理委员会、建立完善法人治理结构、完善多方监管机制和医院考评机制；深化医院外部环境要素改革，落实政府办医责任、强化规划的控制引导、创新人事编制改革、改革医疗服务价格形成机制、建立完善分级诊疗制度、鼓励与社会资本联合和完善医患纠纷调处机制；深化医院内部运行机制改革，取消药品加成政策、深化用人制度改革、完善医务人员绩效考核机制、建立灵活的薪酬分配制度、全面提升医疗服务质量水平、加强学科建设、强化人才队伍建设、完善医院自主控费机制、规范设备物资采购、强化医院财务管理、加快推进信息化建设和强化公共卫生服务职能；深化药品供应保障制度改革，完善药品集中采购制度、畅通药品配送渠道和优化药品配备使用结构；深化医疗保障制度改革，调整医保报销政策、深化医保支付制度改革、完善基金结算机制和深化保障制度综合改革。到2020年，建立服务能力更强的医疗服务体系，质量更高、价格更低、配送更快的药品供应体系，保障水平更高的医疗保障体系，努力打造东昌府区医疗卫生新高地和行政区域内健康医疗中心，实现“百姓可以接受、财政可以承担、基金可以运行、医院可以持续”的目标。

【印发《东昌府区创建“中国国际象棋之乡”实施方案》】 12月20日，区政府办公室印发。方案明确了创建“中国国际象棋之乡”的指导思想、目标任务、责任分工和工作措施。方案指出，要依托东昌府区浓厚的国际象棋运动氛围，结合东昌府区实际，高标准、严要求，逐步完善各项创建措施，建立和健全国际象棋组织与参赛队伍，形成一系列的组织、培训、展示、参赛以及政策支持体系，力争国际象棋运动有活力、有特色，拥有更加广泛的群众基础和社会影响力，确保东昌府区成功申创为“中国国际象棋之乡”。推进东昌府区“文化兴区”战略的深入实施，促进文化大发展大繁荣。

重要文件选目

【东昌政发〔2016〕24号】关于进一步加强城市管理长效机制的意见

【东昌政发〔2016〕32号】关于印发东昌府区政府购买棚改服务实施办法的通知

【东昌政发〔2016〕45号】关于公布清理规范区直部门（单位）行政审批中介服务收费项目有关事宜的通知

【东昌政发〔2016〕66号】关于开展“学党章党规、学系列讲话做合格党员”学习教育实施方案

【东昌政发〔2016〕100号】关于印发东昌府区关于创建“村级公路网化示范县”的实施方案的通知

【东昌政发〔2016〕109号】关于深入推进依法行政加强和改进行政应诉工作的意见

【东昌政发〔2016〕128号】关于印发东昌府区生产安全事故应急救援预案的通知

【东昌政办发〔2016〕9号】关于印发东昌府区关于做好新形势下就业创业工作的行动方案的通知

【东昌政办发〔2016〕10号】关于印发全区社区治理暨养老服务创新实验区建设工作方案的通知

【东昌政办发〔2016〕12号】关于进一步规范农村土地承包经营权流转管理的实施意见

【东昌政办发〔2016〕18号】关于散煤治理工作安排的通知

【东昌政办发〔2016〕23号】关于印发东昌府区乡镇消防队伍建设实施方案的通知

【东昌政办发〔2016〕63号】关于印发东昌府区互联网金融风险专项整治工作实施方案的通知

【东昌政办发〔2016〕68号】关于印发东昌府区“救急难”试点工作实施方案的通知

【东昌政办发〔2016〕69号】关于印发2016年推进简政放权放管结合优化服务转变政府职能工作方案的通知

【东昌政办发〔2016〕76号】关于印发东昌府区标本兼治防范重特大事故工作方案的通知

【东昌政办发〔2016〕83号】关于印发东昌府区城市公立医院综合改革实施方案的通知

【东昌政办发〔2016〕95号】关于印发东昌府区创建“中国国际象棋之乡”实施方案的通知

办公室工作

【概况】政府办公室是区政府的综合办事机构。设秘书科、综合科、信息科、督查科、公文办理科、财务科、机要科、机要室、值班科、维修科、保卫科、老干科、农情科、车管科、接待科、文印室、行政科、政工科、通讯科、区长热线、爱卫办、督查室、信息办等。2016年，在区委、区政府的坚强领导下，区政府办公室以开展“两学一做”学习教育为动力，认真学习贯彻党的十八大和十八届历次全会精神，深入学习习近平总书记系列重要讲话精神，履职尽责，团结实干，开拓创新，办公室各项工作都取得了新成绩，有力保障了政府工作的高效有序运转，先后获得全区慈善工作先进单位、全区先进基层党组织等荣誉称号，在全区人口和计划生育工作考核中获得一等奖。

【“两学一做”学习教育】按照区委统一部署，以严肃认真的态度，深入开展“两学一做”学习教育。一是精心组织。制定了《区政府

办公室开展“两学一做”学习教育工作方案》，明确了学习教育的总体要求、工作内容、基本原则、组织领导等，确保了学习教育有条不紊、深入扎实地开展。二是深入学习研讨。制定了“两学一做”学习教育研讨方案，认真开展了13次集中学习、3次专题研讨。通过学习和研讨，真正触及了思想、触动了灵魂，达到了相互启发、共同提高的效果。三是高质量开好专题民主生活会。精心制定专题民主生活会工作方案，办公室党组各成员坚持问题导向，采取“自己找、群众提、上级点、互相帮、集体议”等多种方法，对照合格党员的标准，深入查摆自身存在的各类问题，对存在问题的原因进行了深入剖析，认真撰写了触动灵魂的党性分析材料。在此基础上，召开了办公室党组专题民主生活会，各成员作了党性分析，并相互进行了直接、中肯的批评，真心帮助，坦诚相见，达到了帮助同志、改进工作、维护团结的目的。对班子和各成员存在的问题，全部拉出责任清单，大家也主动认领，对号入座，即知即改，彻底整改。

【参谋助手工作】 按照站位要高、情况要明、眼界要宽、把脉要准的要求，不断强化“超前意识”和“精品意识”，切实发挥好参谋助手作用，实现了综合文秘、政务信息、调查研究等工作与政府重大决策部署的有机结合。

以文辅政工作 紧紧围绕区委、区政府中心工作，准确把握领导意图，深入搞好调查研究，兢兢业业、加班加点，圆满完成了各类综合、专业材料的起草工作，撰写一大批有份量、有影响的精品文章，以文辅政作用得到充分发挥。全年共撰写人代会、经济会、各类专业会、区情汇报、观摩活动等文字材料2000多篇、40余万字，起草各类会议纪要100余份、各类汇报材料和传真电报280余篇，编发《政办通报》《工作通讯》等50余期，受到区政府领导和部门单位的充分认可、高度称赞。

政务信息工作 坚持抓重点、追热点、闪亮点，编发了大量具有一定高度、广度和深度的信息，为领导和部门、单位提供了优质高效的信息服务。全年共编发《政务信息》40余期，上报信息500余条，其中，被市政府办公室采用近300条、省政府办公厅采用60余条、国务院办公厅采用15条，在全市名列第一。同时，扎实做好旱情、雨情、灾情、农产品价格等重大农情信息的收集上报，为指导农业生产发挥了积极作用。

公文处理工作 严格按照《国家行政机关公文处理办法》的规定，从严把关，规范办理，切实保证了公文质量。认真执行精简文件的有关要求，可印可不印的文件坚决不印，可发可不发的文件坚决不发，全年共制发各类公文438份。同时，切实抓好保密工作，保证了机要文件的绝对安全，顺利通过了省、市、区三级年度检查验收。

调查研究工作 以全区重点工作定方向，紧紧抓住影响改革、发展、稳定的热点、难点以及群众的关注点，深入基层广泛开展调查研究，采取多种形式收集第一手资料，分析研究、去伪存真，及时形成高质量的调研材料，为领导科学决策提供了可靠依据。全年共撰写工业发展、农村经济、扶贫攻坚、城镇化推进等专题调研材料30余篇，其中10余篇在市级以上刊物发表。

【政务服务工作】 立足自身职能，不断加强督导，积极搞好协调，确保了领导部署及重点工作全部落到实处，塑造了政府诚信、实干的良好形象。

发挥中枢作用，搞好综合协调 按照“高效、严谨、规范”的要求，妥善处理上与下、内与外、急与缓的关系，协助区政府做好重大活动、重要事项的协调落实和突发事件的应急处置，确保领导拿出更多的时间和精力谋大略、干大事。全年直接参与组织大中型活动、会议200余次。从会议通知、会场布置到活动安排、车辆调度等，都精心策划、周密部署，确保了活动、会议圆满成功。

做好上传下达，确保政令畅通 坚持高效率、快节奏、高质量，进一步规范工作程序，保障了工作的快速协调运转。一年来，共完成各类上传下达任务上千次，接收处理文件千余件，接发传真电报1807份，网上传输电子公文419份，没有出现任何差错和失误。严格实行24小时值班制度，值班人员坚守岗位，对每个来文来电都详细记录、及时处理，全年共值班700余班次，没有发生拖事、误事、漏事现象，确保了全天候运转。

强化督促检查，促进决策落实 紧紧抓住政府中心工作和领导批办事项，采取文电督查和现场督查相结合的方式，真督实查促落实、见成效。对领导批示事项、会议决定事项、人大代表建议、政协委员提案等，实行集中督查、专人督查、专题督查，并及时反馈情况，切实做到了事事有着落、件件有回音。全年共开展各种专项督查73次，编发《政务督查》46期、《督查专报》85期，办理领导批示件55件；承办建议提案179件，其中，市人大代表建议和政协委员提案5件，区人大代表建议28件、政协委员提案145件，重点承办区政协建议案1件，办复率达100%，满意率或基本满意率达98%以上。

畅通诉求渠道，维护群众利益 扎实做好区长公开电话受理工作，认真做好群众来访接待，通过督导转办、现场督办等方式，解决了一批群众关心的热点难点问题，有力维护了社会的和谐稳定。共接转市长公开电话受理中心来电2.4万个、承办省长信箱26件，办结率均达100%。扎实推进政务公开，严格按规定将政府文件在政务信息网上公布，并及时更新区属行政事业单位的职能、办事流程、联系方式等便民信息，极大地方便了群众。

【机关事务管理工作】 坚持节俭、高效、规范，扎实做好机关事务管理工作，保证了机关正常办公和政府各项工作的有序运转。

提倡节俭，大力压缩开支 按照建设节约型社会的要求，在政府机关扎实有效地开展了创建节约型机关活动，厉行勤俭节约，压缩行政开支，切实做到了该花的钱全部用在刀刃上、不该花的钱一分不花。进一步加大机关院内供电、供暖、通讯、计算机网络等设备的管护工作，确保了设备的正常运转。

精心安排，提升接待水平 严格执行政务接待规定，及时搞好工作衔接，既体现真诚热情，又摒弃铺张浪费，圆满完成了外地参观考察、人大代表视察以及各类工作检查等接待任务，没有发生违规接待、超规格接待现象。

严密防范，保障机关平安 扎实做好机关保卫工作，全天候不间断进行视频监控和安全巡查，切实提升了安全保卫水平。严格按规定推进公务用车改革，圆满完成了改革任务。对按规定保留的公务用车，一律实行派车审批、定点加油、定点维修等制度，并切实加强安全管理，确保了公务用车需求。

强化管理，营造和谐氛围 严格落实中央八项规定精神和省委、市委、区委实施办法，积极倡导严、实、细的工作作风，大力整治“庸懒散慢”行为，机关作风明显转变。认真做好机关网络维护，保障了办公自动化的正常运转。高标准做好物业管理，积极搞好机关绿化美化，努力维护和改善办公环境，得到领导和机关各单位的一致好评。高度重视干部职工的培养、锻炼和成长，让政治素质高、业务能力强的年轻干部走上了重要岗位，在办公室内部形成鲜明的实干导向和身累心不累的工作环境。同时，老干、收发、文印等工作也都取得了新成绩。

（区政府办公室　李连庆）

政策研究

【概况】 2016年，区政府研究室在区委、区政府的领导下，在上级部门的帮助指导下，深入贯彻落实学习教育，学习习近平总书记系列重要讲话精神，遵循“四个全面”战略布局要求，践行五大发展理念，按照省委、市委的总体要求，紧紧围绕区委、区政府中心工作，充分发挥了政府领导决策的参谋部和智囊团的作用，做出了一些高水平的调研成果，为领导科学决策提供了重要依据。

2016年，根据上级领导的新要求，区政府研究室牵头组织了全区政府系统调查研究工作，形成有价值的调研文章80余篇，并邀请有关专家进行评审，评出优秀调研报告34篇，政府研究室对评选出来的优秀调研报告进行整理编辑，编印了《东昌府区政府系统2016年度优秀调研成果选编》。

政府研究室结合实际，围绕经济、社会等热点问题开展调研，取得了一系列的调研成果。农业与农村工作方面，研究室同区扶贫办、国家统计局东昌府调查队组成联合调研组，对闫寺、斗虎屯等8个镇（街道），41个贫困村进行了深入调研。通过召开座谈会、实地走访贫困村、贫困户、发放调研问卷等方式，对东昌府区精准扶贫工作开展情况和存在的问题进行了全面的了解，撰写完成了《关于东昌府区精准扶贫工作的调研报告》。该报告所提建议得到了区委、区政府的肯定，并荣获全市政府系统优秀调研成果三等奖、全区政府系统调研成果一等奖。工业经济方面，在国际经济形势和国内经济下行压力不断加大，全国上下着力推进供给侧结构性改革，促进经济发展进入新常态的大环境下，政府研究室通过深入各镇、街道、工业园区与重点企业进行座谈、交流的方式，对东昌府区“大众创业万众创新”实施情况进行了充分调研，在创业扶持资金、提高就业创业能力、科技队伍等方面提出了切实可行的相关建议。服务业方面，为打造东昌府区旅游资源的新亮点，加快乡村休闲旅游的快速发展，研究室通过召开座谈会、实地考察乡村旅游景点等方式，全面了解了东昌府区旅游、农业、水利等方面的发展情况，认真听取了相关村镇领导的意见和建议，撰写了《关于东昌府区乡村旅游发展情况的调研报告》。该报告刊发在市级刊物《聊城通讯》上。为加快文化创意产业发展，提升东昌府区主城区城市品味，研究室撰写了《关于加快东昌府区文化创意产业发展的调研报告》，该报告得到了相关领导的认可，并被市政府调研室刊物刊发。另外2016年初，根据区委、区政府主要领导安排，针对促进“聊茌东大三角”经济发展，市区一体化体制改革，研究室同政府办精心合作，先后参加由区委、区政府主要领导主持召开的市区一体化改革调研座谈会十余次，期间数次易稿，最终完成了《关于市区一体化体制改革情况汇报》，经区主要领导同意后该文上报市委市政府。

【队伍建设】 一年间，研究室全体人员深入学习贯彻党的十八届六中全会精神和习近平总书记系列讲话精神，按照“两学一做”学习教育的要求，进一步增强了发展的紧迫感、责任感以及抓好各项工作，服务全区经济社会发展的全局意识和开拓进取精神。同时，为加强和完善学习制度，研究室定于每周二定期召开学习讨论及业务交流专题会，坚持把理论学习与调研工作实际结合起来，把学习教育与推动研究室工作结合起来，较好地营造了一个良好的学习环境和氛围。

（区政府研究室　王其良）

应急工作

【概况】 区政府应急管理办公室与区政府办公室秘书科、值班科合署办公，负责全区应急值守、应急处置、信息汇总、预案编制与审核、督促检查、综合协调等日常工作。始终坚持以科学发展观统领全局，认真贯彻落实《突发事件应对法》《国务院办公厅关于加强基层应急管理工作的意见》和省、市关于应急管理工作的一系列部署和要求，紧紧围绕“一案三制”（预案、体制、机制、法制）建设，积极开展应急管理“四进”（进社区、进农村、进企业、进学校）活动，精心组织，强化措施，狠抓落实，切实做好全区突发公共事件的预防和处置工作，最大限度地避免和减轻突发公共事件带来的危害，为全区社会稳定和经济平稳较快发展奠定坚实基础。2016年全市应急管理工作考核中，名列全市各县（市、区）第一名。

【组织机构体系】 成立以区长任组长的全区突发公共事件应急领导小组，负责发布总体预案、决定应急工作重大事项，统一领导、协调应急处置工作；成立以区委常委，副区长任组长的自然灾害、事故灾难、公共卫生、社会安全4个专项应急领导小组，负责领导、组织、协调、处置突发事件专项工作；区直各部门、企业、学校都成立领导机构和办公室，作为应急管理的工作机构，负责本行业应急管理工作；全区12个镇（街道），2个工业园区均成立应急管理办事机构，明确专（兼）职应急管理工作人员，形成以行政一把手为应急管理领导小组组长，党政办主任为应急办主任，党政办与应急办合署办公，各社区、行政村主任为应急工作联系人，公安派出所和基干民兵为主要应急力量的基层应急管理工作模式。

【应急预案体系】 按照“横向到边、纵向到底”的原则，建立区、乡、村三级应急预案体系，扩大应急预案覆盖面。编制《东昌府区突发公共事件总体应急预案》。区政府各部门按自然灾害类、事故灾难类、公共卫生类、社会安全类、综合类等，制定各类专项和新时期应急预案41个。各镇（街道）、工业园区按照符合实际、职责清晰的要求，制定总体应急预案14个。各行政村、社区按照简明扼要、简单实用、操作性强的要求，制定基层应急预案821个。全区中小学校也分别制订切实可行的应急预案92个。容易发生事故的高危行业生产经营单位，制定现场处置预案136个。全区共制定各级各类应急预案1104个，搭建起应急预案框架体系，实现应急预案广覆盖。

【应急保障体系】 按照平时加强防范，险时立即集结到位的要求，成立区公安消防、医疗卫生、防汛抢险3个区级专业救援队伍。各镇（街道）、工业园区组织基层警务人员、医务人员、民兵、志愿者成立14支基层应急救援队。各行政村、社区也成立抢险、运输、后勤保障等自愿者队伍，以营救遇险人员为重点，开展先期处置工作，防止发生次生、衍生事故，提高基层现场应急处置的能力。组织开展防震防灾、消防演练、安全生产应急疏散、城乡防汛、医疗救护等演练活动。组织各类应急演练100余次，有效提高应急救援能力和实战水平。指导各部门、镇（街道）、工业园区依托广场、绿地、公园、学校、体育场馆等公共设施建设应急避难场所，完善相关设施，落实责任单位专门管理。至2016年底，全区规划建设应急避难场所21处，临时避难点187处。

【应急值守体系】 修订完善《东昌府区人民政府办公室关于明确东昌府区人民政府应急管理办公室（东昌府区人民政府办公室秘书科、值班科）职责和业务的通知》，新制订《区政府应急办关于进一步加强突发事件信息报告工作的通知》，应急值守工作制度不断完善。严格落实岗位责任制，实行领导带班和24小时值班制度；节假日和特殊时期，加强值班力量，确保一旦发生突发事件，可及时有效地进行处置。区政府21个部门，全区12个镇（街道）、2个园区都建立和完善24小时值班制度，各行政村、社区、学校、企业也都配强值班人员，落实值班制度，形成全区上下联系紧密、左右协调畅通的值班网络。

（区政府应急办　张东欣）

信息化工作

【概况】 自2006年以后，区信息化办公室依托区政府门户网站和电子政务网络，深化电子政务应用，提升管理服务水平，推进信息化建设；信息化水平持续提高，信息交换、资源共享和业务协同能力显著增强。通过加强政府信息公开工作，改版政府门户网站，提升政府公众形象，为企业和市民提供更好的服务。

网络设施建设完善区委、政府机关的网络基础设施，购置服务器、防火墙、交换机等网络设备，并安装网络版杀毒软件、上网安全管理软件等，加强网络安全管理，为政府机关提供良好的网络环境。做好区委、政府政务内、外网和政府中心机房的建设、管理、维护工作，保证政务专网与上级政府的互联互通，及区委、政府机关日常办公自动化的需求。

【政务信息化】 加强对政府门户网站的运维管理。2016年，我们对政府门户网站进行了改版升级，对网站栏目进行结构优化、网站内容充实完善，重点强化政务公开、信息公开、办事服务、政民互动、专题专栏、视频中心六大功能。将全区的最新情况资料、政务动态、经济发展、教育文化建设等动态信息及时在政府门户网站上更新，使网站能全面反映全区的经济社会发展全貌；应时开设了“脱贫攻坚”“治理污染”“重点领域信息公开”等专题栏目，宣传东昌府区，为区政府各项工作的开展营造良好舆论氛围。

【信息公开】 根据《中华人民共和国政府信息公开条例》和省、市的有关规定，在区政府门户网站显著位置推出“政府信息公开”专栏，设置政府信息公开指南、政府信息公开目录、依申请公开等栏目。将政府信息公开平台内容保障工作落实到了全区各有关部门，加大与网站栏目所涉及单位的沟通、协调工作力度，进一步规范了全区政府信息公开工作，对树立良好的政府形象起到了重要作用。

信息化办公网络建设了政府信息化办公网络系统，提高了办公效率，为落实市领导关于2014下半年聊城全面实现信息化办公的重要指示，加快推进信息化建设，按照《聊城市信息化办公实施方案》要求，建设了政府信息化办公网络、明确信息联络专职人员，对全区各单位专职人员信息进行了采集上报。安排专职人员参加了市政府组织的培训。对现有网络机房设备进行了升级改造，铺设了专用办公网络。并购买下发了专用电脑及迷你主机，对各部门专职人员进行了信息化办公系统应用培训。使用办公网络接收、转发、下发、办公文件，实现了无纸化、移动化、信息化办公，大大提高了办公效率。

东南片区新办公楼网络布线设计规划和施工根据区委、区政府安排，对东南片区办公楼网络与综合布线进行了调查研究，通过用户调查、实地勘察、征求专家和开发商意见，并赴多地参观学习，制定了东南片区通信布线方案。经过一年多紧张有序的施工，现在工程已经接近完工，准备验收。

（区信息化办　张丁超）

区长公开电话

【概况】 东昌府区区长公开电话受理中心是聊城市市长公开电话受理中心的二级平台，隶属于东昌府区区政府办公室的正科级全额事业单位，内设综合科、受理科、督查科，核定编制为10人，配备领导职数一正两副，现有副主任2人，工作人员5人。负责办理人民群众通过省长电子信箱、市长公开电话对东昌府区政府工作提出的咨询、建议、求助和投诉，及时答复和解决人民群众的合理诉求。

2016年区长公开电话受理中心共接转市长公开电话承办单25050件，办结25050件，处理省长电子信箱督查件26件，办结率100%，编发《政务督查》（市长公开电话办理情况通报）12期，现场协调督办群众反映的热点、难点问题11件，协助市长公开电话受理中心组织进社区、进村镇宣传活动2次，真正将公开电话办成了政府和群众沟通的桥梁和纽带。《聊城日报》《聊城晚报》和东昌时讯等媒体多次对区长公开电话受理中心做典型报道，大大提高了区长公开电话的知名度和美誉度，树立了政府勤政为民的良好形象。2016年度被评为“聊城市市长公开电话工作先进单位”。

8月3日，区委副书记、区长毕黎明做客“12345”市长热线接听群众来电

【受理情况】 区长公开电话接转来电反映的问题、意见和建议涉及到全区的政治、经济、社会等各个方面，体现了广大人民群众参政议政的高昂热情，可以说是社会的一个缩影，也是政府工作的一面镜子。所有来电按内容划分，主要集中在城市综合、经济综合、社会事业、城乡建设、人力资源保障和三农问题6个方面。其中，城市综合问题9087件，占总受理量的37.94%，经济综合问题2235件，占总受理量的9.33%，社会事业问题2631件，占总受理量的10.91%，城乡建设问题4741件，占总受理量的19.8%，人力资源保障1727，占总受理量的7.21%，三农问题2873件，占总受理量的12%。

城市综合问题中，主要问题有：居民生活（4496件）城市管理（2092件），城管执法（1290件），环境保护（895件），交通运输（314件）。经济综合问题中，主要问题有：工商管理（1231件），质量监督（480件），物价管理（367件）。社会事业问题中，主要问题有：教育（1140件），民政（581 件），卫生（395 件），人口计生（210 件）。城乡建设问题中，主要问题有：住房与房地产（3286 件），道路修建（760 件），拆迁安置（368 件）。人力资源保障问题中，主要问题有：企业工资福利（536 件），劳动纠纷（523 件），社会保险政策（445 件）。三农问题中，主要问题有：农村工作（1424 件），农民生活（954 件），农业生产（495 件）。

短期内反映较为集中，时效性较强的的受理内容主要有：1-2 月拖欠工资问题，4-6 月农业灌溉问题，8-9 月划片招生、小升初等教育问题，11 月至次年 1 月清洁煤的使用问题，11 月至次年 2 月城区供暖温度不达标问题等。

2016 年度东昌府区
咨询建议、求助和投诉受理情况统计表

主要问题分类（一级）	主要问题分类（二级）
城市综合 9087 件（占总数的 37.94%）	居民生活 4496 件（49.48%）
	城市管理 2092 件（23.02%）
	城管执法 1290 件（14.20%）
	环境保护 895 件（9.85%）
	交通运输 314 件（3.46%）
经济综合 2235 件（占总数的 9.33%）	工商管理 1231 件（55.08%）
	质量监督 480 件（21.48%）
	物价管理 367 件（16.42%）
社会事业 2631 件（占总数的 10.91%）	教育 1140 件（43.63%）
	民政 581 件（22.23%）
	卫生 395 件（15.12%）
	人口计生 210 件（8.04%）
城乡建设 4741 件（占总数的 19.8%）	住房与房地产 3286 件（69.31%）
	道路修建 760 件（16.03%）
	拆迁安置 368 件（7.76%）
人力资源保障 1727 件（占总数的 7.21%）	企业工资福利 536 件（31.04%）
	劳动纠纷 523 件（30.28%）
	社会保险政策 445 件（25.77%）
三农问题 2873 件（占总数的 12%）	农村工作 1424 件（49.56%）
	农民生活 954 件（33.21%）
	农业生产 495 件（17.23%）

注：主要问题二级分类中的百分比为所占该一类分类问题的百分比。

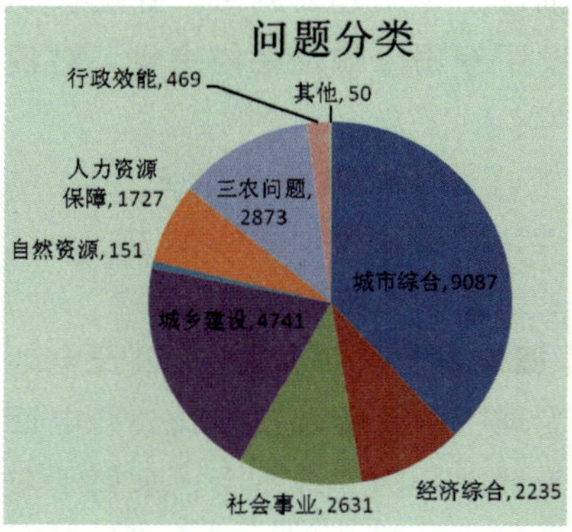

【重要活动】 2 月承办全市市长公开电话督查工作现场会。3 月 2 日，区委副书记、区长毕黎明带同志接听聊城人民广播电台“政风行风热线”，区长热线办公室承接场外接听。4 月 14 日，区委书记陈秀兴对热线办理工作做出重要批示，“区长热线电话是反映社情民意的重要渠道，希望继续积极作为，有关部门和镇（街）、园区密切配合，在解决问题上下功夫，不断提高群众满意度。”各级各有关部门认真学习贯彻陈书记批示精神，畅通诉求渠道，促进理性诉求，切实将公开电话办成政府与人民群众的“连心线”。8 月 3 日，区委副书记、区长毕黎明到“12345”市长公开电话受理中心，现场接听市民来电，近距离了解社情民意。

【队伍建设】 区长公开电话的工作宗旨要求，必须有一支政治立场坚定，作风过硬，业务素质精，文字水平高，全区情况熟，协调能力强的工作队伍。该年，区长公开电话坚持不懈抓思想建设和作风建设：一是坚持定期学习制度。学习党的路线、方针、政策，了解区委、区政府中心工作，熟悉有关法律法规，并通过召开座谈会、到基层学习等形式，努力提高业务素质。二是切实树立“以民为本”“执政为民”理念，做到对人民群众反映的问题不推、不等、不靠，想群众所想、急群众所急，迅速转办，督促办结，及时回访。三是培育埋头苦干、知难而进的工作作风。区长公开电话注重对工作人员的培养，使其在工作中能独挡一面，并时刻铭记党的宗旨，对党和政府负责，对人民群众负责，不畏艰辛，恪尽职守，始终保持昂扬向上的精神状态和扎实的工作作风，带着对人民的感情做好公开电话工作。

（区长公开电话受理中心　赵明慧）

行政审批与服务

【概况】东昌府区行政服务中心是聊城市成立的首家县级行政服务中心。根据聊城市委、市政府《东昌府区人民政府职能转变和机构改革方案》(聊办发〔2014〕36号)文件批复，区委印发《中共东昌府区委、东昌府区人民政府关于东昌府区人民政府职能转变和机构改革的实施意见》(东昌发〔2014〕27号)文件，将东昌府区行政服务中心更名为东昌府区政务服务中心管理办公室，为区政府正科级行政派出机构。

东昌府区政务服务中心是东昌府区惠民利企的平台，是对外的窗口，是深化行政体制改革、简政放权的前沿阵地，是连接政府和群众的桥梁纽带。2016年，东昌府区政务服务中心围绕服务地方经济发展和方便人民群众这两条主线，以卓有成效的工作，全方位打造了便民、高效、廉洁、规范的综合服务平台，充分发挥了转变政府职能、深化行政审批制度改革的“龙头”作用。

3月1日，东昌府区政务服务中心于顺利迁入新址。新办公场所面积6600平方米，设置131个窗口，33个审批主体单位在新办公楼设立窗口，市公交集团、水务集团、建行、邮政银行、公证处、商标注册、会计师事务所、税务师事务所等15个公共服务单位和中介机构设立了便民窗口，大厅还设立了东昌府区的不动产登记平台、农村综合产权交易平台、社会救助平台、养老信息平台，配备了自动叫号机、电子图书借阅机等。

3月14日，区委副书记、代区长、区政协主席毕黎明到区政务服务中心检查指导工作

全区共有151项行政审批权力进厅办理，同时可办理91项服务事项。日均办件1700余件，日接待服务对象2000余人次。2016年，共办理各类行政许可事项、便民及服务事项424548件，实现了按时办结率、群众满意率双100%。荣获“省级文明单位”“省级青年文明号”“省级巾帼文明岗”“聊城市五四红旗团委”等荣誉称号。在全市简政放权、政务服务工作考核中被市政府评为全市第二名。

【行政许可事项“两集中、两到位”】为推进政府职能转变，简政放权、放管结合、优化服务，东昌府区多次召开工作会议，要求各审批主体单位按照“两集中、两到位”(即一个行政机关的审批事项向一个股室集中、行政审批股室向政务服务中心集中，保障进驻政务服务中心的审批事项到位、审批权限到位)的要求，依据东昌府区《行政审批事项目录清单》，将全部行政审批事项集中到服务大厅，实行“一个窗口”办理。凡与企业和人民群众密切相关的其他行政权力和公共服务事项也应全部纳入服务中心办理。同时，把科长进厅、审批专用章在窗口、勘察人员进厅的“三进厅”标准作为衡量每一项审批事项是否真正进厅的唯一标准。按照要求，东昌府区各审批主体重新填报了进厅项目和进厅工作人员登记表，选派了有执法资格的业务骨干进厅，承担窗口工作，绝大部分事项的受理、勘察、批准、发证能够在窗口全环节独立完成。2016年，全区共保留行政许可事项192项，其中151项可在政务服务中心集中办理，进厅率达78.6%，在2016年度全市考核中单项分值最高，位列全市第一名。

【“互联网＋政务服务”】 建设区级政务服务平台。政务服务平台运用现代信息技术，集行政权力运行、政务公开、便民服务、法制监督、效能监察等功能“五位一体”。2016年，管理办对全区保留的192项行政许可事项的22080个要素进行梳理和流程再造，并录入平台系统，进一步规范了申请材料、简化了审批流程，缩短了审批时限，2016年底顺利实现了省、市、县网上政务大厅三级互联互通，实现了全省行政权力“一张网”运行，并分期分批将各级“四张清单”内容和主要公共服务事项纳入大厅统一监管。办事群众足不出户就能实现行政审批及服务事项的网上申报、审批，让数据多跑路、让群众少跑腿。

东昌府区是聊城市政务服务平台“线上线下一体化”规范管理试点区。平台建成后，已基本实现了办事群众“一号”（居民身份证号）通行，办事企业“一码”（企业社会信用代码）通行，办事服务“一网”（政务服务网）通行。通过“线上线下一体化”的规范管理，加快了实体政务大厅的功能升级，积极推动了公共服务事项的进驻，变“多头受理”为“一口受理”，为群众提供了项目齐全、标准统一、便捷高效的公共服务，强化了对驻场中介机构的规范管理，实现了与网上服务的一体化管理。2016年10月26号，省委常委、常务副省长孙伟在政务服务平台试运行仪式上远程点击察看了东昌府区政务服务平台的实际操作过程，并给予了充分肯定。

升级开通新的政务中心网站和微信公众平台。根据实际工作，政务中心管理办在微信、政务中心网站上合理设置服务模块，调整栏目设置，及时发布、更新、完善群众办理各类行政审批事项的相关信息和办理各类行政审批事项的服务指南和相关表格，企业和办事群众足不出户即可下载各类申请表格，掌握办理各项行政许可事项的全部信息，并且能够通过网络对中心管理办的各项工作进行反馈和评价。通过微信公众平台、网站等互联网平台，进一步提升了服务水平、降低了办事成本，让群众办事由“自己跑腿”变成了“网络跑路”。2016年，中心网站和微信平台的点击量已超过110万人次，表格下载量超万。

【国地税联合办税】 根据中办、国办印发的《国地税征管体制改革方案》的要求：“采取国税、地税互设窗口、共建办税服务厅、共驻政务服务中心的方式”，区委、区政府在政务服务中心建设了高标准国地税联合办税服务厅，共设置了52个窗口，国地税窗口人员67名。联合办税通过“互设窗口、互派人员、涉税信息互换”的方式，实行一人一机双系统，根据工作需要一键切换国地税“金三”系统，共同受理税务登记、纳税申报、代开发票、税务咨询等业务，基本实现了“一厅受理、同地通办、内部传递、即时办结”的联合办税预期，有效解决共管户纳税人在国地税之间“多头跑、多头找、重复排队、重复受理”等问题，缩短纳税人的办税时间，降低办税成本，让纳税人“进一家门办两家事”成为现实。

【“五证合一、一照一码”】 为进一步优化办事程序、提高办事效率，激发社会创业激情和创新活力，东昌府区企业注册登记自2016年10月1日起，全面实行“五证合一、一照一码”登记模式。“五证合一、一照一码”按照“一窗受理、互联互通、信息共享”的模式和“保留必需、合并同类、优化简化”的原则，整合优化登记申请文书提交材料规范，申请人办理企业注册登记时只需填写“一表”，向“一个窗口”提交“一套材料”即可，登记部门审核后，直接核发加载统一社会信用代码的营业执照，相关信息在全国企业信用信息公示系统公示，并归集至全国信用信息共享平台。企业在办理了加载统一社会信用代码的营业执照后，不用再另行办理社会保险登记证和统计登记证。截至12月底，东昌府区先后有1300

余家企业办理了“五证合一、一照一码”营业执照。

“五证合一、一照一码”在更大范围、更深层次上实现了信息共享和业务协同，不仅巩固和扩大了“三证合一”登记制度改革成果，同时也更进一步为企业开办和成长提供了便利化服务，对降低创业准入的制度性成本、优化营商环境、激发企业活力、促进就业增加和经济社会持续健康发展起到了更大地推动作用。

【“并联审批”制度化】为进一步提高项目审批服务速度，优化东昌府区投资环境，明确审批责任，规范并联审批行为，提高并联审批效率，东昌府区印发了《东昌府区投资项目并联审批暂行办法》（东昌政办发〔2016〕37号）。规定了对来东昌府区的招商引资项目、辖区内项目业主、企业及其他服务对象申报的涉及两个及两个以上的部门审批的重点项目的审批流程，要按照“一门受理、联合审批、集中勘察、联席会办”的并联审批模式，启动联席会议进入联审联批程序。由政务服务中心管理办负责并联审批工作的组织、督导、协调。联审会议由政务服务中心管理办和主办单位共同组织。关系经济发展大局或情况复杂的投资项目，联审会议由区政府主要领导或分管领导主持召开。需要市、区两级共同办理的联审项目由区政务服务中心管理办公室提请市政务服务中心管理办公室召开市、区两级联审会议。联审会议参加对象和会议时间由牵头单位提出并与区政务服务中心管理办公室协商后确定。

【规范治理中介服务机构】为加强对行政审批相关中介服务机构的监管，构建公平开放、竞争有序、诚实守信、执业规范的中介服务市场，东昌府区先后出台了《东昌府区区直部门行政审批中介服务收费项目清单》《东昌府区行政审批中介机构透明化管理办法（试行）》等文件，推进了行政机关与中介机构的脱钩。区政府行政审批制度改革办公室、中心管理办也联合出台了《关于规范行政审批中介服务加强中介机构管理的通知》，对统一服务规范、统一备案程序和健全管理体系起了进一步的推进作用。

（区政务服务中心管理办公室　郝丽莎）

史志工作

【概况】2016年，区史志办在镇（街道）志编纂、村庄概览、部门志、年鉴编纂、方志馆建设、信息化建设、旧志整理、史志年鉴应用等方面取得较好成绩。2月1日，《东昌府区地方志工作管理办法》正式颁布实施；同月，《东昌府年鉴（2012-2014）》正式出版，并在聊城市优秀史志成果评选中，被评为优秀综合年鉴；4月25日，《东昌府年鉴（2012-2014）》发行暨《东昌府年鉴（2016）》启动会召开；10月，《东昌府年鉴（2016）》由中国文史出版社出版；12月21日，在全省优秀年鉴评选中，《东昌府年鉴（2016）》被省地方史志编纂委员会评为全省优秀年鉴特等奖，也是聊城市2016年度唯一一部获得省级特等奖的优秀年鉴。至年底，区史志办下设业务指导科、综合科、秘书科，在职人员8人。

【志书编纂与出版】部门志编修　《东昌府区体育志》，2012年启动，东昌府区体育局、区史志办联合编写。期间，区史志办3名人员参与修改资料，经过搜集、整理，2016年3月25日召开志稿评审会，至年底完成定稿，该志书共6编，分为传统体育、竞技体育、学校体育、社会体育、全民健身、体育管理，前设序言、凡例、概述、大事记，后设人物和附录，全书共约77万字。在篇目设计上，突出了东昌府区体育特色，重点介绍了东昌府区体育项目和成绩。

《东昌府区民族宗教志》，2016年启动，区民宗局组织编写，按照民族、宗教、工作机构3方面搜集大量资料，至年底，形成初稿，分为民族志、宗教志，民族志下设人口状况、区域建设、经济生活和社会事业、民族事务管理4篇，宗教志下设佛教、道教、伊斯兰教、天主教、基督教、民间信仰、宗教事务管理工作7篇。期间，区史志办指导2次。

村志编修　《东昌府区村庄概览》，2015年3月启动，10月开始对村庄概览的编修情况进行督导检查，听取进度情况并提出相应建议。2016年4月，再次对编修情况督导检查，并对编修过程

4月20日，对侯营镇村庄概览的编修情况进行督导检查

中遇到的问题，及时讨论并提出相应建议。至2016年底，14个镇（街道）、园区的初稿均完成超过一半，其中，侯营镇、梁水镇镇、堂邑镇的材料初稿已完成。

【年鉴编纂及供稿】《东昌府年鉴（2012-2014）》 2016年2月由中国文史出版社出版。同月，在聊城市优秀史志成果评选中被评为优秀综合年鉴。该书大16开，70多万字，定价370元，书号ISBN 978-7-5034-7482-8。卷首设图片7页，正文设特载、大事记、全区概况、政党·政务、军事、法制、综合经济管理、农业、工业、交通、建设·环保、商业·贸易、财税·金融、科技·教育、卫生·体育、文化·旅游、社会生活、园区·街道·镇概况18个栏目，下设90个分目、670个条目。全书37个表格，13页时政图片，144张随文图片。增加了英文目录，后附索引。

《东昌府年鉴（2016）》 2016年10月由中国文史出版社出版，首次实现一年一鉴。12月，在全省优秀年鉴评选中被省地方史志编纂委员会评为全省优秀年鉴特等奖，也是聊城市2016年度唯一一部获得省级特等奖的优秀年鉴。该书大16开，约75万字，定价370元，书号ISBN 978-7-5034-8428-5。卷首设图片4页，正文设特载、专记、大事记、全区概况、中国共产党东昌府区委员会、东昌府区人民代表大会、东昌府区人民政府、中国人民政治协商会议东昌府区委员会、中国共产党东昌府区纪律检查委员会、民主党派、人民团体、军事、法治、经济管理与监督、农业、工业、交通、建设·环保、商业·贸易、财政·税务、金融·保险、科技·教育、卫生与计划生育·体育、文化·旅游、社会生活、镇（街道）·园区概况26个栏目，与第2部年鉴相比，栏目有所调整，下设142个分目、771个条目。全书11个表格，7页时政图片，111张随文图片，空白页中添加了相关小资料、东昌府区风景图片、剪纸。中文、英文双语目录，后附索引。

供稿 按时保质保量完成《山东年鉴（2016）》《山东地方史志年鉴（2016）》《聊城年鉴（2016）》的供稿任务。

【地情资料馆藏】 东昌府区方志馆位于区政府院内，2009年建立并开馆，由1名史志办工作人员负责各种地情资料和文献的分类、整理和归档工作，馆内以收藏志书、年鉴为主要特色，是全面展示东昌府区地方志文化的重要平台和阵地。2016年，东昌府区方志馆继续突出馆藏特色，丰富馆藏内容。在日常收集中，用《聊城市志》《东昌府区志》和《东昌府年鉴》等书籍与天津市史志办、河北省涿州市史志办、威海市史志办等交换交流志书年鉴40余册，进一步丰富了馆藏。全年共接待查阅资料者300余人次。至年底，馆内各地各类地方志书、地方年鉴、地情文献、方志理论著作、旧方志等专业资料约5000册。

【信息化建设】 网站建设 至年底，东昌府区情网实现全面升级改版，栏目包括：东昌府概况、新闻中心、史志博览、图说东昌府、地方文化、文献法规、东昌府大事、地情资料库、红色记忆等。开辟新专栏－地情资料库，逐步实现修志编鉴的数字化、网络化。不断升级完善地情网站和地情资料库软硬件设施，建设新的载体平台，构建多界面、多渠道、多元化、全方位的综合服务体系。加强地情网站和地情资料库管理，确保网络信息安全。

对外信息宣传 加大对外信息宣传力度，鼓励单位工作人员积极向省情网、市情网、东昌时讯、政务信息等平台投稿，扩大工作的透明度和知名度。

【规划与管理】 **业务管理** 依据国务院《地方志工作条例》《山东省地方志工作条例》、中指组《关于第二轮地方志书编纂的若干意见》和《地方志书质量规定》文件精神，结合东昌府区史志工作实际，2012年，东昌府区人民政府制定《东昌府区地方志工作管理暂行办法》，2015年重新修改制定《东昌府区地方志工作管理办法》（东昌政发〔2015〕109号），2016年2月1日，在全区正式颁布实施。在基层志书审查出版工作方面，2015年下达编纂镇村志的通知，为加快工作进度，至2016年底，史志办联合政府督查室已督导5次，梁水镇镇、侯营镇的所有村志初稿已报至史志办，正在进一步审核修改中。参加《郑氏族谱》评审会，对其提出专业合理化的指导意见。参加《东昌府区体育志》评审会，分工负责指导审查修改验收，至年底已定稿。

4月25日，全区年鉴工作会议召开

业务工作座谈会 2016年4月25日，《东昌府年鉴（2012–2014）》发行暨《东昌府年鉴（2016）》启动会召开。会上总结《东昌府年鉴（2012–2014）编写情况，传达《〈东昌府年鉴（2016）〉编纂方案的通知》及《关于调整东昌府区地方史志编纂委员会的通知》。会议强调该年是东昌府区贯彻落实《山东省地方史志事业发展规划纲要（2016–2020年）》实现一年一鉴的第一年，各级各部门应统一思想，充分把握年鉴工作发展面临的大好机遇；提高质量，高标准做好年鉴编纂工作；强化保障，确保圆满完成年鉴编纂任务。

（区史志办 管振芹）

外事侨务

【概况】 区外侨办在区委、区政府的正确领导下，认真贯彻党的十八大和市区两会精神，以开展“三严三实”和“两学一做”专题教育活动为抓手，紧紧围绕“突出重点、攻克难点、打造亮点”的工作思路，以外促侨，以侨引外，外侨并进，共同服务于全区经济社会发展大局，努力在外事管理和为侨服务等重点工作上实现突破，圆满完成了各项工作任务，为加快经济文化强区建设做出了积极贡献。区外侨办内设秘书科、外事科、侨务科和对外友好协会4个股室，至2016年底，正式在职人员7人。东昌府区外事侨务办公室主要负责东昌府区的外事和侨务工作。

外事工作包括：贯彻执行国家省市关于外事、港澳工作的方针政策和法律法规；负责处理或协助处理全区重大的涉外事务；利用对外交往渠道，为全区经济建设和社会发展服务；审核、申报全区因公临时出国人员的申请等工作。

对外友好工作包括：开展中外民间友好交往，组织代表团互访，倡议和协办洽谈会等交流活动，增进与各国人民之间的相互了解，建立信任，发展友谊；推动国际合作，建立交流机制，搭建合作平台，促进中外双方在经济、科技、人才等多领域的务实合作，为实现互利共赢、共同发展创造有利条件；开展中外民间文化交流，接待文化艺术团体和人士进行友好访问；受政府委托，协调管理东昌府区同外国建立和发展友好城市关系的工作，推动中外地方和城市的交流与合作。

侨务工作包括：党和国家关于侨务工作的方针、政策、法律、法规的贯彻执行和《中华人民共和国归侨侨眷权益保护法》的贯彻落实；依法保护归侨、侨眷的合法权益；负责归侨、侨眷眷属的身份认定工作；做好归侨的扶贫、救济工作等。

2016年，区外侨办先后获得“全省对外宣传工作先进集体”和“全省侨务工作先进个人”等荣誉称号。

【外事】严格审核把关，因公出国管理工作更加规范有序。2016年，区外侨办共办理因公出访6批10人次。开展全区重点出国人员的信息采集工作。为更好的对全省企业海外投资提供信息咨询、风险提醒、联络协调服务，目前省外办已建立“山东省领事保护信息服务平台”，并以短信形式（号码：10369208）向重点出国人员发送境外安全提醒信息。为让全区更多“走出去”人员、企业及时了解境外安全情况，区外侨办积极开展工作，及时全面完成重点出国人员的信息采集工作。积极推进APEC旅行卡业务。加大政策支持力度，深入企业调研工作，尽可能地把优惠政策覆盖全区民营企业。2016年，办理邀请外国人来华31批，76人次，办理APEC商务旅行卡2张。积极按照“大招商”的战略路线，利用自身职能优势积极加强对外交往，为全区招商引资工作寻找机会，积极带领企业开展各种形式的招商洽谈会，增强世界优秀企业来东昌府区投资兴业的意向。

【对外交往】东昌府区和澳大利亚在政治、经济、文化、人员往来日益密切，各个领域的友好关系发展顺利。经多方努力，东昌府区与澳大利亚天鹅市的友好城区关系达成意向。同时推动聊城二中与澳大利亚坎宁中学，四中与伍德维尔中学建立了友校合作意向，促成了二中与澳方布莱克城女子中学的互访。欧洲是全区对外工作的薄弱点，也是做大做好工作的突破点。为此，区外侨办积极联络华商会、侨乡会和国际友人，通过他们的牵线搭桥，东昌府区与欧洲的友好往来日渐增多。其中，捷克先后两批次共10人到东昌府区进行友好访问；瑞典1批次4人，匈牙利1批次5人到东昌府区进行项目考察和友城洽谈，同时回访也正在磋商中。这一系列交往，为东昌府区在欧洲建立广泛的友好关系迈出了坚实的一步。10月，区外侨办随山东省友好交流协会参加了在日本年举行的“第十八届中日韩友好城市交流大会”。围绕加强对外交流，促进东昌府区活力为宗旨，充分利用此次会议对外交往的重要平台作用，与来自中国、日本、韩国的各友好城市代表为推动中日韩三国的地方交流合作进行了交流探讨。有关各方与会代表对东昌府区重点项目的对外合作项目产生了浓厚的兴趣，并表示选择合适的时间来实地考察。区外侨办充分利用各种对外交往平台，积极组织辖区内企业先后参加了“走进美国－山东企业见面会”“第三届中波论坛”“山东省——南澳州合作发展论坛”、走进澳洲座谈会等各种经贸活动和“第八届华商企业科技创新合作交流会”，这些活动使我们了解国外企业的产品情况，以及当前全区企业面临的机遇与困难，为下一步更好地指导企业“走出去，请进来”提供了第一手信息和资料，为全区企业寻找国际合作、拓展国际市场提供了多层次高品质的服务。

【侨务】5月，美国休斯敦中国旅美专家协会执行副会长李守栋到访东昌府区，走访了嘉明经济开发区、道口铺及郑家相关企业，就全区产业发展、项目合作等进行了座谈交流，现已与山东昌裕集团聊城齐鲁漆业有限公司达成了战略合作协议。6月，省侨办特设立了专项产业扶贫资金，为部分急需帮助的贫困归侨侨眷提供资金帮扶，区外侨办为两户贫困侨眷争取资金补助每户1000元。8月，为落实贯彻省委省政府关于经济工作的部署和升入推进供给侧结构性改革的实施意见，省委研究决定16年8月至9月定为“2016年侨资企业走访服务季”，走访服务侨资企业和项目。通过企业走访、企业家面谈、调查问卷等多种形式对东昌府区企业的对外发展现状和经贸需求等方面有了一个全面细致的掌握，为东昌府区外事侨务工作如何更好服务于企业发展提供了更加扎实可靠的依据。聊城金齐锁具有限公司是东昌府区的侨资企业，积极履行涉侨企业的义务，积极配合宣传侨法等一系列涉侨活动。9月，在市外侨办组织开展的“暖侨敬老”活动中，区外侨办为两户困难归侨争取每户3000元慰问金，现已发放到个人手中。结合省外侨办工作部署，区外侨办开展归侨侨眷医疗救助对象基本情况调查工作，在贫困归侨侨眷精准识别范围两户内，又为一户因病致贫家庭申请医疗救助，救助资金年底前已到位。同月，结合工作实际，区外侨办重点对聊城籍华人华侨（含港澳同胞，下同）、留学生以及在聊城投资创业的华侨华人进行普查。在多次普查的基础上，建立完善东昌府区华人华侨数据库、东昌府区籍海外高层次人才信息库和留学生信息库，为深入分析侨情新变化，进一步夯实侨务工作基础、提高落实侨务工作的针对性，维护好侨胞合法权益和大力促进全市高端人才引进工作提供了基础依据。截至目前，东昌府区共有归侨 6 人、侨眷 241 人、海外重点人士 4 人、归侨侨眷知识分子 31 人。11 月 22 日，应广大侨商要求，经聊城市民政局审批同意，市外侨办召开聊城市侨商协会成立大会，区外侨办积极组织全区企业参加，共有 12 家企业加入协会。侨商协会的成立能够更好地反映侨商意见建议，维护侨商合法权益，推动侨资企业更好更快发展。12 月 4 日，按照区普法依法治理办公室《关于开展国家宪法日暨全国法制宣传日系列活动的通知》精神，区外侨办精心组织和安排，结合该办法宣传工作实际，以学习宣传侨法的基本原则和精神实质为主，制定了法制宣传日活动方案，并认真开展以宣传《中华人民共和国归侨侨眷权益保护法》为重点的法制宣传教育，围绕“大力弘扬法治精神，共筑伟大中国梦”这一活动主题，深入开展了法制宣传活动，取得了良好的社会效果。

【走访慰问】 6 月底，区外侨办赴帮扶对象郭村开展慰问走访活动，给 87 岁高龄的老党员郭春来和一名贫困党员陈玉亮，以及三户“五保户”各送去大米和食用油，同时与他们进行亲切交谈，让他们真正感受到党和政府的温暖。12 月初，区外侨办刻录、印制并向海外邮寄旨在宣传东昌府区的宣传画、光盘、区长贺辞和贺年卡片，向海外侨胞、港澳同胞送去家乡的祝福，并详细介绍东昌府区日新月异的发展状况及优越的投资环境，唤起他们的桑梓之情，吸引他们回国投资兴业。12 月底，区外侨办对我市重点归侨侨眷（对象是年老体弱，家庭困难和长期重病卧床的归侨侨眷）进行了走访慰问，为他们带去政府的关心和温暖及新春的祝福，慰问活动的开展不仅凝聚了侨心，还增进与归侨侨眷的感情。

（区外侨办　张程）

招商工作

【概况】 2016 年，全区共引进招商引资项目 289 个，计划总投资 434 亿元，到位资金 79 亿元。

新开工建设亿元以上的重点招商项目 18 个，计划总投资 174.5 亿元。其中，缤纷日月城项目，总投资 65 亿元，与万达集团合作的万达广场项目已确定入驻；畅博东关国际开发项目，总投资 35 亿元；葛洲坝集团综合开发项目，总投资 25 亿元；天舜汽车车桥生产项目，总投资 12 亿元；金柱万斯达年产 100 万吨建材项目，总投资 10.8 亿元，2 万平方钢构厂房已建成；东昌府区人民医院项目，总投资 6 亿元；山东轻舟多功能车项目，总投资 3.5 亿元，产品已下线；福和农业观光园项目，总投资 3.2 亿元，已开业；日处理能力 200 吨的国环污泥处理项目，总投资 1.2 亿元，已建成并投产运营；博瑞新能源汽车有限公司项目，总投资 2 亿元，产品已下线；城南污水处理工程项目，总投资 1.6 亿元。

重点合同项目：青岛福生食品有限公司计划投资 16 亿元建设维森海洋生物胶原蛋白项目，于 12 月 22 日签约；国电集团风力发电项目，计划投资 20 亿元；神华集团 200 兆瓦风力发电项目，计划投资 16 亿元，11 月 1 日签约；九九八废物环保处理项目，计划投资 5.5 亿元；宁康老年疗养中心项目，计划投资 4.5 亿元；堂邑镇民俗特色旅游小镇项目，计划投资 4.2 亿元，已经签约；聊城（青岛）海底世界项目已经签约，总投资 2 亿元。

【招商活动】 2016 年，采取登门拜访、邀请考察等方式对接客商 300 多人次，对接了中国国电集团、罗克佳华、金隅集团、金风科技、天地科技、中科招商集团、中钛国能科技等 60 余家重点企业，参加了市组织的京津冀北京招商活动、深圳市招商活动、杭州市招商活动，签约了一批项目。与中日韩中小企业促进会、中国经济贸易促进会、北京山东企业商会、中金国际金融联盟顾问委员会等 30 多家机构建立了联系。

4 月 6–8 日，赴北京开展京津

4月6-8日，赴北京开展京津冀集中招商活动

冀集中招商活动，拜访龙源电力集团、泛华集团等企业，就风力发电、城市棚户区改造等项目进行了接洽。参加了2016山东聊城融入京津冀协同发展座谈会。现场签约3个招商项目，项目总投资49.5亿元。其中，中国国电集团龙源风力发电有限公司风力发电项目总投资40亿元，东昌湖湿地岛生态旅游项目计划投资5亿元，宁康老年疗养中心项目计划投资4.5亿元。

4月8-10日，赴深圳开展招商活动，分别拜访了大族激光、招商局集团、深圳市聊城商会等著名企业和商会，并就双方进一步加强合作进行了洽谈。

5月8日，在深圳拜访企业并参加市政府组织的“2016山东聊城（深圳）投资说明会暨深圳市聊城商会成立揭牌仪式”。

6月18-21日，区委书记陈秀兴率队拜访深圳前海深港现代服务业合作区、深圳市大族激光股份有限公司、深圳市聊城商会负责人，学习前海深港合作区先进经验；并与大族激光公司就激光设备生产项目促进进行了商洽。

5月8日，参加2016山东聊城（深圳）投资说明会暨深圳市聊城商会成立揭牌仪式

7月13-16日，区委副书记、区长毕黎明率团赴长三角开展招商活动，拜访企业，洽谈项目，并参加7月14日市委市政府在杭州举办的“2016聊城（杭州）特色乡镇创新发展座谈会”。

【县级领导班子成员帮包镇、街道、工业园区招商工作】 县级帮包领导从项目洽谈签约、前置审批、落地开工、投产达效等方面督促协调，跟进服务，经常深入现场，定期听取汇报，随时掌握项目建设进度和招商任务进展情况。县级干部承担招商任务，区委书记、区长每人承担2亿元的招商任务，常委、副区长每人6000万元的招商任务，其他副县级干部每人5000万元招商任务，县级干部率先垂范，身体力行，带头开展招商活动，主动对接项目。各级各部门主要领导切实履行好“第一责任人、第一实践人、第一推进人”的责任，带头出去招商，带头洽谈推进项目，带头完成招商引资任务。

【招商与引智】 与清华大学电机工程系、中国电子工程研究院、中国科学院自动化研究所、中国科学院大学、北京中医药大学等多家高校及科研院所，就多个智力成果转化开发项目进行了接洽。与中科招商集团，就来聊城设立投资基金和分支机构进行了接洽。与北京中关金福科技文化产业发展中心就合作建设东昌府区创业产业园区进行了接洽。

【项目督导】 定期通报各镇办、街道、园区、区直部门招商项目进展情况，外出招商情况实行表格化统计，通报情况报每个县级干部，送各部门一把手，发至每个分管副职及招商办主任。

【设立产业扶持资金】 制定出台了文件，确定设立东昌府区产业扶持资金，由区、镇（街道）、园区整合各类资金，引入上级股权投资引导基金，共同形成东昌府区产业扶持资金，重点用来推动战略性新兴产业、高新技术产业和现代服务业加速发展。针对企业不同需求，采取不同的扶持方式。

【舆情信息工作】 2016年1月，区招商局被聊城市委宣传部确定为舆情信息直报点，成为东昌府区第5个舆情信息直报点、聊城市46个直报点中的一个新成员。上半年，区招商局报送信息被中宣部采用16条、山东省委宣传部采用83条，约稿获得1000分，以18697分的成绩在区直单位中排第一名。至2016年底，区招商局共报送舆情信息2259条，完成约稿12篇。在动态信息、上级采用和约稿得分3个方面，以602分的成绩在46个直报点中获得第五名。

【宣传推介】 充分利用微信、微博等新媒体宣传投资环境，加大与外地聊城商会的联系，利用《天下聊城人》等杂志媒体加大对东昌府区环境的宣传推介。积极争取中央、省、市级新闻媒体支持，加强对东昌府区产业、资源、区位、政策等各方面比较优势的宣传推介。

（区招商局　赵红霞）

中国人民政治协商会议东昌府区委员会

重要会议

【政协第十二届东昌府区委员会第五次会议】 2016年3月28日，中国人民政治协商会议聊城市东昌府区第十二届委员会第五次会议在聊城东昌宾馆召开。会议的主要议程为：听取并讨论中共东昌府区委书记陈秀兴同志的讲话；听取并审议政协东昌府区第十二届委员会常务委员会工作报告；听取并审议政协东昌府区第十二届委员会常务委员会关于十二届四次会议以来提案工作情况的报告；列席东昌府区第十六届人民代表大会第五次会议，听取并讨论区政府工作报告、区法院报告、区检察院报告和其他报告；协商讨论《东昌府区国民经济和社会发展第十三个五年规划纲要》（草案）；选举事项；听取并审议提案委员会关于区政协十二届五次会议提案审查情况的报告；审议并通过政协东昌府区第十二届委员会第五次会议决议。

3月28日，聊城市东昌府区第十二届委员会第五次会议开幕

【政协第十二届东昌府区委员会常务委员会会议】 2016年3月23日，区政协十二届二十一次常委会议。这次会议主要有九项议程。一是审议有关人事事项；二是审议通过《关于召开区政协十二届五次会议的决定》（草案）；三是审议《区政协第十二届委员会常务委员会工作报告》（征求意见稿）；四是审议《区政协第十二届委员会常务委员会关于提案工作情况的报告》（征求意见稿）；五是推举《常委会工作报告》和《提案工作情况报告》的报告人；六是审议《区政协十二届五次会议议程、日程》（草案）；七是审议通过《区政协十二届五次会议常务委员轮流值日名单》（草案）、《区政协十二届五次会议列席人员名单》（草案）、《区政协十二届五次会议各讨论组召集人名单》（草案）、《区政协十二届五次会议秘书处和秘书长、副秘书长名单》（草案）、《区政协十二届五次会议提案收缴截止时间》（草案）；八是审议通过《选举办法》（草案）、《总监选人、监选人名单》（草案）；九是听取关于选举政协主席协商建议名单的说明。

2016年4月19日，区政协十二届二十三次常委会议。这次常委会议主要有三项议程，一是传达学习全国、省、市政协全委会议精神；二是审议《政协聊城市东昌府区第十二届委员会常务委员会关于进一步加强自身建设的意见》（草案）；三是审议《区政协2016年工作要点》（草案）。

2016年8月12日，区政协十二届二十四次常委会议。这次常委会议主要有六项内容，一是听取区政府上半年经济社会发展情况的通报；二是审议《政协聊城市东昌府区委员会反映社情民意信息工作考评办法》（试行）；三是审议《政协聊城市东昌府区委委员履职工作规则》；四是听取《关于东昌府区农村义务教育专题调研情况》的说明；五是审议《东昌府区农村义务教育专题调研情况的建议案》；六是人事事项说明。

2016 年 10 月 20 日，区政协十二届二十五次常委会议。这次常委会议主要有三项议程，一是听取提案承办单位通报提案办理情况；二是听取区政府对《关于促进东昌府区农村基础教育发展建议案》的办理情况；三是审议通过有关人事事项。

政协各专门委员会

【提案委员会】 区政协十二届四次会议以来，以提案形式提出意见建议 223 件，审查立案 171 件，其中集体提案 32 件、委员个人提案 139 件。提案送交全区 45 个部门办理，至 2016 年底，已全部办理完毕。从收到的委员反馈意见看，对办理结果表示满意或基本满意的达 97% 以上。未立案的提案，已作为社情民意或委员来信，转送相关部门参考，并向提案人作了解释说明。

委员们紧紧围绕全区中心工作，着眼经济结构调整、产业优化升级、城乡统筹发展等关系全区长远发展的问题，深入调查，认真研究，提出了许多真知灼见。针对提案提出的“适应经济发展新常态、大力实施科技创新工程，提升园区承载能力，全力助推企业快速膨胀发展”等建议，区委、区政府研究制定了促进工业转型升级的政策措施，进一步完善园区基础设施，努力提升园区承载能力，使园区真正成为东昌府区经济发展的高地。

针对回迁群众普遍关心、关注的安置房建设等问题，积极收集相关资料、深入调查研究分析后，提出了“加快棚户区回迁安置房建设”的建议，区委、区政府积极采纳，进一步加大了国开行、农发行的贷款融资力度，并与葛洲坝集团签订了战略合作协议，全力破解了资金瓶颈，实现了安置房建设的全面提速。

发展民生事业、改善民生福祉，始终是委员们的责任情怀。广大政协委员围绕区政府确定的就业、社保、教育、医疗等“六大民生实事”，积极建言献策，推动民生实事落到实处，努力维护社会和谐稳定。提交的提案中，涉及民生的占到了近半数，且绝大多数得到落实解决，获得广大群众的高度称赞。

主要工作方式：

注重质量引导，提高提案质量。一是提前征集提案。提前两个月面向委员和社会各界征集提案线索。二是注重知情引导。三是加强重点征集。四是严格立案审查。

强化重点督办，提高办理实效。一是提高重点提案协商督办层次。二是加强重点提案专题协商。三是强化提案跟踪落实。

积极主动作为，提高服务水平。一是协商于办理之前。二是协商于办理之中。三是协商于办理之后。四是做好信息反馈服务。

【经济委员会】 为加快东昌府区市场战略性新兴产业发展，按照年度工作要点和十二届二十五次常委会议的部署安排，区政协经济委员会于 2016 年 11 月初，组织开展了一次针对战略性新兴产业发展情况全面摸底的视察活动。调研组在副主席张永利、王万增的带领下，实地察看了中通轻客、天工岩土、莱鑫粉末等三处东昌府区重点战略性新兴产业企业发展运营情况，在完成好重点调研视察工作的同时，采取多种形式，动员和督促东昌府区经济界委员围绕新常态下东昌府区中心工作和改革发展中的热点、难点问题，进行调查研究，区经信局负责人通报了全区战略性新兴产业发展情况，基本掌握了东昌府区市场战略性新兴产业发展现状，并针对调研中发现的问题提出了建设性的意见和建议，形成调研报告和建议案报送区委、区政府。

【科教文卫体委员会】 6-7 月，为了摸清东昌府区农村基础教育的现状，分析农村基础教育面临的形势，找出制约东昌府区农村基础教育发展的因素，科教文卫体委员会在副主席闫方、姚立星的带领下，组织部分政协委员分两个调研组，对郑家镇、侯营镇、梁水镇、八甲刘联合校进行了实地调查。委员们通过实地察看及与有关人员的座谈，对东昌府区农村基础教育工作有了一定的了解，在座谈中，委员们结合东昌府区实际，找出了制约东昌府区农村基础教育发展过程中存在的问题，并有针对性地提出了一些意见和建议，形成了专题视察报告及建议案。

5 月 18 日，为了创新工作形式，强化工作实效，科教文卫体委员会采取与文史学宣委员会联合召开专委会会议，并采取专委会会议与视察相结合的方式，丰富了会议内容、增强了吸引力。本次会议两委成员在参加会议的同时对东昌府区非物质文化遗产工作进行了视察。视察中委员们参观了两个雕刻葫芦馆、澄泥砚、木板年画、毛笔制作、刺绣等非物质文化遗产的现场制作。通过实地观看，拓宽了委员了解其他行业工作的途径、丰富了委员们的知识、增加了委员们为促进东昌府区非物质文化遗产工作发挥助推作用的素材。

7 月 25 日，认真做好全区重大决策咨询委员会工作。科教文卫体委员会承担了全区重大决策咨询委员会交办的“动员社会力量，参与食品药品监管”这个课题的调研论证协调工作。在这个调研课题中，在副主席姚立星的带领下积极制定实施方案、与相关单位协调座谈搜集有关资料，摸清东昌府区针对该问题存在的现状，又组织有关专家赴外地进行调研论证，最终汇总调研报告。最后形成了一份高质量的《决策咨询专报》呈送区委、区政府，得到主要领导的高度重视，责成有关部门认真采纳落实，充分发挥了决咨委作为新型地方智库的作用。

【社会法制祖国统一联谊委员会】 6 月 28 日，区政协组织部分常委、委员赴区爱心福利院、梁水镇敬老院、鸿福老年公寓、幸福九号老年人日间照料中心等单位，对东昌府区养老服务业发展情况进行了考察。

10 月 26 日，区政协组织部分常委、委员赴信迪科技有限公司、乐活云时代、馔舍台湾美食城、智慧社区水城嘉苑实体店、大润发超市等企业，对东昌府区台侨资企业发展情况进行了考察。

考察活动结束后，根据活动中委员们提出的意见和建议，精心撰写了报告，积极建言献策，很多好的意见和建议得到区委、区政府和有关部门的重视和采纳，为党委政府科学决策、民主决策和精准施策发挥了作用，尽到了职责，收到了较好效果。

【人口资源环境和农业农村委员会】 5 月，组织相关界别的委员就农产品质量安全工作进行考察。针对视察中发现的问题，提出了“严格实施农业标准化生产，强化农产品质量安全监管、检测和执法，用最严谨的标准、最严格的监管、最严厉的处罚、最严肃的问责，确保广大人民群众舌尖上的安全”等意见建议，为东昌府区农产品质量安全工作水平的进一步提升做出了努力。

6 月，省政协对东昌府区的农产品标准化生产工作进行了考察，人口资源环境和农业农村委员会，按照区政协领导的安排，对这次考察在东昌府区的活动全程参与，给予了积极的配合。

6 月，组织相关界别的委员就大运河开发工作进行考察。提出了“应紧贴山东省委、省政府打造‘儒风运河’这一主题，最大程度保护运河水文生态及植被土壤，兼顾历史与现状，把丰富的运河文化内涵注入到旅游产业发展中，打造布局合理、格调高雅、独具特色的运河文化旅游体系”等意见建议，为大运河开发工作的进一步提升做出了努力。

11 月，组织相关界别的委员就农村公路建设工作进行考察。

【文史和学习宣传委员会】 一年中，区政协文史学宣委立足东昌府区悠久灿烂的历史文化、纯朴厚重的人文环境、丰富多彩的旅游资源，进一步加大文化史料的系统梳理、征集编撰，对外宣传等工作，在存史资政、团结育人、服务社会经济社会发展方面发挥了重要作用。

《东昌碑刻》资料收集工作取得突破性进展。协同东昌府区文管所、聊城大学、聊城运河文化博物馆、山陕会馆等单位，通过调查走访、制作征集拓片、召开碑刻史料座谈会等形式，将碑刻征集范围扩大至东昌府城乡，对已掌握的碑刻史料进行了文字校点、整理翻译等工作，去粗取精、去伪存真，进一步提升了《东昌碑刻》的史料价值。

对古城区非物质文化遗产传承保护进行专题考察调研。4 月，文史学宣委协同科教文卫体委、区文广新局和部分委员一行，对古城区内的部分非物质文化遗产包括聊城铁公鸡制作、东昌葫芦雕刻、郭氏家酿及泰和古琴制作、东昌毛笔制作、牛筋腰带制作等制作技艺进行了专题考察调研并参观了东昌府区博物馆的建设现场，较为全面地掌握了东昌府区非物质文化遗产保护工作的现状和当前面临的困难，为今后如何进一步实施精准帮扶，更有效地保护传承和开发利用提供了参考依据，指明了努力方向。

根据“主席联系委员”工作制度安排，赴沙镇视察。5 月，文史学宣委配合区政协副主席王万

4月29日，区政协视察非物质文化遗产保护工作

增一行，联系沙镇政协委员，先后到聊城古城保护与建设博物馆，沙镇赫楼村、沙镇黄屯村天乐庄园等地考察基层文化建设及乡村旅游项目开展情况。通过“主席联系委员”工作的开展，创新了工作方式方法，开辟了新的工作思路，密切了政协组织与人民群众的联系，使政协的调研考察工作更加有的放矢和富有成效。

按照区委书记指示，圆满完成区委布置的突发任务。基于聊城市尤其是东昌府区辖区范围内食品卫生工作开展面临的一些突出问题，根据区委和区政协统一安排，8月上旬，文史学宣委和科教文卫体委在区政协副主席姚立星带领下，配合聊城市食药监局和东昌府区食药监局，围绕“如何动员社会力量、筑牢食品药品安全网络”的中心课题，赴省内工作成绩突出的邹平县、高青县和青岛市黄岛区三个区县进行了专题考察学习，并形成了细致、精准、全面的专题调研报告，得到了区委、区政府和区政协领导的一致表扬。

考察东昌府区乡村休闲旅游工作开展情况。为摸清东昌府区乡村休闲旅游资源的家底及其工作开展的现状，发现工作开展过程中存在的问题，从而有针对性地提出相应的意见建议，以推动东昌府区乡村休闲旅游工作的进一步发展，10月，文史学宣委协同区旅游局，组织委员赴欢乐南湖龙堤旅游区、凤凰苑农业科技园、张炉集云朵庄园、道口铺聚源生态园、闫寺东昌上林苑等乡村旅游园区进行了乡村休闲旅游工作开展情况考察调研，并听取了有关情况汇报。通过此次考察，使委员们直观了解和感受了全区乡村休闲旅游产业蒸蒸日上的发展状况，使广大委员更好地知情明政，凝聚了智慧，增进了共识，从而促进党委政府科学决策，为制定“独具东昌府区特色的乡村文化休闲游”的科学决策和发展规划，提供了切实可行的参考依据。

（中国人民政治协商会议东昌府区委员会　王彦华）

中国共产党东昌府区纪律检查委员会

综　述

2016年，东昌府区纪委在市纪委和区委的坚强领导下，深入学习贯彻党的十八大、十八届历次中央全会精神，把习近平总书记系列重要讲话精神作为思想武器和行动指南，坚决贯彻落实中央、省、市纪委和区委的决策部署，全面履行党章赋予的职责，聚焦主责主业，强化监督执纪问责，纪检监察工作取得新进展、新成效。

为推动全区纪检监察机关进一步转职能、转方式、转作风、聚焦主业主责，按照中央纪委、省纪委和市纪委的部署和要求，结合全区实际，根据东昌编〔2016〕9号《东昌府区机构编制委员会关于区纪委监察局机关内设机构调整的通知》，撤销办公室、监察综合室、干部监督管理室、宣传教育室、党风政风监督室、执法和效能监督室；设立组织部、办公室、宣传部、党风政风监督室、案件监督管理室、第三纪检监察室。调整后，区纪委监察局机关设办公室、组织部、宣传部、党风政风监督室、信访室（区国家行政机关工作人员违法违纪举报中心）、案件监督管理室、第一、第二、第三纪检监察室、案件审理室10个职能室。

纪委会议

【中国共产党东昌府区第十二届纪律检查委员会第五次全体会议】 2016年3月25日在东昌府区举行。出席这次全会的区纪委委员26人，列席187人。区委书记陈秀兴出席全会并作重要讲话。区委常委，区人大常委会、区政府、区政协及相关领导同志出席会议。有关方面负责同志参加会议。

全会总结2015年全区纪律检查工作，部署2016年任务。审议通过了区委常委、区纪委书记吴润昌代表区纪委常委会所作的《坚持全面从严治党 坚决履行主责主业坚定不移推进党风廉政建设和反腐败斗争纵深发展》的工作报告。

东昌府区第一、第二、第三轮党风廉政建设巡察工作动员会。按照区委要求部署，每轮成立5个党风廉政建设巡察组，第一轮对区教育局、区农业局、区住建局、区经信局、区科技局开展巡察。第二轮对区外侨办、区农发办、区安监局、区民营局、区旅游局开展巡察。第三轮对区人民医院、区中医院、区防疫站、区妇幼保健院、区第二人民医院5个卫生系统单位开展巡察。第一轮巡察于2016年6月2日、3日分别召开相关区直部门巡察动员会，第二轮巡察于8月23日，分别召开相关区直部门巡察动员会，第三轮巡察于9月18日，分别召开单位巡察动员会。

动员会上，各巡察组组长要求，被巡察部门全体人员要统一思想，提高认识，在思想上高度重视，在行动上积极支持，确保巡察工作取得应有的效果；对巡察组约请个别谈话、接待群众来访等情况要全力提供方便；要坚持党性原则，实事求是、客观公正地向巡察组反映情况和问题，提出意见和建议；对于干部群众反映的问题，要本着有则改之、无则加勉的态度，正确对待，同时对于需要整改的问题要及时采取措施，认真整改，按时反馈。各巡察组还公布了投诉举报电话和电子邮箱号码。

被巡察区直部门主要负责人分别作了表态发言，表示要深刻认识开展巡察工作的重要意义，把这次巡察工作同贯彻落实区委、区政府重要决策部署结合起来，推动各项工作再上新水平；自觉做到讲政治、顾大局、明确分工、落实责任，确保巡查组各项工作顺利开展。

动员会上，被巡察区直部门的主要负责人汇报了本部门整体工作情况，班子成员分别作了述责述廉报告并向与会人员发放了民主测评表和调查问卷。

【东昌府区党政班子成员向区纪委全委会述廉述责大会】 2016年7月5日，东昌府区县级党政班子成员向区纪委全委会述廉述责大会在东昌府区委三楼会议室召开。区委书记陈秀兴，区委副书记、区长毕黎明等区党政班子成员16人，区纪委全体委员27人参加会议。市政协副主席、市纪委常务副书记、监察局局长王广柱，市纪委党风政风监督室主任马建斌，副科级纪律检查员王卫，挂职副科级纪律检查员孙艳莉和评审团的各位领导同志出席会议进行指导。会议由区委书记陈秀兴主持，王广柱作动员讲话。

会上，全区县级党政班子成员依次向区纪委全委会进行述廉述责，报告个人遵守党的纪律、落实党风廉政建设责任制、执行改进工作作风有关规定、廉洁从政等情况。区纪委委员向党政领导班子成员提出询问，并由党政班子成员现场回答了询问的问题。会议现场还对区党政班子成员遵守党的纪律和履行党风廉政建设主体责任等方面的情况进行了民主评议。

非纪委委员的镇（街道、园区）纪委书记，区纪委内设室主任，归口派驻纪检组主要负责同志列席会议。

【东昌府区党风廉政建设巡察“回头看”动员会】 为落实全面从严治党的要求，切实抓好巡察反馈意见整改落实，对之前巡察发现的问题线索进行重新梳理，并及时发现新的问题，持续发挥巡察监督的作用，经区委同意，全区成立8个党风廉政建设巡察组，分别对区财政局、区体育运动中心、区人社局、区民政局、区发改局、区交通局、区水务局、区卫计局8个单位开展巡察“回头看”工作，11月7日，8个巡察组分别召开对以上单位的巡察“回头看”动员会。

7月5日，东昌府区召开县级党政班子成员向同级纪委全委会述廉述责大会

动员会上，各巡察组组长要求，要深刻认识开展巡察“回头看”工作的重要意义，把这次巡察“回头看”工作同贯彻落实区委、区政府重要决策部署结合起来，推动各项工作再上新台阶；自觉做到讲政治、顾大局、明确分工、落实责任，确保巡察组各项工作顺利开展。动员会上，被巡察单位的主要负责人汇报了本部门整体工作情况，班子成员分别作了述责述廉报告。各巡察组向与会人员发放了民主测评表和调查问卷。

【区委反腐败协调小组工作会议】 2016年12月29日，区委反腐败协调小组工作会议在区委二楼会议室召开。区委常委、纪委书记、区委反腐败协调小组组长丁磊出席会议并作重要讲话。区委反腐败协调小组成员、区委反腐败协调小组办公室成员、联络员，区纪委有关负责同志参加了会议。会议由区委常委、组织部长、区委反腐败协调小组副组长魏雷主持。

会议指出，要深刻把握反腐败斗争形势，切实增强反腐败工作的政治责任感。要准确理解中央对反腐败斗争形势的科学判断，严格把握反腐败斗争政策和策略，充分认识加强协作配合的重要性，突出反腐败工作重点，努力形成反腐败工作整体合力。会议要求，要完善反腐败协调机制，全面构建“一盘棋”工作格局。要加强问题线索的整合、查办案件的配合、日常工作的协调，形成各司其职、各负其责，又密切配合、协同作战的配套制度，彰显“拳头”效应，形成快速有效突破大要案的集成优势。会议强调，要找准定位理清责任，在反腐败协调小组框架内充分发挥职能作用。要明确责任，打破“单打一”的思想，坚守责任担当，打好反腐“组合拳”，敢于追责，用好问责“杀手锏”，推动东昌府区反腐败工作深入开展。

会上，区纪委有关负责人宣读了《中共东昌府区委反腐败协调小组工作职责和工作制度（试行）》。区委反腐败协调小组各成员单位主要领导进行了发言。

重要工作

【落实“两个责任”工作】 用教育强化责任意识。把落实主体责任工作纳入党的宣传教育工作、干部培训计划统筹部署，依托中心组学习、党校培训教育、领导干部上廉政党课等多种载体，强化“两个责任”意识。在全区镇（街道、园区）和部门开展“全面从严治党主体责任大家谈活动”，通过电视、网络播放，提高党组织主要负责同志主体责任意识；强化党组织和党员干部“权力就是责任、责任就要担当”意识。分片召开镇（街道、园区）党委（党工委）书记、纪委（纪工委）书记和派驻纪检组组长及监督联系指导部门党组织主要负责人落实“两个责任”座谈会，进一步理清主体责任和监督责任目标任务，层层传导压力，形成全面从严治党整体合力。

用考核压实责任主体。抓好“两个责任”落实工作考核，及时协助区委制定《镇（街道、园区）党委（党工委）落实全面从严治党主体责任考核办法》《区直部门党组织落实全面从严治党主体责任考核办法》，注重责任落实过程和日常随机检查，突出考核结果运用。区纪委出台《镇（街道、园区）纪委（纪工委）绩效考核标准》，突出队伍建设和纪律审查工作，推动监督责任落实，带动、引领基层纪委深化“三转”。

用问责倒逼责任落实。对焦党的领导弱化、党的建设缺失、“两个责任”落实不到位，维护“六项纪律”不力，推进党风廉政建设和反腐败工作不坚决、不扎实等情形，坚持问题导向，对焦突出问题和薄弱环节，严肃追责问责。2016 年共问责 9 人，真正把“板子”打向管党治党中的“甩手掌柜”“太平官”和“老好人”，推动管党治党从宽松软走向严紧硬。

【纪检体制改革】 不断强化人员力量。不断转职能、转方式、转作风，优化内设机构。面向全区遴选 8 名公务员、从镇（街道）交流 3 名优秀干部进入机关，人员力量向一线倾斜，机关从事监督执纪人员占机关行政编制总数的 64.28%，纪检监察室人员占机关行政编制总数的 35.71%。

落实双重领导体制。按照“监督执纪工作以上级纪委领导为主”的要求，建立下级纪检监察机关向上级纪检监察机关报告工作制度；探索建立县乡纪委办案工作一体化模式，在全区建立三个办案协作区，强化工作指导和协作区内横向联系。按照“各级纪委书记、副书记的提名和考察以上级纪委会同组织部门为主”的要求，制定出台镇（街道）纪委（纪工委）书记、副书记，派驻纪检组组长、副组长，区管企业纪委书记、副书记“三个提名考察办法”，结合换届配齐配强镇、街道纪委（纪工委）书记、副书记，全区镇、街道专职纪检干部达 50 人。

【日常监督】 规范派驻监督。不断完善派驻机构日常监督相关制度，制定《派驻机构履行监督职责暂行办法》《关于调整充实东昌府区纪委监察局派驻机构监督检查和联系指导部门（单位）的通知》，及时调整派驻机构监督检查和联系指导部门（单位），监督检查部门（单位）由 64 个调整为 57 个，新增 41 个联系指导部门（单位），充分发挥“派”的权威和“驻”的优势，切实增强监督实效。

探索同级监督有效方式。扎实开展县级党政领导班子成员向纪委全委会述责述廉工作，发挥纪委委员监督作用，抽调纪委委员成立调研组，采取谈话和发放调查问卷等形式，对部分县级党政班子成员分管领域进行调研，梳理汇总针对性强的问题，细化评分标准，委员围绕六大纪律提出质询，纪委监督权的独立性和权威性得到进一步增强。

加强换届风气纪律监督。严格执行“九个严禁、九个一律”纪律要求，严把廉洁意见回复关。2016 年，分 11 次对 297 名拟提拔调整领导干部，分6次对区党代表、人大代表、政协委员等804名推荐人选进行廉洁审查，严防带病提拔、带病提名。

【巡察工作】 突出巡察政治定位。根据上级对巡察工作的要求，成立东昌府区委巡察工作领导小组，突出党委承担巡察工作的主体责任，制定《东昌府区巡察工作办法》。牢牢把握政治巡察定位，紧盯党的领导弱化、党的建设缺失、全面从严治党不力“三大问题”，持续传递全面从严治党的强烈信号，唤醒党员干部的党章党规党纪意识，推动党的路线方针政策落实。

建立专门巡察队伍。针对巡察工作专业性高、政策性强、涉及领域广的实际，从全区熟悉纪检监察、组织人事、财务审计等业务的骨干中抽调人员，组建120余人的巡察人才库。加大巡察业务培训，及时邀请市纪委有关领导对入库人员专题授课，传经验、教诀窍，提升巡察人员的综合素质和能力。

严格规范管理。从巡察组组建、巡察组成员分工、巡察方式、巡察建议、巡察报告等方面严格规范管理，制定统一标准，确保巡察精准把握政治定位，聚焦全面从严治党要求。2016年，全区共开展3轮巡察，一次巡察“回头看”，涉及23个部门（单位），发现各类问题310个，梳理问题线索86个，提出整改建议115条。

【正风肃纪】 严肃整治和查处群众身边的腐败问题。定期梳理问题线索，对反映集中、性质恶劣的重点督办、限期办结，重点查处和纠正超标准超范围向群众筹资筹劳、摊派费用，违规收缴群众款物或处罚群众，克扣群众财物、拖欠群众钱款等突出问题。2016年，共查处发生在群众身边的腐败问题58起，处理81人，分3期通报曝光26起，一些群众反映强烈的突出问题得到有效解决，社会满意度不断提高。

坚决查处违反中央八项规定精神问题。驰而不息纠正“四风”，形成了查处、曝光、整改的纠风工作机制。2016年，共开展专项检查3次，查处违反中央八项规定精神问题19起，处理38人，分6批通报曝光18起，起到了强烈的震慑作用。

【惩治腐败】 坚持抓早抓小、防微杜渐。践行监督执纪“四种形态”，坚持挺纪在前，加大谈话函询力度，对存在苗头性、倾向性问题的党员干部，早提醒、早告诫、早纠正。2016年，全区纪检监察机关共谈话函询31件（次），给予党纪轻处分和组织调整166人，占党纪处分总数的70.94%。

坚定不移惩治腐败。畅通信访举报渠道，充分发挥12388举报专线和网络举报的作用，把下访、基层信访矛盾排查化解作为信访工作重点，纪委常委轮流接访制度得到有效落实。改进纪律审查方式，完善问题线索集中管理、集体排查和催办督办机制。充分发挥区委反腐败协调小组职能作用，成员单位相互配合、密切协作，形成查办案件合力。2016年，全区纪检监察组织共立案187件（自办案件108件），处分234人，其中处分乡科级干部16人，移送司法机关1人，收缴涉案款共计27.4万余元。

【纪检队伍建设】 强化组织和制度建设。扎实开展“两学一做”学习教育，强化党的领导，成立委局机关党委，设立5个支部，从严教育管理，严格“三会一课”制度，党组织的凝聚力、战斗力得到不断提升。加强制度建设，出台《区纪委监察局机关各部室（单位）绩效考核计分标准》，进一步完善工作流程，促使工作规范、有章可循，逐步形成用制度推动工作的局面。

强化纪检监察队伍建设。打造学习型纪检监察队伍，通过专题业务培训、定期集中学习和邀请专家授课等方式，强化纪检监察业务知识学习。对机关部室、派驻纪检组人员上挂下派、轮岗交流，1人到市纪委挂职，15人次在市纪委对口部室跟班学习，20余名同志进行了轮岗交流，纪检干部综合素质得到全面提升。加强基层纪检队伍建设，上下“一盘棋”，工作上协调配合，着力打造一支忠诚干净担当的纪检监察队伍。

（区纪律检查委员会　姜晋东）

民主党派

中国国民党革命委员会东昌府区委员会

【自身建设】 2016年，民革东昌府区委员会以搞好政治交接为主线，坚持以思想建设为先导、以组织建设为基础、以制度建设为保障，8月30日，召开了“中国国民党革命委员会聊城市东昌府区第八次代表大会”，选举产生新一届区委会领导班子，闫方当选为主委（窦延丽、刘勇、张天彤为副主委，段杰、王晓红、于宗君、路晓亮、刘培茹为委员，张天彤兼秘书长）。不断充实统一战线和多党合作理论，9名委员参加了区委统战部举办的统一战线理论知识培训班。全年发展新党员3人，其中1名为大学学历、2名为研究生学历。丰富学习形式，寓学习活动于主题教育之中，开展了“纪念孙中山诞辰130周年”“薪火相传，圆多党合作之梦”“观故居，走多党合作之路”等主题教育活动。通过开展信息宣传工作提升组织影响力，利用民革中央、民革省委网站和报刊媒体宣传平台，全年共报送社情民意和统战信息10余篇，被民革中央采用2篇，民革省委采用2篇，《团结报》采用1篇，《联合日报》采用1篇。

【参政议政】 民革区委紧紧围绕东昌府区“十三五”规划的各项任务，尤其是要围绕谋划城乡发展、深化改革开放、加快转变经济发展方式、实现强区富民的重大问题，履行参政议政、民主监督的职能，市、区两级政协委员共提交市政协个人提案3件，提交区政协集体提案4件、个人提案21件，多件提案、议案被市、区及有关单位采纳，其中起草的《关于推进我市分级诊疗工作的几点建议》作为民革聊城市委提案被《聊城晚报》整版刊登。民革区委领导参加中共区委、区政府召开的民主协商会、征求意见会、情况通报会及座谈会等4次，就重大问题的决策、重要人事安排、重大方针政策的制订和执行进行协商，发表意见，提出建议。

【祖国统一与海外联谊工作】 民革区委始终与时俱进，把握两岸和平发展这一主题，加强祖国统一和海外联谊工作。组织党员特别是台侨属党员深入学习贯彻中共中央对台工作的大政方针，提高党员对祖国统一重大意义的认识。2016年，台湾岛内政局发生了一系列重大的变化，按照中共中央的要求，在认真总结经验的基础上，寻找差距，认识不足，改进工作，增强实效。发挥民革党员在台亲友多、海外联系广的优势，鼓励台侨属党员积极开展与海外亲友的联谊活动，宣传“和平统一，一国两制”的方针，扩大影响。以“接待一个人，凝聚一份心向祖国”为目标，接待台胞2人，鼓励他们为家乡建设贡献力量。

【社会服务】 充分发挥民革的人才优势和智力优势，按照民革中央确定的“发挥优势，突出重点，量力而行，持之以恒，务求实效”的方针，调动一切积极因素，开展“医疗、文化、法制”三项义务服务活动。组织医疗卫生界党员，举办敬老院查体2次、聊城大学离退休老师义诊1次，为100多名老人发放健康手册、测血压、做心电图、讲解疾病防治知识、为病人提供治疗方案；组织教育界党员进社区、学校开展“孝道文化”“感受生命”等讲座，树立了民革形象；联系党员企业积极参与政府精准扶贫工作，义务培训业务知识，并安置5名残疾人就业，打造了服务新亮点。

（中国国民党革命委员会东昌府区委员会　张天彤）

中国民主同盟东昌府区委员会

【自身建设】 至2016年底，民盟区委总共71人，有7个支部：教育一、二支部、二中支部、社会支部、四中一、二支部和六中支部。市政协常委1人。区政协委员13人，其中常委4人。

学习贯彻习近平系列讲话精神和盟中央、盟省委会议精神列入重要学习内容。组织号召盟员们学习民盟省委《关于从严治盟的若干规定（试行）》等文件、习近平书记“七一”讲话系列文件；为了增强基层组织和凝聚力，深入开展“学盟章、读盟史、促‘三立’”学习活动；遵照盟章规定，民盟强化后备力量，由之前4个支部扩展成立为区直一、区直二、社会、二中、四中一、四中二和六中7个支部，完成全区换届；8月26日，召开民盟聊城市东昌府区第六次代表大会，听取并审议了民盟东昌府区第五届委员会的工作报告，按照组织程序，通过无记名投票选举产生了民盟东昌府区第六届委员会，并召开一次会议，明确了班子成员分工；坚持重点发展人才，增强民盟综合力量；制定完善了盟区委的各项工作制度，包括班子分工制度、学习制度、会议制度、组织生活制度、组织发展制度、财务制度和支部联系7项制度。

【参政议政】 抓群体效应以提高参政能力，完善参政议政专门工作组，把基层组织中的参政议政人才组织起来，围绕东昌府区经济社会发展中的热点、难点、焦点问题，信息报送，确定题目，深入讨论，或组织相关人员进行调研，提出可操作性的意见和建议。其次是在全体盟员中收集信息和议题线索，根据盟区委实际，专职人员每月1篇，7个支部每个月分别上报1篇-2篇，随时为2016年的政协会开幕前做集思广益的工作准备，凝聚全盟的智力和智慧，全力做好参政议政工作；抓盟员素质，以加强参政队伍建设，建立微信群，不断集中学习参政议政相关文章，交流讨论，广泛收集全区盟员的思想信息和提案整理，结合本职工作，鼓励大家不断提高自身参政能力，充分调动起盟员们参政议政的积极性。至2016年底，上报盟市委《关于加强民办幼儿园的师德建设的建议》等19篇社情民意，被盟省委采用3篇，全力做好参政议政工作。向区政协第十三届一次会议提交提案《关于加强对民主党派干部培养的建议》《关于“规范小区物业管理，确保业主安居”的建议》等17件，其中集体3件，个人14件。

【社会服务】 自民盟社会服务三大行动—“烛光行·杏林行·春风行”启动后，“烛光行”重在教育免费培训和教育资助；“杏林行”重在公益义诊和医疗技术对接；“春风行”重在服务民生，侧重法律和金融服务、科技和文化下乡。围绕“三行”落实开展同心扶贫。聊城民盟“烛光行”走进闫皋小学，联合技师学院和建设路小学捐助师生1000余册图书，2件书橱书架，并送上一堂意义深刻的硬笔书法课。支教盟员马增辉老师独创的写字方法，精彩的培训，把创新实用的教学方法带进了课堂，受到了师生们的广泛赞誉，这所乡村学校老师们的热情淳朴和孩子们的天真朴实也让盟员们极其感动。2016年，“三行行动”社会服务惠及群众2000余人。已成为聊城民盟着力打造的社会服务品牌，受到民盟省委的高度评价，相关活动报道登载在民盟省委网站上全省交流。

（中国民主同盟东昌府区委员会
杨阳）

中国民主建国会东昌府区委员会

【组织建设】 至2016年底，民建东昌府区委员会下设3个支部，共有会员50名。有市政协委员1人，区人大代表1人，区政协委员11人，其中区政协常委4人。民建东昌府区委狠抓会员发展质量，注重发展年轻、代表性强、知识层次高、参政议政能力强的同志加入民建组织。2016年9月13日，民建东昌府区委换届大会顺利召开，选举产生了民建东昌府区委第六届委员会，由9名人员组成，主任委员1名，副主任委员3名，委员5名。

【自身建设】 积极组织广大会员进行政治理论学习，进一步加强队伍的思想建设。每年组织举办一次新会员培训班，集中开展了中国特色社会主义民主政治以及会章、会史、会的优良传统学习教育培训。积极组织会员认真学习贯彻中共十八大和十八届三中、四中、五中、六中全会精神。利用每月的例会带领会员学习习总书记一系列的讲话，民建中央会议精神，深入学习了市、区“党代会”和“两会”会议精神。积极组织会员参加民建省委、市委和统战部组织的各项工作和培训会议，不断夯实多党合作的思想基础。通过学习，会员进一步增强了坚持中国特色政治发展道路的自觉性和坚定性。

【参政议政】 紧紧围绕东昌府区建设“经济文化强区”的目标，积极组织社员参与政治协商、民主监督、参政议政的各项活动，为促进经济发展和社会进步献良策。民建区委会充分发挥自身经济界的特色和优势，紧紧围绕东昌府区经济社会发展中心的热点难点问题，开展调查研究。今年政协会、人代会上提交的提案、建议20余件，立案的提案建议12件，内容涉及农业、工业、文化、市场安全建设、交通、体育、教育、卫生等，都得到相关单位答复。

【社会服务】 积极承担社会责任，着力提升社会形象。民建区委会坚持以“突出重点、发挥优势、体现特色、尽力而为”的原则，把社会服务工作作为全会的重点工作，鼓励和引导广大会员积极投身于公益事业，社会服务活动开展地有声有色，富有成果。始终把创新社会服务途径、提升社会服务实效作为工作重点，发挥组织优势，开展社会服务工作。2016年10月9日，民建东昌府区委到省级贫困村沙镇镇小吕村开展重阳节慰问活动，为张喜玲、郭金良等8户贫困老年人家庭赠送了油、鸡蛋、白面等慰问品，表达对老年人的关爱和祝福。几年间，民建东昌府区委把服务基层，特别是服务农村群众，投入扶贫攻坚行动当作履行义务、发挥作用的重要途径，积极引导民建会员富而思源，富而思进，更好地承担社会责任。

（中国民主建国会东昌府区委员会 刘颖）

中国民主促进会东昌府区委员会

【概况】 2016年，在东昌府区委统战部和民进聊城市委的领导下，民进东昌府区委积极加强自身建设，参政议政，民主监督，搞好社会服务活动，各项工作取得了新的成绩。

【自身建设】 民进东昌府区委不断加强政治理论学习，深化对多党合作基本政治制度的认识。每月27日按时召开班子例会，通报工作，学习党的各项文件方针政策。组织班子成员和广大会员认真学习习近平同志系列重要讲话和十八届三中、四中、五中、六中全会精神。组织会员积极参加市、区两级统战部和民进市委组织的各种学习活动，1月3日，组织会员参加民进聊城市委年会；1月6日，组织各支部委员和骨干会员参加市委统战部举行的坚持和发展中国特色社会主义学习实践活动经验交流暨中期推动会；11月24日，组织班子成员参加区委统战部举办的东昌府区统一战线理论政策培训班。民进区委每季度举办1次新会员学习培训，带领大家共同学习党的各项文件精神、统战知识和民进会章会史。通过学习，民进会员增强了政党意识，开阔了视野，丰富了统战理论知识，提高了认识，更坚定了政治信念。

【组织建设】 民进区委始终把加强后备干部的选拔和加强班子建设、支部建设放在首位。2016年9月21日，民进东昌府区第五次代表大会在东昌宾馆召开。会议听取并审议了主委王万增所作的民进东昌府区第四届委员会工作报告，民主选举产生了民进东昌府区第五届委员会。民进东昌府区第五届委员会由7名委员组成，聘王万增任民进东昌府区第五届委员会名誉主委，继续聘孙元芳任民进东昌府区第五届委员会名誉主委。2016 年 8 月 23 日，民进聊城二中支部换届，民主选举成立了民进聊城二中联合支部。2016 年 8 月 30 日下午，民进东昌府区聊城四中支部召开换届会，民主选举成立了新一届支部委员会。教育支部、古楼支部、文化支部也分别进行了换届选举。各支部每 2 个月学习活动 1 次，学习情况按时上报民进区委。民进区委还加强了机关建设，各项规章制度上墙，严格遵守上下班制度。2016 年，发展了 3 名素质高、德才兼备的会员，至年底，民进区委共有会员 68 人，5 个支部。其中市政协委员 1 人，区政协委员 12 人，区政协常委 3 人，区政协副主席 1 人。

【参政议政】 民进会员始终关注民生，开展调查研究，积极参政议政。全区会员中的市区两级政协委员积极参加各种会议、座谈、调研，认真撰写提案，全年共上交提案近 20 件，有《加强城区交通秩序治理的建议》《关于规范理论学习形成的建议》《关于共同关注未成年人健康成长的建议》《关于推进教师职称改革，实行绩效工资的建议》《建议设立攻坚扶贫爱心专项基金》《关于加强各种辅导班的监督管理的建议》等等。另外，主委、副主委和政协委员多次在各级党委、政府、政协召开的一系列座谈会、协商会、约谈会上发言，围绕经济建设和文化建设提出了很好的意见和建议。12 月，驻会副主委兼秘书长陈延霞同志被评为民进山东省参政议政先进个人。

【社会服务】 民进区委认真开展坚持和发展中国特色社会主义学习实践活动，结合党派工作特点和自身优势，创新开展社会服务活动。8 月 14 日，在中共东昌府区委和沙镇镇党委、政府的大力支持和协助下，民进区委组织 10 余名教育名师、律师和医疗专家去沙镇镇举办了 1 次教育、法律、医疗下乡咨询活动。11 月 16 日下午，民进东昌府区委在斗虎屯中学成功举办了一场别开生面的心理健康教育报告会，报告会由民进会员、聊城二中高级教师、国家二级心理咨询师徐云芝老师主讲，主委张淑敏率领民进区委几名班子成员和骨干会员参加活动。徐老师生动，形象地讲述以及和学生亲切的互动给广大师生带来了快乐、带来了知识。12 月 29 日下午，主委张淑敏带领民进区委几位班子成员和骨干会员到闫寺街道侯付小学给学生家长举办了一场精彩的家庭教育报告会，报告会由民进会员、东昌名师、聊城七中年级主任牛晓芳老师主讲，牛老师从孝心、爱心、责任心等几个方面给家长朋友们讲解了如何以身作则教育孩子。报告会后民进区委副主委、聊城四中校长助理乔炜同志现场捐助了 1 名家庭困难的学生。这次活动受到侯付小学师生和家长的一致赞扬，收到良好的社会效果。对民进的文化下乡活动，东昌电视台、《东昌时讯》都做了跟踪报道。

（中国民主促进会东昌府区委员会 陈延霞）

九三学社东昌府区委员会

【自身建设】 2016 年底，九三学社聊城市东昌府区委员会共有社员 38 名，有市政协委员 3 人，市人大代表 1 人，区人大副主任 1 人，区人大代表 1 人，县区政协常委 5 人、区政协委员 4 人。2016 年，九三学社东昌府区委把社员学习提高、组织活动作为自身建设的着力点落到实处，以开展活动为平台，增强社组织的活力和凝聚力。组织学习党的方针政策、时事政治、社章、社史，传达九三市委以及上级部门有关重要会议精神，利用组织生活交流思想、探讨问题，把议政与学习有机结合起来。结合社庆举办社史专题讲座和社员座谈会，邀请德高望重的老社员讲社史，社员代表发言讲述成为社员的成长过程和参政议政的经历，传承政治薪火，弘扬优良传统，不断提高思想共识，坚定信念，做好本职工作，充分发挥参政党作用。

【参政议政】 2016 年，九三学社东昌府区委带领社员，以高度的政治责任感参加各级人大和政协的活动，认真履行职责，围绕东昌府区经济社会建设积极建言献策，在各自领域提出了许多建设性意见和建议。1 名社员被九三学社山东省委评为参政议政先进个人。社区委班子成员和社员代表积极参加区委、区政协组织的民主协商会、情况通报会、意见征询会，并在会上积极发表意见，提出建议，树立了良好的党派形象；多名社员应邀担任了市执法局、市监察局、区人社局、区检察院等单位的特约监督员、特约检察员，以高度的政治责任感积极参与各种监督、检查活动，提出了许多有价值的意见和建议。

【社会服务】2016年，九三学社东昌府区委发挥人才荟萃优势，组织各方面专家开展形式多样的社会服务活动，引导社员“弘扬科学精神，承担社会责任，促进和谐发展，共建创新型国家”，社会服务工作在创新中取得新实效。响应“同心扶贫攻坚行动”号召，根据九三学社成员特点及优势，以党外干部挂职锻炼实践基地为依托，组织开展了“春雨行动”—农技普及在乡村活动。结合扶贫任务，紧紧围绕农业结构调整和农业产业化经营，以实践基地办事处的农民科技带头人、种植业户及村干部为培训对象，采用先集中培训，再分期指导的形式，紧密结合农业生产时令和农民生产需求，在农管关键时期，利用晚上农民空闲时间，进行技术讲解，白天到田间地头进行指导。“春雨行动”培训活动先后举办大型技术培训6期，现场指导11次，培训和指导人数达700余人次，发放技术资料3000余份。

（九三学社东昌府区委员会　吕伟宏）

小资料

民主党派

指在中国大陆的中华人民共和国政党，除执政党中国共产党以外的八个参政党的统称。它们是：中国国民党革命委员会、中国民主同盟、中国民主建国会、中国民主促进会、中国农工民主党、中国致公党、九三学社、台湾民主自治同盟。其中，民革主要由国共内战时的中国国民党左派及其后裔组成，后来许多国民党籍的倒戈将领和被俘释放的军政人员加入；民盟主要是以从事文化教育方面工作的社会精英阶层所组成。民建主要是以在大中城市的工商企业家和经济界的中高层人士为主；民进是以从事教育文化出版工作的高中级知识分子为主；农工党，以医药卫生界高中级知识分子为主；致公党，主要以归侨、侨眷为主；九三学社的人员组成以科学技术界高、中级知识分子为主，常见职业分布为教师、医师、工程师等等；台盟是由居住在中国大陆的台湾籍人士组成。“长期共存、互相监督、肝胆相照、荣辱与共”是中国共产党与各民主党派合作的基本方针。合作方式为中国共产党领导的多党合作和政治协商制度，也称中国共产党领导的多党合作制或一党领导的多党合作制。

社会团体

东昌府区总工会

【机构设置】 1986年，山东省总工会聊城地区办事处管辖地直、地直系统工会组织。1998年3月，撤市设区，聊城市总工会(县级)更名为东昌府区总工会，地直系统及所属企事业单位全部划归聊城市总工会(地级)。东昌府区总工会管辖区直系统工会组织64个，镇、街道、工业园区工会组织14个，基层工会组织1699个，工会会员171114人，工会专职干部1050人。东昌府区总工会机关内设组织部、生产生活保障部、财务部、法律工作部、女职工工作部、事业部、宣教部、办公室等7部1室，并有工人文化宫、职工中专学校2个事业单位。

【基层组织建设】 2000年以后，聊城市东昌府区总工会把组建和发展工会会员当作首要任务来抓，建设调查，摸清底数，以外资企业、私营企业和商贸服务业为重点，完善区域性行业性基层工会建会模式。一是建会和发展会员。各镇(街道)全部建立总工会，形成了区、镇(街道)两级工会管理网络，推动企业普遍建立工会组织。2016年，组建工会委员会数1593个(包括120个工会联合会)，发展工会会员171114人；二是各镇、街道、系统工会主席全部实现了同级正职或副职配备，90%以上的由副书记兼职，另有1名专职副主席和工会办公室主任(专或兼)。

坚持规范建会，召开会员(代表)大会民主选举产生工会委员会，东昌府区纪委监察局、东昌府区物价局、东昌府区民营经济发展局等机关单位相继召开了会员换届大会。加大基层工会规范化“十有标准”建设力度，扎实推进“六有”工会建设，深入开展“四双”活动和职工之家创建活动，目前，基层工会的“六有”标准达标率和“四双”活动开展率均达到70%以上。新建聊城市香江百货商品行业工会、电子行业工会、交运服装行业工会。

【厂务公开民主管理工作】 1999年，推行民主管理，贯彻落实《山东省实施〈企业法〉加强职工民主管理的办法》。2016年，全区50家集体及其控股企业全部建立健全厂务公开民主管理制度，事业单位64家，全部实行了厂务公开、院务和校务公开，并按规定如期召开职代会和职工大会，在一些应该公开的事项上做到及时公开，公司制企业普遍建立职工董事、职工监事制度，非公有制企业职代会和厂务公开制度建制率达到92%，规模以上非公有制企业达到98%。广泛开展了厂务公开民主管理示范单位创建活动，努力打造“推行协商民主，强化社会责任”工作品牌。在品牌创建工作中培植了中通钢构、东方双语小学和昌华造纸三家典型单位。

【生产生活与保障工作】 聊城市东昌府区总工会下发关于2016年度开展全区“安康杯”竞赛活动的文件东昌会发〔2016〕14号，组织80余家企业开展了“安康杯”竞赛活动，参赛人员10000余人，职工提合理化建议150条；加强安全生产监督，推动建立群防、群控、群治的企业劳动安全卫生长效机制，配合相关部门积极开展安全生产隐患排查和专项整治行动，做好职业病防治工作，努力推动实现竞赛活动全覆盖和企业生产零死亡，无重伤事故的目标。

【帮扶中心建设工作】 帮扶中心建设稳步推进。2014年初聊城市东昌府区总工会将困难职工帮扶中心升级为东昌府区职工服务中心，配置电子显示屏、电脑等硬件设施。目前设置了“信访接待、帮扶救助、权益维护、工友创业、劳动争议调处、综合服务”六个服务岗位，完善困难职工档案，“发现一个，录入一个，帮扶一个”，不断完善了困难职工档案，实行动态管理。设立了东昌府区工会法律服务站，聘请专职律师为职工提供法律咨询及法律援助，2016年，服务中心共接待信访职工50

余人次，调处劳动纠纷及提供法律援助10人次，有效遏制了群体性上访事件的发生。

【工会组织工作】 3月，东昌府区总工会召开全区工会工作会议，对61个先进单位、10名十佳先进工会工作者、61名先进工作者、1个劳动关系和谐企业进行了隆重表彰。2016年，组织全区镇（街道）、工业园区工会主席、副主席及专职干部参加了聊城市总工会举办的工会干部培训班。

【开展会员优惠活动】 2016年7月，东昌府区总工会召开了会员优惠服务活动座谈会，传达了聊城市总工会会员优惠服务活动的意见，对合作单位提出了新的要求。10月，新增惠员单位5家，分别是聊城市张强钟表电子有限公司、聊城市新世纪羊毛衫批发中心、聊城市永丰布业、聊城市老船长鞋业、聊城市龙仕达运动休闲专营店，进一步扩大了覆盖面。2016年，15个单位参与会员优惠服务活动，聊城市百货大楼作为典型单位共举办了四届工会会员节，得到了会员的一致认可。积极与聊城市邮政公司联系，洽谈邮政会员卡的办理事项，努力打造卡证并行，互联互动的工会会员常惠生活服务平台。对有意加入网上工会会员服务平台的单位，积极与邮政公司对接，共同完善优惠条款，尽快纳入网上工会会员服务平台上来。东昌府区总工会机关首先办理工会会员服务卡，与聊城市邮政公司协商再联系一家单位作为服务卡的试点单位。

【女职工维权工作】 2016年，聊城市东昌府区总工会组织全区女职工深入开展学习贯彻《妇女权益保障法》《女职工劳动保护实施细则》《中华人民共和国妇女权益保障法》和《女职工保健工作规定》，学习宣传贯彻落实女职工维权工作。聊城市东昌府区女职委督促各企业制定和完善女职工工作，女职工劳动保护纳入劳动合同和集体合同内容95%以上。全区共签订女职工特殊权益专项集体合同1093家，覆盖女职工55348人，签订率达100%。

1月，对困难职工进行了全面的调查，从中筛选了283户困难女职工家庭，进行了救助，每户职工300-500元，有重点地通过各种形式开展女职工“关爱行动”。还注重对单亲困难女职工、女农民工的救助。2016年，帮扶送教育救助单亲困难儿童2名，每人1000元。3月，东昌府区总工会在“三八”妇女节之际向各系统女职工干部下发东昌会发〔2016〕3号文件，关于组织“三八”节后全区女职工进行健康查体的通知，配合聊城市东昌府区妇幼保健院对女职工健康查体做好具体部署。5月，深入到5家基层单位进行调研，广泛听取有关方面的意见和建议，进一步转变工作作风，经常关心困难女职工工作，努力为女职工办实事。通过调研工作，促进了女职工权益保障和劳动关系协调和稳定，切实为她们排忧解难。8月，对女职工权益保护专项集体合同工作进行了检查。主要采取召开座谈会、查阅资料、听取汇报、实地查看等方式对四家企业进行检查。同时学习到了兄弟县工会和企业工会在推进合同规范、提高合同履约率等多方面的经验做法。

东昌府区总工会将进一步推进“爱心妈妈小屋”标准化、规范化建设，为孕期和哺乳期女性提供一个私密、卫生、舒适、安全的场所。至年底，全区已有5家单位率先建立起“爱心妈妈小屋”，均已投入使用。

【工会法律工作】 10月，东昌府区总工会与东昌府区人民政府召开了两次联席会议，研究讨论工会工作面临的形势和把职工维权法律服务工作纳入本地、本单位以改善和保障民生为重点的社会管理创新内容等问题。生产经营正常的国有、集体及其控制股企业合同建制率达到了82%。2016年，共签订工资集体协商协议445份，工资集体协商方式方法上创新提高，建立了工资协商指导员队伍。

11月，组织单位人员积极参加普法考试，提高单位人员的法律意识。认真学习和贯彻《工会法》《劳动法》《劳动合同法》《企业工会工作条例》等法律法规，开展法律宣传活动，与多家单位联合进行法律普及与宣传活动，致力于提高职工群众的法律维权意识。

12月，东昌府区总工会与多家单位联合进行法律普及与宣传活动，深入开展学习贯彻《工会法》《劳动法》《劳动合同法》、企业工会工作条例等法律法规。“12•4”法定宣传日，聊城市东昌府区总工会每年设点宣传、印刷《山东省实施〈中华人民共和国工会法〉办法》《工会法》《劳动法》《国家公务员暂行条例》，普及社会法律知识，增强职工自我维权意识，共印发各类宣传资料5000

余份，接受法律咨询 200 余人。

【劳模创新工作室】 劳模创新工作室大力发挥作用。聊城百货大楼和聊城农村商业银行劳模创新工作室成立以来，坚持团结协作，集思广益，积极探索，勇于创新的工作理念，取得了丰硕的创新成果。注重因人制宜，发挥专长，有力的推动了创新活动的深入开展，产生了良好的经济和社会效益。

【困难职工帮扶】 2003 年 7 月，东昌府区困难职工帮扶中心成立，2014 年，升级成为职工服务中心。在基层工会下设了 28 个帮扶站，形成了纵横到边的帮扶工作网络。困难职工档案实行微机化动态管理，每年都定期调查核实。成立困难帮扶中心 10 余年间，共提供各类帮扶救助 9000 余人次，发放救助款 300 余万元；金秋助学累计 350 人，发放助学款 100 余万元；接待求职人员 5100 人次，介绍上岗 4000 余人次，开展再就业免费培训 1500 人次；2016 年已有在档困难职工 700 余人，每年帮扶金额 20 余万元。

【职工文体活动和场所建设】 全面加强职工职业道德建设和职工素质提升。3 月，东昌府区总工会授予 22 人东昌府区职工职业道德先进个人荣誉称号并颁发东昌府区“富民兴区”劳动奖章。5 月，动员系统工会举办“庆五一劳动模范表彰文艺演出”活动。同月，联合市聊城市总工会、百货大楼举办了第四届工会会员节即情定五一首届相亲大会。7 月，联合聊城农商银行开展“环湖健身行”，来自农商行的 200 余名职工参加了此次活动。8 月，积极参加聊城市职工经典诵读大赛。9 月，积极参加聊城市总工会举办的职工健步走活动。10 月初，积极参加聊城市总工会举办的全市职工篮球比赛，并取得了第三名。10 月底，积极参加聊城市总工会举办的全市职工乒乓球比赛并取得了好成绩。11 月，联合聊城市总工会、百货大楼举办第五届工会会员节。

文化宫改革与发展方面。东昌府区总工会重视抓好文化宫管理和建设升级，加强对文化宫场所、设备、人员队伍、软硬件设施建设。将东昌府区总工会楼前广场改造成活动场地，规划建设羽毛球场、篮球场等。东昌府区总工会一楼西区，配备有体育器材室、图书室、阅读室等，以科技、体育项目为主，并向东昌府区职工开放。已购置文化宫机动车辆一部，用于深入基层建家升级、职工之家、娱乐场所的督建指导。职工“双十佳创争”活动积极开展，职工创争积极，热情高涨。

4 月 24 日，东昌府区总工会劳动模范表彰大会合影

【信访维权】 建立和完善信访维权网络，及接访机制。2016 年，接待群众来信来访、热线电话 102 人（次），无非正常访、无集体访和越级访、无重大信访事件发生、信访案件全部办结，信访查结率 100%。

强化组织领导，切实履行参与职能，构建职工（农民工）信访维权网络，建立信访接待机制，成立了以工会主席为组长，副主席为副组长，各部室负责人为成员的东昌府区工会职工（农民工）信访维权领导小组，建立了由主席把关、副主席主管、各部室负责人协管的工会信访维权网络机制；认真贯彻落实组织起来，切实维权的工会工作方针，建立早发现、早介入、早报告“三早”工作机制，由各镇（总）工会、各系统工会和各基层工会上报信息员，在东昌府区的工会系统建立了信访维权网络，确保了维权工作的信息畅通。

（区总工会 孟庆欣 高婷）

中国共产主义青年团东昌府区委员会

【概况】 2016年，学习贯彻党的十八大、十八届五中、六中全会精神，紧紧围绕区委、区政府中心工作，充分发挥共青团"枢纽型"社会组织作用，夯实基础，突出主线，狠抓落实，不断激发共青团工作新活力，团结和带领广大团员青年为建设"经济文化强区"作出新的贡献。2016年5月，东昌府区妇幼保健院团委、新区街道八一社区团总支被团省委授予"山东省五四红旗团委""山东省五四红旗团支部（总支）"荣誉称号；另有8个基层和14名先进个人受到团市委表彰奖励。

【理论学习】 **进一步把广大青少年的思想和行动统一到党的十八大、十八届五中、六中全会精神上来** 团区委要求各级团组织、团员青年带头学好党的十八大、十八届五中、六中全会精神，深刻领会会精神，坚持学以致用，把学习宣传贯彻党的十八大、十八届五中、六中全会精神与推动当前工作结合起来，运用学习成果指导工作实践。利用重大纪念日、节庆日开展形式多样的"中国梦"主题教育系列活动，采取有效载体和方式，进一步增强广大青少年对中国特色社会主义的道路自信、理论自信、制度自信，引导广大青少年切实增强实现"中国梦"的历史使命感和奋斗精神。

结合实际，开展系列主题教育活动，组织动员广大团员青年在东昌府区经济社会发展中作出新贡献 以开展"两学一做"学习教育为载体，以志愿服务社区、建设幸福乡村、助力企业发展和践行"我的中国梦"为主要内容，号召全区广大共青团员以雷锋、孔繁森、白云和徐本禹同志为楷模，积极投身东昌府区经济社会建设大潮，立足岗位、争创佳绩，以青春的力量践行"中国梦"，为广泛传播先进理念、倡导文明新风，促进社会快速发展做贡献。

持续深化青少年思想道德教育 以党的十八大、十八届五中、六中全会精神、社会主义核心价值体系教育为引领，以学雷锋活动为契机，扎实组织开展系列主题教育活动。深入开展了"青春共创文明城""学党史 知国史 感党恩 共筑梦""扶贫济困 青春力量""传承中华文化、共筑精神家园""小手拉大手 共筑碧水蓝天"等系列主题教育活动；大力开展党史党情和团史团情教育；进一步深化雏鹰争章等体验教育活动，促进青年学生了解国情区情，认识社会，树立理想，磨砺意志。

【党建带团建】 **队伍建设** 加大对基层团干部的培训教育工作力度，采用以会代训、专题培训等形式，组织基层团干部参加培训，团干部工作能力和业务水平得到了明显提高。"五四"青年节前夕，举办了纪念五四运动97周年"学党史 知国史 感党恩 共筑梦"主题报告会。邀请聊城职业技术学院思想政治科教学部主任为基层团干部做了《习近平总书记的党建思想》主题报告。

"青年之家"建设 为深入贯彻落实上级团组织关于青年之家建设的部署要求，组织部迅速行动，转发了《关于在全省推进"青年之家"建设的通知》（鲁青办〔2016〕23号）。召开了各镇（街道）团委书记专题会议，就青年之家的目标定位、建设路径、运作模式以及建设的保障措施等几个方面做了专题培训，对各镇（街道）青年之家建设工作作了具体的按排部署。

"1+100"工作 作为新形势下推进共青团改革的重大工作制度，团区委组织部高度重视，积极行动，通过召开工作动员会，专题培训会等方式，迅速落实上级安排部署。截至年底，东昌府区系统录入率列全市第一名。

团员发展、管理工作 以团省委有关团员管理相关要求为重点，开展了学生入团情况自查自纠，抓好团员档案的管理工作，把好团员"入口关"。通过举行入团仪式、团情教育，增强团员意识，严格按程序开展工作。

单身青年联谊活动 为更好地发挥共青团组织服务青年成长成才职能作用，5月14日，在泰安市举办"青春有约 缘聚泰山"单身青年联谊会，来自机关、学校、医院、陆航团等单位的40名单身男女参加。本次单身青年联谊活动，为大家搭建了相识相知的交流平台，营造了健康活泼的青年交友氛围，进一步倡导了社会文明新风。

【深化品牌工作】 **青年文明号创建工作** 2016年，各级团组织积极开展青年文明号创建工作，创建省级青年文明号1个，市级青年文明号5个。同时继续开展青年文明号交流活动，引导各创建单位把青年文明号创建与“两学一做”教育，“双联共建”“精准扶贫”工作相结合，开展了青年文明号助力精准扶贫，青年文明号争先创优活动等，取得良好效果。

青年岗位能手推选工作 在广大青年中开展青年岗位能手评选活动，引导广大一线青年职工，弘扬艰苦创业和敬业爱岗精神，立足本职岗位，提高职业技能，争创一流成绩，努力成为跨世纪的熟练劳动者和合格人才，选树了一批品德优良、技能精湛、贡献突出的优秀青年人才。表彰命名1名省级青年岗位能手，8名市级青年岗位能手。

青年就业创业 通过开展“鲁商农信贷”“青年创业小额贷款”等工作，做好青年就业创业“三融”工作，一是要融政策。将农业、科技、工商、劳动就业、银行等部门关于支持就业创业的政策筛选、整合。二是要融资金。通过青年创业大赛、高校毕业生创业扶持计划、项目投融资路演等平台对农村青年进行扶持。三是要融智力。邀请金融专家、投资人、知名企业家、成功创业者、职能部门工作人员通过政策宣讲、经验分享、创业指导等方式指导农村青年就业创业。

青年志愿服务工作 2016年，全区各级团组织和志愿者组织结合自身实际，多方整合资源，以项目化运作，结合互联网+思路，开展了一系列志愿服务品牌工作。获得上级组织和社会各界的充分认可。区青年志愿者协会荣获山东省青年志愿服务工作先进集体；“有爱童享”公益项目荣获团省委、省民政厅举办的第三届山东省青年志愿服务项目大赛金奖，省委宣传部、省文明办2016年学雷锋“四个100”典型评选活动，最佳志愿服务项目。“益乐坊”项目获得团中央“伙伴计划”优秀项目。另有1人荣获全国优秀青年志愿者，2人荣获省级优秀青年志愿者。

开展“校地共建志愿行”主题志愿服务行动，和聊城大学东昌学院建立校地共建战略协议，利用高校人力、智力资源，构建东昌府区志愿服务“团委主导、多方联动、社会参与、校地合作”的新体系。在东昌学院建立了由100名大学生志愿者组成的“东昌学院瑶光之星青年志愿服务团”，对接全区13个志愿服务站点开展工作。

开展关爱孤儿、亚孤儿、留守儿童“有爱童享”公益项目。组建“瑶光之星青年志愿团”，开展了童享欢乐、童享时光、童享成长三个主题活动。全年共开展集中活动25场，服务特殊儿童2400多人次，参与志愿者1500余人，募集资金5.7万元。

开展青年志愿服务交流培训活动。一是启动“心韵水城”志愿服务培训研讨会，累计培训志愿者1600余人。二是组织第三届志愿服务嘉年华活动，对东昌府区志愿服务工作进行了总结，隆重表彰了区“十佳青年志愿者”及志愿服务“最佳支持奖”，推动东昌府区志愿服务工作进一步发展。

开展“扶贫济困 青春力量”助力精准扶贫活动。启动“扶贫365情暖你我他”公益项目，针对精准扶贫工作要求和贫困群众需求，发挥共青团组织优势，整合社会各界公益力量启动了一系列的活动。2016年，开展服务20余次，募集资金物资累计达120余万元，服务困难群众2000余人次。

启动“绿满乡村”志愿服务行动。组织青年志愿者到贫困村岳庄村开展义务植树活动，此次活动的开展，不仅改善了该村村居环境，更加强了村民的环保意识。

【青少年权益保护】 **加强法制宣传教育** 继续开展“平安校园”创建、“法制教育进校园”等系列活动，组织实施了“为了明天——预防青少年违法犯罪工程”和“青少年维权岗”调研活动，切实维护青少年合法权益，营造有利于青少年健康成长的社会环境。

关爱留守儿童和农民工子女 一是深入开展“大手拉小手”“一助一”“多助一”帮扶、开展“两地书、少年情”、城乡少年手拉手“一帮一”结对互助等活动，进一步推进“代理家长制”“爱心帮教”“爱心妈妈小屋”等公益行动，逐步探索建立农村留守少年儿童和农民工子女的帮扶机制。二是深入开展“阳光伴我行——大学生英才工程”关爱助学活动，今年共资助贫困大学新生50名，发放资助金12.4万元。

【丰富活动载体】 **启动“小手拉大手 共筑碧水蓝天”主题教育活动** 按照团省委、团市委关天开展“小手拉大手 共筑碧水蓝天”主题教育活动的有关要求，学少部联合区教育行政部门，积极行动，在工作步骤上把握宣传发动、实践活动、社会参与和成果展示四个阶段进行，统筹推进全区活动的部署开展。

以会代训的形式不断提高少先队辅导员工作水平 3月26—30日，中国少先队事业发展中心在广州举办了2016年校内外少先队教育协调发展研讨培训班。学少部组织全区部分学校少先队辅导员参加了培训。东昌府区阳光小学大队辅导员作为代表进行了交流发言，受到了一致好评。

“心愿直通车”活动 深入开展自“心愿直通车”活动启动后，学少部广泛宣传、积极争取社会各界的支持。3月17日，“心愿直通车开进郑家中心小学”集中活动举行。社会爱心人士向中心小学资助了价值5000元的图书，帮助20名同学完成了小小心愿。至年底，全区共征集少年儿童心愿400余个，并全部完成。

全市少先队活动课观摩培训活动 3月20日，150余名来自全市各县市区的总辅导员和部分大队辅导员齐聚聊城市实验小学参加活动。与会人员首先观摩了实验小学的“爱家乡 赞聊城 编制中国梦”少先队活动课。北顺小学、新区小学、阳光小学的少先队辅导员围绕少先队活动课“课前说课”“课后说课”和“怎样让少先队活动课有意义更有意思”等内容进行生动精彩的讲解和示范，广大少先队辅导员纷纷表示受益匪浅。

【双联共建工作】 2016年，团区委工作组多次到联建村斗虎屯镇阮庄村走访调研，访问贫困户、与村“两委”班子成员、基层干部座谈交流，详细了解当地群众需求，积极为群众解决问题。逢年过节，工作组都会走访看望老党员和困难党员，为他们送去了食用油、面粉等生活必需品。通过社会募集，资助了5名大学新生每人3000元现金，帮助他们顺利的进入大学校门。组织区青年志愿者协会“乡村放歌”青年志愿团赴阮庄村开展了“双联共建促民生，乡村放歌送欢乐”文艺演出。向市体育局积极申请为阮庄村安装了1套共10件健身器材，赠送了价值4000元的E播宝1台，通过社会募集，向阮庄村小学赠送了首批价值1.5万元的图书。协调区水务部门筹集资金60余万元，新建石桥1座，新打机井5眼。

【团内宣传阵地和信息化建设】 积极掌握新媒体引导青年主动权。一是发挥新媒体作用，进一步加强共青团信息化建设，支持各级团组织、少先队及团属社团的开办微博，鼓励团干部开设个人微博，进一步探索新媒体引导青年、凝聚青年的途径和方式。继续做好东昌府区共青团工作信息上传下达及基层信息的采集、整理及宣传等工作。主动与各类媒体搞好结合，加大对先进基层团组织及优秀青年的宣传力度，提高共青团工作的影响力。二是积极推进“青年之声”平台建设工作。团区委结合工作实际，迅速推动“青年之声”互动社交平台推广，牢牢把握“反映青年呼声，回应青年诉求，维护青年权益，服务青年成长”的平台建设宗旨，在平台影响力、服务能力、运行机制等方面继续探索完善，动员组织全区各级团组织结合实际，扎实推进，着力把平台打造成广大青年日常工作学习中能够想得起、信得过的利益诉求发布平台和数据分析采集渠道，推动青年之声成为新时期共青团组织运用网络新媒体服务青年的品牌工作。

（共青团委 刘九洋）

东昌府区妇女联合会

【自身建设】 **举办妇女干部培训班** 9月23—29日，联合区委组织部在浙江大学举办全区女干部综合素质能力提升专题培训班。各镇（街道）、园区妇联主任，区直部分单位妇委会主任，分管妇联工作的女领导干部和区妇联部分人员共49人参加了培训。10月21日下午，在东昌宾馆召开全区女干部培训班交流座谈会。49名学员根据自身在浙大培训的学习情况，畅谈了学习感受、体会和收获，并将相关资料装订成册。

选聘兼职妇女干部工作 为壮大妇联干部队伍，延伸妇女工作手臂，不断扩大妇联工作覆盖面和社会影响力。年初，成立以区妇联主席为组长的选聘兼职妇女干部工作领导小组，制定了《东昌府区妇联关于在基层妇女组织中开展选聘兼职妇女干部工作的实施方案》，通过层层召开专题会议，对选聘工作进行了具体的部署。在村（社区）利用宣传栏、村广播喇叭等形式，广泛宣传聘任兼职妇女干部的目的、意义、工作职责及聘任条件，营造浓厚舆论氛围，动员广大妇女积极参与。经过认真审查，坚持“公开、公平、竞争、择优”的原则，严格按照推荐人选、资格审查、考察谈话、组织确定等程序，最终，全区镇（街道）妇联共聘任兼职副主席32人，增补执委人数14人，聘任妇代会成员人数613人；社区妇联聘任兼职副主席61人，增补执委人数61人。真正选拔了一批综合素质好、年富力强、发展潜力大的优秀女性充实到各级妇联队伍中来。

村（社区）妇代会改建妇联工作 为进一步整合村（社区）优势妇女工作资源，壮大妇女工作力量，建设具有群众性、广泛性、代表性的基层妇联组织，使基层妇联组织和工作更大限度覆盖各领域各层面妇女群众。从2016年11月开始，村（社区）妇代会改建妇联工作稳步开展。

基层妇女工作阵地建设 为充分发挥妇联组织在参与社会管理创新中的重要作用，争取到市妇联专项扶持金21万元，建设道口铺街道任堤口社区、闫邵屯社区，斗虎屯镇山南村3处市级妇女儿童家园。做好第二批市级妇女儿童家园项目的预申报工作。区妇联实地查看、调研，最终，确定张炉集镇王双阵村、郑家镇郑家社区2处人口稠密、硬件设施好、环境卫生整洁、利用价值高的村（社区）进行上报。五是开展寻找“最美家庭”活动。区妇联通过发放倡议书、利用互联网和新闻媒体等形式，广泛发动群众积极参与寻找“最美家庭”活动。在开展寻找活动中，注重与最美家训征集、女性阅读、“五好文明家庭”“和谐家庭”“好婆婆、好媳妇”争创等活动相结合，进一步激发了广大群众和家庭积极做文明高尚家风的建设者，做和谐文明家庭的创建者，为培育和践行社会主义核心价值观贡献力量。

【贫困妇女儿童救助】 **农村适龄妇女“两癌”筛查工作** 充分发挥妇联牵头协调作用，多形式多渠道宣传“两癌”检查的重要意义，2016年，在农村适龄妇女“两癌”免费检查中，查出15814名患宫颈癌、17074名患乳腺癌的妇女，做到了早诊断、早预防。同时，区妇联及时将筛查出来的“两癌”患者和需救助人员的信息采集上报市妇联，认真完成了全国“两癌”筛查网上的填报工作。

有益儿童健康成长的活动 积极配合省、市妇联，开展一系列有益儿童健康成长的活动。4月中旬，区妇联在全区广大家长和儿童中开展了第四届“感恩母亲”征文比赛活动。征文活动分为小学组和初中组，广大家长、儿童踊跃参与，积极投稿。最终，从300余篇文章中评选出优秀文章103篇。5月27日下午，区妇联主席等有关同志到到民主小学幼儿园，为孩子们带来电子琴、球类等玩具，同孩子们一起进行了联欢。5月31日上午，联合团市委、市教育局、市文广新局、市民政局、市卫计委、市妇联及区教育局在新星小学举办了聊城市暨东昌府区庆“六一”寻找“亲子悦读”——最美书香家庭活动启动仪式，向新星小学捐赠了价值7万元的图书，向全区广大家长和儿童发出《亲子悦读 共同成长》的倡议书，推荐了最佳阅读书目。

贫困母亲救助工作 区妇联建立长效救助贫困两癌妇女的救助机制。“三八”节期间，争取市妇联“两癌”救助金3万元，救助了10名“两癌”贫困母亲。4月，协调人寿保险公司为全区48名贫困母亲免费投保了每份5万元保费的原发性“乳腺癌”和“宫颈癌”保险。7月，联合区慈善总会为30名贫困“两癌”母亲和20名贫困母亲每人发放了2000元救助金，共计10万元。

【妇儿工委工作】 **认真做好“十二五”规划终期监测评估工作** 向33个妇儿工委成员单位下发东昌妇儿工委办发〔2016〕1号文件《关于做好东昌府区妇女儿童发展“十二五”规划、东昌府区儿童发展“十二五”规划终期监测评估工作的通知》。对各成员单位上报的“两个规划”实施工作进行了资料整理和主要指标统计分析汇总。在各级各部门的共同努力下，东昌府区“十二五”期间实施“两个规划”的主要目标基本实现。

制定《东昌府区妇女儿童发展“十三五”规划》 在编制《东昌府区妇女儿童发展“十三五”规划》的过程中，多次向区委、区政府主要领导汇报区妇儿工委关于制定两个新规划工作的情况，充分发挥专家和各部门的作用，经过充分调研、征求意见、反复论证和认真审核四个环节，12月6日由东昌府区人民政府以东昌政发〔2016〕123号文正式颁布实施。

根据出台的《东昌府区妇女儿童发展“十三五”规划》，妇儿工委办公室对妇女儿童发展规划指标进行分解，明确细化成员单位职责。

【妇女创业就业】 *居家创业就业项目* 拓宽贫困妇女增收渠道，居家创业就业受欢迎 以乡村旅游、手工加工、特色种养、电商创业为主的居家创业就业项目，引导和帮助广大贫困妇女通过居家创业就业实现了脱贫致富。道口铺街道在胡谢、四甲李、道口铺、王庄村、邵屯、仙庄6个村新发展缝纫加工机组119台，吸纳就业妇女200余人。堂邑组织当地妇女进行葫芦种植、加工，葫芦种植由百余亩发展到6000余亩，安置返乡就业女性200余人，培养种植雕刻技术女工300余人，给当地百姓带来了可观的收益。东昌府区福和农业科技发展股份有限公司和堂邑镇路西村工艺葫芦加工厂被省妇联首批认定为巾帼居家创业就业脱贫行动“大姐工坊”。

巾帼创业就业 通过举办文化科技、种养殖实用技术、家庭教育等各类专题技能培训班，提高了农村妇女脱贫致富的本领。通过实施“巾帼服务进村、进社区”活动，鼓励引导下岗、无业妇女到“阳光大姐”、东昌技能培训学校进行培训，已培训学员2000余名，帮助她们实现了就业和再就业。

巾帼创业扶贫基地 巾帼创业示范基地聊城市团团乳业有限公司先后扶持了东昌府区10个镇（街道）的500多户奶牛养殖户，奶牛存栏量达到3000余头，特别是侯营镇工业园乳制品加工基地投入使用后，周边镇（村）奶牛养殖规模迅速扩大，出现了一批养殖专业村和养殖小区。

“互联网+巾帼创业联盟”行动 引导妇女积极参与互联网创业 帮助创建巾帼农副产品垂直农业电商平台，开通网上商城和2个微信群，创建微网站。开始只在微信群、朋友圈订购，每周集中一天送到市内各个点。后又推出微商城，每周一、二在商城下单，周三通过物流公司配送，做到了送货到家。云朵庄园被省妇联认定为示范基地，妇联还组织女企业家走进云朵庄园基地，学习、交流致富经验。

落实妇女创业 认真将省、市关于妇女小额担保贷款的相关政策，宣传到每一个“妇”字号企业和创业女性，并帮助她们积极向上争取项目资金。2016年，为“妇”字号龙头企业聊城市团团乳业股份有限公司争取到6.53万元贷款贴息扶持项目资金，有力地促进了该企业发展。在扶贫工作中，以建档立卡中的贫困妇女为重点帮扶对象，积极为贫困妇女搭建平台，提供就业岗位和致富信息。

【双联共建工作】 区妇联为联建村山南村32户贫困户，送去食用油、大米等慰问品；为丰富联建村妇女儿童文体生活，从市妇联争取到7万元的项目资金，为该村建设妇女儿童家园1处，并从区文广新局争取到1万元的图书，从区体育局为其争取到一批体育健身器材；为解决群众吃水苦、吃水咸问题，从区水务局为其争取到两眼生活用井。为使帮包村贫困户度过一个温暖的冬天，12月22日，区妇联全体人员来到山南村，为该村的32户贫困户每户送去了2床棉被。

【妇女儿童维权】 *信访接待工作* 配合党委、政府依法按政策妥善处理妇女群众反映的问题，切实为妇女群众做好事、办实事。以12338热线为抓手认真落实来电来访工作，做到事事有回音、件件有落实，2016年，受理群众来电29次，来访46次，结案率达97%。其中，涉及婚姻家庭的57人次。

法律法规宣传活动 积极做好“三八”维权周、“6·26”禁毒日、“12·4”等节日的法律法规宣传咨询活动。3月6日上午，联合区司法局、区法院、区检察院和鲁风律师事务所在五星广场开展了以“拒绝家暴从我做起”为主题的三八妇女维权周法律咨询活动。同时，利用妇女儿童家园、“妇女之家”等阵地，通过开设宣传栏、印发宣传资料、开展咨询服务等多种形式，大力宣传保障妇女平等就业的《妇女权益保障法》《劳动法》和《就业促进法》等法律法规。通过加强法制宣传，增强广大妇女对相关法律的了解，提高她们的维权意识。

（区妇联　王慧）

东昌府区工商业联合会

【思想引导工作】 开展以“四信”为主题的理想信念教育实践活动，引导非公经济人士增强对中国特色社会主义的信念、对党和政府的信任、对企业发展的信心和对社会的信誉；鼓励非公经济人士合法经营，照章纳税，争做优秀中国特色社会主义事业建设者。一是正面激励和典型宣传。配合上级工商联完成民营企业发展调查问卷、促进民营企业第三方评估调查问卷等工作，发现并宣传民营企业发展中好经验，好做法。积极推荐“优秀中国特色社会主义事业建设者”“省光彩事业促进会理事”“扶贫工作先进个人”和各级人大、政协的政治安排，在全区上下树立了非公经济人士的典型，呈现争先进优的良好氛围。二是注重教育培训。组织收听收看了习总书记在十八届六中全会、纪念红军长征80周年的电视电话会，传达习总书记《在政协联组会议上的讲话》，并邀请了党校教授培训解读，增强非公经济代表人士“看齐意识”，听党的话，跟党走，增强干事创业的激情，营造全区“亲”和“清”的新型政商关系。全年组织培训活动10次，培训非公经济人士300余人次。三是抓好“两新”组织党建工作。对全区“两新组织”领导小组进行了重新调整，进一步加强了对“两新组织”的领导。对全区“两新组织”党员进行了重新排查，建档登记，规范了管理。对“两新组织”书记进行了培训，在“两学一做”学习教育中，加大了对企业支部督查力度，确保了企业党员学习教育效果。四是积极引导企业承担社会责任。引导非公经济人士扶贫济困、乐善好施、发展企业、回馈社会的“光彩”精神。落实了泛海集团助学行动，资助东昌府区大学生39名；组织企业家爱心捐款2次，共计4万多元，帮助贫困村改善基础设施。

【服务会员企业工作】 绿色食品生态园建设 针对全区食品加工企业发展现状，本着做大做强、规范管理的原则，确保餐桌上的安全，计划筹建东昌府区绿色食品产业园。4月、5月，组织部分企业家分别考察了潍坊的中国食品谷、青岛的豆腐加工园区，安徽蚌埠、河南郑州豆制品生产企业，并将考察结果向区里领导作了汇报，制订了初步实施方案。

企业调研工作 5月19日，组织工商联组政协委员先后到叁铭堂中药馆、联谊新型建材有限公司、天祥食品有限公司、福和生态园等企业进行实地视察，详细了解企业的生产经营情况。委员们围绕如何加快民营企业发展建言献策，互相鼓励，相互增强了发展信心。

解决企业实际困难 在处理全德利面粉加工企业破产的事件中，工商联充分发挥作用，化解矛盾，牵头互保企业和银行谈判，保护了会员企业的利益，稳定了社会局面。在企业融资方面，搭建好银企结合的平台，帮助会员企业融资1.7亿元。

【“同心扶贫攻坚”活动】 按照区委、区政府《关于坚决打赢脱贫攻坚战的实施意见》（东昌发〔2016〕1号）及市工商联开展“百企帮百村”脱贫攻坚的文件要求，区工商联积极组织企业帮扶，制定了扶贫《方案》，明确了扶贫任务，精心挑选了10家发展规模大、具有扶贫条件的企业作为重点帮包企业，一对一的帮包贫困村。通过进村排查，对贫困村和贫困户建档立卡，各帮扶企业结合自己企业特点，通过吸纳劳动力进厂务工、帮助发展种养业、改善基础设施建设、捐赠等方式对因病、因残、因学、因灾的贫困家庭实施有效帮扶。

【机关自身建设】 区工商联把开展“两学一做”学习教育作为党建提升的重要环节，深入领会好，研究透，衔接好，确保学习教育落到实处，使机关党员做到“学”有所获，“做”有所成，“改”有成效。一是坚持多措并举，抓住“学”这个基础环分。利用每周三下午集中学习时间，通过机关书记上党课、领导干部带头学、党员干部领着学，通过做笔记、写体会、找不足，参观楷模教育基地，全面系统地学习了《党章》《廉洁自律准则》《纪律处分条例》、习总书记系列讲话，使每名党员思想上再一次受到洗礼，增强做合格党员的使命感和责任感。二是坚持真做实干，抓住“做”这个环节。首先，在机关工作上，亮明党员身份，争做表率，发挥先锋模范作用；其次，积极开展党员进社区活动，定期组织机关党员干部深入站前社区帮包点开展义务劳动，并联合社区党员干部到五星百货路口宣传交通常识，呼吁驾驶员文明出行，受到社会好评。三是坚持问题导向，抓住“改”这个核心环节。机关党员对照党员标准、职能职责进行党性分析，重点查摆理想信念、严守纪律规矩、加强道德修养、践行党的宗旨以及联系服务群众等方面存在的问题，并限期进行了整改。

2016 年，区工商联被山东省工商联授予“县级工商联先进单位”，被全国工商联授予“县级工商联五好商会”荣誉称号。

（区工商联　张正红）

东昌府区科学技术协会

【概况】 东昌府区科学技术协会（以下简称区科协）围绕全区经济社会发展战略布局，立足科技发展实际和职责任务，不断增强科协组织的政治性、先进性、群众性，为区域发展搭建科技支点，提供科技支持，筑牢科技支柱，为全民科学素质“十三五”规划开局打下了良好的基础。2016 年，区科协系统共组织开展各类活动 70 余次，发放图书、科普挂图等宣传材料 12.81 万册、张，惠及 15 万余人次。

区科协着力深化科协系统改革，全面提升科技服务供给能力，主动进军经济建设主战场和科技创新前沿，进一步释放出科技作为第一生产力的要素红利。一是推动全民科学素质工作继续提升；二是推进科技性公共服务供给增量提质；三是以科技力量助力扶贫攻坚；四是扎实开展反邪教宣传教育；五是不断开拓老科协工作新局面。

【全民科学素质】 印发《东昌府区全民科学素质行动计划纲要实施方案（2016-2020 年）》，将未成年人、农民、城镇劳动者、领导干部和公务员、社区居民的科学素质行动工作内容逐项分解到相关部门，明确“十三五”阶段全民科学素质工作的目标、重点任务、推进措施和时间进度。专门召开全区科协系统工作座谈会，安排部署全民科学素质“十三五”规划启动工作。加强经费保障，将科普和全民科学素质工作经费 20 万元列入同级财政预算，确保经费及时到位。

【科普宣传】 3-5 月，组织开展以“科学素质助力科技创新，科普惠民加快跨越赶超”为主题的 2016“科普之春”暨科普报告百校行系列活动；5-6 月，组织开展“造蓝护绿”科普宣传教育活动，在柳园街道 16 个社区和 40 余所中小学陆续展出 40 块生态环保科普展板；9 月，在东昌府区青少年素质教育实践基地开展以“创新放飞梦想，科技引领未来”为主题的科普展览和科技制作系列科普活动；联合《东昌时讯》继续办好“提升全民科学素质”专栏，发表科普工作信息 4 篇，活动信息 23 篇；制作《取饮一瓢科技之前沿观澜》仿真版电子书上传至东昌府区全民科学素质网供市民免费浏览、下载；印制 5 万份《预防非职业性一氧化碳中毒科普知识》和《家庭安全科普知识手册》，面向社会集中发放；在全国科技创新大会、中国科学院第十八次院士大会和中国工程院第十三次院士大会、中国科学技术协会第九次全国代表大会召开期间，区科协在官方网站开辟专题栏目，并在人流量较大的路口、部门悬挂条幅，鼓励广大群众关注科技事业发展，营造促进科技发展的良好社会环境；在东昌府区党建电视台播放科普知识专题片 23 次；举办各类培训班及科普讲座 35 期（场），受教育群众 3.2 万余人，有力地促进了全民科学素质的提高。

【青少年科普】 组织举办第 31 届东昌府区青少年科技创新大赛，参赛者荣获国家奖 1 项，省级奖 29 项，市级奖 98 项；组织 4 名科技辅导员和 1 名学生参加在莱芜举行的第 31 届山东省青少年科技创新大赛评选活动，参观创新成果和影像节作品布展，并参加科技辅导员论坛活动；组织 50 名青少年学生参观山东省科技馆和博物馆，感受科技魅力，感悟齐鲁文化精髓；组织参加第 16 届山东省青少年机器人竞赛活动，河东小

11 月 18 日，山东省青少年科普报告专家团成员赵长英在东昌府区文苑小学与学生现场互动

学代表队荣获小学组 FLL 工程挑战赛一等奖，学校获优秀组织奖；邀请山东省青少年科普专家团 7 名专家教授，分别在滨河实验学校、八中、东关民族小学、建设路小学、水城小学等 12 所学校作科普报告，让全区 6700 多名师生享受到丰富的科技大餐，取得了良好的社会效益，被《人民日报》、新华社、《光明日报》《经济日报》《农民日报》《科技日报》《中国青年报》《大众日报》等 10 多家媒体关注报道；开展“山东省科普示范学校”申报活动，东昌府区青少年素质教育实践基地和民主小学被评为“山东省科普示范学校”；组织“山东省科技教育优秀学校校长”推荐评选活动，光明小学校长荣获“山东省科技教育优秀学校校长”称号；在东昌府区青少年素质教育实践基地建设校园流动科技馆，为基地捐赠价值 50 万元的科普器材，科普资源大幅扩充。

【科普阵地建设】 投资近 10 万元对区村村通科普宣传栏进行全面维护，并更新科普挂图 2 万余张，为顾庄村新安装价值 4000 余元的科普宣传栏；成立东昌府区农技协联合会，实施“基层科普行动计划”。指导东昌府区思源富民科普示范基地进行项目申报，其被省科协、财政厅评为“2016 年省基层科普行动计划先进集体”，获奖补资金 6 万元；为丰富群众科技生活，充实公众科学知识，与各乡镇合作，建立 30 个科普读书室和 12 个科普活动室，配备充足的活动设备，购置大量类别齐全、贴近时代、群众欢迎的优质科普图书，使公益性科普服务的范围进一步扩大；通过开展“社区科普益民计划”，完善社区“组、会、员”和“站、校、网”建设，引领激发广大群众学科学、用科学的积极性和创造性。开展健康科普大讲堂、全民健康科技行动、科教进社区、节能减排社区行动、心理健康服务工程、科普讲座、科普展览等多种形式的社区科普宣传和教育活动，使 5.6 万余名社区居民受益；推进社区科普大学建设，按照试点先行、经验推广的原则，指导各教学点完善制度配套、标准设定和目标任务。举办 50 余次科普讲座，受益居民 3100 余人次。

【科技工作者调研】 为全面了解全区科技工作者基本情况，发挥科协职能，提供更多针对性服务，制定《东昌府区科技工作者需求状况调查实施方案》，明确调查目的、内容、范围、方法、步骤和进度安排。选取 5 名业务骨干组成东昌府区科技工作者需求状况调查员队伍，经过认真培训学习，选取包括中小企业、学校、医疗卫生、农业农林等 12 家调研单位，

5 月 20 日，在西安交大科技园举办科技成果转化交流会

对1532名科技工作者进行抽样调查，有效问卷回收率达到100%，最终形成3份调研报告报送山东省科协；联系国家大战略格局和工作实际，从宏、微观视角分析当前阻碍科技发展，阻碍科技工作者创新能力释放的深层原因，据此撰写出13篇调研报告呈递山东省科协调宣部，13篇报告全部被采编为有效信息供有关领导参阅。区科协科技工作者调研工作在全省综合考核评分中位居第一。

【助力创新驱动】 在聊城市人和轴承有限公司等4家组织健全、经营良好的企业中成立企业科协，扩大科协组织在实体经济中的覆盖面和影响力；5月，通过调查统计、宣传发动，组织带领山东齐鲁漆业有限公司、山东天工岩土工程设备有限公司、聊城金帝保持器厂等30多家企业科技人员及企业科协负责人，部分乡镇、园区科协主任参加聊城市“助力创新驱动促进企业发展——聊城市交大科技园科技成果转化交流会”。交流会共发布西安交大技术转移中心项目30个，引起东昌府区参会企业的极大兴趣。参会企业代表积极向西安交大技术转移中心反映企业需求，寻求合作发展；12月14日，组织四家企业参加“交大专家聊城企业行活动”，区科协持续进行跟踪服务，及时协调沟通，进一步发挥科技的创新驱动能力。

【助力扶贫攻坚】 举办科技下乡活动，在双联共建工作联系点顾庄村逐家走访，与各家各户进行亲密座谈，向联户赠送《科技致富向导》《青少年科普知识博览》共1000余本；建立机关干部包村联户档案，注明联户干部的姓名、职务和联系方式等，每位干部平均帮包40户；入冬和年关将近时节，为顾庄31位贫困户免费赠送保暖被褥、食用油和面粉；在“慈心一日捐”“慈善扶贫送温暖”活动中筹集善款1500元，捐献衣物9套；通过开展“科普助力微笑童行”活动，为侯营镇等100名贫困学生捐赠助学包，让他们感触到国家的温暖和科技的关怀。

【老科协工作】 针对老科协成立十年来部分理事会成员年龄偏大等情况，大幅调整充实专业委员会主任、副主任成员。吸纳新会员15人，使会员队伍的年龄、知识、专业结构更趋合理，科普服务能力进一步增强。10月11日，组织开展首届“老科技工作者日”活动，组织各行业老科技工作者代表参观考察农业科技旅游示范基地，召开老科技工作者座谈会，开展老科技工作者调查，听取老科技工作者的意见和建议。山东省老科协主办的《科技金秋》刊物11月出版《聊城专刊》。在“县级科协”“工作动态”等栏目重点介绍东昌府区老科协近年来延伸网络抓机制，建设基地办实体等经验做法，以图片综合报道等形式对区老科协系列活动进行广泛宣传。

（区科协　段文锋）

东昌府区文学艺术界联合会

【概况】 2016年，区文联认真学习宣传贯彻党的十八大和十八届五中、六中全会精神，围绕“出作品出人才、出影响出形象”目标，强化精品创作，强化人才培养，强化惠民服务，强化组织建设，团结和带领全区文艺工作者，深入推进文化名区建设，开创文艺事业大发展大繁荣的新局面，全面完成年度工作任务。

【小说】 小说《军鞋》《初恋》《左肩上的蝴蝶》入选山东省作家协会文学创作室主编的《齐鲁文学作品年展》。

【诗歌】 2人诗歌入选山东省作家协会文学创作室主编的《齐鲁文学作品年展》。

【散文】 散文《捕鸟》入选山东省作家协会文学创作室主编的《齐鲁文学作品年展》。

【书画】 1人荣获山东省第五届老年书画大奖赛书法一等奖；1人荣获山东省第五届老年书画大奖赛三等奖；1人荣获山东省第五届老年书画大奖赛美术二等奖；1人书法作品在“同心共筑中国梦”全国老干部书画大赛中获二等奖；1人绘画作品入选中国美协举办的“万年浦江全国花鸟画展”和“我爱丹青全国中国画展”。5月11日、18日，走进古楼街道湖北社区、文化社区，与社区的在职党员一起挥毫泼墨开展“两学一做”活动。1月28日至2月2日，到郑家镇、张炉集镇、梁水镇、闫寺街道凤凰集村开展了“迎新春 送春联”活动，现场挥毫泼墨，为居民免费书写春联。2月20日，聊城书画名家特邀作品暨刘天一先生元宵节书画展在素有长寿村、文化村美称的刘庙村隆重举行。5月22日，区委宣传部、区文联深入到沙镇镇耿海村，开展“到人民中去”文艺扶贫志愿服务主题活动。8月26日，由区文广新局、区文联主办、区文化馆承办的“东昌文化大讲堂”——美术骨干培训写生汇报展在聊城书画艺术馆开展。10月19日，由东昌府区委宣传部、东昌府区文联主办，东昌府区书画协会、东昌府区老年书画研究会、东昌府区楹联协会承办的“光辉岁月——纪念红军长征胜利80周年书画展”在聊城书画艺术馆举行。12月10日上午，在古楼街道贾庄村居委会，举行了聊城书法家下乡送春联活动。12月18日，纪念东昌府区老年书画研究会成立25周年书画展在聊城公园开展。

【楹联】 2人的楹联作品，在“我与中国梦”全国诗词楹联大赛中获三等奖。

【剪纸】 剪纸协会共开设少儿剪纸和成人剪纸公益培训60余次。1人葫芦剪纸作品入选由中华书局刊印、曲阜师范学院扈庆学教授主编的《中华葫芦文化丛书》。8月21日，在聊城欧龙奔驰4S店举行聊城首届少儿剪纸大赛。

（区文联　张桂林　吴华枫）

东昌府区残疾人联合会

【残疾人康复工作】 一是加强各种康复训练，联合东昌府区妇幼保健院对15名脑瘫儿童、15名孤独症儿童进行了免费康复训练，联合慧声聋儿语训中心对15名聋儿进行了康复训练，使受助儿童都得到了不同程度的康复；此外，还通过购买社会力量方式委托符合要求的机构为全区20名智障儿童进行为期6个月的康复训练。区残联还指导各镇、街道、工业园区对530名肢体残疾人和42名智力残疾儿童进行了家庭康复训练。二是扎实开展精神病防治工作，区残联联合聊城市复退军人医院为90名贫困精神病患者提供免费药物治疗，联合聊城市复退军人医院和第四人民医院共为30名严重精神病患者提供免费住院治疗；三是积极开展人工耳蜗救助项目，为7名聋儿安装了人工耳蜗。

【残疾人教育就业工作】 区残联严格按照东昌政发〔2003〕104号《东昌府区按比例安置残疾人就业办法》规定，多渠道、多层次推进残疾人就业。2016年全区共新增残疾人就业15人，其中福利企业安置4人，自主创业4人。为进一步提高残疾人就业及创业水平，对100名残疾人免费进行农村实用技术和城镇职业技能培训，残疾人扶贫基地带动残疾人就业20人，残疾人就业渠道进一步拓宽。

【残疾人社会保障及扶贫工作】 一是开展阳光家园项目：机构托养重度残疾人15人，每人补贴1500元。二是继续为生活困难的重度低保残疾人发放生活补贴，截止2016年底全区共有2513名残疾人享受困难残疾人生活补贴，2883名残疾人享受重度残疾人护理补贴。三是为全区城镇133名贫困肢体残疾人发放燃油补贴，每人260元。四是积极推进残疾人免费乘坐公交车政策的实施，认真做好相关工作衔接，真正让残疾人得到实惠，广大残疾人已凭爱心卡可以免费乘坐公交车。五是继续做好“双联共建”工作，依托云朵庄园、团团乳业对所帮包的张炉集镇肖天崇村的残疾人及贫困户进行精准扶贫，已协调扶贫资金35万元，年底每户增收4000余元，协调区交通运输局和农业开发办为该村新铺设村内道路1500余米，解决了该村多年来的行路难问题。

（区残联　王震）

东昌府区归国华侨联合会

【座谈调研】 2月19日，区侨联组织侨联届政协委员、侨界群众代表、归国留学生代表，召开了“汇侨智、促发展”主题调研座谈会，充分发挥侨界高智人才聚集优势，进一步调动了侨界群众参与和谐社会建设的积极性，促进侨界政协委员更好地履行参政议政职能。

【入户调研】 2016年，区侨联深入开展侨情走访调研活动。通过进村入户，当面座谈的方式对全区广大侨户进行侨情调查，并为侨情库新增16户。通过侨情调研，摸清了侨联在依法维护侨益、围绕中心服务大局、开展维权工作和普法宣传、发挥参政议政作用等方面的工作实效，并为下一步建立健全基层侨联组织、进一步团结和组织归侨侨眷开展活动、服务经济社会发展等工作的开展奠定了基础。

【走访慰问】 春节前夕，区侨联到重点归侨侨眷家中进行走访慰问，分别走访8户归侨和6户重点侨眷，与归侨侨眷亲切交谈、嘘寒问暖，详细询问他们的生活状况和身体情况，并代表区委、区政府为他们送去慰问金和慰问品，送上新春的祝福和问候，送去党和政府对贫侨老侨群众的关心。

【侨联信访】 接待海外侨胞来访2件次，侨属来访11件次，帮助侨界群众解决子女入学、大病救助、助学金申请等实际困难6件次，帮助贫困侨户申请各项补助救助12000元。

【对外宣传】 2016年新春来临之际，区侨联向东昌府区籍旅居海外的华侨、华人、港澳同胞及国际友人发送区长新春贺词、招商引资手册和重点企业产品画册70余份，发送电子邮件100余件次，并结合微信群和QQ群互动，积极宣传家乡变化，送去了家乡人的新年祝福，并诚挚欢迎海外游子回乡探亲访友、投资置业。

【为侨企服务】 6月，区侨联组织侨界政协委员开展了“为侨企服务”活动，通过走访调研4家侨资企业，详细了解了企业生产经营和发展现状和当前面临的困难及问题，建议侨界政协委员发挥参政议政职能，为出口创汇企业平稳发展建言献策。

【侨法宣传】 12月，开展“侨法宣传月”活动。采取在城区繁华街道悬挂侨法宣传标语、布置侨法展板、向市民发放《侨法宣传手册》、进行涉侨法规宣讲等方式，进行广泛的侨法宣传，使群众提高了对于侨法的认识。活动期间，共发放了侨法宣传资料2000余份，解答涉侨法律咨询80余人次。

【双联共建工作】 2016年，区侨联“双联共建”工作组按照一手抓党建、一手促脱贫的工作目标，把握“紧扣主题，突出重点，体现特色，推动落实”的总体工作思路，坚持以党建为抓手，以党员干部包村联户为契机，继续深入开展帮包扶贫工作。

9月，针对村民缺少健身活动场所，户外健身活动匮乏的问题，区侨联经多方协调和筹措为杨庄村争取到了村民健身活动广场建设项目，在村中设立了2处健身活动广场，进一步加强了村级公共服务，丰富了村民的文体生活，受到了村民的热烈欢迎。

12月，区侨联“双联共建”工作组在新年前夕来到杨庄村，先后走访慰问了18户贫困户，为他们送上了米、油等慰问品，详细了解了他们的生产、生活情况，为他们送去党的关怀和温暖，向他们表示节日的慰问和衷心的祝福。

为体现党和政府对贫困户的关怀，区侨联“双联共建”工作组还为杨庄村贫困户捐赠了过冬棉衣20余件套，折合金额3000余元，在寒冷冬日为贫困户送去了温暖。

（区侨联　许可）

军事

综述

【概况】 2016年，东昌府区人武部在军分区党委和区委、区政府的正确领导下，深入贯彻落实党的十八大和十八届三中、四中、五中、六中全会精神，特别是习近平关于国防和军队建设的重要论述，围绕强军目标，深化军事斗争准备，努力建设过硬国防后备力量，人武部全面工作呈现科学、安全、和谐发展的良好势头。东昌府区人武部先后被省委、省政府、省军区表彰为“全省大学生征兵工作先进单位”“山东省拥政爱民先进单位”。

【党委建设】 东昌府区人武部党委以建设坚强有力、奋发有为、善于领导、科学发展的党委班子为根本，坚持用真功、使真劲、有作为，不断加强班子自身建设，较好地发挥了核心领导作用。

认真贯彻民主集中制原则 严格落实党委统一的集体领导下的首长分工负责制，坚持“十六字”方针，按照职责分工抓好党委决议贯彻执行。持续深化“三严三实”专题教育成果，结合“两学一做”学习教育，原原本本研读《中国共产党章程》和毛泽东同志所著的《党委会的工作方法》，进一步提高党委“一班人”贯彻执行民主集中制的意识和能力，增强了党内生活的政治性、原则性和战斗性。

严格落实廉洁自律要求 认真贯彻落实上级关于加强廉政建设的指示，政委岳喜星和部长姜浩刚分别以《严守政治纪律、做政治上的明白人》和《如何抓好新形势下后备力量建设》为题作了专题授课辅导；组织全体人员到聊城市廉政教育基地接受警示教育；及时传达学习上级下发的各种违规违纪通报，使大家对党风廉政建设有了更深刻的认识。组织干部职工围绕“六查六看”撰写个人自查报告，把不合时宜的思想观念、固有模式、习惯做法查找出来，真正做到分清“界线”、坚持“高线”、不越“红线”、守住“底线”。

【征兵工作】 2016年，东昌府区征兵工作，在聊城军分区及东昌府区委、区政府的正确领导和大力支持下，认真贯彻省、市征兵工作会议精神，紧紧围绕“确保完成征兵任务、确保落实大学生征集指标、确保无责任退兵、确保公正廉洁征兵”目标要求，坚持把征集高素质、高学历青年作为新常态，把“零上访、零投诉、零责任退兵”作为征兵工作“底线”，及早筹划，科学部署，扎实推进平时征兵准备，深入组织宣传发动，全面开展兵役登记检查。大学生预征工作走在全市前列，宣传发动形式创新突破，注重抬高征兵体检工作标准，扎实抓好兵员审定工作，圆满完成了兵员征集任务。

创新征兵宣传方式 按照“一季征兵，全年准备”的要求，着眼“当兵冷，征兵难”问题，区人武部把卫生创城与征兵宣传有机结合，在卫生区清理完小广告的墙面上，绘制征兵宣传彩绘。利用春节前后回家过年人员比较集中的时机，印制征兵宣传彩页和征兵宣传年册；5月，结合“国防宣传月”活动，在城区人员活动密集处设立了固定国防教育及征兵宣传橱窗；7月，按照每个行政村不少于2条征兵宣传条幅的标准印制征兵宣传条幅，编排录制《蜕变在军营》征兵宣传短片，在市中心三块广告电子屏和区电视台进行滚动播出，反响热烈；同时利用民兵整组、点验、训练和兵役登记等时机，印制了征兵政策汇编和征兵宣传彩页，走村入户进行分发宣传。突出对高学历青年尤其是大学毕业生、在校生和大学新生，以及高中（中专、技校）毕业学生的重点宣传，开展“征兵宣传进校园”活动，在高校设立征兵政策咨询站。区征兵办公室按照“选送好入伍的，服务好在伍的，保障好退伍的”的目标要求，联系社区为军属挂光荣牌、对辖区内荣立“优秀士兵”以上奖励的人员送喜报，把荣立三等功以上的纳入人武部和民政局共

同走访范围，举办义务兵优待金集中发放仪式，增强军人军属自豪感和荣誉感。

严把新兵征集质量 区人武部按照“选好入伍的”要求，采取“一季征兵全年准备、一人入伍七轮筛选”的方法，区人武部指导东昌府区人民医院按照上级要求的标准进行体检站设置，协调技术精湛、作风好的医护人员从事征兵体检工作，严格执行体检标准；全体人员高标准落实挂牌上岗、专人传表、随机编号不写姓名、电磁屏蔽等制度，确保正常的工作秩序不受外界干扰，杜绝了徇私舞弊和弄虚作假行为；严格落实大学生“四个优先”的政策，注重服务意识，在体检站每个拐角处设置指示牌，关键科室设有专人组织，建成了设立科学化、队伍专业化、器材标准化、方法规范化、秩序正规化的“五化”封闭式征兵体检站。区卫生局与医院、医院与每名体检医生签订了责任书，明确因工作马虎疏漏、隐瞒作假等责任原因造成退兵的，将直接追究责任人，并由责任人承担相应的政治和经济责任，确保了新兵身体质量关。

“准新兵”役前教育训练 8月22–26日，在聊城市东方双语小学组织400余名“准新兵”役前教育训练，按照“役前教育早见效、新兵质量早摸清、退兵隐患早排查、适应军营早知道”的工作思路，以“三不三再”为牵引，开展以“六个教育”“双十谈心”“24小时训练”“廉洁征兵倒查”和“依法服兵役承诺”为核心内容的役前教育训练。此次活动紧紧围绕锤炼军人品质、锻炼军人意志、磨炼军人作风，着眼提高参训人员的军人意识为目的，系统学习了条令条例、严密组织了队列和体能训练、开展政治教育、学唱军营歌曲、组织拉歌比赛等军营文化生活活动，大家普遍感到这次活动时间虽短，但内容丰富、方法灵活，收效明显，基本上达到了预期目的，经验做法在《中国国防报》刊登。“准新兵”通过真实体验军营生活、真切感受部队氛围，为迈好军营第一步奠定坚实基础。

举行新兵欢送仪式 9月16日下午，聊城市2016年新兵欢送仪式在聊城火车站站前广场举行。聊城市委常委、军分区领导参加欢送活动。欢送仪式上，领导们为新兵代表佩戴大红花，为拥军家属代表佩戴光荣绶带。新兵代表发言，希望自己尽快从一名普通青年成长为一名合格的、优秀的军人，决不辜负祖国和家乡人民的期望，请祖国和人民放心。新兵家长代表在发言中希望孩子们到部队尊重领导、团结战友，严格要求，刻苦训练，争当优秀士兵，争做合格军人，家乡的父老乡亲热切期盼着他们早日寄回立功授奖的喜报。接兵干部代表则希望他们去磨练自己的意志品质，履行自己的神圣职责，翻开人生新的一页。欢送仪式上宋铁平、任奎军分别讲话，他们在讲话中都希望新兵们在部队大熔炉里勇于吃苦，甘于奉献，努力学习，严格自律，在各项工作中积极进取、不辱使命，把自己锻炼成为“有灵魂、有本事、有血性、有品德”的新一代革命军人，努力创造新的业绩，频传捷报，为人民军队贡献青春和力量。

筑牢廉洁征兵“防火墙” 区人武部坚持把“零上访、零投诉、零责任退兵”作为征兵工作“底线”。7月中旬，把廉洁征兵有关政策法规装订成手册，组织全体干部职工及征兵工作人员认真学习。月底，组织体检、政治考核培训，把全市征兵工作会议上的讲话精神传达到区全体征兵人员，重点强调无责任退兵，不发生任何违规违纪问题。在区征兵工作会议上，各镇（街道）主要领导与区征兵办签订了无责任退兵责任书。严格落实“五公开、五公布”的要求，下发《致预征对象及家长的一封信》，设立《征兵工作政务公开栏》和意见箱，公开了征兵政策、征兵纪律、征兵条件、征兵程序、举报电话和举报信箱。征兵期间，充分利用市中心电子显示屏、区电视台、《东昌时讯》等媒体宣传廉洁征兵的方法措施，真正形成了一种自觉抵制不良风气，大力倡导廉洁征兵的良好氛围。8月底，役前教育训练期间，组织预定新兵填写了《廉洁征兵问卷调查》，深入细致地掌握全区廉洁征兵动态。严格执行“阳光式”定兵，始终坚持公安、纪委、教育、镇（街道）有关人员参与的定兵制度。9月初，在新兵起运前，每名新兵填写了《廉洁征接兵监督卡》，同时向新兵及家长发放了印有人武部纪委举报电话和涉军维权工作站电话的“廉洁征兵–涉军维权联系卡”。新兵起运后，深入新兵家中了解廉洁征兵情况，通过信息反馈来看，在廉洁征兵上做到了零问题、零上访、零投诉。

【国防教育】 4月，协调区政府分管领导参加了省国防动员领导干部集训，召开了民兵预备役工作会议，引导各级领导干部主动适应新体制、履行新职能，以高度的政治责任感和历史使命感抓好党管武装工作落实。9月初，协调驻军单位为聊城大学、三中组织了入学新生军训，突出军魂教育，引导中学生自觉传承红色基因、发扬优良作风，提高了中学生的国防素质和爱国热情。在各镇（街、园区）、社区明显位置设立国防教育固定宣传橱窗，广泛开展“传承红色基因，赓续红色血脉”主题宣传教育活动。9月底，组织东昌府区民兵预备役人员参加全市烈士公祭仪式，通过缅怀先烈丰功伟绩，增进了党员干部和群众的国防教育观念。

全面开展学生军训工作　东昌府区人武部一直把组织辖区学校学生军训工作，作为一项政治任务，每年主动协调地方政府，联系驻军，联合下发文件，规范学生军训工作，制定详细的军训计划。军训期间，军训团对参训学生进行了军容风纪、内务卫生、队列、擒敌拳等科目的训练，并组织参训学生进行体能小比武、做军事游戏、教唱部队歌曲、介绍国防知识、观看红色影视片等丰富多彩的文体活动，提高了军训学生的国防观念和爱国意识。

扎实开展“国防教育进校园”活动　为进一步加强驻地学校师生对国防知识的了解和掌握，区人武部扎实开展“国防教育进校园”活动。区人武部官兵走上讲台，以“和平背后的故事”为主题，结合从军历程，从中国疆域的基本常识、边海防部队职能作用以及当前国际国内形势，用通俗易懂的语言和事例，生动讲述了一线官兵听党指挥、热爱国家、服务人民的无限忠诚和崇高使命。通过开展“国防教育进校园”活动，既使学生们增加了对国防知识的了解，又进一步激发了他们的爱国主义热情。

组织预征青年参观军营　8月25日，区人武部组织全体体检、政审双合格应征青年参观陆航团的营区环境、内务卫生、团史馆等内容，通过参观，让广大适龄青年感受到部队生活既紧张有序，又丰富多采，激发了应征青年的从军热情。

参加聊城市公祭日活动　9月30日是全国第三个烈士公祭日，为了弘扬烈士精神、缅怀烈士功绩，聊城烈士公祭仪式在位于东昌湖畔的烈士纪念碑前举行。上午10时，东昌府区人武部全体官兵随军分区机关和驻军单位组成解放军方队参加了公祭仪式。通过组织官兵参加公祭仪式，有效激发了广大干部职工的爱国情怀和民族意识。

3月17日，在聊城大学举办国防教育专题报告会

【双拥共建】　2016年，区人武部认真落实党管武装工作，坚持双重领导、双向兼职、议军会议、军事日等八项制度。东昌府区连续八届被评为全省双拥模范城。“八一”期间，走访慰问成为常态，形成了军地和谐融洽、军民平安创建的大好局面。

帮扶工作　2016年，区人武部在区委、区政府和军分区相关部门的指导下，持续开展“双联共建”、支援老区建设和精准扶贫活动。区人武部定点帮扶省级贫困村斗虎屯镇大徐村，结合帮扶村实际帮助引进草莓种植特色产业，成立民益种植合作社，3次外请技术员培训9名脱贫致富骨干，该村集中90亩土地种植大棚草莓，贫困户通过土地流转，人均增收1000元以上。投资10万余元为该村建造了文化书屋和文化广场，丰富了群众的业余文化生活。协调区水利局投资20余万元为该村自来水管道进行了升级改造，投资40余万元修建了4座农业生产桥，改善村容村貌的同时，进一步加快了脱贫致富的步伐。遴选出5名贫困群众参加山东省军区组织的技能培训，协调区扶贫办筹资35万元为该村贫困户安装太阳能光伏发电设备，以“0投入，分红利”的方式对较为贫困的80户实现了

7月14日，区人武部到帮扶村组织“手拉手，一帮一”捐资助学活动

精准、持久帮扶；积极协调民政部门为该村12个贫困户落实了低保政策。坚持用真情、使真劲精准扶贫的事迹被中国国防报刊登。

“手拉手，一帮一”捐资助学 7月14日，区人武部到帮扶村组织“手拉手，一帮一”捐资助学活动，对全村157户贫困户中的38名小学生进行帮助，定期为他们购置学习用品和生活必需品。团以上领导干部每人每年重点资助1名特别贫困的学生1000元，切实兑现了“再穷不能穷学生，再缺不能缺文化”的帮扶承诺。

重要节日走访慰问 春节前夕，东昌府区人武部积极协调地方民政部门，开展“送喜报上门、送奖金到手”活动，走村窜户为东昌府区籍立功战士军属送喜报和奖金，对军属开展慰问和优抚工作；区人武部部长姜浩刚与地方民政部门领导到复退老军人、伤残老战士家中走访慰问，营造“一人当兵，全家光荣”的浓厚氛围，达到“一家有功，全村知晓”的宣传效果。

涉军维权工作 为贯彻落实《国务院、中央军委关于进一步加强军人军属法律援助工作的意见》，切实做好新形势下军人军属法律援助工作，区人武部党委牢固树立“涉军维权无小事”理念，坚持把维护官兵合法权益作为践行党的群众路线的具体行动，主动介入，积极作为，以公安、检察、法院、民政、兵役机关为主体，为军人、军属提供法律援助服务。2016年，区人武部被山东省表彰为拥政爱民工作模范单位。

（区人武部　郭朋朋）

法　治

法治综述

【概况】2016年，全区政法综治工作在区委、区政府的正确领导下，以党的十八届四、五中全会和习近平总书记系列重要讲话精神为指导，全面贯彻落实中央和省市区委政法工作会议部署，紧紧围绕中心、服务大局，继续深化"一三五"工程，深入推进平安东昌、法治东昌、过硬队伍建设，多项工作取得新成效，为全区经济社会发展提供了稳定和谐的环境。区委政法委积极组织、协调、监督辖区内各政法综治部门，严厉打击各项违法犯罪和邪教非法活动，稳步推进立体化治安防控体系建设，全力维护社会稳定和谐；公安机关组织开展打黑除恶、电信网络诈骗、涉众型经济犯罪等系列专项活动，突出社会面治安整治和管控，有力地震慑了犯罪分子；司法机关顺应司法为民新要求，深化司法责任制改革，推动司法公开，严查职务犯罪，大大提升了司法公信力；司法行政机关大力开展普法宣传教育，不断完善矛盾纠纷多元化解机制，为法治东昌建设作出了积极贡献。

【政法队伍建设】2016年，为贯彻落实全面从严治党要求，持续深入推进政法委系统党员干部思想政治建设和作风建设，根据区委部署要求，政法机关在全体党员干部中开展"两学一做"学习教育，进一步落实全面从严治党、全面从严治警，严字当头管好队伍。开展执法检查与案件评查，严格司法责任追究，督促依法履职，维护当事人合法权益。常抓理论学习和业务培训，发扬光大新老典型模范带动作用，进一步提升办案质量，干警执法水平和履职能力不断提升。稳步推进司法责任制改革，严格按照程序做好组织报名、资格审查、考试考核、人选推荐等工作，经过山东省法官检察官遴选委员会的专业把关，优中选优遴选54名员额制法官、42名员额制检察官，全部来源于办案一线经验丰富的资深法官检察官和年轻业务骨干。

【社会治安综合治理】2016年5月5日，平安东昌建设工作会议在东昌宾馆召开，会议传达中央、省市委政法和平安建设工作会议精神，表彰先进，安排部署政法和平安东昌建设工作。扎实开展"四无"主题创建活动，组织开展了系列严打整治活动，依法打击邪教，开展了矛盾纠纷大排查大调处专项行动，进一步稳定社会治安大局。不断完善立体化治安防控体系，进一步织密"天网"工程，增建1238个视频监控探头，同时依托单位、小区、企业、村庄等建立电子监控点共34520个，其中城区24500个，农村10020个，消除监控死角。深化综治大巡防，对辖区进行全天侯巡逻，深化治安保险，全区实行治安保险的镇（街道、园区）、村（居）达100%，投保户达95%以上。着力夯实综合治理基层基础，优化镇

5月5日，平安东昌建设工作会议召开

级社会管理服务中心服务，健全首问负责、代理服务、限时办结等工作制度，确保中心运作高效有序运行；加强社区社会管理服务站建设，在全区61个社区实行“一站式”公共服务管理；推广“网格化”管理模式，全区共划分网格1122个，其中城区划分380个网格，农村划分742个网格，每个网格设1名网格管理员，进一步稳固平安建设根基。开展校园安全专项整治，检查中小学幼儿园1223个次，整改安全隐患76处，新增保卫力量345人，38个中小学、幼儿园添置了钢叉、橡胶棍等，27个中小学、幼儿园更新或添置了视频监控系统，取缔校园周边网吧3处，录像厅3处，游戏厅14处，整治交通混乱点6处。

4月26日，全区推进基层法律服务全覆盖工作动员会召开

【法治东昌建设】 2016年，全区各级各部门大力推进依法治区进程，突出重点，保持普法工作常态化，依法行政，全力推进政府法治化，公正司法，不断深化司法体制改革，为东昌府区经济社会不断发展起到了积极的促进作用。4月，全面落实基层法律服务全覆盖，实施“一镇一团队、一村居一顾问”工程，11个律师事务所、3个法律事务所的184名律师和基层法律服务工作者与全区14个镇（街道、园区）、613个村、61个社区签订了法律服务合同，深入开展普法宣传教育，积极化解基层矛盾纠纷，依法维护群众合法权益，促进依法行政，有力促进了社会和谐稳定，《大众日报》《聊城日报》相继进行了专题报道。进一步推进司法公开，巩固深化司法公开、人民陪审员制度等改革成果，举行“开放日”“举报宣传周”“国家宪法日”、新闻发布会，及时发布司法动态。加大信用惩戒力度，公开曝光4585名失信被执行人，促进社会诚信体系建设。

【重要文件选目】 东昌政法〔2016〕3号 关于印发《东昌府区律师参与化解和代理涉法涉诉信访案件工作暂行规定》的通知

东昌政法〔2016〕4号 关于进一步规范律师参与化解和代理涉法涉诉信访案件工作的实施方案

（区政法委 刘来鸿 张磊）

法治政府建设

【概况】 2016年，在区委、区政府的正确领导下，区政府法制办深入贯彻落实党的十八大和十八届三中、四中、五中、六中全会精神，全面推进依法行政、加强建设法治政府，紧紧围绕职能科学、权责法定、执法严明、公开公正、廉洁高效、守法诚信的法治政府建设目标，全面推进东昌府区依法行政进程。

【规范性文件审查备案】 严格规范性文件制定计划，严格执行《立法法》和《山东省行政程序规定》，按照“条件成熟、突出重点、统筹兼顾”的原则，紧紧围绕经济体制改革、保障改善民生、创新社会治理、促进可持续发展的总体要求，以提高经济发展质量和效益为中心，广泛征集区政府规范性文件制定计划。严格按照规范性文件制定计划出台规范性文件。为提高规范性文件质量，在规范性文件制定过程中，通过召开座谈会、专家论证会以及网络征求意见等多种渠道，加强调查研究和广泛征集意见，提升文件制定的科学性和针对性。强化规范性文件备案审查，严格执行“三统一”制度，对区政府制定发布的规范性文件及时进行公开，并在规定时间内报市政府和区人大常委会备案，有效强化了规范性文件事后监督，提高了规范性文件质量。严把文件制定法律关，健全文件法制审核工作机制，明确法制审核的主体、程序、内容和责任，提升法制审核工作人员的法律素养、专业水平和工作本领，注重发挥法律顾问在法制审核工作的作用，建立法律顾问法制审核咨询论证机制，真正从文件源头防范政府工作的法律风险。2016 年，对全区制定的 7 件规范性文件在提交审议前，经严格审核和合法性审查，全部都达到审核要求，通过 7 件，报备率达 100%。

【健全完善法律顾问制度】 建立健全《东昌府区法律顾问工作考核办法》，充分发挥区政府法律顾问的作用，2016 年，10 名区政府法律顾问参与行政诉讼、民事诉讼、行政复议案件 20 件，参与政府规范性文件制定 12 人次，审查合同 18 件，提供法律意见 70 余条，召开政府法律顾问座谈会 2 次，专门研究区政府法律事务，建立了法律顾问工作台账。2016 年 12 月，召开了第一届政府法律顾问工作总结座谈会，对两年的法律顾问工作进行了总结，对第二届法律顾问进行了聘任工作进行了认真的筹备。法律顾问们以高度的敬业精神和认真负责的工作作风，以自身的法律专业知识和实践能力，认真完成了区政府委托交办的各项工作任务，有效地促进了区政府依法、科学、民主决策。

【行政执法监督】 加强行政执法队伍建设，严格实行行政执法人员持证上岗和资格管理制度，未经考试合格，不得授予执法资格，不得从事执法活动。2016 年 6 月，组织 300 余名新办行政执法证人员进行培训。7 月，组织新办证人员在聊城技师学院，参加了全市行政执法人员网上考试。严格行政执法证件管理，实行以证管人，对不具备行政执法资格人员进行集中清理，注销行政执法证件 23 个。2016 年 4 月，举办行政执法听证主持人培训班，全区 50 名申请听证主持人资格人员参加培训，培训结束后，对培训人员进行集中考试，经考试合格者予以颁发行政执法听证主持人资格证。2016 年 11-12 月，对行政执法单位的执法案卷进行了集中评查，全区随机抽查的 10 个行政机关的 50 宗行政处罚、行政许可案卷，优秀率达到 50%。对区级行政执法主体进行了梳理、审核、确认、公布，共公布区级行政执法主体 39 个，法律法规授权的执法主体 11 个。

【规范行政复议、应诉工作】 认真履行行政复议监督职能，2016 年，全区共收到行政复议申请 36 件，通过开展复议工作，督促行政机关规范行政行为，积极化解行政争议，取得了较好效果。做好行政应诉、民事诉讼工作，严格依照法律法规的规定，积极配合上级机关的行政监督和司法监督，及时做好应诉、答辩等工作，自觉执行法院生效判决和裁定，积极回应和落实有关司法建议。2016 年，全区共发生行政诉讼案件 69 件，区直机关作为被告的行政诉讼案件 30 件，区政府作为被告的行政诉讼案件 39 件，主要涉及行政强制、公安、劳动管理、房屋征补（拆迁）、土地等方面。一审结案 27 件，其中，判决驳回诉讼请求 13 件；原告撤诉的 8 件；撤销的 3 件；裁定驳回起诉 2 件；判决确认违法 1 件。二审结案 3 件。从应诉主体上来看，原具体行政行为作出机关出庭应诉的为 68 件，共同应诉的为 1 件。

【加强法制宣传培训】 2016 年 4 月，邀请市法制办执法监督科科长杨延忠同志，为全区 50 名听证主持人进行了专题业务培训，通过培训使参训人员进一步掌握了行政执法听证方面的法律知识，提高了法律素养。为了更好贯彻落实《东昌府区重大行政执法决定法制审核办法》，12 月 2 日，举办全区依法行政培训班，各镇（街道）和区直部门分管负责人和法制机构负责人共 87 人参加了培训。通过此次培训，帮助全区行政机关行政执法人员进一步拓宽了思路，开阔了视野，促进了行政执法队伍素质、执法能力和依法行政水平的提升，为东昌府区重大行政执法决定法制审核制度的落实奠定了良好基础。

（区法制办　陈金梅　袁义祥）

公　安

【概况】 2016年，聊城市公安局东昌府分局坚持以“作风引领，团结实干，争先进位，科学发展”为主线，以“创一流安全地区、建群众满意队伍”为目标，以扎实开展“两学一做”学习教育为根本，着力提升维护稳定、治安防控、规范执法、安全监管、队伍建设水平，为全区社会政治稳定、经济社会发展、人民群众安居乐业创造了安全稳定的社会环境。27个集体、58名个人受到各级党委、政府和上级公安机关立功、嘉奖和表彰。

【维护政治稳定】 年内，认真抓好重点项目风险评估、矛盾排查化解处理，严格落实重点人员管控措施，对全区17类430名涉稳重点人员实现动态管控。及时妥善处置山水水泥厂职工纠纷聚集等群体性突发事件175起。深入开展信访案件结案息访工作，共受理信访事项119起483人次，办结息诉112起，办结息诉率达到94.11%。累计出动警力15700余人次，参与化解处理到市、区两级党委、政府群访143起，劝返上访人员7500余人，依法拘留非访人员35名。打掉邪教“法轮功”地下团伙1个，捣毁邪教窝点1处，抓获违法犯罪人员12人，查获收缴各类反宣品2000余份。圆满完成了各级“两会”、十八届六中全会、“G20”杭州峰会、“全市重点项目观摩”“外国专家洽谈会”“五一”“十一”等重要会议、重大活动、敏感节点的安保任务，实现了绝对安全和万无一失。

【打击刑事犯罪】 年内，持续开展打击盗抢犯罪、电信网络诈骗犯罪、非法集资犯罪、食药环犯罪等一系列专项行动，破获各类刑事案件4041起，刑事拘留1011人、逮捕424人、起诉829人、治安拘留651人，抓获上网逃犯198人，6起现行命案全部破获。集中开展了市区停车乱收费整治专项行动，依法拘留17名寻衅滋事违法犯罪嫌疑人。积极配合党委、政府治理大气污染工作，对33名随意焚烧秸秆人员依法治安拘留。加大打击经济犯罪力度，抓获经济犯罪嫌疑人49人，挽回经济损失160余万元，教育、遣散、劝返传销人员600余人，有效维护了全区市场经济秩序。及时调整巡防重点，适时开展区域性联合巡逻防控活动，最大限度地屯警街面，年内共接有效警情4.4万余起，救助群众4626起、调处矛盾纠纷4976起。

【执法规范化建设】 2016年，共投入资金500余万元，对分局29个基层办案场所、“10个执法重点环节”“72个执法关键点”进行数字化、规范化升级改造。在全市率先建立高标准案管中心和受案大厅，28个基层所队全部设立了受案室和案件管理室，配备了人体信息采集和执法办案管理系统。健全完善了刑事案件“统一审核”、检法部门业务对接、执法办案积分管理、重大疑难案件提前介入等机制，法制工作全市公安机关第一名。

【安全监管工作】 及时救援处置了“8·5”济聊馆高速特大交通事故、“8·29”济聊高速危化品泄露事故、“10·12”聊莘路油罐车翻车事故等突发事故。对辖区3家烟花爆竹批发企业、5处烟花爆竹储存仓库，2家放射源使用单位、12家易制爆物品使用单位、161家加油站（点）不间断地进行拉网式安全检查，确保了全区危爆物品“不炸响、不流失”。大力加强道路交通管理，深入开展道路交通“六大攻坚”、查违除患“亮剑”行动、市城区非法营运三轮车专项整治等专项行动，查处各类交通违法行为5.6万起，刑事拘留72人，治安拘留14人，利用查缉布控平台处理查获车辆678次，确保了道路交通有序安全畅通。扎实推进乡镇消防队伍建设，全面提高火灾事故预防扑救能力，共接处火警914起，出动警力9800余人次，抢救被困人员195人，疏散被困群众1099人，抢救财产价值1267.3万元。辖区未发生一起有影响的安全监管责任事故。

【队伍正规化建设】 深入贯彻落实党的十八届六中全会精神，将“两学一做”学习教育融入到日常思想教育中，“五个一”教育活动有声有色，基层领导班子“战斗堡垒”作用凸显，“党建促队建”格局形成。始终把严管队伍放在首位，坚持抓小抓细，强化日常管理，促进作风养成，队伍精神面貌明显好转。27 个集体、58 名个人立功受奖，其中法制大队被公安部授予“全国公安系统优秀单位”荣誉称号、柳园派出所被省政府评为“全省公安系统先进集体”、经侦大队荣立集体二等功。

【重大案件】 系列盗窃 RRU 设备案件　3 月 26 日，分局在市局有关部门的支持下，历经 3 个多月的缜密侦查，充分利用科技手段，破获盗窃 RRU 设备案件 20 余起，追缴被盗设备 7 台，涉案总价值 100余万元，抓获犯罪嫌疑人1名。

特大流窜盗窃电缆案件　5 月 6 日，分局在市局技侦、网安部门的大力支持下，综合运用多种侦查手段，多警种合成作战，成功打掉一个流窜至北京、河南、山东等多个省市的特大盗窃电缆犯罪团伙，抓获团伙成员 15 人，破获案件 30 余起，涉案总价值 500 余万元。

“6·24”特大制售假药案　2016 年 6 月 27 日，分局民警历时 5 个月，成功侦破涉案价值 3000 余万元，销路遍及全国 10 余个省的特大制销假药案件，共端掉犯罪窝点 3 处、存放假药的仓库 2 处、生产、包装假药的厂房各 1 处，收缴假冒药品 16000 余盒，抓获嫌疑人 26 名。

宋某某等人吸贩毒案件　3 月 2 日，在市局技侦部门的大力支持下，分局成功打掉一个重大吸贩毒团伙，先后在长途汽车站西邻副道上、开发区“如锦宾馆”“远东宾馆”、冠县闫营加油站附近将 7 名团伙成员抓获，缴获冰毒 3 克。

“9·1”故意杀人案　9 月 28 日，刑侦二中队在市局合成作战中心的大力支持和刑侦一中队、五中队、堂邑派出所的大力配合下，综合运用走访排查、特情耳目、视频侦查和信息化破案手段，成功侦破一起故意杀人案件，2 名犯罪嫌疑人被抓获归案。

重大盗销山地车、电动车案件　9 月 9 日，分局成功打掉一个流窜至校园周边盗窃山地车和周边县市盗窃电动车的犯罪团伙，抓获团伙成员 4 人，破获案件 30 余起，追回被盗山地车 30 余辆、电动车 5 辆，涉案总价值 10 余万元。

重大诈骗案件　12 月 6 日，分局民警经缜密侦查，成功抓获 1 名重大诈骗犯罪嫌疑人，破获诈骗案件 10 余起，追回汽车 5 辆、现金 62 万元。

（区公安局　和胜彦）

检　察

【概况】 2016 年，区检察院在区委和市检察院的正确领导下，在区人大及其常委会的监督和区政府、区政协及社会各界的大力支持下，深入贯彻党的十八大、十八届历次全会和习近平总书记系列重要讲话精神，主动适应改革发展新常态和全面依法治国新要求，积极顺应人民群众的新期待，忠实履行宪法和法律赋予的职责使命，各项检察工作有了新的发展和进步。

立足职能服务大局　制定《“十三五”时期东昌府区检察工作发展规划》。主动服务扶贫攻坚，区委常委会专门听取扶贫开发领域查办和预防职务犯罪工作汇报，给予高度评价。联合区纪委开展巡回警示教育 36 场，开展重大项目专项预防 6 项，开展教育、交通等专项治理，消除安全隐患。参与互联网金融风险专项整治，依法办理此类案件 11 件。受理行贿犯罪档案查询 1328 件，撰写的《惩治和预防职务犯罪工作报告》，区委书记批示以领导参阅件形式转发全区学习。

深化平安东昌建设　一是共受理审查逮捕案件 409 件 601 人，批准逮捕 324 件 448 人，共受理审查起诉案件 625 件 935 人，提起公诉 516 件 689 人，维护了良好社会治安秩序。二是加强未成年人检察工作，在省院评比中获得未检精品课件、未检人才和精品案件三项优胜。三是持续加大自侦办案力度。共立查各类职务犯罪案件 16 件 31 人，其中贪污贿赂犯罪案件 12 件 20 人，已判决 18 人。渎职侵权犯罪案件 4 件 11 人，已判决 11 人。在城建、政法、扶贫等领域均取得突破，收到良好的社会效果。四是诉讼监督效果明显。依法不捕 153 人，监督立案 13 人，监督撤案 14 件，纠正漏捕 20 人，纠正漏诉漏犯 78 人，刑事抗诉 9 件，目前已有 6 件改判，抗诉经验被转发推广。民事案件提抗3件，再审检察建议1件，改判2件。对看守所安全防范检察283次，对在押人员谈话教育175人次，对498名社区矫正对象实施动态监督，办理羁押必要性审查案件16件16人，依法保障人权。

【队伍建设】 2016年，区检察院强化“主体责任”，党建队建取得新成效。一是加强班子建设。党组带头认真学习党的十八大及历次全会精神、习总书记系列重要讲话，为全院干警作好示范，确保组织领导有能力、党员干警有活力。提拔重用领导班子5人，充实领导力量。严格党内政治生活，党组召开理论中心组学习12次，党组成员与分管部门负责人谈心谈话181人次，提出意见建议391条。二是突出“两个责任”。坚持全面从严治党和全面抓好业务工作“两手抓、两同步、两促进”。认真学习贯彻《廉政准则》《党内政治生活若干准则》《纪律处分条例》和《党内监督条例》。“两学一做”学习教育中，创新“互联网+”新载体，成立各党支部、老干部微信群，确保学习教育全覆盖。扎实开展各类检务督察，围绕党务、事务、业务、纪律作风等事项进行督察77次。在强化党建中锤炼、提升、检验队伍，区院获评全省“无违法违纪无责任事故”检察院创建活动先进单位，平安聊城建设先进单位，连续10年保持省级文明单位，5个检察室均评为全省一级检察室，城西检察室被评为全省优秀检察室。21名个人、13个集体受到省市区表彰，念以新被评为“中国网事·感动中国”年度网络人物，入选山东政法英模榜。三是民主集中议事决策。认真学习执行《党组工作条例》，健全完善党组会、检察长办公会、检委会议事规则，健全重大决策先行调研、专家咨询等制度，对重要部署、重大活动、干部任免调整等，始终坚持集体研究，科学决策，树立正气。

【基础设施建设】 根据区委、区政府南迁规划，区检察院新的“两房”及办公楼2012年6月26日启动建设，已竣工。“两房”及办公楼信息化投入1100余万元。整个大楼通过推行“模块化建设”，确保所有信息化硬件统一标准、一次性到位。楼宇安全监控系统、消防报警系统、门禁管理系统、公共广播系统全部信息化管控，数字设备一体化覆盖。办案工作区十大系统功能齐备，确保办案安全。

【侦查监督工作】 2016年，区检察院共受理移送审查逮捕案件425件626人，批准逮捕各类刑事犯罪嫌疑人330件459人，不予逮捕163人（其中事实不清不捕证据不足76人，无社会危险性不捕75人，刑事和解不捕12人），无捕后绝对不诉、依法判决无罪或撤案的案件。监督立案、撤案、追捕、纠正违法等两项监督工作开展良好，其中，监督立案12件，监督撤案15件，纠正漏捕20人，纠正漏捕后被法院判决7人。

2016年东昌府区人民检察院侦查监督情况统计表

年份	受理案件		批捕	不捕			追捕
				不清	无危险性	和解	
	件	人	人	人	人	人	人
2016	425	626	459	76	75	12	20

【公诉工作】 2016年，区检察院依法正确履行指控职能，有力维护社会稳定。特别是把诉讼监督置于和办案同等重要的位置，追诉漏犯43人，提请上级院抗诉9件，抗诉案件数量位居全市第一名。针对裁判文书审查工作不够仔细，不能及时有效发现抗诉案件线索的问题，建立了交叉审查、专人审查、类案审查及细化审查的“3+1”裁判文书审查模式。抗诉工作逐步实现了由“可有可无”向“高度重视”转变、由“被动应付”向“主动出击”转变、由“反感抵触”到“积极接受”转变。

2016 年东昌府区人民检察院审查起诉情况统计表

年份	受理		起诉		抗诉		不起诉	
	件	人	件	人	件	人	件	人
2016	683	1065	557	750	4	9	0	0

【未检工作】 2016 年，区检察院认真履行未检职能，加强专业化、规范化建设，取得良好成效。共受理未成年人犯罪案件 20 件 39 人，同比下降 17%，批捕 14 件 18 人，同比下降 94.4%，起诉 18 件 21 人，同比下降 25%；受理被害人是未成年人的案件 9 件 15 人，同比下降 40%，批捕 8 件 8 人，同比下降 61.9%，起诉 9 件 15 人。纠正漏诉 2 件 2 人。“互联网 +”异地帮教被评为全省未成年人司法保护十大典型案例之首，在 2016 年 5 月 13 日全省新闻发布会上发布。

【反贪污贿赂工作】 2016 年，区检察院依法履职、规范执法、确保案件质量，有罪判决和实刑判决比往年稳定提高，立查贪污贿赂案件 13 件 23 人，完成全年办案目标的 115%。立案大案 6 件 15 人，大案率 71.4%，其中重点案件 6 人，国家机关工作人员 6 人，提起公诉 21 人，判决 11 件 19 人。进一步优化调整了案件结构，实现办案力度、质量、效率和效果的有机统一，确保了反贪工作的健康发展。

【反渎职侵权工作】 2016 年，区检察院积极开展上级部署的各项专项活动，落实办案目标责任制，突出办案重点，加大反渎工作力度，努力实现反渎工作新突破。共立案查处渎职侵权犯罪案件 4 件 11 人，完成立案目标 137.5%。立查案件全部是重特大案件，大案率达 100%。其中滥用职权案 2 件 3 人，玩忽职守案 1 件 3 人，食品监管渎职案 1 件 5 人。立查科级犯罪嫌疑人 5 人，占立案总人数 45.5%，连续多年位居全市第一。立查案件全部侦查终结，全部提起公诉，侦结率 100%，提起公诉 4 件 11 人，完成起诉目标 157.1%。有罪判决 4 件 11 人，完成有罪判决目标 157.1%，实刑判决 2 人，完成实刑判决目标 100%。

【控告申诉检察工作】 2016 年，区检察院共受理群众来信来访 260 件，其中来信 85 件，来访 175 件，全部妥善处理。坚持检察长接访、下访巡访，继续保持涉检信访赴省进京零记录。积极推进探索律师参与代理涉法涉诉信访案件化解机制，认真落实《东昌府区律师参与化解和代理涉法涉诉信访案件工作暂行规定》，律师参与化解信访案件 7 件，收到较好效果。坚持举报线索统一管理，受理举报线索 14 件，转检察室 1 件，自侦 9 件，初核案件 4 件。强化法律监督，受理涉检诉讼监督 4 件，民事诉讼监督案件 4 件；审查不立案线索 1 件，立案复查刑事案件 1 件。依职能积极主动开展司法救助工作，共救助刑事初害人 28 人，发放救助金 14 万余元。

【民事行政检察工作】 2016 年，区检察院继续以办案为中心，进一步优化多元化监督格局，提高监督质量和效果，各项工作取得一定成绩。至年底，共办理案件 37 件，其中市院交办案件 23 件，提请市院抗诉 2 件，再审检察建议 1 件，检察建议 8 件，再审改判 3 件，不支持监督申请 24 件，对 6 件虚假诉讼案件线索进行了调查。

【法律政策研究】 2016 年，区检察院共撰写检察理论文章 6 篇，专题调研报告 7 篇，完成省院重点课题 2 个，其中和山东财经大学合作完成的《律师提前介入对职务犯罪侦查工作的影响及对策》被选编入《齐鲁检察论坛》第 10 卷。申报高检院 2016 年检察应用理论研究课题 1 个（《关于办理网络犯罪刑事案件适用法律问题》），检察理论研究课题一个（《刑罚交付执行监督研究》）。组织申报省、市法学会重点课题各 1 个。完成上级院各项临时性调研任务 5 次，形成调研报告 5 篇；上报高检司法解释选题 1 个，指导性案例 2 个；完成高检院刑事法学会、省委、市委政法委各项征文活动 4 次，报送检察相关理论文章 4 篇，有效促进了检察工作开展。申报的创新成果《打造刑事抗诉“四要”工作模式，推动刑事审判法律监督深入开展》获市院2016年度创新成果评选一等奖。

【检察技术工作】 2016年，区检察院共受理各类检验鉴定案件142件，其中法医文证审查案件114件，出具文证审查意见书127份（退回补充1件），参加法医会诊4次，会诊意见全部被公安机关采纳。受理电子证据案件13件，恢复电子证据数据36T，文检检验案件2件。受理同步录音录像案件14件，均按照委托要求完成录制，共录制人数44人（其中犯罪嫌疑人24人、证人20人），录制次数135次，录像时长804.9小时。

【刑事执行检察工作】 2016年，区检察院在聊城市看守所共进行安全防范检察228次，进行重大节假日或重大活动安全防范检察12次，对在押人员进行谈话教育300余人次。办理监外执行罪犯又犯罪批捕、起诉案件9件16人，批捕准确率和有罪判决率为100%；办理羁押必要性审查案件16件16人。

【预防职务犯罪工作】 2016年，区检察院开展预防警示教育活动20次，其中进行扶贫专项宣讲活动17次，开展专题宣讲3次，受教育人数2000余人；对东昌府区2016年度重点投资项目中的6个项目开展了重点工程同步预防；积极开展行贿犯罪档案查询1342次；进行职务犯罪案例分析2次，提出预防检察建议2份。今年撰写的年度报告被党政领导批示5次，扶贫专项预防工作批示3次。

联合区扶贫办及时制定了《关于在全区惠农扶贫系统共同开展预防职务犯罪工作的意见》，根据《在全区开展惠农扶贫领域预防职务犯罪警示教育方案》，进行了20场次的“订单式”宣讲。撰写《东昌府区检察院2013—2015惩治和预防职务犯罪年度报告》，被区委领导批示并以《领导参阅》的形式将全文予以印发全区，并被省院评为优秀年度报告。

【人民监督员办公室工作】 2016年，区检察院严格按照上级院的要求开展工作。3月11日，与区司法局共同召开了人民监督员（驻区）队伍建设业务交流座谈联席会；坚持向“两员”的工作通报制度，通报情况20余次；对相关业务科室提供人民监督员监督工作业务解释答疑3次；对本院反贪局提交的一起拟撤销案件及时按程序进行了监督；加强与人民监督员、特约检察员的联系，建立了区院人民监督员和特约检察员两个微信群，利用微信群向“两员”及时推送检察机关的最新工作动态；邀请“两员”开展和参与了两次检察开放日活动。

【白云民生服务热线】 2016年，白云民生服务热线共接听热线服务电话1367个，接待群众来访285起，举办法制廉政教育报告会22场，开展流动服务19次，为群众办实事24件，被授予“聊城市职工职业道德建设十佳单位”荣誉称号。

【司法责任制改革】 区检察院党组坚决贯彻中央关于司法体制改革以及省院出台的司法责任制改革的各项部署，强化组织领导，完善配套机制，制定详细落实方案，确保首批员额检察官遴选工作顺利进行。2016年9月，进行首批员额检察官遴选，按照员额检察官比例不超过35%的规定，在省法官检察官遴选委员会、省委政法委审核批准、省检察院党组研究决定后，东昌府区检察院共产生42名首批员额检察官，及时向东昌府区人大常委会履行备案程序，同时，对于首批未遴选入额的54名检察员，也向人大常委会备案，在过渡期内保留检察官职务、等级和待遇。2016年12月30日，区人大常委会以东昌人字〔2016〕36号文件予以批复。

（区检察院　孙文达　陈萧）

法　　院

【概况】 2016年东昌府区人民法院在区委的坚强领导和上级法院的有力指导下，全面做好审判工作，积极推进司法改革，大力加强自身建设，推动法院工作不断发展进步，为经济社会健康发展提供了优质高效的司法保障。

2016年区法院围绕中心，服务大局，大力加强审执工作，共新收各类案件12729件，办结13552件，结案标的额20.62亿元，较2015年分别上升10.54%、

9月2日，山东省司法改革督导小组到区法院嘉明法庭调研

10.74%和62.78%；区法院牢固树立以人民为中心的思想，坚持司法关注民生、审判贴近群众，努力为人民群众提供全方位、多元化的司法服务；区法院认真贯彻落实上级部署要求，结合本院实际，以务实创新精神推动各项改革措施落地生根。

【审执业务】 加强刑事审判工作，推进平安聊城建设充分发挥刑事审判惩治犯罪、保障人权的职能作用，共审结各类刑事案件574件。对严重危害公共安全和人民群众生命财产安全的犯罪，始终保持高压严打态势，对83名罪犯判处五年以上有期徒刑。坚持严肃惩治腐败，审结贪污、受贿等职务犯罪案件19件，依法对32名腐败分子追究了刑事责任。审结受社会关注的被告人仇某某“生产假驴胶补血颗粒”案，以及被告人袁秀英因涉诉案件进京非访的寻衅滋事案等，取得良好社会效果。少年审判采取完善社会调查、注重调解、开展学校法制课堂等多种形式，全力挽救帮教失足青少年，预防和减少青少年重新犯罪。

加强民商事审判工作，依法促进社会和谐和服务经济发展新常态充分发挥民事审判化解民间矛盾纠纷的职能作用，审结婚姻家庭类案件1239件，审结权属类案件1465件；充分发挥商事审判对市场经济秩序的规则治理和价值引领作用，审结合同类案件5850件。

加强行政审判工作，助推法治政府建设充分发挥行政审判化解“官民”矛盾的职能作用，审结涉及房屋拆迁、工伤确认、行政处罚等行政案件140件，审查执行行政非诉案件11件。东关、谷庄旧城改造，嘉明开发区、军王屯集体土地征收涉及的一大批拆迁户，多次聚集群访，行政庭法官研讨解决方案，积极化解矛盾，将可能形成的集团诉讼案件消化在立案前。

【司法为民】 着力实现当事人胜诉权益大力加强执行工作，共执结案件4273件，执行到位标的额2.34亿元。与银行、公安、国土、住建等部门密切配合，充分发挥网络查控功能，提高执行效率，打击被执行人通过隐匿财产规避执行的行为。加大信用惩戒力度，将4585名“老赖”信息纳入全国法院“黑名单”，最大限度挤压失信被执行人生存和活动空间。

不断完善诉讼服务体系健全完善“三位一体”的综合性诉讼服务平台，为当事人提供线上线下、形式多样、方便快捷的诉讼服务。成立法院司法救助委员会，规范司法救助案件受理和决定管理，发放司法救助金28.5万元。

尽力化解涉诉信访推行风险评估、约期接谈、视频接访、情况通报、案件终结等制度，正确处理好涉法涉诉案件。加强审判监督，对确有违法或者显失公正的案件，勇于自我纠错，启动审判监督程序14件次，努力从案件源头上预防和减少涉诉信访问题。

【司改情况】 **完成员额制改革任务** 区法院认真做好组织报名、资格审查、考试考核、人选推荐等工作，经过法官遴选委员会的专业把关，从115名法官中共遴选出54名法官。特别是在此过程中区法院准确把握选任条件和标准，科学设定考核内容，在坚持政治标准和职业操守的基础上，突出对办案业绩的考核，入额法官全部是来源于办案一线的经验丰富的资深法官和年轻业务骨干。

以“简案简审”促进审判提速 按照“简案快办、繁案精审”要求，加大简易程序适用力度，2016年简易程序适用率为85%，同比提高49.05个百分点。针对立案登记制改革以来案件增幅大、增速快的行政案件，试行“要素审判”模式，根据类案的基本特点和规律，分别归纳提炼不同诉讼要素，明确当事人诉讼请求，提高庭审针对性、精确度，审判效率明显提高。

深入做好诉调对接工作 在院机关和5处人民法庭，依托诉讼服务中心和人民法庭诉讼服务站打造了“一个中心”，即“诉调对接中心”，设立了“四室”，即指导分流室、人民调解室、法官工作室和司法确认室，建立内外衔接、繁简分流、科学高效、多元便捷的诉调对接机制。

【**其他情况**】 区法院努力加强思想政治建设，在改选后的机关党总支有力有序的组织下，各个经改选和新设的党支部扎实开展了“两学一做”学习教育；加强信息化建设，在已有12处科技法庭基础上投入435万元又新建14处科技法庭，投入498万元进行卷宗档案电子化建设，投入249万元进行网络安全设备配备；深化司法公开，在互联网公开裁判文书12527份；2016年区法院成功申报并被评为省级文明单位。

（区法院 隋娜）

司法行政

【**概况**】 2016年，东昌府区司法局以全面贯彻落实中央、省、市、区关于加强司法行政工作的部署和要求，紧紧围绕区委、区政府中心工作，以维护全区社会稳定，推进基层基础工作，深入推进普法宣传教育、社会矛盾纠纷化解、深化法律服务和法律保障为工作着力点，扎实推进各项业务建设，司法行政工作整体水平显著提高，在保持社会稳定、促进经济发展和维护人民利益等方面发挥了重要作用。

【**司法所建设**】 规范化司法所建设工作取得历史性突破。在梁水镇司法所、侯营司法所和郑家司法所安装配备了电子查询机和会议大屏。投入10万余元，为郑家司法所、堂邑司法所和斗虎屯司法所配备了办公桌椅、电脑、空调和监控设备，显著改善了办公环境和硬件设施。12月29日，召开全市司法所建设工作现场会在东昌府区召开，市委常委、政法委书记刘强带领参加全市司法所建设工作会议的全体人员对侯营司法所、郑家司法所、道口铺高马司法行政工作室、任堤口司法行政工作室、梁水镇司法所进行了观摩。

12月29日，市委常委、政法委书记刘强调研东昌府区司法所规范化建设，区委书记荣红智陪同活动

【**人民调解工作**】 人民调解工作日趋完善。立足区情，针对重大节假日、敏感时期和纠纷多发季节，深入开展矛盾纠纷排查调处工作。加强城区社区人民调解组织队伍建设，对全区村（社区）级人民调解员开展业务培训，大力发展专业化、社会化的人民调解员队伍。9月，在古楼街道指导成立了3处行业性专业性调委会。全年共调解各类矛盾纠纷8235件，调解成功8072件，调解成功率达98%。

【**普法依法治理工作**】 围绕“法治东昌”建设，深入开展普法依法治理。一是组织开展了形式多样的专项法治宣传活动。通过提供法律咨询服务、发放法律宣传资料、悬挂标语条幅等方式，认真开展“12·4”国家宪法日以及其他各种专项法治宣传活动。二是全力做好“七五”普法的启动。对全区“六五”普法工作进行全面总结，高起点谋划“七五”普法工作，立足区情，起草了七五普法规划和《东昌府区2016-2020年依法治区规划》的决议，为深入开展“七五”普法工作打下坚实的基础。三是认真做好“以案释法”工作。向有关部门、单位征求意见，起草并印发了《关于加强以案释法工作的意见》和《以案释法典型案例选编》，并向社会公众发放，引导全民形成办事依法、遇事找法、解决问题用法、化解矛盾靠法的良好氛围，全面推进了“法治东昌”建设。四是加强重点对象学法用法。起草了《东昌府区国家工作人员学法用法制度》，领导干部和公务员学法用法制度进一步完善，依法行政和依法办事的能力进一步提升。认真组织国家工作人员年度法律知识考试，2016年，全区共有2883名机关工作人员参加普法考试。

【律师工作】 律师工作扎实开展。加强律师队伍建设，采取强化日常监管、畅通投诉渠道、严格查处惩戒的方式，履行好对律师事务所和律师的监管职责；严格按照律师和律师事务所资质变化的管理规定，高效率办理律师及律师事务所资质变动的申请、审批。不断提高案件质量，继续加强对已结案件的电话回访，2016年，区属律师所共上报已结案件312件，电话回访189件，调查率达60%，满意率为近97%，全年无一例投诉律师和律师事务所的案件。

【法律援助】 法律援助工作稳步推进。全方位畅通便民渠道，不断降低援助门槛，致力于实现应援尽援，同时简化法律援助申请、审批手续，使困难群众及时得到有效的法律援助，切实维护了农民群众的合法权益。深入开展法律援助案件质量年活动，严把法律援助案件受理、指派、指导、监督、评比等关口。全年共办理法律援助案件499件，挽回经济损失760万元。

【司法鉴定】 2016年，共受理司法鉴定案件257例，鉴定意见采信率达100%。其中公检法部门委托214例，法律服务所委托5例，个人委托31例，保险公司委托8例。较2015年增加50例，增长24.15%。全年鉴定未出现任何错鉴、漏鉴情况，保障了群众的诉讼请求，取得了良好的社会效益和经济效益。

【基层法律服务】 基层法律全覆盖工作卓有成效。根据市、区两级党委、政府工作部署，2016年4月后，认真组织实施了基层法律全覆盖工程，采用政府招标的方式，组建了一支由11个律师事务所，3个法律事务所，共计184名法律工作者组成的法律顾问团队，全区14个镇（街道、园区）、613个村、61个社区全部配备了法律顾问，协助基层政府管理社会事务，依法维护群众权益。共化解矛盾纠纷931件，提供法律援助81件，承办其他法律援助事项2000余件，极大地拓展了法律服务的渠道、增强了基层干部群众的法治意识、有力地促进了基层社会的和谐稳定。

【社区矫正】 社区矫正工作实效凸显。大力开展业务培训，先后2次组织开展社区矫正专项业务培训，全区46名社区矫正工作者的业务素质和职业风险意识得到极大提高。严格执行2个“8小时”，2016年累计对社区服刑人员进行了11期、4000余人次、时长均超过88个小时的集中学习和公益劳动，取得了对社区服刑人员良好的教育矫治效果。规范审前调查工作，确保调查活动依法、公平公正，至2016年12月，出具法院及监狱委托的审前社会调查报告221件。

【安置帮教】 积极做好刑满释放人员衔接管理工作，全年共接收刑满释放人员356人，对所有回归的人员建立了电子档案，做到了底数清、情况明，做到了不脱管、不漏管。全年共核实入监人员177人，核实率100%，达到了上级要求的考核标准；持续加强对刑满释放人员的教育和帮扶，切实提升帮教效果，全区各镇（街道）的已衔接人员帮教率达到100%。

（区司法局 周毅 李洪波）

经济管理与监督

发展和改革

【概况】 东昌府区发改局是代表区政府行使经济管理职能和社会管理职能的部门，主要负责月份、季度、半年、年度经济社会运行分析，分析全区生产总值（GDP）、全区一般公共预算收入、固定资产投资、居民人均可支配收入等经济社会发展指标；制定全区三年“比学赶超”目标；拟定实施经济社会发展战略、中长期规划和年度计划；区域经济政策争取；全区项目资金政策争取；全区重点项目管理；全区千亿产业、百亿企业等重大项目的审批立项、核准立项、备案立项；全区重大经济体制改革等。内设办公室、人事股、国民经济综合股、区国防动员委员会国民经济办公室、发展规划与区域经济股、工业发展股、经贸外资股、基础产业股、高技术产业股、固定资产投资股、农村经济发展股、社会发展股、财金股、经济体制改革股、行政许可股、离退休干部股等16个股室。东昌府区发展和改革局窗口被评为2016年度全区行政审批和政务工作红旗窗口，区发改局被评为2016年市级文明单位。

【年度计划】 2016年，在国内经济下行压力持续加大的情况下，东昌府区经济社会发展总体保持平稳态势。全区生产总值实现297.3亿元，同比增长7.6%；三次产业比例调整为11.8∶40.8∶47.4。一般公共预算收入完成31.9亿元，同比增长9.8%，总量居全市第一；固定资产投资完成261.3亿元，同比增长14.3%；全体居民人均可支配收入达到18497元，居全市第一；城镇和农村居民人均可支配收入分别达到24026元和11463元，同比分别增长7.7%和8.3%。社会消费品零售总额实现230.8亿元，同比增长11.6%，总量居全市第一。

【投资计划管理】 按照国家、省、市要求，积极推行投资项目在线审批平台、政务服务通用审批平台建设，实现非涉密投资项目审批、核准、备案以及所涉及行政审批事项的全流程网上办理、信息共享、业务协同和即时电子监察，规范权力运行，提高行政效能。2016年，共审批、核准、备案项目357个，其中备案项目319个，审批项目14个，核准项目24个。项目总投资198.71亿元。从项目建设源头上把好节能降耗关口，共办理项目节能审查许可事项270项。

【重点项目建设】 全区“五个十大工程”项目，涵盖工业、农业、服务业、城建、民生等领域，项目涵盖领域之广、投资额度之大前所未有，计划总投资530亿元，年度计划投资173.3亿元，同比分别增长11.2%和10.2%。总投资50−100亿元项目2个，分别为缤纷日月城和华耀钛合金项目；10亿元以上项目13个，分别为缤纷日月城、华耀钛合金、中通汽车

中通汽车零部件产业园项目，客车座椅制件车间已正式投产运营

（7月 摄）

零部件产业园、轴承保持器产业园、齐鲁漆业迁扩建、亿沣农业科技产业园、爱康新能源农光互补、堂邑民俗旅游区、锦绣香堤城市综合体、东昌府区安置房建设、棚户区改造工程、凤凰工业园园区市政基础配套设施建设改造提升工程等；亿元以上项目 38 个。

【对上争取】 2016 年，通过发展和改革系统争取上级扶持项目 27 个，获得中央和省扶持资金 4 亿元，争取资金总量位居全市第一。其中，无偿资金 1.8 亿元，争取项目 25 个，国家专项下达投资计划项目 23 个，争取资金 1.5 亿元，总投资 1000 万元以上项目 15 个；纳入盘子项目 2 个，争取资金 65 万元。国家专项建设基金 2 个，争取资金 2.2 亿元，其中，缤纷日月城棚户区改造项目争取资金 1.5 亿元，华耀金属钛合金材料及制品加工项目争取资金 7000 万元。

【公务用车制度改革】 牵头制定了《东昌府区公务用车制度改革实施方案》，基本完成全区公务用车制度改革。全区拟取消公务用车 260 多辆，首批 50 辆涉改公车拍卖成交 49 辆，总成交价 135.8 万元。7 月，开始发放车补。

【全国农业产业融合发展试点乡村建设】 至 2016 年底，全国首批农村产业融合发展试点示范县乡村名单已公布，在发改局的积极争取下，郑家镇、堂邑镇路庄村、沙镇镇黄西村、闫寺街道冯庄村和道口铺街道任堤口村榜上有名，将获得国家、省、市在项目投资、财政资金、金融融资等多方面政策支持，加快推进构建农村产业融合发展现代产业体系。

【“十三五”规划编制】 完成“十三五”总体规划纲要编制，提出了“一城七区六带”发展战略布局。加强形势研判，合理安排“十三五”规划指标体系。协调推进 1 个总体规划和 32 个专项规划编制工作。加强项目储备，共储备“十三五”重点项目 181 个，总投资 2084.3 亿元，其中，100 亿以上项目 6 个，50 亿以上项目 9 个。《东昌府区国民经济和社会发展第十三个五年规划纲要》已经区第十六届人大五次会议审议通过，并印发全区。

（区发改局　苗霄霞　李涵）

配合、协调和指导重大项目建设

【概况】 东昌府区支援重点建设项目办公室，认真贯彻落实国家、省、市有关重点项目的政策精神。积极协调处理工农关系，负责重点建设项目的征地、拆迁和地面附着物的清点赔偿，协调建设单位及有关部门、镇（街道）和群众的关系。为重点建设项目创造良好宽松的施工环境，确保项目建设顺利进行，并积极开展各项重点项目建设的后续工作服务，确保项目建设与地方经济协调发展。

重点办内设行政科室 3 个，秘书科、政工科、财务科。业务科室 5 个，油区科、安全科、公路科、工农科、执法队。至 2016 年底，在职干部职工 28 人。

2016 年东昌府区支援重点建设项目办公室，获全区安全生产工作先进单位、全区城乡建设暨城市管道先进单位。

【德商高速公路】 德商高速公路东昌府区段全长约 52 公里，途经 6 个镇街，70 余村，占地 4078 亩，需要土方约 675 万方。

德商高速公路施工现场　（3 月　摄）

德商高速公路（北段）聊城至夏津段由中铁集团投资，建设工期3年。东昌府区境内路线全长25.592公里，途经东昌府区斗虎屯镇、梁水镇镇、闫寺街道、道口铺街道4个镇街，37个村，占地2112亩，需要土方295万方，农户2600余户，青苗2093亩，蔬菜大棚32个，坟墓1534座。东昌府区支援重点建设项目办公室，为项目建设创造良好宽松的施工环境，确保项目顺利建设。2016年7月28日，德商高速聊城至夏津段顺利通车。

【青兰高速公路】 青兰高速公路主线为双向六车道高速公路，设计速度120公里/小时，共涉及东昌府区18.2公里，途经侯营、沙镇、郑家3个镇、连接线涉及凤凰工业园区，26个村庄，青苗2100余亩，大棚467188平方米，房屋7848平方米，坟墓800余座，树木7万棵，共需土方约450万方。项目总投资约为80.59亿元，其中东昌府区段投资约9亿元，工期3年。

该项目地上附着物补偿资金已兑付到户，主线已完成清表工作。

【油区工作】 油气管道安全意义重大，不仅关乎国家能源安全、市民用气安全，更关乎全区百姓的幸福平安。

为有效防范和坚决遏制油气管道事故发生，确保经济社会安全形势持续稳定。2016年，聊城市东昌府区支援重点建设项目办公室，认真贯彻省、市油气管道隐患整治“回头看”工作部署，进一步巩固油气管道隐患整治成效，防患于未然，多措并举开展隐患整治“回头看”专项活动：

深入管输企业，现场指出存在的安全隐患，下达整改通知书，与站场负责人座谈管道保护经验，严格督导企业落实安全生产主体责任。

积极探索建立管道保护长效机制。对第三方施工依法进行行政许可，严格规范东昌府区辖区内第三方施工企业。依法进行执法，严厉打击危及管道安全的乱建、乱挖、乱钻等违法行为，从根源防范损害管道的一切行为。

通过实践探索，严格完善执法程序，加大执法力度，下达执法文书，督促违法对象履行法律责任。2016年6月24日，拆除聊城新兴棉花储备库库房，面积4000余平方米，将该重大隐患全部彻底整改到位，确保东昌府区输油气管道安全顺利运行。

（区重点办　罗聚光　吕锋昌）

市场监督管理

【概况】 区市场监督管理局认真贯彻落实党的十八届五中、六中全会精神以及区委、区政府、上级局的安排部署，扎实履行市场监管职能，大力整顿市场经济秩序，全力服务经济社会发展，取得了新成绩，迈出了新步伐，为全区经济社会又好又快发展做出了积极贡献。

一是强化队伍建设。扎实推进“两学一做”学习教育，严格落实全面从严治党责任，坚持严字当头、重点发力，全面提高干部队伍凝聚力和向心力。积极开展以集中培训、专家授课、微媒体学习等多种形式的教育培训，不断提高干部职工履职能力，以适应新的形势发展需要。二是强化监管执法。严厉打击制售假冒伪劣商品、发布虚假广告、不正当竞争、传销等违法行为，进一步提高特种设备安全监察工作水平，加大农资市场监管，加强质量监管，大力整顿和规范市场经济秩序。三是强化服务发展。充分发挥市场主登记注册、信用信息公示、商标品牌战略、合同帮扶、消费者权益保护、标准计量和认证认可等职能作用，不断提升服务全区经济发展的工作效能。

2016年，区市场监管局代表东昌府区分别接受市级、省级“两学一做”学习教育现场观摩检查，先后得到区委、区政府、市委组织部和省委“两学一做”督导组的高度评价。年内获得“聊城市法制示范机关”“全市普法依法治理工作先进单位”“巾帼文明岗”“人民群众满意单位”等众多荣誉。

【市场监督与管理】 持续组织“双打”专项行动，以保护注册商标专用权、打击制售假冒伪劣商品、遏制规模性侵犯商标专用权行为为重点，严厉查处侵犯驰名商标、著名商标、地理标志、涉外注册商标专用权的违法行为和“傍名牌”等不正当竞争行为，出动执法人员490人次，检查市场主体220户次，立案查处商标案件5件，办结商标举报及投诉6件，移交案件4件。组织开展整治违法广告专项执法行动，加强对广播、电视广告的预警和户外广告的监管，查处违法广告4件。加大对化肥、种子、农药、农膜等农资产品的监管，累计对91家农资经营户的153个批次的农资产品进行质量抽检，发现不合格产品20个批次，合格率87%。组织对气雾杀虫剂、油漆涂料、水泥、钢管、钢绞线、食品相关产品等生产企业进行监督抽查，共抽检36个批次的产品，发现不合格产品4个批次，合格率89%。组织对流通领域手机、小家电、建材、电缆、卫生纸、转换器、乳胶漆、电瓶车、自行车、服装、鞋包进行抽样检测，共抽检150个批次，发现25个批次不合格产品，合格率83.34%。

【企业及个体私营经济】 启动实施了企业“五证合一、一照一码”和个体工商户“两证整合”改革任务。在大厅窗口开设“五证合一”和“两证整合”咨询服务热线，印制摆放“五证合一”宣传资料，积极做好改革政策的宣传指导。采取网上预审和现场审核相结合的方式，进一步提高办证效率、激发市场活力。2016年登记各类企业3256户、个体工商户7608户、农民专业合作社109户。至2016年底，全区累计登记企业9499户，个体工商户57572户，农民专业合作社743户，全年市场主体新增数量以及全区市场主体总量，均位列全市第一。扎实开展市场主体信息公示工作，组织召开全区市场主体信息公示工作推进大会，推行了工作包干机制、科室驻所帮包机制，建立了定期通报调度机制，细化任务目标下沉至社区、管区、市场监管所等基层一线，做到目标明确，分工合理，责任到人。累计公示各类企业年报6205户，年报率94.49%，全市排名第一；公示个体工商户年报50833户，年报率99.78%，全市排名第二。

【质量管理与监督】 牵头组织召开东昌府区实施质量强区动员大会，区委、区政府主要领导、各镇街道园区负责人、区直有关部门负责人、多家规模以上企业负责人以及媒体记者等共计300余人参加会议，将全区质量工作上升到一个全新高度。指导公交集团、昌润大酒店、环境科学工程设计院3家企业申报“山东省服务名牌”；指导通盛制冷、鑫科生物、齐鲁特种涂料3家企业申报“山东省名牌产品”。配合质量强市工作领导小组办公室开展全市质量满意度问卷调查和2016年全市质量月活动，组织东昌府区企业参加质量月名优产品展示和全市第一期企业质量品牌提升培训班。配合省、市质监局组织开展汽车零部件生产企业摸底检查、防水卷材生产企业摸底排查、消防产品质量检查和水泥生产企业监督检查等工作。

【安全生产】 组织开展特种设备领域“大、快、严”集中执法行动，坚持“半月一调度、一月一督查”，组织执法力量对辖区特种设备使用单位进行安全隐患大排查。重点加强对学校、医院、车站、商场、公园、体育场馆等公众聚集场所的特种设备使用单位的检查，累计检查特种设备共计440家，检查特种设备3086台，发现隐患111个，完成隐患整改106个，保障全区特种设备的安全运行。积极开展液化石油气充装站专项治理工作，加大对无证充装行为的整治力度，加强对各充装站在液化石油气钢瓶的使用登记、定期检验、充装等环节的安全监察。根据市局安排，对电梯开展安全专项整治，重点排查超期电梯和报检未检电梯的安全隐患，共排查电梯1937台，对存在隐患的，

对辖区特种设备使用单位开展现场安全检查 （1月 摄）

下达责令整改书36份，立案查处6起。组织开展对全区锅炉安全与节能情况的排查摸底及监管执法工作。组织指导6家电梯维保单位、1家大型游乐设施单位进行应急救援的演练工作。

【经济合同】 指导帮助50家企业成功申报省级“守合同、重信用企业”和国家级“守合同、重信用企业”，创造了新的工作记录。积极运用动产抵押职能，助力企业解决融资瓶颈，累计办理动产抵押登记59件，抵押物价值8.9亿元，助力企业融资5.02亿元，抵押登记办理数量、抵押物价值及融资金额均创造了历史新高。

【消费者权益保护】 联合食药监局、司法局、市场发展局等12个部门举办“3•15国际消费者权益日”集中宣传活动，设立咨询服务点6个，制作宣传展板12个，出动宣传车辆20辆，印发宣传资料2万余份。统筹发挥消保科、消协组织、12315和12365投诉指挥中心的积极作用，对消费者投诉举报及时进行受理、分流和处置。全年累计办结各类投诉举报1800起，为群众挽回经济损失420万元。

【标准计量认证管理】 联合市计量测试所对亿沣、金鼎购物中心等大中型超市的在售定量包装商品进行计量监督检查。对区人民医院、区妇幼保健院和区中医院在用计量器具进行检查。对辖区内46家规模以上企业和行业龙头企业进行标准化摸底调查，及时了解企业的标准化运行情况和今后标准化方面的诉求。完成20家获得资质认定检验检测机构的年审工作。对万达、求实、元丰3家机动车检验检测机构进行专项执法监督检查，发现问题24项，及时下达执法检查问题确认表，并跟踪督促上述3家公司将存在的问题整改完毕。根据市政府“亮剑”行动的统一安排，组织对中通轻型客车有限公司进行强制性认证检查。

（区市场监督管理局　张爱梅）

物价管理

【概况】 2016年，东昌府区物价局以开展“两学一做”专题学习教育为契机，求真务实、开拓创新，积极稳妥推进全区价格改革，着力强化价格调控、监管和服务职能。围绕价格工作，大力加强价格管理，强化行政事业性收费事中事后监管；充分发挥价格监测的服务作用，进一步完善价格监测预警机制；充分发挥12358价格举报电话作用，进一步完善应急执法机制；强化价格监督检查，大力规范市场价格行为。2016年共受理价格投诉举报案件236件，接受价格咨询300余次。对部分医院、药店、学校、幼儿园、房地产企业销售网点、小区物业等200余个价格主体进行了价格监督检查。

【价格监测与管理】 *认真完成市场价格监测任务* 2016年，区物价局认真贯彻落实区委、区政府和省、市物价局安排部署的价格监测任务；按时上报省、市局安排部署的《居民生活消费品零售价格监测表》《生产资料价格监测表》《工业生产资料销售价格监测表》《城市居民服务价格监测表》《城市居民日用品工业消费品零售监测表》《成品油价格监测表》《山东省粮油等主要副食品价格监测报表》等，按时上报省、市局安排部署的常规价格监测和应急价格监测任务。

努力做好价格信息工作 区物价局把价格分析作为价格监测工作的一项重要内容，密切关注市场价格动态，及时分析市场热点商品价格变化趋势；及时发布国家物价方针、政策和相关价格信息，消除市场商品价格过激波动。并积极向区委、区政府和省、市物价局上报价格信息，为领导提供科学决策依据。2016年，向省、市物价部门及区委区政府报送价格信息40余篇。

按时完成调价及监测 2016年，区物价局对列入监审目录的商品和服务成本进行定调价前成本监测和监审。贯彻落实了国家和省市出台的水价、电价、气价、运价、成品油价格等改革措施。做好了省、市物价局授权范围内重要商品和服务价格的监测及定调价工作。

认真开展农本调研 2016年7月和11月，区物价局开展小麦和玉米专项调查，采取深入基层、实地走访等形式，多渠道了解农

户、市场和重点粮食企业的实际情况和实际存在的问题及各主要粮食品种市场运行和价格变动情况，为制定2016年粮食最低收购价格政策提供有力依据。

【收费管理】 2016年，区物价局按照鲁财综〔2016〕19号、财税〔2016〕42号文件要求，取消区农业局、区农机局等部门的一批行政事业性收费项目，进一步减轻企业特别是小微企业负担。根据聊价费字〔2016〕4号《聊城市物价局、市教育局、市财政局转发省物价局、省教育厅、省财厅关于进一步明确幼儿园收费管理有关问题的通知》要求，配合市物价局对城区公办幼儿园保教费收费标准进行重新核定。

2016年，区物价局积极配合区编办、区行政服务中心完成审批制度改革工作，根据上级工作要求，进一步清理规范调整审批事项，凡可事后监管的，一律不再进行前置审批。区物价局圆满完成2016年度区行政事业性收费执收情况统计工作，并按时上报聊城市物价局。

【价格监督检查】 **建立健全紧急事件应急反应机制** 为应对突发事件及节假日期间发生的价格违法案件问题，2016年区物价局进一步完善紧急事件应急反应机制，研究制定应急措施，建立起有效的预防机制。节假日来临前，安排价格执法人员对城区大型超市、市场等重点区域进行市场价格行为提醒告诫，发放告诫函。节假日期间，成立由主要负责人及班子成员为带班领导、价格执法骨干力量为成员的假期应急执法小组。全天保持联络畅通，确保及时到达现场。节日期间，“12358”价格投诉热线安排专人值守，并要文明用语、规范用语。如有紧急事件发生，要立即向带班领导汇报。价格执法人员接到通知后，应第一时间到达现场。在处理突发性事件时，必须严格按照法定权限和程序办案，严格遵守相关规定。

规范医疗服务及药品价格 2016年3月，区物价局对东昌府区内15家县乡医疗机构的药品价格及医疗服务价格进行专项检查。对检查中对发现的自定医疗服务价格、药品加价超出国家规定标准等违价行为进行查处。为保障药品价格改革顺利实施，区物价局在6月、7月对辖区内40余家民营医院、药品销售网点进行专项检查。重点查处不按规定执行明码标价、服务收费未公示价格及虚构原价、虚假标价、先提价再打折、误导性价格标示、隐瞒价格附加条件等价格欺诈行为，进一步规范医疗机构的收费公示行为、维护广大患者的权益，对维护东昌府区医疗市场秩序发挥积极作用。

开展教育收费专项检查 2016年10月，区物价局和区教育局组成联合检查组，对全区40多家公办学校进行教育收费检查。在检查中，针对全区入学难、入园难的问题进行调研。

2016年，为规范民办教育收费行为，区物价局对辖区内的民办幼儿园、各类辅导培训班进行专项检查，并下发《关于规范民办教育价格秩序的提醒告诫函》。全年共检查民办幼儿园、培训班70余所。

开展区直单位价格督导检查 2016年5月，区物价局按照省、市物价局安排和部署，认真开展对全区镇街道以及工业园区的价格督导检查，同时大力宣传价格法律法规，调研基层价格问题，积极落实惠农价格政策，切实有效地维护农民群众利益，圆满完成价格督导检查任务。

开展涉企收费专项检查 为清费治乱，减轻企业负担，区物价局根据省、市物价局要求，积极开展涉企收费专项检查。通过检查，彻底清理各系统存在的涉企

药品市场价格专项检查，确保药品价格改革顺利实施 （6月 摄）

违法收费行为，特别是重点清理利用中介机构强制向企业收费的行为，最大限度地保护企业权益，降低企业发展成本。

规范商场、超市的商品价格行为 2016年，区物价局坚持加强对全区大型商场、超市的日常及节假日期间商品明码标价情况及价格行为监管规范，下发提醒告戒函400余份，对其存在的不同价格违法行为提出整改意见，督促整改，维护消费者合法权益，受到广大经营者和群众的好评。

开展房产企业专项检查 2016年11月，区物价局按照国家发改委办公厅及省、市物价局工作部署，对辖区内30处商品房销售处开展商品房销售明码标价专项检查活动。重点查处商品房销售中存在的不按要求明码标价、加价销售、收取未标明费用、未实行“一套一价”价格公示等不正当价格行为。通过监督检查与督导，进一步规范全区商品房销售价格行为。

积极办理群众价格举报案件 2016年，区物价局全年共受理群众价格投诉举报案件236件，价格咨询300余次。所受理的价格举报案件都已按时办结完成，并将处理结果及时回复举报人。对广大市民提出的各类价格咨询，都一一做了耐心细致的解答。依托价格举报管理信息系统，认真分析掌握价格举报热点的特点和规律，增加工作的主动性和预见性，及时解决涉及群众切身利益的价费问题。

【价格服务】 2016年，区物价局继续积极开展“价格服务进万家”活动，坚持以人为本、和谐构建社会的理念，积极创新服务方式，拓展价格服务领域，使价格工作服务社会、服务人民。

充分发挥价格认证工作的社会服务职能 积极拓宽价格认证领域。2016年，共办理国家机关委托的价格鉴定业务60件，鉴定标的额110万多元。对委托的认证案件，依法、准确、及时地予以办理。从立案受理到出具价格鉴证结论，进行严格的全程监管，确保结论客观准确，无一起行政复议案件发生，受到司法机关的广泛赞誉和好评。

充分发挥12358价格举报热线电话的作用 及时受理价格举报案件，热情为民排忧解难，大力维护群众权益，对各类价格投诉、价格咨询，做到件件有落实、事事有回音。2016年，区物价局共受理价格举报236件，办结236件，办结率100%；价格咨询回复率100%。在接到价格咨询电话时，工作人员耐心、详细地解答群众疑问。对群众反映的价格违法行为，区物价局及时派出检查人员进行调查，给予相应处理，并将办理结果及时反馈给举报人。在人民群众中进一步树立价格主管部门执政为民的良好形象。

（区物价局　李洪波）

国有资产监管

【概况】 2016年，在区财政局党组的正确领导下，区国资局以建立“产权清晰、配置科学、使用高效、处置规范、监督有力”的国有资产管理模式为目标，锐意改革，完善体制，不断提升国有资产精细化管理水平，各项工作取得了显著成效。

【国有资产产权年检和资产统计报表】 资产报表编制和资产产权登记，是国有资产管理的重要基础性工作。通过精心组织，资产报表编制和资产产权登记工作如期完成。至2016年底，东昌府区行政事业单位共登记157户，行政事业国有资产总额为18.26亿元。国有企业2户，企业国有资产总额0.16亿元。

【规范制度化建设】 为切实履行国有资产管理职责，区国资局在健全制度、强化管理、规范运作、完善服务等方面做了大量工作。先后出台《东昌府区行政事业单位国有资产有偿使用管理暂行管理办法》《东昌府区行政事业单位国有资产处置管理办法》《东昌府区国有企业公款竞争性存放管理制度》《关于加强东昌府区国有企业审计监督工作的意见》《关于进一步加强东昌府区国有企业财务监督管理工作的意见》《东昌府区国有企业财务等重大信息公开暂行规定》《东昌府区国有企业领导人员实行任职回避和公务回避及报告说明制度的暂行办法》《聊城市东昌府区国有企业重大事项报告制度（试行）》等规范性文件，提升了国有资产管理效能和服务质量。

【公务用车改革】 根据《行政单

位国有资产管理暂行办法》(财政部第35号令)、市政府《关于加强行政事业单位国有资产管理工作的意见》(聊政字〔2011〕106号)和市财政局《聊城市市级行政事业单位国有资产处置管理暂行办法》(聊财资〔2013〕13号)有关规定，依法依规取消了一般公务用车，并依法依规进行处置，通过招标公司向社会公开拍卖264辆，实现了国有资产处置收益最大化。

【行政事业单位国有资产清查工作】 为了加强行政事业单位国有资产动态管理，安排部署了全区行政事业单位清产核资工作。通过政策宣传与工作督导，圆满完成了资产清查工作任务。

【为重点项目建设与发展民生事业融资】 为了缓解东昌府区重点项目资金的压力，在区政府的主导下，成立了若干个融资平台公司，对加快棚户区改造、推进城镇化建设、解决教育大班额等重大民生问题创出了一条新路子，大大缓解了经济和社会发展中政府资金不足的困难。至2016年底，已从国开行融资21.99亿元，农发行融资24亿元，发行企业债12亿元，农发基金1.05亿元，国开基金0.65亿元，北京首创4亿元。

(区国资局　刘昌鹏)

审　计

【概况】 2016年，区审计局积极履行审计监督职责，充分发挥审计职能作用，圆满完成各项目标任务。共计完成各类审计项目34个，查处违纪违规资金合计5.96亿元，查出管理不规范资金合计5.23亿元，促进增收节支合计1754.85万元。移送案件线索6件，8名责任人分别受到党纪政纪处分。6篇专题汇报材料得到了区委区政府领导批示。上报市审计局参评的3个审计项目，全部被评为全市优秀审计项目，“东昌府区2014年公共卫生服务和基本药物补助专项资金审计”被省审计厅评为全省表彰项目。2016年，区审计局在全区科学发展综合考核中荣获一等奖，继续保持省级文明单位荣誉称号。

【预算执行审计】 加大对财政资金使用绩效的监督力度，促进优化财政支出结构，提高财政资金使用效益。加强部门预算执行审计，在做好对一级预算单位审计的基础上，加大对所属单位和相关专项资金延伸审计的力度，注重把部门预算执行的真实性、合法性审计与绩效审计相结合。2016年，对财政局、教育局等6个部门进行了审计，合计查出违规资金5.68亿元，管理不规范资金3.83亿元。审计结果报告和审计工作报告得到了区政府和区人大领导的充分肯定。

【经济责任审计】 进一步深化审计内容，更加关注领导干部决策权、监督权和党风廉政建设主体责任履行等情况。对11位领导干部进行审计，查处违纪违规金额合计1207.68万元、管理不规范金额合计8052.89万元。加强对审计所业务开展的指导和帮助，促使村级审计真正发挥规范村干部履职行为、纠正和查处群众身边“微腐败”的职能作用。共计完成119个审计项目，查出违规资金合计2.93万元、管理不规范资金合计389.04万元，向所在镇纪委移送违纪线索5件，5名责任人分别受到党纪处分。

【财政决算和财务收支审计】 对新区、柳园、道口铺等7个镇(街道)和区卫计局、区人社局等3个部门进行了审计。合计查出违纪违规资金1322.82万元、管理不规范资金5695.45万元。

【专项审计和审计调查】 2016年，根据审计署统一安排部署，对全区落实以创新支撑引领经济结构优化升级、实行精准扶贫减少贫困人口、落实企业投资自主权鼓励社会投资等政策措施情况进行跟踪审计。根据市审计局安排，开展东昌府区精准扶贫专项审计调查，查出管理不规范资金274.55万元，督促相关部门及时进行整改。

【政府投资审计】 加强对政府重大项目建设和管理情况的审计监督，督促相关单位加强资金和项目管理，提高投资效益。2016年完成了2个政府投资审计项目，审计工程原报价合计1486.01万元，审计核减工程造价合计355.66万元，审减率达23.93%。

【队伍建设】 一是认真开展“两学一做”学习教育。组织全体党员认认真真、原原本本、原汁原味地学习党章党规和习总书记系列讲话精神，做到真学真懂、真信真用，进一步增强政治意识、大局意识、核心意识、看齐意识。二是强化审计能力建设，提升审计人员业务水平。加强审计及相关领域技能和知识的培训，组织全体审计人员系统学习审计、财经、计算机等方面的知识，学习审计技能方法，进一步拓展审计能力，更新知识结构，促使他们尽快由审计人员向审计人才转变。三是深入开展精神文明建设。组织开展形式多样、内容丰富的文明创建活动，促使广大审计人员不断增强责任感、使命感和自觉性，齐心协力做好文明创建工作。组织全体审计人员参观了山东抗日根据地审计展馆、孟良崮战役纪念馆，接受革命传统教育。组织审计人员到多个社区和敬老院开展公共场所环境治理、普法宣传、爱心救助等志愿者服务活动。组织审计人员到怡景小学举行了捐赠助学活动。四是强化党风廉政建设，增强审计人员廉洁自律意识。抓好全面从严治党制度机制落实，深入开展以党章党规党纪、法律法规知识为重点的纪律教育，强化廉政教育和风险防控。加强日常监督检查，督促审计人员不折不扣地做到严以修身、严以用权、严以律己，营造风清气正的审计氛围。

4月28日，审计人员集中学习业务知识

（区审计局　刘扬　白璐）

国土资源管理

【概况】 2016年，按照“尽职尽责保护国土资源、节约集约利用国土资源、尽心尽力维护群众权益”的职责定位，紧紧围绕全区经济社会发展大局，完成了区委、区政府（度假区党工委、管委会）交办的各项工作任务。东昌府分局2016年的主要工作数据都包含度假区在内。2016年，东昌府分局被东昌府区委、区政府授予“支持地方经济发展特别贡献奖”，奖励工作经费5万元；被度假区党工委、管委会授予“2016年度市属派驻部门先进单位”“2016年全区环境保护工作先进单位”；被市国土资源局授予“2016年度工作目标综合考核二等奖”。道口铺中心所被省人力资源和社会保障厅、省国土资源厅、省公务员局评为“全省国土资源系统先进集体”。

【土地规划】 认真开展土地利用总体规划调整完善工作，调整优化土地利用结构近1333.33公顷。年内使用新增建设用地计划指标64.02公顷（东昌府区26.84公顷、度假区37.18公顷），其中使用养老指标9.59公顷。

【耕地保护】 加强耕地保护，与各镇（街道）签订《耕地保护目标责任书》。年初耕地面积67496.49公顷，年末耕地面积67466.42公顷，年度减少耕地30.07公顷。基本农田划定48194.27公顷，占耕地总面积的71.4%。耕地占补平衡补充耕地493.7454公顷。连续多年实现耕地占补平衡。基本农田保护率71.4%。土地综合整治。建成高标准农田4866.67公顷。开发未利用土地89.46公顷。

【地籍管理】 认真开展2016年度土地变更调查工作，全区共下发799个图斑，监测面积439.09公顷，变更为建设用地图斑301个，新增建设用地66.55公顷，变更为设施农用地图斑109个、面积25.46公顷，实地为临时用地图斑个数4个、面积4.86公顷，不变更处理图斑个数363个、面积169.37公顷。

【建设用地管理】 报批建设用地7批次、1031.0025公顷，其中：单独选址2个，面积951.6746公顷，其中耕地447.0496公顷，全部实现了占补平衡。

【土地利用管理】 供应土地19宗，面积52.42886公顷（含出让17宗，面积49.10456公顷，成交价款1.4956亿元，其中招拍挂出让16宗，面积44.40146公顷，成交价款1.3973亿元）。盘活存量建设用地101.65公顷。

【矿产资源开发管理】 扎实开展整顿和规范地热矿泉水资源开发秩序工作，全区共有地热井2眼（聊城大学印务中心地热井、聊城市东昌府区谷庄地热矿）、矿泉水井1眼（聊城市康源天然矿泉水有限公司）；完成了矿产资源开发利用年检，年检合格率100%。

【地质环境保护】 编制下发《2016年度东昌府区地质灾害防治方案》；在防汛期间，安排专人负责，坚持每天零汇报制度，无缝隙、无间断预测预报地质灾害，确保全区安全度汛。

【测绘管理】 开展了测量标志点内外业核查，核查测量标志点122个。

【政策法规】 办理行政复议案件3件、行政诉讼案件7件。利用“6•25”全国土地日等节日开展法律法规宣传活动，组织人员、车辆，深入镇、街道驻地和村庄，集中开展国土资源送法到基层活动；通过报刊、网络，加强国土资源宣传，提高宣传覆盖面。

【执法监察】 完成2015年度土地矿产卫片执法检查工作，国土资源部下发东昌府区880个疑似图斑、面积317.24公顷（其中耕地211.47公顷）。至2016年底，对土地卫片发现的17.02公顷违法用地全部进行了查处整改。开展土地执法巡查426次，发现各类违法用地80宗、面积11.3公顷，立案查处40宗、面积8.58公顷；全年处结各类土地信访案件102件，信访处结率100%。

【队伍建设】 认真开展“两学一做”学习教育，全局干部职工牢固树立了“四个意识”。通过召开党风廉政建设专题会、专题组织生活会、专题学习会及开展作风问题集中整顿活动等，加强对干部职工的政治廉洁教育。积极组织干部职工参加国土资源大讲堂，提高了干部职工的业务能力。基层国土资源所均建设了宣教室，设立了群众接待室。

（区国土分局　刘龙行　李延光）

粮食行政管理

【概况】 2016年，区粮食局围绕“保障粮食安全和守住粮食流通工作底线”核心目标，认真履行依法管粮职责，努力做好“保供稳价”文章，加快推进“放心粮油”工程、主食产业化项目工程等“粮安工程”建设，全面提升粮食收储供应安全保障能力和宏观调控能力，切实保障城区居民“油罐子”和“粮袋子”安全。2016年连续第六年被评为市级文明单位。

【粮食购销】 粮食商品量45.1万吨，其中小麦商品量20.2万吨，玉米商品量24.9万吨。

2016年，按照国粮调〔2016〕55号《关于印发小麦和稻谷最低收购价执行预案的通知》要求，以当年生产的国标三等小麦为标准品，具体质量标准按小麦国家标准（GB1351-2008）执行。以生产的国标三等小麦为标准品，收购价为1.18元/市斤。执行最低收购价的粮食为当年生产的等内品，相邻等级之间等级差价按每市斤0.02元掌握。2016年小麦开秤价格为1.16元/市斤，7月中旬东昌府区启动了最低收购价执行预案。预案启动后，小麦价格有所上涨，直到9月中旬，小麦价格维持在1.18元/市斤。

【粮油应急体系】 按照《东昌府区粮食应急预案》的要求，以增强政府粮食调控能力、确保应急状态下粮油供应为目标，切实加大粮油应急供应体系建设力度。

健全粮油应急供应网络 对全区粮油保供单位重新摸底调查，

认定县级粮食应急供应网点23个，粮油配送中心1家，粮食应急加工企业4家，粮食应急储运企业1家，并与相关单位签订了《东昌府区粮食应急加工供应协议书》，初步形成了布局合理、运转高效协调的应急供应网络。

加强地方储备粮管理 为更好保障地方储备粮安全，区粮食局对东昌府国家粮食储备库斗虎屯储备站进行“危仓改造”，新建仓容量1.5万吨的标准化仓房，于2016年投入使用并运转良好。2016年上半年，按照“到期轮换”的原则，对到期的1171吨的储备小麦进行了轮换，并于新麦上市后及时进行了轮入。

加强地方储备油监管 选定闫寺街道山东康寿花食品有限公司作为东昌府区地方储备油承储企业，并设置了地方储备油管理办公室和食用油储备区，实行专人、定点负责。同时，按照“季度一检查和不定期抽查”的原则，对地方储备油的质量、数量、储存以及轮换情况进行检查，确保地方储备油安全。

落实地方成品粮储备 在前期调研、党委集体研究、第三方评审的基础上，明确由聊城市鲁信粮食制品有限公司和山东聊城鑫峰面业有限公司共同承担全区成品粮储备任务。同时，加强对成品储备粮监管，督促两家企业完善各类规章制度，设立专项储备区，安排专人负责，规范悬挂各类标示牌，成品粮储备参与企业日常经营，定期对成品储备粮进行轮换更新。

【依法管粮】 从市场准入、执法检查、政策宣传等方面着手，严格依法行政，依法管粮，切实守住“种粮卖得出，吃粮买得到”的粮食流通工作底线。

规范办证审证 严格按照《粮食流通管理暂行条例》和《山东省粮食收购资格审核暂行办法》的规定，对粮食收购许可证的申请、审批、发证流程依法予以规范，并以申办流程宣传栏的形式予以上墙公开，对申请者实行“一次性告知”。2016年，共办理粮食收购许可证13个，到期延续23个，注销16个。同时，按照国粮政〔2016〕207号《粮食收购资格审核管理办法》规定，及时对办理粮食收购资格范围企业进行调整。调整后，全区从事粮食收购活动的企业共15个，均办理了粮食收购许可证。

加强执法检查 联合市粮食局及区内有关部门，积极开展粮食流通监督检查。2016年，共出动检查车辆20余次，出动检查人员60人次，检查涉粮企业40余次。

搞好政策宣传 10月16日，在亿沣生活广场开展“世界粮食日”和全国“爱粮节粮宣传周”活动，粮食执法人员通过向过往群众发放宣传手册、现场解答群众咨询等方式，向群众宣传《条例》等粮食政策法规和科学健康食粮知识。2016年，共出动粮食执法人员20余人次，发放宣传材料400余份。

【行业管理】 至2016年底，东昌府区共有较大规模粮食加工企业7家，其中日加工能力1000吨以上企业1家，300吨以上企业2家。

粮食产业化龙头企业 2016年底，全区共有社会粮食经营主体96家，放心粮油店（专区、专柜）39个，放心粮油配送中心1个，建设日产2万斤馒头生产线1条。其中市级以上农业产业化龙头企业3家，农发行重点支持粮食产业化企业1家，国家级粮食示范加工企业1家，省级放心粮油品牌1家，市级放心粮油品牌3家。

加强安全生产检查 对辖区中央储备粮聊城直属库、山东鲁西国家粮食储备库、东昌府国家粮食储备库国家粮食储备库和区内7家粮食收购企业开展粮食行业安全生产日常检查，督促企业全面落实安全生产主体责任，切实消除安全隐患。同时，重点加强区属国有粮库“防火、防盗、防汛、防事故”等方面的安全生产检查。

【粮安工程】 **放心粮油工程** 以聊城市鲁信粮食制品有限公司、聊城市亿沣连锁超市、聊城市百大连锁超市、振华超市作为继续实施“放心粮油”工程的主体，合理布局网点，扩大城乡放心粮油覆盖面。2016年，新建放心粮油店（专柜、专区）8家，全区“放心粮油”店（专柜、专区）总计达到39家。同时，积极履行行业监管职能，进一步完善“放心粮油”店（专柜、专区）管理档案，并制定了《东昌府区“放心粮油”工程管理办法》，对粮油产品的质量、等级作出规定。

主食产业化项目改造 按照“政府引导、市场运作、企业承办、财政扶持”模式，支持聊城市鲁信粮食制品有限公司新建1处主食配送中心，并对馒头生产车间进行改造升级。2016年，该项目经公开招投标、安装调试、第三方验收评审等，已顺利完工，并正式投入使用。

科学储粮工程 贯彻实施省粮食局“科学储粮仓＋扶贫”工程，结合精准扶贫，为道口铺街道、堂邑镇、张炉集镇共436户省定贫困村贫困农户免费发放科学储粮仓，帮助节粮减损。

【库存检查】 2016年4月，成立库存检查小组，本着“有仓必到、有粮必查、有账必核、查必彻底”的原则，对辖区中央储备粮聊城直属库、聊城中储物流有限公司、山东鲁西国家粮食储备库、山东东昌府国家粮食储备库等4家企业的政策性粮食进行了检查。经查各企业粮食库存数量做到了账实相符、账账相符，粮食库存数量真实、质量良好、储存安全。

【党风廉政建设】 进一步修订完善了《“三重一大”集体决策制度》《机关财务制度》《党务政务公开制度》等内部制度。同时，对重大项目实施前、中、后全程跟踪监管。项目实施前，严格按照程序经局党委会集体讨论确定项目实施主体；项目实施过程中，严格执行政府采购和工程竣工决算评审制度，所有项目工程及大宗物品购置均经区采购办统一采购实施。并专门成立由分管副局长及业务股、财务审计股等5人组成的局项目考核验收工作领导小组，加强对项目资金使用的监管和验收；项目完成后，经局项目考核验收小组验收合格后再由第三方评审机构验收评审，防止工程建设过程中腐败现象的发生。

（区粮食局　裴崇福　赵云斌）

统　　计

【概况】 2016年，东昌府区统计局在区委、区政府和上级业务部门的正确领导下，紧紧围绕省、市统计重点工作和区委、区政府的中心工作，加强党风廉政建设，积极开展“两学一做”专题活动，夯实统计基层基础，提高各专业基层统计报表数据质量，加强统计执法，强化法制监督，提高服务意识，创新服务方式，全区统计工作取得显著成绩。截至2016年底，共有1000余家单位向统计局报送数据，其中有599家“四上企业”（规模以上工业企业、资质等级建筑业企业、限额以上批零住餐企业、限额以上服务业企业）通过企业联网直报平台上报，“四上企业”中规模以上工业企业195家，限额以上批发零售业企业132家，限额以上住宿餐饮业企业33家，房地产开发经营企业71家，资质以上建筑业企业79家，规模以上服务业企业89家。

【统计执法】 根据省、市2016年统计法制工作要点，结合东昌府区实际，制订《2016年全区统计法制工作要点》和《2016年统计法制宣传年度计划》。3-4月，按照省、市统计局有关文件精神，多措并举积极开展“数据造假、以数谋私”专项治理的各项工作。进一步加强统计执法检查队伍建设，共为31名同志申请山东省行政执法证，保证每个业务科室的业务人员具有行政执法资格，同时做好全区统计执法证办理工作，确保每个统计站都有一名人员具有统计执法检查资格，进一步壮大全区统计执法队伍。充分利用“12·4”开展统计普法宣传，与聊城市统计局、国家统计局东昌府调查队、聊城市农业普查办公室联合“摆摊设点”，发放宣传资料，进行统计法制宣传，发放统计法宣传单、宣传手册、宣传袋共2000余份，农业普查宣传画500余份。

【统计服务】 2016年，东昌府区统计局提高服务水平，编辑出版《2015年东昌府统计手册》和《东昌府统计年鉴（2016）》，主要内容涉及农业，工业，固定资产投资、房地产开发业、建筑业，国内贸易，服务业，财政、金融，教育、卫生、物价、城市建设等内容，供区领导和有关部门使用。每月及时提供东昌府区统计月报，将月度国民经济主要指标完成情况体现出来。利用丰富的统计信息资源，对全区经济建设和社会发展状况进行研究分析，供区领导决策使用。

【第三次农业普查】 第三次农业普查是全面了解“三农”发展变化情况的重大国情国力调查，普查标准时点是2016年12月31日，时期资料为2016年度资料。2016年，东昌府区成立以副区长刘光涛挂帅的东昌府区农业普查领导机构和工作机构；精心选调组建1800余人

12 月 10 日，斗虎屯镇第三次农业普查宣传月活动启动仪式

的普查队伍，通过分阶段、分层次、分对象逐级培训的方式，共培训普查指导员和普查员 2000 余人；落实普查机构办公用房，通过政府集中采购农业普查工作设备；开展形式多样的农业普查宣传工作，营造良好氛围；按照省市工作要求，认真做好清查摸底工作，确保农业普查的顺利开展。

【人口抽样调查】 2016 年，全国 1‰人口和劳动力抽样调查和全省 1% 人口抽样调查同时进行，涉及东昌府区 11 个镇（街道）、2 个工业园区，共 53 个调查小区。根据省市统计局统一安排，东昌府区加强培训，多次组织调查员进行 PDA 系统学习；抽调多名业务骨干组成督导组，深入现场指导，对小区图、户主姓名底册、调查表进行抽查；采用在村（居）宣传栏张贴标语等形式进行宣传，及时发放《致调查户的一封信》，提高调查户对调查工作的认知度和配合度。经过全区指导员和调查员的共同努力，东昌府区圆满完成各项工作任务。

（区统计局　张红梅　王长福）

国家统计调查

【概况】 国家统计局东昌府调查队前身是东昌府区农村社会经济调查队，成立于 1984 年，2007 年改为国家统计局东昌府调查队，是垂直管理的正科级事业单位，隶属于国家统计局山东调查总队，有干部职工 8 人，其中科级干部 4 人。主要承担国家统计局和山东调查总队布置的各项调查任务，同时承担区委、区政府布置的地方调查任务，主要业务包括：农业调查，产粮大县粮食调查，城乡住户收支调查及城乡住户可支配收入测算，劳动力、农民工市民化进程调查等，规下服务业、小微企业、批零贸易等调查，同时承担各级政府布置的政治、经济、社会等领域的专项调查任务。

【农业调查及国家产粮大县调查】 2016 年，在 20 个国家调查点开展农业调查各个项目的调查工作，其中包括夏粮各阶段的苗情监测和秋粮跟踪监测调查工作，对地面积测量调查工作，主要农产品中间消耗，夏粮秋粮预产实产调查工作。几年间，广泛利用无人机、PDA 终端等先进设备和技术，对农作物面积、作物种植结构等结合卫星图像进行直接实地测量与上报。东昌府区被国家确定为国家产粮大县（区），2016 年，开展了一系列调查工作，完成了东昌府区粮食产量的准确测量与上报，为东昌府区粮食生产各项补贴资金的争取和利用做出了努力，取得良好成效。

【城乡住户调查】 2016 年，按照统一的抽样方法，分层随机抽取城乡住户 120 户，运用住户电子终端为依托，以网络直报为渠道，以统一数据处理平台为保障，建立起城乡可比、可支配收入指标为核心的居民收支指标体系。准确、及时了解城乡居民收入、消费及其他生活状况，客观监测居民收入分配格局和不同收入层次的居民的生活质量，更好的满足研究制定城乡统筹政策和民生政策需求。

【畜禽监测】 2016 年，按照《农林牧渔业统计调查制度》要求，抽取部分大中小规模养殖户，对其畜禽生产经营情况进行动态监测，

工作人员利用 PDA 卫星终端设备对农作物种植情况及种植面积进行实地测量并上报传输（7月 摄）

了解调查范围内畜牧业的发展形势，抓好畜牧业生产，保持主要畜产品的合理价格水平，稳定市场供应，满足消费需求，为各级政府制定政策和计划、进行经济管理与宏观调控提供科学依据。

【规模以下服务业、小微企业、批零贸易等调查】 2016年，按照国家统计局和山东调查总队对相关行业调查的安排部署，对辖区内抽中的规模以下服务业，小微企业、批发零售贸易等单位进行跟踪调查工作，了解行业发展情况，定期向国家统计局和山东调查总队及各级政府报告跟踪监测信息，为各级政府对相关行业发展和宏观决策提供服务。

（国家统计局东昌府调查队　张道臣）

安全生产监察

【概况】 2016年，东昌府区安监局认真贯彻落实各级安全生产决策部署，全年各项指标均控制在市政府下达的指标之内，全区安全生产形势始终保持总体稳定的良好态势。

【落实责任】 在全区科学发展综合考核中，加大安全生产工作及其指标的考核权重，做到严格奖惩，实行“一票否决”。区、镇两级全部实现“党政同责”和“一岗双责”全覆盖，落实“三个必须”全覆盖，强力推动安全生产责任体系向社区和村级延伸。

按照“分级、属地管理”原则，进一步明确各级政府的监管责任，每年年初逐级签订安全生产目标管理责任书，层层落实安全生产责任；重新调整安委会成员单位，印发《落实政府及其有关部门安全生产监督管理责任的暂行规定》（东昌政办发〔2016〕75号）文件，明确行业主管部门的监管责任；着力落实企业安全生产主体责任，以“五落实五到位”为牵引，督促企业严格落实安全生产法定职责和义务。

【综合监管】 持续推进“大快严”集中行动，健全联席会议、联合检查等制度性措施，把“三管三必须”的要求落到实处。组织重点安委会成员单位成立了14个督查组，每月至少1次对各镇（街道）、工业园区集中行动开展情况进行专项督查。

先后组织消防、教育、住建等部门对90家重点劳动密集型企业、220余所中小学校幼儿园、22家养老机构、16家建筑施工工地进行专项安全联合检查。围绕存在交叉管理的问题，明确责任部门和配合单位，全年下发督办函67份，涉及整改内容520余项，函后跟踪督查，件件得到落实。

针对“两节”“十一”、十八届六中全会等重要时期，采取集中力量加强监管、增加执法检查频次、实行“双随机、一公开”、加强应急值守等措施，确保安全。

【安全监察】 *危险化学品领域* 组织开展提升危险化学品领域本质安全水平专项行动“回头看”活动，加强“两重点一重大”以及易燃易爆、有毒危化品的化工和易燃易爆危险化学品库等重点部位、检维修等关键环节的安全监管。充分利用市、区政府购买服务、开展诊断式检查这一契机，督导有关企业及时整改安全隐患，提升安全管理水平。按照风险等级管控和隐患排查治理体系建设要求，全面开展风险辨识，明确本单位主要风险点和管控措施，实施重点监控。

烟花爆竹领域 严把危化品、烟花爆竹生产经营的准入门槛和安全审批关口，对每一个申请单位，从现场安全条件到相关材料，均严格审核，达不到安全条件的一律不予发证。共审核发证700余个，发证检查环节整治各类隐患320余处。对烟花爆竹批发企业坚持实行销售旺季派驻监察员制度，每月至少检查1次烟花爆竹仓库，及时整改隐患，严格执行烟花爆竹产品流量登记和库存报告制度。

职业卫生领域 推进安全生产与职业卫生一体化综合监管执法，组织开展职业病危害防治评估工作，加强综合防治体系建设。督促用人单位强化职业卫生培训工作，规范岗前、岗中培训。持续对木制家具制造等行业领域职业病危害进行专项治理和执法检查，圆满完成省政府职业病危害防治工作评估工作。

【安全投入】 区财政投入60万元，依托东昌府区专家库29名安全生产专家及第三方人员力量，委托安全生产专门机构，为60家重点生产经营单位定点服务排查隐患，对安全隐患进行专家“会诊”。完成3轮诊断式安全检查工作，共排查整改各类隐患1100余处。帮助生产经营单位按照专家提出的整改意见逐项制定专项整改方案，做到一患一卡、一患一档，严格按照整改方案对事故隐患进行整改。政府出资24万元，为30家企业购买标准化服务，85家企业通过了省、市级标准化建设验收。

【应急救援】 从政府、行业部门、企业三个层面，层层修订完善综合预案、专项应急预案、部门应急预案、企业预案1000多项，分别在企业、医院、学校、建筑施工等领域组织开展各类演练230余场次，参演人员超过1万人次，极大提高了在事故灾难情况下企业职工和群众的自我防护意识和应急反应能力，全区形成较完整的应急救援预案体系。

【教育培训】 组织开展各级领导干部安全生产专题培训、安全监管执法人员培训、企业主要负责人和安全管理人员培训、从业人员安全生产培训教育四个专题培训。先后组织培训特种作业人员310人，培训企业负责人1200余人、企业管理人员1800余人，职业卫生管理人员300余人，组织企业培训从业人员12000余人，印发各类安全生产资料22000余册，全区安全生产管理水平得到显著提升。

5月9–13日，组织全区55名安监系统干部赴中国人民大学进行“领导干部安全监管能力提升”专题培训；5月下旬对全区涉氨制冷企业的70余名相关人员进行安全培训；

8月，对全区中小学400余名安全管理人员进行专题培训；12月21–22日，举办全区安全标准化、安全文化、班组建设专题培训班，培训各类人员370余人。

4月25日至5月1日组织开展“健康中国，职业健康先行”为主题的《职业病防治法》宣传周活动。免费向全区用人单位发放《职业病防治法》《职业卫生档案》等资料3000余册。

在金鼎购物中心广场举办全国第15个“安全生产月”主题咨询日活动，现场悬挂条幅20余个，摆放宣传展板300余块，发放各类安全宣传资料30000余份，接受群众咨询2000余次。组织开展“安全生产忠诚卫士”演讲比赛、“人保财险杯”安全生产知识竞赛、企业安全生产主体责任意识“三个一”活动、应急救援演练专题行等10多项主题活动，广泛深入地宣传安全生产方针、政策及安全知识。

（区安监局　孙庆群　宋来超）

食品药品监管

【概况】 东昌府区食品药品监督管理局共有在编职工115人，其中行政编制人员49名；事业编制人员66名。主要承担全区范围内的生产、流通、消费3个环节的食品、药品、保健食品、化妆品和医疗器械监督管理，同时承担区食品安全委员会办公室日常工作。2016年，区食药监局1起行政处罚案件，在全省系统行政执法案卷评查活动中被评为推荐优秀案件，东昌府区食品药品监督管理局古楼监管所和东昌府区食品药品监督管理局沙镇监管所被评为全市食品药品监管系统先进监管所。《关于东昌府区学生小饭桌情况调研》荣获区政府系统优秀调研成果三等奖，区食药局窗口被区行政服务大厅评为“红旗窗口”。

【日常监管与专项整治】 **餐饮监管** 继续开展放心特色早餐行动，对达到标准的餐饮服务单位授予“放心特色早餐”称号，切实保障人民群众舌尖上的安全。2016年，又创建放心特色早餐店20家，全区创建放心特色早餐店达到41家。针对央视3·15晚会曝光了饿了么网上订餐存在的一些问题，区食药监局紧急约见了美团、百度外卖、饿了么等网络食品交易第三方平台的聊城加盟商，要求其查验入网餐饮经营者的相关资质，并进行实名登记，重点检查食品原料采购、储存、加工、供餐等关键环节，共检查餐饮单位700余家，出动执法人员近2000人次。组织开展“学校食堂开放日”活动，邀请学生家长、新闻媒体、社会各界人士走进学校食堂，参观餐饮食品加工的全过程，增强社会各界对学校食堂的监督，构建食品安全共享共治格局，促进学校食堂自觉加强餐饮食品安全管理，保障师生饮食安全。2016年4月，与区教育局联合下发了《关于学校幼儿园食堂安装监控的通知》，要求东昌府区辖区内的所有学校幼儿园食堂都在厨房操作间、厨房门口、餐厅等位置，安装高清摄像头，通过在餐厅安装显示屏，公开展示进货查验、食品加工制作、餐饮具清洗消毒、食品留样等关键区域关键环节。2016年底，省局对聊城学校食堂进行督导检查，东昌府区代表全市进行了检查，在随机抽查的3所学校食堂中，聊城大学食堂、聊城一中食堂均获得96分、东方双语学校获得93分的好成绩，充分说明了东昌府区学校食堂食品安全监管又迈上了一个新台阶。

食品生产流通监管 督促食品生产环节、食品流通环节履行好进销货台账建立健全，进货查验等义务。2016年，食品生产环节检查经营主体80家，检查主体210家次，出动执法人数650人次，发现问题企业17家，完成整改16家，检查食品经营户2415家，检查7452家次，出动执法人员15890人次，下达限期责令整改通知书234份，完成整改192家，对不符合规定的严重违法行为依法进行立案查处。流通环节查处案件47起，涉案货值6.66万元，罚款41.08万元，违法线索移交相关部门5起，案件3起，其中1起移交公安，1起移交法院，1起移交茌平食药局。

在全区范围内开展羊肉制品、肉制品兽药残留、芝麻油生产企业、植物油塑化剂、蜜蜂、明胶生产和使用企业共6项专项整治工作。在完成上述专项整治工作的同时，针对小作坊生产环境脏、乱、差的情况，组织开展小作坊专项整治活动。在整治活动中共出动执法车辆185车次、执法人员586人次，完成小作坊备案登记156户，下达责令整改通知书53份，关停2户。

保健品、化妆品监管 认真开展保健食品、化妆品专项整治工作，依法查处违法违规行为，一是配制酒、玛珈制品开展专项检查；二是严厉打击制售假冒伪劣和违法添加药品的保健食品；三是依法打击利用社区健康咨询、讲座、会展等方式销售伪劣保健食品；四是检查化妆品经营单位的进货渠道、标签标识、产品合格证明、仓储条件等，共出动执法人员366人次，执法车辆20余次，检查覆盖率达到90%以上。

药品、医疗器械监管 加强对疾病预防控制中心和疫苗接种单位的监督检查，在全区范围内开展为期一个月的疫苗专项检查工作，重点检查了辖区疫苗接种单位的疫苗使用情况和质量管理情况。强化了与卫计部门、公安部门的联动和事后监管。在药品流通

5月18日，东昌府区食药监局组织召开全区流通环节食品安全培训会

环节开展中药饮片专项检查，药品经营企业GSP飞行检查，疫苗的流通、使用质量专项检查，含麻黄碱复方制剂专项检查，特殊管理药品专项检查。自行组织的飞行检查药品经营连锁企业2家，门店16家，其中不合格6家，责令整改4家，对其中的2家违规情节严重的（1家零售连锁总部，1家单体药店）提请市局收回GSP证书，暂停经营。

全年检查药品经营连锁公司13家、门店335家，药品批发企业3家，药品使用单位667家。通过各项检查，立案查处药品违法违规案件34起，下达责令改正68份。

【宣传培训】 为提高广大消费者食药安全意识，区食药局与东昌电视台联合推出了《食药之窗》栏目，每两周播放一期，通过栏目宣传解读食品药品相关法律法规，展示食药监管队伍建设和工作动态，引导消费者科学健康的饮食用药方法习惯，曝光不良商贩和违法案件，2016年，共制作播放了19期。栏目的开播受到广大消费者的广泛关注和大力支持，提高了消费者对食药监管工作的知晓度，成为宣传食药监管工作的新窗口，进一步拉近了政府部门与公众之间的距离，监管对象的守法意识也有了明显提升。

2016年3月，区食药监局开通微信公众平台，公众通过平台了解东昌府区食药监局工作动态、公告公示、安全警示、消费提醒、违法曝光等信息，2016年已发布信息36条。微信公众号的开通是东昌府区食药监局适应新形势，提高服务能力推出的便民举措，搭建起了监管者和公众、监管对象之间的沟通桥梁，拉近了监管部门与公众的距离。

为提高政务信息报送的数量和质量，积极宣传工作亮点和监管成效，向有关新闻媒体上报宣传信息165条，相关报道分别被聊城市食品药品监督管理局网站、《东昌时讯》《政务信息》《聊城日报》《聊城晚报》、大众网、齐鲁网、《大众日报》、中国医药网等多家媒体采发。

为广泛宣传普及食品药品安全知识，激发和引导公众参与食品药品安全监督的潜能和活力，分别在人群比较密集的东昌府区妇幼保健院、聊城二中和五洲大药店连锁有限公司花园路店设立3家食品药品安全科普宣传站，具备教育、宣传、培训等基本功能，方便了人民群众及时了解食品药品安全知识和有关法律法规。

以“食品安全宣传周”“安全用药月”“六五”普法为重要时段进行广泛宣传，现场讲授食品药品安全常识和识假辩假知识，面对面解答群众的疑惑，增强饮食用药法制观念和维权意识。2016年，在人民广场、百货大楼等人群密集场所开展20余次食品安全宣传和现场咨询活动，累计发放食品安全知识宣传材料35000余份。

5月23日，东昌府区食药监局开展科技周宣传活动

【监督抽检】 2016年，东昌府区食品药品监督管理局按照年度工作计划，制定下发《东昌府区食品安全监督抽检实施方案》，对全区范围内的小食品店、农贸市场、大中型商超、学校食堂、医院食堂、快餐店以及城区的馒头房等食品经营单位，分3个阶段开展食品安全监督抽检，重点抽取畜肉、禽肉、银耳、茶叶、蔬菜、糕点、蜂蜜等39类食品（含食品农产品），完成监督抽检1202批次，检验项目536项。通过食品检验机构检验，抽检合格样品1163批次，不合格样品39批次，抽检合格率96.76%。对抽检不合格的食品，严格按照《中华人民共和国食品安全法》的规定，及时进行调查处置并予以公示，对于涉嫌犯罪的案件依法移交公安机关，案件处置率100%。通过抽检，从一开始监管户对监督抽检的不理解、不配合，甚至于阻挠，到后期的主动要求抽检，逐渐提高了食品

经营者的食品安全意识，严厉打击了食品领域的违法犯罪行为。

【投诉举报和稽查办案】 2016年，稽查大队通过12331热线、12345市长热线、信函、邮件、走访等形式共接到群众投诉举报1885起，符合受理条件的485起，其中食品类408起，药品类44起，医疗器械类13起，保健品类11起，化妆品类9起。查处情况及时回复投诉举报人，切实做到“有诉必接，有接必查，有查必果，有果必复”。

根据《食品药品行政处罚案件信息公开实施细则》的要求，1-12月，所有一般程序结案的行政处罚案件定期在东昌府区政务网进行公开。1-12月，共公开行政处罚案件信息87件，其中食品类56件，药品类28件，医疗器械类1件，化妆品类2件。

2016年，针对重点区域、重点环节，开展各类专项整治行动，共检查经营户8700余户，出动执法人员12000余人次，有效打击食品药品违法行为。

【应急处置】 为保障广大消费者生命健康安全，根据食品安全事件的突发性、复杂性和不确定性，按照《食品安全法》等法律要求，组织修订并向区政府呈报印发了《东昌府区食品安全事故应急预案》(东昌政办发〔2016〕31号)。多措并举狠抓食品安全事故应急处置工作，突出从4个方面妥善应对食品安全事件。一是制定应急预案，并结合实际工作中发现的问题及时进行调整完善；二是抓好信息管理及报送工作。要求市区各类医疗机构在接收到食源性病人后要及时判断是否是疑似食物中毒，并将相关信息及时汇总按时逐级上报；三是做好样品送检及调查取证工作。依法封存所有食材，及时将样品进行送检，深入调查取证；四是抓好事后管理和后期跟踪，做好善后处理工作。2016年，先后妥善处置易家佳餐饮服务有限公司疑似食物中毒事件、嘉明工业园食物中毒事件、八一宾馆疑似食物中毒事件，由于处置及时、快速，受到了当事人的一致好评，也得到了广大人民群众的理解和支持，减少了社会不稳定因素，全面提升了食品安全事故应急处置能力，最大限度地减少食品安全事故危害，保障公众健康和生命安全，维护正常的社会经济秩序。

【档案建设】 2016年，东昌府区食药监局重新梳理辖区食品、药品监管情况，对所有监管对象建立了监管档案，做到一企一档、统一规格、装订整齐的原则，把监管户签订的承诺书、日常监管执法、开展专项整治检查的执法文书等资料放入档案盒建立日常监管档案，同时建立电子档案，注明监管户的姓名、联系方式、监管频次、量化分级等信息。至2016年底，全区规范建档3000余户。

【行政许可】 为切实做好行政许可审批服务工作，保证服务质量，遵循依法、精确、高效的原则，坚持宽进严管，克服诸多困难，简化许可程序、压缩承诺时限，严格执行“限时办结”制度，实现了环节最少，流程最优，效率最高的工作目标，积极推进“两证合一”的平稳过渡，为服务对象提供了方便快捷的服务。至2016年底，共受理食品经营许可证申请材料3180件，办结3180件，不予许可260件，发证2911件，注销9件。办结率和满意率均达到100%。

(区食药监局　白允力　张成燕)

农 业

综 述

【概况】 区农业局认真贯彻落实党的十八大和十八届三中、四中、五中全会精神以及中央、省、市有关强农惠农富农政策，立足农业，面向农村，服务农民，坚持科学发展观，狠抓粮食生产，大力推进农业结构调整，重点实施现代农业，农业生产总体呈现良好的发展态势，为"十二五"农业发展规划目标的全面完成划上了圆满的句号。2016年，全区村（居）民年人均可支配收入达到11537元。

【粮食生产】 切实稳定粮食生产 东昌府区始终把粮食安全放在重要位置，在搞好农业结构调整的同时，切实稳定粮食生产。早春及时制定小麦春季管理及小麦中后期管理技术意见，指导全区农民对小麦苗情进行升级转化工作；核定全区小麦种植面积，发放种粮及农资补贴，为增强农民种粮积极性，夺取小麦丰收奠定基础。制定了《东昌府区小麦种植面积核定工作实施方案》《东昌府区中央财政玉米良种补贴项目实施方案》和《东昌府区中央财政小麦良种补贴项目实施方案》，各种惠农资金按时全额下发，专款专用。至2016年底，全区种粮大户有7个，其中梁水镇镇4个，堂邑镇2个，郑家镇1个，耕地面积都在150亩以上。2015年10月3日，聊城市农委对位于堂邑镇的东昌府区玉米高产创建攻关田进行现场实打验收，亩产达1190.1公斤，创聊城市历史最高记录。至2016年底，聊城市小麦、玉米最高单产记录，都是由东昌府区保持的。2016年，小麦播种面积60万亩，单产535.6公斤/亩；玉米播种面积63万亩，单产600公斤/亩，粮食产能进一步提升。

强化综合技术集成推广 制定了小麦、玉米高产栽培技术操作规程，高产创建示范方内全部种植优良品种，全面推行小麦宽幅精播及播前（后）镇压、氮肥后移、"一喷三防"、玉米机械精播、"一增四改"、适期晚收、"一防双减"等关键增产和防灾减灾技术。示范方辐射带动周边地块，推行关键增产技术。同时，做好每年小麦、玉米高产创建项目的培训工作，每年举办技术培训班5-7期，培训技术员、科技带头户3000余人，印制宣传材料8万余份发放到农户，同时配合农广校下乡入村进行技术宣讲，使项目得以顺利完成。加强了病虫害防控体系建设，建立病虫害专业化统一防治新模式，提高病虫害防治的组织化、专业化、机械化程度。2016年，专业化统一防治面积达20万亩以上，专业化防治所占比例达15%以上。专业化统一防治实现了两增（防效增加、产量增加）两减（用工减少、农药用量减少）的效果。

大力开展粮食高产创建 制定玉米高产创建工作方案，在堂邑、道口铺2镇（街道）建立2个万亩高产创建示范方，在郑家镇实施整建制高产创建工作。2016年，继续做好省级小麦高产创建工作措施落实，3万亩示范方小麦单产理论测产验收达到587.7公斤/亩。在闫寺街道建立3万亩玉米高产创建示范方，玉米平均单产602.1公斤/亩。

提升农业保险保障水平 因地制宜增加新险种，在充分调研基础上增加险种，开设特色政策性险种；建立系统的农保机构准入、约束和退出机制；建立巨灾风险准备金制度。财政安排巨灾风险准备金，逐步拓宽资金筹集渠道，并明确各级对巨灾风险赔付的分摊比例。全区小麦参保率达95%、玉米参保率达93%。同时，积极做好全区60万亩小麦面积核定工作，为全区农户获取粮食补贴资金、农资综合补贴7750多万元提供依据。

【新型农业经营体系】 壮大农业龙头企业产业集群 大力实施"农业龙头带动"战略，全力膨胀龙头企业，靠龙头拉动带动农村经济发展。出台了《关于实施农业龙头带动战略财政奖补资金管理使用的意见》，每年拿出不低于500万元的专项资金，全力扶持农业规模化生产。全面升级的财政扶持政策，为现代高效农业的发展注入了强心剂，有力地引导和助推了全区现代高效农业的加快发展。至2016年底，全区投资现代高效农业的企业共有22家，其中资金转投现代高效农业的企业10家，固定资产约6.8亿元，投资总额共约9.6亿元。从投资领域来看，主要涉及到种植、养殖、农畜产品加工、流通、科技示范、生态休闲等方面。全区农副产品加工企业达223家，其中省级龙头企业4家、市级龙头企业49家，涌现出立海集团、绿亚禽业、天绿源番茄酱、鲁信面粉等一批知名企业，全区农产品加工增值率提高20%以上。

加快农民专业合作社提档升级　组织、协调农民专业合作社参与“农金对接”“农超对接”等活动，至2016年底，合作社已达635家，其中国家级示范社2家，省级示范社6家，入社社员3.6万人，辐射带动农户6.8万户。主动与合作社联系，组织各种培训学习，并发展促进会会员11个。同时，还规范发展家庭农场，全区在工商局注册的家庭农场21个，2016年，新增家庭农场2家，创建县级家庭农场示范场28家，达到市级示范场标准的5家以上。

【农产品质量安全】 **推进农业标准化生产**　为确保东昌府区农产品质量安全，促使全区农产品质量提升，努力打造质量品牌，充分发挥品牌效应和品牌经济，积极开展“三品一标”（无公害农产品、绿色食品、有机食品、农产品地理标志）认证。至2016年底，全区共有“三品一标”认证企业、合作社28家，认证数量达107个，认证产量62.79吨，认证面积达46.11亩。创建了福和、亿沣、恒丰等15个标准化农产品生产基地，重点创建的“东昌”鲜活农产品、“东昌甜翠”蔬菜、“东昌”葫芦、“东昌绿亚”乌鸡蛋、“东昌久信”面粉、“东昌湖”龙虾、翘嘴鲌、鲫鱼等品牌的知名度、市场占有率迅速提升。2016年，全区3家企业、合作社申报绿色产品18个，超额完成了上级分配的10个绿色农产品的申报任务，认证面积达到3.3606万亩。根据东昌府区“三品一标”发展情况的需要，积极配合省、市绿色认证业务部门对全区16家“三品一标”认证企业、合作社的63个产品进行年检。对4家企业、合作社10余个产品进行续展申报工作。

2016年，进行了重金属污染普查加密点、协同取样检测。根据2013年对东昌府区农产品产地土壤重金属污染普查结果，按照省、市部署，布点104个土样点、208个春、秋两季农产品样点对东昌府区的土壤、农产品进行加密取样、晾晒、制备样品、送样检测工作，圆满按时完成了上半年加密检测取样任务，为土壤修复打下基础。为全面掌握东昌府区农产品产地和主要农产品重金属污染现状，按照农业部部署，在全区开展主要农产品产地土壤－农作物重金属污染协同监测工作。依据相关部署和要求，制定协同监测方案，圆满完成了80个土样、28个农产品协同取样、制样和送检任务。

狠抓农产品质量安全　自省政府办公厅《关于开展农产品质量安全县创建活动的意见》（鲁政办字〔2015〕48号）和市政府《关于整建制创建农产品质量安全市的意见》（聊政字〔2015〕45号）下发后，东昌府区委、区政府高度重视，迅速行动，把农产品质量安全县创建作为重要的民生工程，突出责任落实、全程监管、能力提升和社会共治，扎实推动农产品质量安全县创建工作。一是切实加强组织领导。区委、区政府高度重视农产品质量安全工作，成立了农产品质量安全工作领导小组，将农产品质量安全工作摆上重要议事日程，区直相关部门和各镇政府（街道办事处）上下联动，协调配合，齐抓共管。区农业局成立了农产品质量安全监管领导小组，研究制定了《东昌府区农业局农产品质量安全监管责任制》《关于加强农产品质量安全管理工作的通知》《东昌府区农产品质量安全专项整治工作方案》。二是加大农产品质量安全知识宣传力度，提高全社会农产品质量安全意识。充分利用电视、报刊、《东昌农业》简报、明白纸、宣传栏等媒介，深入农村基层，采用群众喜闻乐见的形式，普及农资法律法规，增强农产品生产经营者诚信守法意识，曝光典型案例。三是加大培训力度，提高农产品质量安全监管人员水平。组织召开了农产品质量安全培训会议；举办了农产品质量安全检测培训班，对各镇（街道）检测人员、基地检测人员、农业企业和农民专业合作社检测人员及超市检测人员进行培训。四是控制农业投入品，打好准出准入基础。坚持常年整治与专项整治相结合，市场整治与使用监控相结合，深入持久地开展农产品质量安全暨农资市场整治活动。农业投入品生产经营单位全面建立进销台账、标签标识、质量追溯等管理制度；加大农业投入品市场执法力度，严厉打击生产、销售禁用高毒农药行为。五是突出“四个重点”，即突出重点农时，突出重点区域和品种，突出重点检测项目，突出重大节日，深入开展农产品质量安全专项整治。六是认真开展农产品质量安全检测工作。坚持日常抽查和重点抽检相结合，对城区范围内的农贸市场、大型超市、蔬菜基地等进行重点抽检，对不合格产品及时采取有效措施进行处理，确保群众消费安全。为确保市民吃上“放心菜”，在加大对农药市场检查力度的同时，积极推广无公害农药，对蔬菜基地、批发市场及市场内出售的蔬菜定期采样，每年配合省厅对东昌府区定量抽样检测4次，合格率均在98%以上。2016年，质检中心共抽样检测蔬菜样品6次，合格率为100%，对集贸市场、超市、批发市场进行巡回抽检，有力地加强对集贸、超市及批发市场的监督管理。建立健全农产品质量安全追溯系统，至2016年底，全区已有21家企业实行溯源管理并使用溯源标识。

【精致农业】 东昌府区已建成高标准农业园区29个。如闫寺街道福和万亩现代农业产业园，由山东福和实业有限公司投资兴建，位于闫寺街道冯庄村。项目计划总投资3.2亿元，规划建设占地2万亩。项目建成后，年可实现销售收入6亿元、利税5000万元，解决劳动就业3500余人。项目明确设置“三园一区一带”的产业空间划分，形成以现代农业产业发展为龙头，中药GAP种植、中药饮片加工提取为主导，以现代农业种植、培育、改良、养殖为延伸，集产、学、研、加、销及科普、观光为一体的示范性高科技现代农业产业园。该基地的建设，可有力地带动东昌府区及周边区域的中药种植，带动更多群众增收致富。

【农村产权制度改革】 **探索建立农村产权流转交易市场** 为深化农村产权制度改革、完善农村产权交易服务体系，东昌府区积极开展农村产权综合交易平台建设，为农村产权流转交易双方提供“一站式”服务，使农村产权流转交易更为便捷，有效整合城乡资源，优化城乡资源配置，激活农村各类生产要素。一是成立东昌府区农村产权交易工作领导小组。二是研究制定了东昌府区《关于加快推进农村产权交易工作的实施意见》。三是考察学习，借鉴经验。区政府组织相关部门、单位主要负责人和业务骨干到沂南农村产权交易中心考察学习。四是积极筹措资金，搭建交易服务平台。五是确定行政服务大厅为交易场所，抽调所涉及部门的业务骨干成立了机构。

加强土地流转规范管理 积极指导各镇（街道）土地承包经营权流转服务工作。充分发挥政府在土地流转中的主导作用，通过制定扶持政策、建立服务平台、改善管理服务，鼓励和支持承包土地向专业大户、家庭农场、农民合作社等新型经营主体流转，发展多种形式的适度规模经营。鼓励有条件的地方，结合开展农村土地承包经营权确权登记颁证和农田基本建设，引导农民采取互利互换方式，解决承包地块细碎化问题。至2016年底，农户家庭承包土地流转面积26.34万亩，其中转包的13.84万亩，占流转总面积的52.54%；出租的9.48万亩，占流转总面积的35.99%；互换的1.24万亩，占流转总面积的4.7%；入股的0.43万亩，占流转总面积的1.6%；转让的0.53万亩，占流转总面积的2%。涌现出一批如闫寺冯庄、郑家东西王等整村实现土地流转的典型，为推进农业示范园区、标准化种养基地建设，大力发展农业集约化经营奠定了坚实基础。

（区农业局　李庭铂　赵杰）

畜牧业

【概况】 东昌府区位于山东省西部，地处冀鲁豫三省交界处，猪、牛、羊、禽、兔以及特种动物养殖门类齐全。地方畜禽品种众多，拥有鲁西黄牛、鲁西黑头肉羊、小尾寒羊等一批著名品种。至2016年，全区畜牧业发展实现了总量规模增加、产业结构调整、生产方式转变、总体水平提升的协调推进，畜牧业从家庭副业成长为农业农村经济主导产业，为促进农民增收、农业增效和农业繁荣稳定做出积极贡献，并已初步具备了现代畜牧业雏形。

东昌府区畜牧兽医服务中心是直属区政府兼有行政职能的正科级事业单位。有干部职工122人，专业技术人员109人，其中，中高级技术职称人员达50人。设置办公室、财务室、政工科、生产科、饲料科、药政科、动检站、家畜改良站、疫苗科、中心化验室、微机室等机构，下辖12个基层畜牧兽医站。

【重大动物疫病防治】 为保障畜牧业健康发展，东昌府区各级各部门严抓动物防疫工作，精心组织、周密安排，全力提高防疫密度和防疫质量，同时做好疫病监测、流行病学调查、H7N9禽流感防控和小反刍兽疫防治工作，以确保无重大疫情发生。2016年，东昌府区没有发生高致病性禽流感、口蹄疫、高致病性猪蓝耳病等疫情，其他各类动物疫病和人畜共患病均得到有效控制，疫病的发病率、病死率和发病数明显减少，有力维护了全区畜牧业的持续健康发展和人民群众的生命财产安全。

2016年，全区牛口蹄疫免疫2.5万头，其中奶牛口蹄疫免疫0.8万头；羊口蹄疫免疫27万只；猪口蹄疫免疫54万头；高致病性猪蓝耳免疫54万头；猪瘟免疫54万头；家禽高致病性禽流感免疫714万只。对于集中免疫时不宜免疫注射的畜禽登记注明，对达到免疫条件、新生和补栏的畜禽月月定期进行补免。切实做到应免尽免，月月补免。

【基层兽医站建设】 主要承担辖区内动物防疫、检疫和公益性畜牧兽医技术推广服务、畜牧生产统计、资源调查等工作；负责监督实施辖区内动物强制免疫和承担动物及动物产品检疫、动物疫情报告。东昌府区按照国家和省、市各级政府兽医体制改革的要求，不断深化乡镇畜牧兽医站改革，建立健全畜牧兽医站。东昌府区有12处基层兽医站，有干部职工20人，中级职称人员5人。人员编制从属于各镇（街道），业务管理从属于东昌府区畜牧兽医服务中心。通过基层动物疫病防控体系的建立健全，动物疫病的一线防控能力得到很大提高。

【畜禽标准化生产和"三品一标"质量认证】 畜禽标准化生产和无公害畜产品是畜产品质量安全监管工作的重要基础，在现代畜牧业发展的新形势下，东昌府区坚持把发展标准化规模养殖和"三品一标"质量认证作为建设现代畜牧业的工作着力点，畜禽标准化生产水平不断提高，"三品一标"质量认证发展迅速。

自农业部启动实施畜禽标准化示范创建活动以后，按照设施现代化、管理规范化、生产标准化，粪污处理无害化的发展思路，因地制宜、适当集中、设计科学、布局合理、设施先进、管理有序，示范带动的发展原则，依托龙头企业，围绕生猪、家禽、奶牛等主导产业，通过加大政策扶持、健全标准体系、强化科技支撑等一系列举措，积极引导农户由传统的庭院养殖向标准化、规模化、现代化养殖场、养殖小区转变。充分调动了广大养殖场户发展规模化养殖的积极性，促使畜禽标准化规模养殖迈上了新台阶，取得了明显成效。

无公害畜产品关系到畜牧业结构调整、牧业增效、农民增收和畜产品市场竞争力，关系到人民群众身体健康和生命安全。发展无公害畜产品是解决畜产品质量安全问题的根本措施，是新时期畜牧业工作的一项重要任务，也是畜产品质量安全的重要部分，对维护公众健康和公共安全具有十分重要的作用。通过采取宣传发动，提高认识、召开动员会、印发宣传资料等多种形式，不断提高养殖场户对无公害畜产品质量安全重要性的认识。几年间，东昌府区无公害畜产品认证乘势而上，产品从无到有、规模从小到大、数量从小到多逐步发展壮大起来，呈现出数量增加、质量提升、品牌树立的发展特点。至2016年底，全区绿色食品1个，无公害产地产品认证企业23个，产品24个，涵盖了生猪、肉羊等10种畜禽及其产品。

【畜牧兽医技术推广】 以基层农技推广体系建设补助项目实施为契机，构建起了以区级畜牧兽医技术推广机构为主体，镇、街道畜牧兽医站为核心、村科技示范户为纽带、各类专业技术协会和农业产业化龙头企业共同参与的新型畜牧兽医技术推广体系。初步建立了《农技人员聘用制度》《农技推广责任制度》《工作考评制度》《农技人员培训制度》《多元化农技推广制度》等一系列基层农技推广工作制度。完善了"专家－技术人员－科技示范户”的畜牧科技成果转化应用的快通道。通过健全畜牧科技推广运行机制、培养畜牧科技示范户、建设畜牧科技示范基地，开展畜牧兽医技术人员人员培训，全面提升了畜牧兽医技术推广体系的服务能力，为畜牧业和养殖户提供了有效的服务和技术支撑。大大提高了畜牧科技的贡献率。

10月27日，鲁西黑头羊品种现场审定会召开

【特色产业发展情况】 鲁西黑头肉羊是经过杜寒杂交和横交固定培育的优良新品系，不但具有耐粗饲、抗病、适合舍饲圈养等特点，而且生长速度快、出肉率高、肉质鲜嫩、繁殖率高。6月龄体重达到40千克以上，胴体重20-22千克，屠宰率52%以上；成年公羊100千克以上，母羊60千克以上，平均产羔羊率200%以上，且肉质鲜嫩，深受市场和消费者青睐。东昌府区畜牧兽医服务中心与山东省农科院畜牧兽医研究所联合发起成立了鲁西黑头肉羊育种协会。鲁西黑头肉羊已经成为繁荣区域经济，增加农民收入，示范周边地段的特色畜牧主导产业。至2016年底，全区肉羊存栏20.17万只，10只以上专业养羊户1500多户，年出栏200只以上的规模场（户）92余家，省级标准化肉羊示范场2处，市级标准化肉羊示范场1处，肉羊养殖专业合作社7家。

2016年10月25-27日，鲁西黑头肉羊顺利通过国家畜禽遗传资源委员会初审，来自农业部以及国家畜牧总站畜禽遗传资源处的专家组详细查阅了群体血统来源、分布区域、体型外貌、主要经济性状、群体数量、结构和系谱档案资料，并进行了个体测定。随后召开了品种现场审定会，专家组一致认为鲁西黑头肉羊体型外貌基本一致，遗传性能稳定、群体数量、结构、规模等符合品种审定标准，现场评审通过。建议提交国家畜禽遗传资源委员会终审。该品种的审定，将填补山东省乃至全国肉羊育种史上的空白。

【饲料生产与加工】 东昌府区饲料资源丰富，产量较大，利用率较高。几年间，全区紧紧围绕建立高效安全的饲料生产体系、建立规范严格的饲料安全监管体系目标，把保证饲料安全、强化兽药残留监控、加强养殖环节监管、推行生产过程监管、完善标准体系五个方面作为重点，努力提升行业整体素质，依法行政、加强监管，规范生产经营秩序，维护公平竞争环境，规范企业的生产、经营和使用行为，强化饲料的质量安全监管，大力开展饲料监督抽查、“瘦肉精”“三聚氰胺”“苏丹红”等专项整治、牛羊源性成分检测等工作，维护了全区饲料行业的正常秩序和饲料质量安全。

饲草　主要有麦秸、麦糠、玉米秸、地瓜秧、棉花叶、树叶及干鲜青草等，除大田农作物秸料外，还有附属草地10万亩，其中农田隙地7万余亩，林下草地3万余亩。全区总产草量为115万吨，其中农作物秸料90万吨，其他杂草和饲料25万吨，全年牲畜食用25万吨，占饲草总产量的21.7%。剩余部分均用于积肥还田等。

饲料　牲畜饲料的传统品种，以玉米为主，间以少量豆类、小麦、棉粕、花生粕、米糠、米糠粕、菜籽粕、鱼粉、动物油、血粉、羽毛粉、饲料酵母等。随着农业加快发展，上述饲料产量大幅度提高，为畜禽提供丰富的饲料资源。2016年，全区共有生产饲料生产加工企业7家，每年总产9万吨，产值达3.2亿元，其中，配合饲料产量6万吨，浓缩饲料3.5万吨，饲料添加剂和预混合料0.5万吨。

2016 年东昌府区畜牧生产情况统计表

项目/数量/年份	肉牛存栏量	奶牛存栏量	猪存栏量	羊存栏量	家禽存栏量
2016	4.81 万头	0.61 万头	45.2 万头	25.3 万只	1340.4 万只

（区畜牧兽医服务中心　孙振涛　刘庆焱）

林果业

【概况】 东昌府区林业办公室紧紧围绕创建“国家森林城市”目标，解放思想，开拓创新，组织全区广大干部群众扎实开展造林绿化、经济林基地建设、林业资源保护、林业有害生物防控、依法治林、机关建设等重点工作，进一步强化林业资源管理，努力提升全区造林绿化效果。

【造林绿化】 东昌府区认真贯彻落实市委、市政府创建“国家森林城市”的决策部署，紧抓春季植树造林的大好时机，组织全区广大干部群众扎实开展以路域环境绿化提升、村庄绿化、农田林网、经济林和林木种苗花卉基地建设等为重点的林业生产大会战，取得了明显成效。全年共完成造林 2.4 万亩，新建和完善林网 3.3 万亩，累计植树 1220 多万株，新发展花卉苗木 2100 亩，新发展名优经济林 4752 亩，新增活立木蓄积量 21000 立方米。

村庄绿化　结合城乡环卫一体化整治工作，在全区范围内积极推行村庄绿化建设，积极打造“人在绿中、房在林中、绿抱镇村、绿荫居民”的景象。全区共有 176 个村完成村庄绿化，累计植树 62 万株，远远超过全年 60 个绿化村的目标任务。

村庄绿化　（3 月　摄）

路域环境　2016 年，东昌府区路域环境得到绿化提升。绿化提升范围：国道、省道每侧路肩绿化宽度不少于 3 米，高速公路护网外每侧绿化带不低于 100 米，聊临、聊冠、聊莘、临莘沟外每侧不低于 50 米。在绿化提升工作中，严格坚持因地制宜、适地适树，高标准、高质量。聊临、聊冠、聊莘路肩，济聊馆高速和德商高速景观带共栽植乔木 49.7 万株、灌木 591.8 万株；大田绿化完成 2.1 万亩，种植乔木 150 万株。初步构筑起三季有花、四季常青的路域绿化新格局。

农田林网建设　以路、河、沟、渠为骨架，着力打造结构稳定、功能完备的农田防护林体系，重点突破乡镇之间、村与村之间的主干道路，共绿化道路 80 多条，总长度 200 多公里，植树 26 万株。

【产业结构调整】 经济林建设　按照“扩规模，上档次，建精品园”的要求，积极引导群众发展名特优果园。全区共新发展经济林 4752 亩。其中苹果 947 亩、梨

640亩、桃810亩、樱桃140亩、葡萄825亩、核桃260亩、杏15亩、枣30亩、油用牡丹400亩、玫瑰95亩。

花卉苗木 积极引导群众投资花卉苗木产业，大力发展白蜡、国槐、法桐、海棠、紫薇等各类种苗花卉高效产业，帮助农民实现兴林致富，全年新发展花卉苗木3000亩。

林业科技培训 以林业办业务科室站为中心，以镇、街道林业站为纽带，以林果专业户培训为重点，建立了完整的林业科技培训体系。果树站坚持每月开一次例会，为果农讲解果园科学管理办法，如科学剪枝、疏花疏果技术、果树套袋技术、病虫害防治、土肥水科学管理等。累计发放技术材料1000多份，播放技术光盘15场，培训果农700多人次。

【林业资源管理保护】 依照《森林法》《森林病虫害防治条例》和《山东省森林资源管理条例》等法律法规规章的规定，积极开展林业资源管理保护工作，全区林业资源保护逐渐走向正规化和法制化轨道，森林资源得到有效发展和保护。

林业法规宣传 结合全民义务植树、春季林业会战等活动，充分利用各种新闻媒介，通过出动宣传车、张贴标语通告、散发传单等多种形式，组织开展《森林法》等林业法律、法规的宣传教育活动。发放宣传资料5000余份，提高了全区广大干部群众的法律意识、林业意识和环境意识，在全区形成了一个“植树护绿、美化环境”的良好氛围。

林业执法 认真贯彻执行《森林法》《野生动物保护法》及其他有关林业法律法规，坚持依法行政，严格执行凭证采伐、凭证运输、凭证经营加工“三凭证”制度和限额采伐制度，严格林地管理，依法办理了南水北调、德商高速等重点建设项目征占用林地手续。严格落实行政执法责任制和首问负责制，进一步规范林业行政执法工作秩序，提高了林业执法水平。严厉打击各种破坏林业资源的违法行为，做到了有案就查，排除干扰，不拖不压，一查到底。2016年，共查处乱砍滥伐案件12起，处理违法人员15人，极大地震慑了破坏林业资源的不法分子。

野生动物保护 按照国家、省、市林业局统一部署，开展野生动物保护法的宣传教育活动，严厉查处非法经营、非法驯养繁殖野生动物案件。连续多年结合“爱鸟周”活动，集中宣传，取得了良好的宣传效果。经过几年的不断努力，全区有野生动植物资源种类和数量都呈现出了恢复性增长。

森林植物检疫 认真做好产地检疫和调运检疫工作，发现疫情及时处理，有效防止了林业有害生物人为的传入和蔓延。

【林业有害生物防控】 几年间，美国白蛾、春尺蠖、悬铃木方翅网蝽等林业有害生物危害较重，稍有疏忽，就可能形成大的灾情。在不断总结美国白蛾防控经验的基础上，精心组织，广泛发动，周密部署，群防群控，全面做好监测和防控工作，发现一处，根治一处，确保实现有虫不成灾的防控目标。一是加强虫情监测，及时掌握林业有害生物的发生态势。进一步明确监测任务，落实监测责任，及时掌握虫情发生态势，确保疫情第一时间发现，第一时间上报，第一时间除治。二是健全防控队伍，完善防控网络。按照“群防群治，专群结合”的原则，进一步加强了防控队伍建设，实现了专业防控全覆盖，不留空档，不留死角。三是科学防控，将林业有害生物危害程度降到最低限度。在林业有害生物危害较重的林地，采取人工物理、生物、喷洒无公害药剂等综合措施进行科学防控，确保防治效果，实现了有虫不成

飞机施药防治美国白蛾 （5月 摄）

灾的目标。飞机施药防治是防控美国白蛾最有效的手段。及时起草了《关于2016年对美国白蛾实施飞防的建议》，区政府同意后通过公开招标的方式选定了飞防公司，5月22日至5月31日，在全区开展全覆盖飞机施药防治美国白蛾工作，飞防作业面积30万亩，达到了理想的防治效果。

【林业有害生物普查】 按照国家、省、市林业有害生物普查工作的要求和安排部署，2015年3月，开始分阶段在全区开展了林业有害生物普查工作。至2015年11月，外业调查工作已基本结束，共调查了41条踏查线路，设立并调查了156个踏查点，107个标准地，调查苗圃11个；制作了各种病害、昆虫标本68种；普查有害生物种类148种；普查天敌种类4种；整理昆虫照片93种、病害照片55种；填制各种调查表格120余份。2016年上半年，普查工作主要包括以下两方面：一是对已经采集到的植物病虫害标本、照片和各种调查表格进行整理、总结和归档。二是由于2015年对有些林业有害生物的生活史不熟悉，对这些有害生物的生活史中各个虫态的标本、照片没有做全，2016年，继续进行了林业有害生物补查工作和完善资料工作。

【机关建设】 全局干部职工认真落实签到、请销假等各项机关规章制度，机关效能明显增强。以“两学一做”学习教育活动为契机，认真坚持每周一上午集中学习制度，组织全局干部职工加强对党的政治理论、林业法律法规和上级各类活动安排的学习，全局广大干部职工以高度的政治责任感、良好的精神状态、求真务实的工作作风，努力以实际行动展示新时期林业职工的形象和风采。干部职工的战斗力和凝聚力不断增强，形成了爱岗敬业、勤勤恳恳、埋头苦干，争当先进的新局面，干部职工的工作作风有了切实好转，工作效率有了明显提高，树立起了良好的林业行业形象。

【启动创森工作】 成立了创森工作领导小组，制订了创森工作实施方案，印发了东昌府区创森工作手册，确定了创森工作四大工程：路域绿化、水系绿化、农田林网建设、村庄绿化。

（区林业办公室 苏永亮 景德全）

多种经营

【概况】 2016年，东昌府区蔬菜办公室按照聊城市委、市政府“关于全面深化农村改革加快推进农业现代化的意见”的要求，认真做好规划，进一步深化农村改革，创新农业经营体制，加快发展现代农业，推进生态文明乡村建设，继续加大蔬菜种植力度，总面积、设施菜面积、无公害面积继续扩大。以提升东昌府区蔬菜产品的档次为主线，在总面积稳步增加的同时，注重蔬菜品质及附加值的提升及拓展。

【蔬菜种植】 以提升东昌府区蔬菜产品的档次为主线，在总面积稳步增加的同时，注重质量安全及蔬菜品质的提升和拓展。

2016年，全区蔬菜累计播种面积71.6万亩，比去年增加1.6万亩。其中新增冬暖式大棚0.6万亩，新增高标准大拱棚0.8万亩，新增小拱棚蔬菜播种面积0.2万亩，无公害可控制面积达到68万亩。

【技术培训】 加大农产品质量安全监管力度。开展了以“农产品质量安全法”“农药管理条例”为主题的宣传，印发宣传资料2000多份，到各镇、街道进行宣传，现场开展咨询200多人次，营造一个好的农产品质量安全生产氛围；针对企业、合作社、种菜大户，举办了以“农产品质量安全”为主题的培训班，参加人员180人次，印发技术资料300多份，主要讲解了农产品质量安全法律法规、农业标准化技术和农产品质量安全知识，使产品质量安全观念深入人心。

【示范园建设】 以加快发展东昌府区龙头企业为带动，以点带面，辐射周边，起到全面发展的初期效果。

亿沣现代农业蔬菜产业示范园建设 建设地点为郑家镇，集中流转土地2260亩，拥有种植面积2000亩，温室大棚75座，拱棚220座，种植蔬菜10余种，其中7种蔬菜取得了绿色农产品认证，园区通过实施水肥一体化达到控湿、控温、防病，提高蔬菜的质量和产量，实行物联网管理，对蔬菜生产关键环节进行远程跟踪，随时掌握蔬菜生长情况，管理措施以及投入品使用等相关信息，确保蔬菜食用安全。示范园创新农业企业化经营新模式，一是推行温室、拱棚、露地蔬菜并行的方式，保证四季均衡供应；二是按照市场规律建立起“超市＋基地＋农户”的运作方式，示范园统一蔬菜品种，统一标准化生产技术，统一收购产品营销的模式，推动蔬菜产业化经营，有效地解决了蔬菜的质量安全与价格问题，体现了优质优价，增加了农民收入；三是示范园采用利益共享、风险共担的产业化经营模式，示范园先期开展蔬菜产品的引进与示范，在确保能取得稳定收益后，与农户签订产销合同，明确双方的责权利关系，确保最大程度上达到双赢。基于该基地，已通过省农业厅2015年菜果茶标准化创建项目验收。

沙镇现代农业示范园建设　示范园范围主要包括侯营镇田庄村向西李田路至沙张路段，以及附近聊莘路、沙张路两侧区域。示范区占地面积10000亩，重点围绕设置“三个功能区”展开。一是建设了蔬菜标准化基地。以“市场化、规模化、优质化”为方向，重点建立了以田庄、袁楼、邵堂、金庄、李堂等村庄为主的设施蔬菜产区。在袁楼村建设了蔬菜标准化基地1处，占地1200亩，提档升级改造大拱棚500个，统一标准宽12米、高3.5米，提高了土地利用率，便于机械操作，易于棚内小气候形成。二是种苗繁育基地。在现有高科种苗繁育基地智能育苗温室和节能育苗温室的基础上，进一步完善了功能，添加了必要的加温、物联网等建设，促进现有设备提档升级。三是采摘科普示范园。在高科种苗繁育基地东侧建设了150亩日光温室、100亩大拱棚和50亩陆地果菜，切实做到青少年一年四季能够参加生产实践、采摘及科普教育活动。

【食用菌特色生产】闫寺街道鑫洲店种植专业合作社基地。该基地占地230亩，采取农民入股的形式，总投资970万元，至年底，建设高标准钢架大棚150亩，采取平菇、木耳、蔬菜三茬轮作，年纯利润2万元以上。该基地推广的食用菌与蔬菜轮作模式，合理利用时间差，既解决了高温与低温季节对食用菌生产的限制，食用菌废料经发酵后又为蔬菜生产提供优质有机肥，提高了经济效益，同时也大大减轻了食用菌废料对环境的污染，符合节能、环保、高效的发展方向。东昌府区作为全国最大的平菇产区，年产食用菌21万吨以上，这一种植模式的推广将会有效地推进东昌府区食用菌产业升级换代。

【棉花面积统计】以农民切身利益为己任，让国家惠农政策扎实落地，全面做好工作。

东昌府区是植棉老区，因棉花收购价格连年低迷，自2009年开始，国家开始实行棉花良种补贴政策，2014年良种补贴改为目标价格补贴，补贴力度在逐年加大，统计任务也越来越繁重复杂，通过村级上报公示、镇（街道）核实汇总、县级主管部门汇总上报，协调三级进行此项工作，至2016年底，棉花面积统计工作基本完成，保证每村每户棉农真正享受到国家政策支持。

（区蔬菜办　夏鑫鑫）

水　　利

【概况】区水务局是区政府水行政主管部门，负责全区抗旱防汛、水利工程建设与管理、水行政执法、灌排管理、农村饮水工程建设管理、水资源开发利用与保护、水土保持等一切涉水事务。局下属排灌工程管理处、防汛抗旱指挥部办公室、水利开发总公司3个正科级事业单位，局机关下设12个正股级科室，有在职干部职工306人。2016年，区水务局认真贯彻落实区委、区政府工作部署，以保障水安全为根本，以水利惠民为核心，以增强水利对经济社会发展支撑保障能力为主线，统筹推进抗旱防汛、节水工程建设、农村饮水安全、水利法治建设、水利公共服务能力建设，重点项目建设完成水利投资7000余万元，发展高效节水灌溉控制面积2.9163万亩，改善提高了7.9万农村群众的饮水条件。为全区经济社会发展提供了有力的水利支撑。

【重点工程建设】一是2016年涉水涉地资金整合项目——小农水重点县建设工程。项目总投资2900

11 月 21 日，东昌府区农村饮水安全管理工作培训班开班

万元，项目区控制面积 2.916 万亩，涉及东昌府区张炉集镇、沙镇镇 2 个镇的 26 个村，发展高效节水灌溉工程 2.916 万亩，全部为机井灌区，建设管道输水灌溉工程。新打并配套机井 265 眼，配套原有机井 235 眼，铺设 PVC-U 输水管道 191.053 千米，清淤排水沟 2.71 千米，建设生产桥以及管涵 71 座，维修生产桥 1 座，建立土壤墒情系统 1 处。二是王铺中型灌区节水配套改造项目。项目区位于梁水镇、斗虎屯，工程建设总投资 1500 万元（跨年度项目，2016 年到位资金 520 万元），建设内容：泵站渠首衬砌 3.37 公里，泵站维修 1 座，新建泵站 1 座，配套桥、闸 22 座，清淤渠道 18.5 公里等。三是农田水利设施维修养护项目。工程资金全部为省下达的农田水利设施维修养护项目专项资金，2016 年项目完成投资 215 万元。四是东昌府区 2015 年小型农田水利设施建设工程项目。完成总投资 300 万元，新打灌溉机井 288 眼。五是路域环境提升涉水工程。因聊莘路、聊堂路、聊临路路域环境提升，占用了部分沟渠和桥涵闸，为恢复灌排功能，区财政投资 822 万元，清挖沟渠 10.9 公里，新建、改建桥涵闸 83 座。

【农村通自来水】 一是 2016 年山东省聊城市东昌府区农村饮水安全巩固提升工程。项目总投资 2009.69 万元，延伸金水湖水厂供水主管道至张炉集、郑家，改造道口铺、张炉集镇级管网，涉及 2 个镇（街道）108 个村、7.9 万人，解决 108 个村 7.9 万人吃水问题。主要工程内容：扩建金水湖水厂，增设一体化净水设备 1 套，铺设 PE 供水管道 10.9 万米，新建清水池 1 座，安装智能化水表 240 套。二是东昌府区平原水库农村饮水工程奖补资金项目，完成投资 100 万元，建设实施了侯营、梁水镇供水管网延伸工程，有 9 个村、5100 多群众从中受益。三是 2015 年东昌府区小型水库移民扶助基金项目，更新改造了闫庄村村外供水管道，完成投资 55 万元。四是 2015 年省定贫困移民村斗虎屯后吴村饮水安全工程，完成投资 30 万元。同时，进一步加强了全区已建农村饮水安全工程的运行管理，大幅提升饮水安全和集中供水保障能力，全力保障水源、水质达标。

【地下水超采区综合整治】 按照市、区党委、政府安排部署，强化各项保障措施，控制地下水超采，修复超采区地下水生态环境。按照有关规定，以《聊城市人民政府关于〈聊城市地下水超采区综合整治实施方案〉的批复》（聊政字〔2016〕14 号）为依据，组织编制了东昌府区地下水超采区综合整治实施方案，经区政府批复后，下发全区贯彻落实。强化了超采区综合整治管控措施。主要包括：规范完善建设项目水资源论证和取水许可审批管理，依法限期封停超采区地下水取水工程，严格计划管理促进用水总量控制，调整地下水水资源费征收标准等。

【水法制建设】 一是深入贯彻落实《水法》《防洪法》等水事法律法规，开展了多种形式宣传活动。二是继续巩固完善全省水政执法规范化建设示范县建设，全面提升执法效能，维护良好的水事管理秩序。三是扎实开展水资源管理规范化建设工作，2016 年被省水利厅命名为“全省水资源管理规范化建设示范县”。四是优化行政审批流程，政府行政服务大厅水利窗口办理审批及收费 190 多件，继续保持了服务“零差错、零纰漏、零投诉”，群众满意率 100%。五是 116 水利服务热线、《聊城市网络办公信息化系统》暨“聊城 12345 承办单”，接收并处理各类问题 210 多件，及时有效地解决了群众实际困难和诉求。

3 月 22 日，水法宣传活动

【抗旱工作】 2016 年 3−5 月降雨 44.2 毫米，为同期降雨量（79.4 毫米）的 55.7%。2016 年，全区灌溉 111 天，引蓄黄河水约 1.3 亿立方米，灌溉农田 130 多万余亩次。扬水站开机 117 天，运行 22607 台时。区水务部门全力做好农业抗旱服务。针对农业抗旱提前调研，向区镇两级党委、政府积极参谋、建言献策；克服困难，提前争取引黄指标；实行了领导班子、科室包镇街、包灌区、包工程责任制，帮助群众解决实际困难，督导开展抗旱应急工程建设；加强了灌溉水源调度管理和区管扬水站管理，最大限度多引、多提、多拦、多蓄，协调各镇街、上下游均衡用水。

【防汛工作】 2016 年降雨 571.4 毫米，为多年平均降雨量（544 毫米）的 105%，降雨主要集中在汛期，6−9 月降雨量为 440 毫米，占全年降雨量的 77%。按照省、市防指成员（扩大）会议精神，未雨绸缪、扎实备汛：一是 5 月 13 日，区召开防指成员（扩大）会议，区长毕黎明对防汛工作全面安排部署。区委、区政府印发了《防汛责任制意见》《防汛工作意见》等一系列文件。入汛后，区水务局多次召开调度会，对流域防汛、防汛值班等进行再强调、再落实。二是防汛工作实行了区、镇政府一把手负责制，对辖区度汛负总责。落实了行业部门防汛责任制分工。对市级、区级骨干河道实施了县级干部包流域防汛责任制。三是区、镇两级签订了责任状，修订完善了防汛预案、防御特大洪水方案和抗洪组织指挥预案。四是对正在施工的涉水项目进行了重点检查，对城乡结合部和区、镇度汛工程进行了拉网式排查，对影响度汛安全的，发出安全度汛通知书，限期整改。五是投资 120 万元，建设实施 2016 年度防汛抗旱应急项目，主要完成河道清淤、新建生产桥、维修桥涵、芦苇清障、新打机井等工程内容。六是按照市、区防指要求，对度汛物资进行清点盘查，对亟需物料重点安排，确保关键时刻能够调的出、运的到、用的上。七是抓好应急抢险队伍落实。八是上岗到位，做好 24 小时全天候防汛值班，确保各类信息上传下达。按照区防指领导指示，区防办通过手机短信、微信向区防指有关领导和成员单位负责人及时通报雨情等信息，通过传真电报向各镇街下达各类通知、指令。区防办对防汛值班情况进行了多次抽查。九是做好强降雨防范应对。7 月 19 日 18：00−20 日 8：30 全区平均降雨量 59.7 毫米，最大降雨量 88.5 毫米（侯营镇）。应对强降雨过程，7 月 18 日，省、市防指防汛工作紧急视频会后，区防指随即召开防汛紧急会，对隐患排查、防汛责任、防汛重点、协作配合、保障能力、严肃纪律进行重点强调；7 月 19 日 8 时，发布防汛Ⅳ级预警，7 月 19 日 21 时将防汛预警级别由Ⅳ级提升到Ⅲ级。7 月 19 日 18：00−23：50，7 月 20 日 8：40−10：30，市防指与各县市区指挥中心召开实时视频会议，区委书记陈秀兴、区长毕黎明、副区长刘光涛及区防指有关部门负责同志参加会议。会上，区长毕黎明汇报了东昌府区汛情和特大暴雨应对措施。针对降雨情况，区委书记陈秀兴现场调度了有关镇街园区防汛工作情况。

【廉政勤政工作】 一是落实全面从严治党主体责任。按照区委决策部署，局党组加强组织领导，强化“一把手”责任担当，班子履行好集体责任，班子成员履行好“一岗双责”。按照上级具体要求，从五个方面入手，切实把落实全面从严治党主体责任落到实处。二是扎实开展“两学一做”学习教育活动。三是严格落实党风廉政建设责任制，分级签订责任状；深入开展廉政教育、警示教育，扎实开展廉政文化进机关、进家庭活动；认真开展廉政风险点排查，强化健全内部审计监督机制，保障资金安全、工程安全和干部安全。四是强化党务政务公开，在党务信息、服务承诺、工作纪律、责任追究、考核评议等方面及时公开，方便群众监督。

（区水务局　周泉）

水产业

【概况】 2016年，围绕年初制定的工作目标，坚持科技兴渔，大力调整养殖品种结构，强化水产品质量安全监管，采取有力措施，全区渔业持续、快速、健康发展。至2016年底，全区水产利用面积24345亩，其中养殖面积13605亩，鱼产品产量8452吨，渔业总产值达1.45亿元，名优面积达到8456亩。引进名优品种1个，举办培训班3期，培训渔农500余人次，发放养殖明白纸、池塘日记、养殖技术等各种资料3000余份；新增名优养殖面积800亩，新开发整理池塘625亩。在各类报刊、政务信息、网站等媒体上发表文章共120篇。

【项目建设】 **“基层渔业技术推广体系改革与建设”项目**　2016年，东昌府区被定为基层农技推广补助项目省级示范区后，成立了项目领导小组，由7名高级工程师组成专家组，遴选150名养殖户和1处示范基地，辐射带动周边养殖户1500户，确定16名技术指导员。确定主导品种和主推技术，制定项目实施方案，编制技术指导方案，下发技术资料。逐级签订责任书，开展技术培训；组织技术指导员定期巡回技术指导服务，向示范户讲解渔业通的安装使用。

“聊城市东昌府区现代农业生产发展资金优质鱼产业”项目　龙兴雨养殖专业合作社完成30亩旧塘加深改造任务，对池塘边坡池埂进行统一整修护坡，新挖5个工厂化养殖车间地平面以下部分，新修整池梗2个，整修生产路面210米，共动土方26000余方，栽植绿化苗木1000余株，疏浚排水渠道150米，打机井3眼，种植新品种水稻1.5亩。同时，合作社对基地生产环境进行改造提升，完善合作社章程及管理制度。至2016年底，共完成投资70余万元。无公害水产品认证省厅已抽样合格，内检员已培训，正等待发证。2016年，合作社实施草鱼、鲤鱼无公害健康养殖技术，5–7月合作社成员前往茌平绿源合作社、莘县罗非鱼养殖基地、德州市德城区等水产养殖基地参观学习。渔业信息化平台建设方面实现了对饲料、药品等生产环节监控。通过整治，基地环境得到了极大提升，生产管理更加规范有序，示范带动能力得到加强。

国家级水产种质资源保护区项目通过项目的开展，邀请市水产局技术人员对种质资源保护区内水生动、植物种群结构、数量变化进行调查统计，保护区内翘嘴鲌、大鳞副泥鳅自然数量得到一定恢复。同时，更换保护区内的宣传牌。

【技术培训和服务】 一是结合“基层渔业技术推广体系改革与建设”项目的开展，举办培训班3期，培训渔农300余人次，发放养殖明白纸、池塘日记、养殖技术等各种资料2000余份；二是采取专家与技术人员深入坑塘进行面对面的培训，以镇、街道为单位的集中培训等形式开展培训活动。三是举办新型渔民培训班，11月22日，邀请省、市专家在光岳宾馆举办新型渔民培训班，省渔技站研究员梁瑞青详细介绍了物联网在水产养殖中的应用，通过渔业通客户端建立渔业信息化平台，利用移动互联网、物联网等技术实现渔业养殖生产的无线化、智能化、信息化。省淡水渔业研究院专家王志忠讲解了淡水鱼健康养殖技术，市水产局高级工程师张秀江详细介绍了水产品质量安全等内容。此次培训班共培训渔民180人，现场发放技术资料600份。通过开展多层次、多形式的培训活动，进一步规范水产养殖生产，提高健康养殖水平。同时，积极组织技术人员深入到各镇、街道开展技术服务活动，开展了清塘消毒、苗种放养、水质管理等关键环节的技术指导服务；重点开展了春季鱼类多发的细菌性疾病、真菌性疾病的防治工作；帮助养殖户联系苗种、饲料、鱼药等渔需物资，解决了渔农的后顾之忧。

【优化渔业结构】 继续扩大甲鱼、黄河鲤鱼、锦鲤等优质品种的养殖规模，增加名优养殖面积800

亩。年初，帮助东昌府区堂邑镇路西村强渔渔业专业合作社引进水产养殖新品种—水蛭22万条，产量600公斤，产值10万元。同时做好水产技术推广工作，推广鱼种科学放养技术、微生态制剂水质调控技术、名优高效养殖技术、水产养殖规范用药技术、鱼病综合防治技术、甲鱼养殖等新技术，全区的科技水平有了显著提高，涌现出了一批养殖示范户，带动了全区渔业的发展。

【水产品质量安全监管】 一是加强水产品监督抽检。加大抽检力度，对全区水产品无公害生产企业进行全覆盖监管，今年结合部、省、市抽检，全区共组织56个样本的抽检，合格率100%。二是加大日常监管力度。利用区财政资金，配备了速检速测设备，保证了日常监管的落实。三是开展专项整治。结合重大节日、重大活动和病害多发易发环节，有针对性地开展专项整治，重点查处孔雀石绿等违禁药品和饲料非法添加剂，严格落实“五项制度”和“三项记录”。四是开展培训和宣传。召开全区水产品质量培训班，组织全区水产品质量监管员、无公害企业有关人员30余人进行专项培训，主管部门的监管能力和生产企业质量安全意识得到加强和提高；在闸口广场举办了“水产品质量安全宣传周”和“水产品质量安全主题日”宣传活动，向群众宣传水产品质量安全知识，发放水产品质量安全宣传材料200份，促进了群众对水产品质量安全意识的提高。

【渔业执法】 一是渔政执法人员结合“国家级水产种质资源保护区建设”项目的开展，加大河道执法巡查力度，突击检查非法电鱼、捕鱼、毒鱼事件。至2016年底，渔政人员执法检查20余次，查处违法电鱼事件1起，清理迷魂阵、绝户网等违法渔具30个。行动的开展保护了全区渔业资源，维护了全区渔业生产秩序，为渔业经济可持续健康发展创造了良好环境。二是做好渔业法律、法规的宣传工作，增强广大渔民的法律意识。采取多形式、多渠道的宣传方式，开展《中华人民共和国渔业法》《水生野生动物保护实施条例》《农产品质量安全法》等法律、法规的宣传，发放宣传资料500余份。三是多次深入养殖户家中宣传、张贴健康养殖制度、安全用药须知，督促养殖户建立健全生产日记，增强了广大渔民的法制意识。

【休闲渔业基地建设】 一是按照“环境优美、操作规范、产品安全、效益良好”的总体要求，积极培植典型，通过典型示范、政策带动，突出抓好示范基地开发建设工作，新建1处高标准的休闲渔业垂钓基地，即堂邑刘庄垂钓基地。至2016年底，全区有养殖垂钓型、专业垂钓型、餐饮垂钓休闲娱乐等几种模式的休闲渔业类型，全区休闲渔业基地18个，面积6500亩。二是努力夯实水产业养殖基础，充分挖掘生产潜力，抓好现有池塘的改造整理和新池塘的开发工作，新开发整理池塘625亩。三是继续培植原有休闲渔业、名优养殖、高效养殖等各类示范基地的健康发展，突出抓好东昌府区强渔渔业专业合作社“渔农文化主题乐园”的建设和“东昌湖省级现代渔业园区”休闲渔业的档次提升工作。

（区水产局　王金祥）

农业机械

【概况】 2016年，东昌府区认真落实《农业机械化促进法》《山东省农业机械化促进条例》《农业机械安全监督管理条例》等农机法律法规和农机购置补贴政策，加大农机推广力度，搞好农机新技术培训服务，加强农机安全监督管理，农机社会化服务水平不断提高。至2016年底，全区农机总动力达102.1万千瓦，大中型拖拉机3765台、小麦联合收获机1707台、玉米联合收获机1380台、秸秆还田机2359台、免耕播种机728台，深松作业机械365台。全区小麦机收率达99%以上，玉米机收率达97%，秸秆还田率达97%以上。

【农机购置补贴项目】 2016年，落实国家农机购置补贴资金1740万元，按照“农民全价购机、县级结算、直补到卡（户）”农机购置补贴方式，补贴引进农机具602台套，受益户数545户，补贴过程公开透明，补贴情况在区政府网站进行公示。

【农机新机具推广】 东昌府区充分利用中央农机购置补贴资金，发展大型拖拉机 393 台（其中 100 马力以上拖拉机 169 台），小麦联合收割机 114 台，玉米联合收割机 99 台，深松作业机械 47 台。农机装备结构不断改善，提升全区的农业机械化水平。

玉米机械化联合收获　　（9 月　摄）

【农机技术培训】 东昌府区积极开展拖拉机、联合收获机驾驶员培训工作，对其他的农机新技术、新知识进行培训。至 2016 年底，培训复训农机行业从业人员 1800 余人，全年培训基层农机管理人员、农机合作社成员等 150 余人。

【农机深松作业】 2016 年，东昌府区统筹安排深松作业计划，择优确定参加深松作业项目的农机专业合作社，签订作业合同，通过“农机深松作业监管与服务系统”由区农机部门在网上实时监控作业机械的深松质量、作业区域、作业面积等情况，对深松作业不达标的机械随时通知机手调整。作业结果及补贴情况公示到村，加强社会监督。全区落实深松作业补贴项目资金 360 万元，对闫寺街道、沙镇镇等镇（街）的 136 个村实施深松作业，作业面积达 9 万亩。

【农机安全管理】 为保证动力机械与农机具在农业生产中的良好技术状态，东昌府区农机安全监理站扎实开展农用拖拉机、联合收割机的年检工作。按照国家取消收费项目政策，2016 年 5 月 1 日起，免收拖拉机挂牌费、安全检验费、驾驶证工本费等。在年检过程中，为方便机手参加年检，工作人员深入到各镇街道办理年检手续，方便了群众，提高了“三夏”（夏收、夏种、夏管）农业机械上阵完好率，确保了“三夏”农机安全生产。全年拖拉机牌证规范化 546 副，新培训农机驾驶员 334 人。

【农机合作社建设】 东昌府区农机局大力发展农机专业合作社，积极引导农机大户、农机户、农机专业户参与农机专业合作社建设，至 2016 年底，东昌府区发展农机专业合作社 41 个，固定资产总值 4984.6 万元，入社社员 276 人，拥有各类农业机械 1180 台（套），服务面积逐年扩大。

（区农机局　勒良瑞）

农业综合开发

【概况】 2016 年，东昌府区农业综合开发工作，积极实行“国家引导、配套投入、民办公助、滚动开发”的投入机制，综合利用财政、自筹、贷款资金，通过工程、生物、科技等治理措施，对田林路水等进行综合开发和利用，以高标准农田建设为核心，提高农业综合生产能力，并适应新阶段农业发展的要求，以农业产业集群发展试点项目为重点，加强优势农产品区域带建设，在改善农业生产条件、提高农业综合生产能力和保护农业生态环境、推进农业和农村经济结构调整、提升优势农产品产业化水平、提高农业综合效益、增加农民收入方面取得显著成绩。

【土地治理】 2016 年，东昌府区共实施国家立项土地治理项目 2

个，在张炉集镇建设高标准农田1.3万亩，完成投资1604万元，全部为财政资金。在各级领导的高度重视、大力支持下，进展顺利。

2016年11月，2个土地治理项目按照国家规定先后进行公开招投标。通过公开招投标，既节约了资金，又保证了项目建设质量，实现了降本、增速、提效、保质的工作管理目标。

主要建设内容有：新打机井150眼，井池117座，配套机井设备安装工程161台套，输变电线路81.51公里，沟渠清淤11.23公里，埋设管道33.91公里，新修、重建桥涵94座，其中生产桥10座；涵84座，U型渠2.66公里。砂石路18.99公里，水泥路12.77公里，植树0.7542万株。

在项目建设上，始终把质量放在第一位，一切工作服从于质量，严把质量标准，切实提升项目的档次和水平。项目建成后，项目区达到田地平整肥沃、水利设施配套、田间道路畅通、林网建设适宜、科技先进适用、优质高产高效的总体目标。

【产业化经营】 继续培植龙头企业，壮大特色经济，重点扶持产业集群发展试点项目，着力打造优势农产品区域带。2016年申请并立项实施产业经营项目3个，其中财政补助项目2个，产业集群发展新建项目1个，分别是：聊城市东昌府区2000只鲁西黑头肉羊养殖新建项目，财政投资113万元；聊城市东昌府区4800平方米温室蘑菇大棚新建项目，财政投资77万元；6000吨平菇种植、加工与冷藏产业集群发展新建项目，财政投资700万元。

10月10日，山东省农业综合开发办公室调研东昌府区农业产业集群发展试点项目

【机关建设】 东昌府区农业综合开发办公室，认真加强领导班子建设和党员教育工作，继续践行群众路线，积极开展“三严三实”专题教育活动，落实全面从严治党主体责任，打造为民、务实、清廉的高素质干部队伍。领导班子在积极完善民主决策、开好民主生活会基础上，带头参加政治和业务学习活动，并倡导理论和业务学习之风，普遍开展学理论、学政策、学业务活动，进一步增强政治敏锐性、政治鉴别力和防腐防变能力，增强服务“三农”意识，形成团结向上、奋发有为的良好氛围，机关效能大幅提升。

（区农开办　李倩）

工 业

综 述

【概况】 2016年，在区委、区政府的坚强领导下，全区工业战线上的广大干部职工继续坚持“工业突破”不动摇，切实把“创新、协调、绿色、开放、共享”五大理念融入到工业发展中，着力抓好骨干企业、主导产业和重点项目建设，全区工业经济运行平稳，主要经济指标保持在合理区间，“十三五”实现良好开局。局机关先后被授予全市安全生产先进单位、全市信息化工作先进集体、全区普法依法治理先进单位等荣誉称号。

【工业经济运行】 至年底，全区规模以上工业企业203户，全年实现主营业务收入553.7亿元、利税39.4亿元、利润30.4亿元，分别增长7%、3.2%和4.6%（增幅分别列全市第1名、第3名、第3名）。主营业务收入过10亿元的企业9家，过亿元的企业达到24家；利税过千万元的企业达到24家。全年完成工业投入96.3亿元，增长16%；技改投入71亿元，增长21.8%。

【重点骨干企业】 全区35户重点骨干企业全年完成主营业务收入198.25亿元，利税14.82亿元，利润11.61亿元。2016年，中通轻客全年共生产各类轻型客车5712台，实现销售收入16.1亿元，同比分别增长17.5%、30%，其中新能源汽车销售3603台，收入13.6亿元，其中6米以下新能源轻型客车产量跃升至全国第一位，纳税超8000万元。

【主导产业】 经过多年的精心培育，东昌府区形成了以机械装备及零部件制造、农副产品深加工、化工建材、纺织服装、轴承及保持器、金属材料加工等六大主导产业为支撑的产业体系。

机械装备及零部件产业 全区有规模以上机械电子企业78户，2016年实现主营业务收入192.52亿元、利税13.38亿元、利润9.75亿元。

农副产品加工产业 全区有规模以上农副产品加企业35户，2016年实现主营业务收入78.35亿元、利税5.03亿元、利润4.68亿元。

化工建材产业 全区有规模以上化工建材企业43户，2016年实现主营业务收入84.54亿元、利税6.8亿元、利润5.7亿元。

纺织服装产业 全区有规模以上纺织服装企业8户，2016年实现主营业务收入39.27亿元、利税3.65亿元、利润2.5亿元。

轴承及保持器产业 全区有规模以上轴承及保持器企业33户，主要集中在郑家镇。2016年实现主营业务收入53.97亿元、利税3.03亿元、利润2.31亿元。

金属材料加工产业 全区有规模以上钢管制造企业9户，2016年实现主营业务收入55.85亿元、利税4.06亿元、利润3.24亿元。

【园区实力】 随着嘉明、凤凰2个工业园区基础配套设施的不断完善，吸纳能力不断增强，企业聚集效应逐步显现，工业基地的支撑作用日益突出。凤凰工业园全年规模以上工业企业实现主营业务收入128.2亿元、利税6.9亿元、利润5.8亿元，初步形成了高端装备制造、化工医药、食品加工、服装针织四大产业集群。嘉明经济开发区已有入园企业170余家，全年规模以上工业企业实现主营业务收入178.4亿元、利税13.9亿元、利润10.2亿元，已初步形成以天工岩土、鑫大变压器、昌华纸机为代表的机械电子产业，以鑫鹏源钢管、天开钨业、莱鑫粉末为代表的金属材料产业，以中通轻客、通盛制冷中通汽车零部件产业园为代表的汽车及零部件产业，以中通钢构为代表的钢结构产业四大产业体系。

【科技创新】 一是引导企业加强产学研联合，不断加大科技投入，在技术创新、品牌创建、提质增效上先行一步、抢占制高点，企业的科技支撑明显增强，发展动力显著提升。全年新增市级企业技术中心2家，至年底，全区共有市级以上企业技术中心25家，其中省级企业技术中心9家；新增市级工程技术研究中心7家，市级工程技术研究中心达到24家，其中省级工程技术研究中心3家；新增省级重点实验室1家，新增市级重点实验室4家，至年底全区共有省级重点实验室3家，市级重点实验室18家。二是以信息化促进新型工业化快速发展，着力推动两化深度融合，天工岩土是2016年全市第一家省级两化融合贯标试点企业。

9月2日，东昌府区洁净煤配送启动仪式举办

【绿色发展】 大力推进化工企业转型升级工作 化转工作开展以后，成立由区经信局牵头，区环保分局、区安监局、区节能办等多部门负责同志组成的区化转工作领导小组，形成了联席会议制度，在全区进行了化工生产企业的摸底登记工作，形成了“一县一册”。经摸排和“回头看”，全区共有化工生产单位64家，对其中无证或证照不全的20家单位通知辖区所在地进行了取缔和关闭。剩余44户化工企业已全部进行了自评培训并全部完成自评，待招标结束后，将全面进入专家三级评审阶段。

深入实施“工业绿动力”计划 “工业绿动力”工作开展后，结合东昌府区实际，印发了《东昌府区“工业绿动力”三年行动计划实施方案》。通过摸底调查，全区有25户企业使用燃煤锅炉，共33台，锅炉规模总吨位约115蒸吨/小时，其中10蒸吨/小时的锅炉有4台，10蒸吨/小时以下的有29台。其中禁燃区内有17台工业燃煤锅炉，改造为天然气的有13台，淘汰停用的有4台。禁燃区以外有16台工业燃煤锅炉，其中，东泰农化2台锅炉已改造为天然气锅炉；锦宏食品有限公司购买了新能源锅炉，旧锅炉淘汰停用；福粮饲料有限公司和立海冷藏2户企业（2台）因停产锅炉已停用，其他企业正在确定替代方案。

认真做好散煤清洁化治理工作 洁净煤推广工作开展以后，经信局根据《东昌府区煤炭清洁利用工作方案》中的工作分工，认真做好煤炭清洁利用宣传推广工作，对洁净型煤加工配送企业建设过程中出现的问题进行协调。至年底，共完成采购洁净型煤26379吨，占总需求量的102%；洁净煤配送到户率为100%，型煤炉具24886个，所有镇、街道、园区的煤款收缴工作全部完成。

全力排查“地条钢”违法违规生产 积极配合有关部门严肃查处，彻底取缔淘汰制售“地条钢”的违法企业。关停并拆除“地条钢”企业1家，违规铸造钢铁企业11家，拆除熔铸设备停产停顿的10家。

（区经信局 段培涛）

民营经济

【概况】 2016年，东昌府区民营局有职工37人，下设办公室、综合调研股、经济运行股、科技管理股、培训股、行政股、项目办公室、安全生产股、人事股等13个科室。

至2016年底，全区民营经济税收完成24.19亿元，同比增长0.08%；50万元以上民营工业固定资产投资完成87.8亿元，同比增长10.8%；私营企业和个体工商户数达到72766万户，同比增长17.37%。六大产业发展势头良好，郑家镇轴承保持器已发展到九大系列，9000多个型号，年产量达

90亿付，占全国同类产品产量的80%，主要产品以生产深沟球轴承浪型保持器为主。该产业集群内企业户数193家，规模以上工业企业达到30家，从业人员达2万余人。至2016年底，主营业务收入实现87.7亿元，同比增长10.3%。农机配件加工行业主要分布在张炉集镇，至2016年底，该镇企业总户数163户，共有农机配件企业62家，其中规模以上的有24家，从业人员5000余人，重点培植了富立德缸套、昌吾机械等6家限额以上骨干企业。农机配件产品主要有：轴承、连杆、曲轴、滤清器、油管接头、悬挂、刹车片、缸套、活塞等。至2016年底，农机配件加工产业主营业务收入实现81.9亿元，同比增长7%。钢管产业主要分布在新区、侯营2个镇、街道，共有规模以上企业6家，分别是嘉隆、宝通、鑫鹏源、宋氏永安、明峰、宝来，至2016年底，该产业集群从业人员达3000余人，产量占国内市场的比重为3.1%。农副产品加工业主要分布在梁水镇，以鲁信粮食制品、全得利粮食制品等企业为核心，规模以上企业达36家。

【发展举措与成就】 2016年，伴随着发展民营经济的春潮，东昌府区民营经济发展稳步增长，成为拉动全区经济增长的重要力量，在促进城乡就业，财政增收、带动经济发展方面发挥举足轻重、不可替代的作用。具体来说，区民营局在营造氛围、企业培训、转型升级、项目建设、中小企业交流与开拓市场等方面做了大量工作，努力推动全区民营经济实现创新发展、协调发展、绿色发展、开放发展、共享发展。

积极营造民营经济发展氛围 改善中小企业发展环境，营造良好氛围。一是落实发展政策。贯彻落实市委十五条意见，印制发放了1500份《中小企业政策百问解答》、100多份《小微企业税收优惠政策手册》并督促落实。二是做好民营经济宣传工作。扎实办好办活中国中小企业东昌府网站，通过中小企业东昌府网发布信息达2000余条；在《聊城日报》《东昌时讯》共发表宣传稿件20余篇。三是积极参与全市“全民创业三十佳”活动。精心评选全区优秀创业典型代表参加了全市全民创业“三十佳”评选活动，其中，张孟光、杨俊国、马小俊（女）3名同志获得了全市全民创业活动的荣誉称号，为创业中的中小企业发展传递了正能量，树立了标杆。四是开展民企人才调研。组织人员调研全区规模以上工业企业和部分规模以下企业的人才需求情况，经过对各类调查数据的核对、汇总、分析，掌握了相关企业人才科技方面发展需求的第一手资料，建立了人才需求数据库。五是强化企业安全生产管理。与12个镇、街道签订了《2016年度安全生产目标责任书》，认真排查和整改各类事故隐患，防止重特大事故发生。6月，组织开展安全生产月宣传活动。对区政府诊断的第一批（11家）企业安全生产整改督导。六是做好精神文明工作。把精神文明建设摆在重要位置，纳入年度的总体工作计划和考核目标，并作为专项任务，纳入各科室负责人职责，2016年区民营局被评为市级文明单位。

积极开展民营企业人才培训 针对全区中小企业发展经营需求，从企业经营管理、员工素质等方面入手，找到结合点开展精准培训。2016年，举办了12期东昌府区中小企业公益培训巡回讲座，走进镇、街道，培训企业经营管理人员800多人次；组织30家企业参加聊城市“水城论坛 老板大讲堂”培训班，围绕《两会之后的经济形势与企业选择》进行培训交流学习；组织鑫鹏源、齐鲁特种涂料等企业参加山东省中小企业协会第二届六次理事会议暨中国中小企业公益大讲堂；组织4

4月15日，东昌府区中小企业公益培训巡回讲座走进新区街道

家企业参加聊城市企业家人才工作专题示范培训班暨人才工作骨干培训班。通过培训，民营企业家学习了先进的企业管理理念，提高企业管理水平，进一步解放了思想、开阔了眼界，为全区中小企业发展提供了必要的人才支撑。

积极促进中小企业转型升级 大力开展“大众创业、万众创新”，研究探索产业集群培育工作新思路。始终致力于推动中小企业科技创新活动，提高产品的核心竞争力，创造出更多的具有自主知识产权的“独门绝活”。协助中矿机械、巾帼包装2家企业分别成功申报市级“一企一技术”研发中心与创新企业；推选山东力得制动科技有限公司申报省级创新转型示范企业；昌吾机械厂成功推选为聊城市创新型小微企业。

积极开展民营项目建设 围绕发展主导产业，积极开展招商引资，加大固定资产投资力度，进行任务分解，定期对项目建设情况进行调度。总投资8.6亿元的山东万斯达装饰建筑有限公司住宅产业化建设项目、投资15亿元的中通汽车零部件产业园项目、投资3亿元的义和轴承配件有限公司扩建项目等一批新上、续建项目顺利开工建设。安徽日升科技手机屏幕及单晶铜键合丝引线项目正在改建厂房；华耀金属项目完成建设新建车间8万平方米，部分设备已到位开始生产；华建仓储装备科技正在筹集资金准备二期建设；齐鲁油漆迁扩建项目进展顺利；郑家镇与陕西重汽合作的40万根车桥项目，正在进行地上厂房建设。

积极推动中小企业交流合作与市场开拓 组织企业积极参加省市举办的各类展推介会、展示会，鼓励企业“走出去”，借鉴同行业先进企业的发展经验，获取经营、技术信息，推广销售渠道，提高产品和企业的知名度。2016年，相继组织中国葫芦第一村等企业参加第十三届中博会，组织堂邑镇葫芦加工企业参加山东省第三届互联网大会，组织郑家镇产业集群负责人及相关企业参加省“产业集群升级与大数据应用论坛”；组织鑫盛源门业、嘉乐宝日化等企业参加聊城市中小企业管理提升培训班，并参观海阳市方圆集团、潍坊市耶利亚公司、陕西延长石油集团、青岛海尔、海信、啤酒厂等大型企业。通过以上活动，不断拓宽企业家的视野和经营管理能力，不断提升驾驭市场的能力和水平。

（区民营局　王鲁宁）

电　力

【概况】 东昌府区电力办公室为正科级事业单位，干部职工23人，电力办主要指导东昌府区工农业生产的计划、节约、安全用电及电力基础设施建设和更新改造工作；电力设施和电能改造工作；协调处理电力建设、生产运行和危及电网运行的重大问题，参与电力重大事故调查处理；指导社会节约用电工作，推广节约用电新产品、新技术、新工艺的应用，研究推动电力需求侧管理；参与电力体制改革、农村电气村和电网建设规划工作。

【安全生产】 **全区电力安全生产管理保持稳定** 2016年，东昌府区电力办对区域内供电安全工作保持紧抓不放松，认真抓好了供电企业的安全生产工作，区域内供电公司“本质安全”工作取得实效。认真落实各级安全生产责任制，全员签订安全责任书和安全承诺书。开展春秋季安全大检查、隐患排查治理、安全生产月等专题活动，治理安全隐患96项。组织春秋检前“安全大讲堂”和安全培训30期次，严格落实现场安全和施工质量“双监督”，查处违章65人次，现场安全管理和施工工艺水平显著提升。

抓好低电压治理，低压线路安全工作成绩显著 发挥电力办监控督办作用，要求供电企业每天编发指标快报，建立低电压微信交流群，实时回传现场处理照片，交流治理经验。统筹考虑农排、高温等原因造成的台区电压异常情况，制定“一户一策”限期整改措施，共轮换重、过载变压器51台1.12万千伏安，调整三相负荷不平衡138台次、变压器分接头265台次，轻载与重载台区“换位”10台次，更换低压线和下户线56.3公里，消除表箱异常问题569处。电压合格率完成99.48%，超上限率0.49%，超下限率0.03%，低电压客户179户、同比减少2963户。

防护区障碍物清理常抓不懈 东昌府区电力办联合聊城供电公

司东昌客户服务中心下发文件，成立配电线路通道清理领导小组和13支工作队，实行树障清理挂牌监督、“一患一档”和“四级签字”销号制度，清理违章树木165处3972棵、违章建筑12处，下达安全隐患通知书35份。配电线路通道清理工作执行实施到位，确保了全区供电线路的安全运行。

【电网建设】 不断加强电力建设力度，全区线路和台区大修改造进展顺利。2016年，全区供电线路更换10千伏架空绝缘线128.87千米、0.4千伏99.63千米，新增配变121台2.36万千伏安。农村居民户均配变容量达到1.76千伏安/户，同比增加0.1千伏安/户。架空线路绝缘化率达到54.07%，同比提高12.37%；10千伏线路联络率达到65.75%，配网结构进一步优化，线路健康水平及互供能力得到提高，为东昌府区经济建设提供了有力支持。

【用电管理】 电力办作为东昌府区电力职能部门，督促聊城供电公司为东昌府辖区广大用电客户“更多承担社会责任”。一是业扩报装提质提速。按照业扩“先接入后改造”原则，确保无障碍接入。高低压新增11561户，容量12万千伏安。低压客户实行勘查装表“一岗制”作业，高压业扩平均接电时间同比缩短4.5个工作日。二是电费回收率保持100%。41.53万低压客户全部实现远程费控，电费风险由事后转向事前控制，欠费户数同比下降35.6%，金额同比下降50.1%。新增社会化代收点32处，借力邮政储蓄、农信社、新型线上交费方式，客户交费更加便利。推广“四步”亲情催费法，力促电费足额回收，最大限度地杜绝对居民客户实施欠费停电。三是低压台区线损率降低明显。与班组签订《低压线损实时可算率责任书》，以指标完成情况兑现奖惩。实时监控重损台区的电量异常、表计故障、计量箱封堵等情况，实现计量、线损管理工作常态化管控。加大警企联合力度，查处违约、窃电44户，追补电费71.86万。低压线损实时可算率达到100%，较年初提升40.06%。新东方龙湾小区低压台区线损最低为1.05%，被省营销对标现场会选为观摩示范点。四是计量管理愈加规范。加强计量资产管理，更换故障表1.24万只，更换破旧表箱2.1万只。严控计量指标，处理异常工单42.72万条，异常数据10.52万户次，集抄覆盖率达到100%，日均采集成功率累计完成99.90%，同比提升0.48%。用电采集成功率全部位于省公司供电所对标A1段位，班组计量指标全部位于全省A段位。

【用电服务】 树立服务意识，围绕深化“大服务”机制落地应用，积极响应用电企业诉求，严格落实一口对外、首问负责、限时办结等要求，严肃认真地抓实抓好创新服务、客户投诉等重点工作。一是推进服务创新。要求供电企业登门入户开展“亲情交费”“互联网+”服务宣传1500余次，推广掌上电力、电e宝、彩虹营业厅1.89万户，电子化服务超过15万户。二是狠抓投诉管控。实行投诉责任人“说清楚”制度，开展投诉分析“大讲堂”活动21次。三是服务经济发展大局。对重点线路、重要设备、重要用户提供上门服务，下达安全隐患告知书499份，督促客户消除安全隐患535处，圆满完成了20余次重大活动的保电任务。

【联动共管】 加强与镇政府、企业沟通，定期组织对用户受电装置检查，主动跟踪企业受电装置安全运行情况，全面排查专变企业进网作业电工持证情况，收集客户意见和需求，共同推进安全用电工作的开展。

为保证在冬、夏季用电高峰期电力可靠供应，电力办要求东昌客户服务分中心提前准备，超前谋划，合理制定《有序用电方案》，坚持限电不拉电，严格执行“先错峰、后避峰、再限电、最后拉路”和“有保有压”的工作原则，确保居民用电不受影响，确保重点企业、重点客户的用电需求。

现场普及安全用电常识，转变用户用电安全理念，引导由“要我安全”向“我要安全”逐步转变，督促引导低压企业加装三级漏保，加强用户自身安全用电意识，有效保障了安全用电。

（区电力办　苗国锋）

交　通

公　路

【概况】 2016年，认真贯彻落实十八大精神，紧紧围绕年初既定的工作目标，强化内部管理，改善外部环境，树立良好形象，较好地完成了全年的各项工作任务。

【制度建设】 在加强单位规范化管理过程中，把建立健全规章制度作为整体工作的一个重要环节来抓。为确保制度的科学规范和完整统一，在修订完善制度时，坚持边制订、边执行、边完善的原则，防止在制度建立中重复、遗漏和相互矛盾等现象的发生，更好地发挥制度的规范和约束力作用，使制度更具可操作性和实效性。坚持从完善内控机制着力，注重用制度来配套，用有效监督来保障，对内部规章制度进行梳理，围绕业务管理、财务管理、后勤管理等方面进行修订完善，逐步建立和完善了一套较为完备的工作制度和运行机制，真正实现靠制度管人、管事。坚持用完善制度来巩固工作成效，靠制度促进工作的管理机制，为各项工作有条不紊地开展提供了坚实的制度保障。

【科学养护】 加强日常保洁力度，增加机械配置，管养的一级路全部实现了机械化。按照养护巡查制度，明确巡查频率和要求，利用日常车巡和每月步检相结合，增强巡查频率，确保巡查效果。养护人员继续实行“定责、定路段、定质量”，重点路段实行人工与机械化相结合。加大养护管理的奖罚力度，量化考核评分标准，对在巡查考核中发现的问题及时发出考核通报及整改意见，并要求限期整改。对所辖桥梁进行的全面普查，实行每月一次经常性检查，对危害桥梁结构的病害进行彻底处治，实行桥梁“四个一”制度，完善桥梁安全紧急预案，通路保障畅通应急预案等应急措施。6月根据汛情级别制定了防汛应急预案，成立抢险队伍，确保做到在突发灾害时能有序地实施防汛抢险，将水灾对公路的损失减小到最低限度。至2016年底，完成S258、S316线路面挖补15400平方，处理车辙6500平方；S316聊莘路密封胶灌缝15596米；桥梁伸缩缝维修26米，路沿石安装1598米。对缺损的公路沿线设施进行恢复，补栽道口桩484个；补设中央示警桩314个；中央护栏安设反光标1800个。对存在安全隐患的中央分隔带按规范设置警示标志，设置标志牌124个，设置防撞桶48个，施划标线7980平方，路口施划斑马线10处，修复护栏670余米。

组织开展应急演练　　（4月 摄）

【依法行政】 加强公路建筑控制区的管理，严把路政许可审批关，维护路产路权的完整。严格按照《行政许可法》《山东省公路管理条例》等规定，坚持对挖掘、占用公路、埋设管线、设置非公路标志等行为进行现场勘察、复核。对确实符合法律规定的路政申请进行审批，并对申请单位实施许可行为进行追踪监督，做到许可与管理不脱节，确保路产不受破坏，路权不受侵占；对施工造成损坏，要求及时按照公路技术规范进行修复，保障公路的完好。每月上路巡查不少于26个工作日，共查处路政事案15起，处理案件15起，结案率达到100%，清理公路乱堆乱放、摆摊设点、洗车点等10处。积极开展公路路域环境提升活动，拆除公路两侧违章建筑近10000平方米，取缔违法经营场所、砂石料厂、废旧物资回收点20余处，拆除杂乱广告牌200多块。5月，路政宣传月期间，出动7辆宣传车在公路沿线乡镇、街道、社区等人流密集场所，宣传《公路法》《公路安全保护条例》《山东省公路路政条例》和其他相关法律法规、规章；在收费站、治超站设立宣传点，为过往司机答疑解惑，并借助电台、报纸向社会宣传路政管理法律法规，提高人民群众爱路、护路意识，有效保护路产路权，提升路政管理品牌和执法为民的良好形象。制定了路政档案专人专管制度，规范各类档案的接收、分类、归档、装订等工作程序，确保档案资料从收集、整理到立卷归档及保管利用等每个环节都符合档案法律法规的要求，路政报表填报准确、上报及时，全面提升路政内业管理水平。

【工程建设】 为确保工程施工进度，安排技术人员迅速进驻施工现场，做好开工前的方案制定、材料储备、机械维修保养等准备工作。在建设中，强化目标控制，制定详细的施工方案，摸清存在问题，排出时间表，明确施工任务。针对今年开工时间晚、资金相对紧张的实际情况，不等不靠，按照科学管理、协调推进的模式，加强工序间的衔接，高效率组织施工，严控工程质量和施工安全，按时间节点完成了工程建设任务。历时近两个月的时间完成了G309荣兰线东昌府聊莘路至冠县闫营段中修工程，投资额约3000万元。

【安全监管】 始终坚持"安全第一、预防为主、综合治理"的方针，认真履行安全监管职责，层层签订安全生产责任书。进一步推进了全局安全生产执法行动、治理行动和宣传教育行动，重点范围包括建设工程项目及设施和公路桥梁、危险路段治理。对危险路段设置了安全警示标志，对各工地、重点部位采取不定期巡查和月度检查等措施，强化安全隐患排查，加大安全工作力度。深入开展了安全生产隐患大排查快整治严执法集中行动、"安全生产应急演练月""安全生产月"等活动。4月，组织开展应急疏散演练活动，增强干部职工逃生、自救意识，提高抵御和应对紧急突发事件的能力；"12·4"法制宣传日，联合路政执法人员通过悬挂宣传标语、散发宣传资料及现场解答群众咨询等形式，普及公路安全法律知识，提高广大群众的法制意识。

【党建工作】 紧紧围绕公路工作目标任务，以加强和改进党的基层组织建设为重点，扎实推进党组织的思想、组织、作风和制度建设。

加强党员干部队伍建设　以建设学习型党组织为主线，营造了重视学习、崇尚学习、坚持学习的良好氛围。党支部坚持对党员进行教育，制定详尽的教育培训计划，紧密结合形势任务和职工思想动态，以集中学习、自学、以会代训等方式，有计划、有重点地组织干部职工参加学习和培训。2016年，通过"两学一做"教育活动主要学习了《习近平总书记系列重要讲话读本》（2016版）、《中国共产党党章》《中国共产党廉洁自律准则》《中国共产党纪律处分条例》等，并召开专题研讨会进行学习讨论和交流，要求每个党员认真撰写学习笔记和心得体会。通过广泛开展学习教育活动，广大党员干部的思想政治素质明显提高，党员意识和宗旨观念更加明确，做好新形势下各项工作的责任感和使命感进一步增强。

重视党组织自身建设　按照上级党委要求，及时组织党支部换届选举。制定大会选举办法，充分酝酿并公布候选人名单，采取差额投票选举程序，选举产生了新一届支部委员会，同时，对支委进行了分工，并根据工作需要划分党小组，指定了小组长。注重发现先进典型，培养入党积极分子，认真做好对入党积极分子的培养教育和考察、引导工作。在发展党员过程中，按照"坚持标准，保证质量，改进结构，慎重发展"的原则，严格党员发展标准和发展程序，使发展党员置于广大干部职工的监督之下。2016年，培养入党积极分子2人，并积极参加了区委党校的培训。有2名预备党员转正，发展新党员1人，在干部职工中形成积极要求进步，积极向党组织靠拢的良好局面。

加强党的制度建设　研究制

定了党支部工作细则，党员目标管理制度和支部学习计划等制度，明确了党支部、支部委员和党小组长的工作职责，并进一步完善了“三会一课”、民主评议党员等制度，党建工作支部书记亲自抓、负总责，坚持从严治党，做到了职责明确，层层责任到人。加强了民主集中制的各项制度建设，完善议事和决策机制，实行集体领导和个人分工负责相结合的制度。充分发扬党内民主，凡属支部重大事项和发展党员、表彰先进等重大问题，都按照集体领导、民主集中、个别酝酿、会议决定的原则，经过支部委员会集体研究决定，做到决策民主化。坚持党务公开，重大决定及时公示，接受党内外群众的监督。把按期按标准收缴党费作为党建的一项重要工作来抓，严格按照上级有关文件规定确定党费收缴标准，广大党员都能自觉地按照标准缴纳党费，2016年收缴党费32043元。2016年，根据上级精神对2008年4月起正式组织关系在本单位的党员的党费进行了核查，对党员收入情况、缴纳党费情况，逐人逐月进行核查、对比，准确计算应缴党费金额、实缴党费金额、补缴党费金额。完成2008年4月至2016年6月期间党费补缴工作，补缴党费人数92人，补缴党费共计108062元。

【党风廉政建设和反腐败工作】加强领导，全面落实党风廉政建设责任制，成立组织机构。坚持把党风廉政建设责任制摆上重要议事日程。成立党风廉政建设领导小组，按照“党政齐抓共管，部门各负其责，依靠群众参与”的工作机制，形成“一把手”负总责、一级抓一级、层层抓落实的工作格局。

明确责任分工 进一步明确单位主要负责同志是履行党风廉政建设第一责任人，对全局党风廉政建设负总责，做到与公路中心工作一起部署，一起落实；经常到重点科室、建养一线督导党风廉政建设情况，认真落实“四个亲自”要求，做到“重要工作亲自部署，重大问题亲自过问，重点环节亲自协调，重要案件亲自督办”。认真落实党政领导班子“一岗双责”，将反腐倡廉工作任务逐项分解，做到每项工作有责任领导、有具体责任人，充分发挥纪检作用。

健全工作机制 严格执行“领导干部有关事项报告制度”，认真落实“民主集中制”，对于重大事项，均由集体讨论决定；定期召开班子民主生活会，开展批评与自我批评，不断提高决策民主化、科学化水平；进一步完善“廉政谈话制度”，特别是对班子成员做到经常提醒和督促，要求他们牢固树立廉洁从政意识。

强化督查考核 加强对党风廉政责任制落实情况的督查，坚持经常性检查与重点督查相结合，从源头上推进反腐倡廉各项工作的落实。定期召开班子会议，听取责任落实情况汇报，解决责任落实中的困难和问题；对检查出的问题，责令限期改正，对涉及制度不落实、损害群众利益、工作失职等相关责任人进行诫勉谈话；将贯彻落实党风廉政建设责任制情况作为年终考核的重要内容，并将考核结果作为评先、评优的重要依据之一。

强化教育，筑牢拒腐防变的思想道德防线 加强理论学习，深入开展廉洁从政教育。定期组织党员干部认真学习《中国共产党纪律处分条例》《党政机关厉行节约反对浪费条例》以及省、市、区一系列关于廉洁自律各项规定，教育和引导党员干部树立共产主义信念，提高党员干部责任意识和纪律意识。

结合典型案例，开展党纪党风警示教育 组织党员干部收看警示教育片，通过典型案例现身说法保持警钟长鸣，防微杜渐；组织学习损害群众利益典型案例剖析，使党员干部从反面教材中汲取教训，增强自身免疫力；深化廉政风险防控工作，做到“四个到位”，即排查到位、公开到位、执行到位、监管到位，同时利用岗位风险防控系统，做好提醒教育。

营造浓厚氛围，加强廉政文化建设 不断丰富廉政文化内涵，创新廉政文化的传播方式，制作悬挂廉政警示格言，进一步营造“以廉为荣、以贪为耻”的良好氛围。

严明纪律，努力转变工作作风 加强作风效能建设，全年定期或不定期采取多种形式进行检查，严肃工作纪律，重点加强上班时间工作纪律监督检查；围绕增强服务观念和提高办事效率，查处服务承诺不兑现、办事拖拉推诿等行为，促进干部作风进一步好转。

强化服务职能 加强路政、行政服务大厅窗口建设，严肃工作纪律，解决群众“找人难、办事难”的问题，进一步把“以人为本、方便群众”的服务理念落到实处。

严格执行规章制度 主要领导及班子成员认真贯彻执行中央

"八项规定"、省委"十项规定"等有关规定。为实现科学管理、有效管理，结合实际情况制定完善了值班、学习、考勤等制度，并开展专项督查，对于违反相关规定的工作人员进行严肃的批评教育。

【文明创建工作】 把精神文明建设与主要业务工作同步推进，不断拓展精神文明建设领域，丰富精神文明建设内容，创新载体，完善机制，落实工作措施。突出开展社会主义核心价值观及理想信念教育，围绕加强社会公德、职业道德、家庭美德、个人品德建设，大力开展学习宣传活动，在全局形成学习、崇尚、争当道德模范的热潮。以构建和谐公路，提升建设管理服务水平为目标，在公路一线继续深入开展"青年文明号""文明公路站""文明示范岗"等创建活动，不断提升一线的管理服务水平。深入开展立足岗位学雷锋、志愿者服务等活动，组建志愿者服务队，积极参加社会公益活动，推动学雷锋实践活动常态化。通过创建各个级别的文明先进单位，提升了单位的整体文明程度。区公路局连续多年保持了"省文明单位""富民兴鲁""富民兴聊"、路政管理"市青年文明号"等荣誉称号，先后获取了"全省交通运输系统先进集体"、全市"单位内部治安保卫工作集体三等功"、东昌府区"城乡环卫一体化工作先进单位"、区人大"人民满意单位"、全区科学发展观综合考核"优秀奖"、全区"安全生产先进单位"、全区"人口和计划生育二等奖"。

（区公路局　李笋）

交　通

【概况】 2016年，东昌府区交通运输局认真贯彻党的十八大和十八届历次全会精神，认真学习贯彻习近平总书记系列重要讲话精神，围绕全区中心工作，紧抓扩大内需、大力开展基础设施建设的机遇，认真扎实地完成交通运输各项工作任务，积极推进交通基础设施建设，公路路网结构进一步完善，交通运输综合服务能力不断增强，农村公路建养、道路运输保障、党建廉政等工作取得了显著成效。

【农村公路建设】 至2016年底，全区公路通车里程1693.6千米。其中：国道1条，31.9千米；省道9条共147.4千米，县道6条共45.2千米，乡道41条共244.2千米，村道1224.9千米，初步形成了以国、省道为依托、县乡道为骨架、乡村道为支脉，干支相连、互联成网、城乡互通的公路交通网络。农村公路的发展，交通条件的显著改善，改变了沿途村庄的村容村貌，带动了农村经济的繁荣，增加了农民收入，改善了农村生活，为推进城乡一体化进程作出了重要贡献，成为东昌府区社会主义新农村建设的突出亮点。

2016年，为深入贯彻落实党中央和省、市关于全面建成小康社会的决策部署，全区抓牢用好农发行贷款支持农村基础设施建设的政策机遇，加快推进"四好农村路"建设，按照聊城市人民政府《关于加强农村公路建设的意见》（聊政字〔2016〕49号）的要求，确定自2016年开始到2018年，在全区开展农村公路改造提升三年会战。三年计划总投资7亿元，改建农村公路1125.3公里，改造危桥43座。"三年会战"无论从财政投入、修建范围上，还是在改

农村公路施工现场　　（9月 摄）

造规模、质量标准上都是有史以来最高的，此次工程受到了全区广大干部群众的一致拥护和赞扬。2016年，作为“三年会战”开局之年，9月底，东昌府区农村公路改建任务在全市率先完工。共投资1.58亿元，完成新改建农村公路217公里，改造危桥7座。在公路规划设计、招投标、质监等环节，及时邀请派驻纪检组参加，认真接受检查指导，确保各项环节均在阳光下运行。严格实行“政府监督、法人管理、社会监理、企业自检”四级质量保证体系，切实抓好工程质量关，做到分层管理，逐级负责，落实到人，确保了每条公路都成为精品工程。2016年，东昌府区被省交通运输厅列为第三批“全省村级公路网化示范县”，2016-2018年3年将对东昌府区补助无偿建设资金8856万元（其中省级补助7356万元，市级补助1500万元），极大地缓解了东昌府区公路建设资金压力。

【农村公路养护管理】 按照“有路必养，养必优良，有路必管，管必到位”的总体要求，强化农村公路养护管理工作，农村公路路况质量进一步提高，路域环境日趋良好，县道好路率年均达90%以上，乡道好路率年均达96%以上，全区农村公路绿化率达95%；各项养管指标均与2012年前相比有了显著提升，农村公路养护管理“县乡村”三级管理网络已基本形成。

强化组织领导，建立责任体系 设立了东昌府区农村公路养护管理办公室（为副科级事业单位），在全区各镇街道均成立了相应的农村公路养护机构，同时按照《公路法》要求，乡镇建立起县道县管，乡道乡管、村道村管的分级管理机制，做到了“资金、人员、制度、场所”四落实。

完善制度措施，狠抓队伍建设 根据《山东省农村公路养护管理条例》，重新修订完善了《东昌府区农村公路养护管理办法》《东昌府区农村公路养护管理实施细则》《东昌府区农村公路养护管理考核办法》等多项养管制度。加大养护员学习培训力度，每年均邀请有关专家进行专门法律法规及业务知识讲授3-5次。

开展专项活动，搞好路域整治 2016年上半年，为迎接全市农村公路养护观摩评比，局自筹资金30余万元，对全区40余公里农村公路进行了综合整治。10月20日至11月10日，组织各镇、街道对本辖区所有新建公路路肩进行集中培土和加宽。组织2-3次大规模的农村公路养护管理集中整治活动，路域环境得到明显改善。加大了对《山东省农村公路条例》的宣传力度，广大人民群众爱路护路意识进一步增强。

组织实施农村公路生命安全防护工程 2016年，共完成37条县乡公路的安防工程施工。完成设计里程268.93公里，投资总额1448万元。其中安装标志牌1714面，线性诱导标志228个，黄闪灯351个，里程碑104块，减速带762米，护栏33379.9米，道口桩和警示桩5273根，施划标线83777.17平方米。

【道路运输保障】 2016年以后，区交通运输局加大扶贫工作力度，科学整合客运资源，完成了37个贫困村通客车任务，贫困村通客车率达90%，在全市名列前茅。全区现有四公司、香江、铁塔等城区客运发车区3处，运行农村客运班线32条，客运班车86部，客座位4330座。其中公交化班线26条，中高档客车60部（其中CNG天然气客车16部）。加之城区近郊运行的城市公交车辆，全区所有行政村全部通上了客车。有区属专业运输企业5个，另有1个配件公司和1个联运公司。其中新国线集团（聊城）运输有限公司专营客运，经营省际班线4条，省内班线6条，县际班线8条，区内班线32条；四公司客货兼营，其他公司则以货运为主，出租为辅。各企业年营业总收入2.3亿左右，自2005年起年上交税金均在千万元左右，近几年因经济整体形势影响，上交税金有所下滑，保持在300-500万元左右。至2016年底，各公司经营运行良好，内部管理规范，安全生产井然有序，全系统连续17年未发生一起重特大交通安全行车责任事故。有货运企业76家，货运车辆4335部，57152.46个吨位。共有三类以上汽车维修企业21家。初步形成了公交、出租、长短途客运、货运、服务、维修、驾培互为补充的道路运输服务网络。

严厉打击“三黑”（黑车、黑户、黑班线）及机动车“四非”（非法生产、非法改装、非法拼装和非法回收拆解）等违法行为，营造了良好的道路运输市场环境。严厉打击运输车辆超限超载现象，全区道路运输车辆超限超载率始终控制在4%以内。2016年4-6月，在全区开展了为期2个月的运输车辆超限超载违法行为集中治理活动；9月，与交警部门联合开展了

“亮剑”行动；从 2016 年 10 月至 2017 年 8 月 31 日，开始为期 1 年的公路货车违法超限超载专项整治活动；同时，加大散煤运输车辆治理和校车安全管理，成效明显。

着力抓好交通安全生产源头管理和各项防范措施的落实，严格落实安全生产责任制。5 年间累计排查各类安全隐患 132 项，全部整改到位；每年均举行各种形式的交通安全宣传活动 4-6 次，圆满完成了历年来春运、五一、清明、端午、中秋、国庆等节假日和重点时期的安保工作。5 年间，全区交通运输系统未发生一起重大治安刑事案件、道路交通事故和重大群体信访及社会稳定事件，全系统连续 18 年保持了安全稳定，和谐发展的良好局面。2012-2016 年完成招商引资 1.7 亿元。同时，认真抓好社会治安综合治理、信访稳定、计划生育、节能减排、建议提案办理等工作。

【党建廉政】 局党委设有 13 个党支部，全系统共有中共正式党员 441 名，预备党员 6 名。5 年间，以开展党的群众路线教育活动、三严三实、两学一做学习教育为契机，扎实抓好一线基层党组织建设和党员干部队伍建设，党组织和党员干部队伍的凝聚力和战斗力得到进一步提升。

加强惩防建设，推进反腐倡廉　组织全体党员干部到聊城市警示教育基地参观，并进行专题授课，筑牢党员干部的思想防线。继续推进工程建设领域专项治理，认真排查工程建设领域及重点岗位存在的突出问题，防止和杜绝领导干部违反规定干预、插手工程建设。提高群众反映问题的办理时效和质量，确保群众诉求件件有回复，事事有结果。出台了机关日常工作十项规定，在全局开展了改进作风专项行动，严厉整治“慵懒散”、工作纪律、服务态度等“四风”问题，对不适应在执法一线人员进行调整，实现了服务效能的新提升。

扎实开展“双联共建”　自 2015 年 6 月起，局第一书记工作组到帮扶村庄马厂村进行驻村调研，迅速开展工作。发挥行业优势，针对该村的薄弱环节，尽最大能力帮助解决影响发展的因素，帮助群众早日增收致富。2016 年，局第一书记工作组帮助斗虎屯镇杨庙村制定上报 1.8 公里村内道路建设计划；帮助沙镇马厂村开工实施村内道路及文化广场路面硬化工程建设，完成硬化 13000 余平方米。并聘请农业专家作报告，80 名机关中层干部包村联户，与 200 余户互结对子，在元旦、春节、七一期间走访慰问特困户，向困难家庭赠送棉被、粮油等生活物资；开展爱心助学活动。组织青年党员干部职工走进道口铺中心小学开展“交通筑梦六一，牵手关爱助学行动”，并向孩子们赠送了书籍、文具、书包等学习用具，同时为学校捐赠了篮球、工具书等文体用品。同时，在全市创卫工作中，区交通局 14 名科级干部、200 名党员群众奔赴新区北园社区、聚源巷、后街新村，夜以继日，盯靠一线，为复审挥汗助力。投资 40 余万元，清除死角垃圾 200 余车次，粉刷“牛皮癣”墙壁 2000 余平方米，整治无证经营商户 20 余家，修整路面 6000 平方米。

（区交通运输局　张麟）

建设·环保

住房和城乡建设

【概况】 2016年，东昌府区住建局在区委、区政府的坚强领导下，在各镇、街道、工业园区的全力配合下，东昌府区住建系统广大干部职工，适应经济社会发展新常态，抢抓城乡建设发展新机遇，以加快推进新型城镇化为目标，解放思想、立足本职、攻坚克难、真抓实干，奋力开创全区住房和城乡建设工作新局面。至2016年底，区住建局在职工作人员101人。

【棚户区改造工作】 2016年，全区先后启动了三里井、墩台王、后菜市、范恭屯、罗庄、小东关、前街等12个棚改项目，完成拆迁6000余户，拆迁面积达90万平方米。在全市棚户区改造进展情况评比中，东昌府区的开工完成情况、基本建成任务完成情况、货币化安置情况等各项指标均列全市第一位。为保障棚户区群众尽快回迁入住，区住建局一方面加大政策性贷款争取力度，另一方面深入推进与葛洲坝集团的合作，积极筹措资金，集中力量打好安置房建设攻坚战。至2016年底，陈口、唐庄、郑坑等28个安置房项目快速推进，全年竣工安置房5000余套，约1.6万余名群众迁入新居，超额完成了安置房建设计划。

【城建重点项目建设工作】 2016年，区住建局牢固树立“市区一体”意识，敢于担当、尽职尽责，先后参与了财干路、站前北街、光岳路、湖南路西延、古城区停车场、东郡路、西关街西延等20余个城建重点项目的建设工作，征地830余亩、拆迁达40万平方米，全力保障了城建重点工程的顺利实施。

【老旧小区改造】 根据省市安排，结合东昌府区实际，2016年，全区共启动了52个老旧小区的改造工程，总投资达8000万元，总面积达80万平方米。区住建局一方面扎实做好改造工程的立项、招投标、规划设计等基础性工作，确保程序合法合规；另一方面积极与财政部门对接，筹措改造资金，保障改造工程顺利实施。至2016年底，52个小区已全面改造完成，受到了广大市民的充分认可。

【村镇建设】 为进一步缩小城乡差距、推进城乡一体化进程，区住建局以小城镇提升、改厕、危房改造为重点，稳步推进生态文明乡村建设。

顺利实施小城镇提升工程 针对堂邑、张炉集、斗虎屯3个镇的小城镇提升工程，结合本地特色，高标准做好规划设计工作，最大限度保留各镇风格风貌。在积极向上争取各级扶持资金的同时，多渠道筹措资金，进一步强化资金保障，全力破解制约瓶颈。3个镇累计投入4200余万元，统筹推进沿街立面改造和绿化、硬化、净化、亮化、美化等工程，并顺利通过市里验收，其中堂邑镇排名

5月6日，东昌府区召开危房改造项目推进会

全市第一。

全面完成农村危房改造 2016年，按照国家与省市要求，结合扶贫攻坚战，东昌府区启动了“农村贫困户危房改造集中月”行动，通过召开现场会等方式，不断加强督导调度力度，动员全区，发动全民，仅用一个月的时间就完成了378户的危房改造任务，排名全市第一。突出抓好危改户资质审核、建房标准、验收等关键环节，确保危改户住上高质量、符合标准的新房，从根本上解决了广大贫困户最关心的住房难问题。《大众日报》对东昌府区的成功经验做法进行了报道，取得了良好反响。

超额完成农村改厕任务 2016年，东昌府区按照“试点先行、以点带面”的原则，全面启动农村改厕工作，取得显著成效。一是突出抓好改厕招投标工作，确保改厕招投标工作合规有序；二是积极宣传发动，通过印发明白纸、村广播、现场模型讲解、组织开展参观示范户等直接、有效的方式，将改厕的重要意义和政府扶持政策给群众讲实讲透，让农民群众由“要我改”变为“我要改”；三是重点抓好督导落实，利用短信平台、微信平台、督查通报等形式，及时通报各镇（街道）进展情况，推广先进经验，在全区掀起“比学赶超”推动改厕工作的热潮。2016年，全区共完成20271户的改厕工作，超额完成了年度目标任务。

全面启动天然气管网建设工程 为进一步完善东昌府区乡镇公共基础设施建设，加快全区管道天然气行业发展，通过前期积极考察、多次洽谈，东昌府区与新奥燃气公司签订了战略合作协议，由区政府和新奥燃气公司组建新公司，具体实施东昌府区管道天然气的建设、经营工作。至2016年底，道口铺到张炉集、郑家天然气管网工程已全面完工，该工程总长12.25公里，日供气量50万方，总投资达7000万，即将投入使用。

【建设行业管理】 2016年，住建局以“提高行政效率，优化发展环境”为宗旨，坚持所有审批项目一律进服务大厅，实行“一站式”办理、“一条龙”服务。全年共收取建筑企业养老保障金1215.54万元；收取新型墙体材料专项基金340.59万元；培训建筑行业各类技术人才400余人次；开具无拖欠证明165份，清理拖欠农民工工资2100余万元；全年开展4次燃气安全大检查，下达整改通知书60份，消除安全隐患300余条，对瓶装液化气市场进行综合整治，大力打击“黑气”；组织开展各类施工工地大检查15次，下达隐患整改通知书200余份、停工通知书90份，消除安全隐患700余条，创建省级安全文明优良工地6处，市级安全文明优良工地17处，未出现重大安全事故，安全生产工作保持在全市先进水平。

（区住建局　王勇飞）

【建设工程质量监督】 全区共办理工程质量监督注册手续46项，建筑面积37.3万平方米，工程总造价44703.98万元。对88项工程的竣工验收进行了现场监督，面积52.8万平方米，造价70918.38万元。工程质量验收合格率100%，住宅工程分户验收率100%。对48项工程进行了竣工验收备案，备案面积28.3万平方米，造价30815万元。共有33项工程获省市质量奖，其中市优质结构杯工程4项，市优良工程22项，“水城杯”6项，省优质结构杯工程1项。

加快转变政府职能，编制“两库一清单”，实行“双随机”检查工作制度。在对所有工程抽查监管过程中，采取“双随机”检查工作制度开展执法检查工作。随机抽取检查对象和执法人员，切实解决工程质量责任主体在监管过程中的随意性和不到位等问题。

现场监督　　（7月 摄）

着力推进“样板引路”制度，提高施工质量的精细化管理水平。6月13日，全市工程质量样板引路示范工程观摩交流活动现场会在区属锦绣缤河御府工程召开，各建设、监理、施工单位的项目负责人、技术负责人、质检员等1400余人参观了该工程，在现场参观了工程质量样板引路做法和施工工艺实物样板。

不断强化工程质量监督管理，以确保工程质量稳步提升为目标，加强工程质量创优监管力度与服务意识，扎实推进了区属建设工程的质量管理水平。根据东昌府区保障性住房建设任务较重的特点，积极引导和推荐施工企业参加工程质量样板引路示范工程观摩活动，有效地提高了参建各方的质量意识和创优意识。新开工程普遍实行“样板引路”制度，提高施工质量的精细化管理水平。

特别加强住宅工程质量通病的防治工作，采取有效措施减少各类质量通病的发生，重点整治影响使用功能的渗、漏、裂等质量通病，使工程质量不断提高，减少了质量投诉，建立投诉处理档案，监督责任单位对存在的问题进行认真整改，每一件投诉都得到妥善解决。

开展在建地基基础、春季结构工程质量大检查、冬季施工质量检查等专项检查及工程质量治理两年行动综合检查。检查中采取检查现场、抽测结构、查询资料等方式。针对检查中发现存在质量安全隐患的工程，共下发工程质量隐患整改通知书75份，停工整改通知书7份。对发现的问题要求有关企业认真整改，确保全区建设工程质量。通过积极开展各项综合及专项检查，工程质量水平逐年提升，建筑市场行为进一步规范。

2016年9月，顺利通过了山东省建设厅组织的全省实验室见证取样项目专项检查。不断加强硬件设施建设，增强核心竞争力，保持了在省内同级检测机构中的领先地位。全年共完成检测试验6.8万余次，出具检测报告无差错率100%。对现场检测业务着力加强监管，严格追究问责，确保了检测工作按质量保证体系正常运转，为全区工程质量建设事业谱写新篇章。

（区质监站　申星云）

城市管理

【概况】 2016年，东昌府区城市管理办公室（以下简称区城管办）在区委、区政府的领导和市直部门的指导下，对照年初工作目标，按照计划，扎实工作，勇于创新，各项工作稳步推进，完成了年初制订的目标和任务。2016年1月，区城管办被区委、区政府授予国家卫生城市复审先进集体荣誉称号；4月，被区委、区政府授予城乡建设工作集体三等功和先进单位2个荣誉称号；6月，被区委授予先进基层党组织荣誉称号。

【生态文明建设】 以大气治理、全域水生态体系为重点加强生态文明建设。结合大气污染防治工作，区城管办加大对区属街巷的集中整治力度，增加了机扫洒水降尘车次，取缔了多处露天烧烤，对燃煤门店进行督促整改，对焚烧垃圾行为及时查处。所属背街小巷机扫面积共计约15万平方米，机械清扫及洒水降尘工作已覆盖其中90%的地区。继续加大对基础设施建设的投入力度，对朝阳胡同、二所东胡同、范恭屯生产路等街巷进行了硬化、维修，减少了土地裸露及道路扬尘。

【新型城镇化】 以“聊茌东”都市区建设为重点，推进新型城镇化。2016年，区城管办继续加大对违章建筑的防控力度，始终对违章建筑采取高压态势。加强全天候无缝隙巡查，发现一处，制止一处，处理一处，同时加大宣传力度，提高广大人民群众思想认识，做到拆除一处，教育一片，震慑一批；坚持管理重心下移，严格执行镇街道、村居委属地管理制度，建立长效管理机制，有效遏制违法建设行为；2016年，在郑官屯、姚庄、三里井、侯营、闫寺等地开展了多次违建集中拆除行动，共拆除违章建筑近3万平方米。同时，区城管办积极参与郑官屯、三里井、实验小学、小东关、龙山前街等片区的拆迁改造工作。区城管办认真组织、积极参与、主动配合，深入一线做工作，认真做好认定违建拆除乱搭乱建及违法建筑的各项工作，确保了各项工作的顺利实施。

【环卫保洁市场化改革】 按照上级要求，城市卫生交由物业公司去做，政府以购买服务的方式加强管理。至2016年底，城区3个街道均与托管公司签订托管协议，由街道办事处负责监管，区城管办执法监督科随机进行抽查。

【热线工作】 受理的热线按时办结回复，群众满意率100%。

【城区防汛工作】 区城管办立足防大汛、抢大险、救大灾，动员全体人员迅速行动，积极做好城区防汛的一切准备工作，确保安全度汛。按照区委、区政府的要求调整充实东昌府区城区防汛指挥部成员名单，并重新修订《东昌府区城区防汛快速反应应急预案》。并根据上级要求和城管办的安排，成立了防汛领导小组，排定了防汛人员值班表，实行了办公室24小时值班制度，确保了雨情汛情的上通下达，防汛工作得以有序进行，同时也确保了安全度汛。

【环境卫生、市容市貌工作】 2016年，区城管办继续加大对占道经营、乱摆乱放、乱贴乱画、流动摊点等治理力度，坚持巡查和盯防相结合，集中与分片相结合，教育与处罚相结合，疏导与堵塞相结合，城区市容市貌得到改观。

拆除违法建筑现场　（4月 摄）

【城乡环卫一体化工作】 区城管办加大对各镇（街道）城乡环卫一体化工作的检查。一是对检查中发现的各种问题，督促整改，问题严重的，邀请电视台、宣传部进行曝光。二是做好检查评比，协助做好奖惩工作的落实。三是组织各街道申报各项材料，继续加强环境卫生宣教力度，提高群众的环境意识；规范环境卫生常规管理，完善保障机制；加大垃圾中转清运力度，提高垃圾无害化处理率，建立监管体系，确保日常监督到位。

【亮化提升工程】 区城管办继续加大基础设施建设投入力度，重点对市长热线和群众反应强烈的街巷进行绿化、更换盖板、下水道疏通、安插新的指路牌等。

（区城管办　刘国军）

环境保护

【概况】 2005年8月，聊城市环境保护局东昌府分局整建制上划至聊城市环境保护局垂直管理，为聊城市环境保护局派出的正科级行政机构，负责东昌府区的环境保护工作。是东昌府区人民政府和江北水城旅游度假区管委会行政辖区主管环境保护工作的职能部门，履行环境监管职能，负责辖区内的环境监管、污染防治、生态保护、总量控制、环评审批、环保宣教、排污费征收等工作。至2016年底，在职人员共40人。2016年，区环保分局被山东省环保厅授予“联勤联动先进集体”；被市政府授予2015—2016年度全市海河迎接检工作先进集体；被市环保局授予聊城市环境应急演练暨监察监测技术比武二等奖；被区委、区政府授予2016年度科学发展综合考核“支持地方经济发展特别贡献奖”。

【环境目标责任制】 2016年，东昌府区空气质量得到持续改善，细颗粒物（PM2.5）、可吸入颗粒物（PM10）、二氧化硫（SO_2）、二氧化氮（NO_2）年均值浓度分别为86微克/立方米、151微克/立方米、30微克/立方米、41微克/立方米，分别比2015年改善14%、7.9%、26.8%和4.7%，优良天数达到144天，同比增长11天，空气质量综合指数在全市11个县市区排名第3名。

【污染源防治】 以大气污染防治百日攻坚战为抓手，围绕“治异味、治扬尘、治燃煤、治砖瓦窑、治油烟、治焚烧、治裸土、治尾气”八个方面开展了集中攻坚，禁燃区外的镇（街道）设立了11处洁净煤配送网点，全区共需洁净型煤25879.5吨，32920户，2016年12月底，全区已采购洁净型煤26379吨，占总需求量的102%；洁净煤配送到户工作已完成，配送到户率为100%。完成淘汰49家20蒸吨/小时以下的燃煤锅炉、燃煤炉窑等。辖区内44家堆场料场，狠抓落实围挡、覆盖、洒水、保洁、防风抑尘及运输车辆冲洗等抑尘措施。

全区组织开展环境保护综合治理和禁燃区高污染燃料“清零行动” 特别是“清零行动”，由区委常委、副区长贾相云同志兼任总指挥，组织环保、住建、城管等20多个市、区直部门单位共同参与，共出动350余名执法人员，组成了31个检查小组。这次行动责任明确，各部门密切配合，对现场发现的各类燃煤设施，全部没收取缔；对检查发现的燃煤、劈材等燃料予以现场清理没收；对已改燃气的地锅，进行封堵燃料口，避免死灰复燃；现场不能清理的燃煤锅炉，予以彻底拆除。共排查“五小门店”、浴池、馒头房等营业场所2000余家，拆除地锅300余台、燃煤设施120余台，没收燃煤炉具900余个，并对部分营业场所采取了断电措施。

水环境质量基础更加坚实 至2016年底，全区污水处理厂日处理废水能力达到5万吨，进一步完善了城区及工业园区污水收集管网，初步构建了以人工湿地水质净化工程建设为核心的“治用保”水污染防治体系；狠抓了农村黑臭水体治理，在堂邑、道口铺等镇、街道选取8处农村新型社区作为试点示范，建设了地埋式污水处理设施，设计日处理生活污水能力4000吨，进一步改善了农村水环境质量；推动建设36处粪污收集池、15处沼气工程，用于收集处理农村非规模化畜禽粪便，沼液和沼渣供给贫困村开展有机种植，发展生态农业；强化排污企业监管，市控以上重点河流断面水质稳定达标。

【环境监管】 环境监管持续加强 2016年2月25日，召开全区网格化环境监管及现场会议，这标志着网格化环境监管工作在东昌府区已全面顺利开展。区委、区政府先后出台了《东昌府区网格化环境监管体系建设的实施意见》《东昌府区重污染天气监测预警和应急处置预案》《东昌府区各级党委、政府及有关部门环境保护工作职责（试行）》等，进一步明确了各级各部门环境保护工作任务和职责，将环境监管职责落实到每一个部门、每一个镇（街）、每一个管区、每一个村庄，实现了环境监管无缝隙、全覆盖。

开展环保专项行动 扎实有力先后组织开展了危险废物大检查、黑臭水体治理、环境信访回头看、土小企业取缔、堆场料场整治、工业异味治理、医疗废物管理等七个方面的专项行动，对85家企业的27项环境违法问题依法进行了查处，对全区28家危废产生企业、34家医疗废物产生单位进行了拉网式排查。深入开展环保违规建设项目清理整顿，列入省清理整顿的21家企业，全部完成整改任务。

【环保宣传】 开展了“六·五”世界环境日和夏季农作物秸秆禁烧宣传活动，在市城区主干道悬挂环保宣传条幅130条，向市民发放环保宣传手册2000余本，接受

东昌府环保分局开展“六·五”环境日宣传工作 （6月 摄）

群众环境咨询近180余人次。通过广泛开展宣传活动，进一步营造了广大群众关心环保、参与环保的舆论氛围，巩固了宣传成效。

【环保审批服务】 扎实做好环评审批服务，生态环境建设取得新进展。适应新常态，转变新观念，牢固树立审批就是服务的意识。进一步规范简化了审批、验收等程序。按照市局要求，积极开展了未批先建违规项目的清理工作。对符合国家产业政策、有利于节能减排和招商引资的重点项目做到打破常规，开辟“绿色通道”；对“三高一资”（高风险、高污染、高耗能、资源型）和产能过剩的建设项目环评严把审批关和验收关。对达不到环保要求的项目，一律拒批和不予通过验收。区环保分局环评审批服务窗口被评为红旗窗口，并受到通报表彰。

（区环保分局　袁秀锋）

小资料

雾　霾

霾，也称灰霾（烟雾），空气中的灰尘、硫酸、硝酸、有机碳氢化合物等粒子也能使大气混浊。将目标物的水平能见度在1000—10000米的这种现象称为轻雾或霭。

雾霾天气是一种大气污染状态，雾霾是对大气中各种悬浮颗粒物含量超标的笼统表述，尤其是PM2.5被认为是造成雾霾天气的“元凶”。中国不少地区把阴霾天气现象并入雾一起作为灾害性天气预警预报，统称为“雾霾天气”。

商业·贸易

商　　务

【概况】 2016年，东昌府区商务局紧紧围绕全市商务经济发展目标任务，立足区情，定位国内、国外“两个市场、两种资源”，坚持“稳中求进、稳中求好”总基调，稳步推进全区商务工作。2016年，全区实现进出口总额112564万元，同比增长7.4%，其中，出口总额110001万元，同比增长8.2%，进口2563万元，同比下降16.81%。境外承包工程合同金额2.3亿元人民币，新增境外投资企业1家。全区社会消费品零售额实际完成230.76亿元，同比增长11.6%。全年办理《酒类流通备案登记证》85份，核发《酒类流通随附单》235本。旧机动车全年交易总量4260辆，交易总额5640万元。

【制度建设】 强基固本，建章立制，商务队伍建设进一步加强。严格执行和贯彻党的各项工作精神，积极开展“两学一做”学习教育活动，认真制定实施方案，及时召开动员会，抓好专题学习。全体党员干部学习“两学一做”精神实质、本质内涵、总体要求和基本方法，不断增强做一名合格党员的思想自觉和行动自觉。通过开展活动，机关各项工作制度进一步建立健全并得到有效落实，干部职工工作积极性得到增强，工作作风得到转变，机关秩序明显改善，干部职工办事能力、工作水平和服务意识进一步提高。

【对外贸易】 调研督导，落实政策，推动全区外贸工作持续平稳发展。对进出口重点企业进行调研督导，强化服务和政策引导，积极落实中央、省市外贸扶持政策，鼓励企业积极参加境内外展会；积极解决企业发展中遇到的难题，引导“未开壶”外贸企业实现业绩零突破；在2015年成功创建“省级出口农产品质量安全示范区”的基础上再接再厉，2016年9月，成功创建“国家级出口食品农产品质量安全示范区”。

【对外经济合作和利用外资】 以点带面，突出重点，外经外资工作取得新成效。深入研究国家对“走出去”企业的扶持政策，借助国家“一带一路”政策的机遇，引导境外投资企业做大做强，鼓励和指导有潜力的外经企业开展境外投资活动；抓好贯彻落实和总结，主动做好签约项目的后续跟踪工作，提高利用外资质量。2016年，中通钢构股份有限公司签订海外项目订单2.3亿元，成功打开中亚、欧洲市场，精耕东南亚、南亚等“一带一路”沿线国家及重要地区，又一次大踏步、跨越式的实现了翻一番的大增长。

【商贸服务业】 注重服务，规范秩序，内贸流通呈良性发展态势。适应改革新要求，对传统行业和新兴业态齐抓共管，进一步规范特种行业经营行为，确保各类行业健康发展；强化市场监测和商务预报能力。督促企业做好重点流通、生活必需品及应急商品市场的监测工作；赴开发区、冠县、寿光进行学习考察，深入E钢在线、聊百易购、路庄葫芦村等现有电商进行调研。与阿里巴巴、中国网库、山东网商集团、村掌柜智慧乡村等知名电商进行交流对接，形成了电子商务发展的思路和建议。借助市农商行、区邮政局大力发展农村电商的机遇，主动服务、协同推进，农村电商有了长足发展。组织企业参加“第三届中国县域电子商务峰会”“山东农商互联大会”“齐鲁电商节·阿里年货节”，两届电商扶贫培训会、“聊百易购农村电商培训会议”等一系列会议和活动；积极开展行业扶贫，开展电商扶贫工作。与聊百易购、扶贫办积极对接，利用聊百易购“网店通”电子商务平台，帮助引导贫困户从事电子商务，提高网点运营效益。

（区商务局　袁霞　任鑫）

服务业

【概况】 2006年3月26日，东昌府区服务业管理办公室成立，为正科级财政拨款事业单位，隶属区发展和改革局，设有综合科、金融科和规划科3个科室。

2016年，东昌府区服务业管理办公室针对服务业发展中存在的短板和不足，以扩总量、优结构、强素质、提层次为重点，大力发展新兴服务业，推动全区服务业加快转型发展。同时，积极响应落实山东省发展和改革委员会关于开展服务业综合改革试点工作的部署，组织制定了《聊城市东昌府区开展“十三五”省级服务业综合改革试点方案》，成功申报为省级服务业综合改革试点区。

2016年，东昌府区服务业增加值达到140.96亿元，同比增长9.4%，占GDP的比重达到47.4%；服务业地税收入完成12.65亿元，占地税总收入的80.4%；服务业固定资产投资完成161.7亿元，占规模以上固定资产投资的61%，其中房地产投资完成70.8亿元；市场成交额完成412亿元，同比增长8%；全区旅游综合收入实现19.2亿元，同比增长21%，接待游客约为538万人次，同比增长14.1%。

代区长刘培国现场调度缤纷日月城项目建设情况 （12月 摄）

【商贸流通业】 2016年，东昌府区商贸流通业发展态势良好，百货大楼、亿沣超市等本地企业逐步实现规模化、集团化发展，招商引进的京都国际大厦、大润发等商贸企业均顺利建设运营，各商贸企业经营业态加速转型升级。大型城市生活商业综合体项目——缤纷日月城总投资100亿元，占地1254亩，已进入土地拆迁和建设阶段，预计2017年底主体工程建设完成，建成后将推动东昌府区商业零售行业和电子商务的升级换代，加快形成城北商业圈；龙堤美食岛项目总投资4.2亿元，项目占地75亩，建筑面积2.7万平方米，招商工作已见成效并继续进行，全部营业后预计年营业收入突破2亿元，年创税收1800万元；百货大楼在市民文化中心成功运营了大型室内娱乐项目“童乐谷”，经营面积近3万平方米，是涵盖儿童娱乐、体验拓展、智力开发、餐饮购物、妇幼保健等的一站式儿童娱乐场馆；金鼎购物中心五楼主题餐厅、五星百货六楼主题餐厅成功引进多个国内知名餐饮品牌，一站式休闲购物中心业态已经基本形成。

【现代物流业】 2016年，东昌府区新增营运货车1159部，增加运力16484吨，完成货运量3460万吨，货运周转量242000万吨公里。以聊城百亿物流园区智慧园区等重点服务业园区为载体，初步建立起多式联运、方便快捷的物流运行体系，培养了以正大物流有限公司、铁力货运有限公司、鑫佳实业有限公司为代表的一批现代物流企业。聊城正大物流有限公司现有2条长3公里的货运铁路专线，货台4000余平方米，货位200余个，仓库40000平方米，铁路大型设备及运输车辆、其它车辆500余辆，年货物吞吐量达200多万吨；聊城市铁力货运有限公司是“省重点服务业企业”，拥有具有经营使用权的大型铁路专用线货场1座，占地面积216亩，铁路专用线3条，仓库面积50000平方米，可一次性储存20万吨以上货物，年货物吞吐能力达200万吨；聊城鑫佳物流有限公司联合包头钢铁集团、上海宝钢集团等七家制造企业，成立占地600亩“聊城百亿钢材物流交易中心”，通过打造E钢在线交易平台、园区智能管理平台等特色平台，实现物流、金融、商贸、制造和信息五大产业在园区内的协调发展。

龙堤夜景（5月 摄）

【养老服务业】 顺应健康、养老消费升级大趋势，鼓励民间资本参与，推动发展“医养结合”模式的健康养老服务业。至2016年底，东昌府区共有民办养老院13家，城市社区老年人日间照料中心10处，农村幸福院35处，床位2400张，入住老年人2200人。聊城市鸿福老年公寓多次被评为全省民营养老服务机构示范单位，至2016年底，养老院总建筑面积4万平方米，共有养老病床1000余张，其与聊城市第三人民医院合作开设了二级综合医疗机构“聊城鸿福医院”，在探索建立“医养结合”的养老模式上走在了全市前列。鸿福养老院将继续建设二期工程，项目占地64亩，设计养老病床3500张，至2016年底，已完成项目立项、规划等前期工作，预计2018年投产运营；聊城市幸福老年公寓由香港红树林商贸有限公司投资兴建，项目总投资1.2亿元，占地23亩，是集老年人颐养、健身、休闲、娱乐和医疗保健为一体的养老服务机构，至2016年底，项目正在建设中。

【文化旅游业】 2016年，东昌府区文化旅游业多点开花。龙堤旅游区项目建设稳步推进，项目总投资额15亿元，占地面积1205亩，其中陆域面积605亩，水域面积600亩，总建筑面积355000平方米。其中摩天轮项目已成为江北水城地标式建筑，龙堤美食岛项目已成为环境优美、独具特色、标杆式的餐饮业领头雁，已经起航的龙堤大码头也已成为东昌湖上一道靓丽的风景，形成了东昌府区休闲旅游新亮点；护国隆兴寺文化旅游项目完成主体工程建设，为打造宗教旅游区增加了核心竞争力；山东福和药用植物观光园项目建设基本完成并将继续完善，对外营业后市场反应良好；天乐庄园生态农业旅游项目部分功能区建设和信息服务平台软硬件设施已经完成，园区建设和基建装饰等工作持续进行；范公祠景区今年斥资启动了范公祠修复工程，并进展迅速，主体工程已基本完工。

（区服务业办公室　张传胜　董斌）

供销合作

【概况】 2016年，东昌府区供销合作社联合社按照区委、区政府和上级供销社的部署要求，以服务“三农”为宗旨，牢固树立和贯彻落实新发展理念，以密切与农民利益联结为核心，以提升为农服务能力为根本，全面深化综合改革，埋头苦干、锐意进取，争先进位、奋发有为。各项工作取得新突破。2016年“党建带社建社村共建”工作取得新成绩，共建村达到76个，共建为农服务中心4个，共建超市8个，大力加快为农服务服务中心建设工作，共建成梁水镇、杨庄、斗虎屯、侯营4处为农服务中心，领办创办专业合作社26个，成立县级专业合作社联合社1家，成立县级电商公司1家，完成大田托管10万亩。在加快全区农业供给侧结构性改革、培育农业农村发展新动能中做出重大贡献。

【党建带社建社村共建】 农村基层党组织是发展农村经济、维护农村稳定的领导核心，只有紧紧依靠农村基层党组织来组织发动群众，“服务规模化＋农民组织化”才能更好落地。“社村共建”是实现农民与供销社双赢的媒介和载体。2016年，区供销社按照“党委领导、组织推动、政府支持、部门联动，供销主导、三位一体，利益共享、多方共赢”的思路，充分发挥村“两委”的组织优势、供销社的服务优势、农民合作社的经营优势，坚持与党的建设、精准扶贫、第一书记、经营服务相结合，依托供销社自身优势，紧紧依靠农村基层党组织，充分利用各种资源，努力开拓进取，“党建带社建社村共建”工作形成了良好工作局面。区供销社带领各基层社创新工作思路，采取共建服务组织、共建服务项目、共建服务平台、共建服务队伍等多种形式，具体抓好共建为农服务中心、共建超市、共建专业合作社等共建项目。共建村达到76个，共建为农服务中心4个，共建超市8处。梁水镇杨庄社区服务中心、梁水镇为农服务中心、斗虎屯供销超市等，都是“社村共建”工作中的典范。通过依靠当地基层党组织，充分发挥供销社自身优势，利用党建的力量，让供销社再次扎根农村。实现了供销社发展壮大，农民增收致富，供销社和农民群众双赢的效果。

【为农服务中心建设】 供销社的宗旨是服务“三农”，为农服务中心建设就是供销社服务“三农”的具体体现。2016年，区供销社在推进为农服务中心建设工作中，理顺工作思路，创新工作方式方法。一是按照投资主体多元化、市场化运作的原则。鼓励农民合作社、涉农主体参与建设，村委可以土地折价入股。二是各基层社根据各自实际，因地制宜地开展工作。本着先易后难的原则，破解难题，加快为农服务中心建设。共建成梁水镇、杨庄、斗虎屯、侯营4处为农服务中心，并已形成较大规模。服务中心包含农资配送、农化服务、商品展示、测土配肥、农机服务、统防统治、农民培训等综合服务项目。进一步完善了服务功能，提升了为现代农业服务的本领。将东昌府区的为农服务中心打造成为“一站式”农业社会化服务平台，解决为农服务“最后一公里”问题。

11月11日，梁水镇为农服务中心启动仪式

【大田托管工作】 随着中国经济的发展，农村大量剩余劳动力转移进入城市就业，农村出现了部分农户无人种地的局面，作为农村劳动力输出大户的鲁西北地区，这种情况尤为明显。2016年，区供销社本着“农民外出打工，供销社为农民打工”的工作思路，全力开展大田托管服务工作，切实解决农民困难。区供销社安排合作社组建专业服务队，针对农户需要，提供耕、种、管、收、加、贮、销等农业生产环节的一条龙服务，大力推广“保姆式”“菜单式”等多种形式的托管服务模式，努力形成本区域的大田托管服务网络。2016年，全区大田托管面积达到10万亩。采取“全托管”“半托管”和“部分托管”三种方式。在提高数量和扩大规模的同时，注重提高托管的质量和效益。通过“服务规模化＋农民组织化”充分释放规模化服务与规模化经营“两个潜力”，着力推进“两个延伸、两个提升”。“两个延伸”是服务对象由专业合作社、龙头企业、种粮大户、家庭农场等适度规模经营主体向分散经营农户延伸，服务领域由大田粮食作物向经济作物延伸；“两个提升”是服务手段由机械化环节推动向全产业链科技进步提升，服务方式由单纯农业生产服务向推动一二三产业融合发展，推进农业提档升级。

【电商工作】 针对农村市场存在的实际情况，区供销社运用“互联网＋”思维，成立了乐百网络科技有限公司，打造全区网上供销平台服务龙头。逐步推进乡镇电子商务建设，构建“区域网络运营中心+村级网络终端”的网上供销服务体系。实行线上线下相结合，将全区供销合作社品牌农产品推向网络市场，将优质农村日用品和农用商品引入东昌供销网络平台，减少中间商差价，有效增加农民收入，加快推进农村电子商务发展步伐。按照电商“一张网”—系统资源整合—流通现代化的步骤，加快推进流通网络上下贯通，纵横连接，扩面提质。以乐百网络科技有限公司为引领，全面对接“供销e家”，大力发展电子商务，今年，电子商务要覆盖到乡镇，将网店开到百姓的家门口。发展网上交易、电子撮合等现代交易方式。在网络平台上，将农民的农产品卖出去，将农户需要的商品买进来，实现线上线下相互促进，切实增加农民收入。

【专业合作社】 2016年，区供销合作社联合社创办领办专业合作社26个。按照上级要求和相关政策，区社已经成立县级专业合作社联合社，作为龙头企业，对全区专业合作社进行管理。既可以在农业生产资料的购买和农产品的销售上联合，争得交易价格上的优惠，又可以满足社员对服务的多样化需求，能够在很大程度上解决单一合作社发展规模小、经营实力弱、市场竞争力有限等问题。

【党建工作】“两学一做”，凝聚内力 按照区委要求，区社党委带领各党支部组织全体党员深入扎实地开展了“两学一做”学习教育工作。党委成员积极参加了机关党支部组织的每周一次的“党员学习日”工作，深入扎实地学习党章、准则、条例、习近平总书记系列讲话精神，深入学习领会习近平总书记在建党95周年大会上的重要讲话精神及十八届六中全会精神，严格进行规定动作。在全体党员中开展“党员活动日”工作，立足岗位做奉献，积极建言献策，参与服务群众，服务“三农”的具体工作，同时，查找党员在政治、品德、纪律、作风、工作上存在的问题，即知即改、立改立行，争做合格的共产党员。

党风廉政，责任上肩 区供销社党委全面落实党风廉政建设主体责任，切实履行党的基层组织建设、党管意识形态主体责任，把从严治党摆在更加突出的位置，用理论武装头脑，把作风建设一抓到底，凡涉及到企业改制、重大项目建设决策，及时向纪委派驻组报备，不断取得全面从严治党新成效。

（区供销社 孙海涛 温新庆）

商　业

【概况】 区商业集团总公司在区委、区政府的正确领导下，以落实全面从严治党要求为主线，以党的十八大、十八届四中、五中、六中全会精神为指导，认真贯彻区委、区政府工作会议精神，努力建设适应新形势要求的高素质团队，按照“围绕中心，服务大局，规范管理，开拓创新”的总体工作思路，扎实有序地推进各项工作，为商业经济健康持续发展做出了应有的贡献。

2016年，机关有工作人员20人；所属企业13家，其中11家已改制，1家企业因无资产仍维持原状，1家国有企业；商业系统现有3207人，在册职工643人，在职职工184人，离退休职工401人，下岗职工及股东1979人；2016年，共发展预备党员1名，预备党员转正1名。商业集团总公司党委有2个党总支，19个党支部，共有239名党员。

【稳定工作】 信访维稳工作是商业系统维护稳定的基础，局党委严格按照《信访条例》和相关文件精神，统一思想，明确目标，把信访纳入重要工作议程，成立了领导小组。根据商业系统的实际情况，党委及时研究并进行分工，确保“五包一”工作落实到位。

【基层党建】 加强思想政治理论建设。认真抓好“两学一做”教育活动，并作为机关党建工作的主要抓手，严明党的政治纪律和政治规矩，扎实推进机关党员作风建设，重点抓好机关作风民主评议工作。积极开展走访慰问困难老党员活动，七一建党节和中秋节前夕，重点看望慰问了贫困党员和老干部，及时送去党的关怀和温暖，充分体现了党组织对党员和老干部的关怀和爱护。做好党员发展工作。为确保新发展党员的质量，商业集团总公司党委严把党员入口关，严格按照“控制总量、优化结构、提高质量、发挥作用”的总要求，做到成熟一个发展一个。2016年，商业系统共发展新党员1名，预备党员转正1名，为党组织输入了德才兼备的新生力量。党费收缴严格执行专账管理、专人负责制度，进一步明确党费收缴标准，严格要求各基层党组织及时足额收取。商业集团总公司党委严格按照党组织关系接转工作程序，办理党员的接转工作。做好党员信息库维护和党内年度报表统计工作。

【双联共建】“双联共建”工作是2016年的一项重要工作，按照区委、区政府的工作安排，与沙镇金庄村结成帮包对子，帮包小组多次深入到沙镇金庄村，进行入户走访，并发放了“‘双联共建’活动服务群众联系卡”，做到双方随时沟通，了解联系户家庭情况。该村有9户贫困户，他们多是孤寡老人或者身患重病，丧失劳动能力的家庭，经济拮据，生活困难，单位对这9户困难家庭实行一对一帮扶，并发放了“东昌府区精准扶贫帮扶明白卡”，责任明确到人。局机关多次开展关爱困难老人，送油、送面、送温暖的活动。

【危房改造】青年林家属院危房改造是工作重点之一。该家属院是区商业集团总公司所属企业天外天百货有限公司与宏业百货有限公司2家共用的家属院，是20世纪70年代后期建成并投入使用，至今已近40年。青年林家属院地势低洼，年久失修，房屋都已成危房，每到雨季都是重点防控区。并且该家属院是出了名的脏乱差，在国家卫生城复审时，仅清理垃圾就投入了近4万元。青年林家属院占地约8亩，多为平房，建筑面积约3000平方米。

2016年，区商业集团总公司及2个百货公司为该小区拆迁做了大量的前期准备工作。

【企业管理】商业集团总公司为差额财政补助单位，为弥补经费不足，2016年在大力压缩经费支出的情况下，加强资产运营、扩大收入来源。通过加强资产管理，强化资产运作，基本实现了人员工资差额及办公经费差额50多万元的自给自足。

汇鑫商贸有限公司，通过两岸经贸交流，把台湾的高山茶、高粱酒、化妆品等名优特产品引入聊城，丰富了聊城的商品市场。2016年公司进销两旺，商品在市区市场被广泛认可，培育了固定的客源，企业经济效益明显提升。

严格按照《预算法》规定，年初制定了预算收支计划，按照年初预算执行各项收支，并按时对2015年决算和2016年度预算进行了公开。在执行公司法劳动法方面，已经与国泰食品、饮食公司等12家公司的职工续签了劳动合同，续签合同率100%，厂务公开95%以上。

（区商业集团总公司　孙九洲　徐寅）

卷烟经营

【概况】聊城市东昌府区烟草专卖局、山东聊城烟草有限公司东昌府营销部组建于1983年，隶属于聊城市烟草专卖局、山东聊城烟草有限公司。

2016年，主要负责东昌府区的闫寺街道、道口铺街道、湖西街道、柳园街道、新区街道、古楼街道、梁水镇镇、斗虎屯镇、沙镇镇、堂邑镇、郑家镇、张炉集镇、侯营镇、凤凰工业园、嘉明经济开发区和江北水城旅游度假区的凤凰街道、于集镇、朱老庄镇以及高新区的九州街道、许营镇和经济开发区的东城街道、北城街道、蒋官屯街道，共23个街道、镇、工业园区的专卖管理、卷烟销售工作，下设综合办公室、卷烟营销科、专卖监督管理科、法制科、财务科、内管派驻组6个科室和5个基层服务站、1个专卖稽查大队（包括6个稽查中队、1个机动中队、1个网监中队）。共有从业人员129人，辖区共有4487户卷烟零售客户。

2016年，东昌府区烟草专卖局（营销部）在区委、区政府和聊城市烟草专卖局（有限公司）党委的正确领导下，紧紧围绕省局（公司）“抓基层、打基础、强管理、重创新”“实真细精”等工作部署和市局（公司）党委“打赢五场攻坚战”“669”等各项工作要求，坚定信心、压实责任、真抓实干，各项工作保持了平稳发展态势。被聊城市东昌府区委、区政府评为

“2016年度科学发展综合考核支持地方经济发展特别贡献奖”“2016年度科学发展综合考核重要贡献企业”“先进基层党组织”，被东昌府区人大常委会评为“2016年度人民满意单位”，被聊城市局（公司）评为“全市烟草系统2016年度工作先进单位”“2016年度打击涉烟犯罪工作先进单位”“2016年度品牌培育工作先进单位”。

2016年，共计销售卷烟33789箱；实现单箱销售额25252元；实现利税1.89亿元，占全市系统实现利税的28.88%；上缴税金3485.91万元，为地方经济发展做出了重要贡献。共计查获各类案件211起，查获违规卷烟310.08万支，查获案值67.85万元，万元以上案件8起；5万元以上案件1起；破获预选网络案件1起；破获省标案件2起，市标案件6起，县标案件25起；拘留12人，其中刑事拘留11人，逮捕3人，判刑5人。

【烟草专卖管理】 2016年，东昌府区烟草专卖局注重打假破网，按照省、市局部署，在全区范围内开展了卷烟市场治理“齐鲁之盾”（2016）专项行动，以“精准打击、精益治理、精密协作、精细考核”为抓手，联合公安、工商等执法部门开展了“邮政快递、物流货运企业集中整治”“零售市场集中整治”“社会市场集中整治”等一系列专项整顿行动，有效遏制了涉烟违法案件的发展势头，守好了辖区大门。注重依法行政，落实省、市局关于烟草专卖零售许可证的管理要求，实施区行政服务中心一个窗口办理，优化办证流程，大大缩短了零售许可证办理周期，提高了办证效率，方便了群众。2016年，共计受理许可证申请508份，其中准予许可的419户，不予许可89户。严格对照《聊城市烟草专卖局专卖案卷管理办法》、烟草行政处罚和行政许可法律法规和规章制度，分别对2009年、2016年后的所有行政处罚案卷和行政许可案卷逐一进行自查，详细检查了自2009年后的所有行政处罚和行政许可案卷，对不符合要求、不规范、不标准的案卷进行整理和纠正，实现了案卷的规范化和标准化。

东昌府区烟草专卖局开展咨询服务活动　　（5月 摄）

【烟草卷烟经营】 2016年，开展“细支烟专项培育季”活动，共销售细支卷烟1401箱，占总销量比重4.15%，占全市细支烟销量的30.9%，同比增长449箱，增幅47.08%。开展“终端建设提升年”活动，打造“真情·莲心”店40户，优化店420户，提升店340户，店铺文化整体提升村80个，店铺文化整体提升线路8条，提升了客户店面形象和客户盈利水平。开展“网建基础工作提升季”活动，创新“现场照片＋讲评”的考核方式，展现工作成效，活动中共打造精品线路43条，完成提升店铺750户。不断夯实基层服务站建设，在“真情·莲心”基层服务站成功举办“婚庆一站式购物体验站”活动，以零售户现场体验加讲解的形式，引导客户创新婚庆用烟服务新模式，收到良好效果。

【企业精益管理】 2016年，从抓好市场监管、突出精益管理、注重创新驱动、营造和谐稳定局面等方面，筑牢了管理基础，提升了工作成效。尤其是探索推进了“时间管理”“个人成绩单”两个工作法，通过对工作时间的限制和个人工作业绩的体现，进一步提升了工作效率。严格贯彻落实中央“八项规定”精神和国家局“九条要求”，拧紧费用开支龙头，有效发挥了预算硬约束作用，达到了降本增效的目的，将精益管理和大众创新工作有机结合，组建了3个QC创意小组，各小组又分设A、B组，分工明确、责任具体，为科技创新和精益管理工作有效推进奠定了基础。专利“零售商仓库用可升降卷烟存储架”已获国家知识产权局实用新型专利授权，“卷烟展示柜”已获得受理。严格落实“一岗双责”的安全生产责任制，确保了企业的安全稳定。

【人才队伍建设】 2016年，以“两学一做”学习教育为契机，通过支部书记上党课、召开专题研讨、邀请区委党校讲师讲党课及每月组织党员集中学习、开展“机关党员进社区”活动、参观孔繁森同志纪念馆等方式，引导全体党员不断增强党性锤炼，争做“四讲四有”合格党员。结合工作实际，不断完善、修订、细化《考核办法》，做到办法、措施针对性强，简便易行、实用、管用、好用。从严治兵，广泛开展多种形式的岗位培训、技能比武等活动，实现员工培训活动的多元化，不断提升员工的业务能力和实践水平。全年共组织各类培训99次，累计培训11514学时，培训4875人次，人均88.57学时。组织参加卷烟营销、专卖管理职业技能鉴定考试7人，其中，卷烟营销技能鉴定5人，高级2人，中级3人，考试通过高级1人，中级1人；专卖管理技能鉴定2人，高级2人。

【和谐文化建设】 2016年，开展“慈善扶贫送温暖”社会捐助活动，捐赠羽绒服、棉衣、毛衣、儿童衣物120余件，捐赠善款1000元。开展“慈心一日捐”活动，全员慷慨解囊、踊跃参与，共向慈善总会捐献善款11100元。选派“第一书记”到闫寺街道铁屯村开展“双联共建”工作，领导班子成员分3次对该村贫困群众进行了走访慰问，并送去食用油、大米、面粉等慰问品，进一步树立了良好企业形象。

（区烟草专卖局　鹿莉）

物资管理

【概况】 2016年，区物资集团总公司以党的十八大、十八届三中、四中、五中、六中全会精神为指导，认真贯彻省、市、区工作会议精神，紧紧围绕“十三五”国民经济和社会发展总目标，着眼于建设一支适应新形势要求的高素质团队，攻坚克难，开拓进取，以“稳中求进、进中求快、快中求好”为基调，围绕中心，履职尽责，积极作为，开拓创新，多措并举，不断开创新局面。

扎实开展“两学一做”专题教育。2016年，集团党委坚持把“两学一做”学习教育作为党建工作的龙头任务，超前谋划，主动作为，取得实效，奠定了坚实基础。抓贯彻，安排部署到位。区委“学党章党规、学系列讲话、做合格党员”学习教育实施方案印发后，集团党委第一时间认真学习领会《实施方案》精神，研究讨论具体落实措施，及时下发《物资集团总公司“两学一做”学习教育工作实施方案》，要求下属各单位党组织从严从实谋划、部署和落实好“两学一做”学习教育工作，真正把党的思想政治建设抓在日常、融入经常、形成常态；抓调研，摸排实情到位。集团班子领导带队，深入各自联系点，全面了解基层工作情况及存在的突出问题。对下属企业、党建工作专题调研，进一步掌握下属企业党建工作情况，启动党员组织关系集中排查工作，逐个核查基本信息、组织关系转接、缴纳党费和参加组织生活、流出流入地和作用发挥等情况，内外多方联动，确保实现党员学习教育全覆盖；抓学习，思想认识到位。集团领导班子坚持先学一步、深学一层，认真学习《党章》《准则》《条例》及习近平总书记重要讲话精神，筑牢“关键少数”的思想基础。建立每月党员统一活动日、每周集中学习日。有效提升了学习教育的针对性和实效性；抓宣传，营造氛围到位。充分运用微信公众号、橱窗等宣传形式，营造人人了解、人人关注“两学一做”学习教育的浓厚氛围；抓统筹，融入结合到位。坚持把谋划“两学一做”学习教育与深化“三严三实”回头看相结合，突出问题导向，重点解决党员干部庸、懒、散问题，着眼推进改进作风常态化长效化。

定准位、司好职，牢牢夯实物资基础工作。物资系统在计划经济时期接收的复、转、退军人多，改制时期出现的下岗职工多，因企业改制破产而遗留的困难职工多。每逢全国“两会”等敏感时期，维稳任务十分艰巨。集团党委面对问题不推诿，始终把维稳作为首要任务来抓，制定了帮包领导小组，明确责任人，并随时服从工作调度，高度统一思想，诚心化解矛盾，切实做到真心实意为民化解问题，2016年未发生一起群体越级上访事件，密切了党群干群关系，促进了社会的和谐稳定发展。同时，区物资集团积极响应区委、区政府号召，在招商引资、双联共建、精准扶贫、“第一书记”、基层党建、安全生产及国有资产保值增值等方面，做了大量卓有成效的工作，严格履行管理职能。2016年，物资集团有所属企业8家，其中传统国有企业1家、国有独资企业3家、国有控股企业4家。共有在职职工368人，固定资产2.2亿元。

【改造国企】 燃料总公司是东昌府区唯一现存的传统国有企业，其铁塔服装市场是价值超过亿元的唯一国有资产。近3年，物资系统把市场的升级换代当做头等大事来抓，先后争取资金100多万元，将照明线路、供水管道保温全部更换一新，新上室外观光电梯1部、室内自动扶梯1部；商场二楼按现代化商场的布局进行了整修，150个摊位全部招租完毕。同时狠抓安全生产，进一步细化安全生产工作的各项要求和责任，为了及时消除安全隐患，确保市场安全运行，要求管理人员每天对服装市场的总配电室、消防总控室、货梯以及自动扶梯等重点场所派专人看守，在服装市场各区、各楼层增加巡查频次，防止客流增多引起拥挤等；在市场派发消防安全宣传单，讲解相关安全知识，倡导广大商户和顾客安全经营。市场发展呈上升趋势。下半年经营形势十分严峻，经济下行力度越来越大，电商冲击越来越烈，实体经营店越来越难干的情况下，特别是根据区政府有关部门对铁塔服装商场因消防设施不合格存在严重安全隐患以及商场其他设施破旧不堪的现状，集团党委决定对商场整体升级改造，策划制定了商户安置、商户遗留问题解决、商场招商、职工改造期过渡安置、电商产业园项目等。至2016年底，各项工作已步入全面实施阶段，为历史上曾经做过重大贡献的老牌国企重塑辉煌奠定了良好基础。

【电商建设】 区物资集团下属聊城国泰京安电子商务有限公司，努力改善产品和服务供给，推进“互联网+”新的发展形式。其搭建的“电子商务大学生创业商城服务平台”突出“服务大学生创业”这一主线，集“金融超市、电子商务培训、公共服务平台、物流配送、水城资讯”为一体，是面向广大农村的农副产品电商交易平台；是为应（往）届大学生、下岗职工、退伍军人、残疾人等提供商务服务的平台；同时也是推介水城、推介东昌的公益平台。努力建设成以鲁西聊城为核心的放射性农副产品集散地，精选各国优质农副产品供应商，为农户提供特色农副产品、工艺品、手工品、旅游产品、特色工业品等优质商品，相互之间可以分享经验、推荐商品。在为用户提供讨论场所的同时，也为商家找到了精准用户。2016年上半，年电子商务平台顺利通过了各项技术验收，下半年平台正式上线运转。特别是山东一号店的正式运营，将聊城本土特色产品推向全国，与物流等连通起来，形成农副产品电商产业链，引领东昌府区农副产品向“信息化”“标准化”“品牌化”的现代农业转变。把全国具有特色的产品吸纳到聊城，极大地加快了东昌府区电子商务的发展步伐。

【市场开拓】 按照市委十二届八次全会提出的“作风引领、团结实干、争先进位、科学发展”的工作总要求和区委、区政府的工作安排，物资集团积极顺应国家公车改革的形势，抢占商机，经区政府同意，已于2015年初成立了国有独资企业“聊城市德盛汽车租赁服务有限公司”。主要承担企事业单位的各类公务、商务长短期汽车租赁，车辆维修保养，代办车险、挂牌及年检等，同时还提供全天候代驾、救援等10余项业务。也为公车改革后的驾驶人员转岗提供了就业机会。2016年和多个政府部门签订了合作意向书，年度营业额150万元，新增汽车21辆。德盛汽车租赁服务有限公司，内抓管理外求效益，发展势头良好。一是完善规章制度；二是改善硬件设施；三是“内引外联”多渠道、多形式地寻找合作伙伴，既争得了市场，又保证了客户的安全，更提升了公司的形象。下半年，德盛汽车租赁服务公司出资搭建“市民出行‘E路通’打车呼叫平台”及手机APP系统，届时，聊城将有第一个市民出行呼叫中心，满足水城市民高效快捷的出行需求。努力抓好汽车租赁公司的业务拓展工作，在现有条件下积极开展政府业务，利用优惠或者现有业务合作关系，创立一套全面的政府用车流程，尽力拓展全部政府外租车辆业务增加收益。搭建E路通市民出行平台，为聊城市民创建智能化出行服务，为上游主管单位行业管理全息视图，为中游企事业单位提供先进管理经验，为下游的交通参与者提供透明充分的出行信息，打造立体交通智能体系。

【对外合作】 2016年初，区物资集团与山西太原罗克佳华工业有限公司举行商务会谈，经过一系列深入探讨达成战略合作意向，并签订战略合作协议。双方将在智慧农业、智慧消防、水利在线监测等领域，开展多样性战略合作，为东昌府区建设“智能化城市”奠定了坚实的基础，开创了良好开端。为开拓山东区域环保物联网，将物联网应用与云计算、大数据服务完美结合，为安全生产、节能环保、智能物流等国际民生领域提供顶层设计及整体解决方案。为东昌府区智能化城市建设和广大企事业单位发展，提供最新鲜，最前沿的科技信息技术，提升电子网络科技在东昌府区的应用率和贡献率，促进“互联网+”区域经济建设。2016年底，与太原罗克佳华工业有限公司签约合资建立罗克佳华山东公司，并已经投资1500万元，设立监测站点270余个。

代区长刘培国一行到木瓜网络山东一号店运营中心指导工作

【大数据建设】 为顺应时代发展要求，物资集团借着大数据时代的热潮 ，与中组部第六期千人计划专家、美国博士合作，成立了以“智慧城市”“大数据”“互联网+”为研究内容的国有控股的聊城木瓜网络科技有限公司。至2016年底，该公司已与多家知名企业展开洽谈，建立合作关系，计划把“大数据”产业做大做强，提高对数据的“加工能力”，通过“加工”实现数据的“增值”。为东昌府区智能化城市建设，为广大企事业单位的发展，提供最新鲜、最前沿的科技信息技术。

（区物资集团总公司 葛少勇）

市场规划管理

【概况】 区市场发展局内设办公室、行业规划发展科、市场管理科、农产品业务科、商贸服务管理科、招商引资科。2016年底，在职人员14人。2016年，东昌府区以打造冀鲁豫三省交界商贸物流中心城市为目标，调整结构，加大投入，扩大招商，强化管理，创新经营模式，发展电子商务，努力开创全区市场商贸业发展新局面。各类市场共39处，年成交额过亿元的市场达27处，2016年，全区市场成交额完成412亿元，同比增长8%。

加快市场改造升级，完善市场配套设施 专业市场方面：2016年，对香江市场内路灯、消防广播进行了改造、安装，至2016年底，已投入使用；铁塔商场小商品批发城升级改造已经完成，6月开业运行。农产品批发市场方面：2016年，围绕市政府关于抓好20个农产品批发市场完善提升的总体要求，东昌府区确定交运大市场、铁西粮油市场、侯营镇田庄永安蔬菜批发市场、沙镇镇苇园基地市场4处为改造提升的农产品批发市场，均改造完成。

加大招商引资力度，流通现代化水平显著提升 2016年1月，一号京都商城建成开业运营，该商城总建筑面积15万平方米，集大型商场超市、休闲娱乐中心、餐饮服务中心、办公写字楼等为一体的大型商业城市综合体；同时，加快城区农贸市场建设，新建龙山农贸、风貌街农贸2处农贸市场。

发展连锁经营，延伸经营触角 至年底，全区连锁经营累计达到100多户，连锁门店达到3000多家。百大连锁、振华量贩、亿沣超市等大型连锁经营企业运用品牌、商品和管理等优势进行跨行业、跨区域联合重组，推动连锁企业实现规模化经营。2016年，百大连锁大力发展城市社区网店建设，新开市民文化中心、后罗店2个社区门店，至2016年底，百大连锁发展连锁超市28家，面积达6万多平方米，年销售额4亿多元；振华量贩阳谷店于9月13日开业运行，该连锁超市经营面积6000平米，至2016年底，振华量贩发展连锁超市14家，面积达7万多平方米，年销售额达3.8亿元；1月29日，亿沣生活广场开业运营，该广场营业面积4万平方米，集百货、商超、餐饮、娱乐、购物为一体的城区北部大型购物中心，满足居民一站式购物需求，至2016年底，亿沣超市拥有60家连锁超市，面积达5万多平方米，年销售额达4.5亿元。

创新经营业态，加快转型升级 百货大楼、五星百货、振华超市等大型商贸企业都加快了由传统百货向现代商业转变的步伐，通过布局调整，引进国内知名餐饮品牌，加快培育消费增长点。百货大楼积极尝试儿童产业，在市民文化中心成功运营了以儿童为主题的大型室内娱乐项目“童乐谷”，经营面积近3万平方米，涵盖儿童娱乐、体验拓展、智力开发、餐饮购物、妇幼保健等，是聊城目前规模最大、设施最全，集娱乐、购物、餐饮于一体的一站式儿童娱乐场馆。金鼎购物中心五楼主题餐厅、五星百货六楼主题餐厅成功引进皇城根、鲁西南老牌坊、城南往事、非尝锅气等多个国内知名餐饮品牌，给消费者带来了更多的体验化消费和乐趣，餐饮、休闲、娱乐业态占比进一步加大，一站式休闲购物中心业态已经基本形成。

发展电子商务，创新营销模式 鼓励大型商贸企业如百货大楼、振华超市等，利用移动互联营销方式，依托原有实体网点、货源、配送等商业资源开展“线上市场”与“线下市场”良性互动的网络零售业务。百货大楼“聊百易购”网上购物平台运营逐步走上正轨，与百货、家电、超市线上线下的互动优势日益彰显，正加速向多功能电子商务应用平台迈进。同时，“聊百易购”启动“互联网＋农村”的乡村电商代购点建设项目，不断加强与乡镇、农村的融合对接，进一步扩大农村电子商务应用，至2016年底，已签约农村电商代购点197余个，组织农村电商培训班3期，参训人员400余人，农村电商代购网络正逐步形成。振华超市在运营模式中进行探索，搭建网上新平台，开发线上营销新渠道，携手百度外卖推出“超市购”活动，城区不必走出家门，就能通过百度外卖买到振华量贩的上千单品。

【“两学一做”专题教育】 “两学一做”专题教育开展以后，局真正将其作为一次润泽心灵、改进作风、提升境界的机遇，高度重视、全身心投入，确保取得良好成效。学习教育开展后，召开党组会议、党支部会议10余次，认真安排部署专题教育。组织全体党员学习《党章》《习近平总书记系列重要讲话读本》《中国共产党廉洁自律准则》等40余次；围绕“如何做一名合格中共党员”“如何做党和人民需要的好干部”“严格党内政治生活，自觉尊崇党章、遵守党规”“把纪律和规矩挺在前面”等开展专题讨论6次；开展“书记上党课”“科级干部上党课”“双联共建村上党课”“微型党课”等4次；坚持问题导向，每位党员针对自身存在的问题，查摆不足，畅谈认识和感受，明确今后的努力方向。

【双联共建】 2016年，通过加强联建村党员队伍建设、健全完善各项规章制度、认真组织书记讲党课等，增强基层党组织的凝聚力、战斗力。积极协调农机部门，为联建村申请国家农机深松整地作业补助，实施农机深松作业370亩，惠及农户62户；积极组织开展植树造林，申请协调树苗1500余棵，对村内主要干道进行绿化，完善农田灌溉低压电网、机井配套、农田灌溉管网、提灌站等水利设施；为保障建档立卡贫困户温暖过冬，购买棉被36床，对贫困户进行走访慰问，逐一发放到户，帮助解决贫困户过冬问题。

【市场安全管理】 严格落实安全生产责任制，坚持重点检查和日常监督检查相结合，专项整治和加强安全教育相结合，确保市场安全生产。2016年，共组织开展安全生产检查20余次，检查市场60余处，排查整改安全隐患110余处，及时发现和消除各种安全隐患，确保全区市场消防安全形势稳定。

【市场运行监测】 市场运行监测实现科学化、制度化和规范化。2016年，按照市商务局工作要求，认真做好东昌府区市场运行监测工作，结合东昌府区市场运行监测和商贸流通行业统计工作实际，适时优化调整商贸流通行业统计样本企业，对东昌府区监测样本企业的报表报送工作积极进行指导，不定期抽查报表报送情况，及时督导样本企业按时、准确上报，避免漏报和迟报，有效地提高了报表报送率。在重大节假日，加强市场运行监测，及时跟踪调度，丰富市场供应，抓好安全生产，完善应急预案，为上级商务部门迅速准确掌握流通市场运行状况变化和市场供求动态，提供了第一手资料。

（区市场发展局　李小刚）

【香江市场服务工作】 组织商户参加免费查体。安排部署香江社区卫生服务站对在辖区市场的商户，建立居民健康档案、免费查体2000人。联系光明眼科医院，香江市场商户均享受查体套餐优惠价、救护绿色通道，同时邀请光明眼科专家对商户进行眼部检查。

解决商户资金周转难问题。香江市场携手多家银行为商户搭建“银商融资”“银企合作”平台，联合农商行、莱商银行、兴业银行、华夏保险等多家银行开展了三户联保、五户联保、家庭贷、循环贷、移动支付、“富贵竹”理财等活动，解决了个体经营户因规模较小、社会信用程序偏低导致的贷款难问题。

香江市场积极做好辖区城镇居民办理基本医疗、养老保险，开展失业证登记办理、创业小额贴息贷款等工作，积极做好城镇居民医保、劳保工作的宣传发动、调查摸底、参保登记等工作。共发放宣传资料1200余份，办理失业证登记3个，就业创业证40个，申请创业贷款300万元。

【香江市场安全管理】 严格落实安全生产责任制，坚持重点检查和日常监督检查相结合，专项整治和加强安全教育相结合，确保市场安全生产，管委会与市场开办单位、物业公司、业主委员会签订了《安全经营目标管理责任书》，明确市场开办单位主体、物业公司、业主委员会责任。制定了《香江市场重特大火灾安全事故应急救援预案》《市场防汛快速反应应急救援预案》等方案、预案，最大程度保障市场商户的生命和财产安全。2016年，多次开展“应急救援演练月活动”“打非治违专项行动”“全国安全生产月活动”等市场安全生产大检查活动，及时发现和消除各种安全隐患，确保市场消防安全形势稳定，特别是香江市场通过开展消防安全知识宣传、举行消防应急灭火救援演练、冬季消防隐患大检查等活动。清理市场内道路46条，清理违章停放车辆1800余辆；清理占道经营摊点360余家；清理立地式广告牌860个；清除占道四角棚40多个；清理占道废旧货床、纸箱、货物等1400余宗，确保了香江市场安全生产稳定。

【香江市场计划生育工作】 香江市场计划生育管理工作围绕“无缝隙管理，无漏洞服务”目标，全面推行计生工作网格化管理。香江市场一共分为20个网格，每个网格作为一个计划生育管理单元，分别由计生协管员担任网格管理员，对网格内所有育龄妇女信息进行定期收集，每个专职计生干部分包4个网格，网格管理员在专职计生干部的指导下开展工作；加强行风建设，制定工作目标，严格落实“一次性告知制”“首问责任制”“限时办结制”、AB角工作制等制度。2016年，组织育龄妇女健康查体7000多人次，向原籍发放查体通报单6400余人次。免费发放药具205盒，为150名育龄妇女提供优生咨询。开展流动人口的清理清查工作，发放宣传材料6000余份；同时加大对计划外孕情及非法鉴定胎儿性别的处理力度，发现一例，处理一例。

【香江市场基层组织换届工作】 为了进一步优化党组织设置，规范基层组织建设，本着便于管理、发挥作用的原则，香江党委对任期届满的基层组织进行了集中调整、换届。制定了《香江市场基层组织换届工作实施意见》。根据香江市场实际，撤销五金、百货、轻纺3个行业党支部，新建布匹、电动车、百货商品、电子、五金北区、五金南区、物流、一期服务中心、二期服务中心等9个行业党支部。香江市场已建立健全21个党支部，15个行业工会，做到了全覆盖。香江党委、管委对新换届的基层组织进行了培训，基层组织紧紧围绕香江党委、管委中心工作，充分发挥了先锋模范作用，在促进经济发展、维护市场安全稳定、规范市场经营秩序等方面做了大量工作。基层组织负责人团结带领广大商户内强素质、外树形象，积极开展遵纪守法、诚信经营、文明服务等活动，树立了良好的香江形象。

（香江管委会　何爱菊）

财政·税收

财　　政

【概况】 2016年，东昌府区公共财政预算收入完成31.85亿元，占调整预算的100.15%，增长9.82%。全区公共财政预算支出完成33.87亿元，占调整预算的102.98%，增长8.69%。

【社会民生工作】 完善社会保障和就业政策。全年社会保障和就业支出6.6亿元。发放城乡低保资金2760万元，五保供养资金849万元，使贫困家庭生活得到基本保障。发放义务兵优待金1064万元，自主就业退役士兵一次性经济补助金450万元，离休干部医药费1652万元，支持特殊群体保障政策落实。拨付就业培训补贴216万元，公益性岗位人员生活补贴220万元，支持创业就业工作。

优化教育资金投向。全年教育支出7.7亿元。筹资2.37亿元用于城区中小学建设，包括实验小学、七中、滨河实验学校、育红小学、花园路小学以及嘉明第一实验小学建设等。筹资8351万元用于支持农村义务教育薄弱学校改造和农村幼儿园建设，包括校舍新建、改扩建，附属设施建设以及购置教学仪器设备等，全面改善城乡办学条件，促进全区义务教育均衡发展。

推动文化事业全面繁荣。全年文化体育与传媒支出3470万元。筹资农村公共文化建设资金946万元，主要用于农村文化大院建设和农家书屋出版物补充及更新工程等；拨付农村电影放映补贴137万元，为全区613个村免费放映电影9168场；筹资400万元用于区文物展示中心布展项目等。

健全医疗卫生投入机制。全年医疗卫生与计划生育支出4.6亿元。拨付基本公共卫生服务项目补助资金4139万元，重大公共卫生项目补助资金394万元，基层医疗卫生机构和村卫生室实施基药补助资金1400万元，发放计生家庭奖励扶助、特别扶助资金381万元，发放老年村医生活补助1292万元，有力支持基层医疗卫生事业的健康发展。投入专项业务经费217万元，推动食品药品监管能力、检验检测能力和信息化建设，支持食品药品监管工作。

【农业农村发展】 落实强农惠农补贴政策。严格按照上级文件要求，管理各项惠农补贴资金，督促检查各项支农惠农补贴资金落实情况，确保补贴资金按时、足额落实到符合政策的农户手中。全年共发放惠农补贴资金9291万元，其中：农业支持保护补贴7467万元、农机具购置补贴1740万元、棉花目标价格改革补贴84万元。

助力农业生产发展。投入资金1185万元，实施张炉集镇农业综合开发土地治理项目。发放深松补贴360万元，推进农机深松作业工作，进一步改善耕地质量，增强粮食生产能力，确保粮食安全。拨付农业防灾减灾稳产增产补助资金235万元，专项用于小麦“一喷三防”技术补助所需支出，为夏粮丰收打下坚实基础。

1月，区财政局走访慰问困难群众

推进农村基础设施和公益事业建设。投资724万元，开展一事一议财政奖补项目，覆盖全区43个行政村，包括村内水渠修建、水泥或沥青路面修建、村内公共活动场所建设和村容村貌美化亮化等共计45个项目。安排资金1822万元，对全区20271户农户进行无害化厕所改造，不断改善农村生产生活环境，促进美丽乡村建设。

构建金融精准扶贫新机制。以财政资金为引导，健全金融扶贫机制，充分发挥财政金融资金的杠杆作用，扎实推进脱贫攻坚工作。2016年财政投入资金1000万元，开展扶贫贷款融资增信，作为风险补偿金和贴息资金打包使用。投入资金1000万元设立金融扶贫风险补偿金，为全区10家企业发放“富民生产贷”，为45户贫困户发放“富民农户贷”，用于发展养鸡、蔬菜大棚种植等项目，统筹推进精准扶贫方略。

【财务管理】 **推进国地税深度融合。**根据上级要求，依托区行政服务中心，累计投入资金400余万元，建立了1700余平米的联合办税大厅。设立了办税服务区、自助办税区、纳税人填单区、行政审批区等9大区域52个服务窗口，通过一窗通办、一体化管理，进一步优化纳税服务，提高办税效率，强化税收监管，堵塞征管漏洞，降低征纳成本。

提升财政投资评审效能。通过创新管理方式，以提高财政资金使用效益为目标，有效推进评审职责明晰化、评审流程自动化、项目管理规范化，切实提高评审效能，规范财政投资评审行为。2016年共完成评审项目89个，涉及项目总投资7.53亿元，涉及财政资金2.39亿元。

完善政府采购制度。通过加大政府采购监管力度，规范政府采购工作程序，努力提高政府采购活动的透明度和公正性，采购范围不断扩大、质量不断提高。2016年共组织政府采购584次，政府采购预算10.36亿元，实际采购金额8.87亿元，节约率达14.37%，有效地降低财政支出，最大限度地发挥资金使用效益。

（区财政局　王勇　豆振兴）

国　　税

【概况】 2016年，市区国税局广大干部职工牢记“为国聚财、为民收税”的神圣使命，紧紧围绕市局总体工作部署，以“两学一做”为总抓手，以营改增试点和金税三期优化版上线工作为重点，认真行使党组主体责任和纪检监督责任，实现市区国税形象和绩效考核位次的新提升，推动整体工作上台阶、上水平。

【组织收入】 2016年，以营改增为重点的税制改革深入推进，完成收入任务的压力不断加大。全局上下严格遵循组织收入原则，最大限度扩大收入规模，提升收入质量。2016年全局实际完成各项国税收入34.73亿元，同比增收6.48亿元，增幅23%。同时严格落实各项税收优惠政策，涵养税源，促进企业发展，共办理出口退税1.2亿元，办理增值税税前减免2.4亿元，办理企业所得税税前减免1151万元。

【营改增试点】 营改增是2016年一项重要的税制改革，市区国税局共有8500余户试点纳税人，全面推开营改增试点时间紧、任务重、要求高、难度大。全局上下

国税工作人员辅导营改增纳税人办理网上申报　（4月　摄）

办税厅导税员指导纳税人业务办理流程 （4月 摄）

团结一心、迎难而上，发扬精益求精的工匠精神，定方案发文件、抓培训搞辅导、优服务强管理、严督导促落实。“开好票、报好税、分析好、改进好”四场战役一鼓作气、连战连捷，得到了省局、市局的充分肯定和表扬。5月至年底，全局共组织入库改征增值税4.3亿元。

【纳税服务】 2016年3月，国地税联合服务厅在区政务中心正式开始运行，实现一岗双责、一键双击服务。“十一”之后，国地税正式实现双方所有业务“一窗通办”。同时落实首问责任制、限时办结、预约办理、延时服务、24小时自助办税制度，全面推行同城通办，简并纳税人申报缴税次数，顺利完成3741户纳税人信用等级评价。

【两学一做】 把“两学一做”学习教育作为推动工作的总抓手，党建工作与税收工作相互融合、相互推进。召开“两学一做”学习教育动员大会，开辟“两学一做”学习教育专栏，投资14万元建设党员活动室和老干部活动室，组织党员干部开展双联共建活动。充分发挥党员带头作用，创建“共产党员先锋岗”，发挥党员模范带头作用，努力实现“一名党员一份责任，一名党员一面旗帜”的活动目标。

【队伍建设】 加强培训学习提升业务素质。组织开展春季培训、专业培训和“岗位大练兵、业务大比武”活动，5名同志进入全市比武前20名。采取竞争上岗的方式，选拔23名股级干部，精心组织干部交流轮岗工作，进一步激发干部工作活力和热情。

【廉政建设】 研究制定并下发《2016年反腐倡廉建设和作风建设重点任务及责任分解》，层层签订党风廉政建设责任状271份；开展廉政教育活动，开展向纳税人述职述廉活动，举行廉政专题讲座和廉政党课；落实“八项规定”要求，严格按照标准抓好办公用房的自查自纠清理监督工作。

【文明创建】 在连续保持省级文明单位基础上，获得全市理论教育工作先进单位，人大评议满意单位，获得全区人口和计划生育工作一等奖、工会工作先进单位、慈善工作先进单位、青年文明号等荣誉称号，展现良好国税形象。

市区国税局2016年税收完成情况表

单位：万元

项目	累计收入			
	收入	上年同期	增减%	增减额
一、国内税收收入（计划口径）	347291	282419	22.97%	64872
其中：中央级收入	226980	206083	10.14%	20897
省级收入	8693	4625	87.96%	4068
市级	46215	38345	20.52%	7870

续表

项目	累计收入			
	收入	上年同期	增减 %	增减额
东昌府区	62554	32681	91.41%	29873
旅游度假区	2849	685	315.91%	2164
1、国内税收直接收入	345293	279837	23.39%	65456
（1）国内两税直接收入	237306	167757	41.46%	69549
其中：增值税	199468	136731	45.88%	62737
消费税	37838	31026	21.96%	6812
（2）企业所得税	81773	86017	-4.93%	-4244
（3）个人利息所得税	1	1	0.00%	0
（4）车辆购置税	26214	26063	0.58%	151
2、免抵调库	1998	2582	-22.62%	-584
二、出口退税	-12705	-11976	6.09%	-729

（市区国税　徐岩）

地　　税

【组织收入】 2016年，全区地税系统共组织各项地税收入15.73亿元，收入总量列聊城市第1位。区级收入实现14.24亿元。

【税政管理】 全年共受理年所得12万元以上个人所得税自行申报967人，同比增加522人，同比增长117%，共有10人补缴了税款67681.93元。

【征收管理】 以税收征管体制改革为契机，以实现税收征管现代化为目标，狠抓征管基础建设，加大税源控管力度，大力清缴欠税；强化金三系统应用，优化资源配置，完善岗责体系，顺利完成金三换版工作；推行税收征管规范，加强税收基础数据整改；加大国地税合作工作力度，实施单位“三证合一、一照一码”、个体“两证整合”登记模式；征管质效明显提升。全年新办税务登记6573户，比去年增加33户，全部正常纳税人户数达到31098户。

【税收执法】 2016年，共为553户小微企业减免企业所得税357.63万元，户均减免税额为0.65万元；为554户小微企业办理了退（抵）税手续，退（抵）税款19.14万元。

【纳税服务】 2016年，共开具各类税收完税凭证51830份，签订《委托划转税款三方协议》4539户次；办理各类登记事项8282户次。3月，被评为“十佳群众满意窗口”。

【信息化建设】 对专项风险应对任务中的纳税人疑点进行处理，共派发“调查巡查”任务485次、“纳税评估”任务52次，核查税款10497.77万元；处理第二批税收风险应对任务，共处理“调查巡查”和“纳税评估”任务763户次，入库税款462.84万元。

【干部队伍建设】 以提升岗位能力为重点，组织开展全员业务学习考试，在浙江大学举办税务干部能力提升培训班等专题培训班，提升干部队伍综合素质。根据工作需要和干部队伍管理的有关规定，将10名新招录公务员全部充实到中心税务所，实现人力资源的优化配置。规范人事管理工作，顺利完成部分人员历史遗留问题。

【基层建设】 深化精神文明创建，开展“传承好家风好家训”“与文明同行·展文明风采”暨学雷锋树新风党员志愿者活动，分局顺利通过“省级文明单位”复查验收。

（市地税局东昌府分局　王子房）

小资料

营业税改增值税

营业税和增值税是我国两大主体税种。营改增在全国的推开，大致经历了以下三个阶段。2011年，经国务院批准，财政部、国家税务总局联合下发营业税改增值税试点方案。从2012年1月1日起，在上海交通运输业和部分现代服务业开展营业税改增值税试点。自2012年8月1日起至年底，国务院将扩大营改增试点至8省市。2013年8月1日，“营改增”范围已推广到全国试行，将广播影视服务业纳入试点范围。2014年1月1日起，将铁路运输和邮政服务业纳入营业税改征增值税试点，至此，交通运输业已全部纳入营改增范围。2016年3月18日召开的国务院常务会议决定，自2016年5月1日起，中国将全面推开营改增试点，将建筑业、房地产业、金融业、生活服务业全部纳入营改增试点，至此，营业税退出历史舞台，增值税制度将更加规范。这是自1994年分税制改革以来，财税体制的又一次深刻变革。

金融·保险

金　　融

【金融工作】 构建多元融资服务体系，强化对实体经济支持　全区在推动政银合作、发行公司债券、开展农民专业合作社信用互助业务试点等方面积极创新，不断提升和满足多样化小微企业融资需求的能力。

在推动政银合作上，积极联合北京银行研究开创“东昌府区模式”，依托区级财政2000万元的支持，对区属重点企业扩大10倍，贷款总额可达2亿元，截至2016年底，已放款总额达1.56亿元；根据“东昌府区模式”的成功经验，区财政又拿出9000万元，分别与建设银行、齐鲁银行开展“助保贷”业务；与聊城沪农商村镇银行开展了“助业贷”业务，截至2016年底，已累计向区属企业放款总额4亿元，有力地支持和促进全区中小微企业发展。此外，还与聊城沪农商村镇银行联合开展小额担保贴息贷款工作，按照个人全额贴息和企业50%贴息的原则已累计发放贷款6200万元，进一步解决全区农民、下岗再就业人员等弱势群体和小微企业贷款难的问题。

在发行公司债券上，在东昌府区没有任何资金来源的情况下，完成绝大部分五环工程拆迁安置工作，但大量的货币补偿急需兑付，回迁安置区建设亟待开工，群众思想极不稳定。为此，积极拓宽融资渠道，通过优化财政部门下属安泰公司资产债务结构，提升公司信用等级，提高资产负债管理水平和资金运用效率等措施，以发行公司债券的方式募集资金，专门用于五环工程拆迁补偿及回迁安置区建设。2016年2月26日，国家发改委下发（发改企业债券〔2016〕41号）文件，同意安泰公司发行公司债券不超过12亿元，期限7年，募集资金已经到位。安泰公司债券的发行，实现了全区乃至全市政府平台公司融资的新突破。

在开展农民专业合作社信用互助业务试点工作上，根据省市关于农民专业合作社信用互助业务的有关政策措施和要求，抢抓农民专业合作社信用互助业务在全市全面实施的重大机遇，出台《东昌府区农民专业合作社信用互助业务试点方案》，成立农民专业合作社信用互助业务试点工作领导小组，选取山东省聊城市农合亿沣蔬粮种植专业合作社和聊城市东昌府区富民农业科技专业合作社开展信用互助业务试点。作为农民专业合作社信用互助业务试点最多的县（市、区），成立后将有效地解决社员和三农小微企业短期融资难的问题。

推进多层次资本市场建设，拓宽直接融资渠道　为鼓励企业拓宽融资渠道，结合自身实际，出台《东昌府区促进企业上市挂牌等直接融资的若干政策》（东昌政发〔2017〕24号），加大对企业上市挂牌的奖励力度，切实加快企业上市和股权挂牌步伐。经过积极协调努力，东昌府区的上市后备企业，山东天工岩土工程设备有限公司已与广发证券、瑞华会计师事务所、北京康达律师事务所分别签署服务协议并进入上市培育期；山东金帝精密机械科技股份有限公司与海通证券股份有限公司签署上市框架协议，已完成上市主体搭建，公司内部已进行股权结构调整，切实加快推进上市步伐。继天元小额贷款股份有限公司、聊城金新低碳建筑节能技术有限公司、众信易诚保险代理股份有限公司在全国中小企业股份转让系统挂牌成功后，东昌府区的“新三板”挂牌后备企业，鑫科生物与中邮证券股份有限公司签订推荐挂牌并持续督导协议，审核材料已上报股转系统；安泰石油、神舟病虫害和新时代能源设备3家企业已分别与中介机构签约，争取2017年在全国中小企业股份转让系统挂牌。2016年，全区共有9家企业在齐鲁股交中心完成挂牌，分别为东旺冷冻仓储有限公司、山东合力冷冻设备有限公司、聊城德瑞网络科技有限公司和聊城市东昌府区天乐庄园生态农业有限责任公司等。至2016

年底，全区共有“新三板”挂牌企业3家，地方股权托管交易中心挂牌企业13家，另外还有一批即将上市和酝酿上市的后备企业。

引进和培育地方金融组织，增强融资服务能力 2016年，不断加大对地方金融组织的建设力度，继宝亨、昌华、鼎诚和远大4家民间资本管理公司成立后，又积极争取设立元亨和融盛2家民间资本管理公司，6家民间资本管理公司总注册资本金达2.2亿元，累计向区属企业提供投资额近2.4亿元；天元、鼎诚、百诺鑫合3家小额贷款公司累计向215家区属企业提供贷款425笔，总额达11.77亿元；鼎诚、鲁信、鼎泰和东安广4家融资性担保公司累计为6946户新增在保企业提供担保额达10亿元。继德州银行聊城分行和招商银行聊城东昌府支行在东昌府区开业运营后，民生银行、威海银行也确定在东昌府区设立分行；国泰君安证券、招商证券和银河证券相继在东昌府区顺利开业运营。辖区内银行性金融机构达19家，村镇银行1家，证券公司6家。

不断加强金融监管和指导，打造良好生态环境 把抓好日常监管与防范金融突发事件紧密结合起来，把金融属地监管与上级协调服务结合起来，建立维护金融稳定的工作机制，提高防范金融风险的能力和水平。通过日常调度、现场检查、年度行业年审和分类评级等多种形式，加强对小额贷款公司、民间资本管理公司和融资性担保公司的监管，确保其法人治理结构完善，业务开展依法合规，风险防范和内控措施健全有效。辖区内各金融企业规模不断扩展，管理体制逐步规范，业务发展迅速，社会影响力增大。贯彻落实省市打击和处置非法集资的工作部署，全力维护地方金融环境和社会稳定。开展防范和处置非法集资宣传月活动，通过着力开展集中宣传、深入推进基层宣传、全面发挥媒体作用和强化“四个人群”宣传等工作重点，在电视、广播频道滚动播出防范打击非法集资宣传片，印制并发放宣传资料6万余份，引导广大群众提高法律意识和风险防范能力，从源头上有效遏制非法集资。

（区金融办　朱琳）

【中国工商银行聊城古楼支行】

中国工商银行聊城古楼支行认真贯彻宏观经济政策，全面落实金融监管要求，以“建设一流城区精品支行”为目标，团结奋进，不断加大改革创新力度，深入推进经营转型。在日益激烈的竞争环境下，各项经营管理工作取得显著成绩，精神文明、物质文明取得双丰收。与此同时，内控防案工作持续加强，服务工作不断改善，客户满意度明显提升，中高端客户占比持续增加，深入开展党的群众路线教育实践活动和“两学一做”学习教育活动与推动经营发展有机结合起来，以加快发展、跨越赶超为工作总基调，调结构、促增长、防风险、打基础、抓管理，奋力开辟全行经营发展的新局面。2016年1月，昌润路支行被共青团聊城金融工委命名为“提升岗位能力、提升服务水平示范点”；3月，新兴储蓄所被聊城市总工会授予全市女职工建功立业“标兵岗”。支行在2016年旺季服务竞赛活动排名全区第二名，获得“支行优胜奖”。2016年度行长目标经营绩效考核位列工行系统第八名。

经营业绩持续攀升 截至2016年12月末，全年全行本外币各项存款206624万元，各项贷款余额384744万元，中间业务收入2426万元；不良贷款率0.38%，低于全区平均水平1.16个百分点（全区为1.54%）。

内控管理日臻完善 在各项业务发展的同时，支行狠抓内部管理，严格执行内控制度，堵塞各类风险隐患；始终把风险防范和业务发展放到“并重”位置，坚持“精细化管理”的内控管理工作理

6月22日，聊城古楼支行利用内控合规案例展板进行专题教育

念，积极围绕运管专业风险点防控开展工作，对“风险点”的管理制度进行全面的梳理，细化每个风险点可能存在的风险环节，逐一制定防控工作的具体措施，健全并完善制约手段。为此，制定运行管理考核办法，实施违规行为处罚通报、内控及运行管理奖惩等制度，修订完善《内控与运行工作管理考核办法》，制定网点违规行为整改通知书、违规行为处罚通报等办法，建立《风险事件预警警示书》《运行质量监测分析通报》等业务运营分析通报机制，对营业网点在业务运行和操作及管理过程进行工作提示和风险警示，突出做好预警防范和操作风险的前瞻性工作，防范道德风险和操作风险的发生，连续22年无案件事故发生。

服务水平持续提高 在开展“创建精神文明”活动中，以争当“优质服务先进单位”为总抓手，从服务环境的改善、服务标准的规范、服务方式的创新、服务质量的提高入手，认真坚持“以客户为中心”的服务理念，不断满足广大客户日益丰富的金融服务需求。大力解决网点排长队问题，深入开展客户投诉突出问题专项治理，2016年末，全行客户平均等候时间降至7.54分钟，没有发生有效投诉，客户满意度平均保持在99.99%以上。

牢牢把握以人为本，优化组织人员结构，完善用人育人机制，调动全员的积极性、主动性和创造性，为改革发展凝聚力量。在实际工作中，始终坚持以人为本，将员工工作放在第一位，围绕支行中心工作，解决思想问题，充分调动生产力中最活跃因素；积极推行党务、行务公开制度；强化工会组织的积极作用，投入大量人力、物力建设好职工之家；充分尊重和落实员工的知情权、参与权、监督权、表达权，积极维护员工民主权利；推进员工职业发展和绩效分配改革，员工收入连续三年持续稳定增加；为职工办好事、办实事，稳定劳动关系，构建劳动关系和谐企业。

（中国工商银行聊城古楼支行 冯泽锋）

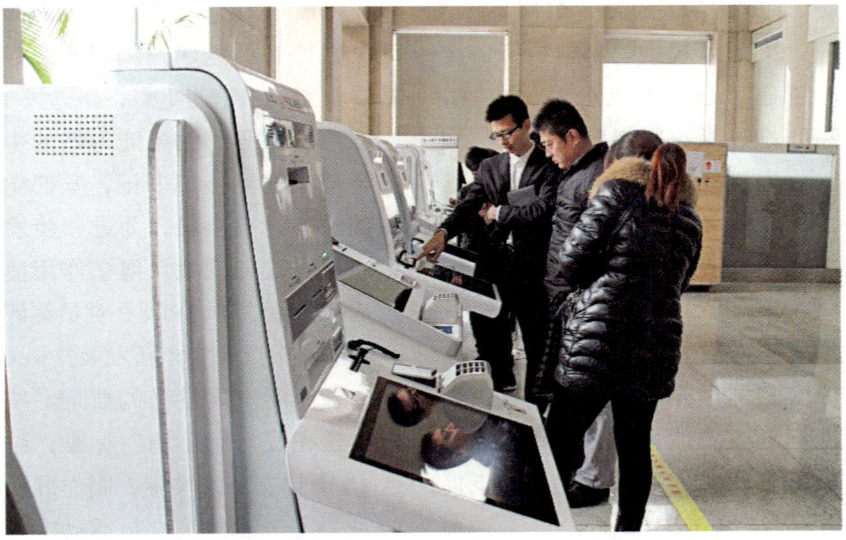

1月22日，聊城古楼支行积极向客户推广使用智能终端，提高网点智能化水平

【中国农业银行聊城东昌府支行】 在区委、区政府的领导下，该行主动对接全区整体规划，以深化网点经营转型为主线，强素质、助项目、扶小微、惠民生，不断提高自身的经营管理水平和服务品质，支持地方经济发展。2016年末，全行各项存款余额45.5亿元，较年初增长7.3亿元，各项贷款余额34.8亿元，较年初增长4.9亿元，存贷比76.5%，2016年综合考评跃居聊城农行系统首位，较2013年上升三个位次。

减费让利 同舟共济 农行东昌府支行牢牢把握服务实体经济这一根本任务，坚持信贷投向与政策导向、支持重点与市区经济布局相匹配，坚决落实好区委、区政府的各项部署。该行根据当地经济发展规划，加强与地方政府部门的联系，及时捕捉重点项目立项、开工信息，建立专项营销档案，组织人员深入企业了解项目建设进度及资金需求情况，积极向上级行争取信贷规模倾斜以及利率优惠，通过开辟绿色通道、提高信贷审批效率等举措，加大对重点项目的金融支持和服务力度。积极跟进对接德商高速、青兰高速等全市重点基础设施建设项目，其中德商高速项目，累计发放项目贷款9.2亿元。面对中通客车等企业，大力实施“走出去”战略的现实需求，不断强化新兴业务学习，创新产品组合，进行精准对接，助推国际业务实现跨越式发展，成功开办了系统内第一笔国际应收账款池融资业务157万美元；为坤霖环保办理全市首笔国内信用证项下买方福费廷业务1000万元，贸易融资业务实现破题；2016年实现国际业务结算量

1.17亿元，较2013年增长7909万元，增幅达208.13%。

2015—2016年，累计发放小企业贷款8334万元。对于小微企业，累计办理低成本金融产品6600万元。同时，对于受经济下行影响，出现暂时性经营困难的小微企业，坚持不压贷、不抽资，全力维持企业资金链安全，做到与企业抱团取暖、同舟共济。

面向三农　服务城乡　农业银行承载着涉农金融服务国家队的历史使命，农行东昌府支行虽为城区支行，但始终坚持服务三农的历史传承和责任担当，把服务三农作为实施差异化发展的品牌业务。该行认真贯彻上级行的安排部署，专门组建“三农”服务团队，积极开展客户普查，绘制全区农户贷款“生态图谱”，筛选建立专业大户和家庭农场信息档案库，制定营销动态方案，及时掌握对接金融需求。同时，积极发展农户新居贷业务，2015—2016年累计办理贷款2952笔，金额1.85亿元，帮助3000余户农村居民圆了“安居梦”。此外，持续推进“金穗惠农通”工程，将“惠农通”服务点作为柜面渠道的补充，深入农村一线，依托农村村委、超市、农资店等，布放智能支付终端。

创新驱动　提质增效　农行东昌府支行始终致力于增强自身的个性化服务能力，立足产品创新，不断满足客户的多样化需求谋求，为当地企业经营和居民生活增效提质。为中通客车集团新上圈存机2台，月圈存量3500多笔，金额50多万元，有效提升了员工的用卡体验，成功经验被省行以简报的形式在全省范围内转发推广。

为了顺应电子商务蓬勃发展的大潮，该行适时推出“e商管家”电子商务平台，该平台能够为传统企业快速转型电商提供集供应链管理、电子渠道支付结算、线上线下协同发展等于一体的电子商务金融服务，大大降低企业向电商转型的时间成本和资金成本。该行利用多种渠道，不断加大“e商管家”的宣传推广力度，2016年末，已成功帮助25家企业上线“e商管家”，实现线上线下协同发展的战略转型。同时，为方便市民的生活消费，与联通公司、广电网络、水务集团成功签订代收费协议，市民利用农行电子渠道，足不出户即可缴纳话费、有线电视费和水费。进一步完善农行微信公众号的利用，成功上线求实、正信机动车检测微信缴费项目以及一元观影、一元洗车等优惠服务项目，便民利民的服务举措更加多元。

深化转型　服务升级　农行东昌府支行始终坚持“客户至上、始终如一”的服务理念，持续提升优质文明服务，不断拓宽金融服务半径，将“以客为尊、优质服务”的理念铭刻在心，贯彻于行。

2015年起，按照上级行的统一部署，东昌府支行多措并举，持续推进深化网点经营工作。同时大力推进网点标准化建设，网点形象和环境有效改善，全面实施优质文明服务标准化导入，健全考核激励机制，强化员工培训，增强操作技能和服务技能，旨在为客户提供专业化、差异化、个性化“贴心”服务。通过深化转型，该行优质文明服务水平进一步提升，客户体验显著增强。

提升传统营业网点服务水平的同时，不断加快离行式自助服务区的建设步伐，借鉴系统先进经验，创新金融便利店模式，配置存取款一体机、智能柜员机、自助发卡终端等最新设备，并由巡点工作人员现场指导客户办理业务，满足客户开立账户、存取款、转账汇款、生活缴费、投资理财等全方位金融需求，进一步拓宽普惠金融服务的半径。

刚柔兼具　内强管理　农行东昌府支行在发展业务的同时，十分注重人文关怀。通过更新壁橱、桌椅，购置空调等措施，完成12间职工宿舍的装修改造，改善单身员工的居住环境；开展困难员工帮扶活动，对特困员工、单亲困难女员工进行慰问，2016年帮扶困难员工8人，提供救助金3.2万元；大力开展创先争优、岗位练兵活动，号召全行员工学习先进典型，弘扬榜样精神，提升职业素养，2016年在分行柜台业务技术比赛中，取得团体总分第一名，全年共有12人次在省、市行举办的各类比赛中获奖，连续七年获得聊城农行职工运动会团体第一名。

积极培育“家园”文化的同时，狠抓基层党建。以配齐配强基层党支部书记为重点，新选拔4名政治素质强，业务能力精的中层干部担任党支部书记，全部党支部配齐纪检委员，为进一步发挥基层党支部的战斗堡垒作用奠定基础。通过群众测评、党员测评和支委会审议决定，新发展党员6名，确保新发展党员的质量。按照“三亮五有十上墙”标准，结合10个党支部的实际，制作展板52块，进一步规范党员活动室的建设。下发“三会一课”记录本280本，党委班子成员认真落实党建工作联系点制度，深入蹲点抓点、重点督导各党支部“三会一课”制度落实情况，带头解决基层党建工作中存在的难点问题。同时深入开展“三严三实”专题教育活动和“两学一做”学习教育，制定活动方案及配档表，将各阶段内容纳入党委班子成员及基层党支部书记的党建责任清单，用责任传导压力，确保“三严三实”专题教育活动、“两学一做”学习教育有序推进。党委及10个党支部按月进行党章党规、系列讲话的集中学习，举办“参观孔繁森纪念馆”“重温入党誓词”等创新活动，丰富学习教育形式，思想建党的力量明显增强。

（中国农业银行聊城东昌府支行 张一鸣）

【中国建设银行聊城东昌府支行】 中国建设银行聊城东昌府支行（以下简称“东昌府支行”）按照“求真务实、以人为本、加快发展、合规安全”的原则，坚持以党建引领业务发展，以创建“融心服务品牌”为契机，紧紧围绕市分行党委下达的年度经营工作计划和方针，找准自己定位，细化工作目标，制定科学可行的落实措施，促进全行存、贷款和中间业务快速发展。

2016年，全年实现本外币账面利润2710万元。年末各项存款余额为228340万元，较年初新增38545万元。各项贷款余额58724万元。全年发放贷记卡3237张，发放借记卡4.6万张。积极营销住房贷款，年累计发放个人住房贷款32100万元。与东昌府区民营局合作发放“助保金”贷款6040万元，有利地支持地方经济建设。

一般性存款新增完成较好，日均新增居系统内第5位，城区第2位；时点新增居系统内第4位，城区第2位；中间业务净收入实现881万元，居城区第2位；代理保险销售量、云闪付，龙支付、微信同步率、银行卡发卡量、对公有效客户新增均居市行首位；个贷业务实现突破，较年初新增26594万元；账户金销量、电子银行同步率、信用卡专项分期均走在市行前列。实现政府购买服务贷款7个亿的批复。

东昌府支行主要业务指标表

单位：万元

全口径存款		一般性存款		对公存款		储蓄存款		同业存放款项	
年底余额	较年初	年底余额	较年初	年底余额	较年初	年底余额	较年初	年底余额	较年初
228340	38545	228340	38545	104994	24946	123346	13599	0	0

各项贷款		对公贷款		个人类贷款		中间业务收入	净利润
年底余额	较年初	年底余额	较年初	年底余额	较年初	余额	余额
58724	28231	26624	10000	32100	26594	881	2711

（中国建设银行聊城东昌府支行 徐振龙）

【中国银行股份有限公司聊城柳园支行】 2016年，全行按照“工作清单化，清单客户化，客户责任化，责任制度化”的工作要求，积极践行大行责任，多项工作均完成良好。年末，全行累计实现营业收入1819万元，税后利润981万元。各项存款余额90993万元，较年初增加16364万元，同比增长21.93%，其中储蓄存款余额34873万元，较年初增加520万元，公司存款时点余额55997万元，较年初增加15742万元。各项贷款余额23086万元，其中个人贷款余额21811万元，公司贷款余额1275万元。

坚持以客户为中心，存款市场得到开拓 2016年，面对同业竞争激烈，客户群基础薄弱，储蓄存款新增乏力的不利局面，坚持以客户为中心，积极推进个金业务转型，注重加强大堂经理、理财经理和个人客户经理的联动作用，致力于为客户提供全方位的一条龙服务；同时加大对助农服务点的营销和维护力度，客户群基础得到进一步巩固，储蓄存款也扭转了网点搬迁后不断下降的局面。

公司存款方面，利用现有资源，奋力抓好市场拓展工作，制定客户攻关目标，明确攻关责任人，对重点客户由行长作为客户经理带头营销，实行“一对一”跟踪服务，取得明显效果。新增行政事业客户5户，新增日均存款6255万元。

直面困难，加快资产业务发展 在公司类信贷客户营销上，继续坚持好中选优的原则，严格把握上级行信贷投向政策，积极对接PPP、政府采购、社会服务建设等优质政府项目，进一步优化信贷结构，降低信贷风险，加大了信贷退出力度，对于有潜在经营风险的中小企业授信客户及时进行风险评估，以稳妥的方式进行授信退出，避免发生不良贷款。

继续加快个人信贷业务发展，坚持做到数量、效益、风险的统一，大力开办个人住房贷款、汽车分期、存单质押贷款等风险系数低收益相对稳定的业务。全年累计发放个人消费贷款6760.6万元，其中个人住房贷款6129万元，存单质押贷款594万元。

客户群建设 2016年末，日均余额20万元以上公司客户较年初新增8户，个人客户较年初新增1980户，其中个人日均资产800万元以上私人银行客户新增3户；万元以上客户人均持有产品数3.0；代发资金量19343万元，较去年同期增加4655万元，增速31.70%。

中间业务发展情况 2016年末，信用卡客户较年初新增603户；消费额本年新增18996万元；分期业务交易额合计1505万元；实现各项非利息收入275万元，其中公司板块66万元，个人金融板块212万元。

（中国银行股份有限公司聊城柳园支行 冯泽超）

【聊城农村商业银行股份有限公司】 2016年，形势复杂，挑战严峻，聊城农商银行奋力拼搏，提升发展质量，运营模式日趋完善，格局更加清晰，各项目标任务圆满完成。存款再登新阶，各项存款余额205亿元，较年初新增42亿元，增幅26%，成为全市首家，全省第12家突破200亿元的农商银行。贷款稳步增长，各项贷款余额126亿元，新增18.21亿元，增幅16.88%，增量、增幅均居全市第1位。信贷管理上，划分公司、生产经营、消费、农户四大版块，形成65款产品，满足各类客户需求。不良实现双降，表内不良贷款余额1.62亿元，占比1.29%，较年初实现双降，在全省内为数不多。全年累计清收处置不良资产1.48亿元，“金秋亮剑”活动收回8200万不良贷款中，82%为现金收回，处置质量较好。效益稳步提升，各项收入14亿元，同比增加1.6亿元，增幅12.9%，居全省前列。资金业务收入占比25.36%，多元化收入格局基本形成。经营利润5.63亿元，同比增加9363万元，增幅19.93%。在全省48家法人机构分红困难情况下，本行保持分红高位状态，仍有富余。资本充足率14.75%，拨备覆盖率301.94%。二级债成功发行，资本补充渠道实现多元化，对业务支撑能力大大增强。

家庭银行初步成型，营销管理模式完善 以家庭银行为总抓手，立足“春天行动”“夏日风暴”“金秋亮剑”“冬日会战”四季营销活动，构建了市场管理和客户营销新模式。

网格管理持续推进。依托“五进两扫”“1121”“54321”三大模式，全员出击，分类分层，精准覆盖，完成对908个行政村建档，及150个居民小区和330个企事业单位总体评价，实现近10万客户信息录入及分类。通过网格管理，明确了客户经理责任田，做到了市场精耕细作，实现了过程有力管控，建立了分层分类体系，提高了工作精度和质效。

品牌打造成效显现。打造“幸

福+”品牌，推出“富生活、惠生活、乐生活”三大增值服务联盟；构建“产品营销”“增值服务”“客户管理”“综合评价”“考核保障”五大版块；创新营销理念，整合客户资源，一手托市场，一手托客户，打造满足家庭成员“文化、娱乐、教育、就业、消费”等需求的综合服务平台，初步实现客户“融资”“融惠”和“融智”，以金融服务为主向“情感体验”为主的服务转化，提高了客户粘性，实现了可持续发展的战略转型。

持续提升农村金融服务水平 产业结构调整成果显著依托信用工程建设，以农村产业结构调整为切入点，累计推动村庄211个，参与户数1741户，调整土地7566亩，授信1115户、8797万元，用信7144万元。凤凰街道谭庄通过两年持续推进，蔬菜基地已达460亩，产值680万元，进入市政府“聊胜一筹”品牌序列，销往北京各大市场，规模及示范效应持续显现。农村金融综合服务平台稳步推进。以实现农村金融服务覆盖为目标，持续改变农村金融生态，全力打造村头银行，全年新布设电商138台，累计330台，行政村覆盖率37%；合作商117家；有效用户4万户，覆盖率80%，其中平台商品扩展至化肥、酒水、洗化及汽车用品、数码电器、粮食副食等领域，化肥销量占比83%，累计产生订单14.16万笔，金额1259.3万元。农区电商已深入人心，得到政府及社会各界好评，荣获“全国十佳电商”称号。

产品体系日趋完善，市场空间不断拓宽 根据市场导向和各类客户需求，完善产品体系，拓展市场空间，持续增强经营内生动力。

完善产品体系。在信贷上，按客户类型，担保方式，额度大小等维度，推出“家庭贷”“流水贷”“建棚贴息贷”等多系列产品线。在负债端，开拓农区理财市场，让更多农户享受到更高金融收益，创新系列产品，满足城区理财需求。大额存单获批发行，又多了一个争夺市场份额的有力武器。

拓展业务领域。在国际业务上，陆续开办订单融资、打包贷款、出口押汇、商票融资、减免保证金开证，不断拓宽服务范围；在金融市场，建立与优质券商、基金、信托机构合作，推动资管、信托、理财业务，上海产品研发中心成功设立，不断增加业务渠道；在全市率先推动保险箱业务，打造功能齐全、服务多元的金融超市。

拓宽金融渠道。在电子银行领域，电子银行业务替代率76.1%，布设ATM96台，社区覆盖率100%；农金通422台，助农取款服务点1018处，实现农区全覆盖。在网点建设上，网点总数达44家，金融服务覆盖更全；打造一批旗舰店、全功能网点；陈庄社区银行、盖世物流金融工作室服务模式逐步推进。

流程运营日趋成熟，管理格局更加明晰 经营管理架构逐渐成熟。推行区域管理模式，着力打造管营中心，小微中心，直管行三大版块，实现机构分类管理、分级考核，区域管控科学有序。

管理工具体系完善。形成以工作要点为导向，行动计划为指引，问题清单为改进，工作日志为保障的管控机制，提升了运营效率。

内控管理持续提升。信贷、财务、合规、科技、案防、运营等各条线，制度不断健全，机制运行流畅。智能防卫系统不断完备；监控科技化不断加强；押运队伍素质持续提升；实现全年安全无事故。

队伍管理逐步深化。持续倡导能人效应，实施等级考核，探索积分管理，人才有序流动、干部能上能下、评价体系成熟的格局逐步形成，员工思想觉悟、主人翁及责任意识和凝聚力全面提升。

（聊城农村商业银行股份有限公司 徐媛）

保　险

【中国人民财产保险股份有限公司聊城市东昌府支公司】 2016年人保财险城区财产保险业务收入4.56亿元，占城区财险业务的28.7%。

服务领域及保险规模 强大的服务优势和雄厚的经济实力赢得了保户的信任与支持，公司同许多大客户建立了牢固的合作关系。聊城市直、区直机关公务用车保险招标，鲁化集团、昌裕集团等大中型企业在公司投保了财产保险、机动车保险、雇主责任保险、安全生产责任保险、产品责任保险等各类保险，为化解企业风险，维护当地经济稳定作出积极的贡献。扎实做好城乡居民大病保险工作，2016年为全市486万居民办理大病保险，有效缓解城乡居民“因病致贫、因病返贫”的社会难题。公司在辖区开展了治安保险“平安家园”业务覆盖面基本达到100%，为辖区镇办农村居民的财产安全提供了有力保障。公司以落实各项强农惠农政策为主线，大力推进农业保险工作健康发展。2016年继续承保育肥猪和能繁母猪50570头，有力的保障了养殖户的利益。

创新保险服务 为更好的服务聊城城区经济发展，扩大服务领域，公司开展诉讼财产保全责任保险、为支持地方企业技术革新开办首台套重大技术装备保险、为出口企业解除后顾之忧开办出口信用保险、为解决城乡居民资金账户安全公司开办个人资金账户安全保险。

保险理赔 为方便保户理赔，公司始终把客户利益放在首位，随着机动车辆的大量增加，在城区金羊集团、五洲集团、江北汽车城、北斗集团等4S店设立机动车定损机构，方便客户理赔。95518服务专线和现场查勘理赔人员24小时服务，实行限时服务、限时理赔，树立人保公司良好的信誉。2016年，东昌府区养殖业保险保费缴纳156万元，理赔金额高达190.76万元。2016年，城乡居民大病医疗保险，惠及52938人，支付医疗费用补偿金额高达17878.83万元。

企业文化建设 人保财险公司注重企业文化建设，坚持“以人为本，诚信服务，价值至上，永续经营”的经营理念和“风雨同行、至爱至诚”的核心价值观，肩负“人民保险·造福于民”的历史使命，发扬“求实、诚信、拼搏、创新”的企业精神，真诚为社会各界奉献优质、高效、规范的服务。每年5-10月公司开展人保客户节活动，回馈新老客户，开展“十一”黄金周自驾游活动，提供短期高保障的服务。通过与人保寿险公司交叉互动，开展财产保险业务，利用集团公司的优势建立起财险、寿险一站式服务的保险服务模式，极大地方便客户。

（中国人保财险东昌府支公司 刘广磊）

小资料

影子银行

又称为影子金融体系或者影子银行系统（Shadow Banking system），是指房地产贷款被加工成有价证券，交易到资本市场，房地产业传统上由银行系统承担的融资功能逐渐被投资所替代，属于银行的证券化活动。该活动在2007开始的美国次贷危机中渐渐被人们重视，此前一直游离于市场和政府的监管之外，当前也无十分有效的监管方式。影子银行的快速发展和高杠杆操作在带来金融市场繁荣的同时，也给整个金融体系带来巨大的脆弱性。作为金融市场上的重要一环，影子银行系统不会因为持续萎缩而消亡，而是逐步走出监管的真空地带，在新的、更加严格的监管环境下发展。

科技·教育

科学技术

【概况】 2016年，全区以科学发展观统领全局，紧紧围绕经济发展的总体目标，立足实际，强化措施，突出重点，以改善和优化科技发展环境为基础，以促进科技成果转化和高新技术产业化为重点，以项目的组织实施为纽带，大力实施“科技带动”战略，全区科技工作获得较快的进展，取得明显的工作成效，对促进全区经济又好又快发展和社会进步发挥积极作用。东昌府区先后获得全国科技进步区、省级农业科技示范区，区科技局先后被评为国家级科技特派员工作先进集体、山东省科技管理工作先进单位，山东省科技计划管理先进单位，山东省知识产权工作先进单位，聊城市“三下乡”工作先进单位，聊城市精神文明建设先进单位、区涉农部门先进单位、区“继续提升年活动”先进单位、区先进基层党组织等荣誉称号。

【科技计划与成果】 全区立足特色和优势产业，根据国家、省、市科技政策和主导产业的发展，积极推进全区科技项目库建设，做到发现一批、储备一批、提炼一批、申报一批。通过对企业调研，筛选出科技含量高，发展前景广的科技项目入库，为申报各级科技项目做好储备。坚持自主创新、企业主体、重点突破的原则，精心选择项目，加强与上级部门的联系与沟通，及时了解掌握国家、省、市科技部门项目信息，做好各级各类科技计划项目的申报和推荐工作，争取全区更多的项目进入国家和省、市科技计划。2016年，4个科研项目获省级立项，其中省重点研发计划项目1项、省西部经济隆起带科技创新人才基金扶持项目3项。通过科技项目带动，企业自主创新能力进一步增强，产品竞争力得到提升，推动了全区科技进步。

针对全区科技成果鉴定的实际情况，进一步规范科技成果鉴定程序，强化对社会公益类科技成果鉴定的管理，通过鉴定会进一步促进企业技术创新，充分利用专家资源服务于企业技术创新，2016年全区共取得科技成果8项，技术合同登记9412万。

【专利工作】 东昌府区知识产权局于2005年成立，在区科技局挂区知识产权局的牌子，以宣传知识产权、应用知识产权、提高民众知识产权保护意识为重点，积极做好专利宣传培训、专利申请、专利实施、专利试点和示范工作。多措并举，全年共举行大规模的宣传活动3次。其中，对科技信息员队伍的培训起到了事半功倍的效果，科技信息员直接面对辖区企业宣传专利法律法规，宣传知识产权政策，极大地提高了企业的知识产权意识；引导企业研发申报专利技术，促进专利技术产业的发展，提高了企业核心竞争力。2011—2016年，全区发明专利申请量2748项，截至2016年底，有效发明专利454项，万人有效发明专利拥有量达3.5件，连续六年专利申请与授权量居全市第一，拥有山东省优势培育企业3家、山东省知识产权示范企业2家。认真做好专利执法工作，全年共开展执法活动4次，与市局联合查处了一起企业假冒专利的违法案件，有效地遏制了专利侵权行为，为知识产权保护工作营造了良好氛围。

【技术市场管理】 认真贯彻落实《技术合同法》和《山东省技术市场管理条例》，对区内技术市场进行了检查整顿，组织技术贸易人员进行培训。2016年，全区技术转让、开发、服务合同登记20余项，技术交易额9000多万元。建立技术、人才、信息市场，展示技术信息200余条，技术市场运转良好，技术贸易稳定增长。

【高新技术企业】 至2016年底，高新技术产业产值达到66.19亿元，同比增长11.84%。全区省级高新技术企业达到11家，居聊城市前列。

加快实施“科技创新示范工

程”，加快建立以企业为主体、市场为导向、产学研相结合的技术创新体系，加快科技平台建设，进一步拓宽科技合作的领域和层次，加速科技成果转化推广，提高科技服务水平，提升全区的科技竞争力和技术创新能力，为推动区域经济可持续发展提供强有力的科技支撑。市级以上工程技术研究中心达到26家。

【科技交流与合作】 通过组织企业参加各类科技成果洽谈会，引导企业与高校院所进行技术合作，有效地促进了高校院所先进技术成果的引进转化，提升了企业的技术研发水平和产品的市场竞争力。与上海科技管理干部学院签订了人才培训全面合作协议，每年选派科技管理人员、科技副镇长、科技示范企业负责人、骨干科技特派员分期、分批接受培训。与中科院北京技术转移中心合作建立了聊城（中科）创新园，通过市场化运作、专业化运营，使中科院的创新创业资源优势与东昌府区的区位优势、产业基础和创新创业资源有效结合与实践，通过资源整合、科技企业孵化、创新创业项目引进、创投金融服务、创新人才和团队引进和培育、创新创业环境营造、载体建设等方式，共建企业创新服务平台、投融资服务平台、高新技术企业孵化平台、知识产权服务平台、国际合作交流平台、企业创新能力培训平台、人才引进与培养平台、试验仪器开放共享平台八大类不同层次的功能性平台，形成相对完善的科技服务体系。

【农业科技工作】 东昌府区科技局围绕落实聊市科发〔2008〕30号《关于加强社会主义新农村科技支撑体系建设的意见》，加大工作力度，以新农村科技支撑体系建设为抓手，初步构建了以涉农高校院所为主体，科技创新平台、农业技术推广服务机构、涉农企业等多方力量广泛参与、分工协作的农业科技创新体系。科技特派员充分发挥作用，科学技术与农民群众脱贫致富的意识融合，科技成果在农民群众脱贫致富的实践中有效地转化，推进了农村科技产业的发展和经济结构调整，促进了农业增效和农民增收。在抓好新技术引进、新品种培育、新产品开发等项重点工作的同时，立足开拓创新，狠抓特点特色工作落实，收到明显的工作成效，确保科技特派员创业行动工作又跃上了一个新台阶。2016年批准建设省级“农科驿站”2个；培植农业科技示范园区4家；省级农业科技园区培植中药材种植基地一家。培育了一批优质高产高效农业新品种，开发了一批农业新技术，创建了一批农业技术新模式，全区农业科技创新工作取得了显著成效。

（区科技局　贾浩远）

教　　育

【概况】 2016年，东昌府区有各级各类学校（含市属学校）156处，其中小学118处，初中21处，普通高中4处，完全中学4处，九年一贯制学校2处，十二年一贯制学校3处，职业学校2处，素质教育实践基地1处，特殊教育中心学校1处。在校生178053人，其中小学103382人，初中43387人，高中28001人，职业学校3200人，特殊教育中心学校83人。区属学校教职工6721人。幼儿园409处，在园幼儿61886人。

6月21日，“‘中国梦·校园情’山东省中小学校园文化艺术节——走进东昌府”文艺演出隆重上演

【全面改薄工作】 2016年，投入资金322万元，完成农村中小学18个校舍建设项目，建筑总面积24200平方米。

【第二期学前教育三年行动计划】 根据《东昌府区第二期学前教育三年行动计划（2015－2017年）》，2016年，东昌府区安排农村梁水镇付楼小学幼儿园、郑家镇温集小学幼儿园等10个幼儿园建设项目，总投资1778万元，建筑总面积12008平方米。

【解决城区中小学大班额项目建设】 东昌府区按照《2015－2017年解决城区中小学大班额问题实施方案》，2016年安排了实验小学迁建、聊城七中改扩建等8个建设项目，其中，新建小学4处，改扩建小学3处、初中1处，总投资5.75亿元，新增用地228.2亩，新建校舍13.73万平方米，新增教学班337个，新增学位1.53万个。12月，区委区政府研究决定实施解决大班额问题及教育重点项目三年（2017－2019年）大会战，并提出“三年计划，一年完成”的目标要求，涉及21处中小学校、幼儿园建设任务。

【数字化校园建设】 2016年，东昌府区投资460余万元，为聊城四中、聊城七中、第二实验小学、建设路小学4处城区中小学及11处农村联校建设完成15座智能录播室。投资606万元，为74处农村普通完小和教学点配备475套“绿色班班通”教学设备，至此，完成全区所有公办学校的“绿色班班通”建设计划。投资405万元，为农村10处中学、13处中心小学各配备1套数控一体机和1108台微机。

【名校带动工作】 2016年，东昌府区按照聊城市总体要求，深入推进名校带动工作。区教育局成立专门工作领导小组，制定《名校带动工作考核细则（试行）》。区教育局全体科级干部、所有业务科室，都帮包一处农村教学点，城区每处规模学校都带动农村学校，各镇（街道）每一处中心小学都带动镇域内1－2处薄弱学校或教学点，实现了“名校带动”对全区农村11处初中、86处小学的全覆盖。名校带动工作的深入开展，使农村被带动学校的校舍条件、教育设施、办公条件、管理水平、教学质量、教育资源与城区学校之间的差距越来越小，全区3万多名农村孩子受益。

5月6日，城区名校北顺小学向闫寺街道刁庄小学捐赠图书和办公桌椅

【中小学校长职级制改革】 根据省市文件精神，结合全区实际，区委办公室、区政府办公室联合印发了《关于东昌府区中小学校长职级制改革的实施意见（试行）》，11月4日，举行“东昌府区中小学校长职级制改革工作暨部分中小学校长首聘仪式”，聊城二中校长等8位同志成为全区首批被聘任的中小学校长。

【校长教师交流轮岗工作】 2016年，区教育、编制、人社、财政等部门联合印发了《关于推进全区义务教育学校校长教师交流轮岗工作的实施办法》，当年，东昌府区共有176名教师参与城乡“一对一”交流。

【整合职业教育资源工作】 2016年，东昌府区委、区政府成立专门领导小组，依托工业学校，整合一职专、工业学校、卫校、技工学校4处职业学校，组建区中等职业教育学校，省编办批准为副处级事业单位，并对工业学校进行迁建，预计总投资1.5亿元。年底前，选址已经完成，相关手续办理中。

【全国义务教育发展基本均衡县创建工作】 2016年，东昌府区坚持把均衡发展作为义务教育的重中之重，以“一校一案”为突破口，确定学校均衡发展县创建的任务书、时间表、路线图，全力推进以学校布局、校舍、运动场地建设、教学设备配置和教师队伍建设为主要内容的中小学标准化建设有序推进。建立健全“两条线”监督机制，不定期督查政府各部门、各镇（街道）、各学校推进义务教育均衡县创建情况，及时通报或调度，全力推进义务教育发展基本均衡县创建工作。12 月 20 日，省义务教育均衡发展督导组在省督学带领下，对全区义务教育均衡发展工作进行预查。

【体育学科教学】 2016 年，东昌府区积极开展聊城市教育局倡导的“4312”活动，做好学生体质检测，普及卫生知识及传染病和近视预防工作，并积极组织参加省、市、区级各项体育活动，取得很好成绩。在全市中小学生足球比赛中，东昌府区代表队分别获小学组男子第一，小学组女子第一；初中组男子第一，初中组女子第一。山东省中小学足球邀请赛中，建设路小学获全省小学男子第四名。在聊城市组织的中学生篮球赛、中学生排球赛、中学生羽毛球、中小学生乒乓球赛、中小学生足球、中小学生田径及中小学生游泳赛等七大联赛中，东昌府区的比赛成绩均名列前茅。

【“非物质文化遗产进校园”工作】 2016 年 10 月 21 日，水城小学作为“非遗教育传习基地”正式揭牌，拉开东昌府区“非物质文化遗产进校园”序幕。水城小学建设有非遗多媒体教室、非遗数字保护传习中心、非遗大讲堂等专门设施，建筑面积 1000 余平方米。设有东昌葫芦、东昌木版年画、东昌澄泥、东昌剪纸、东昌八角鼓、牛筋腰带编织等 10 多个国家级、省级、市级非遗代表性保护项目。水城小学是全省面积最大、项目最多的非遗教育传习基地。随后，斗虎屯中学开设剪纸传习项目，光明小学开设京剧传习项目，梁水镇中学开设运河伞棒舞传习项目等。至 2016 年底，东昌府区城乡共有 18 处中小学开展“非物质文化遗产进校园”活动，有效形成优秀传统文化继承从娃娃抓起的大好局面，有力推进非遗文化传承教育和创新发展。

【校长教师培训】 2016 年，东昌府区组织开展各级各类教师校长培训 47 项，培训教师校长 13038 人次。其中，国家级培训 5 项，共计培训 14 人次；省级培训 13 项，共计培训 4649 人次；市级培训 14 项，共培训 466 名中小学教师、校长；区级培训 15 项，共培训 7909 人次。东昌府区有 2 名教师被评为第三届齐鲁名师培养人选，1 名校长被评为第二届齐鲁名校长培养人选。

【学校管理】 2016 年，东昌府区通过夯实课堂教学常规，优化课堂教学，提高课堂教学效率，通过学科教学质量监测，调控教学，提升教学质量；以“两学一做”全市“师德建设年”活动为契机，加强师德教育，从快、从重查处失德、失范行为，提升师德水平；以学校目标管理考核，以及规范化学校、教学示范校、农村规范管理示范校创建为抓手，规范办学行为，提升学校管理水平。

【规范义务教育招生秩序】 2016 年 7 月，东昌府区严格规范义务教育招生秩序，按照免试就近入学的划片招生原则，严格执行“统一确定招生时间、统一下达招生计划、统一规定招生程序、统一进行学籍备案”制度，确保每一名适龄儿童少年都能依据户籍就近入学。同时，确保军人子女、符合条件的经商务工人员子女的受教育权利得到充分保障，确保招生过程公开、公正。招生工作开始前，及时公布招生政策和划片范围，各义务教育学校在醒目位置张贴招生范围和招生程序，并认真做好解释工作，保证广大群众的知情权。

2016 年东昌府区小学初中高中招生情况统计表

学段 年份	小学	初中	高中
2016 年	21925	16255	10570

2016年东昌府区高考录取人数一览表

年份	科类	2016年
本科	文史	571
	艺术文	1025
	理工	2515
	体育	175
	艺术理	417
	合计	4703

（区教育局　王金涛　葛春池）

小资料

养成教育

行为形成习惯，习惯决定品质，品质决定命运。小学阶段是培养习惯的关键期，一二年级又是最佳期。中国教育鼻祖孔子对从小养成习惯的重要也作了好的解释：“少成若天性，习惯成自然。”从小养成良好习惯，优良素质便犹如天性一样坚不可摧。中国青少年研究中心副主任孙云晓曾说过，成功教育从习惯养成开始。教育的核心不只是传授知识，而是学会做人。习惯是一个人存放在神经系统的资本，一个人养成好的习惯，一辈子都用不完它的利息；养成一种坏习惯，一辈子都偿还不清它的债务。蔡元培先生也曾说过：“教育者，养成人格之事业也”。我国伟大的教育家叶圣陶先生则说：“教育是什么？往简单方面说，只是一句话，就是要养成良好习惯。”美国著名哲学家罗索曾经说过：“人生幸福在于良好习惯的养成。”教育的核心是培养人的健康人格，而培养健康人格应从培养良好行为习惯入手。小学生是养成行为习惯的关键时期。我们在教育实践中，就要以多种有效的方式来帮助小学生养成良好的行为习惯。从细节抓起，从现在 做起，扎实有效地进行学生文明习惯养成教育。

卫生和计划生育·体育

卫生和计划生育

【概况】 2016年，区卫生和计划生育局面对深化医改、计生政策调整的新形势，牢牢把握工作大局，紧紧围绕省、市的决策部署，一手抓计生，一手抓卫生，积极贯彻国家计划生育政策，以群众满意为出发点，以机构合并、职能调整、资源整合为总抓手，以提供人性化服务管理、集中整治“两非”（非医学需要鉴定胎儿性别和非医学需要选择性别终止妊娠）为突破口，强化基层基础工作，落实利益导向政策，实施孕前免费优生查体，保持适度生育水平。全年，全区共计出生人口11977人，出生率为14.6‰，合法生育率为95.9%，出生人口性别比为117.6∶100，避孕节育措施落实率为86.2%，流动人口综合管理服务落实率为98%，统计合格率、信息化管理合格率等指标为98%以上，完成年度人口计生目标任务。2016年，区卫计局被明确为“全区机关党建示范点”，并荣获“省级文明单位”荣誉称号。东昌府区被评为“国家级妇幼健康优质服务示范县”。

【保障机制】 中共中央、国务院出台《关于实施全面两孩政策改革完善计划生育服务管理的决定》文件后，区卫生和计划生育局及时建议区委、区政府出台《关于实施全面两孩政策改革完善计划生育服务管理的意见》《关于坚持和完善计划生育目标管理责任制的实施意见》《关于进一步加强人口和计划生育工作齐抓共管综合治理的意见》《东昌府区2016年度〈人口和计划生育目标管理责任书〉执行情况考核方案》《关于进一步加强综合治理出生人口性别比工作的实施意见》等一系列文件。在全面两孩政策实施、改善完善计划生育服务管理、坚持完善计划生育目标管理责任制、整治“两非”、落实利益导向政策、免费孕前查体、稳定加强基层计划生育队伍等重大问题上，及时建议区委、区政府都召开会议专题研究，集体讨论，科学决策。

【卫计投入】 多方筹措资金，把各项计生专项经费及时足额拨付到位，落实农村计划生育家庭奖励扶助和特别扶助政策。由区财政采取“一卡通”的方式，直接发放到奖励扶助对象手中。落实破产企业退休职工独生子女父母加发一次性养老补助政策。在做好各项固定财政支出的同时，把兑现基层计生人员报酬、落实育龄群众优惠政策、保证区、镇街计生技术服务工作高效运转，作为计划生育经费安排使用的重点，优化支出结构，提高资金使用效益。

【配置资源】 整合全区卫生计生技术服务资源，采取组织谈话、发挥技术、个人自愿相结合的方式，充实计划生育一线服务人员，力求计划生育基层人员稳定，确保基层有人管事，有人干事，实现资源共享、优势互补。同时整合

4月11日，举行基本公共卫生业务培训

卫生计生监督执法力量，区、镇（街）两级组建130余人的卫生计生监督执法队伍，明确各村计生专职干部、乡村医生为卫生计生监督协管员，健全区、镇（街）、村（居）三级卫生计生监督执法体系，举办全区基层卫生计生监督执法机构整合仪式暨综合业务培训班，对全体监督执法人员进行业务培训。

【人口素质】 围绕育龄妇女需求，在全区有计划地搞好婚前婚后、孕前孕后、产前产后服务，扎实推进母婴健康工程，切实保证母婴安全。加强孕前期和孕早期叶酸补服、农村妇女“两癌”筛查、住院分娩补助和母婴阻断等重大公共卫生服务项目管理，大力开展产前筛查和新生儿疾病筛查工作，切实降低出生缺陷发生率。加强妇幼保健安全管理和计划生育技术服务，保障孕产妇、新生儿安全，婴儿死亡率保持在较低水平。实施免费孕前优生健康检查。2016年为全区农村妇女开展宫颈癌筛查15814人、乳腺癌筛查17074人；为26245名新生儿进行疾病免费筛查；为3166人进行免费婚检，9443人进行免费孕前优生健康查体。为加大打击“两非”工作力度，区卫计局及时建议区里成立由区委副书记任组长，区政法委、区法院、区检察院、区公安分局、区卫计局、区市场监管局等部门负责人为成员的综合治理出生人口性别比工作领导小组，并将其作为全区的一项民生重点工作，摆上党委、政府的重要议事日程，签订责任书，年终将整治“两非”成效纳入各镇街、区直相关部门人口计生目标管理责任制考核中。2016年，全区共查处两非案件15例，结案15例，罚款16.5万元，罚没B超5台。

【生育及利益导向政策】 在全区实施全面两孩政策，落实生育服务登记制度，取消二孩审批，通过网上办证、线上核实、婚育承诺等方式方法，进一步简化办事流程、缩短办证周期。对于一些大龄产妇，妇幼保健部门有针对性做好全程跟踪服务，鼓励引导合理选择最佳受孕时机、最佳生育时间，完善出生人口监测预警机制，避免生育堆积。把特困计划生育家庭作为扶助重点，帮助其脱困解贫。全年共募捐“人口关爱基金”15万元，全部用于计划生育特困家庭救助。对特殊困难的计生对象，与民政局整体联动，解决计划生育家庭居家养老的问题。落实计划生育奖扶与公共卫生服务的共享服务，凡是计划生育奖扶对象一律纳入公共卫生重点服务，每年进行健康体检，定期提供上门服务。2016年共确认符合计划生育奖励扶助条件的人数为2663人，发放资金255.6万元；符合计划生育特别扶助条件的人数为179人，发放资金125.2万元，为26名失独家庭父母发放补助资金18.7万元；2016年破产困难企业退休职工符合计划生育奖励条件的人数为349人，发放资金290.6万元；开展“为希望扬帆——计生助学”活动，为23名计生贫困家庭新录取大学生，每人发放救助金2000元；开展“计生助福”行动，为300户困难家庭发放64.5万元的爱心救助奶粉。

【优质服务】 2016年，三家区直医院均通过“二级甲等”医院复审，三家区直医院和沙镇镇卫生院均与省级综合医院建立协作关系。尤其区妇幼保健院计划生育综合服务实力显著增强，成立“月子中心”，成为鲁西第一家为产后母婴提供定制化服务机构。区人民医院迁建工程快速推进，新院区主楼、科教楼、传染楼全部封顶，2017年年底可投入使用。

【重点改革】 全面搞好卫生计生机构改革。整合全区卫生计生技术服务资源，制定印发《镇（街道、园区）卫生计生服务资源整合方案》，将镇级计生服务站全部整合到镇卫生院（中心），共划转27名人员。全区15个镇（街道、园区、香江管委会）“人口和计划生育办公室”全部更名为“卫生和计划生育办公室”，将镇（街道）的计划生育服务管理职能和镇卫生院（中心）的卫生监督协管职能进行整合，区、镇两级组建130余人的卫生计生监督执法队伍。

全力推进公立医院改革。顺利启动东昌府人民医院迁建工程，预计2016年底投入使用后。成功组建东昌医疗保健集团，实施分级诊疗制度。所有区直医院于2015年6月30日凌晨顺利启动公立医院改革，成立公立医院管理委员会，取消药品加成（中药饮片除外），降低门诊大型设备检查费用。

【业务工作】 计生宣传教育深入人心。在东昌电视台和东昌时讯，开办“健康东昌”专栏，定期播放健康知识，倡导健康生活方式，提升群众健康素养。通过发放宣传纸、开办健康讲座等方式，开展“健康知识进万家”活动，2016年全区共累计开展健康教育讲座3204次，发放健康教育资料787597份，播放健康教育音像资料164899次，更换健康教育宣传栏3070期，面向公众健康教育咨询活动141次。

医疗服务水平逐步提升。三家区直医院和沙镇卫生院均与省级综合医院建立了协作关系，实现优势互补，提升整体医疗服务水平；区中医院与山东工程技师学院、盛世千岛山庄颐养中心开展合作办学。积极推进沙镇、梁水镇、道口铺三个卫生院病房楼建设，堂邑镇卫生院、沙镇卫生院被国家卫计委评为“群众满意的乡镇卫生院”，全区14个镇卫生院（街道社区卫生服务中心）实现国医堂全覆盖。

基本公共卫生服务项目稳步实施。按照精细化管理的要求，分项目制定基本公共卫生实施方案，为全区69632名65岁以上老年人进行免费健康查体、健康评估和健康指导，老年人健康管理率65%，规范管理率77%；建立居民健康档案71.5万份，居民建档率为80.3%；家庭医生服务签约人数为62934人；为1710名待孕妇女发放叶酸6941瓶；为1328名孕产妇发放住院分娩补助资金46.48万元。

疾控防疫坚实有力。全区“八苗”疫苗接种率均达95%以上。扎实做好中小学生体质监测工作，对全区所有中小学生进行健康体检。加强疫苗管理，建立疫苗管理长效机制，从源头预防问题发生。

监督执法成效显著。2016年共出动执法车辆356车次，执法人员686人次，立案26件，结案

医护人员深入贫困户家中开展查体随访服务　（5月 摄）

26件，下达监督意见书87份，取缔13家无证行医单位。联合政法、食药监等部门集中开展整治“两非”专项行动，2016年共查处两非案件15例，结案15例，查处1例大案，罚款16万余元，罚没B超5台。

计生服务管理转型升级。2016年，全区共出生8938人，简化特殊情形再生育审批，推行网上办证、“一站式”服务和代办服务，方便群众办事，推动计划生育工作转型升级。

健康扶贫扎实有效。在省级贫困村沙镇扈庄村新建120平方米村级卫生室。开展“万名医生进家庭·签约服务送健康”活动，从全区医疗机构抽调928名医务人员，与5018名困难群众签约，共为4200余名困难群众进行健康查体。积极开展健康义诊活动，2016年全区共开展“赶大集、送健康”“萤火虫进社区”等惠民义诊活动50余次，免费为群众查体诊疗7000余人次，开展健康教育讲座150余场，受益群众2万余人，为10名农村贫困家庭儿童进行先心病免费救治。

惠民工程稳步推进。为全区农村妇女开展宫颈癌筛查10768人、乳腺癌筛查10694人；为816对夫妇进行免费婚检；为3221对夫妇进行免费孕前优生健康查体；为10638名新生儿进行疾病免费筛查；为10名农村贫困家庭儿童进行先心病免费救治。为23名困难计生家庭大学生每人发放助学金2000元，为300户困难家庭发放64.5万元的爱心救助奶粉，年终为226户困难家庭送去15万余元的慰问金和慰问品。

（区卫计局　孔　政　刘存明）

·重点医疗简介·

【东昌府人民医院】 **集团通过审批，医疗卫生事业开启新模式**　经过区政府、市卫计委层层审批，东昌医疗保健集团于2016年12月3日正式成立，取得集团化发展的阶段性胜利，开启集团运营的新模式。

集团的治理机制是理事会管理，发展方向是健康产业，涵盖综合医院、专科医院的优势，整合公立、民营的资源，带动基层

卫生院的发展，这是对县区级医疗机构改革的新探索、新贡献。

南部新院顺利封顶，新院搬迁取得新进展 东昌府人民医院新院迁建项目是聊城市重点建设项目、东昌府区民生工程，是医院发展的百年大计。时间紧、任务重，备受市、区党委、政府关注。自2016年3月底开工建设，历经9个多月的奋战，20层门诊病房大楼已经封顶，科教楼和传染楼主体已经完工，门诊病房大楼10层以下内部二次结构已经基本砌筑完成。新院所有项目预计2017年10月全部装修完成，争取在春节前实现整体搬迁。

党风廉政扎实推进，思想政治工作取得新起色 医院利用院长办公会、全院晨会、中层干部会、全体党员会等进行思想政治教育，以党建引领作风新常态。党风政风关系工作作风，医院党总支按照上级党委要求，认真开展“两学一做”学习教育，严格“三会一课”制度，坚持集体学习和个人自学相结合，增进党员的主体意识、责任意识，以党风带政风，以政风促作风。

10月9日，海源院区与山东省中医院建立技术协作单位揭牌仪式举行

响应国家扶贫号召，认真做好“双联共建”“健康扶贫”等工作。成立双联共建工作组，根据帮扶村情况，制定切实可行的帮扶方案，为帮扶村修路3100米，打机井11眼，建设35万元分布式光伏发电项目，与聊城市东昌府区民益葡萄种植专业合作社成功合作，完成115户贫困户脱贫。积极推进健康扶贫工作，由党员干部、业务专家组成健康扶贫医疗队，到斗虎屯、大张、沙镇、柳园、新区、古楼等地为群众进行免费会诊活动，共会诊群众400余人。切实解决贫困患者看病就医的实际困难，采取多种举措开展健康扶贫工作，根据要求实施健康扶贫优惠方案。

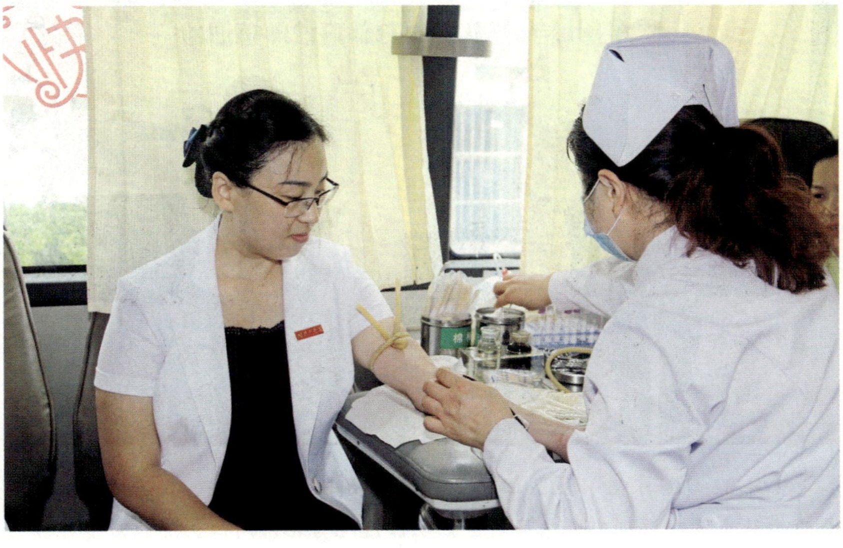

7月2日，组织全院近70名党员集中献血活动

以党建促工建、促团建，党政工团各项工作健康开展。工会、团委在党总支的带领下，锐意创新，积极开展各项工作。积极参与医院民主监督、民主管理工作，切实维护职工合法权益；积极组织职工胃镜、肠镜等项目查体共计997人，开展职工直系亲属门诊就诊检查优惠报销政策；进一步做好扶贫帮困工作，发动全院职工为困难职工及家属捐款活动2次；团委在医院党组织的支持下进行团组织改选，并纳入一批新进团员，使团干部更加年轻化，使医院团委更加有朝气、有活力；工会、团委联合区妇幼举办“医护节”“集团运动会”等各类大型文体活动13项，丰富职工精神文化生活。

不断培育优势学科，技术水平再上新台阶 不断加强与省级以上三甲医院、知名医疗机构合作，“吴阶平泌尿外科聊城中心”“北京同仁医院眼科远程会诊基地”“中华糖尿病协会慢性病远程会诊中心”“山东省中医院周围血管病科合作单位”“中国卒中联盟东昌府区分中心”相继落户本院，扩大医院的影响力，提升医院的技术水平。

海源院区综合内科与中华糖尿病协会合作，被指定为山东省糖尿病专家定点指导单位、中华糖尿病协会慢性病远程会诊中心、鲁西糖尿病防治基地。吴阶平泌尿外科聊城中心在聊大院区成立，使市区居民足不出市，便可享受国内顶级泌尿外科诊疗资源。

文化实力显著提升，书香医院引领行业新潮流 医院文化建设持续加强，形成了以“家文化”为核心的“家、和、礼、孝、廉”五种文化，努力建设“和谐医院、民主医院、阳光医院、人文医院、智慧医院”5个医院。定期召开全院晨会，推广传统文化讲座，开展政治学习，举行集团运动会、创建集团报、建设书香医院等一些列文化活动，增强职工的使命感和归属感，提高医院的知名度，提升医院的内涵，促进医院健康发展。

在医院发展、攻坚克难的过程中，用“家文化”统一思想、凝聚力量，把医院建设成为职工之家，增强职工的使命感和归属感。

建设书香医院，倡导读经典、学经典、用经典。建设电子阅览数据库，建设较高规格的医院电子图书馆，为全院职工发放电子图书馆账号，普及文化知识，引领医疗卫生行业读书新风尚。

（东昌府人民医院　王景壮）

【东昌府区妇幼保健院】 2016年，东昌府区妇幼保健院全年总服务129.62万人次，总住院37463人次，住院分娩24395例，分娩量全省第一，妇幼保健各项指标运行良好，全年无孕产妇死亡病例。医院先后荣获省级文明单位、山东省五四红旗团委、山东省志愿服务项目大赛铜奖、山东省诚信医疗服务满意医院、聊城市优秀党支部、聊城市五四红旗团委、聊城市理论宣教基地、聊城市急危重症孕产妇救治技能竞赛团体二等奖、聊城市先进基层党组织、聊城市2016年志愿者服务项目大赛银奖、东昌府区“有爱童享”孤儿留守儿童健康成长公益计划爱心单位等荣誉称号。

综合实力日益增强 2016年，东昌府区妇幼保健院、聊城东昌妇女儿童医院、东昌府人民医院顺利组建东昌医疗保健集团。医院成为聊城市免费无创基因检测项目承担单位。正式挂牌北京同仁医院北京市耳鼻咽喉科研究所合作医院，顺利承办“第二十一届全国0-6岁儿童听力筛查诊断培训班”。顺利挂牌山东省儿童早期发展示范基地，成功申报国家级标准。成功举办鲁西产前筛查与诊断高峰论坛。介入技术成功运用到凶险性胎盘植入和前置胎盘的产妇身上，自体血回输技术成熟开展，显著降低产妇出血量、输血量，最大程度保障母子平安。投资100万元购置了全市首台妇婴急救车，24小时待命为妇婴安全保驾护航。儿科成为聊城市城区第二大儿科诊疗中心。医院与聊城职业技术学院签约教学实践基地。在全省率先设置了电子阅览机，3000册图书尽情阅读。

学科布局更加合理 医院将产科划分为产前、产后，病区扩增到8个，医疗护理服务更加精准，基本满足高峰时段的需求。启动中医药示范单位创建工作，设立中医儿科门诊、中医妇科门诊。开设孕期营养门诊，创新孕期系统化管理新模式。重新规划布局普儿科，优化儿科急诊、中医儿科门诊。开设全市首家月子中心，中心融入台湾先进管理经验，开展医疗护理、产后康复、膳食调

7月22日，东昌府区区妇幼保健院成功举办第二十一届全国0-6岁儿童听力筛查诊断培训班暨东昌府区妇幼保健院与北京同仁医院北京市耳鼻咽喉科研究所合作挂牌仪式

12 月 24 日，东昌府区妇幼保健院月子中心盛大开业

理、管家服务等服务项目，走在鲁西地区的前列。成立“刘岩工作室”，成为全市群众普遍认可的康复名医品牌。

公益惠民更具优势　6 月 1 日开始，医院响应国家政策启动免费婚检。联合区机关工委，与 67 个社区开展夏季“萤火虫”义诊活动，该项目已开展四年，服务 180 个社区、村庄，义诊 9800 余人次，开展健康讲座 400 余场，行程 1 万公里，受益群众 10 余万人，2016 年该项目荣获山东省志愿服务项目铜奖，成为全省唯一获此殊荣的医疗单位。

管理方式更加高效　推行大部制管理，采取集体办公的模式，整合有效资源，拆除部室之间的隔墙，提高议事、办事效率。开启系统大交班模式，在门诊、医技、临床、行管等实行系统大交班，面对面提出问题、解决问题，简化工作流程，提高工作效率，现场解决实际问题，会后跟踪持续改进，起到良好效果。实行“一站式”管理机制，成立一站式后勤保障管理中心，设置专门服务电话，实行一个电话解决所有问题。

（区妇幼保健院　王兴美）

【东昌府区中医院】　以发展为主题，以改革为动力，坚持“科技兴院、中西医结合”的发展战略，积极开展以“以病人为中心，发挥中医药特色优势，提高中医临床疗效”为主题的持续改进活动，不断扩大建设规模，引进高精端医疗设备和高层次技术人才，一直以“质量高、收费低、服务好”为发展目标，先后被授予“山东省中医工作先进单位”“山东省文明医院”“爱婴医院”等荣誉称号。

加强基础设施及硬件投入　引进德国奇目 C 型臂、锐珂 DR、宾得高清电子肠胃镜、四维彩超机等大型仪器设备，提升医院的整体医疗水平和档次；郑家院区新病房楼于 7 月投入使用，骨伤科、内二科两个病区分别搬迁至二楼、三楼，改善患者的住院环境；对聊城院区胃镜室重新选址并进行精装修。

积极推行城市公立医院综合改革工作　根据《聊城市城市公立医院综合改革实施方案》启动实施综合改革，医院自 6 月 30 日零时起，实行“药品零差价”，将销售的 700 余个药品的零售价全部调整为进货价格，门诊大型检查设备核磁共振由原来的 460 元降为 240 元，颅脑 CT 由原来的 290 元降为 210 元。

突出特色优势，积极推进技术创新　加强技术攻关，打造优势专科，骨伤科成功开展首例髋关节假体周围骨折手术、膝关节镜手术，治疗膝关节半月板损伤、膝关节游离体摘除术，运用抗生素骨水泥链珠治疗骨髓炎；肿瘤科引进 PICC 置管新技术，成为临床护理穿刺技术应用方面的新突破；胃镜室成功开展消化道黏膜下层肿瘤镜下切除术；麻醉科联合相关科室开展无痛引流产术、无痛胃镜检查等手术。科研方面，获得省级科研项目或发明专利 8 项，学术论文层次提升，在国家级及省级医学杂志上发表论文 25 篇。

加强“三基”“三严”的培训和考核工作　医务科、护理部定期组织医务人员的中医技术操作培训，邀请上级专家授课及技术指导，提高医务人员的专业技能和诊治水平。6 月 26 日，“中国医师节”五周年之际，医务科组织全体临床医师进行“胸腔穿刺”技能比赛，经过激烈角逐，共有 6 名医师获得奖项，通过本次技能比赛，提高了广大医务人员的操作技能和业务水平。

积极开展中医护理适宜技术，提供独特的中医服务　认真落实中医护理方案，积极推广中医护理技术在临床中的应用。医院对产后少乳护理、产后宫缩不良的防治，小儿消化不良、小儿腹泻的防治，术后腹胀便秘、患处肿胀、失眠、淤血硬结、腰腿疼，头痛头晕、高血压、高血糖，减轻化疗后的胃肠反应、提高放疗后的免疫保护等，逐渐摸索出一套适合临床应用的中医护理技术，开展中医适宜技术的科室达到100%，让广大患者享受到优质的中医护理服务。

积极做好对口支援、义诊和健康扶贫工作 认真贯彻落实上级指示精神，选派技术精湛的医务人员到乡镇卫生院对口帮扶。医务科和宣传科协作完善义诊制度，增加疾病筛查记录。不定期组织医务人员深入集贸市场、乡镇及居民小区义诊，全年共义诊26次，为卫生院乡村医生授课6次，开展健康咨询821次，发放宣传资料8000余份，方便了患者，为医院树立了良好的形象。

积极打造特色专科，提升医院整体形象 投资500万元组建康复中心，由蓝海之略医疗股份有限公司协助运营，腾出原住院部两层楼进行精装修。该项目处于开业运营筹备阶段，各种康复设备已到位，暂定于2017年3月开业。康复中心的成立，填补了东昌府区的空白，同时也提高了医院的知名度和美誉度。

在针灸推拿科人员基础上，吸纳有丰富经验的康复医师加盟医院，全力打造聊城市规模最大、设施最全、技术最精的康复中心，并于7月选派6名康复专业医师先后到广州中医药大学第二附属医院、广州中山三院及江苏连云港医院进修学习三个月，学习他们先进的经营理念及业务技术。同时为满足市场需求，郑家院区内科拓展为两个病区，新组建内二科病区，自2016年7月成立后，住院人次迅速增加，经常处于加床状态，实现了社会效益和经济效益的双丰收；聊城院区成立耳鼻喉科，特邀上级专家长期坐诊，提高了医院的整体医疗水平。

合作办学，服务社会 2016年9月，与山东工程技师学院合作办学，主要为“医养结合”培养健康服务与管理专业高端人才。医院主要负责医学专业教学及实训任务，并安排具有较高理论水平和丰富实践经验的专家进行授课和带教，并以新成立的康复中心为实训基地，注重对学生的专业技术、职业规范和个人素质的综合培养，与山东技师学院密切配合，力争培养出高素质的健康服务与管理人才。

与山东省技师学院合作办学签约仪式举行 （9月 摄）

社会卫生工作成效显著 2016年，制订儿童预防接种精细化、规范化管理实施方案，确保国家要求的儿童“八苗”接种率达到95%以上。公共卫生取得全区第三名，科学发展观四项取得全市第一名的好成绩，圆满完成年度工作目标任务。

（区中医院 郭宏华）

【东昌府区卫生防疫站】

疾控综合素质进一步提高 加强疾控队伍建设。继续坚持业务培训学习制度，根据站2016年实际情况，开展与防疫站工作相关的法律、法规的业务培训，由业务骨干带领职工逐条逐句学习相关法律、法规，提高职工依法工作的能力。积极组织职工外出学习、交流，全年共组织外出学习30人次。继续坚持中层干部周例会制度，通过每周的中层干部例会，分析解决工作的问题，锻炼中层干部的沟通、协调能力，各项业务工作有序开展。

加强基础设施建设，不断改善工作条件。更换购置DRX光机，提高图像质量，增多诊断信息，为结核病患者及从业人员健康体检提供更优质的服务。增添酶标仪、洗板机、甲醛检测仪等多套检验设备，门厅铺设防滑地砖，改造玻璃门，为提高工作效率，切实履行好疾控职能，完成各项工作任务奠定良好基础。

进一步提升内部管理能力。制定《东昌府区卫生防疫站“十三五”规划》，对下一步的重点工作做了安排部署。

对重大公共卫生项目实施项目管理。对重点传染病、精神病、免疫规划、结核病、艾滋病、健康教育等重大公共卫生推行项目管理试点工作，通过开展项目管理，明确科室人员的分工和职责，增强对项目工作的责任心，使各项目工作开展更具规范性、资金使用更明朗透明。

加强后勤的规范化管理。顺利完成固定资产及物资的盘点、登记工作，按照上级要求完成资产的清查工作，实现资产的动态和规范管理。严格按照《传染病防治法》《疫苗流通和预防接种管理条例》及《疫苗储存和运输管理规范》的要求，严把疫苗的进出库关，狠抓日常疫苗管理工作，不断完善各项管理制度，建立完善的冷链系统管理，严格冷链运输，保障疫苗安全有效使用。同时加强对 22 个接种单位的疫苗使用、冷链运转情况的技术指导，有效规范全区疫苗的安全使用工作。

重大疾病防控工作卓有成效

1. 扎实开展重点传染防控工作。紧紧围绕"一个确保"的目标，重点抓好手足口病、狂犬病、布病等重点传染病的防控工作。积极开展各类重点传染病的防控技术培训工作，并面向易感人群开展形式多样的健康教育宣传活动。从 5 月 1 日指导辖区内医疗卫生单位肠道门诊按时开诊，采集东昌湖、马颊河、徒骇河的水样进行霍乱弧菌的检测，定期向市疾控中心将各肠道门诊的腹泻病人进行周报和月报报表，并对部分医疗机构的肠道门诊开诊情况进行专项督导检查。为确保东昌府区不发生大的流感疫情爆发和流行，

东昌府区卫生防疫站走进建筑工地开展问卷调查 （10 月 摄）

召开全区秋冬季呼吸道传染病防控工作会议暨全区流感疫苗接种工作会议，坚持流感监测周报制度，监测点每周将就诊流感病人及发热病人数量上报，及时汇总上报市疾控中心。

艾滋病防治工作不断规范。按照工作标准，规范开展艾滋病高危人群干预、自愿咨询检测和感染者及病人的管理工作，多次深入到学校、娱乐场所、公共场所、建筑工地开展艾滋防治知识的宣传和讲座，提高群众防病知识，增强自我保护意识，咨询人数也比往年有所提高。定期开展对患者的随访工作，为患者定期进行 CD4、病毒载量、二次确证的检测，定期做好药物发放、服药的指导和督导工作。根据《2016 年全国艾滋病哨点监测实施方案》要求，继续在东昌府区妇幼保健院开展孕产妇哨点工作。积极探索开展社会组织参与艾滋病防治项目。帮助和指导凤凰工业园社会卫生管理办公室完成暗娼干预工作，各项指标都达到项目要求。开展东昌府区梅毒预防与控制中期规划自查和评估工作，将东昌府医院、东昌府区妇幼保健院、东昌府区中医院调查情况汇总，形成自查上报区卫计局。开展艾滋病知识知晓率问卷调查，并及时将数据整理录入上报省疾控。

继续深化"三位一体"结核病新型防治服务体系。所有病人全部按标准要求开展规范的督导、治疗、随访工作，并积极与公共卫生服务项目标准要求对接，结合"三位一体"管理体系的要求对定点医院和辖区内医疗机构及卫生服务中心的业务进行指导。积极利用"世界防治结核病日"，开展结核病对指导中发现的问题等工作督导管理与治疗，各项业务指标达到上级要求标准。"百千万志愿者结核病防治知识传播活动"项目，2016 年积极发动、招募志愿者千余名，并为志愿者培训，提供技术指导，组织志愿者开展各种志愿活动。本站于 8 月被山东省结核病防治中心评为百千万志愿者结核病防治知识传播活动"县级优秀组织单位"。重视学校结核防治工作，对辖区所有学生结核病例进行单独登记及疫情分析和调查处理，并对 3 所学校发生的散

发病例全部进行应急预防措施和调查处理，有效控制结核病在校园内的传播，维护学校的正常教学秩序。

2. 免疫规划工作取得新突破。积极推进数字化门诊建设，通过加强门诊建设，改善服务环境、完善服务形式，不断提高全区预防接种工作服务质量和服务效率。

积极开展麻疹防控工作，1 月，区麻疹疫情较去年同期呈现上升趋势，为控制疫情，防疫站根据上级麻疹防控工作要求，多次召开全区麻疹防控专题会议，安排部署防控工作，并加强了对发生疫情地区的督导、指导，做到单位工作人员必到现场指导疫情的处置工作。加强学校防控麻疹工作，加大有疫情学校的麻疹知识宣传，指导学校开展疫情处置。与区教育局密切联系，及时通报学校疫情，指导教育部门加强学校麻疹疫苗接种的查验工作。对上报的麻疹病例逐一进行详细的流行病学个案调查，及时安排血清标本的采集、送检工作，同时合理安排麻疹疫苗的应急接种。

按上级要求顺利完成三价脊灰疫苗的回收销毁和脊灰疫苗免疫策略转换工作。4 月 30 日，市疾控紧急通知要求停用三价脊灰疫苗，本站立即行动，把上级的要求转到各接种单位，就地封存三价脊灰疫苗。5 月 6 日，按回收销毁三价脊灰疫苗的技术方案，分三组对 22 个接种单位的糖丸进行回收督导，按时把回收的糖丸上交到市疾控进行销毁。5 月 15 日，紧急安排脊灰疫苗免疫策略转换工作，召开二价脊灰疫苗的分发和使用技术培训会议，按时将二价脊灰疫苗分发到各接种单位，16 日，各接种单位先后开展二价脊灰疫苗集中预约接种工作。

积极开展业务指导工作，通过对疫苗出入库、温度记录、主动监测等相关资料的查阅，指导接种单位规范使用疫苗，合理且有针对性的安排相关疫苗查漏补种，全区最终接种率指标达 86.48%，超过全市 82.96% 目标要求。另外，建证、建卡率也达 100%。

常规工作有序开展，继续做好两脑、病毒性肝炎的防控工作。全年共上报 2 例乙脑病例，无流脑病例的上报与漏报。在加强基础免疫接种的同时，每月查漏补种工作中，及时补种两脑疫苗，使流脑、乙脑疫苗均保持 90% 以上接种率水平。2016 年，东昌府区无 15 岁以下乙肝、丙肝病例上报与漏报，进一步加强全区乙肝疫苗的常规免疫接种工作，接种率达到省级要求 90% 以上。乙肝疫苗的接种对降低乙型肝炎在东昌府区的传播起到了良好的促进作用，由于东昌府区产科接种室的规范性整改，提高了新生儿乙肝疫苗第一针接种率和及时接种率。继续做好东昌府区 AFP 的免疫监测和管理工作。2016 年，各接种单位疑似预防接种异常反应上报和处置率均为 100%。

3. 地慢非传染性疾病防控新发展。2016 年东昌府区全面开展脑卒中、冠心病监测工作，死因监测报告、肿瘤监测报告系统运行正常。减盐防控高血压项目工作顺利开展，为推动项目工作，区卫生防疫站定期对基层单位的相关专业人员进行业务培训，并利用各种宣传日开展减盐防控高血压宣传，完成食盐摄入量与高血压调查、高血压患者低盐膳食及高危人群干预，继续在中小学开展“盐与健康”健康教育主题活动、减盐百日行动，一系列活动的开展，为东昌府区慢病防控工作打下了基础，达到了提高广大居民的健康意识和健康生活方式的目的，对预防和控制慢病，减少因慢性病发生的死亡起到了积极作用。顺利完成东昌府区碘盐监测项目，按照监测方案要求，于 2016 年 5 月入户抽样。抽取非高碘镇食盐 300 份样品。高碘地区 2 个乡镇，共采盐 120 份进行检测，并及时将检测结果录入数据库并上报，完成东昌府区的碘盐监测工作。稳步开展寄生虫病防治，按照《山东省消除疟疾监测实施方案》要求，积极开展疟疾疫情监测工作，未发现阳性病例。在完成日常工作的同时，2016 年是东昌府区消除疟疾的验收年，按照消除疟疾方案要求，组织力量查阅大量资料，收集整理建国以来防治疟疾的资料，并进行收集汇总成册，并于 8 月通过市初考，11 月通过省级的消除疟疾考核。

4. 健康教育工作扎实推进。健康教育工作紧紧围绕重点传染病、慢性非传染性疾病防治、控烟等工作，开展形式多样、内容丰富的大型宣传活动 15 次，并联合东昌电视台进行报道。设计制作发放健康教育小册子、张贴画、宣传单、明白纸等宣传材料 10 种共 15 万余份的宣传品。健康教育宣传阵地得到不断加强，围绕当前宣传主题更新 4 期健康教育宣传栏。共向市疾控中心投稿工作信息 58 篇，《聊城日报》刊发 5 篇，《东昌时讯》刊发 40 篇稿件。完成 6 次健康教育巡讲活动，满足居民

东昌府区卫生防疫站党员志愿者进社区开展控烟活动　（5月　摄）

的健康知识需求，增强居民健康素养能力，为进一步在全区范围内普及健康教育知识奠定了基础。顺利完成2015年山东省居民健康素养监测和烟草流行监测工作和2016年全市居民健康素养监测和烟草流行监测工作的前期培训工作。抽调20余名工作人员，按监测方案，对监测对象古楼、道口铺和梁水镇进行走访摸底及目标人群的绘图列表，并对240位目标居民开展问卷调查，并及时将问卷进行汇总和上报，圆满完成居民健康素养监测和烟草流行监测工作。积极申报健康教育示范基地，按区实际情况，申报东昌府区人民医院西院区为健康教育示范基地，按照《健康教育示范基地考评标准》分别对申报单位工作开展情况进行赋分。

5. 公共卫生工作稳步开展。依照防疫站的职能，积极开展公共卫生工作，督促辖区内食品、公共场所等单位的从业人员开展预防性健康查体，共为1万余名从业人员进行预防性健康查体。完成城市和农村枯水期的生活饮用水检测工作。认真开展辖区中小学生健康查体工作，对辖区内33所中小学，共计6万余名中小学生进行预防性健康体检，并建立健康档案。积极配合上级业务部门和辖区相关单位认真开展病媒生物防治，以加工企业、餐饮行业、学校、托幼机构为主，给群众创造一个良好的生活环境。2016年蝇密度是东昌府区监测的重点，对8个监测点进行监测，每月上报市疾控蝇监测数据2次共16次，有效地控制蝇密度。

综合发展能力大幅提升

1. 进一步完善突发公共卫生应急处置能力。继续完善重大传染病及应对突发公共卫生事件工作队伍和相关应急方案，加强应急物资的储备，补充和完善应急箱、喷雾器、消毒物品等储备物资。10月24日，举办人感染高致病性禽流感应急演练。值班人员接到疫情电话认真作好记录并立刻报告应急办。应急办接到报告后马上上报分管领导并组织应急队员集合，集合后由分管领导简单讨论分析疫情安排部署。应急队员穿好防护用品赶赴现场，到达现场后消毒队员喷洒消毒打开安全通道后，流行病学调查人员进入病区对病人流调，流调完毕后检验人员进入现场对病人采集咽拭子。健教所人员对患者家属及周边人群进行健康教育知识宣讲。整个演练过程有条不紊，提高了东昌府区应对突发公共卫生事件的处置能力。强化应急值班管理，对突发的卫生事件都能及时赶赴现场进行有效处置。

2. 进一步夯实实验室检验能力。扎实培训，夯实检测能力基础。加强对检验人员的培训，积极参加各项培训6人次，到上级业务部门交流技术人员3人次，提升了检验人员的检验能力和技术操作能力。

严抓质量管理，推进检测能力科学有效。按质量体系要求，对实验室原子吸收分光光度计等6台仪器进行期间核查，核查结果与检定结果相符，并对18台仪器设备、4块温湿度计、12块压力表及公共场所仪器设备进行检定/校准，保障仪器设备的正常有效运转。5月，组织实验室间比对实验。6月，参加市疾控生活饮用水6项目的能力验证，结果合格。8月，参加地研所组织的水氟化物考核。11月，迎接全省检验检测机构飞行检查。同时按照质控计划，进行现场试验、留样复检、人员比对等质控，结果满意。购置食品样品，保持检验能力。按照新的检验检测机构资质认定评审准则，编制本站的质量手册、程序文件等质量体系文件，组织开展本站质量管理体系内部审核和管理评审。变更标准和标准检验方法40个，准备新准则新要求的认证复审材料。

3. 进一步加强基本公共卫生

服务能力。积极探索基本公共卫生服务经验，对担负的居民健康档案、计划免疫、传染病防控及突发公共卫生事件、老年人管理、高血压病人管理、糖尿病病人管理、健康教育、重病精神病管理的业务指导工作进行完善，实现疾控项目的精细化管理。在不断加强防疫站业务人员的培训外，积极依法和按照自身职能，对镇、街道公共卫生服务机构的业务进行指导和培训工作，开展业务指导100余次，中小型培训10次。

4. 进一步强化传染病疫情管理能力。规范全区传染病卡片报告质量，重点对提高传染病卡片报告中有效证件完整率进行督导，提高东昌府区传染病卡片报告的水平。为加强传染病报告网络系统的安全性，依据省疾控的统一安排，东昌府区传染病网络报告系统统一转换为vpn管理，并完成47家疾病预防控制信息系统管理员的备案工作。每月出疫情简报1份，对全区重点传染病疫情进行分析和预测预警。

（区卫生防疫站　路璐）

【东昌府区第二人民医院】 东昌府区第二人民医院，是一所集医疗、预防、保健、康复、教学为一体的综合性医院，占地面积8800平方米，建筑面积5500平方米，共有卫生技术人员87名，其中临床37名，护理人员24名，其他医技人员19名，科室设施齐全，仪器设备先进，医疗技术精湛，服务水平一流，承担着堂邑全镇及周边乡镇十几万人的医疗保健工作。

东昌府区第二人民医院医护人员锐意进取、团结向上，进一步提高医护质量，改善服务环境，提升服务能力，争先进位全面创优，全年共计完成业务收入2030万元，较去年1746万增收284万元，同比增长16.26%，出院病人4741人次，较去年4267人次增长474人次，同比增长11.1%，实现历史性突破；顺利通过国家卫生计生委创建“群众满意的乡镇卫生院”的评审，被评为“2015-2016年度群众满意的乡镇卫生院”称号，列聊城市12所医院之首。

进一步完善工资分配方式，注重成本意识，加强管理 为充分调动职工积极性，让职工得到更多实惠，经东昌府区第二人民医院职代会讨论决定进行工资调配，本着效率优先、兼顾公平、促进和谐的原则，全面普调职工工资，使职工工资都能大幅提高。

东昌府区第二人民医院在成本上，注重节约、减少浪费，制定具体的购物制度、申领制度，真正做到开源节流。

调整绩效工资分配方案，月底从卫生检查、服务质量、劳动纪律、服务病人量和病人满意度等五方面，采取百分制进行考核评比。

开展出院病人电话追踪随访制度，进一步征求病人意见和建议，初步实现医护质量持续改进。

努力提升公共卫生服务能力，加大公共卫生服务力度 认真贯彻执行上级文件精神，遵循公共卫生任务分解原则，率先实行乡村医生承担公共卫生工作40%，医院拨付40%；东昌府区第二人民医院公卫工作人员当好“老师”和“管理员”。积极开展公共卫生服务工作，为全镇居民健康，起到保驾护航作用。进行走村入户，开展免费查体、入户随访和发放宣传资料等工作，截至2016年底，共计建立农村居民健康档案29403份，录入网络版电子档案共计29403份，并力求做到档案内容详实、填写规范，辖区内规范管理65周岁以上老年人3165人、老年人中医2231人、高血压2723人、糖尿病748人，0-6岁儿童保健2148人、儿童中医914人、孕12周之前早孕建册255人，重症精神病130人；建立卫生监督协管档案71份。对不同人群及时进行健康教育和指导，对慢性病患者居民进行干预；居民健康档案分村、分类进行规范化管理；设立宣传栏，定期更换宣传栏关于健康教育的宣传内容；定期开展健康教育讲座，以开展宣传慢性病、传染病等知识入手，开展形式多样、丰富多彩的卫生防病知识宣传活动；家庭医生签约服务843户、918人次。

全面认真做好传染病防治工作 全面做好传染病防治工作，东昌府区第二人民医院加大宣传、督导、监督、消杀、隔离、流调等各项工作的力度，同时加强对卫生室的管理力度，不定期进行检查和指导。

在上级部门的领导和指导下，防疫科和全院职工共同努力，全年接种麻疹麻风麻风腮5323人次，服糖丸3769粒，乙脑1048份，百白破1712份，百白破二联786份，流脑2242支，乙肝1491人次，卡介苗330份，水痘656支，狂犬疫苗1382支，狂免427支，甲肝1288支，流感疫苗1131支，脑炎疫苗91支。

加强对传染病报告及相关传染病的监测任务，共计报告传染病18例。

加强对乡村医生的管理工作，全年召开培训会议12次、为乡村医生验证43个。

以深入开展“两学一做”学习教育为契机，讲求实效促进发展 深入学习党的十八大和十八届六中全会，扎实开展“两学一做”学习教育，认真学习近平总书记系列重要讲话精神，深刻学习十八届六中全会公报、《中国共产党党内监督条例》和《关于新形势下党内政治生活若干准则》，书记带头上党课4次，医院召开支部专题例会12次，转变工作作风；进一步深入开展基层医院综合改革，大力推行国家基本药物制度，完善分配制度和人事制度改革，针对治理“四风”和遏制“庸懒散”现象的上级精神，全面加强签到指纹机的规范使用。

日常事务中，遵守廉洁自律法律法规，认真执行副院长分管，院长监管，集体领导，民主决策权力运行机制；医院成立民主议事委员会（东昌府区卫生系统首家），涉及人、财、物及重大事项交由议事委员会讨论；制定药品购销，医疗仪器、办公用品购置、维修维护、支出等多项工作流程，坚持院务财务公开制度。

进一步完善东昌府区第二人民医院各项规章制度，加强精神文明、卫生检查、医护质量检查、劳动纪律检查、药事委员和医院议事委员会等各类领导小组，不断加强和完善运行职能。

积极配合东昌府区区委第五巡察组对东昌府区第二人民医院党风廉政建设的巡察工作，9月18日–9月30日区委第五巡察组根据区委的统一部署安排，对东昌府区第二人民医院进行全面巡察检查，在巡查组帮助指导下，进一步落实党风廉政主体责任职责，增强一岗双责责任意识，规范行为和细化措施，东昌府区第二人民医院已经进入整改阶段。

严格按照区纪委派驻区卫计局第六纪检组要求，以东昌发〔2016〕17号文件精神，落实全面从严治党主体责任，以东昌纪发〔2016〕26号文件精神，进行相关材料的报备和备案工作。

切实履行“双联共建”职责，积极推动堂邑镇牛庄扶贫工作开展 东昌府区第二人民医院作为堂邑镇牛庄村的双联共建组，认真履行“双联共建”职责，组织人员，从熟悉情况入手，与村书记进行座谈，对全村的情况进行详细了解。东昌府区第二人民医院投资4200元改造该村排水系统；安排工作人员对村内65岁及以上老年人、党员干部进行免费的体检，体检70人次；安排工作人员在村书记的带领下走访牛庄村的低保贫困户，送去米、面、油、棉被、电热毯、棉衣等生活和过冬物品，确保每名贫困户温暖过冬；下一步的工作，按照上级部署，制定有力措施，精准扶贫，使牛庄村早日脱贫。

加强内涵建设，强化管理，严格执行医护核心制度 进一步完善和建立健全各组织机构，积极开展各专业工作的监督、检查、指导、评价、督促、落实、执行。努力使各项工作落到实处；建立健全技术规范、操作规程、工作质量标准、管理方案、管理办法，使医疗护理活动有章可依，有规可循。为提高医护质量，严防医疗差错事故的发生，病历质量检查小组和护理部每周对医疗和护理文书查阅和检查2–3次。

严格执行卫计委《医院感染管理规范》和《消毒隔离技术规范》，加强一次性医疗用品的使用管理，按要求消毒、毁形、焚烧处理。

紧抓以手术管理为核心的医疗风险教育，切实落实患者知情和风险告知制度，尤其加强新引进技术的安全管理，坚决杜绝盲目、轻率实施医疗活动的行为，未发生1例医疗纠纷。

加强对一些特殊用药尤其是麻醉药品的管理力度，对存在不安全因素和薄弱环节的科室进行重点要求，对重要岗位及工作环节不定期的进行抽查，确保医疗过程的安全进行。

加强医保管理力度，继续提升医疗保险工作的运行能力 2016年，共计报销门诊病人8.04万人次，报销金额247.3万元；住院病人受益4321人次，报销金额622.2万元。

（区第二人民医院　李春文）

体　育

【概况】 2016年，体育局认真开展“两学一做”，强化服务意识、责任意识、大局意识，宣传落实

《体育法》《全民健身工作条例》，东昌府区“十三·五”全民健身实施计划，全面落实东昌府区第六届全民健身运动实施方案，开展全民健身活动。举办全民健身运动会，历时8个月，项目设有篮球、乒乓球、门球、羽毛球、跳绳、国际象棋、围棋、健身舞、健身气功、游泳等30多项比赛，参加运动员3000余人。同时实施体育竞赛项目改革，从彩票公益金中抽出12万元，支持镇、街道自行组织区域内开展镇级全民健身运动会。从篮球、乒乓球、台球、拔河、够级、跳绳、象棋、健身舞等项目中，自选不少于4个项目比赛，开展活动，参加人员1000余人。组织协调区直机关部门，承办系统内职工全民健身运动会6次，参加人员1500余人。同时，在聊城公园举行传统武术展演1次，有20支队伍，300余名队员。在聊城体育公园组织健身气功、太极拳、剑展演1次，有20多支队伍，200余人参加展演活动，围观群众2000余人。承办山东省国际博击比赛，聊城市“全民健日”启动仪式暨马拉松健步走活动，参加人员万余人。同时承办聊城市体育项目街舞大赛，城市广场舞、台球赛、门球赛，参赛队130多支，2000余人。组队参加聊城市第六届全民健身运动会，健身气功比赛获得一等奖2个，传统武术比赛获得团体奖1个，个人一等奖29个，二等奖5个，三等奖3个，市龙舟赛获得第二名。组队参加山东省第六届全民健身运动会，健身气功比赛获得一等奖2个；山东省千乡乒乓球赛聊城赛区，获得团体奖第一名1个，个人第一名6个。全年共培训社会体育指导员

柳园街道健身舞现场　（9月 摄）

150名。发放全民健身工程器材140余套。组织协调建设镇级健身广场9块，7300平方米。投入资金20万元，建设扶贫健身场地21个，约4000平方米。全年体育彩票销售额7000万元。支援教育系统体育器材30余套，“六一”儿童节期间，向沙镇中心小学，沙镇盐场小学，聊城新区小学捐赠价值9万元体育器材、学习用品。向社团体育协会资助20万元，支持开展体育活动。

东昌府区荣获山东省体彩销售突出贡献奖，被国家体育总局体彩管理处授予“全国体彩先进县市区”荣誉称号，“山东省第六届全民健身运动会先进单位”称号。

【老年体育活动】 2016年，举办健身舞骨干培训班4期8天，分设闫寺、堂邑、沙镇、梁水镇4个培训点，每个培训点2天，共有253个村庄，抽调480名骨干参加技术培训，聘请聊城大学专业舞蹈老师6名，现场传授技艺，普及健身舞知识，惠及带动全区400余个村庄，近20余万中老年受益。9月，举办“魅力东昌、舞动乡村”为主题的全区健身舞大赛，设13个赛点，有480支队伍，4300余人参加比赛，并于9月28日在人民广场举办优秀节目展演，区体育局从体育彩票公益金中抽出20余万元，为参赛队制作服装1600余套，设置一、二、三等奖，奖励音响150台，影响围观群众10余万人。举办春秋季城区、社区、妇女、乡镇门球赛6次，参赛队伍120支，分设3个赛区（点），9个镇（街道）30支队伍200余人。新发展老年门球队2支，增加队员16人，发放门球捧16套。

全年召开主席办公会议4次；全区老年工作会议1次，130个机关单位社区协会参加；召开调度会6次，70余人参加。在铁塔门球场举办空竹表演赛1次，有15支队伍60余人参加。在人民广场参加市老年活动举行大型空竹表演1次。组织参加运动会开幕式，健身日、健身月、“九九节”等节庆表演6次，1000余人参加。参加聊城市老人节表演活动，4支队伍260余人参加。参加上级比赛6次，其中省级2次（全省广场舞比赛获得优秀奖1次，全省空竹比赛获得

一等奖），聊城市比赛5次（门球、健身秧歌、钓鱼、太极拳、剑）获得优胜奖1次，两项个人第一名。

聊城电视台报道4次，东昌电视台报道4次，《东昌时讯》《聊城晚报》《山东商报》等宣传报道老年体育工作34次，参加聊城市门球赛获得第三名；协助举办聊城市老年体育项目比赛2次，协调裁判、工作人员12名，队员200余人；协助聊城电力系统，举办老年门球、象棋、台球赛各10次，抽调裁判员工作人员30余名。

【体育彩票公益发行管理】 2016年，年总销售额达7000万元，同比增幅72.25%，完成目标任务137.92%，超额完成市中心下达的目标任务。

2016年度体育彩票公益工作稳固发行，多措并举，与时俱进，不断增幅。从宣传入手，首先在全区捐赠140套体育器材，全民健身工程中全部设立“中国体育彩票”捐赠标识，树立中国体育彩票资金是“来自于民，用之于民，普惠于民”的公益形象。其次，在城乡公路两旁主要路段、村庄（街道）显著位置，喷绘制作墙体广告200多条，2400余平方米。在东昌府区第六届全民健身运动会中，运动项目全部冠名“体彩杯”，制做竞赛规程“秩序册”彩页1200余份，条幅130条。举办体彩站、网点培训班20余项，200余人次，开展交流学习业务知识讲座，拓展销售员和网管员的思路境界和业务渠道。2016年，体彩竞彩网点由原来8家，增至34家。在实施网商结合扩容工作中，优秀网点在商店、设点建站，由原来1家扩展至4家。在开展扶贫济困战略工程中，从体彩公益金抽出30余万元，支持扶贫工作，为闫寺街道程堂村修建健身广场1处，打机井13眼，安装更换水表200余个，水管300米，修缮水泥路200米，救助贫困户15户。

【第六届全民健身运动会】 根据聊城市第六届全民健身运动会组委会通知要求（聊健运字〔2016〕1号，经区委、区政府研究决定，举办东昌府区第六届全民健身运动会。5月10日，中共东昌府区委办公室下发文件（东昌办发〔2016〕19号），中共东昌府区委办公室，东昌府区人民政府办公室，关于印发《东昌府区第六届全民健身运动实施方案》的通知，成立了东昌府区第六届全民健身运动会、大会组委会。区委书记陈秀兴为名誉主席，区委副书记、区长毕黎明为主席，副区长郭海英为执行主席，区政府办公室主任、体育局局长等14人为副主席，区直科局、镇（街道）负责人23人任委员的大会组织委员会，下设办事机构和组成人员，设办公室、竞赛组、宣传组、安全保卫组、财务审计组、医疗保障组、场地组、后勤组等7个办事机构，确保运动会圆满成功。

2016年5月12日，第六届全民健身运动会大会组委会召开动员会，大会组委会执行主席、副区长郭海英主持动员会议，区直机关部门、各镇街道、嘉明经济开发区、凤凰工业园区管委会等110多个单位参加动员会。根据省、市任务要求，本届运动会实行省、市、区、镇（街道）四级联动摸式，区体育局具体组织全区竞赛项目比赛活动，大会设置21个项目并组织参加全市、全省和国家级项目比赛，指导协调区直12个系统和部门机关、镇、街道运动会项目比赛，除部分项目先期进行外，4-10月，为镇、街道举办全民健身运动会项目活动时间。在举行全区第六届全民健身运动会同时，体育局于2016年4月承办全国国际博击比赛；市区街舞大赛，有20余支队伍230余人参加街舞大奖赛；市区台球赛，20余支队伍120余人参加竞赛。6月14日，参加聊城市“龙舟”赛，获得县市区组第二名。7月2日，组

5月12日，全区第六届全民健身运动会动员会召开

队参加聊城市举办的传统武术比赛，获得团体一等奖，有13人获得个人一等奖29个。参加市第六届全民健身运动会健身气功比赛，获得一等奖2个，太极拳、剑赛，获得团体优胜奖2个，个人第一名2个。参加山东省“千乡乒乓球”聊城赛区比赛，获得团体第一名，个人第一名6个。门球赛，获得第三名。健身秧歌比赛，获得优秀奖。参加市篮球赛，获得第三名。参加山东省西部健身气功电视大赛，获得第一名。参加全省广场舞比赛，获得优胜奖。参加全省空竹比赛，获得一等奖。2016年，全区12个镇（街道）、2个园区全部举办了不少于4个项目的全民健身运动会60余场次，600多名参赛队员，组织举办健身舞13场，480余队伍，参与人数4300余人，宣传影响居民20余万人。指导协助区人社局、区农业局、聊城二中、实验中学、区司法局、区工会、区妇幼保健院等单位举办了各具特色的全民健身运动会，真正实现了全民健身活动，完成了进基层、进机关、进社区、进村庄、进家庭的五进目标，掀起了上下联动，人人参与全民健身的热潮。

【全民健身活动】2016年，有560多个群众练习点，16个群团体育协会和俱乐部，常年组织健身爱好者开展健身活动。严格按照东昌府区（2016-2020年）全民健身计划实施，开展经常性、传统性、健身娱乐性，喜闻乐见的体育健身休闲活动，普及宣传科学健身知识，提倡文明健身理念，围绕着全区工作重点和全民健身运动会，组织开展具有文明、健康、时尚、正能量体育表演健身活动。5月15日，聊城市暨东昌府全民健身月启动仪式举行，来自市直、区直机关、社会团体万余人参加健步走马拉松赛活动，陈平、孙菁、马丽红、程道会、毕黎明、郭振明、郭海英、姚立星等领导出席，氛围和谐，声势浩大，隆重热烈，意义深远。6月15日组织协会社团20余支队伍230余人，开展街舞表演比赛，参观群众1000余人。9月28日，举行“庆国庆、迎重阳”全区健身舞优秀节目展演活动，区委副书记、副区长刘培国出席庆祝活动，有13支队伍150余人表演优秀节目，参观群众2000余人。10月9日，同聊城市体育局举行“九九”老年节庆祝展演，有6支队伍600余人，宣传影响群众3000余人。为使全民健身活动、城乡文明共同推进，有序规范开展，健身舞协会举办社会体育指导员培训班，分4期，分别设在堂邑镇、梁水镇、沙镇、闫寺街道，每期2天，共8天。

【全民健身（扶贫）工程】2016年，进一步完善农村行政村健身器材全覆盖，提升城乡社区15分钟健身圈服务功能，全力配合城乡一体化和新农村建设同步跟进，俱时发展，不遗漏人民群众健身需求点，新建一处、覆盖一处，全年共发放健身器材路径90套，篮球架20套，乒乓球台30副，维护更新健身器材120余处，维修320余件，确保人民群众安全放心使用健身器材。体育局认真贯彻省委、省政府关于打赢脱贫攻坚战的总体部署，做好千村扶贫工程建设，按照区委、区政府精准扶贫工作任务要求，制定体育局扶贫健身工程建设工作实施方案，调研摸排，全区共有41个村庄，于2016年9月中旬完成第一批21个“扶贫村健身工程”建设，21处健身广场，约3000平方米，配备安装健身器材320件。10月，体育局会同中标公司，招标办约同指定的山东省建筑工程评标专家进行逐村验收，填报捐赠协议书，健身器材安装验收单，体育局实施工程测量、拍照、录入工作，确保扶贫工作第一阶段任务的完成。

闫寺街道程堂村全民健身扶贫工程　（9月 摄）

【竞技体育比赛】 2016年，根据省、市体育竞赛工作要求，重点抓好竞赛项目组队训练准备工作，积极组队参加全国、全省、全市举办的各项体育竞赛和第六届全民健身运动全体育竞赛活动。共获得奖牌379枚，其中，全国级别比赛获得金牌15枚，银牌15枚，铜牌12枚，其他奖牌60余枚；山东省级别比赛获得金牌12枚，银牌16枚，铜牌9枚，其他奖牌90枚；聊城市级别比赛获得金牌14枚，银牌1枚，铜牌2枚，其他奖牌2枚；传统武术比赛，获得一等奖29个，二等奖5个，三等奖3个。

体育竞技成绩一览表

时间	姓名	性别	运动会名称	组级别项目	成绩	地点
2016.8 12–13	郑修超	男	2016年“体彩大连透”杯 全国少年自由式摔跤锦标赛	男子63kg	第三名	太原
	苏维金	男		男子76kg	第三名	
2016.8 20–26	苏维金	男	全国中国式摔跤青年赛	男子75kg	第三名	濮阳
2016.10 1–6	豆光超	男	全国中学生举重锦标赛	男子52公斤级	第二名	成都 温江 国际力量体能表演 三等奖
	赵风华	女		女子75公斤级	第三名	
2016.10 21–24	东昌府区少林 武校代表队	男	精英“功夫足球”杯足球联赛	初中男子组	第二名	石家庄
		女		小学女子组	第二名	
2016.8 27–28	程华刚	男	“我爱足球”五人制 中国民间足球争霸赛	娃娃男组	第二名	聊城 体育场
	李成震	女		青少年女子组	第三名	
2016	东昌府区代表队	—	全国第二届国际健身气功比赛	健身气功	一等奖 （两项团体）	安徽 池州

时间	姓名	性别	运动会名称	组级别项目	成绩	地点
	东昌府区 代表队	女	全国国际象棋锦标赛	女子国际象棋	第四名 （团体）	
2016.6 8–11	东昌府区 国际象棋 俱乐部代 表队	男	第四届中国环渤海城市 国际象棋精英赛	男子候补大师组	冠　军	滨州
		女		女子候补大赛组	冠　军	
		男		男子三级棋士组	冠　军	
		男		男子一级棋士组	冠　军	
	董静岩	女		女子候补大师组	冠　军	
	马继政	男		男子三级组	季　军	
	王文佳	女		女子四级组	亚　军	
	魏琪栋	女		女子二级组	亚　军	
	姜天瑜	女		女子五级组	季　军	

续表

时间	姓名	性别	运动会名称	组级别项目	成绩	地点
2016.7 10-17	姜天瑜	女	全国国际象棋少年棋五棋后赛	女子六岁组	冠　军	海南儋州
	王霄羽	女		女子八岁组	亚　军	
2016.8 22-24	李国奥	男	全国棋协大师赛	男子候补大师组	冠　军	聊城
	杨　帅	男		男子一级组	冠　军	
	杨长霖	男		男子一级组	亚　军	
	张纯儒	男		男子一级组	季　军	
	张梓墨	男		男子二级组	亚　军	
	梁发贺	男		男子二级组	季　军	
	王梓尘	男		男子三级组	季　军	
	张子昆	男		男子五六级组	季　军	
	张光进	男		男子七级组	冠　军	
	郭梓宣	男		男子八级组	亚　军	
	闫文昊	男		男子九级组	冠　军	
	国显博	男		男子九级组	季　军	
	殿景涛	男		男子十级组	冠　军	
	黄玺铭	男		男子十级组	亚　军	
	郑浩天	男		男子无级别组	亚　军	
	刘振羽	男	全国棋协大师赛	男子无级别组	季　军	聊城
	丁秀敏	女		女子候补大师组	亚　军	
	孙一鸣	女		女子候补大师组	季　军	
	田静怡	女		女子一级组	季　军	
	魏琪栋	女		女子二级组	亚　军	
	刘儒雅	女		女子二级组	季　军	
	王汶佳	女		女子四级组	冠　军	
	张一鹭	女		女子四级组	亚　军	

续表

时间	姓名	性别	运动会名称	组级别项目	成绩	地点
2016.8 22-24	杜雪媛	女	全国棋协大师赛	女子五级组	亚 军	聊城
	杨 蓉	女		女子五级组	季 军	
	张一诺	女		女子六级组	冠 军	
	张梦然	女		女子六级组	亚 军	
	王霄羽	女		女子七级组	亚 军	
	刘书洋	女		女子七级组	季 军	
	于诺依	女		女子八级组	冠 军	
	朱一诺	女		女子八级组	亚 军	
	杨余昕	女		女子九级组	季 军	
	杨路雅	女		女子十级组	冠 军	
	刘梦洁	女		女子十级组	亚 军	
	李颖康	女		女子定级组	冠 军	
	董圆梦	女		女子定级组	季 军	
2016.9	霍跃	男	全国围棋团体赛	男子成年组 （代表山东省参赛）	亚 军	
2016.2	东昌府区安然游泳俱乐部	——	全国少儿游泳锦标赛	小年龄组 (5人)	优异成绩	天津站

（区体育局　朱永春　侯晓芳　温以磊）

文化·旅游

文　化

【公共文化服务体系建设】 建设完成农村文化大院578个。加大财政投入，为各农村文化大院购置桌椅、电脑、音响等设备；采购服装、演出道具等，扶持群众广场舞队伍和业余文艺团体。2016年新建农家书屋60个，全区农家书屋共255个，电子农家书屋130家。

做好公益电影放映工作，安排30支放映队伍在全区各行政村开展农村电影放映，全年共放映电影9200多场，观影群众200万人次。暑期为活跃人民群众的文化生活，每周五、周六都安排放映队，到不同的社区、广场进行放映。同时，与山东新农村数字院线有限公司合作，为东昌府区、开发区、高新区、度假区24个敬老院和儿童福利院放映电影300多场。电影公司被山东省农村数字电影院线有限公司评为山东省先进单位。

【文化扶贫工作】 2016年，全区文化扶贫工作主要任务是41个省级贫困村的农村文化大院和农家书屋建设。41个省级贫困村农家书屋建设工作已经全部完成，并按照有关文件的要求，各农家书屋使用统一名称、悬挂统一标识和标牌，基本实现阅览设施配套到位的规范化建设和管理。在村文化大院建设上，结合工作实际，为了维护贫困村群众的文化权益，对41个贫困村原有的文化大院进行更新完善，投入79万元专门用于贫困村文化设备、器材、服装道具的更新配备。组织专业文艺团队和社会力量对41个贫困村的文艺爱好者进行广场舞、戏曲、秧歌、书画等培训，帮助他们建立广场舞、秧歌等文艺队伍，丰富他们的业余文化生活。

【群众文化活动】 全区以政府为主导，发挥各级财政引领作用，鼓励社会各界积极参与，以灵活多样的组织形式，开展公益文艺演出活动。举办"梦圆东昌，共筑希望"庆元宵文艺汇演、"进村居感受醇美家风，走基层弘扬传统文化"活动和"传统文化高雅艺术进校园"活动启动仪式、中国·聊城第十届葫芦文化艺术节开幕式演出等文艺活动。通过政府购买服务的方式，开展"一村一场戏"活动，投资26万元向社会力量购买了100场文艺演出。发掘、利用各镇（街道）原有文艺资源，充分发挥业余文艺队伍的力量，服务当地群众。全区80%以上的行政村建有自己的文艺队伍，据不完全统计，全区文艺队伍达1500多支。发动和支持"乡村放歌艺术团""星辰喜乐会"等公益文艺队伍，义务为百姓演出。2016年各类公益文艺团体演出100余场，观众达万余人。

继续开办《东昌文化大讲堂》公益培训。2016年共举办各类公益培训50期，培训文艺骨干1500余人次，课程涉及排舞、美术写生、声乐、合唱指挥等艺术门类。自2012年开办后，《东昌文化大讲堂》已经成为促进全区群众文化蓬勃发展的有效途径。

做好文化下乡公益辅导。5月，聘请专业老师会同东昌府区文艺骨干开展了为期20多天的送文化下乡公益辅导活动，对全区12个镇（街道）、60个社区、300余支文艺队伍进行专业辅导。为庆祝中国共产党成立九十五周年，在人民公园书画展厅举办为期一周的东昌府区美术培训作品汇报展，共展出油画、国画等作品140余幅。

2016年区文艺工作者创作歌曲、小品、配乐诗朗诵、情景小品、情景剧等近20件获奖文艺作品。

【文化遗产保护工作】 在文化遗产方面，东昌府区博物馆国庆假期试开馆。东昌府区博物馆位于古城北大街北口西侧，总占地面积4867平方米，由维修后的省级文物保护单位老粮库改造而成，是聊城市唯一一座以古城区文物为主体展示古城千年历史的博物馆。试开馆期间，博物馆以"东昌古

文物保护管理所进行文物登记工作现场 （3月 摄）

城印记”为展览主题，分古城沧桑、武定太平、文明兴礼三个部分，运用文物实物、沙盘、图片和多媒体等多种形式。展出青铜器、瓷器、陶器、石器、金银器、铁器等各类精品文物537件（套），展示文物绝大多数出自古城区。加强文保单位普查工作。通过对全区文物保护单位的摸底、调查、登记、测量，初步完成东昌府区第一次全国可移动文物普查工作，相关普查数据也完成上传，此次普查涵盖辖区内各级国有单位890家，经专家认定文物182件。在全区开展第三次全国文物普查工作，并编制普查档案，建立不可移动文物名录和文物保护单位电子数据管理系统。

在非遗保护工作方面，通过以点带面的方式，开办非遗传习所，发挥传承人传艺带徒的作用；开设非遗课堂，举行非遗项目进校园、进社区、进企业活动。建设完成东昌葫芦展厅和东昌木版年画展厅，布展2000余件展品，接待游客8000余人，全景展示东昌府区两项国家级非遗项目保护成果。建设完成东昌府区水城小学非遗传承基地，把东昌府区的葫芦、年画、澄泥、剪纸等非遗项目融入课堂，让学生能亲身经历、亲自动手、亲切感受东昌府区深厚的文化渊源。编辑完成《中国葫芦丛书——东昌府区卷》，完成区级第六批、市级第五批非遗名录申报工作，拍摄木版年画、牛筋腰带等13项非遗纪录片。

【文化产业发展】 截至2016年，东昌府区注册登记的文化经营单位有网吧150余家、娱乐场所13家、印刷企业100余家、出版物发行单位400余家、电影院4家、文艺演出团体17家。1家企业入选省级文化产业示范基地，3家企业入选市级文化产业示范基地。

成功举办中国·聊城第十届葫芦文化艺术节。来自北京、河北、辽宁、广东等13个省市和新西兰的600多个商家参展，三天现场交易额及签订合同额达5000多万元。活动期间中央军事农业频道、省市区三级电视台、大众日报社等共计20多家媒体对本次葫芦节进行报道。

组织参加第六届山东省文博会，来自玉成雕刻葫芦艺术有限公司的东昌葫芦精品和秀贞木版年画社的东昌府木版年画作品，受到广大游客的赞赏。

【文化市场环境】 做好行政审批制度改革。完成2016年文化经营单位年度核验工作。编制行政审批事项《业务指南》和《服务手册》，对全区20项文化行政许可项目审批事项进行逐项清理，并对其审批流程进行优化。

加大综合执法力度。先后开展互联网上网服务管理系统、广播

东昌府区文广新局对书店进行例行检查工作 （10月 摄）

电视安全播出、电影市场、艺术品经营单位、农村演出市场等专项整治，积极开展“扫黄打非”清源、净网、固边、护苗、绿网、秋风行动。实施“双随机”抽查，规范事中事后监管。2016年全区共出动执法人员1056人次，检查出版物经营单位和印刷厂580家次，收缴各类非法出版物26万余册，行政处罚15家，刑事拘留2人。

东昌府区现有各级文物保护单位情况一览表

(2016年底数据)

名称	年代	位置
国家级文物保护单位（1处）		
土桥闸	明代	梁水镇镇土闸村
省级文物保护单位（6处）		
堂邑文庙	金代	堂邑镇
堠堌冢	东汉	斗虎屯镇
聊古庙遗址	新石器时代至周	闫寺街道申李庄北
梁水镇范公祠	1941年	梁水镇镇
道署西街聊城粮库	1950年	古楼街道道署西街路北粮食局院内
梁乡闸	明代	梁水镇
市级文物保护单位（22处）		
崇武驿大码头	明代	城区
崇武驿小码头	明代	城区
王汝训墓	明代	沙镇镇郭庄村
朱延禧墓	明代	沙镇镇朱楼村
穆孔晖墓	明代	堂邑镇张庄村
宋占一烈士墓	1931年	张炉集镇
赵以政烈士墓	1928年	聊城市人民公园内
孔繁森同志纪念馆（含孔繁森故居及陈列馆）	1995年	聊城市内环城湖西岸（堂邑镇五里墩）
清真东寺	明代	聊城市小礼拜寺街

续表

名称	年代	位置
清真西寺	明代	聊城市礼拜寺街路西
聊城古城墙遗址	明代	古城区内
聊城东昌湖	宋元明清	聊城市古城外环
聊城天主教堂（含神父楼及其他建筑基址）		聊城市山陕会馆北
许家祠堂	明清	堂邑西街
堂邑古城墙遗址	宋	堂邑中学院内
玄帝都（杨氏家庙）	明清	斗虎屯镇杨庄村
任克溥二次迁移墓（含任克溥墓志铭）	清	道口铺街道仙庄村 侯营镇任楼村
傅光宅墓地（含石刻）	明	闫寺街道
凤凰集烈士墓	近代	闫寺街道凤凰集村
张炉集汉墓群	东汉	张炉集镇郭大庄村
王汝训家庙	明清	沙镇镇王楼村东
湖滨路西关古井	明	古楼街道西关大街向北
区级文物保护单位（20 处）		
元代石狮	元	区文物所内
肖渊家族墓地（含石刻）	明	堂邑镇前肖村
重修弥陀寺碑记	五代	沙镇镇内
朱氏家族石刻	清	区文物所内
张氏家族墓地（含石刻）	明	张炉集镇敬老院内
小东关街迎春桥	明	柳园街道后菜市街
程庄村程家祠堂	清末	梁水镇镇程庄村村西
梁浅村任家祠堂	清末	梁水镇镇梁浅村

续表

名称	年代	位置
西舒村舒希奎民居	清末	闫寺街道西舒村
梁浅相有度墓地及石刻	明	梁水镇镇梁浅村北古运河旁
肖集肖氏家族墓地及石刻	明	梁水镇镇肖集村
堠东村兴隆寺遗址	唐代	斗虎屯镇堠东村
于楼村耿家窑古窑址	清代	斗虎屯镇于楼村
西梭堤村进水闸遗址	明代	梁水镇镇西梭堤村
西梭堤村宋元古村落遗址	宋元	梁水镇镇西梭堤村南
卫仓街聊城监狱	近代	古城区卫仓街
沙西村近代建筑群	近代	沙镇镇沙西村
塔下刘村刘之广民居	近代	堂邑镇塔下刘村
罗屯村重修玄帝庙记	明	道口铺街道罗屯村
康营村重修观音堂碑记	明	侯营镇康营村

（区文广新局　徐瑞锟）

广播电视

【概况】 2016年，东昌府区广电中心抓队伍、强素质、拓业务、促发展，各项工作都得到了明显提升。导视频道的开播、电台的建成开播、东昌广播电视微信平台的成立、智慧东昌府APP的应用、东昌广电新闻网的运营、播控机房数字化技术改造的完成，各个栏目的百花齐放，都为东昌广电的大发展创造条件。

【广电宣传】 2016年，东昌府区广播电视中心紧紧围绕区委、区政府的中心工作，紧跟发展形势，服务发展大局，扎实有效开展新闻宣传报道工作。同时，积极创新电视栏目建设，不断推出新栏目。

【会议报道】 全区的党代会、人代会、政协会等大型会议和重大活动，东昌电视台都精心组织、精心策划，把会议宣传好、报道好。先后开设《两会专题报道》《人大代表风采》《政协委员风采》等多个会议会议专题，每个专题都高标准、高质量地完成。

【专栏服务】 东昌府区广播电视中心把履行宣传职能、发挥好喉舌作用作为工作中心，紧扣全区工作重点和中心任务，牢牢把握正确的舆论导向，开办好各类专题节目，重点突出，环环相扣。东昌电视台以创新为总抓手，积极推行品牌战略，不断深化节目的改革跳帧，增强新闻宣传的质量和效果。同时，加强节目的编排，打破传统模式，突出重点工作和重头稿件，使新闻的时效性、可视性、指导性明显增强。在努力提高《东昌新闻》节目质量的同时，按照贴近事迹、贴近生活、贴近百姓的要求，东昌电视台不断深化改革，使广播电视从形式到内容，都有了明显的提高。东昌电视台大力宣传全区各行各业涌现出来的先进单位和先进个人、优秀共产党员和全区两个文明建设的新成就。围绕不同时期的工作重点，先后在《东昌新闻》中开办了近十几个内置专栏，为全区经济和社会各项事业的健康发展提供了有力的舆论支持。2016 年，东昌电视台加快电视栏目建设，新设栏目有《作风建设大家谈》《周末去哪儿》《东昌党建》《东昌教育》《亿沣易生活》《金融黄金档》《食药之窗》等专题栏目。各个栏目不断创新，充分挖掘栏目的潜力，内容不断充实，受到了更多人的关注。

【对外宣传】 实行对上发稿奖惩制度，落实目标责任制，对外宣传连年获得丰收。同时，还采取请进来走出去的方式，与上级台联合策划外宣题目，起到了很好的宣传效果，向全省、全市展示了东昌府区，让更多的人了解了东昌府区和东昌府区的工作。2016 年，本台记者采制的新闻在山东电视台《山东新闻联播》等节目播出 34 件，在聊城电视台播出 908 件。2016 年荣获第四届亚洲微电影艺术节金海棠奖、山东电视宣传先进集体一等奖等荣誉称号。

（区广播电视中心　王碧辉　訾世伟　张东升）

旅　　游

【概况】 东昌府区旅游局依托“江北水城·运河古都”知名品牌，树立全域旅游发展理念，以运河开发为主轴，大力发展乡村旅游，培育旅游新业态，打造河湖相连、森林湿地相融合的全域水生态体系，提升了东昌府区的吸引力和影响力，旅游产业得到长足发展。2016 年成功创建了国家 3A 级景区 2 个、国家 2A 级景区 5 个、省级旅游强镇 1 个、省级旅游特色村 7 个、省级精品采摘园 2 个、省级农业旅游示范点 1 个、省级工业旅游示范点 1 个、省级开心农场 3 个、“好客人家”星级农家乐 2 个，市级乡村旅游示范点 15 个。

东昌府区在聊城市旅游科学发展综合考核中名列前茅。东昌府区旅游局在全区科学发展综合考核中荣获三等奖，被中共东昌府区委评为“先进基层党组织”。

【景区建设】 景区建设与提升。水城之眼旅游区不断完善基础设施，扩建游船码头，培育美食岛新业态，启动海底世界（一期）项目建设，完成科幻乐园规划，被评为国家 3A 级景区；东昌上林苑景区建成动物园、植物园、垂钓基地、欢乐水世界、儿童游乐区、生态采摘园、开心农场、特色餐厅，并对外开放，启动音乐喷泉广场、拓展培训区项目建设，完成生态养生餐厅、西游主题乐园前期规划，被评为国家 3A 级景区；策划启动梁水镇古运河文化旅游区项目，完成规划编制和立项工作，建成范公祠主体工程和千

9 月 15 日，聊城首届“国际风车节”在东昌上林苑景区盛大开幕

亩海棠园；完成堂邑镇路庄村旅游总体规划的编制，突出葫芦种植观赏、产品展览、民俗体验、生态餐饮、精品民宿特色，开发“葫芦人家”农家乐，打造路庄葫芦特色村。

【乡村旅游创建】 闫寺街道被评为省级旅游强乡镇，张堤口村、盖庄村、梁水镇村、高马村、邵屯村、王庄村、五里墩村被评为省级旅游特色村，东昌上林苑生态四季采摘园、云朵庄园被评为“山东省精品采摘园”，天乐庄园、鲁西葡萄生态观光园、聚源生态园、东昌上林苑开心农场被评为“山东省开心农场”，宏丰生态游乐园被评为“山东省农业旅游示范点”，宝通钢管制造有限公司被评为“山东省工业旅游示范点”，天乐庄园、聚源生态园、云朵庄园、鲁西葡萄生态观光园、宏丰生态游乐园等6处旅游景区创建为国家2A级景区，水城之眼旅游区、东昌上林苑创建为国家级3A级旅游景区；打造梁水镇古运河文化旅游区、永兴堂民俗文化传承大院等15处聊城市乡村旅游示范点。截至2016年底，辖区有国家4A级景区1处，国家3A级景区3处。省级旅游强镇4处，省级旅游特色村15处，省级工业旅游示范点1处，省级农业旅游示范点2处，省级开心农场4处，四星级农家乐2处，三星级农家乐1处，省级精品采摘园4处。有国际国内旅行社47家，星级饭店7家（其中五星级1家、四星级1家、三星级5家）。

【旅游扶贫】 根据省、市旅游扶贫工作要求，确定黄西村、许堤口村、大徐村、张堤口村4个贫困村为省级旅游行业扶贫对象，成立专门扶贫工作组，选派驻村“第一书记”，摸清贫困村的基本情况，找准贫困原因，挖掘扶贫村旅游资源，制定脱贫工作方案，实施旅游扶贫项目，安置贫困户就业。2016年，实现黄西村97户309人、许堤口村72户250人、大徐村145户561人、张堤口村22户58人脱贫。积极争取专项旅游扶贫资金，为黄西村争取山东省特色产业资金100万元，为堂邑镇许堤口村争取山东省旅游精准扶贫村发展专项资金10万元。

4月30日，首届摩天轮旅游艺术文化节在水城之眼旅游区盛大开幕

【宣传促销】 组织辖区旅游企业参加“2016中原旅游商品博览会暨‘老家礼物’旅游商品大赛”“第八届中国国际旅游商品博览会系列活动”及“第五届北京国际旅游商品及旅游装备博览会”等国内外旅游交易会，组织旅游景区、旅游商品企业积极参与“好客山东贺年会”“中国旅游日”、中国葫芦文化艺术节等系列节庆活动，在水城之眼旅游区举办首届摩天轮旅游文化艺术节，在东昌上林苑举办首届国际风车节、台湾美食乐活节、灯光节等主题节会；编辑印发东昌府区旅游宣传手册，与区文化旅游研究会合作，出版《美丽乡村专辑》，全面介绍东昌府区文化旅游资源；加大微信微博、网络电商等营销平台的宣传，共发布各类旅游信息1200余条。

【旅游管理与服务】 组织6名乡村旅游发展带头人赴台湾、韩国、日本进行考察，开阔眼界，学习先进经验，提升管理水平。对辖区内旅行社进行业务指导和日常管理，对申报成立旅行社及营业部的9家单位进行登记备案。完成国家旅游局网站旅行社及星级酒店统计管理系统中47家旅行社及7家星级酒店的经营情况季报及年报工作。做好县域旅游统计调查工作，发放城乡居民出行抽样调查问卷800份，国内旅游抽样调查问卷320份。联合安监、卫生、质检等部门，开展安全隐患排查，确保节庆期间和全年旅游安全。

积极争取上级旅游发展资金，协助东昌上林苑、天乐庄园、道口铺邵屯村争取旅游发展专项资金，协助乡村旅游点争取旅游厕所奖补资金。

（区旅游局　于云霞）

档　　案

【概况】 2016年，东昌府区档案局（馆）履职尽职，扎实工作，不断拓展档案服务领域，夯实档案工作基础。一方面，认真履行档案行政管理职能，强化业务指导工作力度，加强档案法制建设，采取召开现场会、开展执法检查等多种形式，保障档案工作规范及法律法规的全面实施，全区档案工作规范化管理水平不断提升；另一方面，积极完善档案馆“五位一体”功能建设，全面加强档案资源体系、档案利用体系和档案安全体系建设，积极拓宽档案进馆门类，加大地方特色档案征集力度，馆藏结构进一步优化。

【档案业务指导】 加强机关单位档案工作监督指导　继续采取分组帮包工作措施，由四名科级干部带头，全体工作人员分为四组，采取主动上门指导服务、单位携带归档文件来档案局现场指导等方式，推进各部门（单位）业务指导工作的开展。

推进基层档案工作　为推广郑家镇综合档案室集中统一管理的经验，指导郑家镇完善全宗卷、照片档案、档案管理软件等档案管理工作中的薄弱环节。4月26日，在郑家镇召开各镇（街道）、嘉明经济开发区、凤凰工业园分管档案工作副书记、办公室主任及档案管理人员参加的档案工作现场会，参会人员参观了郑家镇档案室，郑家镇档案员对各部门、各门类档案的收集整理、档案管理软件等着重做了讲解，为推动镇（街道）档案管理工作再上新台阶打下良好基础。

开展机关单位档案工作科学化管理测评　按照《实施〈山东省档案工作科学化管理规范〉测评办法》的规定，11月开始，督促各单位依据《山东省机关单位档案工作科学化测评细则》，积极开展档案工作科学化管理测评工作。经认真测评，区水务局、区市场监督管理局两个单位被认定为“档案工作科学化管理合格单位”，区公安局、区人大、区国税局三个单位被认定为“档案工作科学化管理先进单位”。

【档案宣传】 结合“6·9国际档案日”宣传主题，6月14日上午，区档案局召开“档案与民生”专题座谈会，区人社局、区民政局、区住建局、区卫计局、区市场监督管理局、区国税局、区地税局各相关单位分管档案工作的副局长携带本单位民生档案工作情况交流材料，参加了此次座谈。座谈会围绕全区各涉民单位民生档案工作现实情况及存在问题进行深入交流，并对下一步民生档案工作的开展及如何有效提供利用做出有益探索。

【档案法制建设】 年初，市档案局下发6–9月在全市范围内开展档案执法检查的通知，对2014年以来贯彻落实《档案法》《山东省档案条例》和省、市《关于加强和改进新形势下档案工作的实施意见》实施情况进行档案行政执法检查。6月16日，配合市档案局对区档案馆、区政府办公室、侯

10月31日，省档案局副局长王宪东（前排中）率省委督导组视察区档案馆

（郭锐　摄）

3月18日，郑家镇五圣村李氏族谱捐赠仪式　（彭婷婷　摄）

营镇档案工作情况开展执法检查，针对检查出的问题，认真督促整改，并取得良好成效，进一步增强了全区依法治档的意识，推进了档案工作规范化、制度化、法制化进程。

【档案馆新馆建设】 按照全省国家档案行政执法检查整改落实工作暨县级档案馆建设推进会议精神及省、市相关要求，区档案局于10月24－26日对各镇（街道）、工业园区，区直各部门（单位）室存档案数量进行详细统计，在此基础上，精心推算应建档案馆规模。10月29日，东昌府区召开常委会把档案馆建设问题作为重要议题予以研究，对新馆进行规划设计，建立由党委、政府牵头，发展改革、财政、国土资源、住房城建、档案等部门共同参与的工作机制；结合全区实际情况，与方志馆合建不低于1万平方米的新档案馆；将档案馆建设纳入2017年区政府重点项目规划，2017年完成立项和设计，开工建设，积极争取省财政补助资金到位，力争“十三五”期间，完成档案馆新馆建设。10月31日，省委督导组督导档案馆建设工作，指出“新馆规划要因地制宜，建设要适度超前”，对东昌府区工作给予充分肯定。

【档案馆基础业务建设】 **做好馆藏档案资料管理工作** 对库房内所有资料进行清点检查，对6库档案资料数量、有无破损、有无缺失情况进行安全记录；完成2016年聊城市委宣布废止和失效文件的清理工作，宣布废止和失效文件57件；对馆藏依法应开放的档案全面进行开放鉴定，6月，完成控制开放鉴定工作，控制开放鉴定1986年以前文书档案22个全宗，共计1442卷；按照省、市档案局要求，搞好数据统计，完成“十三五”期间国家重点档案普查工作，报送革命历史档案88卷。

开展档案征集 2月24日，完成东昌木版年画的征集工作；3月2日，从郑家五圣村李氏后裔征集到一套清代光绪年间的族谱；7月，征集省级非物质文化遗产义安成高氏烹饪技艺传承人著作丛书《聊城菜谱》和《东昌烹饪文化》两本烹饪理论精粹之作。

做好到期档案资料进馆工作 整理2015年档案资料，收集2015年所有期刊、报纸以及文献书籍，并整理分类，编号入册。7月，完成453本档案期刊的整理工作；按进馆年限，接收进馆保密局常委会议记录9本（2008－2010），卫生局7卷（1961－1971），审计局43卷（1984－2005），水务局157卷（1991－2006），共计213卷，并由进馆单位完成机读目录录入工作。

做好档案数据异地异质备份

8月17日，档案数据备份交接仪式　（田占国　摄）

工作 为加强档案数据的安全管理，8 月 15-19 日，组织专人赴青海省海北州刚察县档案馆进行档案数据的异地异质备份工作，将馆藏档案案卷级、文件级机读目录 181000 条；聊城县委、县政府等 12 个主要全宗 4420 卷、597307 页数字化原文扫描文件移交刚察县档案馆，确保了数据的安全。

【档案资源开发利用】 **档案编研成果** 充分利用馆藏资源，年初开始着手档案精品的编辑工作，经过精心挑选，从大量馆藏档案资料中甄选 152 件珍贵档案资料，经过仔细查找资料、分析、商讨，一一做了详尽的图片说明。6 月底，编撰出版了《东昌府档案精品荟萃》，从明清档案、民国档案、革命历史档案、新中国成立后档案 4 个部分，利用 325 张图片配以文字说明的形式，展现东昌府历史变迁和丰富的文化底蕴，并获 2015-2016 年度山东省档案学优秀成果二等奖。

提供服务 2016 年接待来馆查询人员 179 人次，查阅档案资料 1920 卷（件），有效地发挥档案在服务民生、化解各种社会矛盾等方面不可替代的凭证作用。

（区档案局 白连增）

小资料

中华水上古城旅游区

位于东昌府区西南部东昌湖中间，是在原东昌古城的基础上开发建造而成，建筑面积1平方公里，是中国版图上罕见的“水中有城，城中有水，城水一体，交相辉映”的格局典范。中华水上古城以光岳楼为中心，利用十字步行商业街将城区分为四块，两侧以传统风情的商业为主。楼东大街以休闲、保健、养生为主；楼西大街为时尚、高档商品街；楼北大街为餐饮一条街；楼南大街为文化一条街。城市单元的中心地块为风情居住区，以四合院形式住宅为主，临街巷的建筑作民间特色小商业使用。旅游区包含东昌古城、光岳楼、海源阁、明清圣旨博物馆、范筑先纪念馆和在建的古县衙、东昌府衙、老监狱、卫仓、清军厅、箭楼等景点，是一处集历史古迹、旅游休闲、生态宜居为一体的旅游胜地。

社会生活

人力资源和社会保障

【概况】 2016年，区人力资源和社会保障局在区委、区政府的正确领导下，以开展“两学一做”学习教育活动为契机，深入推进党建工作，立足服务全区经济社会发展，坚持以“服务民生、服务发展、服务基层”为主题，不断强化以民为本、造福于民的强烈责任感和使命感，突出抓好创业就业、社会保障、人才发展、劳动关系等重点工作，全年实现新增城镇就业6300人，扶持带动创业1139人，城镇登记失业率3%以内；各项社会保险参保人数达到64万多人，基金征缴达到14.2亿元。组织全区事业单位公开招聘421人，由全省统一命题、统一笔试、统一阅卷，网上报名达到9580人，通过审核并缴费参加考试的7419人，工作量是历年最大，每个环节组织严密、公开透明，没有出现一名考生投诉，实现“零信访”，体现了公开、平等、竞争、择优的原则，受到了广大人民群众的认可。开展各类日常检查、专项检查、年检，共检查用人单位445户，涉及职工2.1万人；受理投诉、举报、市长（区长）热线422件，立案处理拖欠职工工资160余万元，到期结案率100%。

【就业再就业】 2016年，全区城镇新增就业6056人；城镇失业人员再就业2170人；就业困难人员就业428人；就业技能与创业培训3837人；失业保险征缴1127万元；创业担保贷款发放3795万元，扶持带动就业人数1145人；城镇登记失业率控制在3.1%。

落实就业扶持政策，以创业促就业积极争取就业专项资金。2016年向财政争取职业培训补贴资140万元、公益性岗位补贴123.88万元、公益性岗位社保补贴90.70万元、公共就业服务补贴29万元、职业技能鉴定补贴44.80万元、共计428.38万元。全年拨付支出职业培训补贴138.43万元、公益性岗位补贴124.17万元、公益性岗位社保补贴95.57万元、职业技能鉴定补贴22.95万元、公共就业服务补贴21.76万元，共计402.88万元。

强化举措，全力增加就业岗位。切实将就业援助工作作为就业工作重中之重，认真抓好政策措施落实，全力促进就业困难群体人员就业。积极开发公益性岗位安置就业困难人员并对灵活就业人员给予社保补贴，安置公益性岗位114人。

做好创业保贷款工作，促进创业带动就业。2016年全年共计发放贷款102笔，其中，发放中小型企业贷款12笔2895万元，发放个体工商户贷款90笔900万元，共计3795万元，吸纳带动就业1145人。全年贴息115万元，担保贷款回收率100%。在一定程度上，缓解了个体、企业贷款难、融资难，就业难的问题。

健全创业服务体系，加强跟踪扶持，使更多的劳动者敢创业、能创业、创成业。建立市级创业孵化基地2处，分别是大学生创业孵化基地和东昌府区电商创业孵化基地。2家基地成立后，累计孵化创业成功215人，带动就业530余人。孵化机构的办公用房、用水、用能、网络等软硬件设施给予适当优惠，减轻创业者负担。

促就业，做好各项就业服务专项活动。以高校毕业生、农村富余劳动力、就业困难人员三个重点群体为主要服务对象，开展“春季企业用工招聘会暨春风行动”“民营企业招聘周”“就业援助月”“高校毕业生就业服务月”等系列就业服务专项活动，集中为求职者和用人单位提供有针对性的就业服务，为他们送政策、送岗位、送服务、送温暖，实施专项帮扶，落实优惠政策。春节过后，市区联合举办聊城市2016年“春风行动”暨就业用工大型招聘会。东昌府区展区共有55家企业参加招聘，提供就业岗位2000多个，最终达成就业意向610人。工作人员现场提供政策咨询服务，受到应聘者的欢迎。

做好就业培训工作。按照《聊城市加强就业培训提高就业与创业能力五年规划（2014–2018）实施方案》要求，组织实施职业技能培训工作，全年共开设培训班51期，涉及家政服务、电工、保育员、计算机、美容美发、营业员、保健按摩、创业8个职业工种。为了方便广大学员学习，实行灵活多样的培训方式，把培训班开到了乡镇社区，充分利用乡镇会议室或者中学教室开展培训，通过举办这些培训班，使广大有培训愿望的农村劳动力都有机会接受一次相应的就业技能培训，使企业在岗的农民工普遍得到一次技能提升培训，确保无就业技能的农民工掌握一定就业技能，有就业技能的农民工就业技能有较大提升。

多措并举，加大推进失业保险工作力度。认真落实上级援企稳岗政策，千方百计帮助企业渡难关稳就业，努力帮助企业不减员、少减员，全力稳定就业局势。2016年，拨付30家企业2394人的稳岗补贴44万元。通过与养老保险、医疗保险机构的信息对比，摸清未参加失业保险的企事业单位名单，确定重点参保对象，同时加大扩面稽核力度，参保人员大大增加。在失业保险基金财务管理方面，严格实行收支两条线，将收缴的失业保险基金每月底及时纳入市财政专户管理。严格按制度支付基金，做到专款专用。严格对账制度，定期和财政部门、银行部门核对账目做到三方账务核对相符。2016年，失业保险参保人数25626人，征缴失业保险费1127万元，发放失业金3606人次，支出失业金316万元，为失业人员缴纳基本医疗保险费85万元，做到失业金及时足额发放。办理新增失业登记手续223人，审计符合领取失业金人员167人，办理再就业审批手续180人。

【大中专毕业生安置】 *高校毕业生就业创业总体情况* 2016年，东昌府区人才交流中心累计接收离校未就业毕业生档案2834份，接收回东昌府区报道毕业生2369人，积极宣传东昌府区就业、创业扶持政策，向未就业高校毕业生推荐见习岗位。对于零就业家庭、优抚对象家庭、农村贫困户等有就业困难的高校毕业生，专门拿出社区和企业岗位供他们选择。

见习基地建设情况 截至2016年，东昌府区已建立了区中医院、文苑中学、聊城信心金帝保持器厂、东方双语小学、百草园小学、三名中学、区医院、区妇幼保健院、鑫鹏源智能装备集团有限公司、中奥集团10家就业见习基地。向到人才交流中心报到的高校毕业生推荐见习岗位，2016年提供岗位132个，并根据聊人社字〔2011〕3号文件精神，争取省财政补贴。

积极实施"三支一扶"计划 为推动高校毕业生到基层就业，东昌府区自2012年开始招募"三支一扶"大学生，2012年招募30人，2013年招募14人，2014招募17人，2015年招募3人，2016年14人；截至2016年底，共有17名"三支一扶"大学生在岗服务。

【人才交流】 深入贯彻人才强区战略，进一步加大整体性人力资源开发工作力度，每年都组织区属企事业单位赴全国各地参加招聘会和海洽会，2016年，累计为区属企事业单位招聘人才389名。另外，定期统计、发布区属企业人才需求计划，把企业招聘信息及时发布到区人社局网站，2016年通过网络招聘高校毕业生36名。

【失业保险】 2016年，全区企事业单位参加失业保险的共计554家，参保25626人，失业保险金征缴1127万元。

2012年失业金标准630元。2013年提高到730元，在领取失业金期间还为其缴纳基本医疗保险费，这是历年来补贴最高的一年，但是在本年度省社保局下发了降低失业保险费率的精神，缴费费率由原来的3%降为1.5%。2016年失业金待遇进一步提高为每人每月900元，并且在领取失业金期间为其缴纳基本医疗保险费。2016年，为30家企业发放2015年度稳岗补贴35.16万元。

【企业工伤生育保险】 2016年，东昌府区工伤保险制度不断完善，工伤保险扩面力度进一步加大。

2016年，企业工伤保险累计参保40278人，其中农民工参保人数12968人，共征缴基金1299万元，完成全年任务的127%。企业生育保险累计参保16209人，征缴生育保险金238万元，完成全年任务的132%。为605人次职工支付工伤保险待遇1459万元，为287名职工支付生育保险309万元。

【机关养老保险】 2016年，机关事业单位职工参保人数14524人，养老保险征缴收入23701万元，完成全年任务的118%。为全区5997名机关事业单位离退休人员发放养老金32876万元。

机关养老保险情况统计表

年份	参保人员（人）	征缴（万元）	离退休人数（人）	支付养老金（万元）
2012	16892	22956	5750	22667
2013	17381	24910	5968	25433
2014	15847	26028	5695	26964
2015	16164	30168	5991	32858
2016	14524	23701	5997	32876

【企业养老保险】 东昌府区企业职工基本养老保险由原国有、集体企业，逐步扩大到民营、私营企业及个体工商户及自由职业者、灵活就业人员。全区参保职工由2012年的41630人增加到2016年的45910人。

2016年，企业养老保险扩面净增613人。征缴职工养老保险基金38401万元，为全区18248名企业离退休职工及1204名遗属发放养老金48204万元，新增退休职工2245名。

企业养老保险情况统计表

年份	参保人员（人）	征缴（万元）	离退休人数（人）	支付养老金（万元）
2012	41630	23491	11614	22155
2013	43696	27506	12999	29431
2014	45071	25675	14498	33637
2015	45297	28744	16296	44669
2016	45910	38401	18248	48204

【医疗保险】 *参保覆盖面* 2016年，城镇职工参保62824人，其中在职职工40411人，退休职工22413人。城乡居民医疗保险参保缴费547257人。

医保基金收支情况 城镇职工基本医疗保险。2016年收缴基金1.63亿元，其中统筹基金9703万元，个人账户6657万元。2016年财务支出16144万元，其中统筹金支9539万元，个人账户支6605万元。

城乡居民医疗保险。2016年按每人每年150元的标准缴纳个人基金8233万元；各级财政按每人每年420元的标准补助23192万元。2016年城乡居民基金筹资共31425万元。全年基金已报销结算32387万元。

待遇享受情况 城镇职工。住院10993人（14166人次），医疗总费用16284万元，次均人次费11495.13元，统筹金应支11742万元，住院实际报销比例达72%；享受门诊慢性病的患者有41810人次，医疗总费用2917万元，统筹金支付2459万元，门诊慢性病实际报销比例达84%。

城乡居民。全区共受益51.67万人次。其中住院结算7.3万人次，住院总费用59973万元，基本医疗保险基金报销30734万元，大病保险基金报销3098万元，住院实际报销比例达56.4%；门诊慢性病结算27200人次，总医疗费用1886万元，基本医疗保险基金报销1247万元，大病保险基金报销106万元，门诊慢性病实际报销比71.7%；普通门诊结算41.67万人次，总费用2719万元，基本医疗保险基金报销1184万元，普通门诊实际报销比43.5%。

城镇职工基本医疗保险情况统计表(2016)

年份	参保总人数（人）	在职职工数（人）	退休人员（人）	基金征缴（万元）	基金支出（万元）	基金结余（万元）
2016	62824	40411	22413	16361	16144	217

城乡居民医疗保险情况统计表（2016）

年份	参保总人数（人）	基金征缴（万元）个人缴纳部分＋财政补贴	基金支出（万元）	基金结余（万元）
2016	547257	31425	32387	−962

【城乡居民社会养老保险】 东昌府区城乡居民社会养老保险事业处隶属于东昌府区人力资源和社会保障局，业务上由聊城市城乡居民养老保险事业处指导。2014年参照《山东省人民政府关于建立居民基本养老保险制度的实施意见》（鲁政发〔2013〕13号）及《聊城市人民政府办公室关于印发聊城市居民基本养老保险工作实施方案的通知》（聊政办字〔2014〕8号）文件规定，将城镇居民养老保险事业处与新型农村社会养老保险事业处合并。下设参保管理科、缴费管理科、待遇发放科、基金管理科，截至2016年，共有干部职工8人。

2012年后，东昌府区城乡居保处通过召开全区扩面征缴动员会及各镇、街道、园区人社所长和合作银行网点负责人参加的扩面征缴座谈会的形式，加强组织领导，加大宣传力度，印制《城乡居民社会养老保险扩面征缴指南》，并于2015年在全区范围内试行银行代收保费新模式，提高征缴效率，方便参保群众。银行代收征缴模式和城乡居保专用卡的使用，均为市内首创，也是东昌府区城乡居民社会养老保险工作思路创新的成绩代表。2016年，在城乡居保处与合作银行的共同运作下，就“电商平台”征缴模式向市局提交申请，计划于2017年在实现参保登记、养老金领取、参保缴费、权益查询“四个不出村”目标的基础上，利用手机银行、微信支付等平台，实现实时缴费，实现“足不出户，参保缴费一键操作”的最终目标。截至2016年底，全区共计征缴保费4069.8万元，缴费人员120400人，发放88815人，累计支出10501.08万元。

为贯彻落实聊城市人力资源和社会保障局、聊城市财政局和聊城市国土资源局联合下发的《关于贯彻落实〈山东省被征地农民参加居民基本养老保险办法〉的通知》（聊人社发〔2014〕5号）文件精神，区城乡居保处积极开展被征地农民社保金落实工作。截至2016年底，全区共计落实到被征地农民个人账户基金1.87亿元，总参保人数14500人，其中到龄领取养老金的被征地农民共4114人。

城乡居民养老情况统计表

缴费年度	缴费人数（人）	缴费总金额（万元）	发放人数（人）	备注
2012	147882	2151.03	70916	
2013	145210	2131.45	83962	
2014	133676	4219.91	90477	
2015	142066	4057.29	86784	
2016	120400	4069.8	88815	

【专业技术职务评聘】 2016年，根据新情况、新形势，针对申报人员多、任务重等特点，严把评审范围、评审条件、评审程序三关，严格进行资格审查，确保评审工作公平、公正、公开。2016年，全区共评审通过高级职称134人（其中正高职称6人），中级职称207人，初级职称294人。

专业技术人员主要集中在教育、卫生两大行业。教育系统评审通过高级职称93人（其中正高级职称3人），中级职称155人；卫生系统评审通过高级职称31人（其中正高级职称3人）。其他专业技术人员则分布在农业、水利、林业等部门。

【劳动监察】 2016年，东昌府区劳动监察局以贯彻落实劳动保障法律法规为主线，强化监察职能，加大执法力度，积极开展各项监察活动，努力构建和谐劳动关系，全年日常检查、专项检查、年检共检查用人单位445户，涉及职工2.1万人；受理投诉、举报、市长（区长）热线422件，立案处理拖欠职工工资160余万元，按时结案率100%，督促补缴社会保险费203万元。日常巡查、劳动保障年检、清理整顿人力资源市场秩序专项行动、农民工工资支付专项检查、最低工资标准落实情况专项检查、劳务派遣机构专项检查、用人单位遵守劳动用工和社会保险法律法规情况专项检查情况、禁止使用童工专项检查等，检查各类用人单位1200余户次。

【老干部工作】 2016年，全区共办理干部退休291人（此数据是根据存档审批表统计的，其中包括人事代理人员）。

根据山东省人社厅、山东省财政厅《关于贯彻国办发〔2016〕62号文件做好全省机关事业单位工作人员基本工资标准调整和增加机关事业单位离休人员离休费工作的通知》和聊城市人社局、聊城市财政局联合下发的《关于2016年调整退休人员基本养老金的通知》，分别自2016年1月和2016年7月增加退休人员基本养老金和离休人员离休费。

【工资福利】 2016年，东昌府区根据国务院、省、市、区文件精神，为全区机关事业单位工作人员1.4万余人调整基本工资标准、更换工资手册，为事业单位规范清理津贴补贴，为部分符合条件的工作人员正常晋升工资、职级，提高乡镇工作补贴。

1月，提高乡镇工作补贴，共审批4300余人，人均月增资额10元，自2016年1月1日起执行。4月，规范清理事业单位津贴补贴，共审批审核9800余人，自2016年4月1日起执行。5月，更换全区机关事业单位工作人员的工资

2016年东昌府区职称评审情况统计表

职称	申报人数（人）	通过人数（人）
正高	9	6
副高	148	128
中级	215	207
初级	294	294

手册，共1.4万余人，并进行各类人员的统计。2006年工改时更换的《工资手册》至今已使用10年，绝大多数已经用完，并且《工资手册》的部分内容必须变动，因此，机关事业单位工作人员统一更换工资手册。12月，调整基本工资标准，共审批审核1.4万余人，人均月增资额475元左右，自2016年7月1日起执行。

2016年全区工资工作情况一览表

序号	工资工作名称	文件依据	执行时间	开会时间	审批（核）时间	人均月增资额	审批（核）人数
1	2016年提高乡镇工作补贴	东昌财综字〔2015〕1号	2016.1.1	2016.1.11	2016.1.14-21	10元	4300余人
2	2015年工资年报				2016.1.25-29		14292
3	2016年绩效工资总量核定	东昌人社发〔2010〕86号 东昌人社发〔2011〕38号	2016.1.1		2016.1.29前		9800余人
4	正常晋升工资	聊政办发〔2007〕13号	2016.1.1	2016.2.24	2016.3.1-31	70元	14000余人
5	事业单位规范清理津贴补贴	东昌人社发〔2016〕13号	2016.4.1	2016.3.31	2016.4.7-29		9800余人
6	更换《工资手册》机关事业单位各类人员统计			2016.5.26	2016.5.30-7.1		14330人
7	调整基本工资标准	国办发〔2016〕62号 鲁人社发〔2016〕45号	2016.7.1	2016.12.1	2016.12.5-20	475元	14000余人

【军队转业干部安置】 2016年，全区共接受军队转业干部11人，其中计划安置9人，自主择业2人。

按照公开平等竞争择优和考试考核相结合的原则，实行公平、公正、公开阳光安置。转业干部安置到聊城市公安局东昌府分局、区人社局和区食药监局工作，列行政编制。

【劳动人事争议仲裁】 2016年，东昌府区劳动人事争议仲裁院积极开展“两学一做”学习教育活动，切实转变劳动人事争议仲裁工作作风，做到廉洁办案、依法办案、规范办案。按照“鼓励和解、强化调解、完善仲裁、诉讼救济，最大限度通过非诉讼方式解决劳动争议”的工作思路，开展劳动人事争议仲裁工作。共办理劳动争议案件53件，其中不予受理的案件9件，立案受理劳动争议案件44件。裁决结案35件，其他方式结案9件，并已全部结案归档，到期结案率达100%。案前调解18件，涉案30人，案金额73万元，上述案件都得到及时稳妥处理。

【职业技能培训】 2016年，职业培训与鉴定工作，立足培养本地人才，积极引进紧缺人才，爱护激励现有人才。全年共组织2612人报名参加职业技能鉴定，2015人获得相应的职业资格证书，其中初级工1612人、中级工213人、高级工190人；积极组织辖区符合条件60余人参加聊城市“金蓝领”项目培训；积极向省市推荐优秀人才，2016年选拔出5名企业优秀人才为东昌府区首席技师，并推荐参加聊城市首席技师评审，聊城山水水泥有限公司1名员工获得聊城市首席技师称号。

（区人社局　卢宪慧　曹善军）

民　　政

【安置工作】 严格按政策做好退役士兵接收安置工作。2016年接收退役士兵250人，其中转业安置70人，全部安置到事业单位；其余退役士兵也得到妥善安置。扎实开展退役士兵职业技能培训，培训时间3个月。鼓励退役士兵自主创业，主动为退役士兵和用人单位牵线搭桥。及时足额为自谋职业退役士兵发放补助资金450.4万元。按照政策规定做好无军籍职工接收工作，扎实做好涉军人员稳定工作。

【城乡低保】 **社会救助** “一门受理、协同办理”工作机制初步建立。按照“托底线、救急难、可持续、促公平”的原则，积极探索建立“一门受理、协同办理”社会救助工作机制，依托镇（街道）、园区便民服务中心，统一开设“社会救助受理窗口”，开通12349救助热线，使因病因灾陷入生活困境的困难群众及时得到救助。区级“一门受理、协同办理”机制已投入运行，设在区行政服务中心，共设置救助窗口10个。开展临时救助，共救助255人，发放救助金62万元。

城乡低保工作进一步规范 低保标准依规进一步提高。城市低保标准提高到每人每月400元，月人均补差达242元；农村低保标准提高到每人每年3402元，与省定贫困线接轨，实现“两线合一”，月人均补差达184元；全区有城市低保对象967户、1956人，农村低保对象6082户、10989人，全年发放城乡低保金3147.3万元。

医疗救助制度不断完善。制定出台《东昌府区城乡困难居民重特大疾病医疗救助办法》，进一步完善救助方案，做好医疗救助制度与基本医疗保险、大病医疗保险的衔接，着力减轻重特大疾病患者的医疗负担。全年为城乡低保对象补助医疗保险参保费154.4万元；对城乡低保对象和特困供养人员，按照救助比例不低于个人自付费用70%的要求，共救助低保、五保对象1087人，发放医疗救助金343万元。

妥善做好低保家庭高校新生救助工作，共救助28人，发放救助金11.2万元。

【慈善工作】 创新募捐方式，拓宽资金募集渠道。召开全区“慈心一日捐”活动动员大会暨现场救助仪式，对部分困难家庭进行现场救助，动员全社会献爱心。通过深入动员，共募集善款207万元。区慈善总会鼓励有捐赠能力和捐助意向的个人（家庭）建立个人（家庭）小额冠名慈善基金，按照捐赠人的意愿定向救助特定困难群体。与此同时，区慈善总会与聊城光明眼科医院、上海远大心胸医院建立合作关系，免费或以成本价为困难群众提供医疗服务。

广泛开展救助活动。开展“情暖万家”救助活动，春节前夕向困难户发放救助金4.6万元，确保困难群众过好年；会同区扶贫办走访慰问困难户183户，发放大米、面粉、食用油等物品。开展“朝阳助学”救助活动，对全区低保边缘特困家庭的高校新生进行救助，共救助43人，发放救助金14.4万元；向梁水镇拐里王小学的贫困学生发放救助金，为学校建实验室一处，共计3万元；举行了为四川阿坝州贫困儿童捐赠仪式，动员小学生将闲置衣物和书籍捐赠出来，由区慈善总会统一邮寄给四川阿坝州的贫困儿童。开展“康复助医”救助活动，与光明眼科医院联合开展“健康快车”活动，为贫困家庭白内障患者进行免费复明手术。开展司法救助，对被执行人没有偿还能力的受害家庭给予生活救助。区慈善总会对全区50名家庭困难的“两癌”母亲进行专项救助，发放救助金10万元。开展“扶危济困”救助活动，对134户困难家庭进行救助，发放救助金65.7万元；与市慈善总会联合开展“百村千户送温暖”活动，精准确认100户农村特困家庭，按照每户不低于1000元的标准，发放八仙桌椅100套。

健全完善慈善工作网络。区慈善总会在全区12个镇（街道）和2个工业园区均建立慈善分会，慈善分会办公场所全部统一挂牌，并配备办公设施，制定完善的规章制度；在全区61个城市社区和613个行政村分别建立慈善工作联络站，站长由社区主任或村委会主任担任；实现慈善工作组织网络全覆盖。

【福彩工作】 依法加强社会福利企业监管。联合区国税、地税部门对全区8家社会福利企业进行年检，对企业的管理制度、安置残疾职工比例、残疾职工缴纳社保情况等进行严格检查，维护残疾职工的合法权益。

做好福利彩票销售工作。全区共有福利彩票投注站64个，全年福利彩票销售额约4500万元，较去年增长5%，可提取公益金400万元，用于全区养老事业。

【婚姻工作】 婚姻登记规范化建设成果进一步巩固。累计投资20余万元，为婚姻登记处添置电脑、打印机、身份证识别器、监控等设施；进一步健全完善各项规章制度，登记员统一着装、挂牌上岗；聘请社会监督员、特约颁证员。截至2016年，共办理婚姻登记12731对，其中结婚登记7521对，离婚登记2550对，补领结婚证2385对，补领离婚证275对；办理收养登记18件，合格率、满意率均达100%。

【基层政权】 做好村务公开、民主管理工作。根据《村民委员会组织法》和省《实施办法》，指导各镇（街道）和行政村完善村务公开内容、村民会议和村民代表会议议事规则；明确村干部的职责，村民的权利和义务；健全完善村务公开民主管理的各项制度，全区98%以上的村建立村务监督委员会，实现民主评议、民主决策、民主监督。

【敬老院管理】 2016年，社会养老服务体系建设进一步完善。

五保供养工作全面加强。全区共有农村五保对象1696人，其中集中供养564人，分散供养1132人。2016年底，全区共有中心敬老院5处，总占地面积286亩，建筑面积4.3万平方米，共有房间847间，设床位1096张；5处中心敬老院均功能齐全，服务质量较高，全部为省一级敬老院，市级“幸福敬老院”。

2016年，全区五保集中供养标准提高到每人每年6060元，管理经费提高到每人每年1500元，分散供养标准提高到每人每年3900元。定期对各中心敬老院开展安全检查，及时消除隐患；抓好食品卫生，5处中心敬老院全部办理食品卫生许可证。全区5处中心敬老院消防设施和旱厕改造工作已全部完成，提升了硬件设施水平，进一步改善了五保对象生活环境。

社会养老服务体系进一步完善。为支持社会养老服务体系建设，按照规定将福彩公益金区级留成部分不低于50%，专门用于支持养老服务业发展，其中30%以上用于民办养老机构。2016年，新增养老床位433张（其中护理型床位110张）。全区共有民办养老13家，城市社区老年人日间照料中心10处，农村幸福院35处，床位2400张，入住老年人2200人。

【救灾工作】 防灾减灾工作扎实开展。修订完善了自然灾害应急预案。调整充实了灾害信息员队伍，开展了相关业务培训。下拨救灾资金189.8万元，发放棉被820床，棉大衣400件，棉衣300件，面粉700袋，食用油700桶，保障了受灾群众的基本生活。“5·12”减灾日开展了防灾减灾宣传，向群众宣传防灾减灾知识。为各镇（街道）、园区配备了北斗报灾终端。

【救助工作】 殡葬改革工作稳步开展。通过大力宣传中办、国办《关于党员干部带头推动殡葬改革的意见》和说服教育，营造浓厚氛围；全年火化2372具，火化率达到90%以上，节地生态安葬比例达到45%，为城乡低保对象、五保对象和部分优抚对象补助基本殡葬服务费约10万元。搞好西郊公墓建设管理。对公墓园内的土地进行了平整，修建了园区道路，完善了排水管网，对墓区进行了绿化，安装了简易铁门，提升了公墓的建设管理水平。

根据国务院和省市安排部署，深入组织开展摸底排查，精准采集数据信息，建立健全镇（街道）、村（居）农村留守儿童档案和帮扶台账，制定完善留守儿童动态监测报告制度，实行动态管理，形成了详实完备、及时更新农村留守儿童信息库；经调查摸排，全区共有留守儿童800人。制定出台《聊城市东昌府区农村留守儿童关爱保护实施方案》《聊城市东昌府区农村留守儿童关爱保护工作部门联席会议制度》，建立健全关爱保护机制，形成多部门密切协作的管理服务体制。妥善做好流浪乞讨人员救助管理工作，经区编委批准，全区建立了救助管理站，全年共救助流浪乞讨人员近232人次，并把其中患病人员安排到医院救治。

【区划工作】 2016年，东昌府区有1063个行政村，辖2个乡，11个镇，10个街道（61个城市社区居委会），其中，聊城市经济开发区有157个行政村，辖广平乡、蒋官屯街道、东城街道、北城街道4个乡（街道）；聊城高新技术产业开发区有142个行政村，辖九州街道、许营镇、顾官屯镇、韩集乡4个乡镇（街道）；江北水城旅游度假区有189个行政村，辖于集镇、朱老庄镇、湖西街道、凤凰街道4个镇（街道）。

【社区建设】 2016年，城乡社区建设全面提速。

城市社区方面　积极推进城市社区办公用房建设。2016年，市区两级共筹集资金1亿余元，采取新建、购买等方式，解决了29个新设立城市社区的办公用房需求；城市社区经费由市区两级按照5∶5的比例分担。对全区61个城市社区的300多名工作人员进行了全面系统的培训，社区工作人员的业务水平有了明显提高。积极推动"蒲公英志愿者协会"和"幸福9号"公益活动的有序开展，各社区共开展便民服务活动260余次；各城市社区共成立文艺队伍138支，举办文体活动350场次。继续推进社区"四位一体"管理服务模式，已有20个社区完成了社区党支部－居民小组－物业公司－业主委员会四位一体的对接。古楼街道湖北社区、新区街道八一社区被评为全国和谐社区建设示范社区。

农村社区方面　根据省市有关文件精神，制定印发《中共东昌府区委办公室、东昌府区人民政府办公室关于印发〈关于深入推进农村社区建设的实施意见〉的通知》（东昌办发〔2016〕25号），制定目标任务和推进措施，扎实推进农村社区示范点建设。选取道口铺街道高马社区、侯营镇老鸦陈社区、闫寺街道苏南社区作为新型社区试点进行重点扶持，通过示范带动，推进全区新型农村社区建设。省民政厅对每个试点社区给予20万元扶持资金，用于完善社区服务中心及其附属设施建设，提高社区服务中心水平和档次。全区已建成农村社区服务中心14处。

【社区工作】 2016年省民政厅将东昌府区确定为全省首批"社区治理暨养老服务创新实验区"，实验区创建周期为3年，省级财政给予资金扶持，年底，到位2000万元。创新实验区建设工作主要有三项工作任务。一是建设1处社区综合服务信息平台；二是建设3处社区养老服务中心；三是政府购买3项社会服务。信息平台位于区行政服务中心，已完成设备采购和安装调试，处于数据录入之中。

三处社区养老服务中心分布在城区三个街道。柳园·社区综合养老服务中心，位于柳园南路幸福9号，面积2200平方米，规划床位40张，委托幸福9号管理运营。新区·社区综合养老服务中心，位于鸿福老年公寓一楼，面积1500平方米，规划床位30张，委托鸿福老年公寓管理运营。古楼·社区综合养老服务中心，位于光明眼科医院对过，面积1100平方米，规划床位30张，委托幸福9号管理运营。按照试点先行、以点带面的原则，依托三处示范性社区综合养老服务中心，选取城区三个街道内的6个城市社区作为试点社区，开展政府购买社区社会服务工作。2016年政府购买服务达90万元。

【双拥工作】 广泛开展拥军优属活动。春节和八一建军节，区几大班子领导带队对驻区部队官兵进行走访慰问；区民政局、双拥办组织对全区1820名重点优抚对象进行走访并发放慰问品。开展双拥宣传，在各服务窗口设置军人优先标识2000余处，设立永久性大型宣传牌6处，张贴、粉刷宣传标语2000多条，办板报、墙报200多块。开展爱国主义教育，清明节期间，组织在校学生及社会各界人士1000多人，到东昌府烈士陵园缅怀先烈。着眼军民深度融合发展，推进拥军工作社会化，共建立各类拥军志愿者队伍62支，志愿者800余人；东昌府区水城拥军车队被命名为"全省十佳拥军车队"。

【优抚工作】 各项抚恤定补资金及时足额发放。全年为在乡老复员军人，带病回乡退伍军人，参战参试人员，伤残军人，"三属"人员，以及60岁以上农村退役士兵共发放各类抚恤定补资金2809万元。

做好优抚医疗保障工作。累计为1249名优抚对象缴纳医保参保费97.1万元，为1474名优抚对象支付门诊补助46.7万元，为531名优抚对象支付住院补助155.9万元；共为优抚对象投入医疗保险参保费、门诊补助费、报销住院补助费259.4万元；为全区5210名优抚对象每人购买40元商业保险，共计20.9万元；累计为优抚对象投入医疗保障资金320.5万元。

全面建立优抚对象联络员制度。在全区建立优抚对象联络站

149个，确定联络员229人，为全区5200余名优抚对象提供及时贴心服务，发挥了民政部门与优抚对象“沟通新渠道”的作用。解决优抚对象生活、住房、医疗等“三难”问题1889人次，发放补助金68万元。

定期为优抚对象进行免费健康查体，并建立健康档案。组织120名重点优抚对象到区光荣院、市复退军人医院和省荣军医院疗养。做好烈士纪念设施保护管理工作，加强对烈士陵园的规范化管理，将所需经费足额列入财政预算。

发放义务兵家庭优待金。2016年，东昌府区义务兵家庭优待金基本标准提高到12000元。八一前夕，举行了隆重的义务兵家庭优待金发放仪式，市领导及聊城军分区首长参加了发放仪式。及时足额为全区770名义务兵家庭发放优待金1125万元。

（区民政局　陈忠号）

信　访

【概况】 东昌府区信访局坚持“为党分忧，为民解难”宗旨理念，密切联系群众，维护群众合法权益，及时反映社情民意，有力推进了和谐东昌建设。2016年，区信访局共处理群众来信来访698件（起）2689人次，办理率100%。其中，办理群众来信209件（普通信件90件，网上投诉74件，领导信箱28件，中央第三巡视组交办13件，人民网网友4件）；接待群众来访489起2480人次，其中集体访131起1940人次，集体访下降20%。群众满意率、网上信访占比率大幅提高，全区信访形势继续保持了“四下降一好转”的良好态势。2016年，区信访局长被山东省委、省政府授予全省信访工作“二等功”。

【内部管理】 结合“两学一做”学习教育活动，加强自身建设。每周四下午定为集中学习日，集体学习《中国共产党章程》《中国共产党廉洁自律准则》《中国共产党纪律处分条例》以及习近平总书记系列讲话精神。理论联系实际，指导实践，深入开展批评与自我批评，每个信访干部都撰写心得体会，并进行公开宣讲。

加强行风建设，树好形象。全局干部职工一律实行文明规范用语，坚持做到五个“到位”：接待群众热情到位，倾听呼声耐心到位，记录诉求详实到位，跟踪办理督导到位，反馈信息及时到位。

政务公开，接受监督。在办公区醒目位置和信息公开网站，长期公开职责职能、办事流程、服务承诺、单位办公电话（传真）、邮箱、网上信访网址、监督投诉方式及相关的法规制度等；同时设置电子屏，发布单位工作动态信息，每月不少于10条信息，8008608196专线电话保持畅通无阻，广泛接受社会各界对信访工作的监督。

【创新工作方式】 加强全国信访信息系统应用，实现群众来信来访网上登记、转办、办理、汇报，全程网络化办公，大大缩短了转送、交办、办理时间。

充分整合“大调解”“联合接访”等信访调处资源，加强与人民调解、司法调解、行政调解的沟通、对接，多渠道、多力量化解各类矛盾纠纷。

完善制度，规范办事程序。进一步完善信访事项转送和交办制度、信访情况分析和通报制度、矛盾纠纷排查和信息报送制度、党政领导干部接访下访工作机制等制度，逐步规范了办信、接访、督查、复查程序。

创新实行信访每日必报制度。将每天的信访情况及时上报区委书记等领导，重要信访事项随时上报，让领导及时掌握信访动态。

【强化措施】 坚持专题约访、律师陪访、分级督查、非访处置，提升信访工作规范化、法制化水平。

坚持领导干部公开接访、带案下访。每周二为书记接访日，周四为其他党政领导接访日。按照领导批示意见，及时交办、适时督办，全程跟踪问效，案件办理情况纳入年终综合考核。2016年，领导干部公开接访日共接待群众来访30批236人次，共推进56起信访突出问题的解决。

坚持源头预“访”。按月排查矛盾纠纷，把排查情况及时反馈到镇（街）和部门，对苗头性和倾向性的问题或人员落实包案人，限期解决，最大限度把矛盾纠纷化解在初始状态。

突出重点，以点带面。在全

12 月 26 日，在区信访局接访大厅开展区委书记公开接访活动

国“两会”及重大活动期间，在全区范围内突击开展信访矛盾纠纷及信访突出问题拉网式大排查，实行当天排查当天上报，发现隐患苗头及时采取措施，有效处置，确保社会和谐稳定。2016 年共排查出各类矛盾纠纷 100 余件，经分类梳理，分三批将 30 件重大信访事项以信访联席会议文件进行集中交办，切实把矛盾纠纷化解在当地。

积极下访，抓好跟踪督办。组织有关人员先后 13 次深入有关部门和镇（街），加强协调沟通、会商会办，共同研究疑难复杂信访事项的解决办法。

【信息整合工作】 收集整理各级做好信访工作的好经验、好方法，在全区推广，并向《山东信访》、市《信访情况》《聊城信息》《东昌府工作》《东昌时讯》等省市区期刊报送 10 余次。

时刻注重收集预警信息，及时研判分析不稳定因素，及时与各镇（街）、部门沟通，第一时间进行有效处置，全力避免群体性事件和越级上访的发生。

加强调研，提供决策参考。对土地征用、房屋征收、群众安置工作、非正常上访、信访干部能力建设等信访工作热点、难点、焦点等问题，深入基层，全面调研，提出合理化建议 40 多条。

【规范制度】 完善县、乡、村三级信访工作网络，充实整合基层信访工作力量，实行村级信访代理人制度，每个行政村选派 1 名信访代理人，为访民提供指导和帮助。

完善网上信访平台。群众可以通过网上受理平台进行投诉。每一件信访事项的受理、交办、督办、答复、复查复核和满意度评价等全部在网上流转，实现工作流程的全覆盖。让群众少跑腿，让数据多跑路。

加强以《山东省信访条例》为主要内容的法制宣传，设立宣传点 23 个，发放宣传材料 20 余万份，绘制宣传条幅 5 万条，全区群众普及率达 70% 以上，行政人员普及率达 95% 以上。

坚持全力解决合理诉求和依法处理非正常上访相结合，对个别重复非访人员依法处置，行政拘留 2 人，刑拘判刑 1 人，为信访秩序的规范好转提供了强力支撑。

【扶贫工作】 侯营镇孙楼村为区信访局帮包扶贫单位。区信访局党建扶贫工作组通过调研，制定出农业调整助脱贫，争取扶持改村貌，党员带动解放思想的工作思路，全力以赴做好扶贫开发工作。

抓好党建，示范带动。适应新的时代发展要求，严格落实村支

1 月 13 日，在区委常委会议室召开东昌府区网上信访受理平台新闻发布会

部“三会一课”制度，切实提高农村党员能力和水平，敢为人先，带头致富。

科技扶贫，加强培训。邀请城区知名家政公司月嫂，对适龄妇女进行了2轮家政服务培训，共计60人次。

抓好载体，力求实效。协调扶贫资金30万元，建成两个高标准“冬暖式育苗大棚”。筹建农家书屋，筹集农业科普书籍200多本。新建文体广场200平方米，安装体育器械12架。铺设水泥路面2300米。新打机井2眼，安装太阳能路灯30盏。为家庭困难群众捐助过冬棉衣棉被100余件，走访慰问困难户50户次。

2016年，孙楼村集体收入达到8万元，11月30日，经区扶贫开发领导小组审核，孙楼村退出扶贫开发重点村范围。

（区信访局　王伟）

老龄工作

【党委政府重视老龄工作】 区委、区政府高度重视老龄工作，把发展老龄事业、注重老年民生摆上重要议程。区委、区政府主要领导同志经常调度老龄工作，听取汇报，检查指导老龄工作，参加有关活动。每年“九·九”老年节前，东昌府区五大班子领导同志按照惯例分头对区处级及处级以上离退休老干部进行走访慰问。同时，深入到敬老院、老年公寓、社会福利院及百岁老人、老党员家中走访慰问，为老年人送上党和政府的关怀和温暖。

区委、区政府主要领导人亲自担任老龄委名誉主任，经常调度老龄工作，听取汇报，检查指导老龄工作。区委副书记任老龄委主任，区委常委、组织部长、联系老龄工作的副区长任副主任，确保了党委、政府都有领导分管老龄工作。区委、区政府根据人员变动情况及时对区老龄工作委员会成员进行调整。

各镇（街道）、园区全部成立老龄委，党委（党工委）副书记任老龄委主任。90%以上的社区和行政村（居）建立了老年人协会。形成了区、镇（街道）、村（社区）三级上下贯通、高效运转的老龄工作组织网络，基本做到了老龄工作层层有人抓、事事有人管。

【社会保障】 巩固基本养老保险制度，城乡居民基础养老金标准不断提高，城镇居民都享受到了基础养老金。连年提高企业离退休人员养老金待遇，实现了“十二连增”。高龄津贴制度进一步完善，百岁老人、90–99岁老年人高龄津贴按时发放，2015年全区享受老龄津贴的老年人数达到1340人共发放80.4万元。2016年，累计发放高龄补贴金360余万元。按照上级要求，全区将高龄补贴范围扩大到80岁以上老年人，全区80–89岁老年人每人每月发放30元高龄补贴，发放工作处于筹划中。70周岁以上老年人免除城乡居民基本医疗保险个人参合金，区财政补贴每年近600万元。提高农村五保老人供养标准，集中供养标准由每人每年6000元提高到7560元，分散供养标准由每人每年3500元提高到3900元。继续实施银龄安康工程（老年人意外伤害险）。2016年，投保总额达75万元，完成上级任务113%。为巩固家庭养老保障基础，坚持抓好《家庭赡养协议书》的签订和兑现工作，并在此基础上，每年都进行续签。

全区基本形成以城镇职工医保、城乡居民医保为基础，以大额救助、大病保险、离休干部医疗保障等为补充的多层次医疗保障体系，切实维护了包括老年人在内的各类群体的医疗保障权益。连续提高了居民医保政府补助标准、医保报销比例和支付限额，老年人受益越来越多。

【老年文化体育事业】 重视发展老年文化教体事业。全区各类老年大学（学校）3所，在校学员400余人。老年文化、体育、教育设施持续增加，老年文体组织健康发展。全区80%社区、村（居）建立专用或“一室多用”老年活动室，共建有门球场208个，各类文体的队伍380支，门球队伍210余支。组织老年人广泛开展文体活动，敬老月期间，集中组织开展老年文体活动，举办第二届中老年健身舞大赛、东昌府区门球大赛等多场活动。全区共组织老年人开展文体活动1460余场（次），被誉为“门球之乡”“健身舞之乡”。

【老年人社会参与面】 全区许多有专长、有影响的老年人参与经济社会发展，继续贡献着知识、才智和经验，赢得社会的广泛赞誉。2015年，全国模范检察官、东昌府区人民检察院原副检察长白云同志被全国老龄办评为“全国老有所为楷模”。

村（居）老年协会积极参与惠老政策落实，协助开展调查摸底、建立高龄老年人台账、组织老年人参加健康查体、登记发放老年人优待证等工作，有效弥补了基层公共服务能力的不足。老年社团积极开展活动，老年体协、老年书画研究会、老科技工作者协会、老摄影家协会、健康协会等老年人社团组织，充分发挥自身优势，在维护稳定、志愿服务、社区共建、宣传教育等多领域多方参与，做出了积极贡献。组织成立了水城老年志愿者服务队，为市容市貌、文明举止进行帮扶劝解，发挥余热。

【敬老爱老社会风尚】 继续开展“敬老爱老主题教育”活动，组织敬老爱老文化进机关、进学校、进社区、进企业系列宣传教育活动，营造良好敬老氛围。

在“敬老月”期间，各级党委政府精心组织安排，部门单位广泛开展走访慰问活动，社会团体和个人自发组织开展敬老活动，社会各界积极为老年人办实事、做好事，尊重、关心、帮助老年人的社会风尚逐步树立。2016年10月，在聊城市老龄先模评选表彰活动中，有4个先进单位、9名先进个人受到市委、市政府表彰，敬老模范、孝星们的事迹被广泛宣传。“敬老文明号”创建活动开展后，创建单位踊跃参与，取得了显著成绩。全区共有2个单位获山东省“敬老文明号”称号。

【老年权益保障】 不断探索新形势下，保障老年人合法权益的新途径、新路子。

优先办理涉老案件。各级司法机关对涉老案件优先立案、优先审理、优先执行；对严重侵犯老年人合法权益的典型案例，坚持公开审理、公开宣判。

做好老年人公益维权服务示范站创建工作。为进一步贯彻中华人民共和国老年人权益保障法》《山东省老年人权益保障条例》，强化全社会依法维护老年人合法权益意识，根据省、市文件精神，严格按照创建条件和标准开展创建工作。2016年3月，区老龄办被省老龄办、省综治办、省法院、省检察院、省民政厅、省司法厅五部门联合命名为“山东省老年人公益维权服务示范站”。

（区老龄委　李辉）

民族宗教服务

【概况】 2016年底，全区共有民族工作重点镇（街道）4个：古楼街道、新区街道、柳园街道、张炉集镇。少数民族聚居村（居）3个：古楼街道铁塔居委、张炉集镇张炉集村、沙镇齐楼村。少数民族散居村12个。民族小学2所：东关民族小学、沙镇齐楼回民希望小学。全区共有民族36个，其中少数民族有回、满、蒙古、壮等35个；人口10274人，其中回族人口9415人，占少数民族总人口的91.64%；人口在百人以上的有满族257人，蒙古族121人。城区少数民族常住人口8000余人，绝大多数为回族。另外，全区还有流动少数民族人口数约3000余人。

全区信教群众3万余人，其中佛教1万余人，伊斯兰教1.2万人，天主教1200余人，基督教8000余人。正式登记的宗教活动场所42个，其中寺观教堂7个，固定处所35个。全区四大宗教中，佛教寺庙1个，伊斯兰教清真寺5坊，天主教堂1个，基督教固定处所35个。全区已认定备案教职人员71人，其中佛教比丘6人，伊斯兰教阿訇7人，天主教司铎1人，基督教牧师1人，长老4人，传道员52人。全区宗教团体4个，分别是区佛教协会、区伊斯兰教协会、区基督教三自爱国运动委员会、区天主教爱国会。

2016年，区民宗局先后被授予“2011—2015年全区普法依法治理工作先进单位”、区人大常委会“人民满意单位”“全区防范和处理邪教工作先进单位”等荣誉称号。区佛协被省宗教事务局、省慈善总会评为“全省宗教界公益慈善工作先进集体”。

【少数民族经济社会事业】 落实党和国家的各项民族政策，按时发放春节期间牛羊肉价格补贴。向全区 642 户穆斯林农户发放牛羊肉价格补贴 19.2 万元。

做好少数民族中考考生加分工作。采取与市民宗局联合办公的方式，6 月，为全区 25 所初中的 100 余名少数民族中考考生办理了审核认定，并将名单向社会公示。

加强对清真食品市场的监管。9 月，市、区民宗局组成联合检查组，对城区各大农贸市场和超市进行了清真食品生产专项检查。严格按照《山东省清真食品管理规定》，对生产、经营清真食品的单位在原料采购、生产、管理、食品包装和销售方面严格检查，对存在的问题责令现场整改。

重点做好少数民族扶贫工作。与扶贫部门积极联系，建立少数民族扶贫档案，摸清底数。核实扶贫对象的家庭成员、主要经济来源、致贫原因等情况，建立全区少数民族扶贫信息数据库。

深入两个民族村进行实地考察，根据实际情况，确定两个村扶持重点，建立 2016-2018 年省、市少数民族发展资金项目库。同时，积极争取省、市少数民族发展资金 32 万元，用于张炉集村村内道路硬化工程、排水设施建设以及光伏发电项目。

开展民族团结进步宣传月活动。9 月，区民宗局会同区委宣传部、统战部共同下发了《区委宣传部、区委统战部、区民宗局关于开展全区民族团结进步宣传月活动的通知》，积极开展全区民族团结进步宣传月活动。在报纸、电视等媒体刊登文章和播放专题，宣传民族团结进步事业。重新更换民族宗教宣传栏的内容，在社区、清真寺、民族小学等地利用标语、横幅、Led 屏等宣传党的民族政策。

解决少数民族群众关注的热点和难点。积极与民政局沟通协调，解决回民公墓的突出问题。12 月，回民公墓二期工程动工，《东昌府区回民公墓管理办法》正广泛征求意见，管理组织正在筹建。积极帮助清真西寺协调社会资金维修南、北讲堂和大门。

【依法管理宗教事务】 妥善处理基督教领域重点难点问题，努力维护宗教领域和谐稳定。2015 年 12 月至 2016 年 3 月，结合宗教活动场所安全大检查，区民宗局联合各镇（街道）、宗教团体对全区 139 处宗教活动场所进行拉网式排查，不仅检查其安全状况，而且对其活动管理情况进行检查，特别是对 2013 年纳入乡镇过渡管理的场所的活动变化情况进行再次摸底排查。通过排查，掌握各类宗教活动场所最新动态。在 4 月 12 日召开全区民族宗教工作会议上，针对这项重点工作，对各镇（街道）进行了安排部署。

加强宗教界代表人士培养和宗教团体自身建设。区委统战部、区民宗局依据相关规定，制定《宗教团体领导班子及成员民主测评办法》，决定从 2016 年开始，开展宗教团体领导班子及成员民主测评。此外，为进一步加强宗教团体建设和提高民族宗教界人士素质，还制定《2016-2020 年东昌府区宗教界代表人士培训规划》《2016-2020 年东昌府区少数民族代表人士培训规划》《宗教团体重大事项报告制度》等。

创新宗教活动场所管理新路子。指导区基督教三自爱委会制定《东昌府区基督教人事管理规定》，对场所负责人和传道员的任职资格、推选办法、审查流程、民主测评等做出明确规定。4 月，区基督教三自成立了民主测评小组，到全区的 35 处基督教活动场所，对场所负责人进行第一次民主测评。通过民主测评，选出了群众公认的场所负责人，逐步形成以制度管人，按制度行事的良好机制。

开展“宗教慈善周”活动。8 月，全区四大爱国宗教团体积极响应党和政府的号召，共同发起《关于宗教界开展扶贫济困活动的

9 月 7 日，区民宗局带领四大宗教团体前往省定贫困户家中进行慈善救助

共同倡议》。宗教界广泛开展了扶贫募捐活动，民宗局积极与扶贫办、有关镇（街道）搞好对接，核实贫困户情况。9月7日，区民宗局带领四大宗教团体前往堂邑镇、沙镇镇、张炉集镇的省定贫困户家中进行慈善救助，共向贫困家庭捐助善款1.6万元。区佛协还被评为“全省宗教界公益慈善工作先进集体”，树立了区宗教界扶危救困、慈善爱人的良好形象。

做好开斋节慰问和低收入宗教教职人员补助发放。开斋节期间，市、区领导到城区清真寺进行走访慰问，为清真寺送去慰问品和慰问金，向全区广大穆斯林祝贺节日。此外，根据省、市有关精神，及时完成低收入宗教教职人员生活补助费的发放工作，为全区13名低收入宗教教职人员发放补助费共计4.68万元。

7月6日，为穆斯林传统节日开斋节，市委常委、统战部长蔡同民，副市长任奎军到城区清真东、西两寺亲切看望慰问穆斯林群众

组织召开全区宗教团体工作会议。12月29日，全区宗教团体工作会议召开，区四大宗教团体班子成员共计30余人参加会议。各团体负责人汇报本年度工作开展情况，并对团体领导班子及成员进行民主测评。会议还就以后宗教团体规范化建设、重大事项报告制度的落实、宗教活动场所安全、团体财务管理等工作进行安排部署。

（区民宗局　薛超博）

园区·街道·镇概况

嘉明经济开发区

【领导班子成员】

党工委书记：
邵洪涛（5 月离职）
梁满峰（12 月任职）
管委会主任：
时宏伟（12 月任职）
张振河（1 月离职）
党工委副书记：
梁满峰（5 月 -12 月）
鲁子刚
龙东高（12 月任职）
纪工委书记：
任锦堂（12 月任职）
管委会副主任：
王孟江
于文军
苏保贤
农村工作局局长：
靳东林
武装部部长：
高　峰
嘉明社区书记：
赵艳梅（女）
财政局局长：
李学彬
经济发展局局长：
苏怀泉
建设局局长：
董怀宽
党政办公室主任：
徐法华（12 月任职）
经济发展局副局长：
姜玉华
王继军
财政局副局长：
付　勍（女，回）
建设局副局长：
周成宾
王之坤
建设局副科级干部：
耿广玉
农村工作局副局长：
卢西勇
农村工作局副局长、计生办副主任：
张瑞宁
武装部副部长：
王　平（12 月任职）
武装部副部长、嘉明社区主任：
路明杰（12 月离职）

【基本概况】 嘉明经济开发区位于聊城市城区西北部，北临闫寺街道，南临离香江光彩大市场，规划面积 22.6 平方公里，国土资源部定界 6 平方公里，辖企业 175 家，其中限额以上工业企业 42 家，行政村 8 个，人口 3 万人。2016 年，嘉明开发区被聊城市安委会评为度聊城市安全生产工作先进单位。

【经济概况】 区内工业企业完成主营业务收入 210 亿元，利税 23.5 亿元，利润 20 亿元，同比增长 11%、15%、14%。完成税收 8800 万元，财政收入 4500 万元。加速推进重点项目建设，在项目建设过程中，强化理念，健全制度，履行服务承诺，成立项目推进领导小组，实行重点项目科级干部帮包责任制，为投资者提供全方位、全过程、全心全意的优质服务。签订投资协议后为客商办理各项手续，项目建设过程中搞好全方位服务，项目投产后搞好后续跟踪。2016 年共有在建项目 29 个，其中过亿元项目 26 个，计划总投资 78.3 万元，2016 年完成固定资产投资 35 亿元。

【招商引资】 把招商引资作为各项工作的重中之重，先后到北京、深圳、哈尔滨、西安等地参加了招商活动，找准路子、迈开步子，与客商真诚合作，巩固了老朋友，结识了新朋友，洽谈了新项目，取得了明显成效。2016 年，招引工业项目 19 个，医院、学校建设项目 2 个，计划总投资 35 亿元，包括投资 6 亿元的胶原蛋白肽项目、投资 3 亿元的鑫润达塑胶二期项目、投资 3 亿元的昌德食品项目、投资 2 亿元的山东易斯特机械设备二期项目、投资 1.8 亿元的永辉新型建材项目、投资 1.5 亿元的金华车业项目、投资 1.2 亿元的东昌府区妇幼保健院母婴健康管理中心项目和投资 0.4 亿元的聊城东方双语小学嘉明分校项目等，为经济社会发展积蓄了后劲、增添了动力。

维森海洋生物胶原蛋白肽项目签约现场　（12 月　摄）

【基础设施】 2016 年，投入建设资金 2000 万元，加强道路建设：硬化嘉隆北路延伸段、隆源路西段 2 条道路，总长 2.5 公里，铺装嘉隆北路延伸段人行道花砖，总长 1.1 公里。加强绿化建设，对市场加工区内部、站前北街及京济路等道路两侧进行绿化，绿化面积 2.5 万平方米。加强管网建设，在宝乐路、嘉隆北路延伸段埋设管网 1.8 公里，在北环路以北埋设自来水管道 2 公里，天然气 1.4 公里。完善市政设施建设，在主要交通路口安装道路引路牌 24 个。完善消防保障体系，建设 550 平方米的消防综合楼 1 处。

【旧村改造】 规划建设安置社区 3 个，规划用地面积 130 亩，安置房面积 9.3 万平米，安置 1062 户。白洼社区于 2009 年已全部实现入住；申李村拆迁补偿安置协议已经签订完毕，3 栋高层 4 万平方米的安置楼已经建设完毕，4 栋多层安置楼正在建设；邓王安置区新建回迁楼 6 栋，主体建设全部完工。

【脱贫攻坚】 现有 150 人 89 户的贫困户，建立了机关干部联系帮扶贫困户制度。2016 年，推荐 23 名贫困人口参加技能学习，介绍务工 29 人，年底已完成信息动态调整工作，已经全部脱贫。

【环境保护】 开展大气污染防治攻坚战，取缔禁燃区煤炭经营商户 5 家，升级改造禁燃区燃煤锅炉 11 个，狠抓餐饮油烟整治，安装高效消烟除尘净化设备，取缔露天烧烤和“骑墙”烧烤。集中治理道路扬尘，落实道路保洁责任，增加洒水次数。抓好建筑工地扬尘治理，3 个建筑工地和 1 个市政建设工地均达到 6 个 100% 标准。认真做好洁净型煤的配送、使用，共配送洁净煤 208 吨。

【路域环境整治】 投资 73 万元对聊临路嘉明开发区段进行综合治理，埋设路沿石 1400 米，路肩培土 2.8 万方，拆除违章建筑 1 处，清理垃圾 1200 方。

【创森工作】 对园区乡村道路统一种植苗木，在嘉隆北路、安居路、隆源路等道路栽植行道树，栽植白蜡 1100 余棵。对村庄间 1050 米道路，栽植杨树苗 800 余。委托科慧市政对园区内嘉隆北路、隆源路两侧 2.2 万平方米的绿化带进行设计。初步规划南水北调干渠两侧 6 万平方米的绿化休闲公园。

【社会事业】 积极改善上学及就医条件，聊城东方双语小学嘉明分校，于 9 月份投入使用，在校生达 800 余人，有效解决孩子上学难问题。东昌府区妇幼保健院母婴健康管理中心项目，占地 110 亩，年底前完成了围墙、垫土工作。大力构建城乡环卫一体工作长效机制，改善人居环境，成立环卫办公室，建设垃圾中转站，配备了钩臂车、垃圾运输车、垃圾压缩设备。社会保障体系进一步完善，60 岁以上人员参保率达到 99%，新型农村合作医疗参保率达到 100%。为 60-80 岁老年人免费办理银龄安康保险。2016 年，农民人均纯收入达到 13600 元，农民生活水平不断提高。加强和创新社会管理，深化平安开发区建设，建立了综合治理服务大厅，成立了平安志愿者协会，社会保持和谐稳定。

【党的建设】 认真开展“基层党建提升年”活动，实施先锋引领、阵地建设等八项工程，有效集中解决当前基层党建工作存在的突出问题，推动了基层党建工作整体提升。

“两学一做”学习教育 4 月 29 日，召开了“两学一做”学习教育工作座谈培训会议，成立了学习教育协调工作小组，对党员组织关系进行了梳理排查，理顺组织关系。为每位党员发放了学

7月1日，嘉明开发区举办建党95周年专题党课

习材料、学习笔记、党徽，印发了明白纸，每周五定期组织学习，集中学习30余次，相继开展了“坚定理想信念”等3次专题研讨。坚持学以致用，结合党员活动日开展各项活动，解决了党员队伍在思想、作风等方面存在的问题，保持发展了党的先进性和纯洁性。在7月份全区“两学一做”学习教育知识竞赛中，取得全区第一名的好成绩。扎实做好党员组织关系集中排查、党费收缴、基层党组织按期换届等7项工作。“两新”组织党建实现新突破，对“两新”组织开展专项排查，成立了“两新”组织党工委，新建立海集团信美中和公司党支部，积极选派党建工作指导员，实现非公有制经济组织党建全覆盖。

全面从严治党　贯彻中央和省、市、区委部署要求，落实从严治党主体责任，成立了以党工委书记为组长的领导小组，研究制定了《关于认真落实全面从严治党主体责任的实施意见》，全面签订责任书，建立起横向到边、纵向到底的责任体系。2016年召开从严治党会议12次，研究制定开发区从严治党工作思路和落实措施。制定《嘉明开发区党工委工作规则》，规范开发区议事决策程序，对于“三重一大”事项，严格按程序集体讨论决策。加强制度建设，对学习、会议、考勤、请销假等工作制度进行全面梳理和完善，修订完善规章制度19项，其中修订完善11项，新建立8项。开展了落实中央八项规定精神专项检查。4月份重点对办公场所超标问题检查整治，6月份重点对公务用车违规行为检查整治，共腾退办公用房330平方米，6月初将14辆公车上缴区国资局进行拍卖。加强纪律督察，强化正风肃纪，发现问题5个，通报批评2人次。坚持党工委书记与科级干部及村支部书记谈话，班子成员与分管部门负责人谈话，全年开展谈话43人次，及时“咬耳扯袖”，防止小问题演变成大错误。

【代表换届推选】 认真贯彻区委、区人大、区政协部署要求，强化组织领导，严格程序，规范操作，严格落实换届纪律要求，圆满完成了区党代表、人大代表、政协委员的换届选举工作。推选梁满峰、孙洪源、王兴民、王金城4名同志参加东昌府区第十三次党代会，推选梁满峰、邓连增、于文军3名同志参加东昌府区第十七届人大会，推选鲁子刚、苏怀泉、苏保贤、李志勇4人参加东昌府区第十七届政协会。

【村（社区）名录】 社区　嘉明社区位于嘉明开发区管委会办公楼2楼。

村庄　共辖8个行政村，12个自然村，为乔黄村、钱庄村、白洼村、十里铺村、坡舒村（含坡许、舒庄2个自然村）、邓王村（含邓庄、王庄2个自然村）、北铁村（含东张庄、北铁村2个自然村）、申李村（含申庄、李庄2个自然村）。

（嘉明经济开发区　徐法华　马建富）

凤凰工业园

【领导班子成员】

党工委书记：

冯贺成（7月离职）

董胜军（7-12月）

孟凡志（12月任职）

党工委副书记、管委会主任：

董胜军（7 月离职）
李钦广（8 月任职）
管委会主任：
李钦广（7-8 月）
党工委副书记：
薛玉川　苗文清
管委会副主任：
毛武才　井清民
纪委书记：
殷秀真（女，12 月离职）
工会主任：
江崇源（3 月离职）
党工委委员：
江崇源
武装部长：
王长祥
办公室主任：
李　德
办公室副主任：
闫　磊
农村工作局局长：
李从峰
农村工作局副局长：
王　宁（女）
农村工作局副局长、计生办专职副主任：靳　岩
综治办专职副主任：
张庆民
经济发展局局长：
王保朋
经济发展局副局长：
郭林堂
乌　宁
建设局局长：
张振广
财政局局长：
于庆威
财政局副局长：
季　峰
武装部副部长：
梅振海
副科级干部：
邵洪利（3 月离职）
副主任科员：
邵洪利（3 月任职）

【基本概况】 凤凰工业园位于聊城市东昌府区南郊，2006 年被省政府批准为省级工业园区，规划面积 15 平方公里，辖 14 个行政村，总人口 2.53 万人。

【经济概况】 凤凰工业园有工业企业 175 家，其中，规模以上企业 71 家。2016 年，园区实现主营业务收入 300 亿元，利税 22.5 亿元，上缴税金近 3 亿元，实现地方财政收入 1.5 亿元，完成固定资产投资 20.7 亿元。全年引进项目 10 个，完成招商引资额 26.3 亿元，其中，投资过亿元的项目 9 个。

【城镇建设】 2016 年，投资 1300 万元对经四路进行了翻修，长度约 3100 米；对经三路（光岳路南延）实施了拓宽工程，完成房屋拆迁和土地清表，拆迁房屋面积约 1.2 万平方米，征地 420 亩；投资 1320 万元新建纬四路雨污分流管网和副路，完成管道施工。张飞棚户区 11 栋回迁楼全部分房到户；姚庄棚户区 12 栋回迁楼全部完成主体施工，正在进行二次结构施工；东李棚户区 7 栋回迁楼全部完成主体施工，正在砌填充墙。

【社会事业】 2016 年，居民人均纯收入 14920 元；小学 2 所，教职工 161 人，在校生 2500 人，适龄儿童入学率达到 100%；卫生机构 10 所，床位 80 张，卫生技术人员 35 人；新型城镇居民养老保险 60 岁以下参保人数 3673 人；居民基本医疗保险参保率 98%；享受农村居民最低生活保障 94 户。

【“两学一做”学习教育】 **统一思想，全面安排部署**　园区即时召开了“两学一做”学习教育工作部署大会，安排各基层党组织切实抓好区动员会议精神的传达学习和领会贯彻，深刻把握开展学习教育的重大意义，动员各基层党组织和全体党员参与进来，切实提高活动和学习教育的知晓率和参与度。审议制定了《关于在全体党员中开展学习党章党规、学系列讲话，做合格党员学习教育

4 月 29 日，园区安排部署“两学一做”学习教育工作

实施方案》，将工作任务进行项目化分解并逐项解读，按照任务分时段向各基层党组织要账，扎实推动各项工作的开展。

大力宣传，营造良好氛围 园区把学习教育有关内容摘抄，投放在电子屏幕上每天循环播放，增强党员干部的感知程度；建立了微信交流群，定期在群里发表有关知识，每天通报各党组织学习教育开展情况，大家相互交流学习；各村支部将学习内容制作成图版，挂在醒目位置，方便党员阅览和学习；将“两学一做”是什么？如何开展？目标是什么？怎么学？如何组织？等内容精简，制作成图画，简单形象、通俗易懂，分发给全体党员，方便党员学习理解。园区上下形成良好学习氛围。

加强管理，确保学习效果 园区要求各党组织分别制定学习计划，采取集中学习和自主学习相结合，每周至少集中学习1次。为避免敷衍应付，园区为全体党员统一发放记录本，要求做好学习笔记，不定期进行抽查。为切实加强学习效果，5月13日，园区邀请区委党校两位专家进行了辅导讲课，带领全体党员干部深入学习了《党章》《准则》和《条例》。园区坚持边学边改，每次学习结束后，即时列出问题清单，制定整改措施。各党支部累计列出问题清单56条，现已整改完毕54条，有效解决了部分基层党组织和党员在思想、作风、纪律等方面的突出问题。

慰问困难党员 （2月 摄）

学做结合，注重成果转化 园区结合“两学一做”学习教育在农村党员中开展了多种形式的教育活动，积极推动党员干部将活动成果转化为具体行动，提高了党员在群众中的威信。王堂村，有劳动能力的党员每周组织一次义务劳动；乔刘村，组织党员结合城乡环卫一体化率先打扫门前屋后卫生，带动周边群众自觉维护环境卫生；左庄村，要求每名党员每周做一件好事，党员干部以实际行动体现先锋模范作用。

【村（社区）简介】 **鑫鹏社区** 成立于2007年12月，位于凤凰工业园西北部，西邻聊位路，北靠新南环，总面积约3.9平方公里。下辖张飞、代庄、乔刘3个行政村，常住人口2627人，党员88人。企业67家。

昌华社区 成立于2007年12月，位于凤凰工业园东北部，总面积约4.2平方公里。下辖碱场李、王堂村、辛庄村、左庄村4个行政村，常住人口2400余人，党员98人。企业50余家。

宇星社区 成立于2007年12月，位于凤凰工业园南部，东至孙堂干渠，南至纬四路南路井村，西至聊位路路西张古村，北至纬三路，总面积约3.8平方公里。下辖路庄、吴铺、赵庙、张疙瘩4个行政村，常住人口3100余人，党员88人。企业39家。

郑官屯社区 成立于2011年10月，位于凤凰工业园北部，南靠新南环路、西邻聊位路，总面积约3.1平方公里。下辖郑官屯、姚庄、东李3个行政村，常住人口2010人，党员63人。企业7家。

（凤凰工业园 李德 靳岩 孟庆国）

古楼街道

【领导班子成员】

党工委书记：张玉芝（女）

办事处主任：李 刚

党工委副书记：

谭继领
郭　超（挂职）
人大主任：
甄延双
纪共委书记：
王孟博
党工委委员：
周桂芬（女）
王　强　周学东　赵洪义
白云峰
武装部部长：
李洪水
办事处副主任：
姜　宏
费小玮（女）
张庆国
区人大常委：
张廷鹏
副科级干部：
王桂菊（女）
王　华（女）
邵海勇
综治办专职副主任：
刘延芹（女）
党政办主任、信访办主任：
张　星
社区书记：
耿　斌　文轩社区书记
刘秋明　王口社区书记
李亚南　向阳社区书记
李庆飞　站前社区书记
王丛智　湖南社区书记
王　虎　文化社区书记
齐亚芳　湖北社区书记
任建义　香江社区书记
李士增　铁塔社区书记
王东星　古城社区书记
张玉桥　铁西社区书记
王庆元　湖西社区书记
周传峰　馨苑社区书记
翟　刚　海源社区书记
王　勇　龙湾社区书记
崔　振　月亮湾社区书记
李明飞　汇金社区书记
刘连宁　望湖社区书记
张鸿阳　兴华社区书记
马　涛　名人苑社区书记

【基本概况】 古楼街道位于聊城市中心城区，是全区政治、经济、文化、旅游中心。东至古运河，西跨京九，接壤道口铺、侯营，南连江北旅游渡假区，北至济聊馆高速，与闫寺街道相接。辖区面积21.6万平方公里，常住人口22.5万人，流动人口3万人。下辖20个社区居委会，24个村居委（15个居委，9个村委）。共有党支部78个，党员2312名。古楼街道先后荣获山东省旅游强镇、山东省城市社区建设示范街道、全国和谐社区建设示范街道等荣誉。

2016年，古楼街道紧紧围绕区委、区政府的中心工作，认真贯彻落实党的十八大和十八届五中、六中全会精神，深入学习贯彻习近平总书记系列重要讲话和视察山东重要讲话、重要批示精神，紧紧围绕“五位一体”总体布局和“四个全面”战略布局，按照市、区委“一个定位、三个提升”的要求，坚持“作风引领、团结实干、争先进位、科学发展”总体思路，团结带领古楼街道广大干部群众，攻坚克难、真抓实干，在经济、政治、文化、社会、生态文明建设和党的建设方面取得新的进展。

【经济概况】 2016年，街道财政收入完成3.455亿元，占全年任务的101%。民营经济税收截至11月份完成3.95亿元。招商引资到位资金6.16亿元，固定资产投入13.8亿元，重点项目有序推进。大力发展第三产业，推动土杂市场、火车站摩托车商城、鸿顺家具商场等8个专业市场的持续繁荣，打造北关－古楼南北大街－南关龙堤美食岛美食一条街、站前汽修一条街、鸿顺灯饰一条街等特色产业集群，中华水上古城基础设施日趋完善、积极申报国家三级宗教旅游区，孔繁森纪念馆改扩建完毕，各自然景观、文化景点接待游客持续增加；借助区

6月14日，非公企业党支部成立大会召开

招商引资的有利政策，依托区内2个工业园区和其他镇（街），实施“跳出古楼发展工业”和“工业突破”两项战略，加大招商引资力度，重点引进、扶持华建粉煤灰钢板仓和中瑞电动车项目等新材料、新能源项目。实现了街道第三产业持续繁荣，第二产业突破性进展，工业“短腿”进一步补齐的良好局面。

9月18日，举办第三届全民健身运动会

【招商引资】 **华建中能钢板仓储粉煤灰项目** 变废为宝并能带动相关产业蓬勃发展的辐射影响力；全力做好无污染、无排放的聊城市永兴砼业有限环保材料项目建设，打造覆盖周边省市的新材料产业集群。对深圳市欧唯科技有限公司的招商引资项目加紧落实，该公司成立于2016年9月，是专业的智能手机，移动互联网智能终端、移动互联网增值业务运营一体化解决方案的提供商。主要与酷派手机合作，提供成品手机，公司总产值60亿元左右，投资上亿元建设。经纬工业网毡公司搬迁项目持续推进，该企业2016年创税收600余万元。通过与以上两个企业的合作，提速古楼街道的经济发展。

凯瑞集团美食岛项目 完善东昌湖周边服务业基础设施，提升旅游区投资和游客吸引力，争取早建成、早运营，把东昌湖及古城旅游区建设成为成熟的旅游胜地。

交大科技园制造业聚集区服务中心项目 以市场为导向，依托聊城区域优势产业和特色产业，走产学研联合创办大学科技园之路。紧密依托西安交通大学雄厚的科研实力和技术资源，发挥自身优势，将科技园主要发展方向定位在高新技术研发领域，孵化具有特色、产业化前景可观的项目。按照现代企业制度运营，积极推动高校科技成果转化和高新技术产业化，实现学校科技资源与企业资源的有效整合。

幸福老年公寓项目 保证质量保证安全，为老年人提供颐养天年的温馨港湾。结合聊城市眼科医院未来发展规划，全面启动三里井拆迁工作，对棚户区、老旧小区进行重点改造，建设回迁安置房，改善三里井村民的生活环境。

【基础建设】 古楼街道落实科级干部帮包责任制，密切跟踪，督促进度，各项目按既定计划稳步推进。古楼街道辖区范围内振兴路进行了重新返修，对辖区环境进行了彻底整治，对53条小街小巷进行了重新修整，重点推进了棚户区改造项目。北关二期、颐馨园二期、西关街已交付使用；新启动集贤新村、聊堤口－许窑棚户区暨实验小学搬迁建设项目，目前已完成拆迁工作。

【社会事业】 2016年城镇居民可支配收入2.63万元，农民人均纯收入1.32万，年均增幅8%以上；城镇、农村养老保险和医疗保险合二为一，养老保险扩面211人，医疗保险扩面16925人，农村转移劳动力453人，城镇新增就业821人；实施阳光低保行动，做到应保尽保，定期核查，有序退出的低保动态管理机制，2016年城镇最低生活保障户490户，人数1069人，农村最低生活保障户数121户，人数227人，国家抚恤、补助各类优抚对象341人，大病救助47人，发放救助资金13.52万元，优抚320人，在全市率先开展居家养老政府购买服务试点工作，现已惠及40人，共提供养老服务468人次；全年接受社会捐款5.4万元，捐赠衣物3200余件，使300余名困难群众受益。

【“两学一做”学习教育】 “两学一做”学习教育中，街道党工委召开专题会议12次，街道党工委结合社区规模、空间布局、党员分布等情况划分党建网格100个，居民小组共176个，形成了街道党工委－社区党总支－基层党支部－党小组“四位一体”的党建“网格化”管理模式，实现了社区党组织全覆盖。街道党委对调整后的20个社区党总支分别下派1名科级干部进行全面帮包，由机关和社区党员干部分别担任72个党支部的党建指导员，健全规范党组织生活，确保“两学一做”学习教育开展到位，精神落实到位。按照“一岗双责”的要求，细化工作职责，形成一级抓一级、层层抓落实、分级负责、上下联动的工作责任体系。充分发挥机关党员和辖区党员的作用，召开“共建联席会”20次，增加志愿者队伍94支，开展公益服务活动500余次，达到全覆盖服务辖区居民。

【村（社区）简介】 文轩社区 社区有居民3210户，9624人，社区服务中心位于龙山南街5号（区委家属院西临），办公面积为400平方米。辖区市直、区直单位众多，机关党员进社区人员437人（其中市直单位53人，区直单位384人），社区支部共有党员28人。

2016年社区以“两学一做”学习教育为契机，以“服务居民、打造特色、构建和谐”为思路，唱响“同住一个区、同在一个党、共为社区做奉献，共为党旗添光彩”的主旋律，整合资源，丰富载体，拓宽渠道，积极引导广大党员发挥先锋模范作用，走出一条“核心在支部、专心抓载体、强力搞服务”的社区党建新路子，社区党总支不断完善功能，充分发挥为民服务的作用，为民做好事，办实事，展现出了文明和谐社区的良好形象。社区创新管理方法，将辖区楼宇进行重新划分为45个模块，制作、发放民情联系卡3000余张。

王口社区 位于聊城市中心位置，辖区北至东昌路，西起北关街，东依古运河，南临东昌湖，面积约1.8平方公里，总人口1万余人，3100户，驻社区企事业单位7个，沿街门店300个，社区党总支辖党支部3个，社区服务中心设在鼎舜花园小区的鼎舜会所，设有行政事务、社会事务2个服务大厅，是一个城市化程度高、商业发达、环境优美、平安和谐的现代化新型社区。先后荣获“省级和谐社区建设示范社区”“省级地震安全示范社区”“省、市级崇尚科学反邪教示范社区”“省、市级文明社区”“市级先进基层党组织”“区党建文明窗口”等称号。

2016年，王口社区秉承以人为本、服务居民的宗旨，在履行社区居委会职责的基础上，不断完善和扩大社区服务功能，扩大对社区居民的帮扶力度。一是组织社区干部对孤、老、残、弱人员和离退休人员详细登记造册，争取扶贫帮困资金，解决他们生活问题。全年帮助办理老龄补贴160人，协调医疗部门为100余名60岁以上人员免费体检；为185名居民办理城镇医保；对130名70岁以上居民办理了免费医保；40户困难群众享受低保。二是及时了解掌握居民反映的热点，对于路面修复、卫生死角等一系列问题及时与有关部门进行沟通，创造条件解决。搞好社区业余文艺队伍建设，积极活跃社区文化生活，用健康向上的先进文化引导居民，目前有聊天吧、社区艺术团、豫剧票友、京剧票友等，基本做到活动天天有，歌声处处在，社区形成了一种健康、文明、积极向上的和谐氛围。

向阳社区 向阳社区服务中心位于向阳路中段路西，颐馨园小区南100米，距古楼街道办事处200米，居民以汉族为主，只有零星回族，社区东至向阳路、西至恒昌街、北起振兴路、南至兴华路，占地面积0.98平方公里。2016年荣获“省级文明和谐社区”“聊城市民主法治示范社区”“市级社区工作先进社区”“省级商业示范社区”“省级充分就业和谐社区”等称号。社区辖2个企事业单位、实验中学、5个物业小区、7条小街小巷、75个沿街门店，社区党总支下设2个党支部，自管党员65人，流动党员1人，划分10个居民小组，总人口12856人。

2016年社区本着以人为本的服务理念，以党建为龙头，打牢基础、夯实平台，创新活动载体，整合辖区资源，在社区服务方面进行了积极的探索和创新。社区在做好辖区居民服务工作基础上，突出抓好了居民健康教育、国家卫生城市复审、辖区单位共驻共建、黄标车淘汰治理、城乡环卫一体化环境卫生综合整治、善行义举“四德榜”建设、创建省级创业型社区等重点工作。社区荣获省级充分就业和谐社区、山东省精神文明建设先进单位、山东省廉政文化建设示范单位等称号。

湖南社区 湖南社区位于原南关小学院内，辖区面积0.7平方千米，辖区人口4784人，辖南关居委党支部、北顾村委党支部2个党支部，亚洲第三的摩天轮和餐饮航母龙堤美食岛位于该辖区。

2016年，汛期期间，社区把防汛和防内涝工作作为重中之重。提前预防，逐个排查安全隐患，加固防水堤坝，疏通下水管道，辖区顺利安全度过汛期，未出现以往年份内涝的发生，保障了群众生命财产安全。

社区对孤、老、残、弱人员和离退休人员详细登记造册，辖区内城市、农村低保户共40余户，社区逐户走访，实地了解他们的生活状况，积极争取扶贫帮困资金，解决他们生活困难问题。

文化社区 文化社区服务中心位于聊城市兴华路西首金长城小区院内，因辖区有京剧团、豫剧团、杂技团等文化事业单位，故取名文化社区。所辖面积1.2平方公里，1.8万余人，下属党支部3个。

加强基层党组织建设，建立了社区党员服务活动中心，发挥党员的先锋模范作用，社区党总支利用党员组织现代远程教学等方式，组织宣传和播放收看电教片12次；国家卫生城市复审期间，大力加强环境卫生整治工作，彻底消除了积存的生活、建筑垃圾，粉刷墙体2万余平方，拆除旱厕20余处，拆除违章建筑50处，清理了无人管理小区存在多年的生活垃圾3000余方，清理街道、楼道小广告6万余条；坚持以人为本，服务居民让居民群众成为社区建设的最大受益者，增强社区的亲和力和吸引力，摸清社区失业人员人数，为其建立动态管理台账。

湖北社区 湖北社区位于聊城市东昌府区繁森路北首西200米路北，面积0.6平方公里，人口1.5万，辖区内25个市、区机关企事业单位。社区党总支下设8个党支部，11个居民小组，有62名自管党员，10名流动党员，1350名机关进社区党员。社区先后荣获“全国和谐示范社区”“山东省社会科学普及示范村（社区）”等称号。

2016年，不断加强基层党组织建设，省市领导多次到辖区调研工作。一是三级网络夯基础。大力推进社区党组织三级核心网络建设，形成了“社区党总支－居民小组党支部－楼宇党小组”三级党组织基础网络，实现了“网格管理、无缝衔接”的党建新模式。二是“四管”党员建机制。为在职党员建立信息库，发动驻区在职党员认岗定责，实行“双管”；入户摸底排查流动党员，建立流动党员联络站，发放流动党员证，进行“协管”；把20余名离退休党员编入小区党支部，全面“接管”；上门帮扶困难党员脱贫致富，实行“联管”。三是五类服务聚民心。社区党总支与25个驻区单位党组织签订共建协议，通过共驻共建顺民意；成立在职党员帮扶队伍，通过真情帮扶解民困；配合社区民警组建治安管理队伍，通过排忧解难暖民心；成立社区艺术团，举办多场文艺晚会，弘扬先进文化正民风；“互联网＋”进社区，借助智慧服务惠民生。

香江社区 香江社区位于恒昌商业街北首路东，辖区东起三里铺小区，西至昌润路；南起振兴路，北至建设路，面积1.1平方公里。辖区4个居民小区，常住人口7000余人，社区党总支下设3个党支部，其中社区机关党支部6人，社区服务中心党支部29人，三里铺居委党支部59人，共有直管党员94名。

香江社区服务中心建筑面积300余平方米。社区一楼设有综合服务大厅，社区计划生育服务工作站，社区文体活动室，内设跑步机、乒乓球台等健身设施供居民健身使用。二楼设有农家书屋（聊城海源阁图书馆香江分馆），全天开放供居民阅览各种书籍；另有会议室、民兵之家、社区科普活动站、山东远程教育接收点等场所。工作中，认真贯彻落实上级各项惠民政策，针对居民群众生产生活中遇到的热点、难点问题开展了一系列工作：1、坚持标本兼治，创造优美环境，提高生活质量。以国家卫生城复审工作、城乡环境一体化活动为契机开展环境卫生整治。为社区居民创造了良好的居住环境。2、利用“七一建党节”“中秋节”“老人节”等各种传统节日开展各项文艺活动。3、发掘资源，夯实志愿者服务力量。社区大力弘扬“奉献、友爱、互助、进步”的志愿精神，联合辖区单位党员志愿者开展义诊、法律宣传、环境卫生整治等志愿者服务活动。

铁塔社区 铁塔社区位于东关街204号区工会院内。社区北至利民西路；南临山陕会馆；西到东关桥；东依古运河；辖区面积1.2平方公里；总人口10654人，其中少数民族3729人，占总人口的35%。社区下设3个党支部，分别是社区机关党支部，党员14人；社区服务中心党支部，党员55人；铁塔居委党支部，党员35人。辖区景点有山陕会馆、傅斯年纪念馆、铃铛湖风景区、宋代铁塔、清真寺、护国隆兴寺、基督教堂。2016年社区先后被评为省民族团结进步模范村（居）、省级文明社区、省级商业示范社区、市民主法治示范社区、市企业退休人员社会化管理先进单位等称号。

2016年，着重抓好党建、卫生、服务等三大抓手，推进社区工作再上新台阶。一、抓党建。社区党总支从思想作风、工作作风，提高社区干部综合素质为抓手，认真学习，在政治上、思想上、行动上和党中央保持高度一致。健全社区党建网络，对辖区内党员实行动态管理，实现社区内党组织和党的工作全面覆盖。二、抓卫生。去年是聊城市创建国家卫生城复审的一年，社区广泛发动，狠抓落实，坚持早六晚十的工作方式，取得显著成效。辖区卫生状况得到显著提高。并认真维护创卫成果，随时保持创卫指标的达标。三、抓服务。社区把服务作为中心任务，围绕居民需求开展多层次服务，形成便利快捷的便民服务网络，设立服务热线并发放服务联系卡，与居民群众建立“零距离”沟通与服务，为社区居民参与社区活动提供较大的方便。

古城社区 古城社区位于楼东大街老区政府院内，辖区面积1平方公里，周围被6.3平方公里的湖水包围，社区包括1个党支部，党员90人，其中社区党员4人，辖区党员86人。古城建设以光岳楼为中心，利用十字步行商业街将城区用地分为4块，十字大街为商业步行街，两侧以传统风情的商业为主，楼东大街以休闲、保健、养生为主；楼西大街为时尚、高档商品街；楼北大街为餐饮一条街；楼南大街为文化一条街。城市单元的中心地块为风情居住区，以四合院形式住宅为主，临街巷的建筑作民间特色小商业使用，前店后宅，灵活方便。

2016年，社区党总支结合社区居民分布情况，按照每700户1个片区的标准，根据服务网格化的原则，将社区划分为4个服务网格，每个网格由两名党建专职人员负责，建立了纵到底、横到边的网格化党建管理格局。针对社区党员身份复杂的特点，在党员管理上实行分类管理。一是对在职党员实行教育引导管理。对他们建立情况反馈制度，号召他们积极参加社区各项活动，鼓励他们利用自身优势，发挥先锋模范作用。二是落实“党员找组织、组织找党员”活动，对流动党员实行动态管理。对流动党员建立定期联系制度，定期摸排责任网格内暂住人口中的流动党员，确保组织管理无漏洞。三是对年老体弱、行动不便党员，采取主动上门服务，实施党员分类管理以后，实现了社区党组织和党员双向联系、双向服务，党员对社区的归属感大为增强。建立健全基层党组织基础台账。共转出党员2名，转入5名，社区现有党员32名，发展入党积极分子1名。

铁西社区 社区服务中心位于聊堂路路南，周公河北，辖区面积5平方公里，辖区内有聊城特检院、中央粮食直属库、周公河管理所、山东省粮食储备库、消防支队、公路局材料处、少林武校等。辖区内设有3个村（居）民委员会，分别为贾庄、郑楼村、母向村，总户数1100户，总人口4000人，建有党支部4个，社区自管党员2人，党员64人。社区共有低保户23户，共35人，其中伤残军人1人，60岁以上老兵12人。2016被评为东昌府区计生先进单位。

铁西社区有工作人员8名，在2016年创卫复审工作中，社区对贾庄、母向、郑楼的杂草以及长期没有处理的“三大堆”进行了清理，使3村面貌焕然一新，清理村内河沟3条，方便了村民灌溉麦田。对3个村(居)民入户走访，对我们社区的文化生活、环境卫生、中小学教育、看病就医以及干部作风、社会治安进行民意调查，群众满意度基本达到100%。

湖西社区 湖西社区位于东昌湖西岸，辖聊堤口、张油坊、许窑和岳庄4个村居及5个单位家属院和7个居民小区，面积约1.5平方公里，总人口约15000余人。社区党总支下设4个党支部，党员共计72名。

社区办公地点位于站前街实验小学门脸房三楼，办公地点为临时借用性质，面积约100平方米，设有计生，劳动保障、民政、党建等服务窗口，能保障日常工作的顺利开展，但由于办公用房面积较小，不能完全满足辖区居民的精神文化及健身需求，社区将积极搞好共驻共建，联系辖区物业及单位家属院，努力做到资源共享。

2016年，社区通过宣传专刊，悬挂标语、对居民进行教育，提高居民思想意识；结合我社区城乡结合部的实际，社区动用大型铲车、机动三轮20余辆，动用劳动力120余人次，重点对聊堤口农贸市场、许窑、岳庄及张油坊新村的卫生较差区域进行集中清理，使辖区环境卫生面貌焕然一新。充分发挥党员、志愿者和楼组长的作用，不定期开展路面小区环境巡视督导，社区环境有明显改善。

社区创新党员教育管理模式，加强党员队伍建设。社区党总支以规范“三会一课”为抓手，健全组织生活，做到教育内容上突出针对性，教育形式上突出灵活性，在管理方式上突出有效性，架构起“分区域活动、分类型管理、分层次教育”的三类党员管理教育模式。对离退休党员我们突出“服务型”管理、对下岗失业党员突出“救助型”管理、对在职党员突出“学习型”管理的有效方法。社区还印发了“党员联系手册”，所辖党员人手一册，根据自己的喜好、特长、工作性质，积极的协助并参与社区组织的各种公益性志愿服务活动，进一步推动了社区党建工作的开展。

站前社区 社区办公地址位于站前街火车站北，辖区范围东起昌润路，南至聊堂路，西临京九线，北至振兴路，面积1.3平方公里。辖区内共有居民4810户，14673人，社区党总支下设4个党支部，137名党员。先后荣获省级文明社区、省级无传销社区、市先进基层党组织、市科普示范社区、市先进民兵连、市党员远程教育示范点等称号。

社区党总支团结带领社区工作人员及广大党员切实服务辖区居民，党员志愿者服务队以打扫小区卫生、参加志愿活动等多种形式组织党员干部开展公益活动，发挥党员在公益服务等方面的模范作用。在创城复审工作中，安放垃圾箱100个，改造老旧小区柳泉花园，组织党员志愿者队伍，清理社区内的垃圾死角6次，清除垃圾100余吨，创城复审专家小组多次到我辖区内火车站，汽车西站、老柳头小区检查，圆满完成创城复审工作。不断丰富社区居民精神文化生活。经常开展各种活动，门球，太极剑，秧歌，广场舞等，充分利用阅报栏，科普栏进行宣传，促进了居民遵纪守法，明礼诚信，团结互助，和睦相处。

馨苑社区 社区辖区东起昌润路，南至魏大庙新材路，西临京九线，北至聊堂路。辖魏大庙居1个居委，辖区有西湖馨苑、铁路益民小区、湖景公寓、和谐家园、刑警一中队家属院、魏大庙小区6个居民小区，居民5330户，总人口17600人。社区党总支下设2个党支部，63名党员，10个居民小组。先后荣获区级文明社区、东昌府区五四红旗团支部（总支）等称号。

2016年，社区着重加强党建管理，将社区划分为10个网格，每个网格内成立党小组，由党小组长、人口协管员、社区志愿者组成网格管理队伍，初步建立了纵横交叉，覆盖全面的社区党建网络。实施站南小区基础设施升级改造工程，改变了的居民回迁区脏乱差环境卫生居民，得到居民的一致好评。

社区党总支组织社区党员带头发起成立了馨苑社区青年志愿者服务站，根据志愿者特长，分别组建了心理咨询、爱心驿站、爱老敬老、蒲公英志愿者协会4支服务队伍。相继开展了针对居民关心，社会关注的青少年视力、留守儿童、残疾人、困难党员的医疗、助残、青少年帮扶等服务活动8次，受益居民600余人次。

望湖社区 望湖社区位于聊城市区西南，北至八加路，东至昌润路，南至湖南路，西至站前街，面积约0.25平方公里。现有2个居民小区，居民住宅楼72栋，现有住户3200户，人口11200人。辖区内有湖西派出所、市区交通事故处理中队、聊城四中西校3个机关事业单位。社区党总支下设2个党支部，社区机关党支部党员5人，服务中心党支部党员人数37人。社区办公场所位于望湖安置接待中心二楼。

为了使环境卫生整治工作能得到长效管理，社区投入大量物力人力，整治辖区环境卫生，彻底改变了社区的“脏、乱、差”现象，为社区居民创造了整洁、优美的生活环境。

汇金社区 汇金社区位于古运河与东昌湖畔，面积0.89平方千米，办公地点设在辖区中心，汇金街21–218商铺，东邻王口桥，西接向阳路，南临北关桥，北至兴华路，共计2818户，人口约9417人，辖区有东昌府区区委、市审计局、市环保局、东昌府区人社局、交运集团、北京银行等11家机关、企事业单位，凤凰苑小区、交运绮苑、中通时代豪园Ⅰ期Ⅱ期等11个居民小区，社区下设8个居民小组，2个党支部，自管党员34名，机关党员进社区173名。

2016年，汇金社区新成立了图书阅览室、人口学校、市民活动室、调委会、警务室等，成立了一支由社区工作人员和辖区党员组成的社区服务志愿者队伍，定期为辖区居民开展义务咨询服务，组织开展社区义务服务活动20多次，辖区85%以上的居民群众开展了群众业务文化活动，促进了文明社区的创建。

兴华社区 兴华社区总面积1.15平方千米。辖区有3677户，12031人。社区现坐落于湖北小区物业楼二楼，社区南至兴华路，东至恒昌商业街，北至振兴路，西至昌润路。兴华社区辖区居民小区主要由香格里、湖北小区、朝阳小区、公安北区，工商局家属院等组成，辖区单位有市工商局，市工商联，市公安局特警支队、治安支队，济馆高速交警大队，亿沣超市，中西结合医院，手足外医院等单位。

兴华社区下设3个党支部，北关支部、白庄支部、湖北小区支部，自管党员224人。2016年社区以构建和谐社区为工作目标，以群众满意为出发点和落脚点，以社区服务为重点，建立以社区为主，业主委员会为辅，小区党支部、小区物业相辅相成“四位一体”的新型社区。2016年11月，社区在团区委的支持下建立了青年志愿者服务站，打造关心下一代特色“四点半课堂”。切实为辖区居民办实事、做好事。

名人苑社区 社区位于东昌湖畔（昌润南路22号），北至东昌路，东至水城广场，南至西关街，西至昌润路，辖区面积3.1平方公里，共计3446户，人口约1.2万人。党总支部下设2个党支部（机关党支部和服务中心党支部）和1个社区惠民便民服务中心。辖区内设有10个居民小组和28个机关、企事业共建单位。辖区重要景点5处，如水城广场、人民英雄纪念碑广场、孔繁森同志纪念馆、水车园游乐场、腾龙广场。

名人苑社区注重发挥党总支、支部、党员的核心作用、堡垒作用和先锋模范作用，以创建“社区居委会、小区党支部、业主委员会和物业管理”四位一体的新型社区，紧紧围绕“和乐、和美、和谐”为切入点，始终坚持把党、政建设放在首位，以创建“无忧虑”和谐社区为工作重心，突出打造“连民声、惠民生”社区服务品牌，为居民提供全面、周到、细致的服务，牢固树立“心系百姓事、情连居民心”的工作理念，用真情、真心、真爱、真诚赢得辖区居民的普遍赞誉。呈现出“文明、生态、康乐、和谐”的社区新气象。

月亮湾社区 社区办公地点在月亮湾A区物业楼1楼。辖区位于东昌府区，隶属古楼街道办事处，社区主要负责月亮湾ABCD 4个小区，楼宇46栋，总面积42.8万平方米，社区现有居民3747户，社区直管党员20人，分为11个居民小组，商铺79个。辖区北临香江光彩大市场，南靠东昌湖畔，紧挨京杭大运河水系，地理位置十分优越。2016年社区将“平安社区”建设作为重点，继续强化更新消防体验室及消防文化走廊的同时，在小区消防站的基础上再成立微型消防站，使消防安全进一步深入民心。督促物业安装新安防监控器材和配备了三辆巡防电动车，对内围墙、楼前主干道、楼宇门厅、电梯、车库等进行24小时电子监控录像，在维护小区治安的同时，也便于社区进行消防巡查。对外来人口密集出租户进行摸排检查：在社区管区内配备了100瓶干粉灭火器、制作消防疏散图、在主干道悬挂消防宣传标语、各路口粘贴消防标语．为居民创造了一个安全、舒适的宜居环境。

龙湾社区 社区位于东昌府区东南部，辖区东起京杭大运河，西临教育局，南靠湖南路，北接东昌湖。面积约0.79平方公里，居民5000户，人口约15000人，驻社区企事业单位2个，沿街门店47个。

龙湾社区办公地点设在龙湾小区5号楼2单元214室，面积约160平方米。社区管辖范围内有龙湾小区和古楼运河苑。及3个自然村，分别为：龙东村、龙中村、龙西村。

社区党总支书记1名，副书记1名，委员3名，社区居委会主任1名，副主任1名委员3名。社区党总支下设4个党支部，党员共77人。

社区在小区内进行消防演练、消防大检查活动，及时排查消防安全隐患，并通过广泛宣传消防安全知识，增强了社区居民的消防安全意识。

海源社区 社区位于聊城市东昌府区西端，距离古楼街道驻地4.8千米。东与海源路相靠，西与道口铺街道相邻，南至湖南路，北至聊堂路。管辖面积约3.03千米，社区居民约2130余人，党员88名。辖区内设有3个村（居）民委员会，分别为八东村、八西村、十二里营村，1个海源社区党总支，6个支部，分别为海源、八东、八西、十二里营、福利院、东方双语小学。驻地单位有文轩西校、东方双语小学、东昌府区爱心福利院、铁西粮油大市场、新东昌大集、文新客车厂、东方印刷厂、宏发包装厂、东昌府区人民医院西院区、八东面粉厂等。

海源社区居民委员会办公场所现位于东昌府区爱心福利院院内，海源社区现有工作人员8名，社区现有20余平方青年志愿服务站，可开展一系列青年志愿者活动，服务社会，帮助他人，完善自己。社区对八东、八西、十二里营的杂草及多年未清理的“三大堆”进行了为期三个月的集中清理，并对八东、八西道路进行修整，使三村面貌焕然一新。对东方中学家属院、八东村、八西村、十二里营村进行入户走访，对社区一年来的环境卫生，文化生活，干部作风及周围中小学教育，看病就医，社会治安进行民意调查，入户率达到100％，满意度达到99.9％。

（古楼街道　李潇雯　邹华方）

柳园街道

【领导班子成员】

党工委书记：

张月莲（女，3月离职）

郭　瑜（8月任职）

党工委副书记、办事处主任：

郭　瑜（7月离职）

郭元广（12月任职）

党工委副书记：

李　刚（12月离职）

张　磊（12月任职）

党工委委员、纪委书记：

张　磊（12月离职）

张超慧（女，12月任职）

人大主任：

谭宪鹏

政协主任：

冯传法

党工委委员、办事处副主任：

张晓辉（12月离职）

张　慧（女，12月任职）

孟宪霞（12月任职）

党工委委员、武装部长：

杜　欣（12月离职）

林泽明（12月任职）

党工委委员：

李洪涛（12月离职）

党工委委员、组织委员：

张　慧（女，12月离职）

王　丽（女，12月任职）

党工委委员、宣传委员、办公室主任：姜晋东（12月离职）

党工委委员、宣传委员：

谭相辉（12月任职）

党工委委员、党政办公室主任：

姜志建（12月任职）

办事处副主任：

刘功强（12月离职）

庞文静（女，12月离职）

杜　健（12月任职）

刑瑞勇（12月任职）

经委主任：

赵洪义（12月离职）

计生办主任：

杨乃兴（12月离职）

党政办公室副主任：

高玉秀（女）

经济发展办公室副主任：

南红伟（女）

镇村建设办公室副主任：

刘春丽（女）

村镇监管办公室副主任：

韩福才

安全生产监管办公室副主任：

武祥飞

社会事务管理办公室副主任：

王传莉（女）

副科级干部：

孟　勇

张付杰

程卫峰

袁国庆

刘子迅（12月离职）

郭　亮（12月离职）

【基本概况】 柳园街道位于聊城城区中南部，总面积18平方公里，总人口13.7万人。下辖17个社区，20个行政村，5个居委。

【经济概况】 2016年，街道超额完成了年初制定任务目标，各项数据与2015年相比有了大幅度的提升，一般公共预算4.18亿元，同比增长40.3%，位列全区第一名；固定资产投资5.3亿元，同比增长3.9%；民营经济主营业务收入61.1亿元，同比增长9.7%；招商引资6.8亿元，同比增长11.5%。

2016年，柳园街道新上规模以上服务业项目3个，京都商厦、中央丽都商务中心和维也纳酒店项目。京都商厦：京都商厦项目是集百货、办公、商务公寓于一体的商业综合性项目，总投资3亿元，总建筑面积5万平米，建筑1到4层是一站式购物商场，4到16层是商住公寓，该商厦是辖区地标级商业建筑。中央丽都商务中心：中央丽都商务中心项目是柳园街道重点招商引资项目，总投资6.5亿元，建筑面积10.5万平方米，分别是：4万余平方米的大润发购物中心、6万余平方米的创业大厦及5000余平方米的民生银行。维也纳酒店：维也纳酒店项目是集百货、办公、酒店于一体的商业综合性项目，总投资2.5亿元，建筑面积约8000平方米。

柳园街道积极拓展招商思路，延伸招商范围，引进了融超保险经纪公司和南京紫金保险公司，

维也纳酒店外景　　（12月　摄）

促进了街道经济多元化发展。目前，街道已初步形成了以交运大市场和龙山批发城等为代表的商贸物流区；以新东方国际、银座广场和京都商城等为代表的现代商业区；以奥森体育场馆和聊城公园等为代表的文体商贸区，服务业发展呈现新势头。

【基础建设】 2016年，公路通车总里程85公里，新增公路通车里程5公里；水利设施3个，灌溉受益土地112公顷。年末固定电话用户28155户；移动电话用户109821户，增长6%；电话普及率每百人97部。互联网用户18653户，增长10%。有线电视用户率70%。

【社会事业】 2016年柳园街道城镇居民可支配收入2.95万元，农民人均纯收入1.3万元。小学7所，教职工490人，在校生13125人，适龄儿童入学率达到99.9%。医疗卫生机构9所，床位845张，执业（助理）医师数712人。新型农村合作医疗参保人数27910人，新型农村社会养老保险参保人数9393人。农村居民最低生活保障救助278人。

【城乡环卫一体化】 2016年，柳园街道在认真总结工作经验、大量一线调研、全面听取群众意见的基础上，拟定了环境卫生长效管理办法供街道党工委决策参考，并在街道党工委的统一部署下形成了一套行之有效的长效管理机制，推动了辖区环境卫生工作由“突击型”治理向“长效型”管理的转变，切实为群众创造了整齐、清洁、优美、舒适生活环境。对于无人管理小区，首先由社区帮助组织成立业主委员会和小区党组织，形成自治管理机制，然后政府通过购买服务，引进物业进小区，最终达成社区党总支、小区党组织、小区业主委员会、物业公司四位一体化管理模式。对城中村和背街小巷，引进专业化物业公司，采取环卫托管模式，将16个社区的道路保洁和生活垃圾清运工作进行委托给聊城粤华物业有限公司，全面推进辖区环卫一体化工作长效开展。目前，此项工作已经进入正常运营阶段。对于“五小行业”，与商户签订《“门前五包”责任书》。做到在清扫保洁“岗位固化”基础上，不断完善各项制度，将工作责任层层落实到社区、小区（村居）、楼道（胡同）、环卫工人每个人身上，做到精细化管理。建立健全督查考评制度，定期对部门、社区、包联单位创建工作落实情况进行检查；强化目标考核力度，提升市民参与创建的意识和自觉性，严格实行群众举报，及时督查整改。

东昌府区人民医院建设项目　　（9月　摄）

【"两学一做"学习教育】 **"两学一做"学习教育** 工作开展以来，柳园街道结合自身特点，坚持把党建工作做为街道党工委中心工作，把抓好"两学一做"做为党建提升工作的重要一环，研究透、衔接好，周密安排，夯实基础，强化实效，不断推动学习教育扎实深入开展。

组织关系排查，夯实学习教育工作基础 6月27日，街道党工委组织各支部开展了动员部署会议，传达了上级的文件精神，明确专人负责各社区党费收缴工作，并对其进行了培训。各社区结合实际精心组织开展党员组织关系排查，边查边改，摸清党员底数。各支部根据党员花名册，逐个核查基本信息、党费缴纳、参加组织活动等情况，对组织关系转接开展排查，对转出无回执党员，及时联系党员本人及转出地开具情况说明。对联系不上、核实不到的流动党员，通过支部微信公众号、QQ群等平台引导党员联系党组织。通过全面排查，共排查出失联党员3人，并对其按自行脱党予以除名处理。

扎实启动，做好培训动员 4月底，召开专题党委会，研究制定了柳园街道《关于在全体党员中开展"学党章党规、学系列讲话，做合格党员"学习教育实施方案》，成立了以我为组长的学习教育协调小组，并下设综合组、宣传组两个工作组，同时抽调16名组织、纪委、宣传等工作人员成立了3个巡回指导组，定期对各支部学习情况进行指导检查，对党员学习出勤率、学习笔记书写情况、学习记录整理情况进行排名通报，并对党员学习教育知晓情况不定期进行电话抽查，确保学习效果。4月29日，召开街道"两学一做"学习教育工作座谈培训会议，对街道开展"两学一做"学习教育工作进行了动员部署，对街道党组织书记进行了全员培训，明确了科级干部对帮包社区的指导责任，确保每个党支部都按时启动。会后，各社区党总支结合街道"两学一做"学习教育工作座谈培训会，不等不靠，第一时间组织全体党员召开"两学一做"学习教育工作动员会，重温入党誓词，传达上级会议精神，对不同情况的党员提出了具体的学习要求，做到党员全知晓、全覆盖。

领导干部"带头学" 班子成员除参加街道党工委理论中心组学习外，还以普通党员身份参加本支部每周组织的集中学习，带头谈体会、讲党课、作报告，带头查摆问题、整改落实。2016年，街道班子组织了10次专题学习讨论，为各支部开展学习教育做出表率。

街道科级干部也都积极参加所帮包社区组织的学习，进行全过程的现场指导，并围绕支部实际上好党课。各社区党总支书记、支部书记主动领责，把开展"两学一做"学习教育作为重要政治任务，精心组织抓好学习教育，形成了以上率下、层层落实的工作局面。

创新载体"全面学" 为提高学习效率，柳园街道采取多方式、多手段促进学习教育开展。

利用街道服务大厅的LED屏和社区的电子宣传栏，滚动播放"两学一做"学习教育的基础知识和关键词条，在街道、社区工作场所、宣传栏设计制作了大量的"两学一做"宣传学习展板，为街道开展好"两学一做"营造良好的氛围。

为保证学习质量向每位党员发放了学习读本、"两学一做"知识20问等学习资料，并发放了学用一体的学习笔记本，提高党员学习的积极性。

集中学习中，在领导干部带头讲的基础上，让普通党员上讲台讲党课谈心得，使党员从过去的"被动接受"向"主动学习"转变，收到了良好的学习效果。目前，街道科级干部、各党支部书记已讲党课100余次，各支部组织集中学习20余次，有1000多名普通党员从"课桌"后走向"讲台"前，畅谈"两学一做"感想体会。

在学习教育工作开展的每个阶段，组织社区党总支书记到先进的社区召开现场座谈会，学习先进经验，交流工作心得，督促各社区发挥各自的"主角"作用，不断把学习教育引向深入、落到实处。

真学真做，强化整改 学在先，做在前，把"两学一做"落实到发挥党员先锋模范作用上，以知促行、以知促改，更好地服务发展、服务民生。

强化整改，坚持问题导向，坚持标本兼治，强化制度执行，以"改"为引，确保各项工作取得实效。

认真清查，落实党费收缴 柳园街道对党费收缴开展全面排查，重点对在职党员缴费标准认定不准确等情况进行了认真清查。对2008年4月以来不按规定缴纳党费的党员，所在党支部对其进行批评教育的同时，督促限期整改，及时补缴党费，并按要求及时将党费使用情况进行了公示。2016年，已核查对比党员数932人，需补交党费党员数133人。

按时完成违纪违法党员排查清理工作 经过集中排查清理，共排查清理出应当终止代表资格的乡镇党代会代表1人，应当受到刑事责任追究的党员5人，应当追究党纪责任的党员1人。

【棚户区改造】 2016年，柳园街道牢固树立和落实科学发展观，结合自身发展实际，充分利用区位优势，以打造聊城市服务业科学发展先行区为目标，大力推进棚户区改造工作，力图将肖新街以南、文化路以北、柳园路以东、花园路以西共约700亩的区域打造成为集科技、文体、商贸、餐饮于一体的特色商业中心区。

该区域共涉及两个棚户区改造项目，后菜市街以北是东关国际棚户区改造项目，后菜市街以南是龙山前街棚户区改造项目。东关国际棚户区项目规划用地486亩，拆迁总面积约20万平方米。该项目一期于2016年05月20日启动，主要征收片区内的平房和部分楼房，共计971户，拆迁面积约16万平方米，现已具备入场施工条件；二期于2016年9月9日正式启动，主要征收片区内的楼房，共计313户，现正筹备选房。龙山前街棚户区项目规划用地198亩，拆迁总面积约7万平方米。该项目于2016年10月28日启动，主要征收片区内的平房，共计426户，现正筹备选房。

主要经验做法：一是强化棚改补偿政策宣传，通过发放明白纸、张贴宣传标语、配备宣传车辆以及发动工作人员逐户解释拆迁政策，耐心细致地做好拆迁户的思想工作，营造和谐搬迁的棚改氛围。二是模拟拆迁，事半功倍。在各个环节充分征求被征收人的意见，把棚改的知情权、主动权、选择权交给广大居民，形成居民自愿在先、政府主导在后的良好格局，实现了从“要我棚改”到“我要棚改”的转变。三是阳光操作，依法征收。龙山前街片区创新实施了复核制度，每天抽取一定比例的被征收房屋进行尺寸复核，保护居民合法利益，打击一切违法行为，阳光操作，让居民信服。四是全力保证安置区建设顺利施工。街道成立了由党工委书记任总指挥，办事处主任任常务副总指挥的安置区建设项目现场指挥部，实行一个项目一套班子，严盯死守项目现场并每周召开一次调研会。由社区及村居组成了质量监督协调小组，全程跟踪建设质量，极大的加快了遗留问题的处理速度。由公安、街道、社区、居委工作人员组成建立了治安室，更好的协调、协助、解决了各部门及施工单位的入场难题并做好了服务。随着棚户区改造项目的迅速推进，这些环境优美，设施完善，功能齐全的现代化社区将大大提升辖区的城镇化水平，拓宽周边居民的就业渠道，提升居民的生活质量，成为我街道提升城市形象的新名片。

【村（社区）名录】 柳园街道下设利民、公园、聚源、水韵、光岳、育新、滨河、和平、文苑、平安、新时代、柳园、龙山、奥森、运河苑、兴业、聊大17个社区，25个村（居）委：东土城村、西土城村、后土城村、马关屯村、原唐村、东唐村、新唐村、王宅村、陈口村、陈庄村、红庙村、前徐逯王村、后徐逯王村、夏口村、付庄村、前罗村、孔堂村、刘营村、邵庄村、后罗村、利民居委、后街居委、龙山居委、豆营居委、前街居委。

（柳园街道　李云政）

新区街道

【领导班子成员】

党工委书记：

梁满峰（5月离职）

葛春刚（7月任职）

办事处主任：

葛春刚（7月离职）

王兆波（12月任职）

党工委副书记：

王道君（3月离职）

袁恩海（12月任职）

何　宁（女，挂职）

人大主任：

狄　婧（女，12月离职）

程兴杰（12月任职）

政协主任：

刘庆芳（女，12月离职）

办事处副主任：

刘永刚（12月离职）

杜　欣（12月任职）

纪委书记：

房学习（12月离职）

庞文静（女，12 月任职）

宣传委员：

岳　军（女，12 月离职）

张振兴（12 月任职）

武装部长：

田云刚（12 月离职）

杜　鹏（12 月任职）

党委委员：

张安路（12 月离职）

杨乃兴（12 月任职）

组织委员：

费小玮（女，12 月离职）

陈　静（女，12 月任职）

办事处副主任：

付　蕾（女，12 月离职）

李　林（12 月离职）

张　明（12 月任职）

谭宪磊（12 月任职）

王　宁（12 月任职）

信访办主任、党政办主任：

张胜强（12 月离职）

综治办专职副主任：

许　东（12 月离职）

经委主任：

蔡景军（12 月离职）

广场社区党总支书记：

支海洋（12 月离职）

振兴社区党总支书记：

王秀坤（女，12 月离职）

光彩社区党总支书记：

谭相辉（12 月离职）

北苑社区党总支书记：

张振兴（12 月离职）

副科级干部：高学增　舒洪涛　孔庆新　孙允田　苗希梅（女）　郑天彤　孙继雨　王　坤　张海焕（女）　付帮强　张胜强　蔡景军　支海洋　许　东

【经济概况】 2016 年，新区街道认真贯彻落实区委、区政府“瞄准一个目标，认清两个关系，树立三种境界，凝聚四大合力，落实五大理念，构筑六大保障”的总体思路，坚持不懈抓发展、抓投资、抓项目，取得了一定成效。实现地方公共财政收入 5.38 亿元，同比增长 2.33%，民营经济税收完成 7.6 亿元，同比增长 10.5%；工业企业固定资产投资 12.4 亿元，同比增长 21.7%；工业企业主营业务收入 71.2 亿元，实现利税 5.6 亿元，同比增长 11.3% 和 17.1%；民营经济销售收入实现 150 亿元，同比增长 11.2%。街道细化招商引资目标任务，落实招商引资任务。充分发挥区位优势，创新招商引资方式，“大招商、招大商”。工业经济不断升级壮大。以建立现代产业体系为目标，加快提升高新技术产业和新兴产业，努力夯实二次创业的基础。抓住产业升级、集群发展、骨干带动、科技创新等战略要素和关键环节，实行“一个产业、一个办法”，以大项目、好项目为抓手，以骨干企业为带动，积极发展壮大钢管制造等五大工业主导产业，加快产业结构战略调整。服务业发展有新提升。以建设服务业集聚区为抓手，大力实施三产带动战略，服务业规模、档次和效益得到全面提升。整合优化传统商贸业，完善商贸网络布局，改造升级专业市场，大力发展特色商业街区；规范发展金融服务业和房地产业，充分发挥其带动辐射作用；加快发展现代物流业、信息服务业等新兴服务业，扶持其尽快形成产业体系。初步形成了商贸中心区、金融保险商业区等五大特色商业区，现代物流、服务咨询等服务业健康发展。特色产品有钢管、汽车、银行、玻璃钢等。

【基础建设】 2016 年，辖区公路通车里程 90 公里，铺设自来水管道 120 公里，共新建及修复各种水利设施 20 个，灌溉受益土地 650 公顷。

【社会事业】 新区街道办事处始终坚持“以人为本、科学发展”理念，扎实推进各项“民生工程”，切实抓好惠民工作。2016 年，共办理城市低保 343 户，农村低保

万达项目开工仪式

109 户；新增办理公租房户 27 户；新增经济适用房 10 户；慈心一日捐募集善款 8 万元；为灵活就业人员申请社保补贴 120 人次；对办事处 60 岁以上 2061 名老人，已实现每月 60 元的基础养老金全覆盖。牢固树立群众至上的理念，形成了纵横到边、反应灵敏、处置有效的社会管理新格局，社会维稳、计划生育、安全生产、环境保护、疾病防控、食药安全等工作实现全面协调发展。

【城乡环卫一体化】 积极开展城乡环卫一体化，疏通新建排水管道 2 万米，清理垃圾近 15 万立方米，粉刷墙壁 170 万平方米，圆满完成各项创建任务。

【两学一做】 新区街道党工委通过召开座谈会、发放调查问卷，广泛征求意见等形式，明确了两学一做的学习方法和形式。新区街道自开展学习教育以来，通过打电话，登门走访，户籍系统，社保平台，等多种形式进行了党员摸排，确保每一名党员参加学习教育。新区街道辖区有 114 个党支部，通过集中辅导，个人自学，送学上门，建立微信平台，党组织书记上党课等多种方式，使 2732 名党员全部参加了学习教育，同时开展活动 131 次，服务群众两万余人。各支部通过学习教育，发现存在问题 156 个，各支部建立详细台账，对存在问题认真处理，制定方案措施，一一销号，并建立长效机制，使学习教育取得实实在在的成效，为率先建成小康社会提供有力保障。

【村（社区）简介】 **新世纪社区** 新世纪社区成立于 2003 年 6 月，辖区范围东起育生街，西至花园路，南至兴华路，北至振兴路，居民住户 2480 户，总人口 7600 余人。所辖 1 个资产管理委员会，3 个企事业单位，1 家医疗机构，2 个大型居民小区，10 个单位家属院。

彩虹社区 彩虹社区位于聊城市东昌府区新区街道西北部，地处城乡结合部。东起花园北路，西至古运河，南起济馆高速公路，北至周公河，辖区面积 2.1 平方公里，辖王屯、墩台王两个资产管理委员会，莱鑫超硬材料公司、光明农贸有限公司等 7 个企事业单位，钢窗厂家属院、监狱第三社区、莲湖花园 3 个居民小区，人口近 5967 人，其中农村人口约占 70%。

振兴社区 振兴社区成立于 2003 年 6 月，地处柳园北路以西，卫育北路以东，建设西路以北，财干路以南，总面积 1.1 平方公里，常住人口 7500 余人。辖区单位 5 个，居民小区 5 个，资产管理委员会 1 个。

光彩社区 光彩社区成立于 2003 年 6 月，社区坐落在卫育北路医北胡同内，东起卫育路，西至新水河，南起兴华路，北至建设路，辖泊庄资产管理委员会。辖区面积 0.53 平方公里，单位 4 个，住宅小区 16 个，人口约 8000 人，直管党员党员 86 人。

广场社区 广场社区成立于 2003 年 6 月。东起柳园北路西至卫育路，南起东昌西路北至兴华西路。位于市区的政治、经济、文化、商业、休闲娱乐等中心区域，拥有全市最大的人民广场，面积 0.5 平方公里，总人口 9000 余人。有驻区单位 9 个，住宅小区 15 个，私营企业 200 余家，下辖北顺、立新、后许三个资产管理委员会（原居委），居民小组 9 个，基层党组织 5 个、党员 158 人，同时拥有各类专兼职文体团队 5 支、志愿者队伍 8 支约有 300 人。

阳光社区 阳光社区东起花园路，西至柳园路，南起建设路，北至财干路，辖区面积共 1.7 平方公里，人口 0.8 万人。辖区单位共 8 个。

板桥社区 板桥社区位于城区东北部，东至光岳路，西至鲁化路，南至振兴路，北至鲁化一厂。下辖董付、孟闫、李庙三个资管会和六个居民小区，现有居民 2362 户，6860 人。

中通社区 中通社区成立于 2003 年 7 月，辖区东至二干渠，西至花园北路，南到振兴东路，北到建设路，面积约 1 平方公里，常住人口 3184 户，9000 多人，辖区内有何官屯资产管理委员会和聊城第七中学，单位家属院和居民区共 13 个。

北苑社区 北苑社区位于新区街道办事处北部，东起二干渠，西至花园路，北至周公河，南至高速公路。面积 1.2 平方公里，总人口 470 户，1290 人。

八一社区 八一社区成立于 2003 年 6 月，位于聊城市市中心（范围东邻花园路，南至东昌路，西到柳园路，北至兴华路）辖区面积 1.1 平方公里，所辖 12 个机关企事业单位、10 个居民小组，共 3198 户、9865 人，是聊城市委、军分区等党政军领导机关驻地，是金鼎商厦、五星百货、新东方广场等大型商贸娱乐场所集聚地。

中巨社区 中巨社区成立于

2014年11月，位于聊城市区中心，辖区范围东邻花园路，南至兴华路，西到柳园路，北至振兴路，面积1.1平方公里。所辖27个居民小区，1个资产管理委员会，总人口1.02万人。

双庙康城社区 双庙康城社区东起花园路，西至柳园路；南起振兴路，北至建设路辖区面积1.7万平方公里。辖区内共有小区19个，居民户数4123户，人口6903人。

王卷帽社区 王卷帽社区范围东昌路以北、花园路以东、兴华路以南、二干渠以西。共有居民3458户，总人口8860余人。辖区内驻有聊城市中级人民法院等10个企事业单位，一个资产管理委员会。

莲湖社区 莲湖社区成立于2014年11月，位于城市北侧，东至柳园路，西至卫育路，南至财干路，北至高速公路。辖区面积0.8平方公里，下辖3个居民区总人口1756户，5653人。

幸福社区 幸福社区范围东至二干渠、西至光明巷、南至建设东路、北至财干路；辖区面积1.2平方公里；社区常住居民人口8600余人。

光岳怡景社区 光岳怡景社区成立于2014年12月，现有居民1337户，4500余人。辖区东临二干渠西至育生街南到兴华路北至振兴路，下辖光岳花园、怡景花园两个大型居民小区和怡景小学。

莲城社区 莲城社区位于东昌府区城区东北部，二干渠以东，东昌路以北，徒骇河以西，振兴路以南。辖区内有居民小组10个，共有居民1805户约6028人。

颐和园社区 颐和园社区北至兴华路，东至卫育路，南至东昌路运河，西至京杭运河。总居民2196户，人口7305人。辖区面价3.9万平方米。

文锦苑社区 文锦苑社区成立于2014年12月，地处柳园北路以西，卫育北路以东，振兴西路以北，建设西路以南，总面积0.8平方公里，常住人口9500余人。

丽水社区 丽水社区坐落于丽水名都小区内6号楼1单元201室，辖区范围：新水河以西，兴华路以北，运河以东，建设路以南；总面积约：0.46平方公里，辖区共有人口9600余人，3200余户，4个党支部，党员132人。

阿尔卡迪亚社区 阿尔卡迪亚社区于2014年12月成立，是纯小区型城市社区。社区范围北到电大路；南到建设路；东到光明巷；西到花园路。社区共有79栋居民楼，7482户居民，261户商铺，人口数达到23100余人。

凤苑社区 凤苑社区辖区人口4000余人，共计1470户居民，辖区面积2平方公里，范围东至二干渠、西至柳园路、南至财干路、北至高速公路。辖区有事业单位1所，有住宅小区3处，有1个行政村。

华府社区 华府社区成立于2014年11月成立。辖区范围东起柳园路，西至新纺街，南起兴华路，北至振兴路，包含水城华府、星海家园两个商业小区，国棉厂、工行、市政、农商行四个单位家属院，居民总户数2729户，总人口9100余人。

水晶城社区 水晶城社区辖区范围西至健生巷、东至阿尔卡迪亚胡同、南至建设路、北至双力路。辖区人口2163户，7000余人。

御苑社区 御苑社区东至新纺街，西到卫育路，南至兴华路，北到振兴路。辖区居民1950户，居民6000人。

（新区街道　张胜强　张凯）

闫寺街道

【领导班子成员】

党工委书记：
王　章（4月离职）
窦维福（回，4月任职）
党工委副书记、办事处主任：
刘兆华（4月任职）
党工委副书记：秦立忠（4月离职）
李　栋（挂职，12月离职）
段先锋（12月任职）
石可心（挂职）
人大主任：
王付功（12月离职）
李玉顺（12月任职）
政协主任：
李玉顺（12月离职）
纪工委书记：
杨　峰（12月离职）
张英华（女，12月任职）
党工委委员、办事处副主任：
刘　强（12月离职）
刘　兵（12月任职）
组织委员：
苗广杰（12月离职）
曹立新（12月任职）

宣传委员：
王　丽（女，12月离职）
杜春燕（女，12月任职）
武装部长：
吴　飞
党工委委员：
刘　兵（12月离职）
段秀红（女，12月任职）
办事处副主任：
付大磊（12月离职）
齐　勇（12月离职）
杜　宇（12月任职）
刘龙波（12月任职）
孙兴雷（12月任职）
党政办副主任：
刘中军（12月任职）
经济发展中心副主任：
付衍贞（12月离职）
经济发展办主任：
宋广军（12月任职）
社会事务办副主任：
林　娜（女，12月任职）
村镇建设办副主任：
郭学印（12月任职）
安监办副主任：
潘喜荣（12月任职）
村建监管办副主任：
叶焕银（女，12月任职）
信访办主任：
李志新
社区书记：
王立敏
综治办专职副主任：
段秀虹（女，12月离职）
副科级干部：付衍贞　李志新
王立敏　邱德华　程凤泉

【基本概况】 闫寺街道位于东昌府区西北部。总面积70平方公里，耕地面积3200公顷。辖46个行政村，71个自然村，总人口4.1万人。

【经济概况】 2016年实现财政总收入5614万元。农林牧渔业总产值3.95亿元，其中种植业总产值28402万元；林果业总产值594万元；畜牧业总产值9491.5万元；渔业总产值1056.9万元。粮食总产量4330.71吨；棉花总产量27.14吨；蔬菜总产量17802.035吨。新增造林面积319公顷，森林覆盖率32%。规模以上工业企业12家，总产值43.4亿元，实现利税2.44亿元。民营经济销售收入65.1亿元，实现利税3.2亿元。全年引进项目8个，其中过亿元项目2个，招商引资到位资金5.7亿元。特色产品有化工、制药、农副产品等。

【基础建设】 公路通车总里程154公里，2016年新增公路通车里程16公里。新建及修复各种水利设施7个，灌溉受益土地600公顷。年末固定电话用户1268户；互联网用户2660户；有线电视用户率70.5%。自来水用户率98%。新建住宅楼16栋，480户，建筑面积18万平方米。

【社会事业】 2016年，城镇居民人均居住面积30平方米。小学8所，教职工185人，在校生1660人，适龄儿童入学率达到100%。新型老保险参保农民16882人，参加新型农村合作医疗35606人。卫生院1所，床位29张，卫生技术人员40人；卫生室38所，卫生技术人员50人。最低生活保障救助911人。

【城乡环卫一体化】 全面形成了“户集、村收、镇运、城区处理”的生活垃圾处理体系。以15户2个不同材质、不同颜色的垃圾桶的标准实行垃圾分类工作，共配备1500个垃圾桶，配备130名保洁员，投入150万元建设垃圾中转站，确保各村垃圾得到有效的清理，并统一运送到垃圾电厂；与聊城平安物业公司签订了托管合同，实现了常态化管理，打造出了东昌府区城乡环卫工作新亮点。

城乡环卫一体化质量提升是全年的一项重点工作，各党支部自抬标杆、自我加压，30多个村支部成立了党员卫生工作队，自带工具义务上街清扫卫生、清理死角死面，明显提升了环境卫生质量。闫寺街道的环境卫生和绿化工作在年中全区观摩评比中又一次位列第一。

【“两学一做”学习教育】 闫寺街道严格按照“两学一做”学习教育精神要求，将学习教育成果转化为为群众办实事、做好事的具体举措和行动，做到了“推进到位、学习到位、成效到位、管理到位”。街道党工委为全体党员发放了及《党章党规》读本、《习近平总书记系列讲话》等学习教材，统一印制了专用《学习笔记》、党支部“三会一课”记录本，印制下发了“两学一做”明白纸，采取标语、宣传栏、短信平台、电子屏幕等方式大力宣传“两学一做”的学习内容和精神内涵。同时，党工委建立了“两学一做”微信群。突出解决了机关党支部“灯下黑”的问题，及时对组织能力差、活动开展不好的机关党支部进行了改选，使机关六个支部的活力明显增强。突出加强了两新组织的学习教育。对两新组织采取每月一指导，提升学习教育质量，有重点的打造了康寿花油脂、宏丰合作社、东昌上林苑等两新组织党建新亮点。6 月 30 日，区委书记陈秀兴同志来闫寺视察了“两学一做”学习教育工作推进情况，并为玉皇庙村全体党员上了“七一”专题党课。7 月 14 日，闫寺街道代表东昌府区接受了省委“两学一做”学习教育督查组的专项督查。

【铁路沿线环境综合治理工作】 重点做好辖区内京九铁路、邯济铁路两条线路可视范围内的净化、绿化和美化工作。清理铁路栅栏外的积存垃圾，彻底改善铁路两侧脏乱差的状况。整治、规范铁路沿线废品收购站和散乱小厂，禁止露天生产和存放物品，对铁路沿线两侧范围内的违建进行集中拆除，保持房屋院落整洁。完成铁路沿线两侧土地流转 2881 亩，对裸露土地全部进行绿化。

【路域环境提升工作】 闫寺街道狠抓路与环境提升工作，重点做好土地流转和大田绿化。流转土地 2239.844 亩，涉及到德商高速、济聊馆高速、聊临路两侧，在道路两侧栽植法桐、雪松、龙柏、白蜡等树木。

【秸秆禁烧，党员网格化管理】 麦收期间实行了党员干部网格化管理。145 名机关党员干部和各村每个党员都统一划分了责任地块和路段，各自负责责任地块的秸秆禁烧、抢收抢种和责任路段的禁止打场晒粮工作。麦收期间，闫寺辖区没有产生一个秸秆起火点，辖区内各条道路畅通无阻，代表东昌府区接受了省、市督查，获得了上级主要领导的高度评价。

【旱厕改造】 闫寺街道是全区最先完成今年的农村旱厕改造工作任务的镇街之一，改厕工作中始终发挥了党员干部带头作用，工作期间正值酷暑，各村党支部组织党员逐户发动，耐心细致做工作，帮助困难家庭解决实际困难，促使厕改工作顺利推开，提前率先完成了今年的任务，成了全区的工作样板。

【东昌上林苑项目】 东昌上林苑是聊城市重点生态旅游建设项目，总面积 5000 亩，总投资达 3.2 亿元，主要涵盖中药植物观光园、动物乐园、生态采摘区、农耕体验区、户外休闲区、娱乐互动区、特色餐饮区及生态养殖区。东昌上林苑建成并投入使用，不仅成为聊城市最大的集科技示范、产业开发、创意农业、休闲观光、研发培训及科普教育于一体的现代都市休闲生态园，同时也改变了聊城缺乏大型生态综合体的现状，为聊城及周边群众提供了一处唯美、优雅的生态乐园，将有效助力当地旅游业的发展。同时，依托优越区位，以建设成为鲁西北乃至山东省的生态园区样板为目标，生态园将形成现代城郊型经济发展新模式，打造一个以生态开发为宗旨，集科技示范、产业开发、创意农业、旅游观光、研发培训、科普教育于一体的综合性农业生态科技观光园。

【村庄名录】 闫寺管区 闫寺村、李什村、庞庄村、西张村、西舒村、单庄村、玉皇庙村、石庄村、刘庄村。

程堂管区 程堂村、王庙村、谷苏村、闫皋村、李找村、义和庄村、陈庄村、隋庄村、大屯村、凤凰集村。

后田管区 前田村、后田村、五七里铺村、苏南村、高庄村。

李寨管区 辛王村、枣李村、刘庙村、杜庄村、刁庄村、李寨村、北张村、周店村。

老吕管区 丰马庄村、铁屯村、西吕村、南舒村、秦庄村、赵庄村、老吕村。

任庄管区 前胡屯村、任庄村、王香坊村、大成集村、后胡屯村、郎庄村、冯庄村。

（闫寺街道 李广贺）

路域环境显著提升 （8月 摄）

道口铺街道

【领导班子成员】

党工委书记：

庞庆法（12 月离职）

张　磊（12 月任职）

党工委副书记、办事处主任：

张　磊（12 月离职）

刘永刚（12 月任职）

人大工委主任：

吴春雪

党工委委员、政协主席：

郑洪刚（12 月离职）

党工委副书记：

张凡红（4 月离职）

王　玲（女，12 月任职）

刘　慧（女，挂职）

王　新（挂职）

党工委委员、纪工委书记：

陈　阳（12 月离职）

温维佳（12 月任职）

党工委委员、办事处副主任：

张春景（女，12 月离职）

张新海（12 月任职）

党工委委员、武装部长：

程以勇（12 月离职）

路明杰（12 月任职）

党工委委员：

李乃秋（12 月离职）

丛跃新（12 月离职）

李兴勇（12 月任职）

张　阳（12 月任职）

李　珺（女，12 月任职）

党工委委员、派出所所长：

陈　峰

办事处副主任：

魏军海（12 月离职）

姜　宏（12 月离职）

苗广杰（12 月任职）

刘维锋（12 月任职）

马雪粉（女，12 月任职）

陈丽霞（女，挂职）

经委主任：

任广伟（12 月离职）

信访办主任：

池德平（12 月离职）

综治办专职副主任：

王付震（12 月离职）

社区书记：

宋晓燕（女，12 月离职）

党政办副主任：

袁　敏（女，12 月任职）

经济发展办副主任：

黄全保（12 月任职）

社会事务办副主任：

李秀娟（女，12 月任职）

镇村建设办副主任：

王付震（12 月任职）

安监办副主任：

赵灿忠（12 月任职）

村建监管办副主任：

宋晓燕（女，12 月任职）

副科级干部：王乐众　李乃峰　郑修波　王凤虎　李剑锋

【基本概况】 道口铺街道位于东昌府区西部，距市区 2 公里，北临闫寺街道、西接堂邑镇，南邻张炉集镇，总面积 55 平方公里，耕地面积 3133.33 公顷，辖 31 个行政村，43 个自然村，辖区总人口 3.61 万人。

【经济概况】 2016 年财政总收入 3827 万元。农林牧副渔总产值 6.37 亿元，比上年增长 5.5%。其中种植业 3.4 亿元；林果业总产值 700 万元；畜牧业总产值 2.9 亿元；渔业总产值 3000 万元。粮食平均亩产 1100 公斤，总产量 48000 吨；蔬菜总产量 12000 吨。造林面积 15 公顷，森林覆盖率 38.1%。规模以上工业企业 28 家，总产值 22.9 亿元，实现利税 4.3 亿元。民营经济销售收入 56.3 亿元，实现

海月社区　（3 月　摄）

利税2.88亿元。完成投资额6.3亿元，全年引进项目16个，其中过亿元项目6个。招商引资16个，到位资金8.6亿元。特色产品有水泥、机械加工、建材等。

【基础建设】 公路通车总里程61.89公里，新修村级公路10公里；完成1446户的旱厕改造；水利设施13个，灌溉收益土地3100公顷。年末固定电话用户2345户，增长3%；移动电话用户27056户，增长1%；电话普及率每百人1部。互联网用户4486户，增长9%。规划建设6个新型社区（道口铺、和谐家园、海月、邵屯、绿洲、仙庄），有线电视用户率100%。自来水用户率100%。新增楼房13栋，405户，建筑面积7345平方米。复耕土地176亩。

【社会事业】 2016年城镇居民可支配收入48500元，农民人均纯收入18385元。人均居住面积15平方米。中学1所，教职工77人，在校学生763人。小学7所，教职工251人，在校生3296人，适龄儿童入学率达到100%。新型农村养老保险参保农民15231人，参加新型农村合作医疗27979人。卫生院1所，卫生室29所，床位20张，卫生技术人员86人。最低生活保障救助784人。

【经济发展】 道口铺街道按照“积极作为、科学务实、速质并举、争先进位”的总要求，把发展作为第一要务，着力在招商引资、项目建设、高效农业上狠下功夫，经济发展实现新突破。2016年招商引资项目16个，到位资金8.6亿元。

一是狠抓招商引资不放松，为科学发展注入强大活力。国环循环经济产业园、金鑫低碳等一批具有竞争优势、附加值高的大项目、好项目落户我街道。总投资近20亿元的国环循环经济产业园，规划建设有生活垃圾发电厂、餐厨垃圾处置、污泥处置、危废处置、大宗工业废物处置等项目，目前，生活垃圾发电厂、餐厨垃圾处置、污泥处置三个项目已经建成，计划投资4.8亿元的危险废物处置项目正在建设，预计今年12月完成主体工程，明年5月投产运营。金柱万斯达项目和豫泰制罐项目厂房主体已完工，深圳大族激光项目已签订合同。占地538亩（其中湿地面积52亩，休闲区486亩）的西新河绿色生态休闲项目已和北京客商达成投资意向。

二是发挥产业优势，精心培植龙头企业，工业经济迅速发展。对现有企业抓大带小、促优扶强，推动各类要素向优势企业集中，努力打造建材、能源、机械配件三大产业聚集区，产业聚集效应逐步显现，目前，街道规模以上企业达到30家，列全区第一名。

三是农业结构不断优化。在“产业化、规模化、品牌化”上狠下功夫，狠抓蔬菜、食用菌、粮食主导产业，早春小拱棚面积达到2080亩，高标准大拱棚达到2000多亩，冬暖式大棚达到1200多亩，露地蔬菜面积达到6200多亩，食用菌总量达到5000万斤。大力推进粮食高产示范田建设，总面积达到2万多亩。农业合作社达到54家，推动了农业规模化经营、集约化发展。全面完成农村土地承包经营权确权登记颁证工作，农业部专家多次观摩指导，给予高度评价。

四是服务业繁荣发展。借助产业聚集、社区建设剧增的优势，大力发展现代物流、餐饮、商贸等服务业。发挥近郊优势，发展壮大乡村旅游，狠抓以农家乐、生态示范、农事体验于一体的休闲观光产业，搞好道口铺、任堤口、高马、胡谢、郭庄五个旅游特色村的规划建设，扶持聚源生态园、晨鸣庄园、福润采摘园等项目进一步做大，休闲、观光农业达到2000亩，2016年初通过了“山东省旅游强镇”验收。

【非物质文化遗产】 多年来，道口铺街道重视非物质文化遗产的挖掘、整理、保护、传承工作，积极申报非物质文化遗产项目，目前，区级以上非物质文化遗产保护项目30余个。其中，国家级非物质文化遗产保护项目1个，东昌府木板年画制作技艺。省级文化遗产保护项目2个，东昌毛笔制

非物质文化遗产铸铜雕刻技艺之铜镀金嵌料石升降塔钟

（3月 摄）

作技艺和东昌澄泥制作技艺。市级非遗保护项目11个，有道口铺村白胡子苍龙（龙灯）、神仙渡口铺的传说、龙母三娘和秃尾巴老李传说、高马村龙头凤尾花竿舞、东风（奶奶庙）村花盆秧歌、肖香坊村竹马舞、田庙村唢呐、田庙查拳、铜铸雕刻技艺等。今后，我街道将依托丰富的非物质文化遗产资源，积极发展文化产业，助推本地经济社会发展。

【村（社区）名录】 辖道口铺、胡谢、顾黄、王庄、王尔镇、任双庙、东风、任堤口、四甲李、田庙、郭庄、高马、梁刘、武庄、苏楼、代屯、邵月河、张堤口、沙王庄、刘海子、宋月河、闫邵屯、王月河、程庄、仙庄、邵屯、北臧、陈化屯、安庄、十八里铺、肖香坊31个村民委员会。

（道口铺街道　马雪粉　王登强　郭丹龙　李凤国）

堂邑镇

【领导班子成员】

党委书记：

朱凤瑞

党委副书记、镇长：

刘学芳（女，12月离职）

靳广力（12月任职）

副书记：

王吉民（12月离职）

李艳霞（女，12月任职）

人大主席：

张清凤（女，12月离职）

杜长霞（女，12月任职）

政协工委主席：

龙东高（12月离职）

党委委员、常务副镇长：

孙凡波（12月离职）

王立政（12月任职）

党委委员、纪委书记：

王　刚（12月离职）

胡　滨（12月任职）

党委委员、武装部部长：

林泽明（12月离职）

王仰冰（12月任职）

党委委员、宣传委员：

高殿刚（12月离职）

解志杰（12月任职）

党委委员、组织委员：

杜　宇（12月离职）

李雪芝（女，12月任职）

党委委员、信访办主任：

段瑞鹏（12月离职）

孙立刚（12月任职）

人大副主任：

郭恩灿（12月任职）

池德平（12月任职）

副镇长：

吴明星（12月离职）

杜　健（12月离职）

张继敏（12月任职）

栾公文（12月任职）

张　杰（12月任职）

主任科员：

王　刚（12月任职）

李　林（12月任职）

郑广方（12月任职）

杜洪斌（12月任职）

办公室副主任：

刘　振（12月任职）

吴　珂（女，12月任职）

王艳杰（女，12月任职）

苏　敏（女，12月任职）

【基本概况】 堂邑镇位于聊城市区西郊10公里处。总面积65平方公里，耕地面积3200公顷。辖59个行政村，总人口3.8万人。堂邑镇是“中国小城镇建设重点镇”“国家级生态镇”“省级文明镇”“环境优美乡镇”“山东省村镇建设新型乡镇”“山东省旅游强镇”“山东省十佳文化特色乡镇”“全国小蘑菇新农村建设示范镇”“山东省特色产业强镇”，还是全国葫芦艺术之乡。葫芦雕刻工艺和木版年画雕刻被评为“全国非物质文化遗产”。堂邑民俗旅游区被评为AAA级旅游景区。省级第四批“美丽宜居小镇”。路庄村被评选为聊城市第一个中国“淘宝村”。路西村被山东省精神建设文明委员会评定为省级“精神文明村”。

【经济概况】 2016年实现财政总收入4683万元。畜牧业总产值1.4亿元；大蒜总产值1.1亿元；食用菌总产值9000万元。堂邑镇驻地绿化面积16.6公顷。规模以上工业企业营业收入35.2亿元。民营经济税收9460万元。全年引进项目16个，其中过亿项目2个，招商引资到位资金6.8亿元，固定资产投入7.2亿元。特色产品有工艺葫芦、木版年画、糯玉米、大蒜、食用菌等。

【基础建设】 公路通车总里程68.7公里，2016年新增公路通车里程7.2公里。修复完善低压灌溉管道3200米，修桥13座，治理沟渠11000米，灌溉受益土地4.8

万亩。

【社会事业】 农民人均纯收入13600元，人均居住面积62平方米。小学7所，教职工146人，在校生3106人，适龄儿童入学率达到100%。新型农村养老保险参保农民16300人，参加新型农村合作医疗36025人。卫生院1所，床位79张，卫生技术人员84人；卫生室59所，卫生技术人员59人。最低生活保障救助652人。

【城乡环卫一体化】 堂邑镇积极落实省“两办”《关于加强城乡环卫一体化工作意见的通知》要求，制定了《堂邑镇城乡一体化实施方案》，成立了相应的领导组织，加强对城乡环境整治的领导，对各村的“三大堆”进行彻底清理，加以无害化处理，投资320余万元，通过招投标委托天成保洁有限公司对全镇59个行政村的城乡环卫一体化、垃圾中转站进行管理。

【农村改厕】 堂邑镇率先对肖刘管区3个行政村和乔庄管区7个行政村的农村旱厕进行改造，在区建设局的支持指导下，完成旱厕改造1403个。

【土地流转】 堂邑镇为抓好329国道和高速路两侧绿化工作，对两侧的土地进行流转，其中329国道两侧流转土地2541亩，高速路两侧683亩，栽植树木15万余株。为建设聊城市革命烈士陵园征地400余亩。

【“两学一做”学习教育】 堂邑镇高度重视，以严和实的政治态度和政治担当，认真谋划和组织开展“两学一做”学习教育工作。作为党的群众路线教育实践活动的延展深化，作为持续深入推进党的思想政治建设和作风建设的重要举措，作为严肃党内政治生活、严明党的政治纪律和政治规矩的重要抓手，融入领导干部经常性学习教育和实际工作中，不分批次、不划阶段、不设环节，不是一次活动。堂邑镇党委安照上级要求，认真安排部署该项工作，扎实推进七项重点工作，一是集中对全镇1356名党员的组织关系进行排查、理顺。二是对各级党代表和违法违纪党员进行排查清理。三是按照中组发〔2008〕3号文件暨中共中央组织部印发《关于中国共产党党费收缴、使用和管理的规定》的通知要求，督促少交、未交党员予以补缴。四是针对镇直部门党组织未按期换届的，严格按照相关程序予以换届。五是集中推进非公有制企业和社会组织的党组织设立、新建工作，并选派了党建指导员。六是重点推进抓党建促脱贫工作，在各级扶贫帮包单位、个人的共同努力下帮助324户贫困户予以脱贫。七是扎实抓好党员干部学习教育工作。党委班子成员做到“五带头”：带头参加学习讨论，带头上党课、作报告，带头进行专题研讨，带头写好学习笔记，带头履职尽责。

下一步，堂邑镇党委将继续以“两学一做”学习教育为抓手，重点推进农村党支部“三会一课”制度落实，强化党要管党、从严治党的责任落实，组织党员认真学习党章党纪、学习习近平总书记系列讲话精神，教育引导镇机关和农村党员从自我做起、从小事做起，注重言行举止，时刻以一名党员的标准严格要求自己，争做新时期合格党员。进一步提高政治素养、提升工作水平为堂邑镇发展做出应有贡献。

【旅游产业】 堂邑镇旅游特色堂邑镇是领导干部的楷模孔繁森同志的家乡，是“中国小城镇建设重点镇”“国家级生态镇”“省级文明镇”“环境优美乡镇”“山东省村镇建设新型乡镇”“山东省旅游强镇”“山东省十佳文化特色乡镇”“全国小蘑菇新农村建设示范镇”“山东省特色产业强镇”，还是全国葫芦艺术之乡。葫芦雕刻工艺和木版年画雕刻被评为“全国非物质文化遗产”。堂邑民俗旅游区被评为AAA级旅游景区。路庄村被评选为聊城市第一个中国“淘宝村”。刘庄、路庄、教场李、许堤口被评为“省级旅游特色村”。拥有舞狮、舞龙、秧歌等众多民俗文化。

堂邑镇有着许多独具特色的景点，历史文物景点主要有堂邑文庙、许家祠堂、孔繁森故居、孔繁森陈列馆、堂邑古城墙、穆孔晖墓、肖渊墓、中共鲁西特委旧址等；其他景点主要有刘庄新村、葫芦种植加工基地、中国葫芦博物馆、天亿顺生态园、堂邑放马场湿地、电厂水库及邻近的马颊河休闲度假区、天沐温泉度假村等。

【葫芦产业】 堂邑葫芦加工有着一千多年的悠久历史，是国家级的非物质文化遗产。葫芦加工的种类主要有雕刻葫芦、烙花、拼接彩绘等四大类，加工工艺主要有针刻、雕刻、烙画、彩绘、镂空等10余个，图案涉及山水、人

小葫芦　大产业　　　　（9月　摄）

物、花鸟及诗词书法等近千个品种。近年来，堂邑镇葫芦种植面积已达到5000亩以上，种植户数1500余家。葫芦产量9000多万个，葫芦加工大户有12家，普通加工户共有700余家。年产值近10亿元，占据了全国葫芦市场80%以上的份额。其中淘宝户300余家，阿里巴巴注册用户47户，年销售收入近3亿元，有数十家快递公司在路庄村设置了代办点。在葫芦岛市举办的葫芦艺术节和聊城葫芦艺术节上，堂邑镇参展客户均占到总规模的70%以上。

【村（社区）名录】南街村、南关北、南关南、南关中、牛庄、军庄、南黄、高庄、粉干李、曲庄、合庄、塔下刘、郝路庄、东关、东街（东晟社区）、北街（文庙社区）、北关、吕庄、三里、张庄、五里墩、教场李、西关、西街、崔陈屯、南北常、坦场、罗屯（罗屯社区）、宁庄、刘庄（刘庄社区）、赵子营、肖庙、栾庄、马庄、乔庄、路东、路西、闫洼、于庄、杨庙、周庄、陈庄、苗庄、常庄、肖刘、斗东、斗西、朱庄、前肖、肖菜园、张屯、蒲屯、三合、西黄、花园、路口、付庄、许堤口、苏堤口。

（堂邑镇　田宏伟）

郑家镇

【领导班子成员】

党委书记：

　　李钦广（8月离职）

　　董立平（12月任职）

党委副书记、镇长：

　　董立平（12月离职）

人大主任：

　　周　涛

政协主席：

　　张书举（12月离职）

党委副书记：

　　李存忠（3月离职）

党委副书记：

　　殷秀真（女，12月任职）

　　臧连斌（12月任职）

挂职党委副书记：

　　李　炎

纪委书记：

　　田晓晶（12月离职）

纪委书记：

　　刘春雪（女，12月任职）

党委委员：

　　郭成涛（12月离职）

　　杨　博（12月任职）

组织委员：

　　李乐道（12月离职）

　　李　琳（女，12月任职）

党委委员、宣传委员：

　　梅小勇（12月任职）

党委委员、计生办主任：

　　温维佳（12月离职）

副镇长：

　　付同波

　　马玉如

信访主任：

　　刘维锋

经委主任：

　　时　强

综治办专职副主任：

　　郭恩侠

主任科员：

　　张书举（12月任职）

　　郭成涛（12月任职）

　　田云刚（12月任职）

　　庞建军（12月任职）

副科级干部：

　　代雯雯（女，12月任职）

　　王　冰（12月任职）

　　郑　伟（12月任职）

　　宁晓风（12月任职）

【基本概况】郑家镇距聊城市区西南26公里，东依京九铁路，北靠青兰高速公路。北接堂邑镇，西与冠县定远寨乡、桑阿镇，莘县河店镇交界，东临张炉集镇，南与沙镇接壤，是东昌府区西部的工业型乡镇。总面积76平方公里，耕地面积4718公顷。辖55个行政村，总人口4.7万人。

【经济概况】 2016年实现财政总收入10345万元。农林牧渔业总产值3.9亿元，其中种植业总产值21655万元；林果业总产值900万元；畜牧业总产值16385万元；渔业总产值60万元。粮食总产量50000吨；棉花总产量2507吨；蔬菜总产量6875吨。完成造林面积95公顷，森林覆盖率19%。规模以上工业企业22家，总产值59.4亿元，实现利税3.2亿元。民营经济销售收入141.6亿元，实现利税12.8亿元。全年引进项目12个，其中过亿元项目5个。特色产品有轴承保持架等。

【基础建设】 公路通车总里程186公里，2016年新增公路通车里程3公里。新建及修复各种水利设施9个，灌溉受益土地700公顷。年末固定电话用户2459户，增长1%；移动电话用户9500户；互联网用户7900户；有线电视用户率70%。自来水用户率100%。新建住宅楼21栋，691户，建筑面积82000平方米。复耕土地0亩。

【社会事业】 2016年城镇居民可支配收入24049元，农民人均纯收入11537元，人均居住面积45平方米。小学6所，教职工152人，在校生4501人，适龄儿童入学率达到100%。新型农村养老保险参保农民20901人，参加新型农村合作医疗40921人。卫生院1所，床位220张，卫生技术人员110人；卫生室43所，卫生技术人员61人。最低生活保障救助1186人。

【城乡环卫一体化】 2016年，郑家镇扎实做好城乡环卫一体化日常工作。发挥垃圾压缩中转站的作用，购置700个垃圾桶用于原有垃圾桶的更新换代，继续发挥170余名保洁员的作用，实现居民生活垃圾日产日清。成立城乡环卫一体化督导组，实地察看各村环境卫生整治和绿化情况，实行一周一考核、一周一通告，有效解决了农村卫生死角和小胡同、街巷脏乱差等问题。制定出台“定补奖补”政策，将城乡环卫专项资金列入预算，建立稳定的公共财政投入机制。

郑家镇标志 （5月 摄）

【“两学一做”学习教育】 郑家镇制定了《实施方案》《学习方案》，选配了27名机关干部担任工作指导员，形成了覆盖全镇的工作指导网络。各支部按要求集中学习《党章》读本、《中国共产党廉洁自律准则》和习近平总书记系列重要讲话。2016年5月以来，党委中心组和各党支部均开展集中学习教育20余次。“七一”前，全镇集中开展讲授党课，区派“第一书记”、镇党委书记、各包村干部和支部书记均为党员上了党课，还组织全体机关党员和部分农村党支部书记到莘县鲁西第一党支部参观学习。

学做结合，在镇直机关开展了“互看互学互比”活动，党员在精准扶贫、城乡环卫一体化、麦收禁烧秸秆、旱厕改造、移风易俗等各项具体工作中积极发挥带头作用；在农村开展“党员亮身份做表率”活动，结合精准扶贫工作，引导党员与贫困户开展“一对一”或者“多对一”的结对子，帮助群众脱贫；在“两新”组织推进“党员先锋岗”“党员责任车间”创建活动，引导“两新”组织党员立足岗位做贡献、当先锋。

学习教育过程中，镇党委积极查摆问题，坚持即知即改。全镇共收集《查摆问题整改情况表》85份，建立了《郑家镇“两学一做”问题整改工作台账》，明确了整改时限和责任人，共查摆整改问题 466 个。

【卧龙万人社区】 占地 200 亩，总建筑面积 21 万平方米，可容纳 2200 户；一期工程 16 栋多层电梯住宅楼，建筑面积 10 万平方米，可安置 1200 户。社区在规划设计时充分考虑住户的实际需求，16 栋楼全部设计为 7 层带电梯，以减缓生活方式转变带来的冲击。社区公共服务功能完善，规划有配套的社区卫生室、幼儿园、老年人活动中心，周边医疗、教育、公共娱乐服务场所齐全。

朱光将军纪念堂 （3 月 摄）

【中国轴承保持架产业园】 聊城市重点工业项目，占地 500 亩，前期投资 8 亿元，分为生产制造与配套服务两大功能区，集轴承保持架生产加工和研发检测，现代电子商贸物流，公共技术服务及人才培训多种功能为一体。项目全部建成投产后，可实现年销售收入 18 亿元，利税 4 亿元，新增就业 1200 余人。

【朱光将军纪念馆】 位于郑家镇宋家村，占地 2 亩，主体建筑由门楼、将军铜像、纪念广场、纪念墓碑、朱光同志革命事迹陈列馆组成，全面记录朱光同志的英勇事迹。罗荣桓元帅之子、中国老区建设促进会顾问罗东进中将、开国大将肖劲光长女肖凯等多名开国将领后代曾齐聚纪念馆举行朱光将军百年诞辰纪年活动，并向朱光将军纪念馆捐赠文献资料。

【亿沣超市万亩生态示范园】 聊城市重点农业项目，位于郑家镇蔡庄村。采取“超市 + 合作社 + 农户”的合作方式，吸纳社员 150 余名。流转土地 3000 余亩，吸收社员入股土地 6000 余亩，已建设拱棚 600 亩，高标准冬暖式大棚 400 亩，主要种植茄子、黄瓜、西红柿、葡萄等常见果蔬，可实现年产有机果蔬 2 万吨，实现销售收入 1 亿元、利润 1500 万元。实行“三方联合，六四分成”经营管理模式；通过种植管理“五统一”措施，采用智能监控系统实时监测，实现精准管理，通过打造安全、高效的农产品生产、销售体系，保障农产品安全全程可追溯。

【花园路商业街】 改造花园路 2.1 千米，新铺路面 5 万平方米，改造供排水管道 4200 米，实现道路绿化 1.2 万平方米。商业街项目拆迁 200 户、20080 平方米，道路两侧统一建设沿街商铺 500 户，建筑总面积 15 万平方米。

【村（社区）名录】 郑家镇辖郑家社区、五圣社区、小屯社区、卧龙社区四个社区。

郑家村、前靳村（由前靳村、姑家海村 2 个自然村组成）、后靳村、后田村、前屯村、东屯村、西屯村、于家村（由东于家村、西于家村 2 个自然村组成）、前董村、后董村、烟墩村、小屯村、宋家村、杨家村、赵家村、路湾村、五圣村、侯家村、前孙村、大孙村、焦孙村（由焦孙村、郑庄村、酒房村 3 个自然村组成）、闫家村、齐家村、王庄村、李东村、李西村、白堂村（由白堂村、小孟村 2 个自然村组成）、大孟村、谢海村、潘庙村、王堂村、华庙村、苇园村、张楼村、张部村、东王村、西王村、前王村、刘庄村、辛庄村、郇家村（由郇家村、双二张村 2 个自然村组成）、郭子祥村、西邱村、东邱村、郭庄村、范庄村、谢家村、林里村、温集村、蔡庄村、袁庄村、后景村、前景村、莫庄村、管屯村（由前管屯村、后管屯村 2 个自然村组成）。

（郑家镇 梅小勇）

张炉集镇

【领导班子成员】

党委书记：

孙占山（12 月离职）

张　琰（12 月任职）

党委副书记、镇长：

张　琰（12 月离职）

刘　辉（12 月任职）

人大主席：

黄启太（12 月离职）

耿延岭（12 月任职）

人大副主席：

郭恩霞（12 月任职）

刘月盈（12 月任职）

政协主任：

耿延岭（12 月离职）

党委副书记：

靳广力（12 月离职）

田晓晶（12 月任职）

纪委书记：

臧　伟（女，12 月离职）

张安路（12 月任职）

党委委员、副镇长：

周学东（12 月离职）

高殿刚（12 月任职）

党委委员：

李秀娟（12 月离职）

李乐云（12 月离职）

王立政（12 月离职）

李子涛（12 月任职）

刘运海（12 月任职）

张　强（12 月任职）

党委委员、武装部长：

孙国锋（12 月离职）

王　猛（12 月任职）

副镇长：

杜红斌（12 月离职）

徐百川（12 月离职）

张立文（12 月任职）

胡学燕（女，12 月任职）

田焕芝（女，12 月任职）

经委主任：

李兴勇（12 月离职）

综治办专职副主任：

康　利（12 月离职）

主任科员：

李洪涛（12 月任职）

李乃秋（12 月任职）

孙艳民（12 月任职）

徐百川（12 月任职）

党政办副主任：

李新勇（12 月任职）

经发办副主任：

张传乾（12 月任职）

社会事务办副主任：

朱　花（女，12 月任职）

镇村建设办副主任：

刘玉芹（女，12 月任职）

副科级干部：

狄明军

郭玉飞

刘凤军

【基本概况】张炉集镇位于聊城市城区西 11 公里，东依“京九”铁路，北临“济聊馆”高速公路，历史悠久的京杭大运河蜿蜒流过。总面积 50.7 平方公里，耕地面积 3832.02 公顷。辖 47 个行政村，总人口 3.5 万人。

【经济概况】2016 年实现财政总收入 1250 万元。农林牧渔业总产值 6.136 亿元，其中种植业总产值 49211.6 万元；林果业总产值 268 万元；畜牧业总产值 11784.63 万元；渔业总产值 90 万元。粮食总产量 40672 吨；棉花总产量 103.5 吨；蔬菜总产量 68358.5 吨。完成造林面积 80 公顷，森林覆盖率 8%。规模以上工业企业 20 家，总产值 44.7 亿元，实现利税 1.9 亿元。民营经济销售收入 4.5 亿元，实现利税 0.45 亿元。全年引进项目 6 个，其中过亿元项目 1 个，招商引资到位资金 2 亿元。

【基础建设】公路通车总里程 136.8 公里，2016 年新增公路通车里程 11.6 公里。新建及修复各种水利设施 3 个，灌溉受益土地 1339 公顷。年末固定电话用户 4350 户，增长 4%；移动电话用户 34200 户；互联网用户 4500 户；有线电视用户率 85%。自来水用户率 100%。新建住宅楼 2 栋，240 户，建筑面积 2380 平方米，复耕土地 100 亩。

【社会事业】2016 年城镇居民可支配收入 25210 元，农民人均纯收入 12300 元，人均居住面积 40 平方米。小学 5 所，教学点 2 个，教职工 113 人，在校生 1999 人，适龄儿童入学率达到 100%。新型农村养老保险参保农民 15249 人，参加新型农村合作医疗 27035 人。卫生院 1 所，床位 30 张，卫生技术人员 31 人；卫生室 24 所，卫生技术人员 28 人。最低生活保障救助 681 人。

【城乡环卫一体化】张炉集镇结

合小城镇提升工程和城乡环卫一体化工作，大力整治城镇形象素质差、环境卫生乱等问题。该镇本着高起点、高标准的原则，秉承生态宜居的发展理念，按照特色小城镇建设标准，对镇驻地进行了详细规划设计。努力实现“功能设施完善，商贸流通繁荣，居家生活舒适”的现代化新型集镇建设目标。对街道进行规范经营，集中整治占路经营和私搭乱建现象，拆除了店外非法建筑和不规范的广告牌。全镇添置移动垃圾桶200个，聘请保洁员90余名，每月清运垃圾300吨以上，做到街道整治常态化管理，切实改善了城镇卫生面貌，提升了城镇整体形象。

改善城镇环境　（8月 摄）

【“两学一做”学习教育】 张炉集镇在“两学一做”学习活动中学用结合，在工作中认真学习，通过学习提高工作能力，活动取得了较好效果。

抓理论学习，提高政治素养。充分利用集中学习与分散学习相结合的方式，要求全镇干部职工联系实际深入学习，做到有学、有思、有感悟、有实践。抓作风建设，树立良好形象。全镇把学习教育活动与加强干部作风建设相结合，要求干部职工对照党员干部行为准则，深入查找在执行政策法规、履行工作程序、落实廉洁自律规定等方面存在的不足和问题，在实践中找准服务群众的落脚点。抓工作落实，增强服务能力。在分解细化各项工作目标任务的基础上，做到“人人身上有担子，个个肩上有压力”，并根据实际情况，分层次、分阶段、有步骤地抓好工作落实。

【村（社区）名录】 2016年，末辖张炉集、郭大庄、郭小庄、路庄、细马庄、花园、毡张、仁义李、前石槽、后石槽、老贾、王夫夭、南双庙、张双阵、王双阵、李双阵、北双庙、辛庄、李刘庄、肖天崇、周庄、东李大庄、西李大庄、周水坑、齐庄、于庄、费庄、祝庄、张念吴、姜张庄、马坊、王胡赵、葛庄、连庄、殷堂、米炉、孙坊、段庄、高佛堂寺、西姚楼、盛庙、胡金堂、南宁庄、邓院、广胜店、关庙、张庄等47个村民委员会。

（张炉集镇　侯建华　韩涛）

侯营镇

【领导班子成员】

党委书记：

　　韩　冰（女，11月离职）

　　李存忠（11月任职）

党委副书记、镇长：

　　李存忠（11月离职）

　　杨　峰（12月任职）

人大主任：

　　徐泽伟（12月离职）

　　张保军（12月任职）

党委副书记：

　　王　玲（女，12月离职）

　　宋庆飞

　　张明东（12月任职）

政协主任：

　　袁恩海（12月离职）

党委委员、纪委书记：

　　陈宏靖（12月离职）

　　袁虎成（12月任职）

组织委员：

　　刘兴顺（12月离职）

　　路　坦（女，12月任职）

宣传委员：

　　杜　鹏（12月离职）

　　宓令刚（12月任职）

武装部长：

　　杜　鹏（12月离职）

任之恒（12月任职）
党政办主任：
胡迎宾（12月离职）
统战委员：
陈普光（12月任职）
副镇长：
靳道千（12月离职）
周立红（女，12月离职）
解广顺（12月离职）
张凤涛（12月任职）
段瑞朋（12月任职）
李秀娟（女，12月任职）
杨以河（12月任职）
主任科员：
靳道千（12月任职）
李　栋（12月任职）
刘功强（12月任职）
岳　军（女，12月任职）
人大副主任：
邵宝忠（12月任职）
郭秀云（女，12月任职）
计生办主任：
张凤涛（12月离职）
经委主任：
刘龙波（12月离职）
信访主任：
杨以河（12月离职）
综治办专职副主任：
栾桂丽（女，12月离职）
党政办公室副主任：
曲洪聪（12月任职）
经济发展办公室副主任：
徐一刚（12月任职）
社会事务管理办公室副主任：
王慧娟（女，12月任职）
镇村建设办公室副主任：
郑　旭（12月任职）

【基本概况】 侯营镇位于聊城市西郊。总面积76平方公里，耕地面积4522公顷。辖64个行政村，72个自然村，总人口5.1万人。10月，侯营镇调委会被司法部评为“全国优秀调委会”。

侯营镇华光蔬菜育苗基地　（2月 摄）

【经济概况】 2016年实现财政总收入5300万元。农林牧渔业总产值9.42亿元，其中种植业总产值57430万元；林果业总产值2100万元；畜牧业总产值48600万元；渔业总产值2300万元。粮食总产量68040吨；棉花总产量22吨；蔬菜总产量85134吨。完成造林面积172公顷，森林覆盖率26%。规模以上工业企业12家，总产值30.1亿元，实现利税3.8亿元。民营经济销售收入64.8亿元，实现利税12亿元。全年引进项目11个，其中过亿元项目2个，招商引资到位资金3.6亿元。特色产品有盾构刀具及工程刀具、汽车配件、无缝钢管、化工、农副产品深加工等。

【基础建设】 公路通车总里程196公里，2016年新增公路通车里程12.4公里。新建及修复各种水利设施145个，灌溉受益土地4522公顷。年末固定电话用户3200户；移动电话用户9321户；互联网用户4426户；有线电视用户率91%。自来水用户率100%。新建住宅楼22栋，990户，建筑面积109000平方米。

【社会事业】 2016年城镇居民可支配收入28800元，农民人均纯收入11800元，人均居住面积90平方米。小学8所，教职工324人，在校生2640人，适龄儿童入学率达到100%。新型农村养老保险参保农民22358人，参加新型农村合作医疗39823人。卫生院1所，床位114张，卫生技术人员38人；卫生室136所，卫生技术人员22人。最低生活保障救助1582人。

【城乡环卫一体化】 以市区开展的城乡环卫一体化为契机，大力开展镇村环境综合整治。我镇按照示范村“平、净、齐、绿、亮、美”的标准，分层次、分类别，因村制宜、量力而行的推进活动开展。我镇环卫实现一盘棋，狠抓了队伍、报酬和装备“三个落实”，城管办人员由5名增加到8名，全镇成立了140余人的清洁专业队。镇上成立环卫所，各村设立环卫队，保洁员工资全部纳入镇财政统筹，按月发放。同时，配备了1辆清扫车、2辆垃圾运输车、2辆执法车，安装交通信号灯和摄像头35个，设置限高架及警示灯15套，购置更新垃圾桶4000余个，建设了垃圾中转站，并正常运转，确保了全镇乡村文明行动工作灵活高效运转。

创新工作机制新，探索建立“运营市场化、清运委托化、管理网格化、考核精细化、奖惩绩效化”的“五化”管理模式，将环境卫生工作推向市场化运作，聘请保洁公司全天候保洁；各村按照千分之一的比例配齐保洁员150名，责任区域具体到人，建立镇、党总支、村三级管理网络；采取定期考评与不定期抽查方式，对保洁情况进行督导检查；实行年终考核奖惩，调动各级积极性。结合美丽乡村、生态文明乡村等创建活动，狠抓硬化、绿化、美化、净化、亮化，创造性开展城乡环卫一体化建设，实现了户收集、村集中、镇转运的工作机制。

【“两学一做”学习教育】 2016年以来，在省委、市委、区委的正确领导和上级组织部门的精心指导下，我镇以开展“两学一做”学习教育为契机，认真谋划安排，精心组织实施，解决实际问题，夯实党建基础，取得了明显成效。

以上带下、领导带头。党委书记带头上党课，各支部每月制定学习计划，每周开展一次2小时以上的集中学习。坚持每周学、每月做。全镇78个党支部、1481名党员已参加党课学习30余次，参加党员活动11次以上。镇党委建立领导干部帮包村制度，科级干部带头深入基层，现已累计在帮包村上党课80余次。

分类指导、统筹推进。结合各基层支部实际，对镇直机关、农村和两新组织实行分类指导，特别是对流动党员、离退休党员、困难党员等，安排专人负责送学上门、帮包促学。依托微信公众平台和政务网站，推出“两学一做”专栏，引导党员在线学习交流；还邀请老党员干部进机关、进学校、进企业宣讲“党史、国史”，邀请区委党校讲师给基层党员上党课。

严格督导、从严要求。成立了党委书记为组长的“两学一做”学习教育领导小组，定期调度安排，听取情况汇报。为保障学习教育效果，镇党委采取重点检查、随机抽查、明察暗访等方式，督促抓好工作落实，向每个行政村、管区和“两新”组织选派了指导员，明确专人帮包，确保学习教育不走样。

【杨氏墓地】 清代藏书家杨以增及族人墓地，位于东昌府区田庄村西。墓地坐西朝东，占地200余亩，林地四周长满高大的杨树和柏树。林道长约200米，宽25米，入口处两侧矗立两尊盘龙华表，刻工精细。林道两旁立有石羊、石猪、石马、石桃、石人。两只石桃高1米，两匹马形象逼真，各踏在一块青石板上，石马与石板为同一石料雕成。林道尽头并立4座赑屃 龙石碑，中央坟冢有10米见方，墓前立长方石桌。“文化大革命”初期，墓葬多被扒毁，墓地石刻全被砸碎。清代藏书家杨以增、曾孙杨大安及其族人葬于此。

【田家家庙】 位于田庄村西部。田庄村形成于明嘉靖年间，田氏自田园迁此定居。由于田姓居多，故取名田庄。村西头有田家家庙，逢年过节，田姓村民便在此祭祖，缅怀前辈。

【军事防空洞】 为田庄村革命遗址，在抗战时期为抢救海源阁藏书做出了很大贡献，大部分藏书被北京博物馆和山东省博物馆收藏，其中毛泽东把《楚辞集注》作为国礼赠送给当时的日本首相田中角荣。解放战争时期，作为民兵培训基地为解放战争的胜利发挥了巨大的作用。

【村（社区）名录】 侯营、于营（含于营、任庄）、孙集、顾庄、前二十里铺、后二十里铺、常庄、孙楼、郭白（含郭庄、白庄）、老庙（含王庄、老庙）、小铺、李位、张楼、北高、郑姬吴（含郑庄、姬庄、王西吴）、六合、任楼、孟庄、孙集、贾集、罗庄、母庄、马屯、袁庄（含袁庄、小袁庄）、张方什、蒋庄、张屯、苏庄、三堂、岳庄、周海子、陈泓、东泓、西泓、逯庄、后卢、老鸦陈、卢庄、何屯、前卢、贺海、刘庄、刘庙、南张、辛庄、邓庄、连庄、村屯、活马店、曲庄、付楼、盆赵、何庄、田庄、姚楼、康营、杨庄（含杨庄、大松树、三十里铺）、高庄、下马张、孙克胜、赵庄、郭堂、徐楼、小柳树。

（侯营镇　韩剑飞）

梁水镇镇

【领导班子成员】

党委书记：

时宏伟

党委副书记、镇长：

李锦秀（12 月离职）

王吉民（12 月任职）

党委副书记：

刘　辉（12 月离职）

陈　阳（12 月任职）

李永涛（挂职）

党委委员、副镇长：

王保友（12 月任职）

党委委员、纪委书记：

张超慧（女，12 月离职）

胡迎宾（12 月任职）

党委委员、武装部长：

孙立峰（12 月离职）

党委委员：

陶由福（12 月离职）

王　强（12 月离职）

邢瑞勇（12 月离职）

曹力元（12 月任职）

顾龙年（12 月任职）

苏凤星（12 月任职）

副镇长：

段先锋（12 月离职）

王保友（12 月离职）

胡广昆（12 月任职）

满俊华（女，12 月任职）

王长峰（12 月任职）

人大主任：

许恒泉

人大副主任：

杨广新（12 月任职）

张兴亮（12 月任职）

主任科员：

程以勇（12 月任职）

房学习（12 月任职）

吴明星（12 月任职）

孙立峰（12 月任职）

政协工委主任：

段其军（12 月离职）

党政办主任、信访办主任：

胡广昆（12 月离职）

综治办专职副主任：

徐　强（12 月离职）

经委主任：

曹立新（12 月离职）

党政办公室副主任：

徐　强（12 月任职）

社会事务办公室副主任：

王立东（12 月任职）

镇村建设办公室副主任：

冷法义（12 月任职）

经济发展办公室副主任：

苏玉敏（女，12 月任职）

【基本概况】 梁水镇镇位于东昌府区西北部，东与茌平县洪官屯乡、贾寨乡接壤，南连闫寺街道、堂邑镇，西接冠县柳林镇、范寨乡、辛集乡，北与临清市魏湾镇为邻。人民政府驻地西海子村，南距聊城城区 20 公里。总面积为 126 平方公里，耕地面积为 14.3 万亩，108 个行政村，132 自然村，总人口 7.36 万人。

【经济概况】 2016 年全年财政收入完成 2708 万元，民营经济税收完成 3364 万元，生产总值达到 30.68 亿元，主营业务收入实现 30.61 亿元，固定资产投资完成 5.2 亿元，招商引资到位资金 5 亿元，经济总量得到稳定提升。

2016 年农业总产值是 6.26 亿元，占国内生产总值的 20.4%。2016 年生产粮食为 13.7 万吨，人均 1321.84 千克，其中小麦为 5.9 万吨，玉米为 7.8 万吨。主要经济作物为蔬菜。2016 年蔬菜面积为 4.5 万亩，产量为 13.2 万吨，主要品种有西葫芦和西红柿、黄瓜、茄子、豆角等。畜牧业以猪、羊、家禽为主，2016 年生猪饲养量为 5 万头，年末存栏量为 3.5 万头；羊饲养量 1.3 万只，年末存栏量为 0.9 万只；家禽年饲养总量为 175 万羽，年出栏量为 120 万羽。2016 年工业生产总值为 30.5 亿元，拥有工业企业 18 家，职工 1064 人，实现工业增加值 6.41 亿元，比上年增加 17.3%。拥有全国驰名商标 1 个，省优产品 2 个。蓝火新能源科技股份有限公司投资 8000 万元，建成聊城市最大的洁净煤生产配送中心，年销售额 2.5 亿元。鲁信粮食制品有限公司、鑫峰面业有限公司等企业发展迅速，梁水镇已成为日加工面粉达到 3000 吨的鲁西最大粮食转化基地。

新增造林面积 3500 亩，其中，用材防护林 2600 亩，经济林 900 亩；新建和完善农田林网面积 8000 亩，新增育苗面积 300 亩，新建绿化村 8 个。聊临路两侧 50 米完成流转土地 706 亩，德商高速两侧 100 米流转土地 2818 亩，共计流转土地 3524 亩，按照宜林则林、宜果则果的原则，全部完成了苗木种植。

鲁信粮食制品 （10月 摄）

【基础建设】 新建改造县乡公路73.7公里，村级公路61公里，京九铁路、聊临公路贯穿南北，境内道路主干道6条，宽30米，次干道12条，总通车里程120千米。2016年末，建有八甲刘、梁水镇两处客运站，日均客容量6000余人次。

建成八甲刘、梁水镇两处自来水厂，有深水井8眼和成套净化设备，年供水3.51万立方米，镇区主要道路两侧铺设D600排水管道5000米。

有梁水镇、八甲刘2处供电企业，1984年建3万伏变电站1个，2007年建11万伏变电站2个，月供电量为370万度，2016年供电收入达4000万元。

【社会事业】 2016年末辖区人口7.36万人，其中城镇常住人口6300人，城镇化率9.4%。另有流动人口3400人。在总人口中，男性为35920人，占53.35%；女性为31412人，占46.65%。14岁以下11201人口，占16.63%；15-64岁48961人，占72.72%；65岁以上7170人，占10.65%；总人口中以汉族为主，达67211人，占总人口的99.86%；回族92人，占总人口的0.14%。2015年人口出生率6.98‰，死亡率是6.55‰，人口自然增长率0.43‰，辖区东西最大距离19.75千米，南北最大距离12.33千米，其中陆地面积117.6平方千米，占93.33%，陆地水域8.4平方千米，占6.67%。人口密度为每平方千米534人。

2016年末，有幼儿园24所，在园幼儿1562人，专任教师80人；小学15所，在校生3774人，专任教师234人，小学适龄人口入学率达到100%；初中2所，在校生1143人，专任教师149人，初中适龄儿童入学率、小升初升学率、九年义务教育覆盖率均达到100%，2015年财政预算内教育经费1579.04万元，比上年增长26%。预算内教育经费占财政总支出比例为36%，比上年增长9%。

2016年末有各类医疗卫生机构2个，门诊部（所）81个；床位443张，每万人拥有病床66.1张；固定资产总值5300万元。专业卫生人员200人，其中职业医师23人，职业助理医师44人，注册护士62人。2015年医疗卫生机构（门诊部以上）完成诊疗6.2万人次。108个村村民全部参加新型农村合作医疗，参保率达到100%。

2016年，城镇最低生活保障户数1000户，人数2450人，支出14.78万元，比上年增长10%，月人均280元，比上年增长7%。医疗救助182人次，民政部门资助参加合作医疗12563人次，共支出6.82万元，比上年增长31%。农村最低生活保障户数856户，人数是1480人，共支出179.72万元，比上年增长28%，月人均102元，

梁水镇敬老院 （3月 摄）

比上年增长26%。国家抚恤补助各类对象232人，抚恤事业费支出195.5万元，比上年增长15%。社会福利费25万元，比上年增长17%。敬老院1处，床位460张，收养农村五保人员295人。参加新型农村养老保险38612人，参保率达到99.6%。

【城乡环卫一体化】 城乡环卫一体化实现全覆盖，所有行政村实现了环卫市场化托管，共配备保洁人员240名、压缩块运输车1辆、大型垃圾运输车3辆、小型垃圾运输车174辆，垃圾中转站1处，垃圾桶2600个，保证了群众生活环境的卫生整洁，得到了群众一致好评。

【"两学一做"学习教育】 自"两学一做"学习教育开展以来，梁水镇镇严格落实活动要求，精准发力，深入学习，边学边改，取得明显成效。

落实党委主体责任 镇党委在2016年4月29日召开"两学一做"学习动员会，结合实际制定《关于在全体党员中开展"学党章党规、学系列讲话，做合格党员"学习教育实施方案》，按照实施方案分类指导，有针对性的具体推进措施。针对镇全体党员，重点是辖区各支部书记及党务骨干开展集中培训。同时，化整为零，以管区为单位，每周召开一次例会，村支部书记及支部委员参加例会，以"两学一做"内容为抓手，结合各村开展工作中遇到的问题及实际情况，开展讨论交流。镇党委将专门印发的《中国共产党章程》原文交到每个党员干部手上，制作专门的学习笔记本，要求镇党员干部和各村党员干部结合自身工作实际，开展自学活动。

专门抽调工作人员19名，成立9个督导组，抓实规定动作，选派指导员对支部学习教育进行现场指导。由党政办公室牵头开展跟踪督查、随机检查党员学习笔记、心得体会等，及时了解掌握各党支部学习贯彻情况，及时交流做法经验，推动学习工作落实。我镇于12月开展"两学一做"学习教育知识测试，测试成绩整体良好，学习成效显著，督导效果明显。

党委带头开展学习教育 镇党委先后开展10次不同主题的党委会集体学习和中心组集中研讨，对党章党规、习总书记重要讲话进行精读、深读。同时利用每周一例会之机，由党委班子成员带头领学党章党规，逐字逐句原文领读，并结合实际展开讲解和讨论。

领导干部积极落实学习教育 在庆祝中国共产党成立95周年时，镇党委认真组织党员干部群众集中收听收看大会实况。10月31日上午，镇全体党员干部集中观看反腐倡廉纪录片《永远在路上》，收效良好。

对照查找组织和个人存在的问题，采取座谈、征求意见等多种形式，广泛深入地征求问题，问题符合组织和个人实际。针对查摆问题，全镇2000余名党员制定了相应的整改措施，对群众反映强烈的热点难点问题，建立问题台账、个人问题清单，制定整改措施、确定整改时限，具体措施具体。

狠抓基层党组织党员学习 以村党支部为单位，结合实际制定本村"两学一做"学习教育方案并贯彻推进，认真落实"三会一课"等组织制度，定期开展不同专题的学习活动，分层次分阶段开展党员学习；通过对辖区非公企业排查，着力推进非公企业的党组织覆盖，选派党建指导员指导督促"两新组织"党员开展学习教育。

贯彻六中全会精神，深化"两学一做" 梁水镇镇对辖区党员集中排查组织关系，以及基层党组织按期换届情况排查、农村党员的档案集中排查、"两代表一委员"和党员违纪违法未给予相应处理情况排查清理，以党建为抓手，积极促进脱贫攻坚工作，以上基层党建工作均取得实效。

【范公祠】 山东省文物保护单位，1941年，人民群众为纪念为国捐躯的民族英雄范筑先，在梁水镇修建了一座范筑先将军纪念祠堂"范公祠"。原有大殿、二殿、廊房、纪念塔等建筑。现纪念塔保存完好，高15米，围径12.6米，为四重檐六棱形砖塔，塔身四周嵌有蒋介石、林森等名人题词石匾多方。塔后是范公祠正殿，殿内正中安放范筑先将军戎装塑像，两侧墙壁上绘有抗战内容的壁画多幅。正殿前有石碑两通，一为范筑先将军传略碑，一为创修范公祠纪念塔记事碑。正殿前还有东西厢房各三间，室内墙壁上嵌有刻载抗战烈士名录的石碑多方。正殿后有"武圣祠"三间，内供关羽、岳飞及范筑先将军半身塑像。2016年，区委区政府对范公祠进行重新修缮。

【土桥闸】 建于明成化七年（1471），清乾隆二十三年重修，是当时运河上的重要水利设施。2010年8月至11月，山东省文物考古研究所对聊城土桥闸遗址进行了全面发掘。聊城土桥闸遗址是目前大运河上被完整发掘的第一座船闸，可以说是运河第一闸，2011 年评选为全国文物考古十大新发现，2013 年 5 月被国务院核定为第七批全国重点文物保护单位。土桥闸由青石堆砌而成，结构基本完整，包括闸门、墩台、东侧的月河及运河两岸的进水闸、减水闸等。土桥闸闸口宽 6.2 米、深约 7 米，燕翅宽 56 米，底部采用木质梅花桩、碎石灌浆等固基技术，闸墩砌石采用燕尾扣连接，整个工程设计合理，施工精心，虽历经数百年，仍非常坚固。

【梁乡闸】 位于聊城市东昌府区梁水镇镇梁闸村东 5 米，京杭运河老河道上，2006 年被公布为第六批国家级重点文物保护单位。建于明永乐九年（1411 年），闸跨南北向河道，闸南北长约 40 米，东西宽约 20 米，闸西侧、东北侧为现代民宅，主要由两侧石砌燕翅及闸口构成。燕翅系长方形青石材砌成，现存 10 余层高，两翼向外延伸，上部砌石保存较好，两侧路面上仍可见砌石基体，向西延伸约 32 米，闸口由两侧的燕翅围拢而成，为水流、船只通道，长约 5 米、宽约 7.5 米，中部原为闸门所在，两侧还有宽约 30 厘米、深约 6 厘米的闸门槽。燕翅砌石外侧为堆筑土。新中国成立后，1951 年重新治理张秋镇至临清河段，维修梁乡闸。梁乡闸为当时运河上的重要水利设施，其设计精巧，施工精细，是研究运河漕运历史及水利工程发展的重要实物资料。它不仅是当年漕运兴盛的见证，尤其对于进一步研究我国近代水利工程具有较高的学术价值。2015 年梁乡闸被重新修缮。

【运河秧歌】 省级非物质文化遗产，河水封冻困京官，武者表演雏形现。明清时期开始，每逢过年过节或重大庆典，自做伞顶和枣木棍棒，6 人一组，交替换打，舞出了闻名百里的“伞棒舞”，也就是运河秧歌的雏形。后经长期的演变和历代艺人的完善与充实，增加了其他角色与道具，增添了民乐及打击乐伴奏，逐步形成了秧歌队的形式。由于秧歌是因运河漕运的繁荣和兴盛而形成的，故被人们称之为运河秧歌。

【木版年画】 国家级非物质文化遗产，以大赵村木版年画为代表，已有百年历史，在明清时期曾依靠京杭运河的交通优势大放异彩，大赵村木版年画有着浓厚的传统文化气息，保持了自己强烈的个性特点，各种大俗大雅的作品，极具吸引力。现在艺人们常印的种类有门神、灶王、天地全神、财神等。

【雕刻葫芦】 国家级非物质文化遗产，以杨庄村杨氏雕刻葫芦最为出名，杨庄村葫芦雕刻第四代传人杨咏梅雕刻的葫芦艺术品栩栩如生、形象逼真，她雕刻时用力恰当，行刀缓稳、线条流畅，刀法娴熟、唯美，作品曾在省市葫芦文化艺术节大赛中多次获奖，代表作《杨咏梅雕刻葫芦》被省非物质文化遗产保护中心收藏，并长期陈列宣传展示。

【村庄名录】 2016 年末辖梁浅、印庄、郜庄、老任庄、肖黄穆、老程庄、房屯、张诗庄、西海子、小任庄、王屯、叶屯、梁闸、马庄、孟庄、大荣、小荣、前李、石槽王、小赵、杨庄、王东渐、吴庄、拐里王、赵李王、高泽刘、黄庄、小河子、西郝、闫庄、孙庄、秦铺、朱庄、东风、后王、郑堂、王岗、杜庄、东郝、李井、冻元、张庄、八刘、王庄、宏伟、江庄、王甫、胡楼、田元、周庄、任老九、吕庄、西梭、郑营、蒿庄、冯段王、王辛、张樊、北赵、邢屯、郑屯、季屯、许屯、土闸、河下荣、肖集、孙入口、南赵、陈坊、魏庄、王枣科、苏枣科、刘管营、庞庄、王哑吧、郑庄、张刘、李庄、苏庄、闫谭、松树李、李廷白、大王、排李、付楼、刘庄、张堂、张水坑、袁庄、侯庄、杨天洪、龙王庙、放马吕、姚王刘、任香坊、邱庄、乔集、苏堤口、马村、东苏、西苏、姚堤口、郭营、安东、安西、荣堂、大赵、后李 108 个村民委员会。

（梁水镇镇　路付瑞）

斗虎屯镇

【领导班子成员】

党委书记：

于丙凯（7 月离职）

许士友（7 月任职）

党委副书记、镇长：

许士友（7 月离职）

邱　恒（12 月任职）
党委副书记：
王兆波（12 月离职）
臧　玮（女，12 月任职）
党委委员、政协主任：
胡广超（12 月离职）
纪委书记：
邢妍妍（女，12 月离职）
张　磊（12 月任职）
党委委员、副镇长：
孟宪霞（12 月离职）
马玉如（12 月任职）
党委委员、组织委员：
赵绍怀（12 月离职）
魏璇璇（女，12 月任职）
党委委员、宣传委员：
周桂芬（女，12 月离职）
陈理亚（回，12 月任职）
人大主任：
刘树敏（12 月离职）
庞金峰（12 月任职）
党委委员、武装部长：
武存鹏（12 月任职）
副镇长：
陈明奎（7 月离职）
谭宪磊（12 月离职）
袁德海（12 月任职）
李继勇（12 月任职）
任保延（12 月任职）
综治办专职副主任：
刘　振（12 月离职）
经委主任：
刘中军（12 月离职）
信访主任：
赵灿忠（12 月离职）
经济发展办公室副主任：
侯　立（7 月任职）
社会事务管理办公室副主任：
刘莹莹（女，7 月任职）
镇村建设办公室副主任：
张德利（7 月任职）
党政办公室副主任：
潘凤艳（女，7 月任职）
人大副主任：
刘子迅（7 月任职）
郭德峰（7 月任职）
主任科员：
齐　勇（7 月任职）
陶由福（7 月任职）
赵绍怀（7 月任职）
其他科级干部：
胡广超（7 月任职）
刘树敏（7 月任职）
陈明奎（7 月任职）
刘金贵（7 月任职）

【基本概况】 斗虎屯镇位于东昌府区西北部，西接冠县，北邻临清，东连茌平，属四县市区交界处，辖区面积 83.22 平方公里，耕地面积 7.5 万亩，辖 62 个行政村，人口 4.57 万人。

【经济概况】 2016 年实现财政总收入 1932 万元。其中种植业 1.6 亿元；林果业总产值 1.2 亿元；畜牧业总产值 8100 万元；渔业总产值 4720 万元。粮食总产量 700000 吨；棉花总产量 350 吨；蔬菜总产量 3100 吨。造林面积 400 公顷。规模以上工业企业营业收入完成 18.2 亿元，民营经济税收完成 2790 万元。全年引进项目 14 个，招商引资到位资金 5.1 亿元。特色产品有有葡萄、草莓、烧鸡、豆腐、粉皮、银丝面等。

【基础建设】 2016 年，全镇公路通车总公里程 190 公里，新增公路通车里程 15 公里；新建及修复水利设施 120 个，灌溉收益土地 3.5 公顷。年末固定电话用户 2400 户；互联网用户 2800 户。有线电视用户率 51.2%。自来水用户率 79.5%。新增楼房 26 栋，26 户，建筑面积 3200 平方米。

【社会事业】 人均住房面积 30 平方米。全镇共有小学 12 所，在校生 2300 人，教职工 160 人；中学 1 所，在校生 561 人，教职工 62 人；适龄儿童入学率达到 100%。

新型农村养老保险参保农民 17885 人，参加新型农村合作医疗 38000 人。卫生院 1 所，床位 50 张，卫生技术人员 33 人；卫生室 41 所，卫生技术员 44 人。最低生活保障救助 450 户，720 人。

【城乡环卫一体化】 2016 年，城乡环卫一体化工作成效明显。至 2016 年底，全镇共有保洁员 143 名，垃圾桶 1600 个，处理垃圾 3870 吨，集中清理行动 24 次。通过各种形式和途径的宣传和治理，居民的环卫意识进一步提高，环境的清洁工作更加深入，治理更加彻底，全镇的环卫工作得到了较大提升。

【民生工程】 实施小城镇建设提升工程。建筑提升共修改建筑立面 24000 平方米，整治广告匾牌 305 块，修建景观墙 800 米。道路提升共改造辅道 3000 米，铺设花砖 7200 米，铺设路沿石 3000 米，压花地坪 4200 米。绿化提升共栽植高标准乔木 600 株、红叶石楠 8000 株、小龙柏 5000 株，完成镇区街道绿化全覆盖。配套提升完成了镇区下水道改造，弱电入地，安装新型太阳能路灯 80 盏。项目通过市、区验收，获得市项目奖补资金 120 万元。

开展路域环境提升工程。完成聊临路两侧路肩高标准绿化 144

亩，完成德商高速两侧各12米高标准绿化及100米大田绿化，聊临路两侧各50米的大田绿化，共计3800亩。拆除违章建筑2400平方米；遮挡、覆盖沙石料场7处，取缔废品收购点5处；遮挡粮食收购点5处；绿化聊临路沿线7个村的平交道口；安装交通摄像头4处，新增警示牌7处。

改善农民居住环境。完成17个村、1799户旱厕改造；完成21户农村品和贫困户危房改造。

深入实施精准扶贫。全镇62个村共计2502户贫困户。投资240万元为8个省定贫困村安装了340千瓦光伏发电设备，覆盖贫困户450户，目前全部并网发电。2016年底全镇光伏发电累计安装达到388千瓦。在云水村新建30多个扶贫大棚，种植项目为葡萄和黄花菜，帮助100余人脱贫。

开展抓党建促脱贫攻坚工作，实施产业扶贫项目，赵堂等8个省定贫困村光伏发电项目完成并网，山赵村日光温室大棚已完工；后吴等3处扶贫驴场基建全部完工；张李、大徐葡萄产业示范村基础设施建设完成招标。2016年脱贫减少建档立卡贫困户767户，减少建档立卡贫困人口2518人，超额完成全年2400人的脱贫任务。

协调推进教育均衡发展。深入实施“名校带动”战略，投资700万元将堠堌中学改建成堠堌中心小学，与东关民族小学开展联合办学，新建1栋综合办公楼，更新了办公设施，改善了办学条件，让学生在家门口就能享受优质教育资源。投资1500余万元用于改善其他学校教育教学条件，全镇各小学全部建设了实验室、微机室，并更新了办学设施；斗虎屯中心小学等5所小学新建校舍2186平方米；兴鲁小学三层教学楼已投入使用；谭楼小学、斗虎屯中心小学硬化操场，改建校墙、图书购置等。

【现代农业】 聊城海睿农业科技有限公司现代化设施农业示范基地：基地规划占地300余亩，总投资1500万。基地将建设60-80个现代化蔬菜温室大棚，运用物联网技术全程部署自主研发的智能监测、预警、控制等设施农业装备，实现卷帘、灌溉、施肥、调温、通风、人工光等远程控制。基地一期工程于10月12日开工，占地120亩，建设完成冬暖式温室大棚20个，投入资金700万元。

鲁西葡萄生态观光园。2016年，鲁西葡萄生态观光园共引进蔬菜、葡萄等其他果蔬新品种10个，新建草莓采摘大棚4个，占地面积10亩；新建垂钓中心1处，占地20亩，年接待垂钓游客10000余人；新建30平方米农产品化验室1处，对合作社生产的水果、蔬菜进行农药残留检验，保证合作社产品达到绿色食品标准。

2016年7月，盖庄村成功举办了第三届葡萄采摘节，吸引了大量游客和客商，为斗虎屯镇的特色旅游业起到了良好的宣传和带动作用。2016年10月盖庄村被评为省级旅游特色村。

【两学一做】 镇党委辖7个党总支，73个党支部，现有党员1522人，其中农村党员1297人，妇女党员151人，流动党员33人，建国前老党员4人。支部书记、村委主任“一人兼”的50个村，占80.6%；两委成员293人，其中支部委员194人，村委委员229人，交叉任职126人；妇女进支部的10人，妇女进村委会的比例100%；市档案局和11个区直部门派驻驻村工作组开展“双联共建”工作，并选派了9名“第一书记”帮包省定贫困村开展扶贫攻坚工作。

“两学一做”学习教育启动以来，斗虎屯镇党委高度重视，精心部署，从严从实推进全镇学习教育扎实开展。

镇党委成立了党委书记任组长的学习教育协调领导小组，制

盖庄村第三届葡萄采摘节 （7月 摄）

定了实施方案。于4月29日召开了全镇“两学一做”学习教育动员会、业务培训会。各党支部于4月30日召开了动员会，全镇“两学一做”学习教育全面启动。

强化宣传，多措并举，坚持集中学习研讨。各党支部每周开展一次集中学习，全镇73个基层党支部累计集中学习1898次，专题研讨219次。抓好业务知识培训。把握时间节点，开展了3次业务培训。开展党课宣讲活动。市人大常委会副主任朱加云为镇机关党员上了“七一”党课，邀请区委领导、专家上党课5次，镇领导班子成员上党课28次，基层党组织书记上党课73次，第一书记讲党课9次。

强化督导，严把学习质量。将学习教育与农村党建网格化相结合，成立了13个督导组，从镇机关干部中选派了80名指导员，全程督导、指导各党支部学习教育。镇党委每周召开一次推进会，调度学习教育进展情况，及时发现存在的薄弱环节和问题，研究下步计划和整改措施。

建立“两学一做”微信群、QQ群，将学习教育落实到每名党员。

建立流动党员台账，逐一落实33名流动党员参学党支部、学习情况，做好记录、存档备查。开展帮学助学，采取“一帮一、多帮一”形式帮包年老体弱党员、困难党员，送学上门。加强支部书记培训管理，引导他们带头学习、抓实全体党员的学习教育。

学做结合，发挥党员作用，将学习教育与扶贫攻坚、环卫一体化、防汛抗旱、麦收防火等工作相结合，积极开展党员主题活动，发挥党员先锋模范作用。

边学边改，突出问题导向。认真查摆理想信念模糊动摇、党的意识淡化、宗旨观念淡薄、道德行为不端、精神不振等方面存在的突出问题，形成问题清单、整改台账，做到边学边查边改。全镇各党组织累计查摆问题224个，并全部整改落实 。

突出重点，夯实基层党建。认真开展基层党建7项重点工作，加强基层组织建设。对排查出的 失联党员，按照党章和有关规定进行了除名；对33名流动党员，建立了流动党员台账，逐一落实了流入地党组织；全部完成了《党员基本信息采集表》，完善了党员档案，理顺了党员组织关系。对于需补交党费的党员，及时通知到位，并及时交纳应补交的党费。目前，73个党支部全部完成党费核查，183名党员补缴党费5.5万元。开展违纪违法党代表和党员处理情况排查清理工作，并对排查清理的问题进行到了全面全部整改。辖区内正常经营的20家企业中，3名以上党员的1家企业建立了党支部，3名以下党员的7家企业新建了1个兼合式党支部；没有党员的12家企业选派了12名机关党员担任党建指导员。镇领导班子成员严格落实双重组织生活和“三会一课”、民主评议党员等制度，带头参加学习，带头交流研讨，带头讲党课，带头查摆问题，带头整改落实，发挥示范表率作用。

【村庄名录】 斗虎屯管区　斗虎屯、王大人、北刘、杨庙、于楼满庄、营子、赵庄、南回、秦胡、张学、孙庄、马庄、董庄、岳庄。

谭楼管区　谭楼、任回、贾庄、大陶、吴老六、关赫、崔刘、后吴、前吴、马寨、许庙、杨庄、吴老斗、关王庙、板桥吴、陈庄、薛李张。

阮庄管区　阮庄、大徐、陈庙、张李、张满、冯庙、翟庄、王庙、南夏、任庙、朱枣科、唐铺、辛庄、前哨、后哨。

堠堌管区　堠南、堠西、堠东、云水、北夏、东吕、郇庄、闵庄、盖庄、西吕、赵堂、山南、山北、北张、山赵。

（斗虎屯镇　梁颖）

沙镇镇

【领导班子成员】

党委书记：

程书利（12月离职）

秦立忠（12月任职）

党委副书记、镇长：

窦维福（4月离职）

张晓辉（12月任职）

人大主任：

程兴杰（12月离职）

刘殿宏（12月任职）

政协主席：

李陆冰（12月离职）

党委副书记：

郭元广（12月离职）

孙凡波（12月任职）

挂职党委副书记：
姜建生（8月离职）
纪委书记：
臧连斌（12月离职）
从跃新（12月任职）
党委委员、副镇长：
任广伟（12月任职）
党委委员：
张立文（12月离职）
王　宁（12月离职）
庞建军（12月离职）
胡学燕（女，12月离职）
张继杰（12月任职）
牛玉强（12月任职）
李德忠（12月任职）
李　涛（12月任职）
副镇长：
孙艳民（12月离职）
张庆国（12月离职）
董天强（12月任职）
栾桂丽（女，12月任职）
王登民（12月任职）
经委主任：
王登民（12月离职）
党政办主任：
王德果（12月离职）
信访主任：
王传莉（女，12月离职）
综治办专职副主任：
宋广军（12月离职）
人大副主席：
随俊然（12月任职）
付庆生（12月任职）
主任科员：
刘兴顺（12月任职）
李乐道（12月任职）
刘　强（12月任职）
李陆冰（12月任职）
副科级干部：
李永国（12月任职）
郎立红（女，12月任职）
郑天云（女，12月任职）
孙要启（12月任职）

【基本概况】 沙镇镇位于东昌府区西南部。总面积131.95平方公里，耕地面积9639公顷。辖119个行政村，137个自然村，总人口10.1万人。

【经济概况】 2016年实现财政总收入3360万元。农林牧渔业总产值11.87亿元，其中种植业总产值74580万元；林果业总产值8920万元；畜牧业总产值35100万元；渔业总产值72万元。粮食总产量64190吨。完成造林面积170公顷，森林覆盖率38.2%。规模以上工业企业18家，总产值74.3.亿元，实现利税4889万元。民营经济销售收入89.1亿元，实现利税5630万元。全年引进项目12个，其中过亿元的项目3个，招商引资到位资金10.43亿元。特色产品有沙镇呱嗒、万家烧鸡、黄屯米酒等。

【基础设施】 公路通车总里程385公里，2016年新增公路通车里程97公里。新建及修复水利设施13个，灌溉受益土地2000公顷。年末固定电话用户612户，增长-3.1%；移动电话用户28419户；互联网用户7120户；有线电视用户率57.1%。自来水用户率98.9%。新建住宅楼8栋，344户，建筑面积33180平方米。

【社会事业】 2016年城镇居民可支配收入22100元，农民人均纯收入14380元，人均居住面积36平方米。小学15所，教职工295人，在校生5420人，适龄儿童入学率达到100%。新型农村养老保险参保农民44494人，参加新型农村合作医疗76098人。卫生院2所，床位110张，卫生技术人员89人；卫生室88所，卫生技术人员106人。最低生活保障救助2370人。

【城乡环卫一体化】 沙镇镇党委、政府高度重视城乡环卫一体化工作，紧紧围绕“平、净、齐、绿、亮、美”的目标，凝神聚力，强势推进，城乡面貌明显改善。一是加强组织领导。成立了由党委书记任组长的领导小组，制订了实施方案、考核细则，为工作的顺利开展打下了良好的基础。二是强化宣传教育。粉刷宣传标语600余条，悬挂宣传条幅300余条，发放《致广大村民的一封信》等宣传资料20000余份。同时，利用网络、政府微信群等新媒体倡导居民养成良好的卫生习惯，在全镇范围内营造良好的舆论氛围。三是深入开展城乡环卫“回头看”活动。集中人力、物力、财力对村内“三大堆”、背街小巷、“五边一口”的卫生死角进行了专项整治，同时严厉打击私搭乱建、占道经营等违法、违规行为。累计动用人工1.1万人次、机械600余台次，清理“三大堆”5.1万立方米、拆除违建30余处。四是建立长效管理机制。通过公开招标，我们将辖区环卫保洁工作交由江苏巨邦公司管理。为各村配备了垃圾箱、垃圾桶等基础设施，明确了村级保洁人员，基本形成了“户集、村收、镇运输、区处理”的城乡环卫长效管理模式。

【“两学一做”学习教育】 按照省委、市委、区委统一部署，今年，我们在全体党员中扎实开展了“两学一做”学习教育。按照“两手抓，两手都要硬”的原则，一手抓村级组织场所建设，一手抓日常学习教育。今年1-9月份，重点开展了村级组织活动场所摸底排查专项整治活动，通过整治，村级组织活动场所达标率达到了95%以上。活动前期，镇党委为每一名党员都发放了《党章党规》读本、《习近平总书记系列讲话》等学习教材，统一印制了专用《学习笔记》。每月月底提前印发学习计划，对每个月的学习内容进行科学合理的划分。同时，为确保学习教育取得实实在在的效果，我们选派了119名能力强、素质高的机关党员干部到村帮包督导，确保了学习成效。2016年，通过邀请区委讲师团、领导上党课、主题党日等形式，分管区对各村“两委”成员、党员进行了集中轮训，累计达4000余人次。通过学习教育，各支部的凝聚力明显提升。

【沙镇黄屯米酒】 沙镇黄屯的郭氏白酒酿制技艺（郭氏家酿）源远流长，工艺精湛，以酒体丰满，饮后余香，回味悠长而著称。

郭氏米酒不仅文化历史悠久，而且更以精湛的质量和独特的风格驰名。我市著名的酿造专家在郭氏米酒原产地所做的多项考察和多次试验，得出构成郭氏米酒独特风格的关键所在，在于原产地绿色无污染的酿酒生态，它的空气和土壤有利于郭氏米酒所需的多种微生物的生长，经过多年的选择，繁衍、淘汰，形成了一个独有的“郭氏米酒生物体系”——水是酒的血液，曲是酒的骨架，郭氏米酒原产地地下水资源丰富，水质优良，含有多种对人体有益的矿物质：锶、钙、钼、锌、铁、镁等，非常利于酿酒。

黄屯米酒　　（7月 摄）

制作工艺：郭氏米酒现有的酿酒技艺的形成，是多年经验积累的结果，它始终秉承并坚持着传统的手工酿酒技术，生产技术难度大，习艺周期较长，完整地保存了古老的酿酒工艺，愈演愈新，独成特色，郭氏米酒从原料的选择到制曲、发酵、蒸馏都极为讲究，它以内蒙古特产，无污染的优质有机红谷小米为原料，糊化熟而不粘，内无生心；用小麦制成高温曲，为保证酒曲的特色和质量所有作曲工艺均是人工，根据季节更替和温度变化，合理调整水分和发酵日期；入窖发酵低温入窖，缓慢发酵，而用曲量多于原料，用曲多，发酵期长，多次发酵；装甑稳、准、细、净，薄铺轻撒，探气撤赔，缓气蒸馏，看花摘酒。此外，郭氏米酒在传统工艺的基础上，采用百年固态泥池发酵，现有的老窖池七口，内为百年古窖泥所砌，古窖池中有多年形成的微生物和香味物质，酿制过程中要经过两次加生沙、八次发酵、九次蒸馏，生产周期长达八九个月，再贮存三年以上，使酒质更加和谐醇香，绵软柔和，酒体醇厚丰满，回味悠长，空杯留香持久。

【沙镇万家烧鸡】 聊城市正宗万家烧鸡始创于清朝同治年间，经先祖万桂琴精心研发而成，至今已有150余年的历史。本品采用当年雏公鸡配于30余种名贵中草药配制而成，后经万家烧鸡第四代传人——万庆怀的改进，烧鸡更加色泽鲜艳，肉美骨香，食后回味无穷，成为聊城人民走亲访友，宾朋聚会实用之佳品。

万家烧鸡　　（10月 摄）

优点 配方独特、肉鲜味美、肥而不腻和烂而不散。具有色香味俱佳、口味纯正等等优点。

制作原料 烧鸡的制作原料：丁香、肉蔻、草果、八角、茴香、陈皮等三十多种原料精心配制而成。

基本生产过程

第一式　选料。

只选用成长一百八十天以上当年农户散养鸡为原料，肉质紧嫩；或成长八十至一百天肉质鲜嫩，但不失嚼劲之特选肉鸡，以保正宗口感。

第二式　过油、放料。

用清水洗净后过油，炸至皮发金黄，然后把料放入鸡内腔。

第三式　抹蜜、蒸煮。

等鸡的表皮微干，以新鲜蜜汗抹匀挂汁，然后再放入高汤内煮4-5个小时，出锅即可以吃到鲜美而又可口的烧鸡了。

【村庄名录】 **沙镇管区** 沙东、沙西、沙南、沙北、沙南东、沙南西、孙楼、朱楼。

苇元管区 苇元、张八、贾楼、前刘、后刘、邵堂、金庄、北徐、油坊。

吕集管区 吕集、后王、前闫、西董、刘盐场、前丁、后丁、袁楼、程堂。

钱庄管区 钱庄、潘庄、李庄、安庄、西李、王连、保本堂、李春台、前李、后李、范东、范西。

孙丰管区 孙丰、王桐西、王桐东、马厂、东庞、西庞、耿海、柳铁、孙老庄、任庄。

李知州管区 李知州、杨胡、菜园、胡庄、西袁、东袁、耿郭、白庄、宋庄。

糖坊管区 糖坊、李老庄、侯家、朱堂、牛家、杨宇、庞家、湾里、南徐、堂里。

大张管区 大张、向阳、窦堂、齐楼、赫楼、李庄集、季庄、小屯、马官。

庄户管区 庄户、前化、后化、朱庄、大常、于半坡、蝗虫庙、王化。

王楼管区 王楼、王庄、郭楼、曾楼、陈海、东陈海、冯庄、楚坡、张葛、向庄、郭庄、楚庄、康庙。

二张管区 二张、绳家、小吕、大吕、寨里、前郭、中郭、后郭。

朱台管区 扈庄、后高、前高、姜堤口、史宋、黄东、黄西、皋冯、朱南、朱东、朱西、梁庄、徐连彩、贾庄。

（沙镇镇　李陆冰　李永国）

附　录

全国地方志事业发展规划纲要（2015-2020年）

为推进全国地方志事业科学发展，充分发挥地方志工作在我国经济社会发展和社会主义文化强国建设中的重要作用，为全面建成小康社会作出更大贡献，根据《地方志工作条例》，结合当前工作实际，制定本规划纲要。

一、发展基础与机遇

编修地方志是中华民族优秀文化传统，历史悠久，连绵不断。新中国成立后特别是改革开放以来，在党中央、国务院正确领导下，经过各地区各有关部门不懈努力，地方志工作取得巨大成就，形成以修志编鉴为主业、各项工作协调开展的事业格局，拓展了方志文化的内涵，为提升国家文化软实力发挥了独特作用。

（一）工作体制机制基本建立。基本形成党委领导、政府主持、负责地方志工作的机构（以下简称地方志工作机构）组织实施、社会各界广泛参与的工作体制；逐步形成将地方志工作纳入各地国民经济和社会发展规划、地方各级政府工作任务，“认识、领导、机构、编制、经费、设施、规划、工作”到位（以下统称“一纳入、八到位”）的工作机制。

（二）法治建设取得新进展。2006年国务院公布施行《地方志工作条例》，各地相继制定和完善地方性法规规章，进一步明确了各级政府对地方志工作的领导责任，加强地方志工作机构履行组织、指导、督促和检查地方志工作的职责，确保地方志工作依法开展。

（三）编修成果不断丰富。目前，首轮修志结束，第二轮修志进入关键时期，已出版7000多部省、市、县三级地方志书，2万多部行业志、部门志、军事志、武警志、专题志、乡镇（街道）志、村（社区）志等，1900多种、1.5万多部地方综合年鉴，1000多种、7000多部专业年鉴，大量地情文献。这些与现存的8000多种、10万多卷旧志及其整理成果，共同构成了一座以国情地情为主要内容并不断丰富的地方志资源宝库。

（四）理论研究逐渐深化。紧密结合修志编鉴实践，积极开展理论研究，已出版各种志鉴理论著作1000多部，发表论文6万多篇，取得显著成果，有力地指导了地方志工作开展，推动了方志学、年鉴学学科建设。

（五）基础设施建设逐步推进。全国已建成国家方志馆1个、省级馆15个、市级馆60多个、县级馆近200个，省级网站26个、市级网站近200个、县级网站470多个，方志工作公共基础设施建设迈上新台阶。

（六）存史育人资政作用日益彰显。通过修志编鉴、开发利用地方志资源，地方志编修已发展成为为国存史的一项重要工作，在记录当代、保存历史、传承文明、发展文化、激发民族自豪感和自信心、推动海内外文化交流合作、提供促进经济社会发展的历史借鉴和智力支持等方面，成绩日益突出、作用日益显著。

目前，全国地方志事业呈现出良好发展态势和前所未有的大好局面，但也存在着制约事业发展的问题，主要是：事业发展不平衡现象比较突出；少数地区和部门对地方志工作重要性认识不够；相关法规规章落实不到位；机构不健全，编制、人员和经费不足；志书质量有待进一步提高；人才队伍青黄不接，人员素质亟待提升；信息化与方志馆建设比较滞后；方志文化的作用有待彰显等。这些问题必须通过科学发展和深化改革，采取有效措施，认真予以解决。

“治天下者以史为鉴，治郡国者以志为鉴。”按照“四个全面”战略部署，党和国家对地方志工作提出了新任务新要求，强调要高度重视修史修志，把历史智慧告诉人们。全国地方志事业迎来重要发展机遇。修志问道，以启未来。地方志工作要适应经济社会发展新形势，明确在发展改革大局中的目标任务，科学规划，积极创新，有序推进地方志事业持续健康发展。

二、指导思想与基本原则

（一）指导思想。全面贯彻落实党的十八大和十八届二中、三中、四中全会精神，按照党中央、国务院决策部署，落实第五次全国地方志工作会议要求，解放思想，实事求是，锐意进取，改革创新，依法全面推动全国地方志事业发展繁荣。

（二）基本原则。

1. 坚持正确方向。坚持走中国特色社会主义文化发展道路，坚持为人民服务、为社会主义服务的方向，通过编修和开发利用地方志成果，为培育和践行社会主义核心价值观提供丰富、优秀的精神文化产品。

2. 坚持依法治志。国家地方志工作机构依法统筹规划、组织协调、督促指导全国地方志工作；省、市、县级地方志工作机构依法履行组织、指导、督促和检查地方志工作职责，加强编纂业务工作。

3. 坚持全面发展。以修志编鉴为主业，统筹兼顾理论研究、开发利用、信息化建设、方志馆建设、旧志整理等工作，实现地方志事业全面协调可持续发展。

4. 坚持改革创新。继承和弘扬中华民族修志的优良传统，认真总结地方志工作的经验教训，深化改革，与时俱进，推动理论创新、制度创新、管理创新、方法创新。

5. 坚持质量第一。坚持存真求实，确保地方志质量。正确处理质量与进度的关系，将精品意识贯穿于地方志编纂出版工作全过程，严把政治关、史实关、体例关、文字关、出版关，编纂出版经得起历史检验、具有鲜明时代特征和地域特色的地方志成果。

6. 坚持修志为用。发挥地方志资源优势，全面提升开发利用水平；拓宽用志领域，提升服务大局能力，为党政机关、社会各界和人民群众服务；加大宣传力度，提高全社会读志用志水平。

三、总体目标与主要任务

（一）总体目标。到2020年，全面完成第二轮修志规划任务，实现省、市、县三级综合年鉴全覆盖，加快信息化和方志馆建设，做好第三轮修志工作准备，加强对社会修志的指导和管理，基本形成地方志编修体系、理论研究和学科建设体系、质量保障体系、资源开发利用体系、工作保障体系“五位一体”的地方志事业发展综合体系，努力开创地方志事业发展新局面。

（二）主要任务。

1. 全面完成第二轮修志规划任务。到2020年，完成第二轮地方志书规划任务，省、市、县三级地方志书全部出版。在抓紧完成第二轮修志任务的同时，全面总结第一轮、第二轮修志工作的经验教训，认真研究第三轮修志的组织管理、运作模式、续修方式等，为启动第三轮修志做好资料收（征）集、队伍培训及理论准备等工作。

2. 大力推进地方综合年鉴工作。到2020年，做到地方综合年鉴由地方志工作机构组织编纂，一年一鉴，公开出版，实现省、市、县三级综合年鉴全覆盖。

3. 重视军事、武警及其他各类专业志鉴、民族地区地方志、乡镇村志和地方史编纂工作。加强对已开展和准备开展志鉴编纂工作的行业、部门、单位等的业务指导和管理。支持民族地区做好地方志编纂工作。指导有条件的乡镇（街道）、村（社区）做好志书编纂工作，做好中国名镇志文化工程、中国名村志文化工程组织编纂工作。具备条件的，可将地方史编写纳入地方志工作范畴，统一规范管理。

4. 深入开展旧志整理工作。编制全国旧志整理规划，编辑旧志联合目录。具备条件的地方应编辑出版历代方志集成，分类整理旧志资料。加强与国内外高等院校、科研院所、公共图书馆、档案馆等单位的交流与合作，开展旧志点校、提要、考录、辑佚等工作。

5. 加强地方志理论研究和学科建设。制定方志、年鉴理论和方志学、年鉴学学科建设规划，建立和完善方志、年鉴理论研究学术规范，力争到2020年形成较为成熟的方志学和年鉴学学科体系。充分发挥方志期刊和各级地方志学会的作用，活跃学术研讨，推动理论建设。加强与相关学科交流合作，开展地方志编纂、地方志事业发展等重要理论问题研究，编写方志学、年鉴学通用教材及各分支学科研究论著。总结历代一统志编纂经验，开展编修一统志的可行性研究。

6. 加强人才队伍建设。重视人才选拔、培养和使用，加强专兼职结合、结构合理的人才队伍建设，培养和引进一批高端人才，建设一支高素质的地方志编修、研究工作队伍，弘扬修志问道、直笔著史的方志人精神。

7. 深化地方志质量建设。严格执行《地方志书质量规定》《地方综合年鉴编纂出版规定》有关要求，制定质量管理、质量监督等规定，完善地方志质量评议、审查验收制度，严把质量关。按照国家有关规定申报设立志书、年鉴及优秀学术成果评比奖励项目，逐步将志书、年鉴纳入国家及地方有关图书奖评比。

8. 强化地方志资料建设。加大依法收（征）集地方志资料力度，建立和完善地方志资料收（征）集、保存、管理制度，推行地方志资料年报制度并形成常态机制；运用社会调查、口述史等方法，大力拓展资料收（征）集范围和渠道，建立能够全方位适应地方志编纂、地方志事业发展和方志文化建设需要的地方志资料保障机制。

9. 加快地方志信息化建设。按照统一规划、统一标准、分级建设、资源共享、安全保密的原则，制定全国地方志事业信息化发展意见，充分利用已有信息基础设施和数据资源，加快地方志信息化建设步伐，支持民族地区地方志信息化建设。逐步建立地方志全文数据库。应用现代信息技术，加强对不同载体的地方文献收（征）集、保护和开发利用，推动信息标准化工作。实现国家、省、市、县四级地方志资源共享，面向社会提供优质服务。

10. 提高地方志资源开发利用水平。加强对地方志资源的深加工，拓宽服务渠道，增强服务功能，创新服务手段，更好地贴近经济社会发展实际，贴近人民群众需要。做好《中国地情报告》《中国方志发展报告》《中国年鉴发展报告》编纂工作。发挥地方志资源在地方公共文化服务中的重要作用，利用各类媒体广泛宣传地方志成果，推动方志文化进机关、进农村、进社区、进校园、进企业、进军营，推动城乡方志文化建设，培育地方历史记忆。

11. 扩大学术交流与合作。采用多种形式，加强与香港、澳门和台湾地区以及国外的高等院校、科研机构、档案机构与图书馆等单位的学术交流与合作。服务国家文化“走出去”战略，推介一批高质量地方志成果，充分展示地方志的当代价值及永恒魅力，推动方志文化走向世界，增强方志文化影响力。

四、保障措施

（一）法治保障。推动《地方志工作条例》的贯彻落实，逐步建立健全地方性法规规章。加大地方志工作法规规章的宣传、执行力度，定期开展执法监督检查，依法纠正、查处执行不力和违法行为。

（二）制度保障。健全地方志工作机构主导、社会各界有序参与修志编鉴的途径和方式。加强督促检查，健全和完善目标考核责任制、督查通报制，强化责任落实；健全和完善地情资料收（征）集及管理、修志编鉴业务制度和主编（总纂）责任制，确保在篇目设计、资料收（征）集、总纂统稿、志（鉴）稿评议、审查验收、出版发行、报送备案等环节上均有章可循、有序推进，保障志鉴质量。

（三）经费保障。改善地方志工作条件和图书资料收藏保管条件，做好修志、编鉴、出版、科研、开发利用、信息化建设、资料文献保存等工作，加大对民族地区、贫困地区地方志工作的支持力度。地方各级人民政府要将地方志工作所需经费列入财政预算。

（四）队伍保障。建立国家级、省级地方志专家库。探索地方志人才培养、引进等政策和措施，探索将方志学人才培养纳入国民教育体系的方式方法。完善教育培训制度，分级实施对地方志工作机构新任负责人、志鉴主编（总纂）的专项培训，实现修志编鉴人员岗前培训全覆盖、培训工作常态化；与高等院校、科研机构联合开展地方志专业方向研究生教育，举办专业进修班，支持地方志工作人员接受专业继续教育。按照国家有关规定开展先进集体和先进工作者评选表彰活动，建立干事创业的激励机制，营造良好氛围。

（五）宣传保障。利用各级各类新闻媒体，大力宣传地方志工作机构贯彻落实党和国家大政方针的新举措、地方志工作服务经济社会发展的新成绩、地方志工作者投身现代化建设的新贡献。挖掘地方志资源的现实价值、历史价值，设计宣传主题，创新宣传形式，推出一批人民群众喜闻乐见、有较大社会影响力的地方志宣传精品。

五、加强组织领导

地方志工作要坚持和健全党委领导、政府主持、地方志工作机构组织实施、社会各界广泛参与的工作体制，坚持“一纳入、八到位”的工作机制。地方志工作机构设置和人员编制，要与其有效履行职能、顺利开展工作的要求相适应；按照德才兼备原则和专业要求，配齐配强地方志工作机构的领导班子。

各地区各有关部门要结合工作实际，根据本规划纲要要求，制定本地区本部门地方志事业发展规划或实施方案，切实加强分类指导，加大组织推动力度，全面提高地方志工作水平，确保全国地方志事业平稳、有序、健康发展。

军事志事业发展规划由中国人民解放军军事志指导小组制定。

中国地方志指导小组及其办公室要对本规划纲要落实和执行情况进行督促检查。

山东省地方史志事业发展规划纲要
（2016–2020 年）

地方史志事业是中国特色社会主义文化事业的重要组成部分，是各级政府行政管理的必要职责。近年来，在省委、省政府的正确领导和社会各界的关心支持下，全省史志事业发展实现了新的突破，多项工作走在全国前列，创造出“山东经验”。目前，第二轮修志加快推进，编纂出版省志分志 29 部，市级志书 4 部 3 册 5 卷，县级志书 83 部。部门（行业）志和乡镇村志编修蓬勃开展，出版部门（行业）志 2000 余部，乡镇村志 800 余部。方志理论研究和修志队伍建设不断加强，推出了一批理论研究成果，实施了人才培训五年规划，培训专业人员上千人，修志人员业务水平不断提高。年鉴工作改革创新、提速增效，服务功能大为增强，各级各类年鉴达到 240 多种，数量和质量均居全国前列，《山东年鉴》2015 卷 6 月底出版，2014 卷荣获全国最高奖项（综合特等奖）。省、市、县三级地情网站全面升级改版，省情资料库入库资料 20 亿字，省情网用户访问量 1200 万人次，微信、微博、英文地情网等极大拓展了信息服务领域。方志馆建设得到加强，建成省级方志馆 1 家、市级 14 家、县级 80 家，各级方志馆不断扩容增藏，软硬件设施改善，社会影响扩大。旧志整理取得突破，《山东省历代方志集成》整理工程启动，完成宣统版《山东通志》整理影印，全省累计整理出版旧志 200 余种。法治化建设全面推进，在全国率先实现省、市、县三级史志工作法规规章体系全覆盖。史志资源开发利用成果丰硕，编纂出版《汶川特大地震山东省救助援建志》、《第十届中国艺术节志》、山东纪念抗战胜利 70 周年丛书、《山东省历史地图集》，为现实服务的能力进一步增强。

总体来看，全省史志事业发展已经站在一个新的历史起点上，展现出前所未有的大好局面。但也存在一些制约事业发展的困难和问题：一是第二轮修志进度极不平衡，部分省志承编单位重视不够、进展缓慢，有的市县级志书编纂力量薄弱、保障不力，甚至有的尚未启动，在 2018 年全面完成修志任务难度较大；二是县级综合年鉴逐年连续出版的不足 30%，全部实现一年一鉴、公开出版的难度较大；三是部分地区和部门对史志工作重要性认识不够，特别是县级史志机构不够健全，有的编制、人员、经费严重不足；四是为现实服务的能力有待提高，方志文化的作用有待彰显等。这些困难和问题，必须通过科学发展和深化改革，采取有效措施，认真予以解决。

按照“四个全面”战略部署，党中央、国务院对史志工作提出了新任务、新要求，习近平总书记强调“要高度重视修史修志”，李克强总理提出“修志问道，以启未来”，省委、省政府领导高度重视史志工作，多次作出重要指示、批示，史志事业发展迎来重要机遇。为促进和指导今后五年全省史志事业科学发展，根据《全国地方志事业发展规划纲要（2015–2020 年）》，结合我省实际，制定本规划纲要。

一、指导思想与基本原则

（一）指导思想。全面贯彻党的十八大和十八届三中、四中全会精神，认真落实“把史志工作纳入各地国民经济和社会发展规划、各级政府工作任务，认识、领导、机构、编制、经费、设施、规划、工作到位”（以下统称“一纳入、八到位”）的总要求，紧紧围绕省委、省政府中心工作，解放思想，实事求是，锐意进取，改革创新，依法推进全省史志事业科学发展，为加快经济文化强省建设提供精神动力、决策参考、信息服务和智力支持。

（二）基本原则。

1. 坚持正确方向。坚持走中

国特色社会主义文化发展道路，坚持为人民服务、为社会主义服务的方向，通过编修和开发利用地方史志成果，为弘扬优秀传统文化、建设文化强省提供有力支撑，为培育和践行社会主义核心价值观提供丰富、优秀的精神文化产品。

2. 坚持依法治志。按照《地方志工作条例》和《山东省地方史志工作条例》，省、市、县三级史志机构依法履行组织、指导、督促和检查职责，各级、各部门和社会各界依法履行相关职责和义务。

3. 坚持科学发展。以修志编鉴为主业，统筹兼顾信息化建设、方志馆建设、旧志整理、理论研究、开发利用等工作，实现史志事业科学发展。

4. 坚持改革创新。继承和弘扬中华民族编史修志的优良传统，认真总结史志工作经验，正确把握发展规律，深化改革，与时俱进，推动理论创新、制度创新、管理创新、方法创新，不断拓展史志工作领域，丰富史志成果表现形式。

5. 坚持质量第一。质量是志书的生命，要将精品意识贯穿于志鉴编纂出版工作全过程，严把政治关、史实关、体例关、文字关、出版关，编纂出版经得起历史检验、具有鲜明时代特征和地域特色的优秀史志成果。

6. 坚持修用并举。发挥史志资源优势，加快史志成果转化，全面提升开发利用水平。拓宽用志领域，创新用志手段，提升服务大局能力，为党政机关、社会各界和人民群众服务。加大宣传力度，提高全社会读志用志水平，形成修用结合、良性互动机制。

二、总体目标与主要任务

（一）总体目标。到 2020 年，全面完成第二轮修志任务，做好第三轮修志工作准备，实现省、市、县三级综合年鉴全覆盖，进一步提升信息化建设水平，省、市、县三级方志馆全面建成，加强对社会修志和编修地方史的指导与管理，基本形成修志编鉴、理论研究、质量保障、开发利用、工作保障“五位一体”的史志事业发展综合体系，确保我省史志工作继续走在全国前列。

（二）主要任务。

1. 全面完成第二轮修志任务。力争 2018 年完成省、市、县三级第二轮修志任务。实施齐鲁名镇志、名村志文化工程，推出 100 部名镇志、名村志精品。健全完善志书质量保障体系，确保志书质量不断提升，打造一批在全国有影响的精品志书。全面总结第一轮、第二轮修志工作经验，认真研究修志工作的组织管理、运作模式、续修方式等，为启动第三轮修志做好准备。

2. 大力推进年鉴编纂出版。各级史志机构切实担负起组织编纂地方综合年鉴的职责。尚未启动综合年鉴编纂的县（市、区）2016 年年底前全面启动，所有县（市、区）2018 年全部达到一年一鉴、公开出版，实现省、市、县三级综合年鉴全覆盖。加强对编纂年鉴的行业、部门、单位的业务指导和质量管理，推动年鉴工作改革创新、提速增效，缩短出版周期，增强为现实服务能力。省地方史志办逐年编纂《山东地方史志年鉴》。

3. 加快信息化建设。按照全国地方志事业信息化发展意见，广泛应用“互联网 +”等现代信息技术，逐步实现修志编鉴的数字化、网络化，建成地方史志全文数据库，面向社会提供服务。加大资金投入，不断升级完善地情网站和地情资料库软硬件设施，建设新的载体平台，构建多界面、多渠道、多元化、全方位的综合服务体系。加强地情网站和地情资料库管理，确保网络信息安全。

4. 加强方志馆建设。把方志馆建设纳入各地公共文化服务设施建设规划，确保市、县（市、区）方志馆全部建成。已建成但面积及硬件设施不能满足需要的要升级改造，尚未建设的要抓紧立项建设或利用现有设施进行改扩建。开展数字化方志馆建设，实现资料数字化、传递网络化、信息共享化、使用便捷化，充分发挥“全省志类成果交换平台”的作用，提高资料管理利用水平。

5. 深化方志理论研究。深入总结社会主义新方志和传统编史修志经验，用不断发展创新的理论成果指导工作实践。充分发挥各地史志学会等学术团体和方志期刊等交流平台的作用，活跃学术研讨，营造良好氛围，推动理论创新，推出一批有分量的方志理论研究成果，造就一批在全国有影响的方志理论专家。

6. 强化史志资料建设。加大依法收（征）集史志资料力度，健全完善年报制度并形成常态机制，按年度整理汇编地情基础资料。建立史志资料库，为修志编鉴和地情开发服务。运用社会调查、口述历史等方法，大力拓展资料收（征）集范围和渠道，建立能够全方位适应史志编纂、史志事业发展和方志文化建设需要的史志资料保障机制。

7. 提高史志资源开发利用水平。广泛开展读志用志工作，推动史志成果进机关、进农村、进社区、进校园、进企业、进军营。建立为重大活动修志的常态化工作机制，引导社会各界开展对史志资源的开发利用，进行重大课题研究。加快修志成果转化，利用群众喜闻乐见的形式，制作齐鲁历史文化系列动漫，扩大方志文化影响。全面完成《山东省历代方志集成》整理出版任务，及时将旧志整理成果数字化。完成《山东省对口支援西藏志》《山东省对口支援新疆志》《齐鲁历史名人传略》等编纂工作。发挥史志部门优势，深入挖掘和阐发齐鲁历史文化，深入开展抗战研究，推出一批有分量的研究成果。

8. 扩大对外交流合作。坚持开门修志，采用多种形式，加强与国外和港澳台地区的高等院校、科研机构、档案机构、图书馆等单位的交流与合作。引进一批海外藏山东地情文献资料，推介一批高质量的史志成果，增强齐鲁文化和方志文化的影响力。

三、保障措施

（一）加强组织领导。坚持和完善“党委领导、政府主持、地方史志工作机构组织实施、社会各界广泛参与”的工作体制，全面落实“一纳入、八到位”。各级史志机构特别是县级机构的设置和人员编制要与其履行职能、顺利开展工作的要求相适应。按照德才兼备原则和专业要求，配齐配强史志机构的领导班子。按照政治强、业务精、作风硬的标准，充实史志工作队伍。各级各部门要把关心支持史志工作作为义不容辞的职责，切实解决人员、经费、必要工作条件和工作中的困难。各级政府要把史志工作所需经费列入财政预算。省志承编单位要稳定修志队伍，保障修志条件，确保工作有序开展。

（二）加强依法治志。认真履行《地方志工作条例》和《山东省地方史志工作条例》赋予的各项职责，切实提升依法行政的能力和水平。根据形势发展的要求，进一步完善与两个条例相配套的工作制度体系和实施细则，为全省史志事业发展提供法律依据和制度保障。适时开展《山东省地方史志工作条例》修订工作。开展政府行政执法检查和定期政务督查，依法纠正、查处执行不力和违法行为，推动史志工作法规规章的贯彻落实。建立修志工作动态管理机制，定期检查通报工作进展情况，保障史志事业健康发展。

（三）加强队伍建设。实施新一轮修志人员培训五年规划。建立分层次分类型培训的长效机制，分级实施对修志编鉴、理论研究、开发利用、信息化和方志馆建设、史志资料征集管理等不同层次的专项培训。建立省级、市级史志专家库，充分发挥史志专家和社会各界有关专家、学者的作用，为史志事业发展提供智力支持。吸纳社会力量参与史志工作，利用购买服务、课题外包、建立志愿者队伍等形式，拓宽人才渠道，建立灵活的用人机制。鼓励和支持业务人员接受专业继续教育，不断优化人才成长环境。按照国家有关规定，开展先进集体和先进工作者评选表彰活动，营造干事创业的良好氛围。

（四）加强舆论宣传。利用各级各类新闻媒体，大力宣传史志部门贯彻落实党和国家大政方针及省委、省政府重大决策部署的新举措、史志工作服务经济社会发展的新成绩、史志工作者投身经济文化强省建设的新贡献。挖掘史志资源的现实价值、历史价值，设计宣传主题，创新宣传形式，推出一批人民群众喜闻乐见、有较大社会影响力的宣传精品。

（五）加强督促检查。各级各有关部门要结合各自实际，制定本地区本部门的发展规划或实施方案，搞好任务分解落实，对工作不力的地方和单位及时进行督查，确保各项任务落到实处。

本规划纲要由山东省地方史志办公室负责对落实和执行情况进行督促检查。

东昌府区地方史志事业发展规划纲要（2017–2020年）

为促进和指导今后四年全区史志事业科学发展，根据《全国地方志事业发展规划纲要(2015–2020年)》《山东省地方史志事业发展规划纲要(2016–2020年)》和《聊城市地方史志事业发展规划纲要（2016–2020年）》，结合我区实际，制定本规划纲要。

一、发展基础与机遇

全区地方史志工作在区委、区政府的高度重视和正确领导下，经过各级各部门不懈努力，取得了重大成就。2016年，东昌府区提前两年完成《山东省地方史志事业发展规划纲要（2016–2020年）》中规定的2018年前实现“一年一鉴”的任务；地情网站已实现全面升级改版，拓展了信息服务领域；方志馆建设得到加强，馆藏容量不断扩增，软硬件设施改善；旧志整理取得突破，完成了明朝万历年间《东昌府志》、清朝乾隆年间《东昌府志》、清朝光绪十八年重刊本《堂邑县志》、康熙五十年修撰的《堂邑县志》的搜集整理工作。

目前，全区地方史志工作形成以修志编鉴为主业、各项工作协调开展的事业格局，拓展了方志文化的内涵，地方史志事业呈现出良好发展态势和前所未有的大好局面。但是也存在着一些制约地方史志事业发展的困难和问题，主要表现在部分单位对地方史志工作重要性认识不够、规划性不强、法治建设薄弱、机构不够健全、工作渠道不够畅通、人员专业化程度不高等。这些问题需要在发展中通过深化改革、不断创新加以解决。

二、指导思想与基本原则

（一）指导思想

全面贯彻党的十八大和十八届三中、四中、五中、六中全会精神，认真落实“把史志工作纳入各地国民经济和社会发展规划、各级政府工作任务，认识、领导、机构、编制、经费、设施、规划、工作到位”（以下统称“一纳入、八到位”）的总要求，紧紧围绕区委、区政府中心工作，解放思想，实事求是，锐意进取，改革创新，依法推进全区史志事业科学发展，为全面建成小康社会提供精神动力、决策参考、信息服务和智力支持。

（二）基本原则

1. 坚持正确方向。坚持走中国特色社会主义文化发展道路，坚持为人民服务、为社会主义服务的方向，通过编修和开发利用地方史志成果，为弘扬优秀传统文化、建设文化强区提供有力支撑，为培育和践行社会主义核心价值观提供丰富、优秀的精神文化产品。

2. 坚持依法治志。按照《地方志工作条例》《山东省地方史志工作条例》和《聊城市地方史志工作条例》，县级史志机构依法履行组织、指导、督促和检查职责，各镇政府（街道办事处）、区直各部门和社会各界依法履行相关职责和义务。

3. 坚持科学发展。以修志编鉴为主业，统筹兼顾信息化建设、方志馆建设、旧志整理、理论研究、开发利用等工作，实现史志事业科学发展。

4. 坚持改革创新。继承和弘扬中华民族编史修志的优良传统，认真总结史志工作经验，正确把握发展规律，深化改革，与时俱进，推动理论创新、制度创新、管理创新、方法创新，不断拓展史志工作领域，丰富史志成果表现形式。

5. 坚持质量第一。质量是志书的生命，要将精品意识贯穿于志鉴编纂出版工作全过程，严把政治关、史实关、体例关、文字关、出版关，编纂出版经得起历史检验、具有鲜明时代特征和地域特色的优秀史志成果。

6. 坚持修用并举。发挥史志资源优势，加快史志成果转化，全面提升开发利用水平。拓宽用志领域，创新用志手段，提升服务大局能力，为党政机关、社会各界和人民群众服务。加大宣传力度，提高全社会读志用志水平，形成修用结合、良性互动机制。

三、总体目标与主要任务

（一）总体目标

各镇（街道、园区）、村和部门（行业）要建立修志队伍，普遍开展修志工作。进一步提升信息化建设水平。区方志馆全面建成。加强对社会修志和编修地方志的指导与管理，基本形成修志编鉴、理论研究、质量保障、开发利用、工作保障“五位一体”的史志事业发展综合体系。

（二）主要任务

1. 大力推进年鉴编纂出版。区史志办切实担负起组织编纂地方综合年鉴的职责。自2016年开始，《东昌府年鉴》实现一年一鉴、公开出版。加强对编纂年鉴的行业、部门、单位的业务指导和质量管理，推动年鉴工作改革创新、提速增效，缩短出版周期，增强为现实服务能力。

2. 大力倡导镇（街道、园区）、村和部门（行业）修志。指导有条件的镇（街道、园区）、村和部门（行业）做好志书编纂工作。实施名镇志、名村志文化工程，全面启动，重点突破，到2020年，推出2部名镇志精品、《东昌府区村庄概览》1部、部门志2部。区史志办要加强指导、督促，做好评审验收、上报备案等工作。

3. 加快信息化建设。按照全国地方志事业信息化发展意见，广泛应用“互联网+”等现代信息技术，逐步实现修志编鉴的数字化、网络化，建成地方史志全文数据库，面向社会提供服务。加大资金投入，不断升级完善地情网站和地情资料库软硬件设施，建设新的载体平台，构建多界面、多渠道、多元化、全方位的综合服务体系。加强地情网站和地情资料库管理，确保网络信息安全。

4. 加强方志馆建设。力争把方志馆建设纳入公共文化服务设施建设规划，确保区方志馆建成达标（根据2017年6月中国地方志指导小组印发的《方志馆建设规定（试行）》第九条规定：“小型馆为县级馆，建筑面积一般应不少于5000平方米”）。开展数字化方志馆建设，实现资料数字化、传递网络化、信息共享化、使用便捷化，充分利用“全省志类成果交换平台”，提高资料管理利用水平。

5. 深化方志理论研究。深入总结社会主义新方志和传统编

修志经验，用不断发展创新的理论成果指导工作实践。充分发挥专业期刊等交流平台的作用，活跃学术研讨，营造良好氛围，推动理论创新，力争推出有分量的方志理论研究成果。

6. 加强旧志整理。总结旧志整理的经验教训，密切与高等院校、专家、教授的合作。有组织、有计划的整理旧志。充分保护挖掘旧志资源，做到古为今用。

7. 提高史志资源开发利用水平。广泛开展读志用志工作，推动史志成果进机关、进农村、进社区、进校园、进企业、进军营。建立为重大活动修志的常态化工作机制，引导社会各界开展对史志资源的开发利用，进行重大课题研究。

四、保障措施

（一）加强组织领导。坚持和完善“党委领导、政府主持、地方史志工作机构组织实施、社会各界广泛参与”的工作体制，全面落实“一纳入、八到位”。把关心支持史志工作作为义不容辞的职责，将史志工作所需经费列入财政预算，切实解决人员、经费、必要工作条件和工作中的困难。县级史志机构的设置和人员编制要与其履行职能、顺利开展工作的要求相适应。要按照德才兼备原则和专业要求，配齐配强史志机构领导班子；按照政治强、业务精、作风硬的标准，充实史志工作队伍。

（二）加强依法治志。认真履行《地方志工作条例》《山东省地方史志工作条例》和《聊城市地方史志工作条例》赋予的各项职责。认真开展政府行政执法检查和定期政务督查，依法纠正、查处执行不力和违法行为，推动史志工作法规规章的贯彻落实。认真履行《东昌府区地方志工作管理办法》，进一步完善史志工作制度体系，为全区史志事业发展提供法律依据和制度保障。建立修志工作动态管理机制，定期检查通报工作进展情况，保障史志事业健康发展。

（三）加强队伍建设。充分发挥史志专家和社会各界有关专家、学者的作用，为史志事业发展提供智力支持。吸纳社会力量参与史志工作，利用购买服务、课题外包、建立志愿者队伍等形式，拓宽人才渠道，建立灵活的用人机制。鼓励和支持业务人员接受专业继续教育，不断优化人才成长环境。按照国家有关规定，开展先进集体和先进工作者评选表彰活动，营造干事创业的良好氛围。

（四）加强舆论宣传。利用各级各类新闻媒体，大力宣传史志部门贯彻落实党和国家大政方针及区委、区政府重大决策部署的新举措、史志工作服务经济社会发展的新成绩、史志工作者投身经济文化强区建设的新贡献。挖掘史志资源的现实价值、历史价值，设计宣传主题，创新宣传形式，推出一批人民群众喜闻乐见、有较大社会影响力的宣传精品。

本规划纲要由东昌府区地方史志办公室负责对落实和执行情况进行督促检查。

地方志工作条例

第一条 为了继承和发扬中华民族优秀文化传统，全面、客观、系统地编纂地方志，科学、合理地开发利用地方志，发挥地方志在促进经济社会发展中的作用，制定本条例。

第二条 中华人民共和国境内地方志的组织编纂、管理、开发利用工作，适用本条例。

第三条 本条例所称地方志，包括地方志书、地方综合年鉴。

地方志书，是指全面系统地记述本行政区域自然、政治、经济、文化和社会的历史与现状的资料性文献。

地方综合年鉴，是指系统记述本行政区域自然、政治、经济、文化、社会等方面情况的年度资料性文献。

地方志分为：省（自治区、直辖市）编纂的地方志，设区的市（自治州）编纂的地方志，县（自治县、不设区的市、市辖区）编纂的地方志。

第四条 县级以上地方人民政府应当加强对本行政区域地方志工作的领导。地方志工作所需经费列入本级财政预算。

第五条 国家地方志工作指导机构统筹规划、组织协调、督促指导全国地方志工作。

县级以上地方人民政府负责地方志工作的机构主管本行政区域的地方志工作，履行下列职责：

（一）组织、指导、督促和检查地方志工作；

（二）拟定地方志工作规划和编纂方案；

（三）组织编纂地方志书、地方综合年鉴；

（四）搜集、保存地方志文献和资料，组织整理旧志，推动方志理论研究；

（五）组织开发利用地方志资源。

第六条 编纂地方志应当做到存真求实，确保质量，全面、客观地记述本行政区域自然、政治、经济、文化和社会的历史与现状。

第七条 省、自治区、直辖市人民政府制定本行政区域地方志编纂的总体工作规划（以下简称规划），并报国家地方志工作指导机构备案。

第八条 以县级以上行政区域名称冠名的地方志书、地方综合年鉴，分别由本级人民政府负责地方志工作的机构按照规划组织编纂，其他组织和个人不得编纂。

第九条 编纂地方志应当吸收有关方面的专家、学者参加。地方志编纂人员实行专兼职相结合，专职编纂人员应当具备相应的专业知识。

第十条 地方志书每20年左右编修一次。每一轮地方志书编修工作完成后，负责地方志工作的机构在编纂地方综合年鉴、搜集资料以及向社会提供咨询服务的同时，启动新一轮地方志书的续修工作。

第十一条 县级以上地方人民政府负责地方志工作的机构可以向机关、社会团体、企业事业单位、其他组织以及个人征集有关地方志资料，有关单位和个人应当提供支持。负责地方志工作的机构可以对有关资料进行查阅、摘抄、复制，但涉及国家秘密、商业秘密和个人隐私以及不符合档案开放条件的除外。

地方志资料所有人或者持有人提供有关资料，可以获得适当报酬。地方志资料所有人或者持有人不得故意提供虚假资料。

第十二条 以县级以上行政区域名称冠名、列入规划的地方志书经审查验收，方可以公开出版。

对地方志书进行审查验收，应当组织有关保密、档案、历史、法律、经济、军事等方面的专家参加，重点审查地方志书的内容是否符合宪法和保密、档案等法律、法规的规定，是否全面、客观地反映本行政区域自然、政治、经济、文化和社会的历史与现状。

对地方志书进行审查验收的主体、程序等由省、自治区、直辖市人民政府规定。

第十三条 以县级以上行政区域名称冠名的地方综合年鉴，经本级人民政府或者其确定的部门批准，方可以公开出版。

第十四条 地方志应当在出版后3个月内报送上级人民政府负责地方志工作的机构备案。

在地方志编纂过程中收集到的文字资料、图表、照片、音像资料、实物等以及形成的地方志文稿，由本级人民政府负责地方志工作的机构指定专职人员集中统一管理，妥善保存，不得损毁；修志工作完成后，应当依法移交本级国家档案馆或者方志馆保存、管理，个人不得据为己有或者出租、出让、转借。

第十五条 以县级以上行政区域名称冠名的地方志书、地方综合年鉴为职务作品，依照《中华人民共和国著作权法》第十六条第二款的规定，其著作权由组织编纂的负责地方志工作的机构享有，参与编纂的人员享有署名权。

第十六条 地方志工作应当为地方经济社会的全面发展服务。县级以上地方人民政府负责地方志工作的机构应当积极开拓社会用志途径，可以通过建设资料库、网站等方式，加强地方志工作的信息化建设。公民、法人和其他组织可以利用上述资料库、网站查阅、摘抄地方志。

第十七条 县级以上地方人民政府对在地方志工作中作出突出成绩和贡献的单位、个人，给予表彰和奖励。

第十八条 违反本条例规定，擅自编纂出版以县级以上行政区域名称冠名的地方志书、地方综合年鉴的，由县级以上地方人民政府负责地方志工作的机构提请本级人民政府出版行政部门依法查处。

第十九条 违反本条例规定，未经审查验收、批准将地方志文稿交付出版，或者地方志存在违反宪法、法律、法规规定内容的，由上级人民政府或者本级人民政府责令采取相应措施予以纠正，并视情节追究有关单位和个人的责任；构成犯罪的，依法追究刑事责任。

第二十条 负责地方志工作的机构的工作人员违反本条例第十四条第二款规定的，由其所在单位责令改正，依法给予处分。

第二十一条 编纂地方志涉及军事内容的，还应当遵守中央军委关于军事志编纂的有关规定。

国务院部门志书的编纂，参照本条例的相关规定执行。

第二十二条 本条例自公布之日起施行。

山东省地方史志工作条例

第一条 为了继承和发扬中华民族优秀文化传统，客观记载区域地情，系统积累、保存地方史志文献，服务经济建设和社会发展，结合本省实际，制定本条例。

第二条 本省行政区域内地方史志的组织编纂、管理和服务工作，适用本条例。

本条例所称地方史志是指各级各类志书、年鉴及相关地情文献。

第三条 编纂地方史志应当遵循存真求实的原则，全面客观地反映当地自然与社会的历史和现状。

第四条 县级以上人民政府应当加强对地方史志工作的领导，将地方史志工作纳入国民经济和社会发展计划，所需经费列入同级财政预算。

第五条 县级以上人民政府史志工作机构主管本行政区域内的地方史志工作，具体承担下列任务：

（一）规划、协调地方史志工作；

（二）制定地方史志编纂业务规范；

（三）组织、检查、指导地方史志编纂工作；

（四）编纂、审查、验收有关地方史志稿件；

（五）征集、整理、保存地方史志文献，开展地方史志学术研究；

（六）宣传、推广地方史志成果，开展地情研究，建设地情文献库和地情文献网站，为公众读志用志提供服务；

（七）同级人民政府和上级业务部门交办的其他事项。

第六条 从事地方史志编纂业务的人员应当具备相应的专业知识和学术水平。

地方史志编纂工作应当吸收社会各界专家、学者参加。

第七条 以县级以上行政区划冠名的地方志、地方综合年鉴、综合地情文献，由同级人民政府史志工作机构按照规划组织编纂，其他组织和个人不得编纂出版。

第八条 省、设区的市、县（市、区）三级志书二十年左右编修一次，编纂任务由省人民政府统一部署。

第九条 人民政府史志工作

机构可以向机关、社会团体、企业事业单位和其他组织以及公民征集有关地方史志资料，有关单位和公民应当为其提供便利。地方史志编纂机构可以对资料内容进行查阅、摘抄、复制。涉及国家秘密、商业秘密和个人隐私以及不符合档案开放条件的除外。

地方史志资料所有人或者持有人不得故意提供虚假资料。

第十条　为执行本单位的地方史志编写任务或者利用本单位的物质技术条件收集、积累的地方史志资料，应当按照有关规定归档管理，任何人不得损毁或者据为己有。

第十一条　设区的市、县（市、区）人民政府史志工作机构应当根据全省地方史志工作规划，制定本行政区域的志书编纂方案，报上一级人民政府史志工作机构批准后实施。

第十二条　承担省、设区的市、县（市、区）三级志书编写任务的部门、企业事业单位和其他组织应当根据地方史志工作规划，明确相关编写单位或者编写人员，拟定编写方案报同级人民政府史志工作机构批准后实施。

第十三条　省、设区的市、县（市、区）三级志书志稿实行分级申报、审查、验收制度。省志报省地方史志编纂委员会审定，经省人民政府批准后出版。

设区的市、县（市、区）的志书报上一级地方史志编纂委员会审定，经同级人民政府批准后出版。

县（市、区）志报省人民政府史志工作机构备案。

第十四条　以县级以上行政区划冠名的地方综合年鉴由同级人民政府史志工作机构组织编纂，经同级人民政府批准后出版。

以县级以上行政区划冠名的综合地情文献由同级人民政府史志工作机构组织编纂。

第十五条　有关组织和单位可以自行组织编纂本条例第十三条、第十四条规定以外的志书、年鉴或者其他地情文献。编纂单位应当按照隶属关系或者注册登记关系报人民政府史志工作机构备案。

第十六条　承担地方史志编纂任务的部门和行业组织，可以根据地方史志工作规划对其管理单位的地方史志编写工作进行督导。

第十七条　编纂单位应当在地方史志出版后三十日内向当地和上级人民政府史志工作机构报送样书和电子文本。以县级以上行政区划冠名的地方志、地方综合年鉴、综合地情文献在编纂过程中形成的档案资料，应当移交同级国家综合档案馆保管。

第十八条　地方史志文献应当向社会公开，地情文献库应当向公众开放。

单位和个人可以免费利用地情文献库和地情文献网站查阅、摘抄地方史志文献。

第十九条　违反本条例，有下列行为之一的，由县级以上人民政府史志工作机构按照管理权限责令其停止违法行为，限期改正；逾期不改的，由其所在单位或者有关行政部门依法给予行政处分或者纪律处分：

（一）擅自编纂出版以县级以上行政区划冠名的地方志、地方综合年鉴或者综合地情文献的；

（二）损毁单位所有或者持有的地方史志资料或者将其据为己有的；

（三）地方史志资料所有人或者持有人故意提供虚假资料的；

（四）未经审查、验收、批准将地方史志交付出版的；

（五）无故拖延、拒绝提供地方史志资料或者承担编写任务的；

（六）拒绝向上级人民政府史志工作机构报送地方史志文献的。

有前款第（一）、（二）项行为，造成重大损失或者恶劣影响的，人民政府史志工作机构、地方史志资料所有或者持有单位和相关部门可以依法向人民法院提起诉讼。

第二十条　本条例自 2005 年 12 月 1 日起施行。

东昌府区地方志工作管理办法

第一条　为规范和加强我区地方志编纂、管理、开发和利用，充分发挥地方志在经济建设和社会发展中“存史、资政、教化”作用，根据国务院《地方志工作条例》、《山东省地方史志工作条例》，结合我区实际，制定本办法。

第二条　本办法适用于本行政区域内地方志的资料征集、组织编纂、管理、开发利用和咨询服务。

第三条　本办法所称地方志，

包括地方志书、地方综合年鉴及相关地情文献等。

地方志书，是指全面系统地记述本行政区域内自然、政治、经济、文化和社会的历史与现状的资料性文献。包括区志、镇（街道、园区）志、村（社区）志、专业（部门）志以及以本行政区域冠名的其它相关志书。

地方综合年鉴，是指全面系统记述本行政区域内自然、政治、经济、文化、社会等方面情况的年度资料性文献。包括区年鉴、镇（街道、园区）年鉴，行业（区直部门）年鉴以及以本行政区域冠名的其它年鉴。

地情文献，是指系统记述本行政区域全面工作或专项工作的资料性书籍。包括机关、社会团体、企业事业单位及村（社区）编纂的以本行政区域冠名的地情类文献书籍。

第四条 地方志的编纂工作应当做到存真求实，确保质量，全面、客观地反映本行政区域自然、政治、经济、文化和社会的历史与现状。

第五条 区人民政府加强对本行政区域地方志工作的领导，将地方志工作纳入本地经济和社会发展规划。

第六条 东昌府区地方志编纂委员会办公室（以下简称区地方志办公室）是本行政区域地方志工作主管机构，履行下列职责：

（一）贯彻执行地方志工作法律、法规；

（二）组织、指导、督促和检查全区地方志工作；

（三）拟订本行政区域地方志工作规划和编纂方案，制定有关地方志编纂的业务程序；

（四）组织编纂本行政区地方志书、地方综合年鉴及相关地情类书籍，依照规定组织专家对已编纂成稿的地方志进行评审、审核定稿、存档备案工作；

（五）征集、整理、保存地方志文献和资料，组织整理旧志，开展地方志理论研究和学术交流；

（六）宣传、推广地方志成果，开展地情研究，建设地情网站和方志馆，开发利用地方志资源，为公众读志、用志提供服务；

（七）制定地方志编纂业务规范，组织开展地方志学术研究，培训地方志专业人员；

（八）完成本级人民政府和上级地方志工作机构交办的其他任务。

第七条 编纂地方志应当吸收有关方面的专家、学者参加。地方志编纂人员实行专兼职相结合，专职编纂人员应当具备相应的专业知识。

第八条 以本行政区域名称冠名的地方志书、地方综合年鉴，由区地方志办公室按照规划组织编纂；其他组织和个人不得编纂。

第九条 编纂地方志，按下列程序进行：

（一）区级地方志书（《东昌府区志》）、区级地方综合年鉴（《东昌府年鉴》）由区地方志办公室制定出编纂规划报区政府批准后，组织开展编纂。具体程序是：

1. 区地方志办公室按照地方志编写年限要求，结合本区实际，对需开展的地方志书、地方综合年鉴编纂工作，制定出编纂规划。

2. 区地方志办公室制定详细的编纂方案，提交区地方志编纂委员会讨论审议后，报区政府同意下发全区，启动编纂工作。根据编纂方案的规定，承担编纂任务的单位，应当按照地方志编纂规划和要求，接受区地方志办公室的业务指导与督促检查，按照时间和质量要求完成撰稿任务。

3. 区地方志办公室负责组织、编纂、出版发行等工作，所需经费列入同级财政预算。

4.《东昌府区志》编纂形成定稿后，报市地方志编纂委员会审定，经区人民政府批准后出版，并报省政府史志工作机构备案。

5.《东昌府年鉴》编纂形成定稿后，经区地方志编纂委员会审定，报区人民政府批准后出版，并报市政府、省政府史志工作机构备案。

（二）以本行政区域冠名的镇（街道、园区）志和机关、社会团体、企业事业单位及村（社区）编纂的志书、年鉴和其他资料性文献，由相关镇（街道、园区）、村（社区）和单位在区地方志办公室的指导下组织编纂。具体程序是：

1. 各镇（街道、园区）、村（社区）和单位按要求填报志书（年鉴、地情文献）编写申请表，并将地方志编纂方案提前3个月报区地方志办公室审查后组织实施。

2. 区地方志办公室负责志书的业务指导、检查督导、审查把关、存档备案。

3. 各镇（街道、园区）、村（社区）和单位按照地方志编写程序，形成志稿篇目设置、初稿、评审稿、定稿。篇目设置形成后报区地方志办公室审查备案，然后组织开展初稿编写；初稿形成后，由区地方志办公室审查，提出修改意见，并组织评审；镇（街道、园区）、村（社区）和有关单位根据评审意见修改定稿后，按照有关规定印刷或出版发行。

4. 各镇（街道、园区）、村（社区）和有关单位应当在志书、年鉴和其他资料性文献出版后30天内向区地方志办公室报送样书和电子文本。

第十条 区级地方志书每20年左右编修一次，每一轮地方志书编修工作完成后，地方志工作机构在编纂地方综合年鉴、搜集资料、向社会提供咨询服务的同时，启动新一轮地方志书的编修工作。区级地方综合年鉴按年度或数年编辑出版一卷。可适时组织编纂综合或专题地情文献。

第十一条 区地方志办公室依法向辖区内机关、社会团体、企事业单位和其他组织以及公民征集有关地方志资料，有关单位和公民应当提供支持。区地方志办公室可以对有关资料进行查阅、摘抄、复制，但涉及国家秘密、商业秘密和个人隐私以及不符合档案开放条件的除外。地方志资料所有人或者持有人不得故意提供虚假资料。

第十二条 在地方志编纂过程中收集到的文字资料、图表、照片、音像资料、实物等以及形成的地方志文稿，由区地方志办公室集中统一管理，妥善保存，不得损毁；修志工作完成后，应当依法移交方志馆保存、管理，个人不得据为己有或者出租、出让、转借。

第十三条 地方志工作应为地方经济社会的全面发展服务。区地方志办公室通过建设方志馆、资料库、网站等方式，积极开拓社会用志途径，加强地方志工作信息化建设。公民、法人和其他组织可以利用方志馆、资料库、网站查阅、摘抄地方志资料。鼓励单位和个人向区地方志办公室捐赠地方志资料，对具有收藏价值的资料，方志馆应当向捐赠者颁发收藏纪念证书，并给予馆存资料的优先使用权。

第十四条 以本行政区域名称冠名的地方志书、地方综合年鉴和相关地情文献为职务作品，依照《中华人民共和国著作权法》第十六条第二款的规定，其著作权由组织编纂的负责地方志工作的机构享有，参与编纂的人员享有署名权。

第十五条 地方志编纂单位应当在地方志书、地方综合年鉴及地情文献出版后3个月内，向上级地方志办公室备案。

第十六条 地方志成果可以依据有关规定参加国家、省和市优秀社会科学成果评奖。

第十七条 区人民政府对在地方志工作中做出突出成绩的单位、个人给予表彰和奖励。

第十八条 以本行政区域名称冠名、列入规划的地方志书经审查验收，方可以公开出版。

对地方志书进行审查验收，应当组织有关保密、档案、历史、法律、经济、军事等方面的专家参加，重点审查地方志书的内容是否符合宪法和保密、档案等法律、法规的规定，是否全面、客观地反映本行政区域自然、政治、经济、文化和社会的历史与现状。

第十九条 违反本办法规定，有下列情形之一的，由区人民政府地方志工作机构按照权限责令其限期改正；逾期不改的，由其所在单位或有关行政部门依法查处，并视情节对有关单位和个人予以通报批评或予以行政处分：

（一）擅自编纂出版以本行政区域名称冠名的地方志、地方综合年鉴或者综合地情文献的；

（二）损毁单位所有或者持有的地方史志资料或者将其据为己有的；

（三）地方史志资料所有人或者持有人故意提供虚假资料的；

（四）无故拖延、拒绝提供地方史志资料或者承担编写任务的；

（五）拒绝向地方志工作机构报送地方史志文献的。

第二十条 违反本办法规定，未经审查验收、批准将地方志文稿交付出版，或者地方志存在违反宪法、法律、法规规定内容的，由上级人民政府或者本级人民政府责令采取相应措施予以纠正，并视情节追究有关单位和个人的责任；构成犯罪的，依法追究刑事责任。

第二十一条 编纂地方志涉及军事内容的，应当遵守中央军委关于军事志编纂的相关规定。

第二十二条 任何单位和个人有权对违反本办法的行为向区地方志办公室进行检举。

第二十三条 本办法由区地方志办公室负责解释。

第二十四条 本办法自2016年2月1日正式施行，有效期5年，2011年8月9日公布的《东昌府区地方志工作管理暂行办法》同时废止。

索　引

说明：

1. 本索引为综合性主题索引。
2. 索引款目按汉语拼音字母（同音字按声调）顺序排列。
3. 款目后的阿拉伯数字表示内容所在的页码。
4. 同一主题的内容在文中多处出现的，在其款目后用不同的页码标明。
5. 对特载、附录等栏目不作索引。

A

B

C

D

E

F

K

L